棉花信贷政策理论与实践

主　编　王富君
副主编　熊　钧

中国金融出版社

责任编辑：吕冠华
责任校对：潘　洁
责任印制：陈晓川

图书在版编目（CIP）数据

棉花信贷政策理论与实践（Mianhua Xindai Zhengce Lilun yu Shijian）/王富君主编．—北京：中国金融出版社，2012.7
ISBN 978-7-5049-6449-6

Ⅰ.①棉…　Ⅱ.①王…　Ⅲ.①棉花—农业信贷—信用—政策—研究—中国
Ⅳ.①F832.43

中国版本图书馆 CIP 数据核字（2012）第 130310 号

出版发行　中国金融出版社
社址　北京市丰台区益泽路 2 号
市场开发部　(010)63266347，63805472，63439533（传真）
网上书店　http://www.chinafph.com
(010)63286832，63365686（传真）
读者服务部　(010)66070833，62568380
邮编　100071
经销　新华书店
印刷　保利达印务有限公司
装订　平阳装订厂
尺寸　185 毫米×260 毫米
印张　36.5
字数　750 千
版次　2012 年 7 月第 1 版
印次　2012 年 7 月第 1 次印刷
定价　72.00 元
ISBN 978-7-5049-6449-6/F.6009
如出现印装错误本社负责调换　联系电话（010）63263947

序

政策性金融对棉花产业发展的支持之路

——中国农业发展银行棉花信贷十年回顾与展望

中国的棉花产量居全球第一位，全年产量在600万～800万吨，占世界总产量的30%。中国的棉花消费量居全球第一位，年消耗棉花在1 000万吨左右，占世界总消费量的40%。棉花产业是中国重要的基础产业，涉及1亿多名棉农，2 000多万名纺织工人。棉花产业的发展关系到国计民生，棉花条线工作历来是国家高度关注的重点领域。中国虽然是棉花大国，但却不是棉花强国，在世界棉业经济中还缺乏重要的话语权，改革与发展仍然任重而道远。“金融是现代经济的核心”，棉花产业的发展同样离不开金融的支持，这其中，信贷政策起着至关重要的作用。中国农业发展银行（以下简称农发行）作为国家唯一的农业政策性金融机构，按照国家的要求，从成立之初就承担着金融支持中国棉花产业改革与发展的重要职责。棉花信贷业务是农发行重要的基础性业务，也是农发行历来的业务重点工作。十几年来，伴随着中国棉花流通体制改革的进程，在金融改革的背景下，农发行不断创新发展，在保护农民利益、促进市场化改革、支持行业发展、提升产业竞争力等多方面，充分体现了政策性银行的优势，发挥了有力的金融支持作用；同时在信贷政策制定、制度产品创新、风险管理、金融服务等多方面不断探索、不断总结、不断提高，走出了一条具有农发行特色的棉花信贷工作的成功之路，其过程不乏艰辛与困惑，有经验也有教训。今天回顾这段历程，其意义不仅在于总结过去，更重要的是在于开辟未来，对于在新的形势下如何继续发挥农业政策性金融作用、促进棉花产业健康持续发展和推进农业现代化建设都具有重要的现实意义。

一、棉花信贷业务历程回顾

（一）1994～2000棉花年度：资金封闭管理的艰难探索

农发行成立以前，我国对农业信贷支持的职能主要由工、农、中、建四家商业银行承担，但是效果并不理想，特别是在粮棉等农副产品流通领域，银行业务有交叉，企业机制不活，资金到位率低，时常发生收购企业“打白条”现象，严重挫伤了亿万农民的生产积极性，损害了农民经济利益，也制约了农业农村经济的发展。1994年成立之后，农发行严格按照国家宏观调控要求，充分保障粮棉油信贷资金的供应，全行上下协同一致，经过几年的努力，向农民“打白条”的现象明显减少，困扰党和国家的一大问题得到了解决。

但是，这一时期农发行的各项制度建设仍处于初步的摸索阶段，业务方向和发展思路有待进一步明确，管理模式和操作执行有待进一步完善，人员素质和业务水平也有待进一步提高。此时，粮棉流通体制改革尚未提上议事日程，棉花流通企业经营机制僵化，加上农发行组建初期方方面面的制度不完善、管理不到位，造成了粮棉收购资金被挤占挪用现象大量发生，贷款流失严重，国家为此必须新发行大量基础货币。非经济因素发行的基础货币又导致通货膨胀风险加大，影响整个国家经济运行。为彻底解决这一问题，1998年，国务院对农发行业务范围进行了调整，农发行认真贯彻国务院关于加强收购资金管理的指示精神和粮棉流通体制改革的一系列政策措施，加强完善“封闭管理”信贷模式，并配套建立了账户管理制度、库存管理制度、台账月报表制度，以及考核奖励制度等重要管理内容，全面加强信贷资金管理。“封闭管理”理论的提出对农发行乃至整个国家农业经济的运行都具有重要意义。农发行由此建立了农业政策性资金运行的全新模式，有效地解决了信贷资金流失的问题，实现支农资金良性循环，也为下一步棉花流通体制的市场化改革奠定了基础。此后，尽管农发行的信贷业务不断扩展，客户群体不断增加，业务发展重心不断变化，“封闭管理”始终是农发行政策性业务信贷管理的核心和基础，其内涵和外延不断发展和完善。

（二）2001～2003棉花年度：流通体制改革中的调整与完善

2001棉花年度，国务院下发《关于进一步深化棉花流通体制改革的意见》，决定按照“一放、二分、三加强，走产业化经营的路子”，进一步深化棉花流通体制改革，这标志着棉花市场的真正放开。与此同时，中国正式加入世界贸易组织（WTO），社会主义市场经济迈入全球化的新阶段，棉花产业作为中国加入世界贸易组织承诺的内容之一，也要进一步放开管控，逐步与国际接轨，棉花经营企业直接面临国际市场的竞争和冲击。这一年可以说是中国棉花产业的“市场化元年”。

与此相适应，这一阶段，国家对于农发行棉花信贷业务的指导思想发生了变化和调整，要求“按照金融体制改革的方向，政策性贷款要逐步退出商品棉经营活动”，但为保证收购资金供应上的有效衔接和平稳过渡，暂时继续由农发行提供资金支持。2001～2003年连续三个棉花年度，农发行既要继续提供棉花收购资金，又要防止个别地方和棉花企业利用过渡时期逃废债务，面临着前所未有的困难和压力。

面对错综复杂的国内外经济环境和并不十分明确的政策取向，农发行从保护棉农利益的角度出发，继续积极发挥棉花收购资金供应主渠道的作用，大力支持企业收购棉花。同时，也开始逐步探索在市场化的情况下，政策性银行对棉花产业的信贷支持模式。在“以销定贷、以效定贷”的基础上，2001 棉花年度开始实行信用等级评定，按企业的资质条件确立贷款对象，同时积极推行抵押担保方式；2003 棉花年度又创造性地提出了“双结零”、“双限”、对企业库存实行年度化监测管理等防范风险的具体措施，并探索建立农发行独立自主的棉花价格预测机制，成为日后农发行棉花信贷风险管理政策的雏形。这些措施帮助农发行成功应对了棉花价格剧烈波动的2003 棉花年度，大部分贷款企业在农发行的正确引导下，稳健经营，及时销售，并按期归还贷款，实现了银企“双赢”。此后，农发行在棉花行业的话语权大幅提升，所倡导的“稳健经营”理念也被大多数棉花经营企业所接受，为引导棉花产业的健康发展打下了良好的基础。

（三）2004 ~2010 棉花年度：实现信贷业务全面可持续发展

2004 年以来，国家政策导向和世界经济形势都发生了新的变化，流通体制改革也迈入新阶段，棉花信贷业务面临新情况。一是自 2004 年开始，中央 1 号文件连续九年锁定“三农”工作，国家对农业问题的重视上升到新的高度，政策性银行信贷支农面临前所未有的机遇和挑战；二是 2004 年国务院第 57 次常务会议明确了按照现代银行标准打造农发行的要求，业务范围由单纯支持粮棉油领域拓展到全方位支持新农村建设，农发行由此展开全面内部改革，并开始了“一体两翼”快速发展的新阶段；三是随着流通体制改革的深入，棉花市场进一步放开，纺织工业开始呈现井喷式的增长，并在出口结构中占据着越来越重要的份额，对棉花价格走势的影响也越来越大，单纯从棉花收购一个环节对棉花产业进行信贷支持已经不能有效地控制风险，必须站在新的高度，用系统的、全面的观点对棉花信贷业务进行重新规划。

在这种情况下，农发行棉花信贷支持领域逐步向产业链的两头进行了多角度延伸，并增加了多个信贷品种：一是通过发放棉花预购贷款加大棉花生产环节的支持力度；二是通过发放棉花良种繁育贷款和棉花良种经营贷款支持提高棉花质量和单产；三是通过发放棉花企业技术设备改造贷款配合棉花质检体制改革；四是通过发放棉花产业化龙头企业贷款加大对产业链上其他环节特别是纺织环节的支持力度。以业务范围的扩张和贷款对象的拓展为基础，农发行政策性资金继续在流通环节进行大力支持，同时积极引导商业性资金向产业链上下游延伸，形成了以政策性业务为主体，以商业性业务为有效补充，全方位、多角度的信贷支农的新结构。

这一阶段，世界经济形势急剧变化，为应对金融危机及其后遗症，农发行开展了大量的工作。为确保棉花收购资金供应，农发行几次调整贷款“双线”，同时坚持不与商业银行争利的原则，在商业性资金大量入市时，适当减少收购份额，控制资金投放，避免助推市场价格快速走高；在风险加大，商业性资金和其他社会性资金退出市场时，积极入市收购，确保棉农利益得到兑付。为配合国家宏观调控，农发行积极参与国储棉收储和抛售计划的制订，及时做好储备贷款的发放和收回，有效平抑市场价格波动。为有效防范信贷风险，农发行着力加强贷款分类和管理，陆续把棉花收购贷款和调销贷款纳入准政策性范畴，进一步强化封闭管理的要求，同时大力推行第三方监管和动产质押等新的库存和贷款管理方式。另外，为实现棉花信贷业务的可持续发展，农发行还积极调整客户结构，优化信贷资源配置，建立客户准入退出的机制。在政策性业务方面，重点支持一批大型棉花流通企业和基本客户作为确保收购的载体，为棉花收购资金供应提供保障；商业性业务方面，积极营销行业内实力强、效益好、辐射带动作用强、行业排名靠前的优质客户，培育有竞争力和忠诚度的客户群体，增强支农成效。

棉花收购信贷政策在这一时期进一步成熟，基本形成了以正确处理执行政策、业务发展与防范风险的关系为基本原则，以收购、库存和销售三个环节的管理为核心的系统体系，“双线”、“三金”、“双结零”等行之有效的信贷管理措施继续完善，第三方监管、产销衔接、信贷资金“大封闭运行”等新的管理理念陆续提出，棉花信贷业务开始全面有效发展。

（四）2011 棉花年度：开创棉花产业的新纪元

棉花临储政策的出台酝酿已久，但因各方面条件不够成熟而未能实施。2010 棉花年度，棉花价格大起大落，剧烈波动，使棉农、棉花流通企业、棉纺织企业等各棉花市场主体的利益均受到不同程度的影响。为稳定棉花生产、经营者和用棉企业市场预期，保护棉农利益，保证市场供应，2011 年 3 月末，国家出台了《2011 棉花年度临时收储预案》。临时储备制度的建立在中国棉花产业史上具有里程碑意义，是对原有储备棉制度的拓展与完善，既充实和丰富了我国储备棉体系建设，又有利于从各个层面引导棉花产业健康发展。

启动预案后，农发行棉花信贷各项工作进展良好。棉花收购贷款投放、储备贷款投放、支持收储量均创造了棉花流通体制改革以来的历史新高。但是，经过短短一个棉花年度，新制度对市场的影响还没有完全显现，新情况、新问题也有可能出乎预料。更为重要的是，临储制度的建立影响了中国棉花产业发展的方向，农发行必须尽快研究并掌握临储制度建立后市场走向的规律，认真分析并准确判断临储对棉花及纺织行业带来的影响，在临储制度的基础上塑造棉花信贷业务发展新格局，切实推进棉花信贷业务发展跨进新时代。

二、一些成功的经验和做法

棉花信贷十几年的发展历程并非一帆风顺，特别是 2001 年加入世贸组织以来，国家既要保护农民利益，同时又要进行市场化改革，棉花流通体制出现很多矛盾，集中在信贷政策上，农发行面临着保证收购与防范风险的“两难”境地。怎样既保护农民利益，又确保信贷资金安全，成为农发行棉花信贷政策制定的主要目标。为解决这个问题，农发行努力适应不断变化的经济形势和政策要求，在政策性信贷资金支农领域进行了大量有益的探索和实践，积累了一些行之有效的经验和做法，既妥善处理了不同阶段的主要矛盾，又实现自身信贷业务的有效运转，为促进整个棉花行业改革和发展作出了突出贡献，得到了政府、棉农和涉棉企业的肯定和赞誉。

（一）始终与国家宏观调控方向保持一致

政策性银行成立的目的是为确保国家对产业调节和改革的政策意图有效实现。作为农业政策性银行，农发行这些年棉花信贷业务的发展始终坚持服务国家宏观调控的原则，以国家产业政策为导向，不断加大投入力度，扶持“三农”有效发展。为有效调节棉花市场供求关系，农发行积极参与国家宏观调控政策的制定，为政府决策提供金融政策建议，同时在实际工作中，努力做好储备棉贷款的发放、管理、收回工作，自2001棉花年度开始，累计发放国家储备棉贷款1 161亿元，有效确保了国家调控政策落实；为确保棉花市场平稳运行，农发行制定贷款上限和风险控制线，并根据市场形势不断调整完善，通过控制收购贷款投放的力度和频度，平抑市场价格，在国家尚未建立临时储备机制、市场完全放开的状况下，农发行“双线”价格标准实际上起到了一定的价格引导作用；为配合国家棉花质检体制改革，农发行创新信贷产品，增加技改贷款科目，累计发放技改贷款8.9亿元，有效确保质检体制改革顺利完成。农发行以国家宏观调控为导向制定信贷政策，有力地保护了农民利益，促进了市场的稳定，为国家宏观经济平稳运行发挥了积极作用。

（二）始终把保护农民利益作为棉花信贷工作的出发点和落脚点

保证棉花收购资金供应，确保棉农收益有效实现，是农发行棉花信贷工作的首要任务和最终目标。棉花流通体制改革以来，农发行面临的外部政策和经济环境都发生了深刻变化，信贷支持方向和重点也随之不断进行调整，但“保收购”始终放在第一位不动摇。围绕这个中心，农发行提出了一系列的政策措施，如贷款资格早认定、铺底资金早发放；网点布局全覆盖；政策早制定、早宣传；培育一批确保收购的基本客户等。2001～2010年这十个棉花年度，农发行累计发放棉花收购贷款3 533亿元，支持企业收购棉花59 393万担，约占全国棉花产量的50%，有力的政策性金融保障彻底解决了“卖棉难”和“打白条”的问题，有效地保护了农民利益；2011棉花年度，截至2012年3月末，累计发放贷款701亿元，再创历史新高，支持收购棉花7 051万担，占全国预计产量的53%，资金供应处于主渠道地位。

（三）始终以市场为导向不断创新金融产品和服务

棉花流通体制改革以后，棉花购销的计划色彩逐渐减少，市场机制影响日益增加，成为农发行棉花信贷业务有效发展的重要因素。2004 年以来，农发行按照国家要求打造自担风险、自负盈亏的现代银行，在进行大量市场研究和需求分析的基础上，拓宽了棉花信贷业务范围，从棉花购销和流通环节逐步延伸到良种、种植、纺织、服装等产业链其他环节；同时创新了一系列的信贷产品，包括棉花产业化龙头企业贷款、预购贷款、良种贷款、技改贷款、流转贷款等；另外，还对农田改造、水利设施建设等农业基础设施方面进行了信贷支持，形成了全产业链有效发展的业务格局。金融产品不断创新是农发行强化信贷支农功能，提高支农水平，扩大支农范围的需要；也是分散系统风险，构建棉花贷款大封闭运行的需要；还是农发行信贷资源优化和客户结构升级，实现自身业务可持续发展的需要。围绕金融产品创新，农发行积极提升金融服务措施和水平，积极推广金山卡、网上银行等非现金结算手段，提高办贷效率；通过低息贷款、利率下浮等手段加大农业信贷支持力度；另外，在市场波动剧烈的情况下，还多次通过搭建棉花购销企业与纺织企业之间的供需衔接平台，化解市场风险，实现信贷资金的大封闭运行，收到了良好成效。

（四）始终以防控风险为重点创新棉花信贷管理模式

由于特定的业务领域和职能，农发行贷款企业普遍属于农业弱质企业，经营管理水平有限，易发生风险。市场化改革和加入世贸组织后，棉花市场风险进一步增大。为有效防范和化解市场风险，农发行在资金管理和库存管理方面进行了大量探索和实践，建立了“双结零”、第三方监管等有效的管理模式。双结零是指棉花年度内发放的收购贷款本息要在年度末全部结零，这项政策充分利用了 2001 年以后国内棉花产不足需的条件，有效结合棉花生产经营的特点，建立了棉花收购贷款期限管理新模式，解决了收购信贷资金被棉花库存占用，使用效率低下的问题，保证了棉花信贷资金的良性循环和持续投入。第三方监管采取引入独立监管仓库作为库存管理者的办法，对库存所有方和管理方进行分离，限制企业对棉花的处置权，有效地解决了传统库存管理投入多、难度大、效果不理想的问题，充分保障了银行债权的实现。这些管理模式目前已经在棉花行业内产生共识，并被粮食、化肥等其他农产品行业所借鉴，成为农产品流通环节资金管理和库存管理的成功做法。

（五）始终把支持产业升级、提升行业竞争力作为棉花信贷政策的重要方向

回顾十几年来的发展历程，农发行在确保收购的同时，始终把扶持棉花产业健康发展作为重要任务，以此为核心不断调整信贷支持重点，倾斜信贷资源，引导金融投向，实现银企共赢。流通体制改革伊始，农发行积极参与供销社企业改革改制，清产核资，利用信贷资源帮助有发展潜力的老棉花企业加快转型，建立现代企业制度，逐步提升行业竞争力；棉花行业全面市场化之后，业务范围拓宽到纺织服装领域，农发行以扶持行业发展、扩大支农成效为原

则，重点支持了一批实力强、效益好、行业影响力大、辐射示范作用强的优质企业，其中包括支持中棉集团、新棉集团、魏桥纺织、华茂纺织等一批行业内的尖端龙头企业，提升行业国际竞争力；2008 年国际金融危机发生之后，农发行持续加大信贷支持力度，确保行业继续发展，同时逐步建立企业准入退出机制，不断优化客户结构，帮助行业实现结构调整和产业升级。目前，农发行的许多贷款企业已经成为棉花和纺织等行业发展的中坚力量，带动了整个中国棉业经济的有效发展。

三、关于做好棉花信贷工作的几点思考

当前，一方面，随着中国经济不断崛起、综合国力不断提高，作为世界上最大的棉花生产国、进口国、消费国和纺织品出口国，中国棉花产业在世界上的影响力和话语权与日俱增，这给农发行棉花信贷业务的发展带来了新的机遇。但另一方面，中国棉花产业粗放经营，企业多、小、散、乱的局面仍没有得到根本性的改变，缺乏核心竞争力和有影响力的自主品牌，在国际竞争中优势并不明显，行业仍处在激烈的震荡变化中，因此农发行在支持棉花产业中也面临着巨大的挑战。棉花产业是关系国计民生、社会和谐、边疆稳定和经济发展的重要产业，在世界经济持续动荡、实体行业低迷不振的形势下，中国的棉花产业必须加快转变发展方式，全面调整发展方向，深化改革，优化结构。农发行作为支撑行业发展的重要力量，在中国棉花产业不断改革前进、由大变强的过程中，要克服困难，抓住机遇，积极发挥政策性银行不可替代的作用，为促进棉花产业健康发展以及整个经济有效运行作出更大的贡献。

（一）继续发挥政策优势，强化政策性金融功能与实力，在更高层次上服务宏观调控，支持中国棉花产业经济发展

农业是经济发展和社会安定的基础，在产业结构中具有十分重要的地位，但是农业又具有投入期限长、比较收益率低、自然灾害影响大等先天弱势，中国作为农业大国，从事农业的人口比重大，比世界上其他国家更加需要低成本、高额度、实力强大的农业政策性金融支持。特别是近年来，世界经济形势极不稳定，大宗农产品价格大起大落，棉花产业发展面临极大考验，这就更需要农发行积极发挥政策支农作用，在更高层次上与国家宏观调控保持一致，扶持棉花产业经济发展。一是要保持农发行政策性方向不变。要继续坚持政策性银行办行方向，不以追求利润最大化为唯一目的，以政策性金融与商业性金融的互补为原则，充分发挥“蓄水池”的功能，确保棉花市场收购资金的总体平衡，使农民能够顺利卖棉，获取应得利益，同时维护市场基本平稳，促进产业健康运行。二是要进一步强化功能。充分发挥收购资金保障功能，确保收购信贷资金供应和棉农收益实现；积极发挥农业政策导向功能，密切配合国家农业发展政策目标，加强政策倾斜和扶持力度，大力发挥政策性资金对农业发展的引导和扶持作用，吸引更多的商业性金融投入到“三农”领

域；不断完善农产品价格支持功能，平衡市场购求，稳定市场价格，保护农民生产积极性。三是要不断增强实力。进一步增强资金实力，积极拓展支农资金来源，开发融资渠道，扩大融资规模；进一步增强政策实力，以国家支农政策为基础，增强政策制定的科学性和政策落实的执行力；进一步增强管理实力，全面夯实基础管理，有效防控风险，以管理促效益、促发展；进一步增强客户实力，不断倾斜信贷资源，调整优化客户结构，提高客户整体竞争力。四是要成为宏观调控和支持棉花产业经济发展的有力工具，以棉花收购信贷资金供应为中心，加快发展棉花全产业链信贷业务，利用对其他环节的支持形成信贷合力，逐步加大支农力度，增强支农成效和行业影响，树立农发行在棉花产业领域的品牌形象。

（二）强化市场研究，主动适应和引导市场，在更高水平上不断创新信贷品种，完善服务手段

市场研究是信贷工作的基础。棉花市场化改革以来，农发行高度重视市场研究工作，以此为导向制定信贷政策，创新信贷产品，完善服务手段，取得了良好成效。当前，世界经济形势错综复杂，棉花信贷工作面临更为严峻的市场环境，必须进一步加强市场研究工作，主动适应和引导市场，以此为基础，积极创新信贷产品和服务，实现信贷业务可持续发展。一是要坚持积极主动。棉花市场波动大、变化快、影响因素众多，对棉花市场的研究，必须坚持积极主动的工作态度，做好信息储备、技术储备和政策储备，利用整体系统优势和客户资源，收集尽可能全面的信息资料，提前做好分析和预测，掌握市场运行的规律，以此为基础制定信贷政策，调整管理措施，帮助企业提高经营管理水平，防范信贷风险。二是要坚持开拓创新。创新是业务发展的源泉和强大动力。农发行棉花信贷业务从无到有、从小到大，发展到今天的规模，都得益于用开拓性的视野和思维不断创新、完善信贷政策和工作方法。当前农发行必须以市场研究为基础，全面推进管理、技术、产品和服务等多方面创新，努力提升管理能力和水平，为信贷业务发展提供强大动力和不竭源泉。

（三）发挥金融在经济中的核心作用，强化产供销衔接，有效防控市场风险

现代经济是以金融为核心的经济。农发行作为农业政策性金融的主力军，要充分发挥政策性金融的特殊作用，促进棉花产业经济乃至整个农业经济的健康发展。对棉花生产环节，要积极探索对棉花生产专业合作社的支持渠道和方式，提高农业组织化水平，促进农业增产和农民增收；棉花购销和流通环节，要支持一批重点大型棉花流通企业，在确保棉花收购顺利进行的同时，增强中国棉花竞争力和影响力；对纺织服装环节，要支持有实力的企业积极提升品牌形象和知名度，增强软实力。另外，要促进企业之间的联合，以信贷支持为手段，以资金链条连接上中下游产业，支持开户企业之间互为客户，

开展产供销衔接，构成以信贷资金为核心，以共同利益为纽带的战略客户群；要大力支持实体经济发展，克服虚拟经济的影响，加大信贷投入和支持力度，提供条件帮助优势企业做大做强，促进优质企业强强联合，以投资、合并、兼并等方式形成更大的企业集团，把企业做大、做实、做强、做优，整合行业力量，促进行业结构调整和产业优化升级，提升行业整体竞争力。

（四）以强有力的金融保障支持中国棉花产业争夺国际市场定价权

中国加入世贸组织以来，中国的棉花产业取得了长足的进步和发展，进一步巩固了世界第一棉花大国的地位；纺织行业也快速发展，成为世界上最大的纺织品生产国、消费国和出口国，年出口贸易额超过2 000亿美元，约占全世界的30%强。但是应该看到，作为棉花和纺织大国，中国在国际棉花交易规则的制定中仍然缺乏话语权，对国内外棉花市场价格走势也缺乏影响力；纺织品价值链上巨大的利润被国外品牌商、贸易商、渠道商所瓜分，中国厂商只能赚取低额利润；国际商品市场的定价权仍然是中国企业在进出口贸易中最大的障碍和壁垒，产业链系统性价格风险也依然是影响企业正常经营最大的威胁。随着全球经济一体化的发展，国内经济同世界的联系越来越紧密，国际棉花市场定价权的缺失必将给今后中国的棉花产业发展带来极大的困难和挑战。争夺国际市场定价权，需要国家进一步完善行业内各种政策制度规定，为棉花国内国际贸易创造良好的外部环境；进一步丰富棉花市场经营体系，完善期货市场制度建设，形成广泛的市场基础；同时，也需要农发行利用系统优势和信贷资源优势，继续引导和扶持行业发展。要以农业产业化为发展方向，支持行业转变经济增长方式，提升整个行业内在发展动力；要支持企业提升产品质量，加强科技和研发投入，增强创新能力，开发有市场有特色差异化的产品，同时积极支持优质纺织企业积极向下游延伸产业链条，创建自主纺织品终端品牌，利用整体优势实现企业经营转型和升级，增强核心竞争力；要培育一批具有全球视野的高端优质客户，建立具备国际先进水平的现代企业制度，参与国际竞争，开发国际市场，增强中国棉花产业和纺织产业在国际上的影响力和竞争力，使中国棉业经济屹立于世界经济之林。

中国农业发展银行副行长 刘梅生

目　录

第一章

建立棉花信贷封闭管理模式
实现信贷资金良性循环

棉花信贷封闭管理是中国农业发展银行(以下简称农发行)完成国家赋予的棉花收购资金供应管理职责、防止信贷资金流失、促进棉花市场化改革的重要手段,是农发行成立以来从事棉花贷款管理活动的经验凝结,是被实践证明行之有效的贷款管理方式。棉花信贷封闭管理是农发行信贷管理工作的重中之重,贯穿棉花信贷工作的始终并一直沿用至今。

一、棉花信贷封闭管理模式的提出和形成

20 世纪 90 年代初期,随着农村经济的迅速发展,农村金融体制的弊端日益显现出来,其中一个突出的问题就是农村金融政策性业务与商业性业务不分,中国农业银行同时承担两类业务,职能划分不清,政策性信贷资金存在巨大的管理漏洞。为了解决这一问题,国务院 1994 年新成立了农发行。国务院组建农发行的一个重要目的就是要实现农业政策性信贷资金在一家银行封闭运行,解决粮棉收购资金被企业挤占挪用,亏损挂账增加,粮棉油收购资金得不到保证和向农民"打白条"的问题。在成立初期,农发行认真按照国务院赋予的职能和界定的业务范围,有力地保证了粮棉油收购资金及时足额供应,基本杜绝了给农民"打白条"现象,维护了农民生产积极性,为当时的社会主义市场经济体制改革作出了积极的贡献。

但是,由于当时粮棉流通体制改革滞后,粮棉企业观念落后,经营模式陈旧,历史包袱沉重,经营亏损严重。加之农发行成立时间短,没有经验,对粮棉油收购信贷资金运动的内在规律缺乏认识,对粮棉物资的管理没有先例可循,对粮棉企业缺乏有效的管理手段,因此也就造成粮棉油收购资金被大量挤占挪用,导致国家不得不通过发行基础货币来满足收购资金需要,影响到了国家宏观调控。为此,1998 年国务院决定调整农发行的业务范围,将农发行承担的扶贫贷款、农业开发性贷款、粮棉购销企业加工和附营业务等划转到有关商业银行,使农发行专一履行粮棉油收购资金封闭管理职能,集中精力做好收购资金供应和管理工作,尽快实现收购资金的良性循环。

为切实完成国务院赋予农发行的任务,农发行转变观念、锐意改革、调整思路,把全部工作重心转移到实现收购资金封闭运行上来,遵循银行规律,加强信贷监管,把遏制收购资金的挤占挪用和流失放在首位,始终坚持发放一元钱贷款必须收购等价于一元钱的棉花,销售棉花后要及时足额收回其占用的贷款本息,收购资金贷款与棉花收储在运行方向上一致、在价值上相等。经过实践的尝试,农发行在强化对企业经营活动监管

和贷款操作上都进行了积极大胆的探索,逐步形成了棉花信贷封闭管理的基本模式。

二、棉花信贷封闭管理模式的主要内容

所谓棉花信贷封闭管理模式,就是指棉花收购资金贷款在棉花的购、销、调、存运动环节中,货币资金和商品资本都运动于规定的范围和渠道,收购资金贷款的投入量与其对应的实物价值相等。收购资金封闭运行是一个循环过程,包括农发行的信贷投放与回笼为主要活动的资金运行,以及与之相对应的棉花企业收购与销售为主要活动的商品运行。棉花收购资金封闭运行就是要保证资金流与物资流的高度统一,也就是必须保持资金运行与商品运行在方向上一致、在价值量上相符。简而言之,就是"收一斤棉花、给一斤棉钱,销一斤棉花、收回一斤棉花贷款本息"。为了实现封闭运行,农发行建立了一系列规章制度,包括:(1)"一基三专"账户管理与统计报表制度;(2)收购贷款使用报账制度;(3)定期查库制度和库存出库报告制度;(4)回笼货款分割收贷收息制度;(5)考核奖励制度等。

(一)规范账户核算,严格实行"一基三专"账户管理

为加强对粮棉油购销企业资金管理,1999年,农发行总行制定了《中国农业发展银行粮棉油收储企业存款账户管理与核算办法》。2000年又下发《关于修订〈中国农业发展银行粮棉油收储企业存款账户管理与核算办法〉的通知》,明确提出对粮棉油收储企业的各项业务核算实行"一基三专"账户管理。所谓的"一基三专"账户管理,就是要求企业在农发行开立一个基本账户和三个辅助账户,即收购资金存款账户、财务资金存款账户和应付利息存款账户,专项核算企业各类存款资金的增减变化情况。

凡是承贷和使用农发行贷款的棉花企业,必须在农发行开立基本存款账户,严禁在其他金融机构多头开户。基本存款账户主要反映企业各项存款的存入与转出,回笼销货款的存入和分配,是资金汇聚和分配的统驭科目。资金用途不明确或需要分割的资金存款应首先通过该账户核算,由农发行与企业签订存款支配协议后按存款性质进行分配。该账户在期末可以有合理的余额存放。在基本账户下设置三个辅助账户,按资金来源性质和使用要求实行专户管理。

一是企业收购资金存款账户。主要反映发放的收购贷款、储备贷款和调销贷款形成的存款,作为企业用于收购的资金及相关的收购费用。该账户专项用于借款人在收购过程中支付现金和转账支出,收购或调销

业务结束后要直接归还相应贷款,不能保留余额。

二是企业财务资金存款账户。主要反映从有关账户转入的财政拨入和上级主管部门拨入的专项费用补贴、企业回笼销售货款中所含应缴税款和归还贷款本息后的剩余部分、费用贷款中用于企业经营费用部分(不含应付利息),以及其他按规定可转入的经费存款。该账户借款人可自主支配,是企业日常开支结算需要的专用账户。

三是企业应付利息存款账户。主要反映从有关账户转入的企业从实现的回笼销售货款中分解的应付利息额、费用贷款中用于支付贷款利息的部分和财政拨补的利息补贴,以及其他来源用于支付利息的资金等。该账户借款人不得自行支配使用,由开户银行专项用于收回贷款利息。

实践证明,对棉花企业实行"一基三专"账户管理,对加强棉花收购资金监管、防止企业挤占挪用、促进棉花信贷资金的良性循环起到了重要的保障作用。

(二)抓住关键环节,严格执行库贷挂钩、封闭运行

在棉花贷款封闭管理过程中,核心是抓住贷款发放、库存管理和收贷收息三个关键环节,落实收购资金报账制度、核打码单制度、定期查库制度、出库报告制度、回笼货款分割收贷收息制度等,严格信贷监督,全面跟踪信贷资金流向,直至贷款本息收回。

一是在贷款发放环节,信贷资金运动表现为货币资金形态转变为商品资金形态,棉花商品运动表现为购销企业的收购或调入活动。在贷款发放环节,要做到"收一斤棉花、给一斤棉花贷款",发放的贷款数量应与收购价值相等。严格按收购进度发放贷款,在收购开始时可以给少量的铺底资金,收购后通过核打码单,适时结算并安排后续资金。收购过程中要严把棉花收储企业与农民结算关,逐笔监督收储企业的付款凭证,确保只要收储企业付给农民价款,农发行就给相应的贷款,解决好"给与不给"贷款的问题。及时核打棉花收储企业付给农民价款的凭证,即核打码单,掌握码单中皮棉、棉籽的数量和价款,依据收购价款和必要的收购费用合理确定贷款额度,解决好"给多给少"贷款的问题。严格贷款对象和贷款额度的核定,坚持收购资金报账制和核打码单制度是这一环节的重点。

二是在棉花存储环节,信贷资金运动表现为商品资金占用形态,即棉花商品的存储状态。实行封闭运行管理,就是要保证存储状态的棉花商品价值与商品资金占用形态的收购资金在价值上相等。因此,坚持定期查库制度和出库报告制度,及时掌握库存变化是这一环节的重点。

三是在收贷收息环节,信贷资金运动表现为商品资金形态转变为货

币资金形态，棉花商品运动表现为棉花的销售，棉花销售后要及时足额收回贷款，做到“销售多少棉花、收回多少贷款本息”。要保证农发行贷款本息的按期收回，棉花购销企业必须实现顺价销售。坚决杜绝企业赊销，制止企业违规降价销售。如因市场价格变化发生价差亏损，企业要在落实价差补贴来源的前提下方可销售。销售收入必须全部进入其在农发行设立的基本账户，农发行按照应收尽收的原则，全额收回相应的贷款本金和利息，余下的资金才可以划入企业财务资金账户，由企业自主支配。监督企业顺价销售、坚持回笼货款分割收贷收息制度是这一环节的重点。

三、棉花信贷封闭管理模式的发展和完善

2001 年，国务院颁布了《国务院关于进一步深化棉花流通体制改革的意见》（国发[2001]27 号），为贯彻文件精神，农发行审时度势，对棉花信贷管理政策及时进行了调整完善，棉花信贷管理开始进入了新的历史阶段，棉花贷款对象得到拓展，棉花贷款品种进一步丰富。封闭运行管理作为农发行对棉花收购资金管理的成功经验和有效手段仍得到了发扬光大，其主要做法一直沿用至今。

随着棉花信贷工作经验的不断积累和棉花流通体制改革的深化，农发行棉花信贷封闭管理的要求也得到了进一步发展和完善。主要体现在以下几个方面：

一是创新库存管理模式。封闭管理的核心是购贷销还和库贷挂钩，重点是看住企业的实物库存。为提高棉花库存监管水平，经过几年的试点，农发行大力推行了棉花库存第三方监管的管理模式，要求各行对实力较弱的购销企业收购的棉花实行第三方库存监管，改变了农发行在库存物资管理中的被动局面，将基层行从繁重的简单查库、看库的库存管理中解放出来，可以集中精力加强对企业的全面管理。

二是要求棉花企业在棉花年度结束前全部归还农发行贷款本息，也就是要实现年度“双结零”。为此，督促使用农发行贷款的企业树立均衡销售的经营理念，避免了赌后市的心理。“双结零”政策已成为农发行棉花信贷管理的一大品牌。

三是要求各行认真把握好贷款资格认定、核定贷款额度、按进度掌握节奏等“八个环节”和客户准入、贷款核准、资金使用、库存监管、资金归行“五个关口”，始终把企业实物库存和资金流的管理贯穿棉花信贷工作的全过程。

四是进一步坚持和完善收购资金台账监测制度，通过逐笔序时登记

台账，密切监测贷款发放、贷款使用、棉花购入、库存变化、货款回笼、收贷收息等情况。

五是建立定期综合分析制度，定期对企业的贷款使用情况、生产经营情况、财务状况及其他重大事项进行综合分析，查找问题并及时解决，对贷款额度较大的客户要进行重点监测和管理。

六是严格账户管理和贷款支付管理，确保信贷资金安全。

七是坚持完善大封闭运行理念和措施，按照系统、产业理念，把棉花信贷资源配置与支持棉花产业整体发展统筹起来，大力构建信贷资金在棉花收购、销售和深加工全过程的封闭运行。

十几年的棉花信贷实践充分证明，棉花贷款封闭运行管理具有十分重要的意义。首先，加强棉花收购资金贷款管理，防止棉花企业挤占挪用收购贷款、避免出现大量的给农民"打白条"的问题，实现收购资金贷款封闭运行，保护农民利益，是农发行的建行宗旨和基本职能之一，也是农发行贯彻落实国家宏观调控政策的重要途径。其次，实行封闭运行管理，可以硬化企业的信贷约束，有利于促进企业加快改革，搞活经营，增强市场竞争能力。最后，实行封闭运行管理，可以较好地解决政策性贷款业务的政策风险和操作风险，实现信贷资金的良性循环。可以说，封闭管理是农发行对棉花等大宗农产品信贷支持探索出的比较成功的管理模式，是农发行传统的并被实践证明行之有效的管理措施，是实现保收购和防风险双重目标的有力保障，必须坚定不移地继续执行下去，并在今后的信贷实践中不断深化和发展。

附:相关信贷政策、制度、流程和办法

关于印发《中国农业发展银行粮棉油贷款与库存值挂钩、封闭运行管理办法》的通知

1998 年 8 月 13 日　农发行字[1998]278 号

中国农业发展银行各省、自治区、直辖市分行,各计划单列市分行,总行营业部:

现将《中国农业发展银行粮棉油贷款与库存值挂钩、封闭运行管理办法》印发给你们,请遵照执行,对执行中的问题,及时向总行反映。

中国农业发展银行粮棉油贷款与库存值挂钩、封闭运行管理办法

第一章　总　　则

第一条　实现粮棉油收购资金的封闭运行,是国务院赋予中国农业发展银行的中心任务,是中国农业发展银行的立行之本,是中国农业发展银行政策性的集中体现。实施库贷挂钩管理,是实现封闭运行的可靠保证。根据国务院及中国人民银行关于收购资金封闭运行的有关法规、政策要求,制定本办法。

第二条　库贷挂钩、封闭运行管理的基本要求和内容:严格监控粮棉油收购、调销、储备各环节的资金运动,实行购贷销还,钱随物走,钱物结合,确保信贷资金运动与粮棉油商品运动在方向上一致、在价值上相符,不发生新的亏损挂账和其他挤占挪用,并通过不断清收企业不合理贷款占用,消化财务挂账,使库存值占贷款的比例不断提高。

第三条　列入库贷挂钩、封闭运行管理范围的贷款,为粮棉油收购、调销及储备贷款。

第二章　收购(储备)环节的贷款管理

第四条　申请粮棉油收购、储备贷款的国有粮食收储企业和供销社棉花企业,必须具备符合法律、行政法规规定的企业设立的一般条件;必须具有相应的储存能力和专业管理能力;必须在中国农业发展银行开立基本存款账户,同时设立收购资金存款

户、企业财务资金存款户等专用账户，并按中国农业发展银行的规定使用；必须按规定向开户银行报送有关财务、统计资料，并接受银行的信贷监督。

第五条 做好贷前调查。开户银行接到企业的借款申请后，除了调查第四条所规定的有关基本内容外，还要区别贷款种类，分别调查以下内容：

（一）对收购贷款，主要调查收购企业的收购计划及收购资源状况；企业是否具备足够的仓储条件。

（二）对国家专项储备贷款，主要调查有无国家发展计划委员会、财政部等部门共同下达的国家专项储备计划；储备商品的品种和来源；财政应拨补储备费用、利息的落实情况；承储企业是否具备符合要求的仓储设施及条件。

（三）对地方储备贷款，主要调查有无同级地方政府下达的储备计划；储备商品的品种和来源；储备费用、利息来源是否落实；承储企业是否具备符合要求的仓储设施及条件。

第六条 严格贷时审查。审查的主要内容是：

（一）企业是否认真执行国家购销政策。

（二）企业期初库存商品情况，分清库存商品性质、品种、数量、价值。防止周转库存商品与储备库存混淆。

（三）企业本期收购或储备商品的品种、数量、价格、收购值。

（四）企业以往粮棉油贷款的使用情况。对已经出现挤占挪用贷款的问题，是否按照有关规定进行了纠正。特别是对已采取停贷措施的企业是否符合重新发放贷款的条件。

（五）企业是否具备完善的、符合贷款要求和法律效力的贷款手续。

（六）各种补贴资金是否落实、企业消化不合理占用贷款资金是否按计划落实等。

第七条 严格贷款的发放程序。

（一）确定贷款发放额度。其测算公式分别是：

本期应发放的收购（储备）贷款额 =（收购单价 + 单位粮棉油必要的收购费用）×收购（储备）数量

粮棉油必要收购费用的支出，仅限于收购环节发生的包装物、低值易耗品、入库前的加工整理费以及直接收购人员的工资等。对必要收购费用实际发放贷款额度，严格按照总行的规定标准执行。

（二）确定贷款期限及利率。粮棉油收购、调销、储备贷款期限，严格按总行的有关规定掌握。贷款执行同期、同档次商业贷款基准利率，不得上浮。国家和地方储备贷款实行分段计息的办法。

（三）确定贷款方式。粮棉油收购、调销、储备贷款除另有规定外，一般采用信用贷款方式。

（四）签订贷款合同。必须使用中国农业发展银行统一规定的借款合同文本，同时在合同中必须明确以下内容：粮棉油调销贷款必须存入中国农业发展银行基本存款账户,货款归行,不论企业借款是否到期,必须全额归还这笔货款所占用的贷款本息。

(五)按收购进度分次发放贷款。收购、储备贷款必须按照贷款计划和商品收购入库进度发放,确保贷款投放与粮棉油收购值相一致。

第八条 加强贷后检查。检查的主要内容和要求除了第五条、第六条的有关内容之外,还包括:

(一)定期检查企业的收购入库的商品品种、数量、入库成本。核对贷款投放与收购值是否一致,对差额部分,要查清原因,及时收回,或在下期贷款额度核定时扣回。

(二)经常对企业入库商品进行检查核实,查看企业有无虚报收购数量等弄虚作假套取贷款的问题。

(三)企业的现金、业务周转金和收购资金存款账户资金,其三项之和在收购期间不得超过三天的收购值,对超出部分和收购结束后收购资金存款账户结存部分,要及时收回贷款。

信贷人员对上述检查情况要及时如实登记有关管理台账,写出检查报告,并向领导反映。

第九条 开户银行要督促粮棉油收储企业及时提供收购进度、收购价格、商品入库数量、金额等情况和报表。对提供虚假情况和资料、套取贷款的企业,应立即报告当地政府请其予以纠正,同时报告上级行。拒不纠正的,在上级行核准事实并正式批准后,按规定采取停贷制裁,直至彻底纠正为止。

第三章 调销环节的贷款管理

第十条 开户银行必须严格监督粮棉企业的商品调销活动;企业粮棉油商品出库,必须接受开户银行的监督。

粮棉油调销监督检查的主要内容:

(一)国家专项储备粮棉油调销,必须有国家发展计划委员会、财政部等有关部门的正式批文,有明确的调销数量、调销价格和调销去向。

(二)地方储备粮棉油调销,必须有同级地方政府的正式文件,当调销价格低于库存成本时,必须明确落实补偿或弥补调销亏损的资金来源,并在规定的时间内足额到位。

(三)周转库存粮油和商品棉花的调销,必须有购销双方确定的平等的购销合同,合同约定事项必须符合国家的购销政策,坚持顺价销售,不得逆向操作。同时必须遵循银行结算方式、账户管理等有关规定。

第十一条 在中国农业发展银行系统内开户企业的粮棉油调销,采取“此增彼减,分级负责”的管理方法。除同一开户行企业间的粮棉油调销,由开户行在增加调入企业贷款的同时,相应收回调出企业的贷款本息外,跨地区系统内粮棉油调销,采取由上级行在增加调入方开户行贷款计划和系统内借款的同时,相应减少调出方开户行的贷款计划和系统内借款的办法。

第十二条 在中国农业发展银行系统内开户企业的粮棉油调销,采取银行汇票和银行承兑汇票结算方式。系统外企业之间的粮棉油调销,除银行承兑汇票结算方式外,严格坚持钱货两清。对采取银行承兑汇票结算的,在企业核对承兑汇票真实无误,并将汇票交给开户行保管后,才可允许其商品出库。

第十三条 粮棉油回笼销售货款(包括现金收入)必须全额存入企业在中国农业发展银行开设的基本存款账户。对远离开户行的粮棉油收储企业因交通、提现不便等客观原因,经开户行同意和中国人民银行批准,可在当地的一家金融机构开设"销售回笼款存款户",专门用于核算企业在当地日常销售的现金及转账收入,不得办理支出和其他结算业务,存款定期上划基本存款账户。

第十四条 进入基本账户的回笼销售货款,除按规定缴纳本次销售的流转税款(有些可以免税)外,要按下列顺序使用:

(一)全额收回该批调销商品所占用的贷款本金;

(二)留足支付该笔贷款利息的资金;

(三)留下该批调销商品所分摊承担的粮食正常周转库存(棉花商品库存)所占用贷款的利息以及其他需由企业负担的贷款利息资金;

(四)对于企业销售利润较多的,经与企业协商,还应收回一部分历年不合理占用银行贷款本金和拖欠的利息;

(五)剩余的部分转入企业财务资金存款户,用于企业的其他合理费用支出。

回笼销售货款应收回的贷款本息的确定,按照总行的有关规定执行。

第十五条 收贷、收息的资金来源除企业回笼销售货款和其他收入外,还有财政各种补贴款和消化粮食财务挂账资金。各级行要搞清各种渠道的资金来源,密切注视各种资金的运动,按规定及时、足额收回各种应收回的贷款本息。

第十六条 加强对企业粮棉油调销资金回笼和使用情况的监督检查。对发现存在下列情况之一,致使贷款被挤占挪用,应立即报告当地政府请其予以纠正,同时报告上级行。拒不纠正的,在上级行核准事实并正式批准后,采取停贷制裁:

(一)赊销粮棉油直接造成亏损挂账;

(二)粮棉油销售收入不入账,或坐支现金;

(三)不按国家规定将粮棉油调销回笼货款存入中国农业发展银行专户,利用多头开户等方式转移挪用粮棉油调销回笼货款;

(四)违反顺价销售原则,擅自降价销售又无弥补来源,致使粮棉油贷款不能足额归还;

(五)挤占挪用粮棉油收购(调销、储备)贷款购置固定资产、从事附营业务、投资有价证券、转借他人及用于有关部门的集资摊派等;

(六)利用兼并、改制、破产等名义悬空、逃废银行债务以及带粮分流人员等直接挤占挪用收购(调销、储备)贷款。

第十七条 系统内粮棉油调入方开户企业申请粮棉油调销贷款,其贷款调查和审查按照第十条的有关内容进行。贷款的发放管理比照第二章的有关规定执行。

第四章　不合理占用贷款的管理

第十八条　对粮油企业已形成的不合理占用贷款，经审计清理后，要按照国务院及有关部门的规定，实行分账管理，单独设户。要督促财政和有关部门按计划消化亏损挂账并及时到位补贴资金，督促企业清理各种不合理占用贷款，消化清理收回的资金要全额进入企业的基本存款账户，开户银行及时收回相应的贷款本息。

要层层建立不合理占用贷款清收责任制，并实行监测考核。同时坚决杜绝新的挤占挪用贷款的发生。

第十九条　对1991粮食年度以前的财务挂账，继续按国发[1994]62号文件及有关实施规定，督促和检查财政及粮食企业落实资金按计划消化；对1992年4月1日至1998年5月31日期间的粮食财务挂账，督促财政及企业按国务院《关于进一步深化粮食流通体制改革的决定》及配套文件进行清理消化。

第二十条　对企业已发生的不合理货币资金占用的贷款，要通过清理多头开户等措施，全部收回。

第二十一条　对企业已形成的不合理结算资金占用的贷款，在经清理明确落实购销双方债权、债务关系的前提下，原则上对属于同一地区的中国农业发展银行系统内开户企业之间的拖欠，由所在地区中国农业发展银行会同粮食主管部门进行清欠；跨地区企业之间的拖欠，由上级行组织清欠。通过清欠，及时收回不合理结算资金占用贷款本息。

同时，要加强对粮棉油结算资金占用情况的检查监督，及时督促企业收回应收账款，严格控制其占用贷款的增加。

第二十二条　对企业已发生的固定资产、对外投资、职工借支等各种挤占贷款，必须制订切实可行的清收计划，并督促企业按计划逐年消化。

第五章　库贷挂钩、封闭运行岗位责任制

第二十三条　库贷挂钩、封闭运行管理责任制的核心是实行各级行行长负责制。各级行行长是封闭运行管理的指挥者和组织者，主要职责是，组织所辖分支机构，业务代理行和各业务部门，认真落实总行关于封闭运行管理的各项措施；建立完善部门分工负责制；及时解决封闭管理工作中的问题；积极探索研究收购资金封闭运行的途径和方法，确保全面完成上级行下达的封闭运行管理目标。

第二十四条　信贷部门是库贷挂钩、封闭运行管理的具体执行者，主要职责是：

（一）按照有关规定组织或直接进行收购、调销及储备贷款的审查、发放工作，确保贷款与库存同额增加。

（二）按照规定组织或定期对企业库存商品进行检查核实，严格监督企业的调销活动。对企业调销回笼款加强管理，及时收回贷款本息。

（三）对企业不合理占用贷款进行监督管理，督促企业按计划清理不合理占用贷

款，并采取各种措施杜绝发生新的挤占挪用。对新发生的挤占挪用贷款，组织或直接进行检查、认定，提出信贷制裁意见，报领导和上级行批准后实施。

（四）对封闭运行管理各种台账和报表组织或直接进行上报和分析。

（五）按照封闭运行的要求，组织制定或贯彻执行贷款管理制度、办法及有关规定。同时及时总结信贷管理工作中的经验教训，并组织交流与推广。

第二十五条 资金计划部门主要负责按库贷挂钩的原则编制、实施和调整信贷计划；按“此增彼减、分级负责”的要求，对系统粮棉油调销资金进行清算，及时调整调入调出方信贷计划和系统内借款。

第二十六条 财务会计部门主要负责对粮棉油企业各类存款专户的柜台监督管理，及时向计划、信贷部门提供企业结算资金变化情况；及时提供结算服务；按信贷部门的通知，及时收回企业回笼销售货款的贷款本息，对各种挤占挪用按有关规定进行加息、罚息。

第二十七条 稽核部门主要负责加强对信贷政策执行情况和影响收购资金封闭运行关键环节的稽核检查，发现问题，及时查处，并对处理结果和执行情况进行监督。

第二十八条 人事部门主要负责按库贷挂钩、封闭运行的要求，配备好信贷人员，认真抓好信贷人员的岗位业务培训，并把库贷挂钩管理情况和封闭运行目标的实现作为考核各级行领导班子和干部工作实绩的主要内容。

第二十九条 信息电脑部门主要负责做好库贷挂钩、封闭运行的信息反馈工作；积极做好库贷挂钩、封闭运行有关报表软件的推广和维护，及时解决报表传输技术问题。

第六章　指标体系及统计报告制度

第三十条 根据封闭运行的要求，设立相关指标，以监测、分析和考核管理工作效果。主要指标有：库贷比例指标、回笼销售货款归行指标、回笼销售货款收贷指标、回笼销售货款收息指标、挤占挪用贷款清收指标等。根据实际情况，可以增减有关指标。

第三十一条 库贷比例指标：

（一）期末库贷比例。指考核期末粮棉油库存值与粮棉油贷款的比例。用公式表示：

期末库贷比例＝考核期末粮棉油库存值÷考核期末粮棉油贷款余额×100%

（二）新放收购（含调销）贷款与新收购（含调入）粮棉油价值比例。指考核期累计收购（含调入）的粮棉油价值（含必要的收购、调销费用）与累计发放的粮棉油收购（含调销）贷款（含收回再贷部分）的比例。用公式表示：

新放收购（含调销）贷款与新收购（含调入）粮棉油价值比例＝考核期累计粮棉油收购（含调入）值÷考核期累计发放粮棉油收购（含调销）贷款额×100%

第三十二条 回笼销售货款归行指标：回笼销售货款归行率。指考核期企业累计存入中国农业发展银行基本存款账户的销售货款额与考核期企业累计回笼的销售货款的比例。用公式表示：

回笼销售货款归行率 = 考核期企业累计存入中国农业发展银行存款账户的销售货款 ÷ 考核期企业累计回笼的销售货款 × 100%

与此同时，还可以考核回笼销售收入占全部销售收入的比例，尽可能减少结算资金占用和应收货款。

第三十三条 回笼销售货款收贷指标：回笼销售货款收贷率。指考核期企业从回笼销售货款中累计收回的贷款额与企业累计回笼销售货款中应归还贷款的比例。用公式表示：

回笼销售货款收贷率 = 考核期企业从销售货款中累计收回的应收贷款额 ÷ 考核期企业累计回笼销售货款中应归还的贷款额 × 100%

与此同时，还应考核总的贷款收回率，促进消化亏损挂账，减少其他不合理占用贷款等。

第三十四条 回笼销售货款收息指标：回笼销售货款利息收回率。指考核期（一般按季度）从企业调销货款中累计收回的贷款利息与考核期回笼销售货款应收回利息的比例。用公式表示：

回笼销售货款利息收回率 = 考核期从回笼销售货款中累计收回的贷款利息 ÷ 考核期企业回笼销售货款中应收回利息 × 100%

与此同时，还应考核总的贷款利息收回率，促进财政利息补贴到位和清收企业欠息的工作。

第三十五条 挤占挪用贷款清收指标。企业挤占挪用贷款清收指标的考核内容包括企业不合理货币资金占用贷款、不合理结算资金占用贷款、企业其他挤占挪用贷款和挂账停息政策规定的期限以后发生的企业亏损挤占贷款。国家政策明确规定的挂账停息部分另行考核。主要指标是：

（一）挤占挪用贷款下降额。计算公式：

期末挤占挪用贷款下降额 = 期初挤占挪用贷款余额 - 期末挤占挪用贷款余额

（二）挤占挪用贷款下降率。指考核期企业挤占挪用贷款净下降额与期初挤占挪用贷款余额的比例。用公式表示：

企业挤占挪用贷款下降率 =（期初挤占挪用贷款余额 - 期末挤占挪用贷款余额）÷ 期初挤占挪用贷款余额 × 100%

第三十六条 建立粮棉油贷款管理、封闭运行统计报告制度。各级行要按照总行关于建立贷款管理台账和统计月报制度的有关要求，建立必要的贷款管理台账，逐笔登记，并根据台账数据填报月报表，逐月、逐级汇总上报。

第七章 考核与奖惩

第三十七条 库贷挂钩、封闭运行管理工作的考核采取“分级负责，定期进行，定性和定量相结合，责、权、利相结合”的办法。各级行必须层层建立收购资金封闭管理考核制度，上级行负责对下级行的考核，行长负责对本行各部门的考核。

库贷挂钩、封闭运行管理工作实行责任制考核，具体办法总行另行制定。

第三十八条 库贷挂钩、封闭运行考核的主要内容：

（一）各级行是否按本办法的要求建立库贷挂钩、封闭运行管理责任制，各项措施是否落实，是否建立并及时、准确登记库贷挂钩、封闭运行管理台账，按时上报有关报表和分析报告，能否及时总结推广先进经验，解决工作中的有关问题。

（二）对新放收购（含调销）贷款与新收购（含调入）粮棉油价值（含必要的收购、调销费用）的比例、回笼销售货款归行率、回笼销售货款收贷率等指标，要按照总行有关规定，严格考核。

第三十九条 对在库贷挂钩、封闭运行管理工作中成绩突出、成效显著的单位和个人，给予相应的奖励。

对不认真执行封闭运行管理有关规定，没实现库贷挂钩管理目标，甚至造成严重负面影响和收购资金流失的单位，要追究行长及有关人员的责任和必要的经济处罚，情节严重、造成资金流失的，要严肃处理。

对经上级行考核连续两年未完成所下达库贷挂钩封闭运行指标的行，对行长给予必要的行政处罚。

对在考核工作中弄虚作假、骗取荣誉的单位和个人，一经发现，视情节轻重给予通报批评或行政处分。

第八章 附 则

第四十条 其他农副产品专项储备贷款的管理，参照本办法执行。

第四十一条 本办法自印发之日起执行。以前有关文件规定，凡与本办法不一致的，以本办法为准。

关于建立棉花贷款封闭运行管理台账的通知

1998 年 8 月 17 日　农发行字[1998]282 号

中国农业发展银行各省、自治区、直辖市分行，各计划单列市分行，总行营业部：

为了做好棉花贷款封闭运行管理工作，总行根据棉花贷款发放、日常监测管理和收贷收息三个工作环节的不同要求，制定了 6 个棉花贷款封闭运行管理基本台账及《棉花贷款管理台账登记说明》（见附件），现印发给你们，并就有关事项通知如下：

一、各分行接到本通知后，要迅速将总行制定的 6 个基本台账和《棉花贷款管理台账登记说明》转发到各基层行。各基层行一律于 1998 年 9 月 10 日前建好新台账。各分支行可根据本行工作的实际需要对基本台账进行补充和完善，但不得减少基本台账的内容。

二、台账按每户棉麻企业分别建立，由基层行管户信贷员负责登记。管户信贷员要随时掌握企业物资和资金的运动情况。严格按《棉花贷款管理台账登记说明》认真、及时地逐笔序时登记。

三、台账主要登记与棉花贷款变化有直接关系的棉花购、销、调、存等环节物资和资金的变化情况。台账中大部分指标源于企业财务统计指标和业务统计指标或衍生而来。因此，为了确保台账的真实性和可靠性，各基层行管户信贷员必须经常深入企业了解实际情况，每月将台账与企业财务统计和业务统计进行核对。

四、台账是填报“棉花贷款管理月报表”的基础，各基层行必须根据台账汇总据实填报“棉花贷款管理月报表”，不得弄虚作假。

五、各级行要把建立、完善、登记好台账作为搞好棉花贷款封闭运行的一项重要基础工作来抓。各级行行长要加强对这项工作的领导，加强对台账内容准确性的审核，并把台账登记工作纳入对信贷员的责任目标考核之中，以保证这项工作得到落实。

六、本台账建立之后，各级行以前建立的各种棉花贷款管理台账自行决定取舍。但如果存在与本台账相抵触的内容，一律以本台账为准。

附件：1. 棉花收购台账（台账一）（略）

2. 棉花调入（含进口）台账（台账二）（略）

3. 棉花销售（含调出）台账（台账三）（略）

4. 棉花库存台账（台账四）（略）

5. 棉花收息台账(台账五)(略)
6. 企业不合理资金占用贷款台账(台账六)(略)
7. 棉花贷款管理台账登记说明(略)

关于印发《中国农业发展银行粮棉油收储企业存款账户管理与核算办法》的通知

1999年1月27日　农发行字[1999]15号

中国农业发展银行各省、自治区、直辖市分行，各计划单列市分行，总行营业部：

现将《中国农业发展银行粮棉油收储企业存款账户管理与核算办法》印发给你们，请认真贯彻执行。执行中有什么问题，请及时向总行反映。各省（区、市）分行可依据此办法制定辖内实施细则，并报总行备案。

中国农业发展银行粮棉油收储企业存款账户管理与核算办法

为加强对粮棉油收储企业存款账户管理，规范账务核算，防止挤占挪用收购资金，促进收购资金封闭运行和专款专用，根据中国人民银行账户管理规定和收购资金封闭运行的要求。特制定本办法。

一、粮棉油收储企业存款账户的设置与管理

凡粮棉油收储企业，只能在中国农业发展银行及其代理行开立基本存款账户，严禁在他行开立基本存款账户。基本存款账户的开立，要经过中国人民银行批准。根据粮棉油收储企业资金专款专用的特殊性，对粮棉油收储企业存款设置"企业基本存款"、"企业收购资金存款"、"企业财务资金存款"、"企业应付利息存款"四个科目，并在四个科目下按收储企业设置相应存款账户，专项核算收储企业的各类存款资金的增减变化情况。收储企业也要相应设置四个银行存款账户，以便与开户行的存款账户相对应。

（一）基本存款。基本存款科目是资金会聚和分配的统驭科目，企业销货回笼款、财政补贴款等存款资金，都必须通过基本存款科目过渡分配。该存款科目核算内容包括：贷款的存入与转出；销货回笼款的转入和分配转出；财政补贴资金的拨入与分配转出；其他款项的存入与分配转出等。该科目存款由开户行按企业存款资金性质进行分配，企业不得由此科目直接支配存款资金（简易建仓贷款的转存资金除外）。

（二）收购资金存款。收购资金存款科目核算由基本存款科目转入的用于收购环节发放的贷款（包括收购贷款和储备贷款）所形成的存款。向收储企业发放的上述贷款，首先要转入基本存款账户，其次，根据信贷部门要求，及时转入企业收购资金存款账户。该存款只能用于收购（含必要费用），禁止用于其他各种支出。收购结束后，此存款余额要划回基本存款账户。

（三）财务资金存款。财务资金存款科目核算由基本存款科目转入的企业财务费用。如财政等有关部门拨入的专项费用补贴；企业销货回笼款收取贷款本息后的经营收入（含税金）；费用贷款中用于企业正常周转库存粮保管费用的部分；其他按规定转入的经费存款等。该存款由企业支配使用，开户行按照有关规定进行监督。

（四）应付利息存款。应付利息存款科目核算由企业基本存款等科目转入的应付利息资金。该存款只能用于偿还贷款利息，企业不能用于其他开支。

二、粮棉油收储企业辅助存款账户的设置与管理

没有设立中国农业发展银行营业机构又没有指定代理行的县（市）以及县以下基层粮棉油收储企业因交通、提现不便等客观原因，经我行分支机构审核同意，可在当地选择一家金融机构开立辅助存款账户。辅助存款账户的开立要经过中国人民银行批准。

（一）销货回笼存款户。该存款账户核算企业在当地零星销货回笼款的存入和划转基本存款账户的转出，此存款账户余额应定期划转基本存款账户，不得坐支。

（二）收购资金存款户。该存款账户核算从开立基本存款账户的开户行的收购资金账户拨入的收购资金。收购结束后，账户存款余额要扫数划回原划出账户。

（三）财务资金存款户。该存款账户核算由我行开立基本存款账户的开户行的财务资金账户拨给企业的经费资金。

三、粮棉油收储企业存款账户的核算

粮棉油收储企业开立的存款专户和辅助存款专户均属于活期存款范畴，企业可使用一套预留银行印鉴办理结算业务。

（一）基本存款的核算

粮棉油收储企业的存款资金必须先进入基本存款账户。然后由开户行按存款资金性质分配到相关的存款账户再使用。从基本存款账户收回贷款本金时，由开户行使用特种转账凭证（贷款收回凭证）主动划收；从基本存款账户划转其他存款账户时，开户银行一般要与企业事先签订"粮棉油收储企业基本存款账户资金划转协议"（附件1），使开户行有主动划转款项的权力，以利于资金及时分配和划转。签订划转协议的，开户行会计部对企业的入账资金要及时填制"企业基本存款账户资金到账与分割通知单"（附件2，以下简称"分割单"）通知信贷部门。信贷部门要依据资金性质、用途逐笔及时进行分解，并在"分割单"中详细填写资金分配情况，反馈会计部门。会计部门凭已填制特种转账凭证主动划转，分配资金。"分割单"作基本存款账户特种转账凭证附件。未签订划转协议的，信贷部门对到账的存款资金的分配要通知会计部门和企业，由企业出票交会计部门办理账务划转，会计部门根据信贷部门通知负责监督。

基本存款账户企业可以使用转账支票转账，但不能使用现金支票支取现金。企业不能使用该存款支付企业费用等方面的开支。

1. 收储和调销贷款存入与转出的核算

(1)发放贷款的核算

发放贷款存入,会计部门凭审查无误的借款借据进行账务处理。会计分录:

借:××贷款——××企业户

贷:粮油或棉花企业基本存款——××企业户

(2)转入收购资金存款账户的核算

转入收购资金存款账户时,根据信贷部门出具的“分割单”,会计部门审核无误后填制特种转账凭证或由企业签发转账支票办理转账。会计分录:

借:粮油或棉花企业基本存款——××企业户

贷:粮油或棉花企业收购资金存款——××企业户

2. 销货回笼款存入与分配的核算

销货回笼款归行时,先存入“粮油或棉花企业基本存款”账户,然后由开户行进行资金分配。

(1)销货回笼款存入的核算

开户行收到企业提交的银行汇票或收到汇兑款项时,审核无误后,以实际结算金额或汇兑到账金额办理转账。会计分录:

借:联行往账或××科目

贷:粮油或棉花企业基本存款——××企业户

(2)销货回笼款分配的核算

销货回笼款归行入账后,会计部门要及时填制“分割单”通知信贷部门,由信贷部门进行资金分配,会计部门根据信贷部门“分割单”要求,填制特种转账凭证或由企业签发转账支票,从粮油或棉花企业基本存款账户进行资金划转。具体核算如下:

①从销货回笼款中收回贷款本金的核算

由开户行主动划转的,会计部门根据“分割单”,直接填制特种转账凭证(贷款收回凭证)或由企业签发转账支票办理转账。会计分录:

借:粮油或棉花企业基本存款——××企业户

贷:××贷款——××企业户

②从销货回笼款中收回利息的核算

收回利息时,不论结息日或非结息日一律通过应付利息存款账户过渡。会计部门根据信贷部门出具的“分割单”,填制特种转账凭证办理转账。会计分录:

借:粮油或棉花企业基本存款——××企业户

贷:粮油或棉花企业应付利息存款——××企业户

③从销货回笼款中转入企业财务资金存款科目的核算

会计部门根据信贷部门“分割单”,将销货回笼款中的财务资金转入财务资金存款账户时,按分配金额填制特种转账凭证或由企业签发转账支票办理转账。会计分录:

借:粮油或棉花企业基本存款——××企业户

贷:粮油或棉花企业财务资金存款——××企业户

3. 财政补贴款项拨入与分配的核算

(1)拨入的核算

会计部门收到财政拨给企业的补贴款项后,先将款项存入基本存款账户,同时填制“分割单”通知信贷部门。会计分录:

借:存放中央银行款项或××科目

贷:粮油或棉花企业基本存款——××企业户

(2)分配的核算

会计部门根据信贷部门“分割单”确定的数额填制特种转账凭证(收回贷款可填制贷款收回凭证)或由企业签发转账支票分别进行账务处理。

①属于收回贷款本金的,会计分录:

借:粮油或棉花企业基本存款——××企业户

贷:××贷款——××企业户

②属于利息部分的转入“粮油或棉花企业应付利息存款”账户。会计分录:

借:粮油或棉花企业基本存款——××企业户

贷:应付利息存款——××企业户

③属于企业费用部分转入“企业财务资金存款”账户。会计分录:

借:粮油或棉花企业基本存款——××企业户

贷:粮油或棉花企业财务资金存款——××企业户

4. 企业主管部门拨给企业经费的核算

会计部门收到企业主管部门拨给企业的经费时,先存入企业基本存款账户。然后由会计部门填制“分割单”通知信贷部门。信贷部门要及时进行资金分配,会计部门根据信贷部门“分割单”确定的数额,办理转账。会计处理与“财政补贴款项拨入与分配的核算”相同。

5. 费用贷款的存入与分配的核算

(1)发放费用贷款存入时的核算

会计部门凭审查无误的费用借款借据进行账务处理。会计分录:

借:费用贷款——××企业户

贷:粮油企业基本存款——××企业户

(2)分配费用贷款的核算

费用贷款资金存入基本存款账户后,会计部门凭信贷部门“分割单”,填制特种转账凭证或由企业签发的转账支票进行账务处理。

①属于归还贷款利息部分,会计分录:

借:粮油企业基本存款——××企业户

贷:粮油企业应付利息存款——××企业户

②属于企业财务资金的,会计分录:

借:粮油企业基本存款——××企业户

贷:粮油企业财务资金存款——××企业户

(二)收购资金存款的核算

收购资金存款账户可以使用现金或转账支票结算。现金结算只能用于收购提现,转账结算必须符合专款专用的原则。该账户要按实际收购和调销数量进行控制。

1. 基本存款转入的核算

由基本存款账户转入本账户时,会计部门根据信贷部门“分割单”填制特种转账凭证或由企业签发转账支票进行账务处理。会计分录:

借:粮油或棉花企业基本存款——××企业户

贷:粮油或棉花企业收购资金存款——××企业户

2. 支付收购资金存款的核算

(1)支取现金的核算

企业提取现金用于收购时,由企业签发现金支票,信贷部门根据收购量审核后,会计部门根据经审核同意支付的现金支票进行账务处理。会计分录:

借:粮油或棉花企业收购资金存款——××企业户

贷:现金

(2)转账支付的核算

企业用转账方式办理业务时,由企业签发转账支票等结算凭证,信贷部门审核后,会计部门凭此进行账务处理。会计分录:

借:粮油或棉花企业收购资金存款——××企业户

贷:存放中央银行款项或××科目

(3)拨付收购资金到辅助账户的核算

企业将收购账户的存款资金拨付到在他行开立的辅助账户时,由企业签发转账结算凭证,经信贷部门审批后,会计部门凭此进行账务处理。会计分录:

借:粮油或棉花企业收购资金存款——××企业户

贷:存放中央银行款项或××科目

3. 结清收购资金存款的核算

收购结束后,信贷部门应通知企业结清收购资金存款账户余额。结清时,由企业签发转账支票,会计部门经审查无误后办理转账。会计分录:

借:粮油或棉花企业收购资金存款——××企业户

贷:粮油或棉花企业基本存款——××企业户

同时,应相应收回贷款,会计部门凭信贷部门的“分割单”,填制特种转账凭证(贷款收回凭证)或由企业签发转账支票办理转账。会计分录:

借:粮油或棉花企业基本存款——××企业户

贷:××贷款——××企业户

(三)财务资金存款的核算

财务资金存款账户主要是核算企业应付税金、工资、福利和办公费用及零星的现金支出等,该存款由企业自主支配,可使用现金和转账结算,开户行按有关规定进行监督。

1. 基本存款账户转入的核算

由基本存款账户转入时,会计部门凭信贷部门“分割单”填制特种转账凭证或由企业签发转账支票进行账务处理。会计分录:

借:粮油或棉花企业基本存款——××企业户

　贷:粮油或棉花企业财务资金存款——××企业户

2. 支付财务资金存款的核算

(1)企业提取现金的核算

会计部门受理企业签发的现金支票,大额的由计划信贷部门按现金管理规定审批,会计部门再按《支付结算办法》规定审核无误后进行账务处理。会计分录:

借:粮油或棉花企业财务资金存款——××企业户

　贷:现金

(2)转账付款的核算

会计部门受理开户企业转账付款的票据,按《支付结算办法》规定审核无误后进行账务处理。会计分录:

借:粮油或棉花企业财务资金存款——××企业户

　贷:联行往账或××科目

(3)拨付财务资金辅助账户的核算

从财务资金存款账户拨付给在他行开立的财务资金辅助账户时,由企业签发结算凭证办理转账。会计分录:

借:粮油或棉花企业财务资金存款——××企业户

　贷:存放中央银行款项或××科目

(四)应付利息存款的核算

应付利息存款账户资金只能用于偿还贷款利息。该账户不得使用支票结算,由开户行填制贷款利息收入凭证或特种转账凭证直接收取。

1. 利息资金转入的核算

(1)销货回笼款分配转入的核算

当企业销货回笼款归行后,会计部门凭信贷部门“分割单”,填制特种转账凭证或由企业签发转账支票从“基本存款”账户将利息资金转入“应付利息存款”账户,会计分录:

借:粮油或棉花企业基本存款——××企业户

　贷:粮油或棉花企业应付利息存款——××企业户

(2)财政补贴分配转入的核算

收到财政补贴款项时,会计部门凭信贷部门“分割单”,填制特种转账凭证或由企业签发转账支票从基本存款账户将利息资金转入该存款户,会计分录:

借:粮油或棉花企业基本存款——××企业户

贷:粮油或棉花企业应付利息存款——××企业户

(3)费用贷款转入的核算

费用贷款用于归还利息部分,会计部门凭信贷部门“分割单”,填制特种转账凭证或由企业签发转账支票从“基本存款”账户将利息资金转入该账户,会计分录:

借:粮油企业基本存款——××企业户

贷:粮油企业应付利息存款——××企业户

2. 收取利息的核算

从应付利息存款账户收取利息时,按《中国农业发展银行利息管理与核算办法》(农发行字[1998]432号)文件规定办理。

四、粮棉油收储企业辅助存款账户的核算要求

粮棉油收储企业在他行开设的三个辅助账户,即销货回笼存款户、收购资金存款户、财务资金存款户的资金来源、使用,余额结清的会计核算,比照上述专用存款账户的核算手续办理。

粮棉油收储企业在他行开设辅助存款账户的,中国农业发展银行管辖行要与他行的主管行签订协议、明确辅助账户的核算与管理责任。

五、本办法适用于中国农业发展银行各级行及其代理行,并由总行负责解释、修改,自1999年2月1日起执行

附件:1. 粮棉油收储企业基本存款账户资金划转协议(略)

2. 企业基本存款账户资金到账与分割通知单(略)

关于修订《中国农业发展银行粮棉油收储企业存款账户管理与核算办法》的通知

2000年7月7日　农发行字[2000]110号

中国农业发展银行各省、自治区、直辖市分行，各计划单列市分行，总行营业部：

为加强对粮棉油购销企业资金管理，总行根据收购资金封闭管理要求，制定了《中国农业发展银行粮棉油收储企业存款账户管理与核算办法》(农发行字[1999]15号)。实践证明，该办法为防止企业挤占挪用收购资金，促进收购资金封闭管理，已起到了十分明显的积极作用。随着收购资金封闭管理政策的深入贯彻落实，银行与企业执行政策的自觉性不断提高，为了简化手续、方便核算，在调查研究的基础上，现对《中国农业发展银行粮棉油收储企业存款账户管理与核算办法》作补充修订，内容如下：

一、基本存款账户。原办法规定该账户起统驭作用，企业一切的资金会聚和分配都要通过该账户反映，如发放贷款的转存款、销货回笼款、财政补贴款等，都要通过该账户反映后再分配。这样处理对资金的来龙去脉比较清晰，但手续烦琐，增加了会计业务量。今后，在核算过程中可按以下要求掌握，以简化手续：凡资金用途明确且专一，又无需分割的，可直接转入相应存款专户核算，不必通过基本存款账户过渡。如收购资金贷款、调销和储备贷款、财政和企业主管部门拨给企业的单项补贴资金等。对于购销企业的预收销售货款，今后应统一纳入基本存款账户暂存，待货物销售后再进行资金分割，预收货款剩余时应通过基本存款账户将剩余资金退给购货单位。基本存款账户允许在期末有合理的余额存放。

二、收购资金存款专户。发放收购、调销和储备贷款时，可将资金直接转入本专户，收购或调销业务结束后，资金结余也由该专户直接归还相关贷款。

三、应付利息存款专户。该专户是企业应付贷款利息的备付资金户，其存款只能用于偿还贷款利息。由于表内、表外应收利息科目已按贷款性质设置了应收贷款利息明细账户，应付利息存款专户可不必再分类设置明细账户，只要企业欠息，该专户又有存款，随时可以从该专户收取。

四、关于建仓贷款的核算。发放简易建仓贷款时，资金转入其他活期存款科目核算，并可直接从该科目支取使用。

五、继续加强对粮棉油购销企业存款账户的管理。粮棉油购销企业存款账户核算内容调整后，要继续严格执行《中国农业发展银行粮棉油收储企业存款账户管理与核算办法》中其他有关要求，如销货回笼款的计算分割和分配存入、企业辅助存款账户的设置与管理等。信贷、会计等有关部门要进一步密切配合,加强对收购资金的管理。

上述修订内容自2000年7月1日起执行。

第二章

延伸信贷支持领域
丰富棉花贷款品种

1998年以来，随着国家棉花流通体制改革的不断推进，中国农业发展银行（以下简称农发行）棉花信贷的外部环境发生了很大变化，涉棉企业的经营范围和模式也发生了很大变化，因此农发行在原来封闭管理的基础上进行了一系列的调整和完善，随之棉花信贷业务不断发展壮大，逐步拓展了贷款对象，丰富了贷款品种，完善了贷款制度，深化了对中国棉花产业的支持。可以看到，农发行棉花信贷业务的不断丰富拓展是与国家棉花流通体制改革和棉花质检体制改革的精神要求密不可分的，是与国内棉花收购市场和棉花产业的发展进程密不可分的，是与农发行进一步发挥对国内棉花产业健康发展的支持促进作用、强化政策性金融扶持服务"三农"的职能以及实现自身的可持续发展密不可分的。

一、棉花贷款对象不断拓展

1999棉花年度以前，国内棉花流通领域由供销社企业一统天下，国家要求供销社企业收购多少棉花、农发行贷多少款，销售多少棉花、收回多少贷款本息。因此，这个时期农发行的棉花贷款都属于指令性的政策性业务，贷款对象限定在供销社棉花收储企业。

1998年11月，国家出台《国务院关于深化棉花流通体制改革的决定》（国发[1998]42号），决定从1999棉花年度开始改革棉花流通体制，逐步建立起在国家宏观调控下，主要依靠市场机制实现棉花资源合理配置的新体制，提出了"拓宽棉花经营渠道，减少流通环节，供销社及其棉花企业、农业部门所属的良种棉加工厂和国营农场、经资格认定的纺织企业均可以直接收购、加工和经营棉花"和"供销社棉花企业的收购资金继续由农业发展银行供应，纺织企业收购棉花所需资金由有关国有商业银行供应"等要求。根据国务院文件精神，从1999棉花年度开始，农发行在继续支持供销社棉花收储企业的基础上，将农业部门所属的良种棉加工厂纳入贷款对象范围。

2001年7月，国家出台《国务院关于进一步深化棉花流通体制改革的意见》（国发[2001]27号），明确提出了"实行社企分开，加大供销社棉花企业改革力度，要通过改组、联合、兼并、出售、股份制及股份合作制等多种形式放开搞活棉花企业，实现自主经营、自负盈亏和自我发展，鼓励纺织企业及其他各类企业参与改组现有棉花企业"和"放开棉花收购，鼓励公平有序竞争，从2001棉花年度起，凡符合《棉花收购加工与市场管理暂行办法》的规定、经省级人民政府资格认定的国内各类企业，均可从事棉花收购"等要求。随着棉花流通体制改革的不断深化,国内棉花市场完全放开,棉花收购市场由供销社企业一统天下的局面被彻底打破,流通环节出现了收购主体多元化、收购方式灵活化的特点,多渠道收购的格局已经形成。

为适应国家棉花流通体制改革精神和棉花产业发展各个阶段的实际状况,更好地支持棉花收购、棉花产业和保护棉农利益,农发行又分"三步走"调整了贷款对象范围。

第一步:伴随着供销社棉花企业改革改制的进程,2003 棉花年度农发行打破了贷款对象的所有制限制,由原来的支持单一所有制企业调整为多种所有制企业。根据2003 年9 月国家发展改革委等五部委联合下发的《关于做好2003 年度棉花收购工作的通知》(发改电字[2003]74 号),农发行在继续支持符合条件的供销社棉花企业及其控股的棉花企业的基础上,对改制后供销社棉花企业不再控股的新企业,承担原企业的债权债务的,也纳入了贷款对象范围。

第二步:根据2004 年 8 月《中国银行业监督管理委员会关于同意中国农业发展银行调整棉花贷款对象的批复》(银监复[2004]120 号),2004 棉花年度农发行棉花贷款对象得到再次拓展,拓展后的贷款对象涵盖了"供销社棉花企业(含供销社控股的棉花企业)、农业部门所属的良种棉加工企业、改革后延续或承担中国农业发展银行债务的棉花企业、国有农场所属的棉花企业、收购加工一体的棉纺企业(贷款用途限于棉花收购、预购和调销)、其他棉花购销企业、国务院确定的其他企业"。

第三步:根据2004 年 9 月《中国银行业监督管理委员会关于中国农业发展银行开展粮棉油产业化龙头企业贷款业务的批复》(银监复[2004]151 号),农发行棉花贷款对象进一步增加了经地、市(含地、市)级以上人民政府或政府有关部门认可的,以棉花生产、流通或加工转化为主业的农业产业化龙头企业。至此,农发行棉花贷款对象完全放开。

二、棉花贷款品种不断丰富

2004 棉花年度以前,农发行棉花信贷业务限于储备棉贷款、棉花收购贷款和棉花调销贷款三个品种。储备棉贷款是对棉花储备企业按照政府指令从事棉花储备、储备棉移库、储备棉轮换以及进出口等业务发放的贷款,包括中央储备棉贷款和地方储备棉贷款。棉花收购贷款用于解决棉花企业从事棉花收购的合理资金需要,包括收购籽(皮)棉价款、棉副产品价款和收购直接费用。棉花调销贷款用于解决棉花企业调入棉花的合理资金需要。

随着棉花流通体制改革的不断深化，国家逐步建立和推广了以市场为导向的棉花产业化经营模式，形成了从生产、收购、加工、纺织到销售的完整的棉花产业体系，显然农发行原来的棉花业务范围和贷款品种已不适应棉花流通体制改革和产业发展的要求，难以满足国家宏观调控的需要，更不利于贷款风险的防范和控制。因此，农发行向国家申请对棉花贷款对象和业务范围进行调整。根据2004年中国银监会对农发行调整棉花贷款对象的批复精神，农发行的业务范围从原来的棉花收购、初加工、调销（含进出口）、良种棉收购加工向棉花生产及深加工领域作适当延伸，增加了棉花预购、棉花深加工（指皮棉加工成棉纱和棉籽加工成棉油）、棉花良种繁育、收购和加工、棉花出口、国家宏观调控和储备需要的棉花进口等贷款用途，相应增加了棉花预购贷款和良种棉贷款品种，并对棉花收购贷款的深加工用途进行了补充。

棉花预购贷款用于解决棉花企业为履行收购订单而预付给棉花生产者的生产性资金需求。良种棉贷款分为良种棉繁育贷款和棉花良种贷款，良种棉繁育贷款是用于解决良种棉企业在棉花良种通过国家级或省级审定后生产繁育过程中合理的资金需要，棉花良种贷款用于解决良种棉企业收购加工以及经营良种过程中的合理资金需要。

为进一步支持和服务棉花全产业链发展，农发行棉花信贷提出通过支持下游纺织企业发展来带动棉花生产、流通、初加工并以此来促进产业链合作，强化产购销衔接，帮助棉农增产增收，促进流通领域改革，为此，农发行向国家申请开办棉花产业化龙头企业贷款业务。根据2004年中国银监会对农发行开展粮棉油产业化龙头企业贷款业务的批复精神，棉花信贷增加了棉花产业化龙头企业贷款新品种，该项贷款主要用于解决棉花产业化龙头企业从事棉花生产、流通或加工转化的合理资金需要，包括流动资金贷款、技术改造贷款、仓储设施建设贷款和棉花生产基地建设中长期贷款。

2003年和2004年，国家发展改革委等五部委先后联合下发了《关于印发棉花质量检验体制改革方案的通知》（发改经贸［2003］2225号）和《关于做好棉花质量检验体制改革试点准备工作的通知》（发改办经贸［2004］247号），决定从2004棉花年度开始实施棉花质检体制改革试点，从2005棉花年度起将逐步推行新体制，该文件明确要求“对棉花加工企业更换大型打包机及其辅助设备的贷款给予政策支持，农发行对实行大棉包包型的加工企业在贷款供应上要优先支持”。为落实文件精神，推动棉花质检体制改革，配合做好棉花加工企业技术设备改造升级，2004年3月，农发行专门向中国银监会申请新增棉花技术设备改造贷款业务，用于对棉花加工企业更换大型打包机及其辅助设备给予信贷支持。根据2004年7月《中国银行业监督管理委员会关于中国农业发展银行试办棉花加工企业技术设备改造贷款业务的批复》（银监复[2004]98号），中国银监会同意农发行开办此项贷款业务，但贷款支持仅限于对国家有关部门选定参加改革试点的棉花企业。经过一年试点后，2005年6月，中国银监会同意农发行全面开展棉花企业技术设备改造贷款业务，颁发了《中国银行业监督管理委员会关于同意中国农业发展银行全面开展棉花企业技术设备改造贷款业务的批复》（银监复[2005]145号），批复规定棉花企业技术设备改造贷款主要用于支持棉花企业加工设备的改造更新、加工技术的升级、购置棉花加工设备及其辅助设备的资金需要。

三、棉花贷款制度不断完善

2000年以来，随着农发行棉花贷款支持领域的不断延伸，棉花贷款品种得以不断增加，各类贷款品种的内涵也随着不同时期国家和农发行相关政策的变化而不断调整。农发行在棉花贷款管理的实际工作中认真总结经验，吸取教训，探索棉花信贷的一般规律和特殊性，与此同时，不断更新和完善棉花贷款制度办法。

（一）储备棉贷款

储备棉贷款属于政策性贷款，2001年，农发行制定《中国农业发展银行棉花储备贷款管理办法》，对储备棉贷款作出规定，直到2009年制度整合，原《中国农业发展银行棉花储备贷款管理办法》予以废止，储备棉贷款执行新制定的《中国农业发展银行政策性贷款管理办法》，新办法的主要管理要求与原办法没有大的变化，但在表述上与粮油等其他贷款品种作了统一。

（二）棉花收购贷款、调销贷款、流转贷款和预购贷款

2001年，主要是根据封闭管理的有关要求，制定了《中国农业发展银行棉花购销贷款管理办法》，对棉花收购贷款、棉花调销贷款作出规定。

2004年，农发行棉花贷款对象扩大，业务范围向棉花生产及深加工领域两头延伸，增加了棉花预购贷款等新的贷款品种，农发行重新制定了《中国农业发展银行商品棉贷款管理办法》，适用于棉花收购加工贷款、棉花调销贷款和棉花预购贷款，新办法将封闭管理与风险管理相结合，在贷

款条件、贷款办理等环节增加了担保等风险管理的内容。

2005年,在总结一年来棉花购销贷款管理经验的基础上,农发行再次修订了《中国农业发展银行商品棉贷款管理办法》,规定调销贷款可以用于深加工领域,并将调销贷款期限从3个月至6个月调整为3个月至1年,另外,新办法在贷款办理、贷后监管等环节作了更加全面、细致的规定。

2007年,农发行对贷款业务进行了分类,其中,棉花收购贷款纳入准政策性贷款,棉花调销贷款和预购贷款则属于商业性贷款范畴,由于原来的商品棉贷款办法涵盖了棉花收购、调销、预购等贷款业务,而准政策性和商业性贷款的管理制度并不一致,因此,农发行废止了原《中国农业发展银行商品棉贷款管理办法》,按三个贷款品种分别制定了相应的《中国农业发展银行棉花收购贷款办法》、《中国农业发展银行棉花调销贷款办法》和《中国农业发展银行棉花预购贷款办法》。

2008年,农发行决定把原棉花调销贷款一分为二,即将棉花调销贷款分为棉花调销贷款和棉花流转贷款两个品种,新的棉花调销贷款用于解决棉花企业从农发行开户企业调入棉花的资金需求,属准政策性贷款;棉花流转贷款用于解决棉花企业从农发行开户企业以外调入棉花的资金需求,属商业性贷款,因此废止了原《中国农业发展银行棉花调销贷款办法》,新制定了《中国农业发展银行粮棉调销贷款办法》,流转贷款执行《中国农业发展银行商业性流动资金贷款管理办法》,同年由于棉花预购贷款也属于商业性范畴,废止了原《中国农业发展银行棉花预购贷款办法》,规定预购贷款也执行《中国农业发展银行商业性流动资金贷款管理办法》。考虑到银监会在农发行开办预购贷款业务的批复中,在贷款准入、贷款受理、贷款条件以及贷款支持范围等方面分别提出了相应规定,2008年,农发行又制定了《关于明确粮油合同收购贷款等商业性贷款特别规定的通知》,对流转贷款、预购贷款的对象、用途、条件、期限和贷款方式等进行了规定。

2009年制度整合,原《中国农业发展银行棉花收购贷款办法》和《中国农业发展银行粮棉调销贷款办法》予以废止,棉花收购贷款和棉花调销贷款执行新制定的《中国农业发展银行准政策性贷款管理办法》。

(三)棉花产业化龙头企业贷款

2004年,农发行新增了棉花产业化龙头企业贷款品种,相应制定了《中国农业发展银行粮棉油产业化龙头企业贷款管理暂行办法》。

2007年和2008年,农发行先后制定并完善了《中国农业发展银行商业性流动资金贷款管理办法》和《中国农业发展银行商业性项目贷款管理办法》，明确废止原《中国农业发展银行粮棉油产业化龙头企业贷款管理暂行办法》，规定棉花产业化龙头企业短期贷款执行《中国农业发展银行商业性流动资金贷款管理办法》，棉花产业化龙头企业中长期贷款执行《中国农业发展银行商业性项目贷款管理办法》。同时，将棉花产业化龙头企业贷款的对象、用途，在《关于明确粮油合同收购贷款等商业性贷款特别规定的通知》中作了规定。

2009 年制度整合，农发行重新制定了新的《中国农业发展银行商业性流动资金贷款管理办法》和《中国农业发展银行固定资产贷款管理办法》，分别适用于棉花产业化龙头企业短期和中长期贷款。

（四）棉花企业技术设备改造贷款

2004 年，农发行新增了棉花企业技术设备改造贷款品种，相应制定了《中国农业发展银行棉花企业技术设备改造贷款管理办法》，主要对参加国家棉花质检体制改革的棉花企业更换大型打包机及其辅助设备给予贷款支持。目前国家发展改革委更换大型打包机规划基本落实完，农发行棉花企业技术设备改造贷款服务于国家棉花质检体制改革的阶段性任务已完成。

（五）棉花良种贷款

2004 年，农发行增加了良种棉等新的贷款品种，相应制定了《中国农业发展银行良种棉贷款管理办法》，对良种棉贷款作出规定。

2005 年，农发行改良种棉贷款为棉花良种贷款，并修订了《中国农业发展银行棉花良种贷款办法》。

2007 年和 2008 年，农发行先后制定并完善了《中国农业发展银行商业性流动资金贷款管理办法》，明确废止原《中国农业发展银行棉花良种贷款办法》，规定棉花良种贷款执行《中国农业发展银行商业性流动资金贷款管理办法》。同时，将棉花良种贷款的对象、种类、用途、条件和贷款方式等，在《关于明确粮油合同收购贷款等商业性贷款特别规定的通知》中作了规定。

2009 年制度整合，农发行重新制定了新的《中国农业发展银行商业性流动资金贷款管理办法》，适用于棉花良种贷款。

附：相关信贷政策、制度、流程和办法

国务院关于深化棉花流通体制改革的决定

1998 年 11 月 28 日　国发[1998]42 号

各省、自治区、直辖市人民政府,国务院各部委、各直属机构:

近年来,国务院在棉花生产、流通、储备、消费方面制定了一系列政策和改革措施,有力地促进了棉花生产的发展,满足了纺织用棉和其他用棉的需要。实践证明,这些政策和改革措施是适时的、正确的,为深化棉花流通体制改革创造了必要条件。当前我国社会主义市场经济迅速发展,棉花资源充裕,棉花替代品逐步增多,进一步深化棉花流通体制改革的时机已基本成熟。为此,国务院决定从 1999 棉花年度开始进一步改革棉花流通体制。

一、棉花流通体制改革的指导思想

按照建立社会主义市场经济体制的要求,棉花流通体制改革的目标是,逐步建立起在国家宏观调控下,主要依靠市场机制实现棉花资源合理配置的新体制。国家在管好棉花储备、进出口和强化棉花质量监督的前提下,完善棉花价格形成机制,拓宽棉花经营渠道,转换棉花企业经营机制,降低流通费用,建立新型的产销关系。

二、建立政府指导下市场形成棉花价格的机制

从 1999 年 9 月 1 日新的棉花年度起,棉花的收购价格、销售价格主要由市场形成,国家不再作统一规定。国家主要通过储备调节和进出口调节等经济手段调控棉花市场,防止棉花价格的大起大落。国家计委会同有关部门,根据棉花供求状况、棉花生产成本、粮棉比价以及国际市场棉价等因素,在每年冬小麦播种前发布下一年度棉花收购指导性价格、指导性种植计划及国内外棉花供求信息,引导棉花生产,促进总量平衡。遇有特殊情况,国家可在一定时期内对棉花收购价格或销售价格规定一定程度的限制。

三、拓宽棉花经营渠道,减少流通环节

供销社及其棉花企业、农业部门所属的良种棉加工厂和国营农场、经资格认定的纺织企业均可以直接收购、加工和经营棉花。个体棉贩及其他任何未经资格认定的单位,一律不得收购、加工棉花。鼓励纺织企业、纺织产品出口企业及其他用棉单位,通过委托、代理等多种形式到基层供销社、棉花加工厂或县级棉麻公司直接采购棉花;鼓励积极创造条件,与产棉区签订长期的购销合同,建立棉花生产基地,以稳定产销关系。有条件的产棉区要大力发展棉农合作组织,加工和经营其生产的棉花,逐步与纺织企业结成产供销一体化的产业化组织。实行棉花收购、加工的资格认定制度。棉花收购单位必须有规定数量的自有资金、具备执业资格的质量检验人员和必要的仓储设施;棉花加工单位必须有符合规定的设备和经营场所。具体资格和条件,由省级人民政府制定,省级工商行政管理部门会同质量技术监督部门负责资格审定并严格监督。资格审定要充分听取经贸委和供销社的意见。对未经批准擅自从事棉花收购、加工的单位和个人,要严肃查处。目前全国籽棉加工能力已严重过剩,棉花经营渠道拓宽后,各地不得新上籽棉加工项目,更不得生产和使用已被取缔的小轧花机、土打包机。棉花收购、经营单位可以通过联营、租赁、兼并等形式,充分利用供销社棉花经营单位现有设施和加工能力。

四、完善储备棉管理体制,实行储备与经营分开

为确保国家对棉花市场的有效调控,必须强化国家对储备棉的管理,使之储得进、调得动、用得上,并能出陈储新,定期轮换。国家根据宏观调控需要和中央财政承受能力确定国家储备棉规模。储备棉的收储、轮换、抛售计划以及收购和出库价格,由国家计委会同国家经贸委、中国农业发展银行等有关单位制定。国家储备棉收购资金由中国农业发展银行安排专项贷款,实行库贷挂钩,封闭运行。储备费用、利息由中央财政负担,具体标准和管理办法由财政部商有关部门制定。

国务院继续委托供销合作总社承担国家储备棉管理任务,负责具体组织储备棉的购进、抛售、调运、轮换;通过招标和签订合同的方式落实国家储备棉的承储单位,并对储备数量和储备棉质量进行经常性的检查监督。国家储备棉棉权属国务院,任何单位和个人都不得擅自动用。凡承担国家储备棉任务的企业,必须坚持专库、专账、专人管理,将国家储备棉与企业自行经营的棉花严格分开。不具备上述条件的企业,不能承担国家储备棉任务。国家审计机关要加强对国家储备棉承储单位的审计监督。

省级政府根据本省(自治区、直辖市)棉花供求平衡形势,自行确定是否建立地方储备,储备数量报国家计委备案,所需费用、利息等由同级财政支付,参照国家储备棉管理办法进行管理。

五、推行公证检验制度,加强对棉花质量的监督管理

棉花经营渠道拓宽后,有关部门要进一步加强棉花质量、标准的管理和监督。供销社棉花企业及其他棉花经营单位都必须严格执行棉花检验规程和质量标准,确保收购、加工、调拨和储备各环节的棉花质量。各级质量技术监督部门及其所属专业纤维检验机构要做好棉花收购、加工、调拨、储备等环节的质量监督执法工作,对掺杂使假、以次充好等破坏棉花资源的行为要严厉打击。逐步推行棉花公证检验制度。从1999棉花年度起,首先做到,国家委托专业纤维检验机构对国家储备棉入库、出库实行强制性公证检验,检验证书作为国家掌握储备棉数量、质量的凭证和财政支付费用、利息的主要依据;对经营性棉花实行申报公证检验,供需任何一方都可委托专业纤维检验机构进行公证检验,检验证书作为双方结算货款的依据;公证检验不收取费用,实施办法由国家质量技术监督局据此原则商有关部门制定。

加快棉花国家标准改革,具体办法由国家经贸委、国家质量技术监督局牵头组织有关部门制定,于1999棉花年度试行。

六、培育棉花交易市场，促进棉花有序流通

棉花是大宗的工业原料，其流通方式主要是合同订货、直达供货，培育棉花市场关键是要建立起反应灵敏的棉花供求和价格信息系统。要加快建立以全国棉花交易市场为中心、以棉花集中产销区为依托、实行计算机网络化管理的全国棉花交易网络，充分发挥其价格形成和信息传递功能。要完善交易规则，严格市场准入制度。国家利用全国棉花交易市场采购和投放国家储备棉，对棉花供求和价格进行调控。各有关部门要切实支持全国棉花交易市场正常运行。任何地区和部门都不得盲目兴建棉花交易市场；不得以任何借口阻碍棉花的收购、交易和运销。

七、分清职责，做好棉花收购资金的供应和管理工作

棉花收购渠道拓宽后，供销社棉花企业的收购资金继续由中国农业发展银行供应，实行"库贷挂钩、封闭运行、及时还欠"，即收购多少棉花、贷多少款，销售多少棉花、收回多少贷款本息，实现的税后利润首先归还经国家有关部门核定的财务挂账。由中国农业发展银行供应收购资金的供销社棉花企业，只能在中国农业发展银行开立基本账户，不得在其他银行多头开户。任何单位和个人不得以任何形式挤占挪用棉花收购资金，一经发现，严肃查处。纺织企业收购棉花所需资金由有关国有商业银行供应。为促进纺织企业多购棉、多用国产棉，银行可以按其年度棉花合理库存量来安排购棉资金贷款数额和贷款期限，并加强监管，实行"库贷挂钩"，防止挪用。纺织企业必须制订切实可行的还款计划，分期归还拖欠供销社棉花企业的货款。其他棉花经营单位所需的购棉贷款，由其开户银行按规定办理。

八、加强棉花进出口管理，确保有效的宏观调控

我国纺织工业必须立足于使用国内原料。棉花经营放开后，棉花进出口继续由国家统一安排，由国家核准的企业经营。加工贸易进口的棉花纳入国家配额管理。国家采取措施适当扩大棉花出口，鼓励纺织企业使用国产棉生产出口产品；对加工贸易要严格台账管理和核销制度，严厉打击以加工贸易为名走私、贩私棉花、棉纱的行为。

九、调整优化棉花生产布局，努力提高棉花单产

随着农业产业结构的调整和棉花供求关系的变化，调整优化棉花生产布局势在必行。近几年，要放缓新疆棉区发展步伐，在2000年以前棉花播种面积保持现有水平；适当减少长江流域棉区面积；进一步压缩黄河流域棉区面积。今后我国稳定棉花生产以及提高棉农收益主要靠提高棉花单位面积产量和品质。产棉区各级政府和有关部门都要加大科技兴棉投入力度，搞好优质品种和重大技术的推广，加强病虫害防治，促进棉花高产、优质、高效。

十、规范棉花企业与供销社的关系，深化棉花企业改革

各地供销社棉花企业都要适应棉花流通体制改革要求，面向市场，在经营体制上与供销社彻底分开，成为自主经营、自负盈亏、自我发展、自我约束的经济实体。要实行棉花储备与经营分开，棉花收储和籽棉加工业务与多种经营分开，供销社棉花企业的多种经营要设立独立法人，单独在商业银行开户，不得占用棉花收购贷款。

要深化棉花企业内部改革，加快转换经营机制，改善经营管理，降低生产经营费用。要实施下岗分流、减员增效和再就业工程，增强企业的市场竞争力。要大力发展代理、贸工农一体化等现代流通组织形式和营销方式。供销社棉花企业是棉花流通的主要力量，要克服当前棉花压库等困难，千方百计做好棉花购销工作，在保证市场供应、稳定市场棉价中发挥重要作用。

十一、统一认识，加强领导，确保棉花流通体制改革顺利进行

改革棉花流通体制是1999年的一项重要任务，对于建立和完善社会主义市场经济体制具有重大意义。国务院有关部门要通力协作，密切配合，周密部署，扎实细致地做好各项工作。各级人民政府特别是棉花主产区政府要根据本决定精神，结合本地区实际，尽快制订本地区棉花流通体制改革的实施方案和具体办法。长期以来各级供销社在扶持棉花生产、衔接棉花产需方面作出了重要贡献，要继续发挥优势，与农业部门一道共同抓好棉花产前、产中、产后的各项为农服务工作。各地区、各部门必须从改革的大局出发，统一认识，加强领导，精心组织，抓好落实，妥善解决改革过程中出现的新问题，确保棉花流通体制改革达到预期目标。

关于印发《中国农业发展银行棉花贷款管理暂行办法》的通知

1999 年 4 月 5 日　农发行字[1999]83 号

中国农业发展银行各省、自治区、直辖市分行，各计划单列市分行，总行营业部：

现将《中国农业发展银行棉花贷款管理暂行办法》印发给你们，请结合本行实际，认真遵照执行。对执行中发现的问题，请及时向总行反映。

中国农业发展银行棉花贷款管理暂行办法

第一章　总　　则

第一条　为了切实加强棉花贷款管理，实现收购资金封闭运行，根据《国务院关于深化棉花流通体制改革的决定》（国发[1998]42 号）和中国人民银行关于收购资金管理的有关规定，制定本办法。

第二条　棉花贷款管理的主要任务：认真贯彻执行《国务院关于深化棉花流通体制改革的决定》，履行中国农业发展银行（简称农发行，下同）的基本职能，按照“库贷挂钩、封闭运行、及时还欠”的政策要求，建立起与棉花流通体制改革相适应的棉花贷款管理体制，努力保证资金供应，加强信贷管理，防范和化解信贷风险，实现收购资金封闭运行，支持棉花流通体制改革的顺利推进。

第三条　本办法所指棉花贷款是指对在农发行开立基本账户的供销社棉花收储企业（简称借款人，下同）的棉花收购、储备、调销、进出口等业务发放的贷款，具体包括中央棉花储备贷款、地方棉花储备贷款、棉花收购贷款、棉花调销贷款等。

第四条　棉花贷款管理的基本原则。

（一）棉花贷款管理必须符合《国务院关于深化棉花流通体制改革的决定》和国务院以及中国人民银行关于收购资金管理的规定，棉花贷款只能用于解决借款人收购、储备、调销、棉副产品以及收购直接费用的资金需要。

（二）棉花贷款的发放必须有相应的物资作保证，收购多少棉花、发放多少贷款，销售多少棉花、收回多少贷款本息。实行钱物结合，钱随物走，库贷挂钩，封闭运行。

（三）棉花贷款必须专款专用。棉花贷款所形成的棉花及棉副产品严禁赊销或在没有补贴来源的情况下违规降价销售。坚决禁止挤占挪用棉花贷款。

第二章　贷款对象和条件

第五条　棉花贷款的对象是经省级政府有关部门审定的，具有专门从事棉花收购（含初加工）、储备、调销、进出口业务资格和能力的供销社棉花收储企业。

第六条　借款人申请棉花贷款，除应当具备符合法律、国家行政法规规定的企业设立的一般条件外，还应当具备下列条件：

（一）在经营体制上必须是自主经营、自负盈亏、自我发展、自我约束的经济实体。

（二）只能在农发行开立基本存款账户，同时在基本存款账户下开立企业收购资金存款、企业财务资金存款、企业应付利息存款、财政棉花补贴存款等专用存款账户。

（三）实现棉花储备与经营分开，棉花收储和籽棉加工业务与多种经营分开。

（四）必须有规定数量的自有资金。

（五）具备执业资格的质量检验人员和必要的仓储设施；棉花初加工必须有符合规定的设备和经营场所。

第七条　借款人申请储备棉贷款，还应当具备以下条件：

（一）国家发展计划委员会、财政部、中国农业发展银行等部门共同下达的中央储备棉计划和省级人民政府下达的省级储备棉计划（含储备棉移库、轮库计划）。

（二）承担储备棉任务的企业，必须坚持专库、专账、专人管理，将储备棉与企业自行经营的棉花严格分开。

（三）落实财政应拨补的储备费用和利息的资金来源，并通过农发行系统直接拨付。

第三章　贷款种类、期限、利率及贷款方式

第八条　棉花贷款种类分为棉花收购贷款、中央储备棉贷款、地方储备棉贷款和棉花调销贷款。

第九条　棉花收购贷款用于解决借款人从事棉花收购的合理资金需要，包括收购籽（皮）棉价款、棉副产品价款和收购直接费用。棉花收购贷款期限原则上根据棉花的正常经营周期确定，一般为6个月。

第十条　储备棉贷款用于解决借款人棉花储备（含直接收储、移库、轮库等）合理资金需要。储备棉贷款期限原则上根据计划储备期限确定，一般为1年。

第十一条　棉花调销贷款用于解决借款人调入棉花的合理资金需要，包括调入商品价款和调入直接费用。棉花调销贷款期限原则上根据棉花的调销合同确定。

第十二条　棉花贷款到期，借款人不能按期归还贷款的，借款人应当及时向开户银行申请贷款展期。开户银行应当及时对贷款展期申请进行审查，对确因贷款所形成的库存棉花仍未销售或者已经销售而货款在正常结算期内仍未回笼的，可以办理展期。借款人未申请展期，或开户银行未批准展期的，从贷款到期之日起，转入逾期贷款账户。

第十三条 棉花贷款执行中国人民银行规定的贷款利率；贷款期间如遇国家调整利率，按中国人民银行有关文件执行。棉花贷款的利息计收，按中国人民银行有关规定执行。

第十四条 除国务院决定外，任何单位和个人无权豁免棉花贷款，无权决定棉花贷款停息、减息和免息。

第十五条 棉花贷款一般采用信用贷款方式。随着棉花流通体制改革的进行和市场放开，逐步实行担保贷款方式。

第四章 贷款的发放与收回

第十六条 棉花贷款的发放。借款人依据国家有关政策规定从事棉花收购、储备和调销业务，可向开户银行申请贷款。借款人要向开户行提供“贷款申请书”。开户行要组织信贷人员进行调查，提出调查意见，信贷部门要对调查情况和意见进行认真审查，提出审查意见后，按规定的权限和程序审批。

第十七条 合理确定贷款额度。

（一）棉花收购开始前，开户银行根据借款人的申请，按1～3天收购量核定铺底资金。收购开始后，开户银行要定期核打借款人的收购凭证（码单），据实发放贷款。收购结束后，要全额收回借款人尚未用完的棉花收购资金。

（二）借款人申请棉花储备贷款要根据国家（或省级政府）下达的储备计划、规定的价格和费用合理发放贷款；借款人申请调销贷款要根据购销合同据实发放贷款。

（三）严格掌握收购费用贷款。棉花收购直接费用贷款只能用于解决棉花收购过程中直接费用的需要。开户银行必须按照总行规定的标准掌握，逐笔审查借款人直接费用开支情况，核实发放贷款。

第十八条 棉花贷款的收回。各级行必须坚持“销售多少棉花，收回多少贷款本息和及时还欠”的原则。

（一）严格遵循销售货款的分配顺序。

1. 从调销货款中按规定预提税款（国家规定可以免税的除外）；

2. 全额收回该批调销商品所占用的贷款本金；

3. 收回应分摊的各项贷款的利息；

4. 对于企业利润较多的，还应收回一部分经国家有关部门核定的财务挂账和其他不合理占用贷款本息；

5. 剩余部分转入企业财务资金存款户，用于企业的合理费用支出。

（二）及时分解和处理基本存款账户的资金。借款人销售货款归行后，会计部门应及时通知信贷部门分解。信贷部门根据台账监测情况或总行有关规定认真计算应收的贷款本息，填具应收回贷款本金、应收利息和企业财务资金的通知单并送财会部门，财会部门核对后办理相关的会计手续。

第五章 贷款的监督检查

第十九条 各级行要加强棉花贷款监督检查,按照棉花信贷资产分类管理的要求,采取有效措施,防范和化解棉花信贷资产风险。

第二十条 收购环节监督检查。

(一)通过核打借款人棉花收购凭证,检查收购资金存款、辅助存款账户以及库存现金,查清收购资金使用是否合理,防止借款人宽打窄用,挤占挪用收购资金。

(二)逐笔检查借款人棉花收购直接费用开支,防止超范围、超限额开支费用。

(三)核查借款人棉花收购凭证与入库凭证,保证收购的棉花完整入库。

(四)检查借款人收购棉花时对棉农的结算方式,保证"户交户结"政策落实。

第二十一条 储存环节的监督检查。

(一)检查借款人棉花库存实物总量、结构和等级,核对库存账,保证账实相符;

(二)检查借款人棉花入库凭证和库存账,保证账证相符;

(三)检查棉花库存台账和借款人棉花库存账,保证账账相符;

(四)检查库存棉花质量,保证安全储棉。

第二十二条 销售环节的监督检查。

(一)监督检查借款人执行棉花销售报告制度情况,检查棉花销售合同和出库凭证,防止虚假销售;检查棉花销售价格,核对成本,防止违规降价销售。

(二)监督检查棉花销售结算方式,做到钱货两清。

(三)监督检查棉花销售货款回笼、归行情况,防止借款人以任何形式截留坐支,挤占挪用回笼资金。

(四)监督检查借款人结算资金占用情况,逐笔查明超合理结算期应收账款的成因,督促借款人逐笔收回。

第六章 贷款的基础管理

第二十三条 贷款管理的基础工作包括以"棉花贷款管理监测台账"和"棉花贷款管理月报表"(以下简称台账、月报表)为主体的台账、报表的填制与分析,贷款档案资料的收集与管理,贷款管理情况的分析和报告制度。

第二十四条 台账的填制和分析。

(一)台账是反映借款人购、销、调、存等环节物资和资金活动的基础贷款管理资料。台账的内容由总行制定,各分支行在不减少基本内容的情况下可依据本行实际需要进行补充和完善。

(二)台账按每户棉花收储企业分别建立,由基层管户信贷员负责登记。管户信贷员要随时掌握借款人物资和资金的运动情况,严格按照台账填制的要求,认真、及时地逐笔序时登记。

(三)台账主要登记与棉花贷款变化有直接关系的棉花购销调存等环节物资和资金的变化情况。为保证台账的真实性和可靠性,基层管户信贷员必须经常深入企业了解实际情况，每月将台账与企业财务和业务统计报表以及本行会计账表进行核对。

（四）台账是填报月报表的基础，各基层行必须根据台账汇总并据实填报月报表，严禁弄虚作假。

（五）建立、完善、登记好台账是搞好棉花贷款封闭运行的一项重要基础工作。各级行行长要加强对这项工作的领导，加强对台账内容准确性的审核。台账的登记是基层信贷员贷款管理水平考核的一项重要内容。

第二十五条 月报表的填制和分析。

（一）月报表是全面反映棉花收购资金封闭运行情况的综合性报表，其数据来源于台账。月报表的填制要求及时、准确、全面。表内各项目之间对应关系必须核对一致。

（二）月报表由专人负责统计，信贷科长（处长）把关、行长（分管行长）审核签字后，按时报送上级行。

（三）要建立月报分析制度，按月对报表的数据进行分析，发现问题，要及时处理，并研究制定改进措施。各级行还要对月报反映的情况进行典型调查，研究提高贷款管理质量的具体措施。

第二十六条 资料档案的收集与管理。

各分行都要建立完备的贷款管理档案资料。除上级行下发的各类贷款管理文件、报表、企业台账要归档管理外，还应做好开户企业、主管部门的背景材料以及与其相关的宏观政策、行业生产、发展状况等资料的收集整理。档案材料要专人保管，资料齐全，科学管理。

第二十七条 贷款管理情况的分析和报告制度。

（一）各级行认真建立封闭运行分析例会制度，定期召集有关人员对库贷挂钩，封闭运行等情况进行认真分析，研究分析工作中存在的问题和研究制定改进的措施办法。每次例会，要有记录，并形成书面分析报告。

（二）各级行要对辖区内棉花收储企业收购资金封闭运行状况，真实客观地定期进行通报，总结经验，提出建议，促进面上工作的开展。

（三）基层行对贷款管理中出现的重大情况和问题以及采取的对策，应及时、准确地请示和报告上级行。上级行对下级行的工作请示应及时研究并给予准确答复。

第七章 贷款管理的责任与考核

第二十八条 贷款管理实行行长负责制。各级行行长在授权范围内对贷款的发放和收回负全部责任。行长可以委托授权副行长或信贷部门负责人审批贷款，被授权者对行长负责。信贷员和信贷管理部门实行岗位责任制。

第二十九条 基层信贷员的主要职责。

（一）根据上级行要求，负责借款人棉花收购资金需求预测与算账工作，并按照有关规定做好收购贷款发放的调查、审查和监督检查工作。

（二）负责借款人贷款使用和管理情况的日常监督检查。对借款人开户情况和库存棉花的储存、移库、调销情况要进行经常性检查，认真做好检查记录，发现问题及时报告，并按贷款管理有关规定提出信贷制裁意见。

（三）负责借款人棉花销售报告的审查。对借款人拟销售棉花的数量、单价、等级等内容进行认真检查，计算确定棉花销售保本价格，并在棉花销售报告单上明确签署能否销售的具体意见，严把棉花销售审查关，防止棉花亏本降价销售。

（四）监督借款人棉花销售货款按照规定的结算方式进行结算。银企配合，认真做好调销回笼货款的收贷收息工作，对借款人归还贷款本息后的企业财务费用使用进行监督管理。

（五）配合有关部门做好棉花财政性补贴的拨补工作，保证及时足额到位。对已到位的棉花财政性补贴要按规定及时分解，并相应做好收贷收息工作。

（六）负责开户企业信贷管理台账和有关报表的登记、填报和分析工作。

第三十条 信贷部门的主要职责。

（一）组织全体信贷人员，围绕收购资金封闭运行这个核心，认真执行棉花信贷管理政策，加强信贷管理，全面完成封闭运行管理任务。

（二）结合本地实际，积极探索棉花收购资金封闭运行管理新途径和新方法。充分调动一切积极因素，及时发现和解决贷款管理工作中的问题。

（三）加强与本行有关部门的协作，共同做好棉花收购资金封闭运行管理工作。

（四）加强信贷队伍建设，从思想上、工作上、生活上关心、帮助信贷人员，采取措施不断提高信贷人员的素质。

（五）及时总结收购资金封闭运行管理工作经验，反映信贷管理工作中存在的问题，积极向领导和上级行反馈信息。

（六）加强对信贷工作的检查，特别是信贷政策执行情况，台账、月报表的登记汇总和分析情况，信贷管理指标完成情况以及财政补贴到位后的收贷收息情况的检查。

第三十一条 棉花贷款管理的考核。

（一）棉花贷款管理的考核采取“分级负责、定期考核、按季公布、利益挂钩”的考核办法。

（二）棉花贷款管理定量考核的主要指标包括：

新收购（含调入）棉花价值与新放收购（含调销）贷款比率；销售货款回笼率；回笼销售货款归行率；回笼销售货款收贷率；贷款利息收回率；其他不合理占用贷款下降率；信贷资金运用率。

第三十二条 棉花贷款管理定量考核主要指标的确定及计算方法，按照《关于修订〈中国农业发展银行粮棉油收购资金封闭运行责任制考核办法〉的通知》（农发行字［1999］7 号）的规定执行。

第八章 罚 则

第三十三条 要严格执行信贷管理的有关规定，严肃信贷纪律，对信贷检查中发现的问题，视情节轻重分别给予不同的信贷制裁。

第三十四条 对借款人存在的下列情况之一，经开户银行明确要求后在规定期限内仍未改正的，不提供贷款。

（一）不向开户行提供棉花收购、调销、储备等有关文件、合同、报表等资料。

（二）企业产权变更，未及时妥善落实农发行贷款债务。

（三）开户行已实行停贷措施，借款人未彻底纠正、挽回贷款损失。

（四）从事棉花购销储业务以外的经营活动。

第三十五条 对借款人存在下列情况之一，对棉花贷款质量造成不利影响，存在挤占挪用的可能性，应及时提出警告，责令限期纠正。

（一）不实行"户交户结"规定，不及时向农民支付售棉款。

（二）不按规定使用在其他金融机构开设的辅助存款账户。

（三）未将付款行开具的银行承兑汇票及时送交开户银行保管。

第三十六条 对借款人存在下列情况之一，致使棉花贷款的形态发生变化，应及时加收利息。

（一）贷款到期不及时办理展期手续，造成逾期贷款；

（二）贷款到期借款人申请展期理由不充分，银行不同意展期而逾期的；

（三）借款人违反规定，发生挤占挪用贷款。

第三十七条 对借款人存在下列情况之一，致使贷款被挤占挪用，应立即报告当地政府请其予以纠正，同时报告上级行。经上级行在核准事实的基础上正式批准后，按规定采取停贷制裁。

（一）虚报收购数量、库存，或者谎报收购价格套取收购贷款并挪用。

（二）赊销棉花直接造成亏损挂账。

（三）销售收入不入账或坐支现金。

（四）利用多头开户等方式转移挪用棉花贷款。

（五）违反国家规定降价销售造成亏损无弥补来源，形成亏损挂账的。

（六）挤占挪用收购贷款购置固定资产、从事附营业务、投资有价证券、转借他人及用于有关部门集资摊派等。

（七）利用兼并、改制、破产等名义，悬空、逃废银行债务，以及带棉分流人员等直接挤占贷款。

（八）以中国农业发展银行棉花贷款形成的资产对外提供担保。

第九章 附　　则

第三十八条 本办法由中国农业发展银行总行解释和修改。

第三十九条 本办法自印发之日起实行，总行以前有关文件与本办法不一致的，一律以本办法为准。

关于印发《中国农业发展银行棉花购销贷款管理办法(试行)》的通知

2001年5月16日　农发行字[2001]78号

中国农业发展银行各省、自治区、直辖市分行,各计划单列市分行:

现将《中国农业发展银行棉花购销贷款管理办法(试行)》印发给你们,请认真遵照执行。执行中的情况和问题,请及时上报总行。

中国农业发展银行棉花购销贷款管理办法(试行)

第一章　总　　则

第一条　为加强棉花购销贷款管理,维护借贷双方的合法权益,实现棉花购销贷款良性循环,根据国务院关于棉花流通体制改革和收购资金管理有关政策规定,以及国家经济、金融法规制定本办法。

第二条　棉花购销贷款是指中国农业发展银行(以下简称农发行)对符合贷款条件的企业(以下简称借款人)从事棉花收购、调销、进出口等业务发放的贷款。

第三条　棉花购销贷款管理基本原则:坚持执行国家法规;坚持区别对待,择优扶持,坚持封闭管理。

第四条　本办法适用于各级农发行(包括代理行)对棉花购销贷款的管理。

第二章　贷款对象和条件

第五条　贷款对象。贷款对象是指经政府有关部门批准的、具有专门从事棉花收购(含初加工)、调销、进出口业务资格和能力的供销社棉花企业、农业部门所属的良种棉加工厂和上述企业控股的股份制企业以及国务院确定的其他棉花企业。

第六条　贷款条件。借款人申请棉花收购贷款,应具备下列条件:

(一)借款人必须是符合国家法律、国家行政法规规定的具有企业法人资格,实行独立核算并有工商行政管理部门颁发的营业执照等企业设立的基本条件。

(二)借款人必须且只能在农发行开立基本存款账户,并在基本存款账户下开立收购资金存款户、企业财务资金存款户、企业应付利息存款户。在其他行开立辅助账户,必须经农发行同意和中国人民银行批准。

（三）借款人必须认真执行国家颁布的会计、统计法规，并按要求向农发行报送真实、准确、完整的业务、统计、会计报表及相关资料，接受农发行的信贷监管。

（四）借款人必须有一定数量的自有资金。

（五）借款人必须认真执行国家有关棉花政策，恪守信用。

第七条　借款人申请棉花调销贷款，还应具备以下条件：

（一）提供合法、可行的购买和销售合同。

（二）接受并遵守农发行规定的结算方式。

（三）良好的信用记录。

（四）办理合法担保。

第三章　贷款期限、利率及贷款方式

第八条　棉花收购贷款用于解决借款人从事棉花收购的合理资金需要，包括收购籽（皮）棉价款、棉副产品价款和收购直接费用。贷款期限原则上根据棉花的正常生产经营周期确定，一般为6个月。

第九条　棉花调销贷款用于解决借款人调入棉花的合理资金需要，贷款期限原则上根据棉花调销合同约定的时间确定，一般不超过3个月。

第十条　贷款展期。

（一）借款人不能按期归还棉花购销贷款时，应在贷款到期10天前向开户行书面申请展期，并提出贷款展期时间和还款计划。

（二）棉花调销贷款原则上不展期。

（三）棉花收购贷款到期，但借款人能提供棉花尚未销售的正当理由，开户行可最多办理一次展期，但不得超过原借款合同确定的贷款期限；对已经销售而贷款在正常结算期内尚未回笼归行，贷款到期，开户行可根据正常结算期办理展期。

（四）借款人未申请展期，或贷款期限不符合本条第三款规定的，开户不得予以展期。尚未归还的贷款从到期次日起，转入逾期贷款科目。

（五）棉花购销贷款到期前，开户行要提前20天向借款人发出“到（逾）期贷款通知书”；对逾期贷款要及时向借款人发出“贷款催收通知书”。

第十一条　贷款利率。棉花购销贷款利率政策和利息计收，按中国人民银行统一规定和总行有关规定执行。

第十二条　除国务院决定外，任何单位和个人无权对棉花购销贷款停息、减息或免息。

第十三条　贷款方式。棉花购销贷款根据企业信用等级状况采取信用贷款或担保贷款方式。

第四章　贷款的受理、审批、发放和收回

第十四条　借款人申请棉花购销贷款须向开户行提交“借款申请书”和农发行要求的相关的材料。

第十五条 贷款受理。开户行收到借款人申请后,应及时明确调查人员对借款人的贷款条件、担保情况、经营情况、效益及资信等情况进行贷前调查。贷款调查人对借款人提交的贷款所需各项资料的真实性、完整性和合法性负责。贷款调查人完成贷前调查后,要提出上报贷款审查人审查的书面意见。

第十六条 贷款审查。贷款调查人上报贷款调查意见后,开户行应及时确定审查人员对贷款调查人提供的各项资料和受理意见进行审查核实,并对是否贷款、贷款额度、贷款期限、贷款利率以及贷款方式等提出书面意见。

第十七条 贷款审批。各级行要完善贷款审批制度,明确审批权限,严格按照审批程序审批贷款。贷款审批人应对贷款审查人提出的贷款审查意见及时进行审定,严格按照贷款的审批权限办理审批手续。棉花购销贷款的具体审批权限由省级分行结合当地实际确定。

第十八条 签订借款合同。经审查批准的贷款,开户行应及时与借款人签订借款合同。借款合同必须明确借款种类、用途、金额、利率、期限、借贷双方的责任、借款人还款计划以及双方认为需要约定的其他事项等。

第十九条 贷款发放。

(一)棉花收购贷款的发放。根据棉花收购计划核批贷款额度,实行一次审批,按报账制分次发放。

(二)棉花调销贷款发放。依据企业合法有效的购进和销售合同,按调入进度分批发放贷款。

第二十条 贷款收回。销售收入回笼归行后,要按规定顺序及时进行分解:

(一)按规定预提税款。

(二)收回该批棉花占用的贷款本金和利息。

(三)按协议收回陈欠贷款本金和利息。

(四)剩余部分转入企业财务资金存款户。

第五章 贷款的监督检查

第二十一条 各级行要加强棉花购销贷款的监督检查,及时准确反映资金运用和库存情况,采取有效措施,保证棉花购销贷款封闭运行,良性循环。

第二十二条 收购(含调入)环节监督检查。

(一)通过核打借款人棉花收购凭证,检查收购资金存款、辅助存款账户以及库存现金,查清收购资金使用是否合理,防止借款人挤占挪用收购资金;检查监督借款人是否按合同规定的内容使用资金,通过核打棉花入库凭证和台账检查,核实调入棉花的数量、品级、价格是否与调入合同相符等。

(二)核查借款人棉花收购凭证与入库凭证,保证收购的棉花完整入库。

第二十三条 储存环节的监督检查。

(一)根据信贷管理台账,结合企业财务、统计、保管等各项数据,检查账账、账表、账据、账实、账款是否相符。

（二）核实、清点棉花库存，按皮棉、籽棉、棉籽、棉短绒、棉副产品分品种进行清点，并与保管员库存明细账全面核对，核准库存，掌握涨库或亏库的原因，并及时调整有关账务，保证账实相符。

（三）检查企业是否落实出库报告制度。

（四）检查包装物、低值易耗品等是否有超储或虚假现象。

（五）检查库存储棉设施，督促企业安全储棉。

第二十四条 销售环节的监督检查。

（一）监督检查借款人执行棉花销售报告制度情况，检查棉花销售合同和出库凭证，防止虚假销售。

（二）监督检查棉花销售结算方式，做到钱货两清。

（三）监督检查棉花销售货款回笼、归行情况，防止借款人截留坐支，挤占挪用回笼资金。

（四）监督检查借款人结算资金占用情况，逐笔查明超合理结算期应收账款的成因，督促借款人逐笔限期收回。

第六章 贷款风险防范和管理

第二十五条 建立贷款风险监测体系。贷款风险监测实行贷款分类的会计核算管理与信贷台账监控管理相结合，实事求是地反映贷款的实际价值和风险程度。

第二十六条 按贷款风险分类的规定，将各类贷款分别纳入相对应的期限分类贷款科目内核算，通过对贷款风险分类台账逐笔序时登记和会计核算，真实、全面、动态地反映贷款质量。

第二十七条 贷款风险分类认定表要按月上报、按季度分析，对贷款风险分类管理中的重大变化，及时报告上级行。

第二十八条 对已形成呆、坏账的贷款和利息，要严格按照《中国农业发展银行呆账贷款管理及核销暂行办法》管理与审批。

第二十九条 建立完善贷款风险补偿机制。

（一）建立企业风险补偿金制度。在企业有盈利的情况下，经与企业协商提取税后利润的一部分建立风险补偿金。企业不能实现顺价销售或出现其他资金流失风险时，以风险基金弥补收贷收息的不足。

（二）完善保险补偿机制。借款人收购、调入（含进口）的棉花必须参加保险；企业发生意外风险时，开户行应积极帮助企业及时通过保险理赔减少贷款损失。

第三十条 建立健全贷款风险管理责任制。

（一）对增量贷款必须严格按岗位落实风险管理责任制，并实行责任追究。

（二）对政策性财务挂账，要严格按国家的有关政策、规定处理；对经营性财务挂账占用贷款，要督促企业制订逐年消化计划，用经营利润或其他收入弥补归还。积极主动地与有关部门进行协调，落实消化经营亏损损失责任和保全措施。

（三）对存量贷款风险管理实行责任考核，不良贷款要逐年下降，不断优化贷款结构，提高贷款质量。

第七章　贷款基础管理和责任考核制

第三十一条　基层行要建立联库责任制度。县（市）支行要根据棉花企业库（站）点多少，路程远近合理安排棉花联库信贷员，落实联库责任。支行分管行长要履行联库管理责任，支行行长要加强对联库责任的监督检查。

第三十二条　建立台账、月报表登记责任制度。

（一）台账数据采集必须依据信贷管理凭证，做到有据可查。

（二）台账月报表的填制必须落实到人，必须严格按照要求，认真及时地逐笔登记台账；月报表必须根据总行要求，及时、准确填报，严禁弄虚作假。

（三）台账、月报表的真实性实行行长负责制。

第三十三条　建立定期业务分析报告制度。

（一）各级行要按月对联库情况、台账、月报表中反映的情况和问题以及在日常工作中发现的问题等进行认真的分析，研究制定改进措施和办法。每次例会，要有记录，并形成书面分析报告。

（二）上级行要对辖区内棉花购销企业收购资金封闭管理状况，真实客观地定期进行通报。

第三十四条　建立银企联席会议制度。各级行要定期召开银企联席会议，通报有关信贷政策，提出改进银企双方工作的意见和建议，在严格监管的基础上密切银企关系，帮助企业提高经济效益。

第三十五条　建立档案管理制度。一是档案材料要专人保管，资料齐全，科学管理；二是认真收集、归档上级行和上级有关部门下发的各类政策文件和报表资料；三是认真收集、整理和归档本行呈报和下发的有关文件和报表；四是认真收集、归档辖区内银行、企业和企业主管部门的报表、背景材料及相关的宏观政策、行业生产、发展状况等资料。银行对收集、归档的资料，要做好保密工作。

第三十六条　信贷管理部门和信贷员的岗位职责按照总行有关规定执行。

第三十七条　棉花购销贷款管理责任制考核。各级行要按照收购资金封闭管理有关规定对棉花购销贷款管理及其岗位责任制的执行情况进行考核。具体考核按总行有关规定执行。

第八章　罚　　则

第三十八条　为了监督借款人落实信贷政策，严肃信贷纪律，开户银行有权对发生违规行为的借款人，视其情节轻重，分别实施加收利息、不提供贷款、强制收回贷款等信贷制裁措施。

第三十九条　对借款人存在下列情况之一，致使棉花购销贷款的形态发生变化，应按有关规定及时加收贷款利息。

（一）贷款到期后不及时申请办理展期手续，造成贷款逾期的；

（二）贷款到期后申请展期理由不充分，未得到批准展期的；

（三）借款人违反规定，挤占挪用棉花购销贷款的。

第四十条 对借款人存在下列情况之一，致使开户行无法实施有效监管或造成棉花购销贷款被挤占挪用，经开户银行警告要求期限改正，而在限改期内未改正的，不提供新增贷款，情节严重的要强制收回原有贷款，并建议有关主管机关追究主要责任人的行政责任，其中构成犯罪的，移交司法机关追究有关单位及个人的刑事责任。

（一）不向开户银行定期提供棉花收购、调销、储备（库存）有关凭证、合同、报表、文件等资料的；

（二）虚报收购、调销、储备（库存）数量、品种、质量，或者谎报收购、调销价格，套取棉花购销贷款并挪用的；

（三）违规多头开户，或坐支回笼货款的；

（四）利用兼并、改制、破产等名义，悬空、逃废银行债务的；

（五）借款人经营发生重大失误，造成巨额亏损的；

（六）挤占挪用棉花购销贷款购置固定资产、投资有价证券、转借他人的或从事棉花购、销、储业务之外其他业务的；

（七）挤占棉花购销贷款用于交纳税金，或上缴主管部门管理费以及集资摊派的；

（八）以棉花购销贷款及形成的资产对外提供担保的。

第九章 附　　则

第四十一条 本办法由农发行总行制定、解释和修改。

第四十二条 本办法自印发之日起施行，总行以前有关规定凡与本办法不一致的，以本办法为准。

关于印发《中国农业发展银行棉花购销贷款管理办法（试行）实施细则》的通知

2001年5月24日　农发行贷二字[2001]12号

中国农业发展银行各省、自治区、直辖市分行信贷二处（信贷处），各计划单列市分行信贷处，总行营业部信贷管理部：

现将《中国农业发展银行棉花购销贷款管理办法（试行）实施细则》（以下简称《细则》）印发给你们，请认真遵照执行。各分行可在此基础上，根据《中国农业发展银行棉花购销贷款管理办法（试行）》（以下简称《办法》）和本地实际情况以及管理要求，对本《细则》进一步细化，但其条款不得与本《细则》相抵触，不得遗漏《办法》和本《细则》规定的有关内容。《细则》进一步细化后，要报总行备案。执行中的情况和问题，请及时上报总行。

中国农业发展银行棉花购销贷款管理办法（试行）实施细则

第一章　总　　则

第一条　根据《中国农业发展银行贷款管理制度》、《中国农业发展银行棉花购销贷款管理办法（试行）》、《中国农业发展银行企业信用等级评定与管理办法（试行）》和《中国农业发展银行棉花贷款担保管理办法（试行）》，制定本实施细则（以下简称本细则）。

第二条　本细则所指棉花购销贷款是中国农业发展银行（以下简称农发行）支持符合贷款条件的企业（以下简称借款人）从事棉花收购、调销、进出口等业务发放的贷款。

第三条　棉花购销贷款管理基本原则：坚持执行国家法律法规、规章制度和有关政策；坚持区别对待、择优扶持；坚持封闭管理，提高贷款的周转性、安全性和效益性。

第四条　本细则适用于各级农发行（包括派出机构和代理行）对棉花购销贷款的管理。

第二章　贷款对象和条件

第五条　贷款对象。贷款对象是指经政府有关部门批准的、具有专门从事棉花收购(含初加工)、调销、进出口业务资格和能力的供销社棉花企业、农业部门所属的良种棉加工厂和上述企业控股的股份制企业以及国务院确定的其他棉花企业。

第六条 贷款条件。借款人申请棉花收购贷款,应具备下列条件:

(一)借款人必须是符合国家法律法规、规章制度规定的实行独立核算、具有企业法人资格的企业,有工商行政管理部门颁发的营业执照和棉花经营资格证、政府有关部门颁发的棉花经营许可证和技术监督部门颁发的质量合格证。

(二)借款人必须且只能在农发行开立基本存款账户,并在基本存款账户下开立收购资金存款户、企业财务资金存款户、企业应付利息存款户及财政补贴专户。在其他行开立辅助账户,必须经当地农发行同意,报当地中国人民银行批准,并按规定使用。新开户棉花企业必须报经省级分行(含省、自治区、直辖市分行,计划单列市分行)批准。

(三)借款人必须认真执行国家颁布的会计、统计法规,并按要求向农发行报送真实、准确、完整的业务、统计、会计报表(资产负债表、现金流量表、损益表等)及相关资料,接受农发行的信贷监管。

(四)借款人必须认真执行国家有关棉花购销政策,认真执行国家棉花质量标准,坚持“一试五定”的收购要求,恪守信用。

(五)借款人至少具有满足收购期间1~3天铺底资金需要的自有资金。

第七条 申请棉花调销贷款,除具备第六条(一)至(四)项规定条件外,还应具备以下条件:

(一)提供合法、有效的购进和销售合同。

(二)购进棉花必须出具技术监督部门的质检证明书。

(三)接受并遵守农发行规定的结算方式。

(四)棉花调销贷款的信用记录良好。

(五)办理合法担保。

(六)必须具有申请调入棉花价款20%的自有资金。

第三章 贷款期限、利率和方式

第八条 棉花收购贷款用于解决借款人从事棉花收购的合理资金需要,包括收购籽棉、皮棉价款和AAA级信用等级企业的收购直接费用(维修费用、收购费用、初加工费用和保险费用等)。贷款期限根据棉花的正常生产经营周期和借款人还款能力确定,一般为6个月。

第九条 棉花调销贷款用于解决借款人为平抑棉花市场价格从棉花主产区调入棉花直接卖给用棉企业的合理资金需要,贷款期限一般不超过3个月。

第十条 贷款展期。借款人能提供棉花尚未销售或已经销售而货款在正常结算期内尚未回笼的正当理由,贷款到期不能归还,开户行可办理贷款展期。

(一)借款人不能按期归还棉花购销贷款时,应在贷款到期10天前向开户行书面申请展期,并提出贷款展期时间和还款计划。

（二）借款人申请担保贷款展期，还应出具由保证人、抵押人、出质人同意的合法书面证明。

（三）棉花收购贷款到期，开户行只能办理一次展期，且展期期限不得超过原借款合同确定的贷款期限。

（四）棉花调销贷款不能展期。

（五）借款人未申请展期或贷款展期不具备正当展期理由的，开户行不得予以展期。贷款从到期日次日起，转入逾期贷款科目。

（六）棉花购销贷款到期前，开户行要提前20天向借款人发出“到（逾）期贷款通知书”；对逾期贷款要及时向借款人发出“贷款催收通知书”，以确保诉讼时效。

第十一条 贷款利率。棉花购销贷款利率政策和利息计收标准，按中国人民银行统一规定和农发行总行有关规定执行。

第十二条 除国务院决定外，任何单位和个人无权对棉花购销贷款停息、减息或免息。

第十三条 贷款方式。根据企业信用等级确定棉花购销贷款相应的贷款方式，AAA级企业实行信用贷款方式；AA级企业实行信用或担保贷款方式；A级企业实行担保贷款方式；棉花调销贷款一律采用担保贷款方式。

第四章 贷款的受理、审批、发放和收回

第十四条 借款人申请棉花购销贷款须向开户行提交“借款申请书”和农发行要求的其他与贷款相关的资料。

（一）在棉花年度收购开始申请棉花收购贷款应提供下列资料：

1. 上年度收购情况、销售情况、经营效果；
2. 本年度资源情况、收购计划、市场分析报告；
3. 本年度销售计划及经营效益预测情况；
4. 归还陈欠贷款本息的计划；
5. 实行担保贷款的还应提供有关贷款担保的真实、合法资料；
6. 开户行认为必要的其他有关材料。

（二）申请棉花调销贷款应提供下列资料：

1. 购进合同和销售合同原件，营销计划及效益预测报告；
2. 上年度的棉花调销贷款执行情况；
3. 归还陈欠贷款本息的计划；
4. 有关真实、合法的担保资料；
5. 开户行认为必要的其他有关材料。

第十五条 贷款受理。开户行收到借款人申请后，对借款人基本经营情况进行初步调查，根据初步调查结果，决定是否同意受理。

第十六条 贷款调查。开户行收到借款人申请后，贷款调查人应在3个工作日内，根据棉花购销贷款管理操作规程要求对借款人的贷款条件、执行政策、物资保证、

经营管理及资信等情况，对借款人提交的贷款所需各项资料的真实性、完整性和合法性进行贷前调查。贷款调查完成后，要形成书面调查意见。

第十七条 贷款审查。根据贷款调查意见，开户行信贷部门应在3个工作日内进行贷款审查。贷款审查的主要内容：

（一）审查调查结果是否可行。

（二）审查企业提供的相关资料是否真实齐全。

（三）审查农发行内部手续是否符合规定要求。

（四）对后续贷款主要审查企业是否提供有贷款申请书、联库信贷员是否核打码单、入库情况是否真实等。审查结束后，审查人要提出是否贷款、贷款额度、期限、利率以及贷款方式等方面的意见。

第十八条 贷款审批。省级分行、地（市）分行成立贷款审批委员会，县（市）支行成立贷款审批小组，完善贷款审批制度，明确审批权限，严格遵守审批程序。

（一）贷款审批责任人对棉花收购贷款应在3～5个工作日内、对棉花调销贷款应在7～10个工作日内，严格按照贷款的审批权限进行审批。

（二）棉花购销贷款实行按权限对各类贷款进行审批的制度。具体审批权限由省级分行根据各地实际情况自行确定。

第十九条 签订借款合同。经审查批准的贷款，开户行应在1～3个工作日内与借款人签订借款合同。借款合同必须明确借款种类、用途、金额、利率、期限、借贷双方的责任、借款人还款计划以及双方认为需要约定的其他事项等。

第二十条 贷款发放。

（一）确定贷款额度。棉花收购贷款对AAA级信用等级企业，按照当年棉花销售市场价格测算的收购价格和收购数量确定贷款额度；对AA级信用等级企业，按照当年棉花销售市场价格测算的收购价格和上年度棉花销售数量确定贷款额度；对AAA级信用等级企业超过测算合理价格和AA级信用等级企业超过确定的贷款额度以及A级信用等级企业的收购，必须根据企业所签订的合法可行的销售合同确定贷款额度。棉花调销贷款根据购销合同确定贷款额度。

（二）棉花收购贷款发放。根据确定的贷款额度实行一次或分次审批，依据核打的收购码单，逐笔核贷。码单原则上为一式四联或五联的规范码单，其中一联由农发行保管。棉花收购费用贷款要从严掌握，除AAA级信用等级企业合理的费用贷款需求外不发放费用贷款。

（三）棉花调销贷款发放。依据企业合法可行的购进和销售合同以及质量检验证明书，按调入棉花进度逐笔核贷。

第二十一条 贷款收回。根据企业综合还款能力和贷款合同约定事项，对企业的经营收入和其他收入，合理确定归还贷款本息额度。企业销售收入回笼，要按规定顺序及时进行分割。不得随意将一笔货款全部用于收贷或全部用于收息，或全部转为企业财务资金。货款分割顺序如下：

（一）按规定预提当期应交税款，并将预提的当期应交税款转入企业财务资金账户下设的税金专户管理。

(二)收回该批棉花占用的贷款本金和利息。

(三)按协议收回陈欠贷款本息。

(四)剩余部分转入企业财务资金专户管理。

(五)销售货款回笼归行后,应随即归行随即逐笔分割。

第五章 贷款的监督检查

第二十二条 棉花购销贷款使用的监督检查。

(一)检查企业收购码单记录的数量、价款与实际收购数量、价款是否一致;

(二)检查棉花入库凭证与核实入库数量、品级、价格是否相符;

(三)检查核对收购资金存款账户、库存现金、收购价款以及费用开支等情况,检查收购资金使用情况,是否存在挤占挪用;

(四)核对企业保管账、会计账和银行台账,是否账账相符;

(五)对棉花调销贷款还要检查监督借款人是否按合同规定的内容使用资金、调入的棉花是否直接销售给用棉企业等;

(六)检查费用贷款的使用范围及其列支是否合理。

第二十三条 库存的监督检查。各级行要坚持定期检查与日常检查相结合,确保库存实物的真实性和安全性。

(一)库存监督检查的要求。

1. 联库信贷员每6~10天对所包库点检查一次,根据检查的实际情况填写“棉花库存情况检查记录”,要求企业有关人员签字认可,库存发生变化后,要及时更换仓垛卡,填写工作日志和检查记录。发现问题要及时查明原因,提出处理意见,并向县支行和企业主管部门反映情况。

2. 县(市)支行领导每6个月对所辖企业库存核查一次。

3. 省级分行、地(市)分行每年组织一次行际交叉查库,并汇总、分析、通报库存管理情况。

(二)库存监督检查的内容。

1. 检查棉花企业库存品种、年限、数量、件数、规格、等级、入库时间及保管方式与保管账和台账记载是否相符;

2. 检查库存数量有无增减变化情况、有无不经报告擅自违规动库现象、库存管理有无隐患存在等;

3. 检查库存品种的质量是否存在风险因素,对存在问题要提出处理意见;

4. 检查移库、轮库是否经过批准。

第二十四条 销售与货款回笼的监督检查。

(一)销售情况检查。检查棉花销售合同是否真实合法、销售价格是否顺价、结算方式是否符合规定等。

(二)棉花出库情况检查。检查棉花出库是否进行了报告;是否办理有出库凭证；检查出库的数量、等级、品种等是否与销售合同约定内容一致；检查联库信贷员在企业出库时是否到场实地监管等。

（三）回笼货款与结算资金情况检查。定期询问付款企业，逐笔查明棉花销售收入是否全额回笼，掌握应收账款或超期结算资金的风险因素，有无变相挤占挪用销售货款现象，督促借款人及时收回货款。

第二十五条 企业财务活动情况的监督检查。按季检查企业收支凭证及有关账务：

（一）检查企业银行存款账、现金账、销售账、应收（应付）明细账；

（二）检查企业商品库存明细账、保管账、待处理财产损溢、明细账等；

（三）分析企业财务活动是否合规，有无挤占挪用问题存在。

第六章 贷款风险管理和资产保全

第二十六条 建立健全风险管理责任制。各级行行长对本级行经营管理的棉花贷款的安全性、流动性、效益性及其资产质量负全部责任。各级行要将风险管理的权限和责任分级按调查、审查、审批、发放、收回各环节的责任落实到部门、岗位和个人，严格划定信贷员、信贷部门负责人、主管行长和行长的贷款管理权限和责任。

第二十七条 建立贷款风险监测体系。贷款风险监测实行贷款风险分类与期限分类的会计核算管理相结合，真实揭示贷款的实际风险程度。

第二十八条 按贷款风险分类的各类贷款分别纳入相对应的期限分类贷款科目核算，正常、关注对应期限管理的正常贷款，次级对应逾期贷款，可疑对应呆滞贷款，损失对应呆账贷款。各级行要通过对贷款风险分类台账的逐笔序时登记和会计核算，真实、全面、动态地反映贷款的质量。

第二十九条 棉花购销贷款风险分类认定表要按月上报，按季度分析，对贷款风险分类管理中的重大变化情况，及时报告上级行。

第三十条 发生和存在以下情况应警示报告：

（一）企业负责人更换、经营管理混乱、亏损额持续增加、资产负债率上升；

（二）不按时报送财务报表资料、不配合信贷监管；

（三）未经贷款人同意实行兼并、租赁承包、联营合并、产权转让、股份制改造等，应及时报告上级行，并采取防范措施。

第三十一条 各级行应切实做好信贷资产保全工作。密切关注企业改制，防止借款人逃避监督，逃废银行债务。要主动参与和正确引导企业改制，依法完善贷款手续，确保在改制过程中落实和清偿贷款债务。对破产企业应及时申报债权，主张抵押物的优先受偿权，积极参加清算或直接向保证人主张权利。对法院已经终结破产程序，但尚未核销的贷款，要继续行使债权追索权；对逃避贷款债务的行为，应及时采取行政、法律手段制止和纠正。

第三十二条 不合理占用贷款管理。

（一）财务挂账占用贷款管理。政策性财务挂账，应严格按国家的有关政策、规定处理;经营性财务挂账占用贷款,应督促企业制订逐年消化计划,用经营利润或其他收入弥补归还。

(二)不合理结算资金占用贷款管理。对不合理结算资金占用划清年限,分清内外,对账摸底,核实数额,分析归类,积极清欠。

(三)其他不合理占用贷款管理。对其他不合理占用尤其是附营业务占用贷款,应区别情况,因地制宜采取经济的、法律的、行政的手段和措施,加以清收和保全。

第三十三条 棉花呆账贷款的认定核销。对呆账贷款,各级行必须严格按照财政部有关规定和农发行总行有关办法进行认定并按程序逐级上报批准予以核销。

第三十四条 建立贷款风险补偿机制。

(一)企业在正常盈利情况下,可与企业协商提取税后利润的一部分建立风险基金,以弥补企业经营困难时收贷收息的不足。

(二)借款人收购、调入(含进口)的棉花必须参加保险;企业发生意外风险时,开户行应积极协助企业及时通过保险理赔减少贷款损失。

第七章 贷款基础管理和责任制考核

第三十五条 积极推行建立由各级政府领导下的分级分部门目标责任制。由各级政府牵头成立财政、银行、企业参加的封闭运行领导小组,明确目标、划清责任、分工协作,为封闭管理创造良好环境。

第三十六条 基层行应建立联库信贷员责任制度。县(市)支行根据棉花企业库(站)点多少,路程远近合理安排棉花包库信贷员,落实棉花包库责任;由县支行行长与信贷员签订"信贷员目标管理责任书",由联库信贷员与企业法人代表签订"棉花收购资金供应与管理责任书",明确双方的责任和义务;支行分管行长也应建立包库管理制度,支行行长落实联库责任。

第三十七条 建立台账、月报表登记管理责任制度。

(一)台账数据采集必须依据有关凭证,做到有据可查。

(二)台账、月报表的填制必须落实到人,台账必须严格按照要求,认真、及时地逐笔登记;月报表必须根据总行规定,及时、准确填报,严禁弄虚作假。

(三)对台账、月报表数据的调整应根据总行规定并请示上级行同意后方可进行。

(四)严肃贷款科目管理,未经总行批准,任何情况下不得随意调整贷款科目。

(五)台账、月报表的真实性实行行长负责制。

第三十八条 建立定期业务分析报告制度。各级行应按月对联库情况、台账、月报表中反映的情况、问题和在日常工作中发现的问题以及封闭管理责任指标完成情况等进行认真的分析,研究制定改进措施和办法。每次例会应有记录,并形成书面分析报告。上级行对辖区内棉花收储企业收购资金封闭管理状况,真实客观地定期进行通报。

第三十九条 建立银企联席会议制度。各级行应定期或不定期召开银企联席会议，宣传有关信贷政策，听取企业和有关部门意见，提出改进银企双方工作的意见和建议，在严格监管的基础上强化服务功能，帮助企业提高经济效益，密切银企关系。

第四十条 建立档案管理制度。一是档案材料专人保管，资料齐全，科学管理；二是认真收集、归档上级行、上级有关部门下发的各类政策文件和报表资料；三是认真收集整理归档本行呈报和下发的有关文件和报表；四是认真收集归档辖区内行、辖区内企业及主管部门的报表、背景材料及相关的宏观政策、行业生产、发展状况等资料。档案管理人员调动时，档案资料必须办理移交手续，并由有关领导监督移交。银行对收集归档的资料，做好保密工作。

第四十一条 信贷管理部门和信贷员的岗位职责按照总行有关规定执行。定期对信贷员进行培训和考试，实行持证上岗，全面提高信贷员业务素质和工作责任感。

第四十二条 棉花购销贷款管理责任制考核。各级行应按照收购资金封闭管理有关规定对棉花购销贷款管理责任实行分级考核，县支行对信贷目标量化到人，定期考核、落实奖惩，结合人事制度改革对岗位责任制的执行情况进行考核。具体考核按总行有关规定执行。

第八章 罚 则

第四十三条 为了监督借款人落实信贷政策，严肃信贷纪律，开户行有权对发生违规行为的借款人，按有关规定，分别实施加收利息、不提供贷款、强制收回贷款等信贷制裁措施。实施信贷制裁措施后，开户行应随即向上级行报告有关情况。

第四十四条 对借款人存在下列情况之一，应按有关规定及时加收贷款利息。

（一）贷款到期后不及时申请办理展期手续，造成贷款逾期的；

（二）贷款到期后申请展期理由不充分，未得到银行批准展期的；

（三）借款人违反规定，新发生挤占挪用棉花购销贷款的。

第四十五条 对借款人存在下列情况之一，要立即停止贷款。同时开户银行警告违规企业限期改正，在限改期内未改正的，要强制收回原有贷款，并建议有关主管机关追究主要责任人的行政责任，其中构成犯罪的，移交司法机关追究有关单位及个人的刑事责任。

（一）不向开户银行定期提供棉花收购、调销有关凭证、合同、报表、文件等资料的；

（二）虚报收购、调销数量、品种、质量，或者谎报收购、调销价格，套取棉花购销贷款并挪用的；

（三）违规多头开户，或坐支挪用回笼货款的；

（四）利用兼并、改制、破产等名义，悬空、逃废银行债务，以及带棉花及棉副产品分流人员等直接挤占挪用棉花购销贷款的；

（五）借款人经营发生重大失误，造成巨额亏损的；

（六）挤占挪用棉花购销贷款购置固定资产、投资有价证券、转借他人等从事非棉花购销业务之外其他业务的；

（七）挤占棉花购销贷款用于交纳税金，或上缴主管部门管理费以及集资摊派的；

（八）以棉花购销贷款形成的资产对外提供担保的；

（九）借款人擅自违规销售的；

（十）其他挤占挪用棉花购销贷款的。

第九章　附　　则

第四十六条　本细则由农发行总行负责解释和修订。

第四十七条　本细则自印发之日起施行。

关于印发《中国农业发展银行棉花储备贷款管理办法(试行)》的通知

2001年7月19日　农发行字[2001]126号

中国农业发展银行各省、自治区、直辖市分行,各计划单列市分行,总行营业部:

现将《中国农业发展银行棉花储备贷款管理办法(试行)》印发给你们,请认真组织学习并遵照执行。执行中发现的问题,请及时报告总行。

中国农业发展银行棉花储备贷款管理办法(试行)

第一章　总　　则

第一条　为加强棉花储备(以下简称储备棉)贷款的管理,维护借贷双方的合法权益,实现棉花储备贷款良性循环,根据国务院关于棉花流通体制改革和收购资金管理有关政策规定、国家经济、金融法规以及中国农业发展银行总行贷款管理有关规定,制定本办法。

第二条　储备棉贷款管理的主要任务是:认真贯彻执行国家有关储备棉的管理政策,履行中国农业发展银行(以下简称农发行)的基本职能,完善与国家现行棉花储备体制相适应的储备贷款管理体制,积极支持国家和地方棉花储备计划的实施,保证中央和地方储备棉收储、移库、轮换以及进出口等业务的合理资金需要,加强信贷管理,防范和化解金融风险,实现棉花储备贷款封闭管理,为实现国家宏观经济调控目标服务。

第三条　储备棉贷款是指农发行对符合储备棉贷款条件的企业(以下简称借款人)按照政府指令从事棉花储备、储备棉移库、储备棉轮换以及进出口等业务发放的贷款,具体包括中央储备棉贷款和地方储备棉贷款。

第四条　储备棉贷款管理的基本原则:

(一)储备棉贷款的发放应符合国家有关储备棉管理政策及中国人民银行有关收购资金管理规定。

(二)储备棉贷款实行专款专用,只能用于解决借款人按国家规定的价格、数量、质量储备棉花的资金需求,禁止任何形式的挤占挪用。

(三)储备棉贷款的发放应有相应的物资作保证,并有利息补贴来源,实行钱随物走、库贷挂钩、储贷销还、封闭管理。

第五条 本办法适用于各级农发行（包括代理行）对储备棉贷款的管理。

第二章 贷款对象和条件

第六条 贷款对象。贷款对象是指经国家政府和省级政府有关部门批准的、具有专门从事棉花储备、进出口业务资格和能力的企业。

第七条 贷款条件。借款人申请棉花储备贷款，应具备下列条件：

（一）具备符合法律、国家行政法规规定的具有企业法人资格、实行独立核算并有工商行政管理部门颁发的营业执照等企业设立的基本条件。

（二）必须且只能在农发行开立基本存款账户，并在该账户下开立储备资金存款户、企业财务资金存款户、企业应付利息存款户。在其他银行开户必须经农发行同意和中国人民银行批准。

（三）具有国家政府有关部门和农发行联合下达的中央储备棉计划或省级相应部门下达的地方储备棉计划（含直接收储、移库、轮库计划、进口转储备计划）。

（四）具有符合国家规定的仓储设施。

（五）储备与经营严格分开，实行专库、专账、专人管理。

（六）落实财政负担的利息和费用补贴。

（七）借款人应认真执行国家颁布的会计、统计法规，按要求向农发行报送真实、准确、完整的储备棉收储、出库、轮换、移库、进出口计划和有关库存、财务、统计报表，并接受农发行的监管。

第三章 贷款期限、利率及贷款方式

第八条 储备棉贷款期限原则上根据计划储备期限确定，一般为 1 年。

第九条 储备棉贷款到期，借款人不能按期归还贷款时应及时向开户行提出贷款展期申请。符合下列条件之一者，借款人可申请贷款展期。

（一）贷款到期，但国家仍未批准动用储备棉的；

（二）贷款到期，国家已批准动用储备棉，但因市场原因未能及时实现出库销售的；

（三）贷款到期，储备棉已上市销售，但贷款尚未回笼，且仍在合理结算期（国内销售为 3 个月，出口销售为 6 个月）内的。

第十条 储备棉贷款展期应遵循以下规定：

（一）借款人不能按期归还储备棉贷款时，应在贷款到期 10 天前向开户行书面申请展期，并提出贷款展期理由和展期时间。

（二）储备棉贷款根据实际情况可办理一次或多次展期，每次展期不超过原贷款期限。

（三）开户行收到借款人的贷款展期申请后，要认真审查核对。对符合展期条件的，应予以批准。借款人未申请展期，或贷款展期不符合上述规定的，开户行不得予以展期。贷款从到期日次日起,转入逾期贷款科目。

(四)储备棉贷款到期前,开户行要提前20天向借款人发出“到(逾)期贷款通知书”;对逾期贷款要及时向借款人发出“贷款催收通知书”。

第十一条 贷款利率。储备棉贷款利率按中国人民银行统一规定和总行有关规定执行。

第十二条 除国务院决定外,任何单位和个人无权豁免借款人偿还储备棉贷款的责任,无权决定储备棉贷款停息、减息和免息。

第十三条 贷款方式。中央储备棉贷款采用信用贷款方式;地方储备棉贷款原则采用担保贷款方式。

第四章 贷款的受理、审批、发放和收回

第十四条 储备棉贷款的发放,原则上经总行授权后,由承储企业所在地农发行直接发放和管理。

第十五条 借款人申请储备棉贷款须向开户行提交“借款申请书”和农发行要求的相关材料(包括国家有关部门下达的储备计划等)。

第十六条 贷款受理。开户行收到借款人申请后,应及时确定调查人员对借款人的贷款条件进行贷前调查。贷款调查人对借款人提交的贷款所需各项资料的真实性、完整性和合法性负责。贷款调查人完成贷前调查后,要提出是否上报贷款审查人审查的书面意见。

第十七条 贷款审查。贷款调查人上报贷款调查意见后,开户行应及时确定审查人员对贷款调查人提供的各项资料和受理意见进行审查核实,并对是否贷款、贷款额度、贷款期限、贷款利率以及贷款方式等方面提出书面意见。

第十八条 贷款审批。

(一)各级行应严格按照总行规定,建立完善授权管理制度。

(二)各级行应完善贷款审批制度,明确审批权限,严格按照审批程序审批贷款。

(三)贷款审批人应对贷款审查人提出的贷款审查意见及时进行审定,严格按照贷款的审批权限办理审批手续。

(四)储备棉贷款的具体审批权限由省级分行结合当地实际确定。

第十九条 签订借款合同。经审查批准的贷款,开户行应及时与借款人签订借款合同。借款合同必须明确借款种类、用途、金额、利率、期限、借贷双方的责任、借款人还款计划以及双方认为需要约定的其他事项等。

第二十条 贷款发放。储备棉贷款的发放应严格按照国家或地方有关部门下达的储备计划、规定的收储价格和相关的合理费用等确定贷款发放额度,不得超量和超范围发放储备棉贷款。

第二十一条 贷款收回。销售收入回笼归行后,应按规定顺序及时进行分解:

(一)按规定预提税款;

(二)收回该批棉花占用的贷款本金;

（三）收回欠息；

（四）按国家有关规定处理回笼货款与应收贷款的差额部分。

第二十二条 利息收回。储备棉贷款实行财政垫付利息制度。国家按季度拨付储备棉贷款利息和费用。开户行要保持与企业经常性的沟通，关注每笔利费的拨补，及时收息。

第五章 贷款的监督与检查

第二十三条 各级行应加强对储备棉贷款的监督检查，及时、准确反映资金运用情况和库存物资情况，采取有效措施，保证储备棉贷款封闭运行，良性循环。

第二十四条 收储环节的监督检查。

（一）监督检查借款人是否按照国家规定的价格、费用标准、数量、质量等级要求收储国家指定的商品。

（二）监督检查借款人是否按规定使用储备贷款，是否挤占挪用储备贷款。

（三）认真核查借款人入库有关凭证，确保储备棉完整入库。

第二十五条 储存环节的监督检查。

（一）监督检查借款人承储的储备棉库存实物总量、结构、等级，核对库存账，保证账实相符。

（二）监督检查借款人承储的储备棉入库凭证和库存账，保证账证相符。

（三）监督检查储备棉的库存台账和借款人承储储备棉的库存账，保证账账相符。

（四）监督检查借款人承储的储备棉质量，保证储备商品的质量安全。

第二十六条 销售环节的监督检查。

（一）监督检查借款人执行出库销售储备棉报告制度情况；检查借款人是否持有国家或地方有关部门批准动用储备棉的文件（包括出口、出库、轮库、移库）；核对销售价格和成本，防止违规降价和亏本销售；特殊情况下，属国家或地方有关部门批准的降价销售，要检查是否落实价差亏损弥补来源，否则不得同意出库销售。

（二）监督检查储备棉的销售结算方式是否符合规定，做到钱货两清。

（三）监督检查储备棉销售货款回笼、归行情况，防止借款人以任何形式截留坐支、挤占挪用销售回笼货款。

（四）监督检查借款人结算资金占用情况，逐笔查明超期结算应收账款的原因，督促借款人逐笔收回。

第六章 贷款的基础管理与责任制考核

第二十七条 承贷行要建立联库责任制度，根据棉花承储企业库点多少，路程远近合理安排储备棉联库信贷员，落实储备棉联库责任。

第二十八条 建立台账、月报表登记责任制度。

（一）各级行要建立储备棉贷款台账和报表管理制度，对承储企业的经营活动和资金活动进行监测。

（二）台账数据采集应依据信贷管理凭证，做到有据可查。

（三）台账、月报表的填制应落实责任人，必须严格按照要求，认真、及时地逐笔登记台账；及时、准确地填报月报表，严禁弄虚作假。

（四）台账、月报表的真实性实行行长负责制。

第二十九条 储备棉贷款的风险防范与管理按照《中国农业发展银行棉花购销贷款管理办法（试行）》的相应规定执行。

第三十条 建立银企联席会议制度。各级行应定期或不定期召开银企联席会议，通报有关信贷政策，提出改进银企双方工作的意见和建议，在严格监管的基础上密切银企关系，帮助企业提高经济效益。

第三十一条 贷款管理情况分析和报告制度。

（一）各级行应在封闭管理分析例会中纳入储备棉贷款管理的内容，分析存在的问题和研究制定改进的措施办法。

（二）各级行应对辖区内直接与本行有借贷关系的承储企业占用的储备棉贷款运行情况，定期、客观地进行通报，总结经验，提出建议，促进工作的开展。

（三）各级行要及时向上级行报告储备棉贷款管理中出现的重大问题和新情况，请示有关工作。上级行对下级行的请示要及时研究并予以准确答复。

第三十二条 建立档案管理制度。一是档案材料要收集齐全专人保管，科学管理；二是认真收集、归档上级行、上级有关部门下发的各类政策文件和报表资料；三是认真收集整理归档本行呈报和下发的有关文件和报表；四是认真收集归档辖区内各行、辖区内各企业及主管部门的报表、背景材料及相关的宏观政策、行业生产、发展状况等资料。对收集归档的资料，要做好保密工作。

第三十三条 信贷管理部门和信贷员的岗位职责按照总行有关规定执行。

第三十四条 储备棉贷款管理责任制考核。各级行要按照收购资金封闭管理有关规定对储备棉贷款管理及其岗位责任制的执行情况进行考核。具体考核按总行有关规定执行。

第七章 罚 则

第三十五条 为了监督借款人落实信贷政策，严肃信贷纪律，开户银行有权对发生违规行为的借款人，视其情节轻重，分别实施警告、加收利息、不提供贷款、强制收回贷款等信贷制裁措施。

第三十六条 对借款人存在下列情况之一，致使棉花储备贷款的形态发生变化，应按有关规定及时加收贷款利息。

（一）贷款到期后不及时申请办理展期手续，造成贷款逾期的；

（二）贷款到期后申请展期理由不充分，未得到批准展期的；

（三）借款人违反规定，挤占挪用棉花储备贷款的。

第三十七条 对借款人存在下列情况之一，致使开户银行无法实施有效监管或造成棉花储备贷款被挤占挪用,经开户银行警告要求限期改正,而在限改期内未改正的,不提供新增贷款;情节严重的强制收回原有贷款,并建议有关主管机关追究主要责任人的行政责任;其中构成犯罪的,移交司法机关追究有关单位及个人的刑事责任。

(一)不向开户行提供储备棉收储、出库、进出口、轮库、移库等有关文件、合同、报表等资料的;

(二)虚报储备棉(库存)数量、品种、质量,套取储备棉花贷款并挪用的;

(三)违规多头开户、销售收入不入账或坐支现金,挤占挪用销售货款或利用其在其他银行开立的账户转移挪用储备贷款的;

(四)赊销储备棉造成亏损挂账或违反国家规定亏本销售储备棉,使贷款无法足额收回的;

(五)利用兼并、改制、破产等名义,悬空、逃废银行债务的;

(六)借款人经营发生重大失误,造成巨额亏损的;

(七)挤占挪用储备棉贷款购置固定资产、从事储备以外的其他业务、投资有价证券、转借他人用于集资摊派等的;

(八)挤占棉花储备贷款用于交纳税金,或上缴主管部门管理费以及集资摊派的;

(九)以储备棉贷款及其形成的资产对外提供担保的。

第八章　附　　则

第三十八条　本办法由农发行总行制定、解释和修改。各省级分行可根据本办法结合本地实际和管理要求制定实施细则,并报总行备案。

第三十九条　本办法自印发之日起施行,总行以前有关规定凡与本办法不一致的,一律以本办法为准。

国务院关于进一步深化棉花流通体制改革的意见

2001 年 7 月 31 日　国发[2001]27 号

各省、自治区、直辖市人民政府，国务院各部委、各直属机构：

近年来，各地区、各有关部门积极贯彻落实国务院关于棉花流通体制改革的一系列政策措施，取得了初步成效。棉花经营渠道逐步拓宽，棉花购销价格放开并基本由市场形成，国家对棉花市场的宏观调控进一步增强。这对于引导棉花生产，稳定棉花价格，保护农民利益，支持纺织工业发展，发挥了重要作用。但是，当前棉花流通中仍然存在一些突出问题：棉花流通企业尚未真正成为自主经营、自负盈亏的经营实体；多渠道有序竞争的市场格局尚未形成；市场监管不严，棉花质量得不到保证；宏观调控机制不够完善。因此，必须进一步深化棉花流通体制改革，打破经营垄断，鼓励公平竞争，规范市场秩序，提高调控效率，建立适应社会主义市场经济要求的棉花企业经营机制和管理体制，促进棉花生产和纺织工业健康发展。现提出如下意见：

一、放开棉花收购，鼓励公平有序竞争

要打破棉花经营中的行业垄断和地区封锁，实现多渠道经营和有序竞争，充分发挥市场机制在调节棉花生产、流通中的基础性作用。从 2001 棉花年度起，凡符合《棉花收购加工与市场管理暂行办法》规定、经省级人民政府资格认定的国内各类企业，均可从事棉花收购。鼓励获得收购资格的纺织企业及其他各类企业，到新疆等主产棉区跨区直接收购或委托代理收购棉花。严禁任何地区或单位利用划片、设卡等方式限制棉花购销活动，对违反规定的，要严肃处罚并依法追究其当事人及领导者的责任。

二、实行社企分开，加大供销社棉花企业改革力度

在清产核资、界定产权的基础上，将棉花购销、加工企业与供销社彻底分开。供销社各级联社按其出资份额行使出资人代表职能；棉花企业的改革和发展由国家经贸委指导。要通过改组、联合、兼并、出售、股份制及股份合作制等多种形式放开搞活棉花企业，实现自主经营、自负盈亏和自我发展。鼓励纺织企业及其他各类企业参与改组现有棉花企业。对严重资不抵债的企业，依法实施破产。要加大轧花厂布局调整和技术改造力度，淘汰落后、过剩的生产能力。在企业改制中，要维护债权人和出资人权益，妥善安置富余职工和离退休人员生活。

要切实减轻棉花企业的历史负担，对企业的政策性亏损挂账，按国务院关于处理供销社亏损挂账的有关规定执行。对纺织企业长期拖欠棉花企业的货款，国家经贸委要会同有关部门进行清理，提出解决办法。

棉花购销、加工企业与供销社彻底分开后，各级联社不得干预棉花企业的经营活动，不得向企业收取任何费用。供销社在棉花企业的出资所得收益，实行专账管理，由同级财政部门监督，用于偿还所欠银行贷款本息、补充企业发展资金和为农服务，严禁挤占挪用。在大力精简机构和人员的基础上，县联社所需经费由同级政府严格核定。

三、实行棉花储备与经营分开，确保储备棉优质安全、经济合理

组建国家储备棉管理公司，实现储备与经营彻底分开。国家储备棉管理公司是具有独立法人资格的国有企业，实行独立运营、垂直管理，负责管理国家直属棉花储备库。国家储备棉管理公司以现有储备机构为基础组建。国家储备棉管理公司由中央管理，具体事宜按有关文件规定办理。国家计委对国家储备棉管理公司实行业务指导。

国家储备棉管理公司要加强科学管理，建立健全各项规章制度。要严格执行国家下达的棉花储备、进出口及市场调控计划。有关部门要完善储备棉管理办法，形成储优储新、适时轮换机制，确保储备棉的质量和安全。储备棉的出入库继续实行强制性公证检验。全国棉花交易市场要完善交易规则，降低交易费用，扩大会员范围，更好地发挥储备调控的载体作用。

四、加强和改进对棉花市场的宏观调控

要兼顾棉农和纺织企业的利益，综合运用进出口及储备等宏观调控手段，调节棉花供求关系和价格水平，稳定国内棉花市场。国家计委要会同国家经贸委、财政部、外经贸部等有关部门，跟踪研究国内外棉花市场情况，每棉花年度之初，向国务院提出储备棉出入库及进出口年度调控计划及相关政策建议，经批准后，根据市场变化，及时灵活地组织调控，并报国务院备案；要及时搜集和发布棉花供求及价格信息，为棉农、棉花经营企业和纺织企业提供有效的市场指导。

为适应加入世界贸易组织的需要，有效利用国内外棉花资源，要加快改革棉花进出口体制，建立和完善棉花进出口贸易管理制度及关税配额管理制度。逐步赋予具备条件的纺织企业、棉花经营企业、外贸流通企业等各类企业棉花进出口经营权。

五、加强棉花市场管理和质量监督

工商行政管理部门、质量监督部门及其所属纤维质量监督机构要根据各自职能分工，按照《棉花收购加工与市场管理暂行办法》和《棉花质量监督管理条例》，切实加强对棉花购销、加工活动的监督管理，依法维护市场秩序，严厉打击掺杂使假、以次充好等违法行为。对未经资格认定而擅自从事棉花收购、加工的，要坚决取缔。对经资格认定的棉花收购、加工企业，要定期复查，凡丧失资质条件的，取消其营业资格。对轧花机、打包机生产企业进行定期检查，严禁生产、销售和使用国家明令淘汰的小轧花机、土打包机。对违反国家规定的，要依法严肃处罚。各省级人民政府要依据《棉花收购加工与市场管理暂行办法》，结合当地实际制定实施办法，切实加强棉花市场及质量的管理工作。各地不得盲目兴建棉花现货交易市场，要运用现代网络技术,发展远程同步交易,提高交易效率。

纤维检验机构要切实履行职责,严格按照国家有关法规、标准,规范质量检验行为,对出具的检验证书依法承担相应的责任。各类棉花企业要按照国家标准分等级收购和加工棉花,建立健全质量岗位责任及追究制度。纺织企业要加强对棉花采购人员的质量责任管理,坚决杜绝掺假、劣质棉花流入纺织企业。要推行质量举报制度,发动社会力量开展质量监督工作。进一步完善棉花公证检验制度。

六、改进棉花信贷资金管理

适应棉花购销和价格的放开,按照金融体制改革的方向,政策性贷款要逐步退出商品棉经营活动。为保证收购资金供应上的有效衔接和平稳过渡,2001 棉花年度,棉花信贷资金继续由中国农业发展银行按现行办法管理。中国农业发展银行在确保国家储备棉资金供应的同时,对商品棉收购资金,要根据企业资质条件、经营情况和信用等级,进行发放和管理,并积极创造条件,为政策性贷款退出商品棉经营领域作好准备。在具备条件的地方,商业银行要按照信贷资金管理原则,对经省级人民政府资格认定的国内各类棉花企业,积极发放棉花经营贷款。中国人民银行要做好棉花收购资金供应的协调和指导,避免资金供应上出现真空,影响棉农正常交售棉花。要切实加强棉花信贷资金管理,保证资金安全。对现有供销社棉花企业拖欠的经营性债务,中国农业发展银行要制订严格的收贷计划并认真加以落实,防止悬空和逃废。

七、大力推进棉花产业化经营

要以市场为导向,实施科技兴棉,发展订单农业,培育棉农合作组织,积极推进产业化经营。要完善棉花市场信息及生产技术服务体系,引导棉农进行种植结构调整。要加大科技投入,加强优质、高产、适销棉花品种的引进、繁育和推广工作,普及先进植棉技术,优化棉花品种结构,提高棉花质量。要积极发展跨地区、跨所有制、贸工农一体化的棉花企业集团。鼓励纺织企业、棉花经营企业通过建设棉花生产基地、签订长期购销合同等方式,与产棉区结成经济利益共同体,建立从生产、收购、加工、纺织到销售的完整的棉花产业体系。

各级人民政府特别是棉花主产区人民政府,要充分认识进一步深化棉花流通体制改革的重要性和艰巨性,认真宣传、贯彻好这次改革的精神,积极稳妥地组织实施。省级人民政府要切实负起责任,把推进棉花流通体制改革与规范棉花市场秩序、加强棉花质量监督结合起来,常抓不懈。有关部门要加强协作,做好棉花流通体制改革的指导工作。新疆维吾尔自治区人民政府要按照这次棉花流通体制改革的精神,大力推进市场化改革,放开棉花购销与价格,积极发展产业化经营,努力扩大出口,采取有效措施与销区结成稳定的产销关系,促进全国统一开放、竞争有序的棉花市场的形成。

关于做好2003年度棉花收购工作的通知

2003年9月9日　发改电字[2003]74号

各省、自治区、直辖市及计划单列市计委(发展改革委、厅)、供销社、工商局、质量技监局、物价局、中国农业发展银行分行,新疆生产建设兵团,国务院有关部门:

经国务院批准,现就做好新棉收购工作的有关问题通知如下:

一、正确认识棉花产销形势。2003年以来,纺织工业增速加快,对棉花的需求增加。国家采取加快销售存棉、抛售国家储备、引导企业适当进口等措施,增加棉花的市场供给,保持了国内市场棉花供求总量的平衡。2003年棉花种植面积比上年增长20%,主产棉区棉花长势较好,总产将比上年有大幅度增加;国际上多数棉花生产国是增产的,全球棉花供求总量基本平衡。同时,当前石油价格相对稳定,也有利于促进纺织行业增加化纤的使用量,相对减少棉花的使用量。广大棉花经营企业和纺织企业要全面认识棉花市场形势,吸取以前发生的抬价抢购造成销售困难的教训,形成合理的新棉收购价格,维护正常的收购秩序,切实做好新棉收购工作。

二、保持棉花价格的基本稳定。新棉上市后,棉花收购价格可能会比上年度略高一些,但上涨空间有限。企业在收购新棉时,要切实防范市场风险,保持合理价位,以利于皮棉的顺利销售。要坚持按质论价、优质优价的原则,防止抬级抬价和压级压价,保持市场棉价的基本稳定。

三、中国农业发展银行继续支持棉花收购。各级中国农业发展银行要按照择优选贷、以销定贷、以效定贷的原则,继续支持符合条件的供销社棉花企业及其控股的棉花企业收购棉花。对改制后供销社棉花企业不再控股的新企业,承担原企业的债权债务,报经中国农业发展银行总行批准,确认符合中国农业发展银行贷款条件的,中国农业发展银行落实风险管理后可继续给予贷款支持。使用政策性贷款的企业必须在中国农业发展银行开立基本账户,并有一定数量的自有资金,不允许多头开户。取得政策性贷款支持的企业销售棉花回笼货款后,要优先归还贷款本息。继续鼓励商业银行(包括农村信用社)等金融机构开展棉花收购信贷业务,增加棉花收购资金供应。

四、加强棉花市场管理。鼓励取得棉花经营资格的企业积极收购新棉。引导农民组织起来在做好"四分"(分摘、分晒、分存、分售)的基础上集中出售籽棉。严禁任何地区或单位采取划片、设卡等方式限制棉花购销活动。取消棉花准运证制度。各地工商管理部门要严把市场主体准入关,坚决查处无照经营行为。要加强市场监督,打击囤积行为,防止市场炒作,维护良好的市场秩序。

五、加强棉花质量监督工作。各地区棉花质量监督机构要依法加强棉花质量的监督检查，加强收购加工环节质量监督管理，打击棉花掺杂使假等质量违法行为，确保棉花质量不滑坡。各地区要继续执行原国家计委等五部委于2002年10月印发的《避免在棉花采摘、交售、加工过程中混入异性纤维的暂行规定》的各项规定和要求，加强检查督促，切实降低异性纤维含量，提高国产棉花的竞争力。

关于印发棉花质量检验体制改革方案的通知

2003年12月17日　发改经贸[2003]2225号

各省、自治区、直辖市及计划单列市计委(发展改革委)、经贸委、财政厅(局)、质量技监局、供销社、中国农业发展银行分行,新疆生产建设兵团计委、经贸委、财政局、供销社:

经报请国务院批准,现将《棉花质量检验体制改革方案》印发给你们。并就有关问题通知如下:

一、棉花质量检验体制改革,是我国棉花流通体制改革的重要组成部分,也是建立棉花市场体系、发展棉花现代物流的关键。推进棉花质量检验体制改革,对提高棉花流通效率,降低棉花流通成本,提高棉花质量,增强我国纺织品国际竞争力,都具有十分重要的意义。

二、棉花质量检验体制改革的目标是,力争用五年左右的时间,采用科学、统一、与国际接轨的棉花检验技术标准体系,在棉花加工环节实行仪器化、普遍性的权威检验,建立起符合我国国情、与国际通行做法接轨、科学权威的棉花质量检验体制。

三、棉花质量检验体制改革的主要内容是,改用国际通用棉包包型,在加工环节采用快速检验仪实行仪器化公证检验,并对成包皮棉逐包编码实行信息化管理。

四、棉花质量检验体制改革分为准备、试点和全面实施三个阶段。2003棉花年度结束前做好各项改革试点准备工作,2004棉花年度开始组织新体制运行试点,2005棉花年度起逐步推行新体制。

五、实行棉花质量检验新体制,现有的棉花加工企业均需改用新型大型打包机,并使用条形码等新技术,促进棉花加工企业加快联合、兼并、重组,实现规模化、产业化经营。为避免造成浪费,从2004年起,各地要停止审批不具备压力为400吨以上的大型打包机的棉花加工企业。

六、为加强棉花质量检验体制改革工作的组织领导,国家发展改革委、质检总局、财政部、供销总社、中国农业发展银行等有关部门联合成立了棉花质量检验体制改革工作协调指导小组,负责指导、协调和解决改革过程中的矛盾和问题。各产棉区也要成立相应的领导小组,协调解决棉花质量检验体制改革过程中的矛盾和问题。

附:棉花质量检验体制改革方案

附

棉花质量检验体制改革方案

一、改革棉花质量检验体制的必要性

我国现行棉花质量检验体制包括棉花加工企业自行检验,专业纤维检验机构(以下简称纤检机构)公证检验两部分。纤检机构还负责复验仲裁和行政执法。企业检验,是在籽棉加工成皮棉后,由棉花加工企业根据自己检验的结果,在棉包上标注棉花的质量等级。购销双方在棉花交易中发生质量争议时,通过协商定级解决,其结果主要取决于供求关系。纤检机构依据《棉花质量监督管理条例》实施公证检验,一是接受纺织企业的申报,对经营性棉花进行公证检验,公证检验结果作为纺织企业与售棉企业结算的依据;二是对国家储备棉花进行强制性公证检验;三是中国纤维检验局对经公证检验的棉花实施监督抽验。

现行的棉花质量检验体制,对促进棉花生产经营企业提高棉花质量,打击掺杂使假,保障购销双方的利益,发挥了重要作用。随着棉花流通体制改革的进一步深化,现行棉花质量检验体制不能适应建立棉花市场、发展市场交易的需要。一是棉花质量标识缺乏公信度和权威性。现行的棉花质量等级是由棉花加工企业自行标注的,在供不应求时,虚标等级、名实不符的情况时有发生;供大于求时,买方又极力压低棉花等级,买卖双方缺乏互信。企业购买棉花后,往往要重新开包确认等级,造成重复检验,引发争议,增加交易成本,降低流通效率。二是感官检验缺乏科学性且容易产生纠纷。我国现行的棉花质量检验,均以感官检验为主,目测手扯,主要依赖检验人员的经验,购销双方难以对检验结果达成一致。三是现行公证检验模式存在局限性。依据现行的棉花国家标准,公证检验尚不能做到包包普遍检验,而且只对进入纺织厂后的棉花进行售后公证检验,不能适应棉花市场交易的需要。

随着棉花市场化流通体制改革步伐的加快,迫切要求改革现行棉花质量检验体制,改善棉花检验手段,建立科学性、普遍性、权威性的公证检验体制,保证棉花质量,促进棉花进入市场交易。

二、棉花质量检验体制改革的指导思想和目标

棉花质量检验体制改革的指导思想是,适应加入世界贸易组织新形势和改革棉花流通体制的要求,以确保棉花质量、促进市场发育为核心,完善棉花质量保障体系,提高我国棉花和棉纺织品的竞争力,推动棉花产业健康发展。

棉花质量检验体制改革的基本目标是,力争用五年左右的时间,采用科学、统一、与国际接轨的棉花检验技术标准体系,在棉花加工环节实行仪器化、普遍性的权威检验,建立起符合我国国情、与国际通行做法接轨、科学权威的棉花质量检验体制。

三、棉花质量检验体制改革的主要内容

棉花质量检验体制改革的主要内容:

（一）在加工环节实行公证检验。将目前棉花加工企业自行检验、自行标注质量标识，改为在企业自愿的基础上，由纤检机构在加工环节依法免费提供逐包取样、包包检验的公证检验服务。具体操作程序是：（1）在棉花加工成包时，利用打包机的自动取样装置在棉包两侧各取样一份。每份再分成两半，把两侧各一半合在一起，形成该包棉花的两份样品。（2）由棉花加工企业将纤检机构发放的棉包统一编码的条码卡（一式四份），分别夹入两份样品中，并在棉包两端各贴一份。（3）两份样品及条码卡，一份送纤检机构检验。由纤检机构将该包棉花公证检验结果连同产地、加工企业名称、生产日期、重量、异性纤维含量等初始信息输入全国棉花质量信息管理系统备案。另一份由棉花加工企业保存，并随棉包流通。棉花加工企业应依法建立健全内部棉花质量管理制度，保证棉花质量。

（二）采用快速检验仪进行仪器化科学检验。改变目前主要靠检验人员经验确定等级的传统检验方式，采用国际上通用的大容量快速检验仪（HVI）检验棉花质量，提高公证检验的科学性和权威性。

（三）制定仪器化检验棉花质量标准。为适应仪器化检验和现代纺织工业发展的需要，要研制全国棉花色特征图及其应用软件，并制定适应仪器化检验的棉花质量标准及相关技术规范。新标准主要增加强度、细度、成熟度、一致性等反映棉花内在质量的指标。

（四）采用国际通用棉包包型。我国现行的85公斤棉包包型是历史上适应人工搬运确定的。国际通行棉包包重为227公斤。目前全国每年加工生产的棉包约为6 000万个，全部改为大包后可减为2 000万个左右，可以减少质量检验的工作量，降低棉花包装成本和检验、流通费用。改变包型后，将现有打包机更换为压力400吨以上的大型打包机。同时，将目前棉包包皮在里、铅丝在外的捆扎包装方式，改为国际通行的在裸包上捆扎钢带，取样、称重后再套外包装。全面更换棉花加工企业加工打包设备，政策性强，需要统一规划，逐步推行。

（五）规范棉包重量。为了避免各地气候（湿度）差异造成棉花实际重量的不同，要研制和配备能够使棉花加工过程中水分保持在标准含量的调湿设备。调湿设备与打包机配套使用。

（六）实行信息化逐包编码。纤检机构统一对全国成包皮棉逐包编码，作为每包棉花身份和质量状况的信息载体。棉花购销各方可以根据每包棉花的编码，通过全国棉花质量信息管理系统，查询该包棉花的质量、产地、生产日期等相关信息。有利于促进棉花市场交易，准确、及时地掌握全国棉花产销和质量数据。

（七）发展棉花专业仓储。公证检验后的棉花，在企业自愿和所有权不变的前提下，送交指定的专业仓库储存保管。棉花出售后，由购销双方在指定专业仓库交割。指定仓库保管的作用：一是确保检验后的棉包不会出现假冒、调换等行为；二是便于银行对作为贷款抵押物的棉花实施监管；三是仓库可以根据买方的需求，对所储棉花分选组批；四是有利于发展网上交易，降低物流成本。指定仓库向社会符合储备条件的仓库公开招标确定。

（八）改革公证检验管理体制。（1）调整公证检验机构布局。检验体制改革后，棉花公证检验的地点由纺织企业改为棉花加工企业。要根据棉花生产布局，调整纤检机构的设置，把棉花公证检验工作的重点由纺织企业调整到棉花加工企业。（2）加强岗前培训教育，实行考核持证上岗。按照仪器化检验和新标准的要求，对棉花公证检验人员统一实施上岗前的业务培训和职业道德教育，实行考核持证上岗。对棉花加工企业的抽样人员，由纤检机构统一培训、考核、发证。（3）提供普遍性服务。纤检机构要对所有棉花加工企业提供普遍性服务，满足所有棉花加工企业公证检验的请求。要加强公检队伍建设，提高检验人员的业务素质和道德素质，为棉花加工企业提供优质高效的服务。（4）建立监检分离制度。设立复检机构，负责接受棉花加工企业和用棉企业的复检申请。健全公证检验监督抽验制度和责任追究制度，对因人为因素造成不合格率较高的机构，要追究相关机构和人员的责任。纤检机构要吸收供销社系统技术人员充实检验队伍，中国纤维检验局专门监督，在棉花产区形成技术过硬、客观公正、廉洁高效、布局合理、内部监检分离的检验体系。同时，符合资质条件的社会质检机构可以为企业提供检验服务。积极探索由社会中介机构检验、政府指定机构监管的棉花检验监检分离新体制。

四、需前期做好的几项技术准备工作

推行棉花质量检验体制改革，需要做好以下几项前期准备工作：

一是抓紧研制完善相关加工设备和检测仪器。为适应小包改大包、包包检验和计重方式的改革，必须对棉花加工设备进行技术改造，研制并完善大型打包机、加工皮棉的调湿装置、棉花加工过程中籽棉和皮棉异性纤维识别与排除及成包前皮棉异性纤维定量识别装置、自动取样装置、套包平台、自动称重装置、专用叉车等设备。

二是制定新的棉花质量标准。抓紧研制中国棉花色特征图，制定新的棉花质量标准及相关技术规范。同时，还需制定与之配套的棉花包装标准、棉花加工工艺规程等技术规范。

三是开发棉包编码技术和棉花信息管理系统。开发对所有棉包统一编码的应用技术。开发全国棉花信息管理系统。

五、改革的政策支持

国务院批准棉花质量检验体制改革方案后，应尽快向社会宣布，以利于企业早作准备。目前我国棉花加工企业数量众多、规模偏小，更换大型打包机等设备和改造加工技术条件的一次性投入较大，对改革面临的困难和阻力必须有足够的估计。为引导企业积极参与改革，采取以下措施：

（一）政府保障纤检机构公证检验经费。在推行新体制的过程中和新体制建立后的几年内，公证检验经费仍由国家财政按原有经费渠道拨付（现行体制是免费为纺织企业和国家储备进行公证检验），条件成熟后，逐步过渡到向棉花企业收费。新体制下的公证检验及监督成本由财政部会同质检总局重新测定。

（二）棉花加工企业须逐步把普通打包机更换为大型打包机。（1）从2004年起，停止审批不具备大型打包机的棉花加工企业，现有的加工企业逐步把小打包机更换成大型打包机。(2)对棉花加工企业更换大型打包机及其辅助设备的贷款给予政策支持。(3)对实行大棉包包型的加工企业,中国农业发展银行、有关商业银行在贷款供应上要优先支持,并将公证检验结果作为贷款的依据。(4)政策性贷款收购加工的成包皮棉,作为贷款抵押物进入指定的专业仓库,企业逾期不能还贷,有关银行有权处理被抵押的棉花。(5)从2004棉花年度起,国家储备优先收储经公证检验的大包型棉花。

(三)支持研制有关专项设备和推进改革试点。对大型打包机、调湿设备、检验仪器、编码技术及信息管理系统的研制中央财政给予适当补助。中央财政拨专款用于修订棉花质量标准和试点工作。

(四)完善纤检机构检验技术条件。在棉花质量检验体制改革试点取得成功后,为满足顺利推行新体制的需要,须加强对纤检机构检测设备和技术条件的投入,分阶段配备HVI仪器,建设全国棉花质量信息管理系统。

六、改革的实施步骤

棉花质量检验体制改革分为准备、试点和全面实施三个阶段。具体时间安排如下:

(一)2003棉花年度结束前做好各项改革试点准备工作。(1)研制完善棉花加工设备。2004年3月底前,完成大型打包机、自动扦样装置、加工皮棉调湿装置、套包装置等样机试验;2004年5月底前完成鉴定,通过项目验收;2005年6月底前完成开发、研制棉花加工过程中籽棉和皮棉异性纤维识别与排除及成包前皮棉异性纤维定量识别装置。由供销总社负责落实。(2)研制开发国产HVI检验仪器。2003年年底前研制出样机,2004年6月底前完成试验,通过鉴定。由质检总局负责落实。(3)制定新的棉花质量检验标准。2004年4月底前完成研制中国棉花色特征图和开发应用软件验证试验;2004年6月底前完成棉花质量标准和技术规范的制定工作。由质检总局负责落实。(4)开发棉包编码技术和棉花信息管理系统。2004年6月底前完成。由质检总局会同供销总社等部门负责落实。(5)完善试点企业技术条件和检测机构检验条件。2004年8月底前确定试点企业,并按照试点要求完善加工技术条件。由供销总社负责落实。调整、确定试点单位和公证检验纤检机构,配备检验仪器,完善实验环境,2004年8月底前具备公证检验条件。由质检总局负责落实。(6)制定、发布加快改革的相关政策。由国家发展改革委会同有关部门落实,于2003棉花年度结束前完成。(7)落实改革准备和组织试点等工作的经费。由财政部负责安排。上述各项工作,由国家发展改革委督促落实,统筹协调。

(二)2004棉花年度开始组织新体制运行试点。目前新疆生产建设兵团农七师、山东武城县、河南扶沟县部分企业已经开始使用或正在安装大型打包设备,建议把上述具备一定条件的企业列入改革试点。各有关部门对改革试点进行全程跟踪,及时总结经验,完善改革方案。年度结束前,国家发展改革委会同有关部门,将试点情况上报国务院。

(三)2005棉花年度起逐步推行新体制。在总结试点经验的基础上,按照国务院推行棉花质量检验新体制的决定,全面组织实施,力争用五年左右的时间有计划地过渡到棉花质量检验新体制。在推行新体制的过程中,为避免出现质量控制真空,现行公证检验体制应保持一定的连续性,新标准、新包型、新体制逐步取代老标准、老包型、老体制。

七、改革的组织领导

棉花质量检验体制改革技术性强、涉及面广,是一项复杂的系统工程。为加强棉花质量检验体制工作的领导,成立棉花质量检验体制改革工作指导小组,由国家发展改革委牵头,质检总局、财政部、供销总社、中国农业发展银行等部门主管单位负责同志参加,指导、协调和解决改革过程中的矛盾和问题。

关于做好棉花质量检验体制改革试点准备工作的通知

2004年2月19日　发改办经贸字[2004]247号

河北省、山东省、河南省、湖北省、新疆维吾尔自治区发展改革委(计委)、财政厅、质量技监局、供销合作社、中国农业发展银行分行,新疆生产建设兵团发展改革委、财政局、供销合作社,各试点企业,各试点公证检验机构:

为贯彻落实国务院批准的《棉花质量检验体制改革方案》,做好2004棉花年度棉花质量检验体制改革试点工作,根据改革工作协调指导小组会议精神和《棉花质量检验体制改革工作计划》的要求,现将参加2004棉花年度改革试点相关准备工作的棉花加工企业、公证检验机构名单和有关工作要求通知如下:

一、参加改革试点准备工作的棉花加工企业为:新疆维吾尔自治区玛纳斯德玛棉业有限公司,新疆维吾尔自治区尉犁县棉麻公司,新疆生产建设兵团农七师123团和125团,河南省扶沟中棉棉花产业化有限公司,河南省夏邑华鹏棉业有限公司,山东省武城天元棉业有限公司,河北省河间国欣农村技术服务总会,湖北省潜江市棉花总公司。

二、参加改革试点准备的棉花公证检验机构为:新疆奎屯纤维检验所,新疆巴州纤维检验所,新疆石河子纤维检验所,河南省纤维检验局,河南商丘市纤维检验所,山东德州纤维检验所,河北省纤维检验局,湖北省纤维检验局。

三、参加改革试点的棉花加工企业及检验机构要按照《棉花质量检验体制改革试点加工企业基本条件》(附件一)和《棉花质量检验体制改革试点公证检验机构基本条件》(附件二)的要求抓紧做好各项准备工作。中棉工业公司、中国纤维检验局及有关单位要按期完成棉花大型打包机及相关设备研发、标准制定、快速检验仪器的引进研发、编码技术及棉花质量信息系统研发等准备工作,并指导试点企业和检验机构按照规定期限和要求做好各项准备工作。

四、2004年7～8月,棉花质量检验体制改革工作协调指导小组办公室组织验收组,对参加试点的有关企业和检验机构准备情况进行验收,并于8月下旬确定并公布正式参加改革试点的棉花加工企业和检验机构名单。

附件:一、棉花质量检验体制改革试点加工企业基本条件(略)

二、棉花质量检验体制改革试点公证检验机构基本条件(略)

关于印发《中国农业发展银行棉花企业技术设备改造贷款管理办法(试行)》的通知

2004年8月3日　农发行字[2004]162号

中国农业发展银行各省、自治区、直辖市分行,各计划单列市分行:

为推进棉花质量检验体制改革,提高棉花流通效率,降低棉花流通成本,提高棉花质量,增强我国纺织品国际竞争力,经国务院批准,国家发展和改革委员会等五部委联合下发了《关于印发棉花质量检验体制改革方案的通知》(发改经贸[2003]2225号)和《关于做好棉花质量检验体制改革试点准备工作的通知》(发改办经贸[2004]247号)。为配合做好此项工作,总行专门向中国银行业监督管理委员会呈报了《关于新增棉花企业技术设备改造贷款业务的请示》(农发行字[2004]48号),并研究制定了《中国农业发展银行棉花企业技术设备改造贷款管理办法(试行)》(以下简称《办法》),目前已得到中国银行业监督管理委员会批准,现印发给你们。同时提出如下意见,请一并贯彻执行。

一、提高认识,深刻领会棉花质量检验体制改革的重要意义

棉花质量检验体制改革工作是深化棉花流通体制改革的重要举措,有利于提高棉花质量,实现企业合理布局,维持市场秩序稳定,增强我国纺织品国际竞争力。同时,实施棉花质量检验体制改革对促进我行信贷管理信息化,强化对企业库存的监管,提高贷款企业市场准入资格水平,防范和化解信贷风险具有十分重要的意义。当前棉花质量检验体制改革工作正处于试点阶段,试点工作关系到能否顺利推动全国棉花质量检验体制与国际接轨。为此,各有关行要统一思想,提高对棉花质量检验体制改革工作的认识,深刻领会棉花质量检验体制改革的重要意义,为全面落实各项信贷制度奠定了坚实的基础。

二、切实加强棉花企业技术设备改造贷款的信贷管理工作

(一)认真学习《办法》,制定实施意见或细则。各级行要组织信贷人员认真学习《办法》的各项条款,切实掌握操作要领。《办法》下发后,开办棉花企业技术设备改造贷款业务的各有关省级分行要根据《办法》,制定实施意见或细则,并报总行备案。

(二)采取有效措施,积极做好棉花企业技术设备改造贷款的监管工作。第一,要认真做好项目的评估工作,严格按照操作规程做好贷款的调查、审查和审批工作。第二,贷款用途只能用于支持棉花企业加工设备的更新改造、加工技术的升级、购置棉花加工设备及其辅助设备,切实做到专款专用。第三,开户行要积极参与贷款项目概算、预算、决算审查及技术改造项目工程招标和工程竣工验收等工作。所购设备必须是经过国家有关部门批准的定型设备，设备工艺应达到国内外先进水平。第四，对贷款形成的加工设备要及时办理抵押手续。第五，要加强贷后检查，及时掌握贷款的使用情况、项目的执行情况、市场对项目的影响等，发现贷款管理中的问题，有针对性地采取有效措施予以解决。项目结束后，要作好后评估，并将有关情况报告总行。

（三）加强培训工作。棉花企业技术设备改造贷款是我行开办的新业务，对我行棉花信贷管理工作提出了更高的要求，各有关行要积极做好有关培训工作，将项目管理作为培训的重点内容，通过培训切实提高广大信贷人员的管理水平，为下一步全国推行棉花质量检验体制改革奠定基础。

三、及时总结经验

各有关行对棉花质量检验体制改革试点工作要予以高度重视，全程参与改革试点工作，积极协调、密切配合其他有关部门做好工作。各行对工作中出现的新情况和新问题要及时向总行反映，并针对棉花质量检验体制改革对中国农业发展银行信贷管理可能产生影响的因素进行深入的探索与分析，为全国大面积推进改革积累经验。

四、几个需要明确的问题

（一）关于贷款对象问题。根据中国银行业监督管理委员会的批复精神，目前我行仅对国家有关部门选定参加改革试点的棉花企业提供该项贷款业务，各有关行不得随意扩大贷款对象范围，对其他棉花企业开办此项业务需另行报批。

（二）关于贷款审批权限问题。棉花企业技术设备改造贷款由各有关省级分行负责审批。对承办此项业务的各有关省级分行，应在接到本通知 10 日内持《中国银行业监督管理委员会关于中国农业发展银行试办棉花加工企业技术设备改造贷款业务的批复》（银监复[2004]98 号）（附件 1）、本通知及《办法》（附件 2），向当地中国银监会派出机构报告。

（三）关于贷款科目问题。各有关行要在专设的会计科目核算棉花企业技术设备改造贷款（会计科目以总行即将下发的正式文件为准）。

附件：1. 中国银行业监督管理委员会关于中国农业发展银行试办棉花加工企业技术设备改造贷款业务的批复

2. 中国农业发展银行棉花企业技术设备改造贷款管理办法（试行）

附件 1

中国银行业监督管理委员会关于中国农业发展银行试办棉花加工企业技术设备改造贷款业务的批复

2004 年 7 月 9 日 银监复[2004]98 号

中国农业发展银行：

你行《关于新增棉花企业技术设备改造贷款业务的请示》(农发行字[2004]48 号)收悉。现批复如下：

一、同意你行试办棉花加工企业技术设备改造贷款业务，贷款对象为《关于做好棉花质量检验体制改革试点准备工作的通知》(发改办经贸[2004]247 号)确定的参加改革试点的 8 家棉花加工企业，贷款用途为支持棉花加工企业加工设备的更新改造、技术升级、购置棉花加工设备及其辅助设备。

二、你行应按照《贷款通则》等有关规定，加强对此项贷款的管理，落实贷款责任制，防范信贷风险。

三、你行分支机构试办此项业务，应在开办后 10 日内持本批复、你行授权文件及有关管理办法，向当地中国银监会派出机构报告。

附件 2

中国农业发展银行棉花企业技术设备改造贷款管理办法(试行)

第一章 总 则

第一条 为推进棉花流通体制改革，提高棉花流通效率，降低棉花流通成本，提高棉花质量，促进棉花产业健康发展，维护借贷双方合法权益，根据国家有关法律法规和政策以及《中国农业发展银行贷款管理制度》，制定本办法。

第二条 本办法所称棉花企业技术设备改造贷款，是指中国农业发展银行(以下简称农发行)为推进棉花质量检验体制改革，支持棉花企业(以下简称借款人)技术升级、技术设备改造项目设备投资所发放的贷款。

第三条 棉花企业技术设备改造贷款发放和管理应遵循以下原则：

(一)政策性原则。贷款的发放要符合国家棉花产业政策，有利于促进棉花流通体制改革的顺利进行。

（二）先进性原则。必须是经国家有关部门批准的定型设备，设备工艺应达到国内外先进水平。

（三）择优性原则。重点支持规模大、效益高、辐射面广的棉花企业，支持企业做大做强。

（四）安全性、流动性、效益性相统一原则。贷款必须做到放得出、收得回、有效益。

第二章　贷款对象、用途和条件

第四条　贷款对象。棉花企业技术设备改造贷款对象是指经政府职能部门批准的具有从事棉花收购、加工、调销等经营资质的企业。

第五条　贷款用途。棉花企业技术设备改造贷款主要用于支持棉花企业加工设备的改造更新、加工技术的升级、购置棉花加工设备及其辅助设备的资金需要。

第六条　贷款条件。借款人申请棉花企业技术设备改造贷款，除应具备《中国农业发展银行贷款管理制度》规定的基本条件外，还应具备以下条件：

（一）借款人进行的技术设备改造项目要具有符合国家规定的项目资本金，并要有一定比例的自有资金；

（二）能提供合法有效的担保；

（三）经营管理制度健全，财务状况良好，近两年连续盈利；

（四）近两年或三年内新增农发行贷款本息能够按期偿还，并按计划归还陈欠贷款本息；

（五）法定代表人及其他管理人员素质较高、道德品质好、经营管理能力强；

（六）农发行规定的其他条件。

第三章　贷款期限、利率和方式

第七条　贷款期限。贷款期限根据借款人生产经营和资金周转的实际情况合理确定，一般为一至四年。

第八条　贷款展期。借款人不能按期归还棉花企业技术设备改造贷款时，应在贷款到期前10个工作日，向农发行书面申请展期，提出贷款展期理由、期限和还款计划。

棉花企业技术设备改造贷款到期，借款人不能按时归还，但能提供正当理由，开户行可最多办理一次展期，展期期限最长不超过一年。担保贷款办理展期，原担保人须同意在所展期内继续担保；如果原担保人不同意继续担保，须有新的担保人为其展期担保，否则，不得同意展期。

借款人未申请展期，或已申请展期但未获批准同意的，贷款从到期日次日起，转为逾期贷款管理。

第九条　贷款利率。按照中国人民银行统一规定的利率政策和总行有关规定执行。

第十条　贷款方式。棉花企业技术设备改造贷款采取担保贷款方式。

第四章　贷款程序

第十一条　贷款申请。借款人申请棉花企业技术设备改造贷款时，要向开户行提出贷款项目申请，并提交“中国农业发展银行借款申请书”（以下简称“借款申请书”）、“项目建议书”、“可行性研究报告”、《设备更新或技术改造设计和实施方案》以及项目所需资金筹措方案等资料。开户行应对借款人填写“借款申请书”给予必要的指导和说明，借款人应对其中的“借款原因”写明购进设备的数量、型号及价格，购进设备资金需求及来源构成，设备投产后预期效益，还款方式及资金来源等。借款人已在其他金融机构借款的，应对借款金额、贷款方式及本息偿还情况作出详尽说明。开户行需要借款人提供内容较多的，应要求借款人另附借款申请报告。同时，借款人还要提供以下资料：

（一）保证人的贷款偿还保证能力情况及保证人同意保证的有关证明文件；

（二）抵（质）押物清单、抵（质）押物评估价值证明材料和有处分权人同意抵（质）押的证明；

（三）提供其自有资金金额及渠道等情况的证明资料；

（四）上年财务报告及近期财务、统计报表；

（五）开户行认为需要提供的其他资料。

第十二条　贷款受理与调查。开户行信贷管理部门对借款人的基本条件进行初审，将受理或不予受理的意见于 2 个工作日内通知借款人。贷款申请受理后，应立即指定信贷人员进行调查。调查人应当对借款人所提供资料予以审查核实，并就资料的真实性、完整性，借款的合理性、安全性、效益性以及借款人资信等情况进行调查分析，并对以下内容重点调查。

（一）借款人贷款条件是否完备及其真实性；

（二）借款人的法定代表人的品行、业绩、能力、信誉等状况；

（三）借款人、保证人近两年的经营情况及财务状况，以及所提供的财务报表的真实性；

（四）申请贷款项目的可行性和效益性。

调查结束后，贷款调查人出具书面调查报告，提出贷与不贷，贷多贷少，期限、方式、利率等初步意见。调查人对调查资料的真实性负责。

第十三条　贷款审查。贷款审查人要对项目进行审查和评估。主要内容包括：

（一）借款人与贷款调查人提交的有关原始资料和调查材料是否完整；

（二）调查人对贷款的合规性、安全性、效益性的调查认定意见是否准确；

（三）初审通过后，组织人员进行评估，并出具评估报告和审查结论，对是否贷款、贷款额度、期限、利率、贷款方式等提出书面意见。

贷款审查后，贷款审查人要形成对调查报告及信贷员意见是否认可的书面审查意见。

审查人要对审查资料的完整性、合规性负责。

第十四条 贷款审批。贷款审查人将审查意见报有权人审批。审批人在授权范围内审批贷款,作出贷与不贷、贷款金额、期限、方式、利率及限制性条款的决定。

贷款审批人对贷款负决策责任。

第十五条 贷款发放和使用。

(一)签订"借款合同"。经审批同意发放的贷款,开户行应及时与借款人签订借款合同,并同时另行签订与借款合同相衔接的担保合同,并按有关规定办理相关手续。借款合同及担保合同应使用农发行总行统一制式的文本。合同填制要做到内容完整、要素齐全、合法有效。

凡本办法有关规定在借款合同文本各条款未提及或不一致的,签订借款合同时,借贷双方应按照本办法的规定补充约定或更改有关条款。

(二)填写"借款借据"。借款合同签订后,由借款人根据借款合同规定填写"借款借据",开户行信贷管理部门及时将其送交会计部门办理贷款账务处理手续。开户行要按照合同规定及技术改造设备购置、安装进度,实行贷款报账制,一次或分次发放贷款。

(三)贷款使用。借款人要按照借款合同约定的用途和方式使用贷款。

第十六条 贷款收回。借款人应从贷款日开始,按月偿还贷款利息,并依据还款计划,及时、足额归还贷款本金。

开户行应于贷款到期一个月前,向借款人、保证人、抵(质)押人发出"中国农业发展银行到(逾)期贷款通知书",贷款到期及时办理收回手续;贷款尚未到期,如果借款人有还款意愿,或者开户行按照有关规定提前收回贷款时,应及时办理贷款收回手续。

第五章 信贷监管

第十七条 开户行要检查企业是否按合同约定用途使用借款。

第十八条 开户行要检查借款人自有资金是否按规定足额到位。在资金使用顺序上,借款人应先使用自有资金或其他可支配资金,后使用农发行贷款。

第十九条 借款人对农发行贷款形成的库存及其他符合保险规定条件的财产必须办理以农发行为第一受益人的财产保险。

第二十条 开户行要参与贷款项目概、预、决算审查及技术改造项目工程招标和工程竣工验收等工作。

第二十一条 对借款人(担保人)经营情况的监督。信贷人员应经常掌握借款人(担保人)经营情况,按季度分析其财务状况和现金流量。对借款人(担保人)出现影响信贷安全的重大经营事项,应及时提出应对策略。

第二十二条 开户行要按季度对贷款使用情况和工程实施进度及企业经营情况进行检查,并将检查报告报上级行。贷款收回后,开户行要对贷款发放、管理、收回以及整个项目效益情况进行全面总结评价。

第二十三条 建立贷款管理责任制考核。各级行要按照有关规定对棉花企业技术设备改造贷款管理及其岗位责任制的执行情况进行考核。具体考核按总行有关规定执行。

第二十四条 建立棉花企业技术设备改造贷款管理档案。

第二十五条 贷款风险管理依照《中国农业发展银行贷款风险管理暂行办法》执行。

第二十六条 对借款人违反《中国农业发展银行贷款管理制度》和本办法有关条款的,开户行应当按规定给予相应的信贷制裁。

第二十七条 对违反本办法的农发行有关单位及其相关责任人,应视情节轻重及后果予以责任追究,构成犯罪的,移交司法部门处理。

第六章 附 则

第二十八条 农发行各省级分行可根据本地实际情况,制定实施细则,并报农发行总行备案。

第二十九条 本办法由农发行总行负责解释和修订。

第三十条 本办法自印发之日起施行。

关于印发《中国农业发展银行商品棉贷款管理办法》和《中国农业发展银行良种棉贷款管理办法（试行）》的通知

2004 年 8 月 19 日　农发行字[2004]180 号

中国农业发展银行各省、自治区、直辖市分行，各计划单列市分行：

为了适应棉花流通体制改革要求，做好新形势下棉花信贷管理工作，总行在总结棉花收购资金封闭管理成功经验的基础上，重新制定了《中国农业发展银行商品棉贷款管理办法》和《中国农业发展银行良种棉贷款管理办法（试行）》（以下简称《办法》），同时向中国银行业监督管理委员会呈报了《关于调整棉花贷款对象和业务范围的请示》（农发行字[2004]148 号），已得到批准，现将《办法》印发给你们，请遵照执行。执行中遇有问题，请及时报告总行。

附件：1. 中国农业发展银行商品棉贷款管理办法

2. 中国农业发展银行良种棉贷款管理办法（试行）

附件 1

中国农业发展银行商品棉贷款管理办法

第一章　总　　则

第一条　为加强商品棉贷款管理，维护借贷双方合法权益，配合国家宏观调控，保护农民利益，促进棉花产业化发展，根据国家有关法律法规和政策以及《中国农业发展银行贷款管理制度》，制定本办法。

第二条　本办法所称商品棉贷款，是指中国农业发展银行（以下简称农发行）对符合贷款条件的企业（以下简称借款人）从事棉花收购（含订单收购，下同）、加工（含深加工，下同）、调销（含进出口，下同）等业务发放的贷款。

第三条　商品棉贷款发放和管理应遵循以下原则：

（一）政策性、安全性、流动性、效益性相统一原则；

（二）以销定贷、以效定贷原则；

（三）区别对待、择优选贷、分类管理原则；

（四）封闭管理与风险管理相统一原则。

第二章　贷款对象、种类、用途和条件

第四条　贷款对象。商品棉贷款对象是指经政府职能部门批准的具有从事棉花收购、加工、调销经营资质的企业。

（一）供销社棉花企业（含供销社控股的棉花企业）；

（二）农业部门所属的良种棉加工企业；

（三）改制后延续或承担农发行贷款债务的棉花企业；

（四）国有农场所属的棉花企业；

（五）收购加工一体的棉纺企业（贷款用途限于棉花收购、预购和调销）；

（六）其他棉花购销企业；

（七）国务院确定的其他企业。

第五条　贷款种类和用途。商品棉贷款按用途划分为以下种类。开户行可根据企业的资信情况提供一种或多种贷款。

（一）收购加工贷款。用于解决借款人收购加工棉花的合理资金需求，包括收购价款和用于收购的必要费用以及加工棉花（含皮棉加工成棉纱以及棉籽的深加工等）的资金需求。

（二）预购贷款。用于解决借款人为履行收购订单而预付给棉花生产者的生产性资金需求。

（三）调销贷款。用于解决借款人购入棉花直接供应给用棉企业合理资金需求；用于解决借款人棉花出口、配合国家实施宏观调控和储备需要的棉花进口合理资金需求。

第六条　贷款条件。借款人申请商品棉贷款，除应具备《中国农业发展银行贷款管理制度》规定的基本条件外，还应具备以下条件：

（一）在农发行开立基本存款账户，并在基本存款账户下开立企业财务资金存款户、企业应付利息存款户。因融资结算等需要在他行开立一般存款账户或临时存款账户，要及时告知农发行。确因特殊原因无法在农发行开设基本存款账户的，要在农发行开设一般存款账户或专用存款账户。

（二）认真执行国家颁布的会计、统计等政策法规，并按要求向农发行报送真实、准确、完整的统计、会计报表及相关资料，接受并配合农发行的信贷监管。

（三）担保贷款能够提供合法有效的担保。

（四）有一定比例的自有资金和风险准备金。

对第（三）、（四）项所列条件可根据企业的资信情况确定。

第七条　已改制的原农发行贷款企业（包括被整合的企业），申请贷款除符合第六条所列条件外，还必须具备以下条件：

（一）改制时经有资质条件的评估机构对其进行资产评估；

(二)改制时经评估有净资产的棉花贷款企业被整体收购的,收购方已支付相应净资产金额的现金进行收购;

(三)承担原农发行贷款企业应承担的农发行贷款债务,并负责落实全部政策性挂账贷款;

(四)牵头组织整合的企业有一定的经营规模和经济实力,有良好的经营业绩,资产负债率较低。

第八条 向农发行申请建立信贷关系的企业(不含改制的原农发行贷款企业),申请商品棉贷款除符合第六条所列条件外,还必须具备以下条件:

(一)资质良好,经农发行评定,信用等级在A级以上(含A级);

(二)原则上近两年连续盈利。

第三章 贷款期限、利率和方式

第九条 贷款期限。收购加工贷款期限一般为3个月至1年;预购贷款期限一般为6个月至1年、调销贷款期限一般为3个月至6个月。

第十条 贷款展期。借款人不能按期归还商品棉贷款时,应在贷款到期10个工作日前向开户行书面申请展期,并提出贷款展期理由和还款计划。

商品棉贷款到期,借款人不能按时归还,但能提供正当理由,开户行可最多办理一次展期,展期最长不得超过原借款合同约定的贷款期限;企业因已经销售而货款在正常结算期内尚未回笼归行而申请展期,可根据农发行认可的正常结算期办理展期。担保贷款办理展期,原担保人须同意在所展期限内继续担保;如果原担保人不同意继续担保,须有新的担保人为其展期担保,否则,不得同意展期。

借款人未申请展期,或贷款展期申请未被批准,尚未归还的贷款从贷款到期日次日起,转为逾期贷款管理。

第十一条 贷款利率。按照中国人民银行统一规定的利率政策和总行有关规定执行。

第十二条 贷款方式。根据企业信用等级状况及不同贷款种类采取信用贷款或担保贷款。

第四章 贷款程序

第十三条 贷款申请。借款申请人申请商品棉贷款时,应填写“中国农业发展银行借款申请书”(简称“借款申请书”,下同),开户行应对借款人填写“借款申请书”给予必要的指导和说明。开户行需要借款申请人提供内容较多的,借款申请人应另附借款申请报告。除此之外,借款申请人还应向开户行提供能反映和表明自身风险承受能力和贷款偿还能力及其他保证贷款安全的有关资料,具体包括:

(一)需办理保证担保贷款的,应提供保证人贷款偿还保证能力情况及保证人同意保证的有关证明文件;

(二)需办理抵(质)押担保贷款的,应提供抵(质)押物清单、抵(质)押物评估价

值证明材料和有处分权人同意抵(质)押的证明;

(三)需提供一定比例的自有资金或风险准备金的,应提供证明其金额及来源等情况的资料;

(四)能反映和表明借款申请人风险承受能力和贷款偿还能力的其他资料。

初次向农发行申请借款的借款人,还应按规定进行贷款资格认定。

第十四条 贷款受理与调查。开户行信贷管理部门对借款人的基本条件进行初审,将受理或不予受理的意见于2个工作日内通知借款申请人。贷款申请受理后,应立即指定信贷人员进行调查。贷款调查人应首先审核借款申请人所提供的证明具备贷款条件的各项资料是否真实、完整,对资料不完整或存有疑义的应要求借款申请人补充或说明,并围绕借款申请人的风险承受能力和贷款偿还能力对以下内容进行重点调查。

(一)借款申请人资信状况及其真实性。主要包括:

1. 借款申请人的信用等级及其变化状况;

2. 借款申请人的法定代表人的品行、业绩、能力、信誉等状况;

3. 借款申请人、保证人近两年的经营情况及财务状况,以及所提供的财务报表的真实性;

4. 已借贷款本息清偿情况,对存在逾期贷款的,分析没有按期清偿贷款本息的成因、是否制订切实可行的还款计划和措施。还应当要求借款人提供以及通过中国人民银行"信贷登记咨询系统"查询分析其在他行借款记录及按期还本付息的情况。

(二)申请贷款的效益性。主要包括借款申请人货源是否落实、计划购进价格是否合理、销售计划是否可行、申请贷款所带来的预期经济效益如何。同时,应对借款申请人已借贷款使用效益及整个经营效益进行分析,并对其总体资产负债状况及现金流量进行测算,以判断所申请贷款按期归还的可能性。

(三)申请贷款风险防范措施的有效性。主要包括:

1. 对办理保证担保贷款的,调查保证人是否具备法律规定的担保资格,是否具有相应的担保能力。

2. 对办理抵(质)押担保贷款的,调查抵(质)押物的权属、价值及实现抵(质)押权的可行性。

3. 对提供规定比例自有资金的,调查自有资金的真实性。

4. 对提供规定比例风险准备金的,调查核实借款人风险准备金的来源渠道,分析按期到位的可能性。

5. 对提供合法有效的棉花销售合同的,核实销售合同的真实性,分析合同履约的可能性及违约风险。

6. 对实行授信管理的,还应调查对借款申请人核定的授信额度、授信方式及使用情况,本笔申请的贷款是否在核定的授信额度之内。

7. 根据棉花市场价格现状及其走势分析,判断借款人所购棉花的价格是否合理,是否在贷款支持的价格上限或价格警戒线之内。贷款支持的价格上限或价格警戒线根据棉花供求状况、价格走势及企业信用状况确定。

调查结束后，调查人应对调查情况形成书面意见，对申请材料的真实性和有效性特别是借款人的贷款风险承受能力和贷款偿还能力作出评价，明确提出能否贷款以及贷款种类、金额、期限、利率和方式等方面的意见，连同相关资料递交贷款审查人。

调查人对调查资料的真实性负责。

第十五条 贷款审查。贷款审查一般由开户行信贷部门负责人负责。对按规定由上级行审批的贷款，审批行以下分支行要履行贷款审查职责。贷款审查人应对借款申请人的借款申请和贷款调查人的调查意见进行审查。审查的主要内容包括：

（一）借款申请人与贷款调查人提交的有关原始资料和调查材料是否完整；

（二）调查人对贷款的合规性、安全性、流动性、效益性的调查认定意见是否准确；

（三）调查人提出的贷款额度、期限、利率和贷款方式等意见是否符合有关贷款管理规定。

审查人对审查情况要提交书面审查意见，明确提出贷款与否以及贷款金额、期限、利率和方式等意见，提交贷款审批人。

审查人对审查资料的完整性、合规性负责。

第十六条 贷款审批。贷款审批人在授权范围内审批贷款。作出贷与不贷、贷款金额、期限、方式、利率及限制性条款的决定。贷款审批人对贷款负决策责任。

第十七条 贷款发放与使用。

（一）签订“借款合同”。经审批同意发放的贷款，开户行应及时与借款人签订借款合同。对于担保贷款，要同时另行签订与借款合同相衔接的担保合同，并按有关规定办理相关手续。借款合同及担保合同应使用农发行总行统一制式的文本。合同填制要做到内容完整、要素齐全、合法有效。

凡本办法有关规定在“借款合同”文本各条款未提及或不一致的，签订“借款合同”时，借贷双方应按照本办法的规定补充约定或更改有关条款。

（二）填写“借款借据”。借款合同签订后，由借款人根据借款合同规定填写“借款借据”，开户行信贷管理部门及时将其送交会计部门办理贷款账务处理手续。对同一借款人一次性审批、分批次发放的贷款，应分批次签订“借款合同”和填写“借款借据”。

（三）贷款使用。借款人要按照借款合同约定的用途使用贷款。

第十八条 贷款收回。视借款人信用等级及其他资质条件的不同，对借款人实行购贷销还或按期偿还的贷款收回方式。

开户行应于贷款到期10个工作日前，向借款人、保证人、抵（质）押人发送“中国农业发展银行到（逾）期贷款通知书”，贷款到期及时办理收回手续；贷款尚未到期，如果借款人有还款意愿，或者开户行按照有关规定提前收回贷款，应及时办理贷款收回手续。

第五章　信贷监管

第十九条　棉花购进的信贷监管。开户行要检查借款人自有资金是否按规定足额到位。在资金使用顺序上，借款人应先使用自有资金或其他可支配资金，后使用农发行贷款。在调销和跨区收购业务中，货款结算原则上通过农发行系统内转账进行，除必要的费用外，开户行不得向借款人直接提供现金。对跨区直接收购的，借款人应在收购所在地农发行开立临时存款账户，用于支取收购棉花所需要的现金，收购所在地农发行应提供提现服务，并协助开户行监督借款人的资金使用。棉花购进过程中，开户行要调查掌握购进棉花的实际品种、质量、数量、价格等情况，监督资金的正确使用。开户行应及时全面核查借款人购进入库棉花，并与所发放的贷款相核对，确保贷款按约使用。

第二十条　棉花存储的信贷监管。

（一）规范存储，妥善保管。开户行应监督企业将购进（调入）棉花按有关规定存放，妥善保管，安全存储。对农发行贷款形成的库存应办理以农发行为第一受益人的财产保险。

（二）异地存储棉花的管理。对异地存储的棉花，开户行应与借款企业、受托行、代储企业签订异地棉花监管委托代理协议，以加强对异地库存棉花的有效监管。

（三）根据信贷管理台账，结合企业财务、统计、保管等各项数据，检查银企账账、账表、账据、账款是否相符。

（四）核实、清点棉花库存，按棉制品、皮棉、籽棉、棉籽、棉短绒等分品种进行清点，并与相关账表全面核对，核准库存，掌握溢库或亏库的原因，并及时调整有关账务，保证账实相符。

（五）按规定实行仓单管理。

（六）实行定期查库制度，及时反映库存增减变化动态，确保银企账实相符。

第二十一条　棉花销售的信贷监管。棉花销售出库，借款人必须及时向农发行提供出库报告。开户行应及时据实登记台账，核减库存，调整贷款占用形态。

第二十二条　货款回笼的信贷监管。开户行要根据借款人棉花销售货款的结算方式与结算期限，监督货款回笼归行。对逾期未回笼的，要查明原因，督促借款人采取措施清收。借款人贷款对应全部棉花销售货款不足以还本付息的，应及时采取风险补偿措施，从借款人风险准备金或处置抵（质）押物收回，属于保证担保的贷款，要及时向保证人追偿。

（一）对借款人实行贷款购贷销还收回方式的，在销货款回笼归行后，开户行要先收回贷款本息（含陈欠本息），结余部分留存企业。

（二）对借款人实行贷款按期偿还收回方式的，在销货款回笼归行后，开户行可根据借款人要求，允许并监督借款人将回笼货款在合同约定的贷款期限内按原定贷款用途周转使用，也可经银企双方协议按本条第一款办理。在贷款周转使用过程中，开户行仍应坚持钱棉挂钩的原则，及时据实登记棉花购进和出库数量，按照本章第十九条至第二十一条的规定加强对使用过程各环节的监督。

第二十三条 预购贷款的信贷监管。预购贷款发放后，管户信贷员要定期对贷款使用情况进行检查，检查借款人是否派专人督导棉花生产者按照合同约定组织生产。

借款人按收购订单的约定收购棉花，向开户行申请收购加工贷款时，开户行根据本管理办法和收购合同，可向借款人发放收购加工贷款，同时足额收回预购贷款。

第二十四条 对借款人（担保人）经营情况的监督。信贷人员应经常掌握借款人（担保人）经营情况，按季度分析其财务状况和现金流量。对借款人（担保人）出现影响信贷安全的经营事项，应及时提出应对策略。

第二十五条 开户行要建立联企责任制度。要根据棉花企业信用等级及企业经营情况合理安排联企信贷员，落实联企责任。

第二十六条 建立贷款管理责任制考核。各级行要按照有关规定对商品棉贷款管理及其岗位责任制的执行情况进行考核。具体考核按总行有关规定执行。

第二十七条 建立信贷业务定期分析报告制度。

（一）各级行要按月对信贷业务情况进行认真的分析，研究制定改进措施和办法，并形成书面分析报告。

（二）建立棉花市场的分析制度。开户行应通过对棉花供求状况及价格走势的分析，判断贷款的风险程度。

第二十八条 建立贷款总结评价制度。收购加工贷款在棉花年度终了，要及时进行总结。其他种类的贷款，开户行要在本息收回后，及时对贷款发放、管理及效益情况进行分析评价，形成书面总结报告。

第二十九条 建立商品棉贷款管理档案。

第三十条 商品棉贷款风险管理按照《中国农业发展银行贷款风险管理暂行办法》执行。

第三十一条 对借款人违反《中国农业发展银行贷款管理制度》和本办法有关条款的，开户行应当按规定给予相应的信贷制裁。

第三十二条 对违反本办法的农发行有关单位及其相关责任人，应视情节轻重及后果予以责任追究，构成犯罪的，移交司法部门处理。

第六章 附　　则

第三十三条 农发行各省级分行可根据本地实际情况，依据本办法制定实施细则，并报农发行总行备案。

第三十四条 本办法由农发行总行负责解释和修订。

第三十五条 本办法自印发之日起施行。2001 年 5 月 16 日农发行总行发布的《中国农业发展银行棉花购销贷款管理办法（试行）（农发行字［2001］78 号）同时废止。

附件 2

中国农业发展银行良种棉贷款管理办法(试行)

第一章 总 则

第一条 为提高棉花质量和产量,推进棉种产业化发展,加强和规范良种棉贷款管理,维护借贷双方合法权益,根据《中华人民共和国种子法》等国家有关法律法规和政策以及《中国农业发展银行贷款管理制度》,制定本办法。

第二条 本办法所称良种棉贷款,是指中国农业发展银行(以下简称农发行)对符合贷款条件的企业(以下简称借款人)从事棉花良种生产繁育、收购加工、经营等业务发放的贷款。

第三条 良种棉贷款发放和管理应遵循以下原则:

(一)政策性、安全性、流动性和效益性相统一原则。贷款的发放必须符合国家棉花产业政策与发展规划,严格遵守国家有关种子生产经营法律法规,有利于推进棉种产业的可持续发展。贷款必须做到放得出、收得回、有效益。

(二)优良性原则。贷款支持的棉花良种必须品质优良、科技含量高、适宜性广,有利于促进棉花良种的质量和产量的提高。

(三)择优性原则。重点支持经济效益较好,长期从事良种生产繁育、收购加工、经营的企业。

(四)封闭管理与风险管理相统一原则。

第二章 贷款对象、种类、用途和条件

第四条 贷款对象。良种棉贷款对象是指经政府职能部门批准的具有从事棉花良种收购加工和生产经营资质的企业。

第五条 贷款种类和用途。良种棉贷款按用途划分为以下种类:

(一)良种棉繁育贷款。用于解决借款人在棉花良种通过国家级或省级审定后生产繁育过程中的合理资金需要。

(二)棉花良种贷款。用于解决借款人收购加工以及经营良种过程中的合理资金需要。

第六条 贷款条件。借款人申请良种棉贷款,除应具备《中国农业发展银行贷款管理制度》规定的基本条件外,还应具备以下条件:

(一)借款人是依法从事棉花良种生产繁育、收购加工、经营的企业,应持有棉花收购加工许可证、种子生产许可证或种子经营许可证。

(二)借款人生产加工经营的棉花良种必须通过国家级或省级审定,具有相关证明材料,并符合国家《优势农产品区域布局规划》,达到可在国家区域或省(区)推广

的品质要求。

（三）在农发行开立基本存款账户，并在基本存款账户下开立企业财务资金存款户、企业应付利息存款户。因融资结算等需要在他行开立一般存款账户或临时存款账户，要及时告知农发行。确因特殊原因无法在农发行开设基本存款账户的，要在农发行开设一般存款账户或专用存款账户。

（四）具有一定比例的自有资金和风险准备金。

（五）法定代表人及其他管理人员素质较高、道德品质好、经营管理能力强。

（六）农发行规定的其他条件。

对第（四）项所列条件可根据企业的资信情况确定。

第三章　贷款期限、利率和方式

第七条　贷款期限。良种棉繁育贷款期限一般为 6 个月至 1 年。棉花良种贷款期限一般为 3 个月至 1 年。

第八条　贷款展期。借款人不能按期归还贷款时，应在贷款到期 10 个工作日前向开户行书面申请展期，并提出贷款展期理由和还款计划。

贷款到期，借款人不能按时归还，但能提供正当理由，开户行可最多办理一次展期，展期最长不得超过原借款合同约定的贷款期限；企业因已经销售而货款在正常结算期内尚未回笼归行而申请展期，可根据农发行认可的正常结算期办理展期。担保贷款办理展期，原担保人须同意在所展期限内继续担保；如果原担保人不同意继续担保，须有新的担保人为其展期担保，否则，不得同意展期。

借款人未申请展期，或贷款展期申请未被批准，尚未归还的贷款从贷款到期日次日起，转为逾期贷款管理。

第九条　贷款利率。按照中国人民银行统一规定的利率政策和总行有关规定执行。

第十条　贷款方式。良种棉贷款一般采取担保贷款方式。对资信状况较好，具有规定比例的自有资金和风险准备金，或者能确保足额归还贷款本息的借款人，可以采取信用贷款方式。

第四章　贷款程序

第十一条　贷款申请。借款申请人申请良种棉贷款时，应填写“中国农业发展银行借款申请书”（简称“借款申请书”，下同），开户行应对借款人填写“借款申请书”给予必要的指导和说明。开户行需要借款申请人提供内容较多的，借款申请人应另附借款申请报告。同时，借款申请人应提交以下资料：

（一）有效的棉花收购加工许可证，种子生产许可证或种子经营许可证；

（二）提供生产繁育棉花良种的品种名称及有关品质的技术资料、通过国家级或省级国家级品种审定证明资料以及该品种纳入国家区域或省（区）推广的相关证明资料；

（三）与贷款相关的生产经营合同文本或协议书等；

（四）抵（质）押物清单和有处分权人同意抵（质）押的证明以及保证人同意保证的书面材料；

（五）自有资金和风险准备金的证明资料；

（六）上年财务报告及近期财务、统计报表；

（七）资金需求及效益分析报告，具体内容包括：良种生产繁育、推广和经营的资金需求及来源构成，销售渠道及产品预期效益；

（八）开户行认为需要提供的其他资料。

第十二条 贷款受理与调查。开户行信贷管理部门对借款人的基本条件进行初审，将受理或不予受理的意见于 2 个工作日内通知借款申请人。对同意受理的贷款申请，应立即指定信贷人员进行调查。贷款调查人应首先审核借款申请人所提供的证明具备贷款条件的各项资料是否真实、完整，对资料不完整或存有疑义的应要求借款申请人补充或说明，并围绕借款申请人的风险承受能力和贷款偿还能力对以下内容进行重点调查。

（一）借款申请人资信状况及其真实性。主要包括：

1. 借款申请人的信用等级及其变化状况。

2. 借款申请人的法定代表人的品行、业绩、能力、信誉等状况。

3. 借款申请人、保证人近两年的经营情况及财务状况，以及所提供的财务报表的真实性。

4. 已借贷款本息清偿情况，对存在逾期贷款的，分析没有按期清偿贷款本息的成因、是否制订切实可行的还款计划和措施。还应当要求借款人提供以及通过中国人民银行“信贷登记咨询系统”查询分析其在他行借款记录及按期还本付息的情况。

5. 对与贷款相关的生产经营合同文本或协议书的真实性进行调查。

6. 所繁育品种原种及相关生产资料的购进情况、原种专利授权情况、与棉农或生产单位的订单签订情况。

（二）申请贷款的效益性。主要包括所繁育品种的市场需求前景和申请贷款所带来的预期经济效益。同时，应对借款申请人已借贷款使用效益及整个经营效益进行分析，并对其总体资产负债状况及现金流量进行测算，以判断所申请贷款按期归还的可能性。

（三）申请贷款风险防范措施的有效性。主要包括：

1. 对办理保证担保贷款的，调查保证人是否具备法律规定的担保资格，是否具有相应的担保能力；

2. 对办理抵（质）押担保贷款的，调查抵（质）押物的权属、价值及实现抵（质）押权的可行性；

3. 对提供规定比例自有资金的，调查自有资金的真实性；

4. 对提供规定比例风险准备金的，调查核实借款人风险准备金的来源渠道，分析按期到位的可能性；

5. 对提供合法有效良种销售合同的,核实销售合同的真实性,分析合同履约的可能性及违约风险;

6. 对实行授信管理的,还应调查对借款申请人核定的授信额度、授信方式及使用情况,本笔申请的贷款是否在核定的授信额度之内。

调查结束后,调查人应对调查情况形成书面意见,对申请材料的真实性和有效性特别是借款人的贷款风险承受能力和贷款偿还能力作出评价,明确提出能否贷款以及贷款种类、金额、期限、利率和方式等方面的意见,连同相关资料递交贷款审查人。

调查人对调查资料的真实性负责。

第十三条 贷款审查。贷款审查一般由开户行信贷部门负责人负责。对按规定由上级行审批的贷款,审批行以下分支行要履行贷款审查职责。贷款审查人应对借款申请人的借款申请和贷款调查人的调查意见进行审查。审查的主要内容包括:

(一)借款申请人与贷款调查人提交的有关原始资料和调查材料是否完整;

(二)调查人对贷款的合规性、安全性、流动性、效益性的调查认定意见是否准确;

(三)调查人提出的贷款额度、期限、利率和贷款方式等意见是否符合有关贷款管理规定。

审查人对审查情况要提交书面审查意见,明确提出贷款与否以及贷款金额、期限、利率和方式等意见,提交贷款审批人。

审查人对审查资料的完整性、合规性负责。

第十四条 贷款审批。贷款审批人在授权范围内审批贷款。作出贷与不贷、贷款金额、期限、方式、利率及限制性条款的决定。

贷款审批人对贷款负决策责任。

第十五条 贷款发放和使用。

(一)签订借款合同。经审批同意发放的贷款,开户行应及时与借款人签订借款合同。对于担保贷款,要同时另行签订与借款合同相衔接的担保合同,并按有关规定办理相关手续。借款合同及担保合同应使用农发行总行统一制式的文本。合同填制要做到内容完整、要素齐全、合法有效。

凡本办法有关规定在“借款合同”文本各条款未提及或不一致的,签订“借款合同”时,借贷双方应按照本办法的规定补充约定或更改有关条款。

(二)填写“借款借据”。借款合同签订后,由借款人根据借款合同规定填写“借款借据”,开户行信贷管理部门及时将其送交会计部门办理贷款账务处理手续。对同一借款人一次性审批、分批次发放的贷款,应分批次签订“借款合同”和填写“借款借据”。

(三)贷款使用。借款人要按照借款合同约定的用途使用贷款。

第十六条 贷款收回。视借款人信用等级及其他资质条件的不同,对借款人实行购贷销还或按期偿还的贷款收回方式。

开户行应于贷款到期 10 个工作日前,向借款人、保证人、抵(质)押人发送“中国农业发展银行到(逾)期贷款通知书”,贷款到期及时办理收回手续;贷款尚未到期,如果借款人有还款意愿,或者开户行按照有关规定提前收回贷款,应及时办理贷款收回手续。

第五章 信贷监管

第十七条 开户行要建立联企责任制度。要根据企业信用等级及企业经营情况合理安排联企信贷员,落实联企责任。

第十八条 开户行要检查借款人自有资金是否按规定足额到位。在资金使用顺序上,借款人应先使用自有资金或其他可支配资金,后使用农发行贷款。

第十九条 贷款发放后,开户行应按照贷款合同约定的用途,加强贷款使用的监管,保证贷款专款专用。

第二十条 良种棉繁育贷款的信贷监管。开户行对借款人良种生产繁育的有关凭证要认真进行审核,按规定发放贷款。良种繁育贷款发放后,管户信贷员要定期对贷款使用情况进行检查,检查借款人是否按照合同约定组织生产。在收购良种时,开户行根据本管理办法和有关合同,及时足额收回良种棉繁育贷款。

第二十一条 棉花良种贷款的信贷监管。开户行对借款人棉花良种收购加工、经营业务发放的棉花良种贷款要认真审核有关凭证,分批次发放贷款。对收购的良种籽棉,要根据收购凭证合理折算后的棉籽数量发放棉花良种贷款(折皮棉部分按《中国农业发展银行商品棉贷款管理办法》管理),收购的良种籽棉必须单收、单存、单加工,保证收购的棉种数量、质量、价格与收购凭证相符。

第二十二条 规范存储,妥善保管。开户行应监督企业将棉种按种类分开存放,妥善保管,对农发行贷款形成的库存要督促企业办理以农发行为第一受益人的财产保险。同时根据信贷管理台账,结合企业财务、统计、保管等各项数据,检查账账、账表、账据、账实、账款是否相符。

第二十三条 棉花良种销售出库必须坚持出库报告制度。开户行要检查销售凭证,督促货款回笼归行,按规定收贷收息。

第二十四条 对借款人(担保人)经营情况的监督。信贷人员应经常掌握借款人(担保人)经营情况,按季度分析其财务状况和现金流量。对借款人(担保人)出现影响信贷安全的经营事项,应及时提出应对策略。

第二十五条 建立贷款管理责任制考核。各级行要按照有关规定对良种棉贷款管理及其岗位责任制的执行情况进行考核。具体考核按总行有关规定执行。

第二十六条 建立信贷业务定期分析报告制度。

(一)各级行要按月对良种棉贷款使用情况进行分析,研究制定改进措施和办法,并形成书面分析报告。

(二)建立良种棉市场的分析制度。开户行应通过对良种棉供求状况及价格走势的分析,判断贷款的风险程度。

第二十七条 建立良种棉贷款管理档案。

第二十八条 贷款风险管理依照《中国农业发展银行贷款风险管理暂行办法》执行。

第二十九条 对借款人违反《中国农业发展银行贷款管理制度》和本办法有关条款的,开户行应当按规定给予相应的信贷制裁。

第三十条 对违反本办法的农发行有关单位及其相关责任人,应视情节轻重及后果予以责任追究,构成犯罪的,移交司法部门处理。

第六章 附 则

第三十一条 农发行各省级分行可根据本地实际情况,制定实施细则,并报农发行总行备案。

第三十二条 本办法由农发行总行负责解释和修订。

第三十三条 本办法自印发之日起施行。

关于转发《中国银行业监督管理委员会关于同意中国农业发展银行调整棉花贷款对象的批复》的通知

2004 年 8 月 31 日　农发行字[2004]191 号

中国农业发展银行各省、自治区、直辖市分行，各计划单列市分行：

现将《中国银行业监督管理委员会关于同意中国农业发展银行调整棉花贷款对象的批复》（银监复[2004]120 号）转发给你们，请遵照执行，并请将本批复连同《中国农业发展银行商品棉贷款管理办法》和《中国农业发展银行良种棉贷款管理办法（试行）》一并报当地银监局备案。

中国银行业监督管理委员会关于同意中国农业发展银行调整棉花贷款对象的批复

2004 年 8 月 17 日　银监复[2004]120 号

中国农业发展银行：

你行《关于调整棉花贷款对象和业务范围的请示》（农发行字[2004]148 号）收悉。经研究，现批复如下：

一、同意你行对以下企业发放贷款

（一）供销社棉花企业（含供销社控股的棉花企业）；

（二）农业部门所属的良种棉加工企业；

（三）改制后延续或承担中国农业发展银行贷款债务的棉花企业；

（四）国有农场所属的棉花企业；

（五）收购加工一体的棉纺企业（贷款用途限于棉花收购、预购和调销）；

（六）其他棉花购销企业；

（七）国务院确定的其他企业。

二、同意你行增加以下棉花贷款用途

（一）棉花预购；

（二）棉花深加工（指皮棉加工成棉纱和棉籽加工成棉油）；

（三）棉花良种繁育、收购和加工；

（四）棉花出口；

（五）国家宏观调控和储备需要的棉花进口。

关于印发《中国农业发展银行棉花贷款操作规程(试行)》的通知

2004年9月3日　农发行字[2004]194号

中国农业发展银行各省、自治区、直辖市分行,各计划单列市分行:

为了进一步加强棉花信贷管理,规范贷款操作,总行制定了《中国农业发展银行棉花贷款操作规程(试行)》,现印发给你们,请遵照执行。执行中遇到的问题,请及时报告总行。

本操作规程实施后,原《中国农业发展银行棉花贷款操作规程(试行)》(农发行字[2001]125号)停止执行。

附件:中国农业发展银行棉花贷款操作规程(试行)

附件

中国农业发展银行棉花贷款操作规程(试行)

为了规范棉花贷款各环节的管理和操作,确保贷款手续严密、操作规范、银企棉花库存账实相符、信贷管理信息真实可靠,根据中国农业发展银行(以下简称农发行)贷款管理制度和棉花贷款管理有关办法(以下统称制度办法),制定本操作规程(《棉花贷款操作程序图》见附件1)。

第一章　贷款发放

第一条　借款人提出借款申请。借款申请人申请各类棉花贷款,应在农发行信贷人员的指导下填写"中国农业发展银行借款申请书"(以下简称"借款申请书")的相关栏次,其中"借款申请人"栏应填写申请人全称,并与法人营业执照中标明的名称一致;"贷款种类"栏填写相应贷款科目全称;"贷款用途"栏按照贷款实际用途,分别填写收购或调入商品棉、棉花订单预购款、良种棉繁育、良种收购加工、良种调销、棉花企业技术设备改造等内容。同时,根据申请贷款的种类、方式,提供以下全部或部分资料:

(一)书面申请报告,内容主要包括借款申请人及担保人基本情况、已放贷款使用情况、申请贷款金额、用途、资金使用计划、经营成本及效益分析、担保方式及还款来源；

（二）借款申请人及担保人法人营业执照、公司章程、有权部门出具的验资报告、企业法人代码证书、法定代表人证明书或法人代表授权委托书、贷款卡；

（三）棉花收购、加工许可证等证明借款申请人具有从事相关业务资质的材料；

（四）设立董事会的企业还应有董事会同意借款的决议；

（五）借款申请人及担保人上年度财务报告及近期财务、统计报表；

（六）证明借款申请人自有资金或风险准备金金额及来源等情况的资料；

（七）与贷款相关的购销合同等资料；

（八）担保人最近获得的信用等级证明；

（九）保证人贷款偿还保证能力情况及保证人同意保证的有关证明文件；

（十）抵（质）押物清单、抵（质）押物评估价值证明材料和有处分权人同意抵（质）押的证明；

（十一）借款申请人原有农发行贷款的偿还计划；

（十二）开户行认为需要提供的其他资料。

借款申请人申请预购贷款时，还要向开户行提供与棉花生产者签订的生产合同。

借款申请人申请良种棉贷款时，还要向开户行提供：

1. 生产繁育棉花良种的品种名称及有关品质的技术资料、通过国家级或省级品种审定的证明材料以及该品种纳入国家区域或省（区）级推广的相关证明资料。

2. 资金需求及效益分析报告，具体内容包括：良种生产繁育、推广和经营的资金需求及来源构成，销售渠道及产品预期效益。

3. 种子生产许可证或种子经营许可证。

4. 贷款用于棉花良种繁育的，要提供与农户或生产单位签订的有关种子生产合同或种子预约生产合同；用于棉花良种收购加工和经营的，要提供种子购销合同及其相关技术保证证明资料。

借款申请人申请棉花企业技术设备改造贷款时，还要向开户行提供“项目建议书”、“可行性研究报告”、《设备更新或技术改造设计和实施方案》以及项目所需资金筹措方案等资料。

第二条 受理借款申请。开户行信贷部门在接到借款申请人的“借款申请书”和相关资料后，应根据所申请贷款的用途，初步审核是否符合制度办法所规定的贷款对象和条件，在2个工作日内提出是否受理意见，并通知借款申请人。

第三条 确定贷款调查人。对同意受理的借款申请，一般由管户信贷员担任调查人，对项目借款应根据实际需要成立贷款调查小组。贷款调查人应根据借款申请人提交的有关资料，进行贷款一般性调查，同时按借款申请人申请的贷款种类进行贷款分类调查。

第四条 贷款一般性调查。主要内容是审核借款申请人所提供的证明具备贷款条件的各项资料是否真实、完整，内控制度是否完善，对资料不完整或存有疑义的应要求借款申请人补充或说明，并围绕借款申请人的风险承受能力和贷款偿还能力对以下内容进行重点调查。

（一）借款申请人资信状况及其真实性。

1. 借款申请人的信用等级及其变化状况。

2. 借款申请人的法定代表人的品行、业绩、能力、信誉等状况。

3. 借款申请人、保证人近两年的经营情况及财务状况，以及所提供财务报表的真实性。

4. 借款申请人现有贷款使用是否符合有关规定，有无挤占挪用问题。已借贷款本息是否按期清偿，对存在逾期贷款的，分析其未按期清偿贷款本息的原因，是否制订了切实可行的还款计划和措施。

5. 通过中国人民银行“信贷登记咨询系统”查询借款申请人在他行借款记录及还本付息的情况。

（二）申请贷款的效益性。主要对借款申请人资产负债状况、现金流量及经营效益进行整体分析，并测算和分析申请贷款所带来的预期经济效益，以判断所申请贷款按约收回的可能性。

（三）申请贷款风险防范措施的有效性。

1. 对办理保证担保贷款的，调查保证人是否具备法律规定的担保资格，是否具有相应的担保能力；

2. 对办理抵（质）押担保贷款的，调查抵（质）押物的权属、价值及实现抵（质）押权的可行性；

3. 对提供自有资金或风险准备金的，核实比例是否符合规定，调查资金的真实性，核实借款人自有资金或风险准备金的来源，分析按期到位的可能性；

4. 对实行授信管理的，还应调查对借款申请人核定的授信额度、授信方式及使用情况，申请的贷款是否在核定的授信额度之内。

借款申请人申请各类贷款时具有的自有资金或风险准备金比例，由省级分行根据借款人的信用等级和风险承受能力确定。

第五条 贷款分类调查。

（一）商品棉贷款分类调查主要内容。

1. 借款申请人申请收购加工贷款，分析借款人是否有相适应的加工能力，是否有稳定的销售渠道，并根据棉花市场价格现状及其走势，分析判断借款申请人计划所购棉花的价格是否合理，用于收购加工必要费用的贷款及其使用范围是否符合规定；

2. 借款申请人申请预购贷款，审查其与棉农或生产单位签订的订单是否真实、有效，往年订单履约情况，生产性资金需求是否合理；

3. 借款申请人申请调销贷款，调查货源是否落实，调入的棉花质量是否合格，销售计划是否可行，核实购销合同的真实性，分析合同履约的可能性及违约风险。

（二）良种棉贷款分类调查主要内容。

1. 棉花良种是否符合国家《优势农产品区域布局规划》，达到可在国家区域或省（区）推广的品质要求；

2. 与贷款相关的生产经营合同或协议书是否真实有效，生产性资金需求是否合理。

（三）棉花企业技术设备改造贷款分类调查主要内容。

1. 借款申请人进行的技术设备改造项目具有的项目资本金是否达到20%，国家另有规定的从其规定；

2. 借款申请人申请购买的技术设备是否符合国家棉花质量检验体制改革的技术要求；

3. 借款申请人的项目所需资金筹措方案是否可行。

第六条 提出调查意见。贷款调查人根据贷款一般性调查和分类调查的有关内容和要求，撰写贷款调查报告，形成调查意见。提出贷与不贷、贷款种类、贷款金额、贷款期限、贷款利率、贷款方式和贷款收回方式的意见，以及贷款发放后需注意的问题与管理建议，同时根据调查报告将有关意见填写“借款申请书”的相关栏次，并签字。

贷款金额的确定：(1)棉花收购加工贷款金额依据棉花市场价格、收购计划和企业信用等级、企业经营能力、风险承受能力等情况确定；(2)棉花预购贷款金额依据订单约定生产投入资金需求的一定比例确定；(3)棉花调销贷款金额依据调入合同约定调入价格、数量和企业信用等级、企业经营能力、风险承受能力等情况确定；(4)棉花良种繁育贷款的金额依据经审查核实的种子生产合同或种子预约生产合同约定的繁育规模、资金需求计划的一定比例和企业信用等级等情况确定；(5)棉花良种贷款的金额依据种子购销合同约定资金需求的一定比例以及企业信用等级、企业经营能力、风险承受能力等情况确定；(6)棉花企业技术设备改造贷款金额依据项目投资方案和企业信用等级确定。

贷款期限要按照制度办法相关规定合理确定，并有利于促进企业均衡销售。

贷款调查结束后，贷款调查人应将调查资料连同借款申请资料一并移交贷款审查人审查。

第七条 贷款审查。贷款审查人应对贷款调查人的调查意见和借款申请人的借款申请材料进行审查，认为贷款调查资料不全面的，应及时要求调查人补充有关调查资料。对贷款审查的主要内容包括：

（一）借款申请人与贷款调查人提交的有关原始资料和调查材料是否完整，是否符合农发行贷款条件以及所申请贷款种类所要求的条件；

（二）调查人对贷款的合规性、安全性、流动性、效益性的调查认定意见是否适当；

（三）调查人提出的贷款额度、贷款期限、贷款利率、贷款方式和贷款收回方式等意见是否符合有关贷款管理规定。

对于棉花企业技术设备改造贷款，要按规定组织人员进行评估，并出具评估报告，依据以上审查内容提出审查意见。

审查人要明确提出贷与不贷、贷款金额、贷款期限、贷款利率、贷款方式和贷款收回方式等审查意见，并填写于“借款申请书”的相应栏次，审查人盖章，负责人签字。如果审查结论与调查结论不一致，审查人应在审查意见中具体说明原因。贷款审查结束后，贷款审查人应及时将全套资料移交贷款审批人审批。

贷款审查一般由开户行信贷部门负责人负责，贷款调查人与审查人不能为同一人。如果属于上级行审批的贷款，审批行以下分支行对贷款审批前的各环节均承担贷款审查职责。

第八条 贷款审批。贷款审批人根据贷款审查人提交的材料，按照制度办法规定的贷款审批权限和审批程序审批贷款。贷款审批人要作出贷与不贷、贷款金额、贷款期限、贷款利率、贷款方式、贷款收回方式的决定，将审批意见填写于“借款申请书”的相应栏次，并签字。如果审批结论与审查结论不一致，审批人应在审批意见中具体说明。

第九条 贷款审批意见的回复。对经审批同意发放的贷款，由管户信贷员通知借款申请人办理贷款手续。如果属首次向农发行申请贷款，借款申请人应于贷款前先按规定在开户行开立相关存款账户。

第十条 对经贷款调查或审查或审批各环节否决的贷款申请，应在相应的环节及时将“借款申请书”及有关资料通过贷款调查人退给借款申请人，并说明原因，贷款程序终止。

第十一条 签订借款合同。管户信贷员根据贷款审批意见，使用总行统一制定的借款合同文本，按要求与借款人签订借款合同。对于担保贷款，还要与借款人、担保人同时另行签订与借款合同相衔接的担保合同。借款合同、担保合同由借款人、担保人按规定填写并签章，管户信贷员初审无误后，交信贷部门负责人审查，由贷款审批人或其授权人签章。签订抵（质）押担保合同的，抵押物要在规定部门办理抵押登记手续，质押物移交开户行保管，存单、国债、债券、保险单、股票等质押的权利凭证还要办理止付手续。

第十二条 填制“中国农业发展银行借款借据”，发放贷款。借款合同、担保合同签订后，由借款人根据借款合同规定填写借款借据。管户信贷员初审签章后，交信贷部门负责人复审，然后由贷款审批人或其授权人签章，最后由管户信贷员转会计部门进行账务处理。

第十三条 对于一次审批，分次发放的贷款，从第二次发放贷款起，只经过第十一条和第十二条的程序即可。

第十四条 采集登录信息。贷款调查人、审查人、审批人要在各环节业务操作的同时，按规定采集有关信息，并及时登录综合业务系统。

第十五条 资料存档。管户信贷员应定期将贷款发放资料按规定整理、归档保管，应由会计部门保管的，及时移交会计部门。

第二章　贷款使用

第十六条 借款人报送用款计划。借款人用款前 3 天向开户行报送书面用款计划，用款计划应按 3 ~ 5 天的正常需要量编制。对在农发行支取现金的，借款人应报送现金使用计划；对在指定金融机构的辅助存款账户支取现金的，借款人应向农发行报送资金使用计划，同时向开设辅助存款账户的金融机构报送现金使用计划。书面用款计划的格式由开户行自定。

第十七条 借款人支取账户资金。管户信贷员认真审查借款人报送的用款计划和现金计划，核准借款人开具的转账、汇款凭证或现金支票，确认资金支取额度的合理性和合规性，填制“收购资金支取通知单”（见附件 2），需要报批的，及时报有权审批人审批，最后交由会计部门凭此办理款项支付手续。借款人从辅助存款账户支取资金的，管户信贷员应将“收购资金支取通知单”交借款人，借款人凭“收购资金支取通知单”到开设辅助存款账户的金融机构办理款项支付手续。

归行贷款周转使用的资金支取，须经管户信贷员调查、信贷部门负责人审核、报行长或经授权的副行长审批。资金支取程序按前款执行。

第十八条 监督贷款使用。在借款人资金使用过程中，管户信贷员要根据其信用等级情况，坚持贷款使用报账制度，分别采取逐笔核实资金使用原始凭证或核实借款人财务账表、抽查原始凭证等方式，监督贷款的使用。

（一）对收购加工贷款，主要通过核实原始凭证，核查库存，并与贷款使用额度核对，监督借款人收购加工籽棉、皮棉、棉籽及棉副产品和再加工生产的棉纱、棉油及副产品的数量、质量、价值的真实性、合规性；收购加工费用（只能用于收购的必要费用和籽棉加工成皮棉的费用）支出的真实性、合理性；资金支取额度与收购加工进度是否同步；再加工领用皮棉、棉籽的数量、质量、价值与生产的棉纱、棉油等是否匹配。同时，将有关情况在“粮棉油购进凭证核对登记卡”（见附件 3）上登记，并签字。

（二）对预购贷款，主要通过核对借款人购进棉种、相关生产资料的原始凭证，监督借款人购进棉种和相关生产资料数量、价值是否真实、合理，与支取的资金额度是否匹配；是否按订单合同约定将棉种、相关生产资料支付给棉花生产者用于生产。

（三）对调销贷款，主要监督借款人调入棉花的数量、品级、价格与购销合同是否一致，贷款使用额度与购进棉花价值是否匹配，以及各批次棉花的调入进度、入库地点等。同时，将有关情况在“粮棉油购进凭证核对登记卡”上登记，并签字。

（四）对良种棉繁育贷款，主要通过核实购进原种、相关生产资料等原始凭证和实物，监督购进原种、相关生产资料数量、价值是否真实，购进原种与合同约定是否一致，贷款使用额度与购进原种、相关生产资料价值是否匹配。

（五）对棉花良种贷款，在籽棉环节发放棉花良种贷款的，通过核对收购籽棉的原始凭证，并依据良种棉的衣分率和良种加工的商品率，核对商品良种价值（皮棉部分由借款人自筹资金或承贷商品棉贷款解决）与使用的贷款是否匹配；对直接收购良种棉籽的，要核对收购棉籽的原始凭证，并依据良种加工的商品率，核对商品良种价值与使用的贷款是否匹配。同时，将有关情况在“粮棉油购进凭证核对登记卡”上登记，并签字。

（六）对棉花企业技术设备改造贷款，主要通过核对借款人购进设备、相关材料物资及其他费用支出的原始凭证，监督借款人设备购进合同是否通过招标方式签订，购进设备规格、型号、价格、技术指标等是否与合同相符；项目其他相关支出是否真实合理，用款用料进度与项目执行进度是否同步。对已核实的原始凭证及相关资料，管户信贷员要注明已核实标记，作为发放后续贷款或借款人支取后续资金的依据。

上述各类贷款均须监督其配套资金是否真实、合规。

第十九条 核实结余货币资金。管户信贷员将借款人在农发行账户的存款、在指定金融机构的辅助存款账户的存款和库存现金与资金使用、贷款总额进行核对，如发现挤占挪用贷款问题，应立即采取措施予以清收，并及时降低信用等级，调整管理方式，将有关情况向领导报告。

第二十条 收回结余货币资金。对借款人结余的货币资金，开户行应与借款人协商，提前收回部分贷款。

第二十一条 采集登录信息。管户信贷员根据贷款使用情况，按规定采集有关信息，及时登录综合业务系统。

第二十二条 资料存档。管户信贷员应定期将贷款使用监管资料进行整理，按规定存档。

第三章 监督与管理

第二十三条 实行仓单管理。按《中国农业发展银行商品粮棉油库存监管暂行办法》对借款人库存实行仓单管理。

第二十四条 对异地储存实施协议监管。对借款人各种形式的异地储存的皮棉、棉籽、良种等，开户行应按《中国农业发展银行商品粮棉油库存监管暂行办法》的规定，实施协议监管，监管协议由开户行根据实际情况与协议监管各方共同制定。

第二十五条 办理财产保险。对贷款形成的库存及设备等，开户行要督促借款人办理以农发行为第一受益人的财产保险。鼓励借款人对农发行贷款以外资金形成的库存及其他符合保险条件的财产参加保险。

第二十六条 定期核查库存。每个收购季节结束后，开户行应对所辖借款人商品库存组织一次全面核查；二级分行应当每半年组织一次支行之间商品库存的交叉互查；省级分行应当每年组织一次商品库存的抽查；总行根据需要不定期对商品库存组织重点抽查。管户信贷员定期查库时间由所在行根据实际情况和企业资信情况自行确定，但最长间隔时间不得超过 7 天。开户行应当建立查库登记制度，每次查库都要按登记制度规定进行登记。

第二十七条 库存检查内容及方法。

（一）核实库存数量。

1. 核查商品库存的仓（垛）号、数量、质量、年度；同时核查借款人加工损益情况。

2. 核查异地库存，主要核查储存地点、承储企业、储存仓库、数量、年度和质量。同时检查是否签订异地储存协议。

（二）账实核对。

1. 将借款人实物库存与借款人的保管账、统计账表、会计账表的库存数核对，看是否相符；

2. 将借款人实物库存与库存仓单中结余库存数核对，看是否相符；

3. 由于查库日与借款人统计时点存在时间差，账实核对时，应扣除差异时间段内的出、入库数量，然后再核对账实是否相符。

（三）账账核对。

1. 将借款人保管账的库存数量按不同品种分别进行汇总，并与借款人会计库存明细账进行核对，看是否一致；

2. 将借款人保管账、会计库存明细账与信贷员库存台账期末数据进行核对，看是否一致。

第二十八条 处理库存损益。对因损失损耗而减少或因发生溢库而增加的皮棉、棉籽、良种、棉纱、棉油等，管户信贷员要监督企业及时进行统计和会计账务处理。

第二十九条 纠正查库中发现的问题。对查库中发现的空库和亏库等问题，管户信贷员应及时向主管领导报告，并书面通知借款人限期纠正。

第三十条 借款人提交出库报告。借款人因销售、移库、加工等出库皮棉、棉籽、良种、棉纱、棉油等商品，出库前，应当按《中国农业发展银行商品粮棉油库存监管暂行办法》规定向开户行报告。

第三十一条 核查出库报告。管户信贷员接到借款人的出库报告后，应及时进行核查。对有异议需提出建议的，应及时提出建议，反馈借款人。

第三十二条 监督商品出库。皮棉、棉籽、良种、棉纱、棉油等出库时，管户信贷员应根据借款人出库报告的内容，对其销售、移库、加工的情况进行监督，并根据实际出库情况调整仓单。

第三十三条 皮棉、棉籽再加工的监管。借款人使用库存皮棉、棉籽加工棉纱、棉油的，管户信贷员根据借款人核算资料，在开户行核定的品种、数量范围内，对其加工全过程进行监督。加工生产的棉纱、棉油及其副产品及时入库管理。

第三十四条 监督销售货款按时归行。对销售出库的皮棉、棉籽、良种、棉纱、棉油等商品，管户信贷员要按照每笔货款约定的结算方式，监督借款人将销售货款及时回笼归行，看实际回笼货款、收到票据与销售收入是否一致，防止借款人坐支现金和转移货款、在贷款本息全部收回前抽走配套资金。

第三十五条 跟踪监管结算资金。对借款人销售结算资金，开户行要建立结算资金登记簿，跟踪监管。必要时，可到欠款单位进行实地查询。

第三十六条 预购贷款的监管。开户行要督促借款人监督生产者按照订单合同的约定组织生产，实地调查了解生产情况，监督借款人在按照订单合同约定收购生产者产品的同时，及时归还预购贷款。

第三十七条 良种棉繁育贷款的监管。通过实地调查或核查，及时了解和掌握良种繁育面积、生产情况、预测产量情况、籽棉采摘情况及繁育环节费用开支情况。针对存在问题，采取相应措施，努力降低繁育成本，保证良种繁育情况真实、收获良种足额入库。

第三十八条 棉花良种贷款的监管。比照商品棉的监管方法进行监管，重点核查收购（入库）棉种的来源渠道和种子质量。通过对购进（入库）、剥轧、精选、包衣、储藏、包装、标牌等环节的实地核查，掌握借款人加工入库良种的数量、品级、成本、占贷情况。针对存在问题，采取相应措施，努力降低加工成本，保证库存安全存储。

第三十九条 棉花企业技术设备改造贷款的监管。

（一）监督技术设备改造项目施工进度和用款进度及计划工期的一致性。通过检查项目施工进度和用款进度，分析两者是否一致，是否有转移其他筹资、套取挪用贷款现象，施工质量是否达到设计要求，发现问题及时查纠。

（二）参与审核技术设备改造项目竣工决算。检查分析项目投资是否超过概算以及超概算原因，提出弥补超概算的措施和建议，并重新分析技改项目的投资效益和投资风险，落实项目投产后的避险措施。

（三）检查技改项目投产后的运营及效益情况。主要检查技改项目投产后，生产技术和工艺是否达到设计标准、是否科学先进、运转是否正常；产品市场供求情况及项目投产后的效益情况。

（四）检查监督借款人还本付息资金筹措情况，督促借款人落实资金来源，按照合同约定如期还款。

第四十条 检查借款人业务经营情况。开户行信贷部门定期对借款人的业务经营情况、资金运营情况、资产变动情况、财务状况及管理情况等进行全面检查，针对存在的问题，提出整改建议，形成检查报告，提交行领导。

第四十一条 检查贷款担保情况。管户信贷员要定期对贷款担保人保证能力和抵（质）押物品的保管、使用、价值变动等情况以及担保的时效性进行检查，发现担保能力下降危及贷款安全的，要及时提出整改建议，落实补救措施，并及时报告。

第四十二条 采集登录信息。管户信贷员应根据监管情况，按规定采集有关信息，及时反映库存、销售增减变化及货款回笼情况、调整贷款占用形态，并及时登录综合业务系统。

第四十三条 资料存档。管户信贷员定期将监管资料进行整理，按规定存档。

第四章 贷款收回

第四十四条 贷款催收。贷款到期前，管户信贷员应在贷款到期 10 个工作日前，向借款人、保证人、抵（质）押人送达“中国农业发展银行到（逾）期贷款通知书”，通知借款人准备资金按期归还贷款本息，并将由借款人、保证人、抵（质）押人签署意见的催收通知书盖章后取回留存。对借款人、保证人、抵（质）押人拒签回执并有可能导致诉讼时效丧失的，要依法及时提起诉讼。

第四十五条 贷款展期。

（一）借款人因正当理由不能按期偿还贷款的，应在贷款到期 10 个工作日前向开户行书面申请展期，并提出贷款展期理由和还款计划。

（二）贷款到期，借款人不能按时归还，但能提供正当理由，开户行可最多办理一次展期，展期最长不得超过原借款合同约定的贷款期限（棉花企业技术设备改造贷款展期期限最长为1年）；企业因已经销售而货款在正常结算期内尚未回笼归行而申请展期，开户行可依据其认可的正常结算期办理展期手续。担保贷款办理展期，原担保人须同意在所展期限内继续担保；如果原担保人不同意继续担保，须有新的担保人为其展期担保，并重新办理担保手续，否则，不得同意展期。对同意展期的贷款，由借款人、贷款人、保证人、抵（质）押人签订"中国农业发展银行贷款展期协议书"，办理贷款展期手续。

（三）借款人未申请展期，或贷款展期申请未被批准，尚未归还的贷款从贷款到期日次日起，转为逾期贷款管理。

第四十六条 贷款收回。

（一）对于按期偿还的贷款，开户行应按企业的还款计划，于贷款到期办理贷款收回手续，及时全额收回贷款本息；贷款尚未到期，如果借款人有还款意愿、按合同约定或贷款管理有关规定可以提前收回的，开户行应及时从回笼货款或其他资金中收回。

（二）对于实行购贷销还的贷款，销货款回笼归行时，要先全额收回贷款本息，剩余部分应与借款人协商，在收回部分陈欠贷款本息后，由借款人自主支配。

第四十七条 监督回笼归行资金。

（一）借款人回笼资金进入基本存款账户或相关指定账户；

（二）会计人员填写"企业回笼归行资金分割通知单"（见附件4）相应栏次，通知管户信贷员；

（三）管户信贷员确认资金性质，根据不同的资金性质分别提出收贷收息、周转使用等处理意见，填写"企业回笼归行资金分割通知单"相应栏次，经信贷部门负责人审核同意后，通知会计部门；

（四）会计部门根据信贷部门意见进行账务处理。

第四十八条 采集登录信息。管户信贷员应根据贷款收回情况，按规定采集有关信息，并及时登录综合业务系统。

第四十九条 资料存档。管户信贷员定期将贷款收回资料进行整理，按规定存档。

第五章 贷款风险管理

第五十条 贷款风险识别。贷款风险识别包括风险因素识别和风险程度评估。

（一）风险因素识别。在贷款风险预测分析和风险预警的基础上，判断单个借款人或单笔贷款的风险因素，明确风险性质。

1. 政策风险。重点研究和分析国家宏观调控政策、区域发展规划、棉花产业发展战略；国家财政金融政策变化；国家及地方棉花储备计划和棉花进出口政策；国家保护农民利益有关政策措施；国家权威机构发布的棉花收购指导价格；国家和地方有关消化棉花各类挂账政策和消化计划，以及各类挂账消化来源的落实到位情况；棉花企业改革政策和棉花信贷资产保全的有关法律规定等。

2. 经营风险。一是财务风险识别。通过信用等级评定、项目评估，分析贷款企业和项目的财务风险。主要指标包括：资产负债率、流动比率、速动比率、棉花购销率、到期贷款偿还率、现金流量、财务内部报酬率、财务净现值、投资回收期等。二是行为风险识别。调查分析企业改革改制、经营发展规划、信用记录、经营能力和领导班子素质。三是市场风险识别。市场预测分析，重点分析国内外棉花市场及其相关产品现货和期货价格指数变化、贷款目标市场容量、企业营销策略及企业商品购销合同的签订情况。

3. 操作风险。通过银行内部信息系统检查分析自身经营管理的操作风险因素。重点检查贷款管理制度是否健全、信贷岗位责任制是否明确、有关管理制度是否落实到位、业务操作是否合规、管理权限设置是否合理、内部管理信息系统是否灵敏和真实可靠等。

（二）风险程度评估。通过上述风险因素分析和性质判断，评估风险程度。贷款风险度的计量主要是通过设置贷款风险权重，计量贷款风险程度，量化贷款风险。

第五十一条 贷款风险控制。对不同性质的贷款风险和风险的不同程度，以企业的风险承受能力为依据，采取不同的控制措施，或者对同一种类贷款风险同时采取多种风险控制措施。

（一）实行借款人贷款资格认定制度。通过定期对借款人经营情况、经营效益、资信状况的综合分析，依据政策规定和风险程度对借款人进行贷款资格认定。

（二）采用有效的贷款管理方法。按照“区别对待、分类管理”的风险防范与控制原则，根据借款人的实际情况和贷款种类、性质，分别采取授信管理、逐笔核贷管理、项目管理的方法。

（三）选择有效的贷款方式。应根据借款人的实际情况和贷款性质、种类，实行担保贷款或信用贷款方式。

（四）控制贷款范围和额度。依据贷款企业或项目的风险性质，严格控制贷款对象和使用贷款的种类，并根据风险程度或风险因素的变化情况，适时控制贷款额度。对存在较大风险的贷款企业或项目停止或暂缓发放贷款，对评估不可行的项目不得发放贷款。

（五）严格执行贷款管理制度。落实贷款授权审批、审贷分离制度、贷款使用报账制度、库存检查制度、货款回笼制度、联企责任制度，规范贷款操作程序；加强贷款管理制度、办法执行情况的检查与稽核，及时查纠存在的问题，促进各项贷款管理制度、办法的落实。

第五十二条 贷款风险化解。对已经发生的贷款风险，应根据风险的种类、特征，采取有针对性风险化解措施，将贷款风险降到最低限度。

（一）对已经发生的政策风险，以政策为依据，督促按照消化责任和消化计划，落实消化资金来源，化解贷款风险。

（二）对已经发生的经营风险，采取风险补偿金抵偿、向保证人追索、处置抵（质）押资产、以资抵债、保险理赔、诉讼和呆账核销等措施，化解贷款风险。

（三）加强对信贷管理制度办法执行情况的检查和稽核，及时发现和处理信贷管理中存在的问题，对未按规定造成贷款决策失误，借款合同要素不全或合同无效，信贷操作不规范等造成的贷款风险，及时采取纠正和补救措施，并严格按照规定处理有关责任人，通过规范管理和操作，将操作风险降至最低限度。

第五十三条 贷款风险监测。围绕贷款风险五级分类，设置若干贷款质量评价指标，监测贷款质量静态分布和动态变化情况、贷款质量的量比及其变动情况，贷款质量布局和地区、种类等结构情况，评价贷款质量稳定性和不良贷款风险程度。根据贷款风险监测结果，及时完善信贷政策，调整授权管理，采取各种有效的风险管理措施。

第五十四条 采集登录信息。管户信贷员应根据贷款风险管理情况，按规定采集有关信息，并及时登录综合业务系统。

第五十五条 资料存档。管户信贷员应定期将贷款风险管理资料进行整理，按规定存档。

第六章 贷款债权管理

第五十六条 对借款人发生兼并、合并、股份制改造、合资、合营、分立、出售、拍卖、转让、承包、租赁和破产等各种改制行为的，按照“债随资产走，资产与负债相统一”的原则，加强贷款债权管理。对借款人逃废债务的，债权银行及时向上级行和当地有关部门报告，同时采取诉讼保全措施。

第五十七条 对借款人被兼并、合并及实行股份制改造的债权保全。

（一）全程参与兼并、合并、股份制改造方案的制定，并对其进行审查。

（二）兼并方、合并、股份制改造后的新企业要承担原企业全部贷款债务，并与我行签订还本付息协议书。

（三）兼并、合并、股份制改造正式操作前，与借款人进行债权债务（含贷款本金和利息）核对。兼并、合并、股份制改造后，要与兼并方、合并、股份制改造后的新企业签订变更协议或重新签订借款合同、更换借据，并将原借款合同、借据作为新借款合同和借据的附件保管、备查。同时，与贷款担保人签订新的担保合同，需要变更抵押、质押登记的要及时办理变更手续，落实担保责任。

第五十八条 对借款人合资、合营和分立的债权保全。

（一）积极参与制订和审查合资、合营、分立方案，妥善落实债务。

（二）参与和监督借款人清产核资，认真核实债权债务。积极配合有关部门准确评估借款人资产价值，分清负债性质。

（三）新组建企业以出资、分立各方按取得的有效资产占原企业总有效资产的比例，相应承担原企业贷款债务，并与我行签订还本付息协议书。

（四）与新组建的企业、分立各方签订变更协议或重新签订借款合同、更换借据，并将原借款合同、借据作为新借款合同和借据的附件保管、备查。同时，与贷款担保人签订新的担保合同，需要变更抵押、质押登记的要及时办理变更手续，落实担保责任。

第五十九条 对借款人被出售、拍卖、转让的债权保全。

（一）对出售、拍卖、转让方案进行审查，参与借款人产权转让的全过程。严防将产权低价出售、拍卖或转让。

（二）参与和监督借款人清产核资，认真核实债权债务。积极配合有关部门准确评估借款人资产价值，分清负债性质。

（三）对于已设定抵押或质押的抵押物或质物的出售、拍卖、转让，必须先征得抵（质）押权人同意，其出售、拍卖、转让所得必须优先用于清偿抵押、质押贷款本息。

第六十条 对借款人实行承包、租赁经营的债权保全。

（一）借款人实行承包、租赁经营，要经我行同意，并与我行签订还本付息协议书。

（二）参与制订和审查借款人的租赁、承包方案。对方案显失公平，有损我行债权的，要制止借款人租赁、承包行为。

（三）租金、承包金要按合理比例归还我行贷款本息。

（四）开户行对借款人对外承包、租赁经营的财产要加强监管。

第六十一条 借款人破产的债权保全。

（一）法院宣告借款人进入破产程序后，开户行要及时申报贷款债权，主动向债权人会议提供有关债权凭证及有关证明材料，对已设定抵（质）押权的财产，要主张优先受偿权。要积极参加债权人会议，全程参与破产财产的分配处置。

（二）做好借款人破产终结后的债权保全工作。妥善保管处理受偿财产。对受偿的现金，按规定及时入账，收贷收息。积极追索担保人的担保责任。

（三）收集整理借款人破产的有关法律文书和资料，做好呆账核销的申报工作。

第六十二条 以资抵债的管理。根据《中国农业发展银行以资抵债管理暂行办法》要求，认真做好以资抵债的申报、抵债资产的接受、抵债资产的管理、抵债资产的处置等工作。

第六十三条 采集登录信息。管户信贷员应根据贷款债权管理情况，按规定采集有关信息，并及时登录综合业务系统。

第六十四条 资料存档。管户信贷员应定期将贷款债权管理资料进行整理，按规定存档。

第七章 信贷制裁

第六十五条 发现问题，提出预防措施。管户信贷员在实施对贷款发放、使用和收回各环节的信贷监管过程中，发现和掌握借款人存在各种违规使用贷款的倾向时，应及时对借款人提出预防和规避的意见。

第六十六条 及时警告，督促纠正。当借款人已存在违反借款合同和制度办法规定的行为，管户信贷员应及时对其提出警告，指出违规行为和问题的性质，以及对后果所负的责任，责令借款人限期纠正。

第六十七条 提出制裁意见。对借款人未在规定的期限内纠正其有关违反借款合同和制度办法规定的行为，管户信贷员根据问题的性质、情节的严重程度和制度办法的有关规定，及时提出加息、提前收回贷款、暂缓贷款和停止贷款等信贷制裁的意见，并填制“中国农业发展银行信贷制裁通知书”一式两份，明确提出制裁的原因、制裁依据、制裁措施、纠正限期等，交信贷部门负责人审查。

第六十八条 审查和核准信贷制裁。对管户信贷员提交的信贷制裁通知书，信贷部门负责人应及时审查，并在信贷制裁通知书有关栏签字后，按制度办法规定的权限，报审批人核准签字。

第六十九条 发送制裁通知。对审批人核准同意给予借款人信贷制裁的，管户信贷员在规定的时间内将信贷制裁通知书（一式两份）送达被制裁的借款人。经借款人签章后，一份交借款人留存，一份由开户行留存。管户信贷员监督借款人的整改情况。

第七十条 借款人申请复议及处理。被制裁借款人认为信贷制裁不妥，可在接到制裁通知后 5 日内向核准信贷制裁行的上级行提请复议。上级行在 10 日内对原核准的信贷制裁进行复议，并向被制裁借款人回复复议结果。复议期间，管户信贷员仍应按原制裁规定监督借款人执行。

第七十一条 撤销制裁。借款人在限期内彻底纠正问题，管户信贷员要及时核实，并提出撤销制裁意见经信贷部门负责人审查同意后，报告原核准人核批，经核批后通知借款人撤销信贷制裁，并在相关登记簿上登记。

第七十二条 资料存档。管户信贷员应定期将信贷制裁资料进行整理，按规定存档。

第八章 贷款分析

第七十三条 收集、整理分析资料。

（一）综合业务系统生成资料；

（二）借款人的财务、统计资料；

（三）信贷管理中的典型材料、突出实例等。

第七十四条 贷款分析的主要内容。

（一）贷款发放、收回情况分析；

（二）借款人商品棉购销存情况分析；

（三）棉花市场情况及价格走势分析；

（四）借款人财务活动及现金流量情况分析；

（五）贷款风险程度分析。

第七十五条 商品棉收购加工和调销贷款分析的主要方法。

（一）贷款发放和使用情况分析。

1. 新收购棉花价值与新发放收购加工贷款的分析。利用信贷管理台账,分析借款人收购入库棉花的等级、数量和入库成本,在此基础上,对新收购棉花价值与新发放收购加工贷款进行比较分析。

2. 收购价格及变动情况分析。计算出当期企业棉花的收购均价、贷款均价,并与上期和上年同期进行比较,分析当前企业的收购均价和贷款均价是否合理,棉花价格趋势及企业间或地区间存在差异及原因。

3. 收购数量分析。将当期收购的棉花数量与上期和上年同期进行比较,对企业自筹资金收购的数量以及捆绑式收购的数量进行分析,分析收购数量变化的原因。

4. 调销贷款与调入棉花库存分析。将当月发放的调销贷款,调入(含进口)棉花数量和价值与上期和上年同期进行比较,分析当期调入棉花数量与调入价格的变化原因。

(二)库存及变动情况分析。根据管理月报,对期末棉花库存(包括皮棉、棉籽、棉纱、棉油及其他棉副产品,下同)的性质、年度、等级、数量及库存值进行分析,看不同年度的棉花库存数量、等级和库存值与上期末的增减变化是否合理,发现购销调存不衔接问题,分析其原因。同时对加工损益、损失、损耗的增减变化及库存潜亏进行分析,并与各有关统计数字进行核对,发现问题,分析其原因。

(三)销售情况分析。结合当前国际国内棉花销售形势,对当期棉花销售进度、销售价格及其变化情况进行分析,对当前销售价格的走势进行判断。同时,按照贷款均价和销售数量来分析销售收入中应收贷款是否合理。

(四)结算资金分析。根据棉花管理台账和月报表结算资金占用情况,分析当期结算资金增加或减少是否合理,如发现异常现象,应进一步分析说明原因。

(五)收贷收息分析。

1. 回笼销售货款收贷收息情况分析。主要是分析当期借款人回笼销售货款是否足额收贷收息、是否出现新的亏损挂账和挤占挪用。对当年度棉花贷款收贷收息还应进行重点分析,以判断贷款是否能按约收回。

2. 财政补贴资金收贷收息情况分析。分析当期财政补贴款到位及分配使用情况。

3. 借款人财务资金使用情况分析。分析说明从回笼货款中分配给借款人财务资金的理由。

第七十六条 棉花良种贷款比照第七十五条进行分析。预购贷款、良种棉繁育贷款、棉花企业技术设备改造贷款主要分析贷款的发放、使用、收回及效益等情况。

第七十七条 贷款存量风险分析。根据贷款五级分类情况,分析各类贷款的增减变化情况,如发现异常现象,应进一步分析说明原因。

第七十八条 借款人经营情况分析。利用借款人财务统计报表和调查核实的企业实际情况,分析企业的经营能力、盈利能力和偿债能力。

第七十九条 形成分析材料。分析材料一般应由以下四部分构成:

(一)当期贷款运行的基本情况及主要特点。

（二）当前棉花市场情况及价格走势。

（三）贷款风险状况及化解风险的措施和建议。

（四）贷款运行存在的突出问题、原因以及解决问题的措施和建议。

第八十条 召开分析例会。开户行应定期召开贷款运行及管理情况分析例会，沟通情况，分析问题，研究对策，提出解决措施。

第八十一条 上报分析材料。贷款分析材料形成后，要按规定时间上报上级行。

第八十二条 总结评价贷款。

（一）对于商品棉贷款和良种棉贷款，开户行应在棉花年度终了时，对贷款的发放、使用、本息收回等情况进行分析评价，并结合整个棉花年度国内、国际棉花市场情况总结信贷管理中经验和教训，及时形成书面总结报告上报上级行。

（二）对于技术设备改造贷款，开户行要在本息收回后，及时对贷款发放、管理及效益情况进行分析评价，并结合贷款企业资产负债情况、实际经营效益情况总结信贷管理中经验和教训，及时形成书面总结报告上报上级行。

第八十三条 资料存档。管户信贷员应定期将贷款分析资料进行整理，按规定存档。

第九章　附　　则

第八十四条 贷款运行过程中的档案管理按农发行总行有关贷款档案管理规定执行。

第八十五条 本操作规程适用于商品棉贷款、良种棉贷款、棉花企业技术设备改造贷款的操作。

第八十六条 本操作规程由农发行总行负责解释和修订。

第八十七条 本操作规程自印发之日起施行。

附件：1. 棉花贷款操作程序图（略）

2. 收购资金支取通知单（略）

3. 粮棉油购进凭证核对登记卡（略）

4. 企业回笼归行资金分割通知单（略）

关于开办粮棉油产业化龙头企业贷款业务的通知

2004 年 10 月 22 日　农发银发[2004]228 号

中国农业发展银行各省、自治区、直辖市分行,各计划单列市分行,总行营业部:

根据《中国银行业监督管理委员会关于中国农业发展银行开展粮棉油产业化龙头企业贷款业务的批复》(银监复[2004]151 号)精神,我行从现在开始,开办粮棉油产业化龙头企业贷款业务。为做好此项工作,总行制定了《中国农业发展银行粮棉油产业化龙头企业贷款管理暂行办法》(以下简称《办法》),现印发给你们,同时转发银监会的批复,请一并贯彻落实。现就做好粮棉油产业化龙头企业贷款管理工作有关问题通知如下:

一、切实提高对开办粮棉油产业化龙头企业贷款业务重要意义的认识

粮棉油产业化龙头企业是以粮棉油生产、流通或加工转化为主业,通过各种利益连接机制与农户相联系,带动农民进入市场,使粮棉油生产、加工、销售有机结合、相互促进,具有一定的经营规模和良好经营效益的企业。这些企业是粮棉油产业化经营的关键,支持其发展有着十分重要的现实意义。

一是有利于增强粮棉油产业化龙头企业在国家粮棉油宏观调控中的作用。粮棉油产业化龙头企业一般有相应的生产基地,并对基地的粮棉油生产提供资金和技术服务。有的粮棉油产业化龙头企业接受政府委托承担地方粮棉油储备和平衡市场供求的任务,已经成为国家宏观调控的重要载体。中国农业发展银行(以下简称农发行)对这些企业及时提供贷款支持,为粮棉油生产、流通、加工转化、技术改造以及生产基地建设提供信贷支持,对稳定粮棉油种植面积和产量,稳定粮棉油市场,确保国家粮棉油宏观调控政策的落实,具有十分重要的作用。

二是有利于促进粮棉油产业的产购销衔接,提高粮棉油产品的市场竞争力。目前,相当多的粮棉油产业化龙头企业在产区收购、销区销售,实行收购、加工、销售一体化经营。发挥农业政策性信贷杠杆的作用,支持粮棉油产业化龙头企业跨地区经营,能够有效促进产销区结合,减少流通费用,节约交易成本,增强其市场竞争力。

三是有利于农民增产增收。粮棉油产业化龙头企业一头连着粮棉油消费市场,另一头连着粮棉油生产,并直接根据粮棉油市场需求,引导粮棉油作物的种植。同时,粮棉油产业化龙头企业的生产经营,延长了产业链条和增加了附加值。这些企业的经营状况,直接关系到农业增效、农民增收和农村稳定。对其提供贷款支持,通过龙头的带动和示范作用,引导农民调整种植结构,分享加工环节利润,提高农民收入。

四是有利于农发行业务的可持续发展,增强服务功能。随着粮棉流通体制市场化改革的不断深化,粮棉油市场的全面放开,国家调控粮棉油市场的载体逐步扩展到粮棉油产业化龙头企业。同时,粮棉油生产、流通和加工转化已呈现产业化、集团化经营的发展趋势,越来越多的粮棉油购销企业通过改革改制和资产重组,实现一体化、产业化经营,客观上要求农发行的贷款范围和监管方式随之调整和延伸,加强对粮棉油产业化龙头企业信贷支持力度,有利于农发行业务的可持续发展,增强对我国农业和农村的整体服务功能。

二、坚持审慎积极的原则,对符合条件的粮棉油产业化龙头企业择优提供信贷支持

各行要坚持审慎积极的原则,正确处理好业务拓展与信贷风险防范关系。在贷款管理办法、操作流程还不完善,以及信贷队伍素质还不适应管理要求的情况下,各行要审慎开展此项贷款业务,不能盲目追求贷款规模的扩张。同时,也要注意不能因担心贷款风险而不积极拓展新业务。因此,在开办此项业务过程中要把握以下几点:一是在选择贷款对象时,要重点选择国家级和省级农业产业化龙头企业。二是对部分粮棉油产业化龙头企业,仍然可以通过与购销企业联营方式,提供收购资金贷款支持。三是在近一段时期,产业化龙头企业贷款的重点是解决企业的流动资金需求。2004 年的流动资金计划纳入总行核批各省级分行的第四季度限额内统一执行,第四季度限额不足可申请追加。对产业化龙头企业的固定资金需求等中长期贷款要从严控制。

三、严格贷款操作程序,切实防范信贷风险

针对粮棉油产业化龙头企业的业务特点,各行要采取有效措施,切实防范信贷风险。一是严格贷款操作程序。粮棉油产业化龙头企业贷款必须要按照不同贷款种类的程序要求,规范各环节的贷款操作,不得违反贷款程序操作。二是强化风险防范措施。粮棉油产业化龙头企业贷款业务,应按照《中国农业发展银行现阶段商业性贷款管理应急方案》的相关规定办理,加强内部控制,防范信贷风险。认真做好贷款调查与评估,严格贷款审查与审批。三是借鉴收购资金封闭管理的经验。要把以往收购资金报账制、库存监管制、收贷收息规定等行之有效的收购资金封闭管理措施,继续贯彻到粮棉油产业化龙头企业贷款管理中去。强化信贷监督,切实防范贷款风险。

四、充分做好开展粮棉油产业化龙头企业贷款的各项准备工作

粮棉油产业化龙头企业贷款业务是农发行一项新的业务,各行要认真做好此项业务开办的各项准备工作。一是要认真做好市场调查和对客户的营销工作,根据各地实际情况,进一步了解粮棉油生产、流通、加工转化和市场营销特点,确定信贷支持的重点,选取优质客户作为支持对象。二是要严格按照贷款条件和农发行企业信用等级评定办法,对粮棉油产业化龙头企业进行贷款资格认定和信用等级评定工作。

三是要结合本地实际情况，制定粮棉油产业化龙头企业贷款风险防范措施和内控机制。四是就开办粮棉油产业化龙头企业贷款业务问题，及时向当地银监部门报告。同时，与当地政府和有关主管部门沟通情况，为此项业务的开展创造良好的外部环境。五是要加强信贷人员培训，提高信贷人员的粮棉油市场行情分析预测、粮棉油产业化龙头企业财务管理以及贷款项目评估和风险防范的能力，提高信贷管理水平。

五、认真做好粮棉油产业化龙头企业贷款运营情况的监测反映工作

各行要严格按照《办法》规定要求，认真做好粮棉油产业化龙头企业贷款运营的统计监测工作，及时掌握和上报粮棉油产业化龙头企业贷款管理情况。粮棉油产业化龙头企业贷款的发放、收回，按照总行制定的相关会计科目准确核算，并及时按有关要求统计反映贷款的五级分类情况。对发放的中长期贷款，要监测反映项目进度和贷款的使用情况，及时了解和掌握此项贷款运营的整体情况。

各行在办理粮棉油产业化龙头企业贷款业务过程中遇到问题，请及时向总行反映。

附件：1. 中国银行业监督管理委员会关于中国农业发展银行开展粮棉油产业化龙头企业贷款业务的批复

2. 中国农业发展银行粮棉油产业化龙头企业贷款管理暂行办法

3. 中国农业发展银行中长期借款申请书（略）

附件1

中国银行业监督管理委员会关于中国农业发展银行开展粮棉油产业化龙头企业贷款业务的批复

2004年9月29日　银监复[2004]151号

中国农业发展银行：

你行《关于开展粮棉油产业化龙头企业贷款业务的请示》（农发行字[2004]16号）收悉。现批复如下：

一、同意你行向经地、市级以上人民政府或政府有关部门认可的以粮棉油生产、流通或加工转化为主业的农业产业化龙头企业提供贷款。贷款用途须围绕粮棉油生产、流通或加工转化，包括流动资金以及技术改造、仓储设施建设和粮棉油生产基地建设所需中长期资金。

二、你行应进一步完善此项贷款管理制度，落实风险防范和化解措施，确保贷款资金安全。

三、你行应严格区分政策性业务与该项经营性业务，做到分类管理，分别考核。

附件 2

中国农业发展银行粮棉油产业化龙头企业贷款管理暂行办法

第一章 总 则

第一条 为强化中国农业发展银行(以下简称农发行)支持粮棉油生产和流通职能,有效支持粮棉油产业化发展,增强农业竞争力,促进农民增收,加强粮棉油产业化龙头企业贷款管理,维护借贷双方的合法权益,根据《中国银行业监督管理委员会关于中国农业发展银行开展粮棉油产业化龙头企业贷款业务的批复》(银监复[2004]151 号)精神,制定本办法。

第二条 本办法所称粮棉油产业化龙头企业是指以粮棉油生产、流通或加工转化为主业,通过各种利益连接机制与农户相联系,带动农民进入市场,使粮棉油生产、加工、销售有机结合、相互促进,具有一定的经营规模和良好经营效益的企业。本办法所称粮棉油产业化龙头企业贷款是指农发行对上述企业的贷款。

第三条 粮棉油产业化龙头企业贷款管理的任务:贯彻执行国家农业产业政策和粮棉流通体制改革政策等有关法规,促进粮棉油产业化发展和粮棉流通体制改革顺利进行。实行贷款风险管理,提供有效信贷服务,保证信贷资金安全。

第四条 粮棉油产业化龙头企业贷款管理应遵循以下原则:

(一)服从国家宏观调控,促进粮棉油产业化发展和农民增产增收;

(二)自主选贷,择优扶持;

(三)防范和控制信贷风险。

第五条 粮棉油产业化龙头企业贷款管理的基本要求:严格贷款准入,优选贷款客户;落实内控机制,规范贷款操作;控制贷款风险,增进贷款效益。

第二章 贷款对象、用途和条件

第六条 贷款对象。粮棉油产业化龙头企业贷款对象是经地、市(含地、市)级以上人民政府或政府有关部门认可的,以粮棉油生产、流通或加工转化为主业的农业产业化龙头企业(以下简称借款人)。

第七条 贷款用途。粮棉油产业化龙头企业贷款的主要用途是:解决借款人从事粮棉油生产、流通或加工转化的合理资金需要。包括流动资金以及技术改造、仓储设施建设和粮棉油生产基地建设中长期资金需要。

第八条 贷款条件。借款人申请粮棉油产业化龙头企业贷款除具备中国人民银行《贷款通则》和《中国农业发展银行贷款管理制度》规定的基本条件外,还应具备下列条件:

（一）符合政府宏观调控政策。申请中长期贷款的，其项目还应符合相关产业政策、区域经济政策和建设规划要求。需要行政许可的，应持有政府有权部门颁发的行政许可证件或准予行政许可的文件。

（二）企业依法合规经营，产品具有市场竞争优势，经济效益和社会效益较好。

（三）具有相应的风险承受能力。信用等级 A 级（含）以上，信用良好，具备按期还本付息能力。申请中长期贷款的必须有不低于 20% 的自有资金或政府承担贷款本息的偿还。

第三章　贷款种类、期限、利率和方式

第九条　贷款种类。粮棉油产业化龙头企业贷款可分为短期贷款和中长期贷款。

（一）短期贷款。用于解决借款人从事粮棉油生产、流通或加工转化的流动资金需要。主要包括：为解决借款人收购、调入粮棉油商品的资金需要而发放的贷款；为解决借款人向生产粮棉油的农户（或生产者）订单生产、合同收购粮棉油时，向农户（或生产者）提供收购定金而发放的贷款；为解决借款人除用于粮棉油原材料收购和收购定金之外的，生产、经营过程中必需的其他短期流动资金需要而发放的贷款。

（二）中长期贷款。用于解决借款人从事粮棉油生产、流通或加工转化固定资产投资性质的资金需要。包括技术改造，扩大生产加工转化能力、实现产品的升级换代而投资建设或购买设备、仓储设施建设、生产基地建设的资金需要。主要内容：为解决借款人进行技术改造、设备更新和与之相关的必需土建工程建设资金需要而发放的贷款；为解决借款人仓储设施购建与维修、烘干设备的购建，以及市场设施建设资金需要而发放的贷款；为解决借款人建立稳定的粮棉油生产基地进行土地改良、水利设施和农业机械投入以及其他中长期资金需要而发放的贷款。

第十条　贷款期限。粮棉油产业化龙头企业贷款期限根据借款人的还贷来源和能力，由借贷双方协商确定。短期贷款期限最长不超过 1 年；中长期贷款期限一般在 5 年之内，最长不超过 8 年。

第十一条　贷款的展期。借款人不能按期归还的贷款，有充足理由的，可以申请展期。借款人应在贷款到期之前提出贷款展期申请。短期贷款应当在贷款到期 10 个工作日之前，中长期贷款应当在贷款到期 30 个工作日之前，向农发行的开户行（以下简称开户行）书面提出贷款展期申请，包括展期理由、展期期限和还款计划等。担保贷款展期还应当由贷款保证人（抵押人或出质人）出具同意展期并继续担保的书面证明。贷款展期期限最长不得超过原借款合同确定的贷款期限。原借款合同确定的贷款期限在 5 年以上的，展期期限不得超过 5 年。

第十二条　贷款利率。粮棉油产业化龙头企业贷款原则上执行中国人民银行规定的金融机构同期、同档次利率。在中国人民银行规定的幅度内，农发行可依据借款人的信用状况实行适当利率浮动。

对展期的贷款，展期期限加上原期限累计达到新的期限利率档次时，从展期之日

起，执行新的贷款利率。

贷款逾期或借款人未按合同约定使用的贷款，执行中国人民银行规定的相关利率。

第十三条 贷款方式。粮棉油产业化龙头企业短期贷款一般采用担保贷款方式。对信用状况良好、风险承受能力较强或落实相应的贷款风险防范措施的借款人，可以采用信用贷款方式。中长期贷款一般采用担保贷款方式。

第四章 贷款程序

第十四条 短期贷款程序。短期贷款的操作程序，按照中国农业发展银行商品粮棉贷款管理办法有关规定执行。

第十五条 中长期贷款程序。中长期贷款应按照借款人的贷款项目进行管理。贷款项目管理程序包括：借款申请、贷款受理、贷款项目的评估、贷款审查与审批、贷款发放、贷后管理以及贷款收回与评价。

（一）借款申请。借款申请人申请中长期贷款时，应向开户行提出书面申请，并提供以下资料：

（1）借款人（及担保人）的基本情况；（2）有关资信状况证明；（3）项目建议书及批文；（4）借款人的有关财务报告、报表；（5）抵（质）押物证明，或保证人同意保证的有关证明文件；（6）需要借款人提供的其他有关资料或文件。开户行接到借款人的借款申请和相关资料后，应对借款申请书中的内容进行初步核实，然后正式行文上报二级分行。

二级分行接到开户行上报的申报文件和有关资料后，应审查借款人的借款条件和借款用途，在确认符合规定的前提下，指定信贷人员对借款申报的有关文件、资料内容的真实性进行调查。对调查认可可以列入贷款意向的，调查人员要写出书面调查报告，并通知借款人正式填写“中国农业发展银行中长期借款申请书”。贷款项目材料和调查报告，经过二级分行的贷款审查委员会（以下简称贷审委）审议，并经有权人审批后正式行文向省级分行申报。信贷人员调查的主要内容包括：（1）借款人的基本情况，包括借款人经营管理者的经营能力和品德；产权构成；经营范围和生产技术水平；所在地区经济环境；在行业和地区经济发展中的位置等。（2）借款人财务资信状况，包括借款人近两年的财务报告，其中年度报告必须经具有法律效力的有关部门或会计（审计）师事务所审计；历史还款记录；信用等级；如果借款人是集团企业或集团企业的子公司时，还应调查关联企业的资产负债、财务状况、对外担保以及关联企业之间的互保情况等。（3）项目建设的必要性，包括项目建设和生产条件、项目技术水平、项目的经济效益和社会效益等。（4）项目筹资及用途，包括资金筹措渠道、筹措方式、借款用途等。（5）贷款偿还来源及其保证，包括贷款回收期、还款计划、借款担保情况等。（6）其他需要调查的内容。

省级分行接到二级分行上报的有关资料后，应对其进行全面审核，由省级分行的贷审委审议和有权人审批后，正式向总行申报。

（二）贷款受理。总行信贷部门接到省级分行申报的贷款项目及相关资料后，应进行贷款受理审查。审查重点包括：借款人的基本情况和资信情况、项目建设的必要性、项目筹资及用途、贷款偿还来源及其保证等内容。对同意受理的贷款，总行信贷部门应及时向省级分行下达贷款意向书，并确定总行或总行委托省级分行对贷款项目进行评估论证。

总行不予受理或省级分行不予向总行推荐的贷款项目，应及时通知开户行。

（三）贷款项目的评估。对确定贷款意向的贷款项目，开户行应通知借款人进行项目可行性研究或扩初设计。借款人可行性研究报告和扩初设计书（或实施方案）审查通过后，总行或总行委托省级分行对贷款项目进行评估。

委托省级分行评估的贷款项目，评估结束后，应向省级分行贷审委提交评估报告，经贷审委审查同意并经有权人审批后，正式将评估报告提交总行信贷部门。贷款项目评估的主要内容包括：项目基本概况评估、产品市场评估、技术工艺评价、建设条件评估、组织与管理评估、投资估算和资金筹措评估、财务效益分析、不确定性分析、国民经济评价和总评估等。评估结束后按要求编写评估报告，总行信贷部门应及时对评估报告进行审核，提出贷款建议，并将所有贷款项目文件和资料提交总行贷审委办公室。

（四）贷款审查与审批。总行贷审委办公室对信贷部门提交的贷款项目文件和资料进行审查，在贷审委审议通过后，由有权人审批，并呈行长确认。

（五）贷款发放。经审批同意的贷款项目，开户行在贷款发放前应对借款人的贷款条件、贷款用途进行复查。复查合格后，开户行与借款人签订书面借款合同，落实贷款担保等事项，并根据合同约定和项目实施进度发放贷款。

（六）贷后管理。开户行要定期对贷款项目进展情况进行检查和评价，及时掌握贷款使用情况和工程进展状况。

（七）贷款收回与评价。贷款项目竣工后，开户行要对贷款项目执行情况和资金使用效益进行总体评价，写出书面评价报告报上级行。贷款到期后，开户行应按规定提前向借款人发出还款通知书，通知借款人准备还贷资金，按期收回贷款。开户行应按项目贷款的有关规定做好贷款的收息工作和有关档案管理工作。

第五章　贷款管理的特别规定

第十六条　贷款授信和授权管理。粮棉油产业化龙头企业贷款应逐步实行统一授信管理。对暂不具备授信管理条件的企业，可实行贷款的限额管理。贷款审批权限按总行的授权规定执行。

第十七条　专户管理。开户行应在规定的贷款科目核算贷款的发放、收回及贷款质量状况，借款人应根据合同的约定及粮棉油产业化龙头企业相应种类贷款的管理规定使用贷款，确保专款专用。开户行应对贷款的使用进行全程监管，加强对借款人的财务分析。要把农发行封闭运行管理的各项行之有效的措施，落实到粮棉油产业化龙头企业贷款管理之中。坚持收购资金贷款使用的报账制度、监管制度和收贷收息制度。全面、真实、准确地反映粮棉油的购、销、调存情况，为宏观决策提供可靠的依据。

第十八条 属地管理。对跨地区、跨行业经营的集团客户，以及该集团内经营粮棉油业务的各授信（或贷款）对象，其统一授信和年度贷款累放额度的确定和调整工作，由集团客户总部（或核心企业）所在地省级分行，按总行的授权规定具体负责办理。同时，集团客户总部（或核心企业）所在地省级分行，还应负责集团客户经营管理信息的跟踪收集和风险预警工作。集团内经营粮棉油业务的各授信（或贷款）对象所在地省级分行及其分支机构，在集团客户统一授信限额内或年度累计贷款限额内，负责对集团内经营粮棉油业务的各授信（或贷款）对象贷款的发放、贷后管理及风险监测工作，并为集团客户授信或核定年度累计贷款额度提供基础资料。短期贷款由集团总部统一承贷的，贷款行应掌握集团内经营粮棉油业务的公司名单及使用贷款的额度，并可委托使用贷款的公司所在地农发行，对贷款使用实施监督。中长期贷款的发放与管理，由直接使用贷款的公司所在地农发行负责。

第十九条 控制关联交易风险。集团总部所在地农发行应负责协调集团内经营粮棉油业务的公司各贷款行之间的关系，密切关注经营粮棉油业务的各公司与粮棉油产业无关的企业之间资金往来、原料供应、产品购销等关联交易。严格控制信贷资金被与粮棉油产业无关的企业挪用。注意防范集团内部关联方之间互相担保的风险。集团客户各贷款行应定期或不定期开展针对整个集团客户的联合调查，掌握其整体经营和财务变化情况。

第二十条 贷款主责任人制度。落实贷款管理责任制，对粮棉油产业化龙头企业贷款的调查、审查、审批、贷后管理环节实行主责任人制度。对贷款因上述有关环节失职而造成贷款损失的，追究有关主责任人的责任，包括经济处罚、行政处分和法律追究。

第二十一条 贷款风险监测与考核。粮棉油产业化龙头企业贷款按照贷款风险五级分类监测要求，设置贷款质量评价指标，按贷款质量分种类、分地区、逐企业动态监测与考核。各关联企业的贷款行应加强信息互通，对关联企业的交易行为进行分析，及时准确反映贷款质量及风险状况。

第六章 附 则

第二十二条 粮棉油产业化龙头企业接受政府委托经营储备、调控粮棉油业务，申请储备贷款和调控贷款的，分别按《中国农业发展银行中央储备粮贷款管理办法》、《中国农业发展银行地方储备粮贷款管理办法》、《中国农业发展银行粮食调控贷款管理暂行办法》，以及棉花储备贷款管理相关办法的规定执行。

第二十三条 各省级分行可根据本办法制定实施细则，并报总行备案。

第二十四条 本办法由农发行总行负责解释、修订。

第二十五条 本办法自印发之日起施行。

关于转发《中国银行业监督管理委员会关于同意中国农业发展银行全面开展棉花企业技术设备改造贷款业务的批复》的通知

2005年7月8日　农发银发[2005]168号

中国农业发展银行各省、自治区、直辖市分行，总行营业部：

国家棉花质量检验体制改革于2004棉花年度开始组织新体制运行试点，自2005棉花年度起将逐步推行新体制。为了推动棉花质检体制改革，配合做好棉花加工企业技术设备改造升级，中国银监会已经批准我行全面开展棉花企业技术设备改造贷款业务。现将《中国银行业监督管理委员会关于同意中国农业发展银行全面开展棉花企业技术设备改造贷款业务的批复》(银监复[2005]145号)转发给你们，请认真贯彻执行，并就棉花收购加工企业技术设备改造贷款管理中的有关问题通知如下：

一、分步开展技改贷款业务、合理确定贷款企业布局

为配合棉花质检体制改革，我行将对棉花收购加工企业开展打包机技术设备改造贷款业务。棉花企业的设备技改贷款属于商业性贷款，实行商业化管理。

根据国家发展改革委、质检总局的规划，全国棉花企业技术设备改造从2005年全面开展，分五年逐步实施。各行要主动与当地发展改革委等有关部门联系，了解当地棉花加工企业技术设备更新改造规划情况，根据当地近几年棉花收购贷款规模和今后发展情况，在充分考察论证的基础上，合理规划贷款企业布局，确定2005棉花年度的技改贷款企业。

在确定技改贷款企业时，遵循企业自愿的原则。省级分行要严格把关，对本地棉花加工企业本年度达不到技改贷款条件的，可在以后棉花年度根据条件成熟情况再行安排。

二、贷款补充要求

(一)《中国农业发展银行棉花企业技术设备改造贷款管理办法(试行)》中已对贷款有关要求作出了具体规定，现在此基础上结合实际情况做如下补充规定：

1. 借款人信用等级要在A级(含)以上；

2. 原则上要求借款人近两年连续盈利，如果其中一年有亏损，必须在第二年弥补到位或有切实可行的弥补措施；

3. 借款人要有不低于30%的自有资金；

4. 借款人的年皮棉加工能力要在5 000吨以上；

5. 借款人必须到国家有关部门指定的生产厂家采购机器设备。

（二）在此次技术设备改造中，国家发展改革委仅按大型打包机及配套设备每台（套）150万元的贷款额度给予相应的利息补贴。各分行应以150万元为基础，根据企业技术改造配套设备要求和可承担的偿还能力发放贷款。对AAA级企业可视效益情况适当增加相应配套设备的贷款额度。

（三）棉花企业技术设备改造是国家棉花质量检验体制改革的一项重要措施，具有很强的行业导向作用。各分行要在调查的基础上，抓紧以正式文件推荐符合条件的企业。在此基础上，原则上由总行客户部门负责组织调查与评估，或委托省级分行进行贷款调查与评估。调查与评估结束后，请各省级分行按要求填报"中国农业发展银行棉花技术改造贷款项目申报表"，并附最近两年企业的资产负债表、损益表，由省级分行客户部门上报总行客户二部二处。

附件：1. 中国银行业监督管理委员会关于同意中国农业发展银行全面开展棉花企业技术设备改造贷款业务的批复

2. 中国农业发展银行棉花技术改造贷款项目申报表（略）

附件1

中国银行业监督管理委员会关于同意中国农业发展银行全面开展棉花企业技术设备改造贷款业务的批复

2005年6月8日　银监复[2005]145号

中国农业发展银行：

《中国农业发展银行关于全面开展棉花企业技术设备改造贷款业务的请求》（农发银发[2005]63号）收悉。经研究，现批复如下：

同意你行全面开展棉花企业技术设备改造贷款业务。

你行上述业务与政策性业务应分类管理、分账核算。

你行开展上述业务应遵守有关法律法规的规定，注意防范各类风险。

关于印发《中国农业发展银行商品棉贷款办法》和《中国农业发展银行棉花良种贷款办法(试行)》的通知

2005年7月20日　农发银发[2005]182号

中国农业发展银行各省、自治区、直辖市分行,总行营业部:

为了做好新形势下棉花信贷管理工作,总行在总结近年来棉花信贷管理成功经验的基础上,重新制定了《中国农业发展银行商品棉贷款办法》和《中国农业发展银行棉花良种贷款办法(试行)》,现印发给你们,请认真组织学习、贯彻。

中国农业发展银行商品棉贷款办法

第一章　总　　则

第一条　为支持企业开展棉花经营活动,提高经营效益,配合国家宏观调控,保护农民利益,促进棉花产业发展,加强商品棉贷款管理,维护借贷双方合法权益,根据国家有关法律法规和政策以及《中国农业发展银行贷款管理制度》,制定本办法。

第二条　本办法所称商品棉贷款,是指中国农业发展银行(以下简称农发行)对符合贷款条件的企业(以下简称借款人)从事棉花预购、收购、调销等业务发放的贷款。

第三条　商品棉贷款发放和管理应遵循以下原则:

(一)政策性、安全性、流动性、效益性相统一原则;

(二)以销定贷、以效定贷原则;

(三)区别对待、择优选贷、分类管理原则;

(四)封闭管理与风险管理相统一原则。

第二章　贷款对象、种类、用途和条件

第四条　贷款对象。商品棉贷款对象是指经政府职能部门批准的具有从事棉花收购、加工、调销经营资质的企业。

(一)供销社棉花企业(含供销社控股的棉花企业);

(二)农业部门所属的良种棉加工企业;

（三）改制后延续或承担农发行贷款债务的棉花企业；

（四）国有农场所属的棉花企业；

（五）收购加工一体的棉纺企业（贷款用途限于棉花收购、预购和调销）；

（六）其他棉花购销企业；

（七）国务院确定的其他企业。

第五条 贷款种类和用途。

（一）预购贷款。用于解决借款人为履行收购订单而预付给棉花生产者的生产性资金需求。

（二）收购贷款。用于解决借款人收购加工棉花或进行深加工（指皮棉加工成棉纱和棉籽加工成棉油等，下同）的合理资金需求，包括收购价款和用于收购的必要费用。

（三）调销贷款。用于解决借款人调入棉花或进行深加工的合理资金需求，用于解决借款人棉花出口、配合国家实施宏观调控和储备需要的棉花进口合理资金需求，包括调入价款和用于调入的必要费用。

第六条 贷款条件。借款人申请商品棉贷款，除应具备《中国农业发展银行贷款管理制度》规定的基本条件外，还应同时具备以下条件：

（一）原则上，在农发行开立基本存款账户，确因特殊原因未在农发行开立基本存款账户的，应在农发行开立一般存款账户或专用存款账户。因融资结算等需要在他行开立一般存款账户或临时存款账户，要及时告知农发行。

（二）信用等级达到规定标准，具体标准由省级分行确定。

（三）担保贷款能够提供合法有效的担保。

（四）有一定比例的自有资金或风险准备金，具体比例由省级分行确定。

第七条 已改制的原农发行贷款企业（包括被整合的企业），申请贷款除符合第六条所列条件外，还必须同时具备以下条件：

（一）改制时，经有资质条件的评估机构对其进行资产评估；

（二）有净资产的棉花贷款企业被整体收购的，收购方已支付相应净资产的金额；

（三）承担原农发行贷款企业应承担的农发行贷款债务，并负责落实全部政策性挂账贷款；

（四）牵头组织整合的企业有一定的经营规模和经济实力，有良好的经营业绩，资产负债率较低。

第三章 贷款期限、利率和方式

第八条 贷款期限。原则上根据借款人经营周期、还款能力和农发行的资金筹措能力由借贷双方协商确定。预购贷款期限一般为 6 个月至 1 年，收购贷款、调销贷款期限一般为 3 个月至 1 年。

在借款人不能按期归还商品棉贷款时，应在贷款到期 10 个工作日前向开户行书面申请展期,并提出贷款展期理由、期限和还款计划。对借款人商品棉贷款到期不能按时归还,但因销售货款在正常结算期内尚未回笼等能提供正当理由的,经有权审批行同意后,开户行可办理展期,展期期限累计最长不得超过原借款合同约定的贷款期限。担保贷款办理展期,原担保人须同意在所展期限内继续担保;如果原担保人不同意继续担保,须有新的担保人为其展期贷款提供担保,否则不得展期。

第九条 贷款利率。按照中国人民银行的利率政策和总行有关规定执行。

第十条 贷款方式。根据企业信用等级状况及不同贷款种类采取担保贷款或信用贷款。

第四章 贷款办理

第十一条 贷款申请。借款申请人应按有关规定取得农发行贷款资格。在申请商品棉贷款时,借款申请人应填写"中国农业发展银行借款申请书",开户行应对借款人给予必要的指导和说明。开户行需要借款申请人提供内容较多的,借款申请人应另附借款申请报告。借款人对一个收购季节或一项收购业务所需贷款总量,可一次性提出申请。

借款人申请贷款应提交以下全部或部分资料:

(一)借款申请人及担保人法人营业执照、公司章程、具备验资资格机构出具的验资报告、企业法人代码证书、法定代表人证明书或法人代表授权委托书、贷款卡;

(二)棉花收购、加工许可证等证明借款申请人具有从事相关业务资质的资料;

(三)设立董事会的企业还应有董事会同意借款的决议;

(四)借款申请人及保证人最近两个年度的财务报告及近期财务、统计报表;

(五)证明借款申请人自有资金或风险准备金金额及来源等情况的资料;

(六)与贷款相关的购销合同、协议或与棉花生产者签订的生产合同等资料;

(七)保证人贷款偿还保证能力情况及保证人同意保证的有关证明文件;

(八)抵(质)押物清单、抵(质)押物评估价值证明材料和有处分权人同意抵(质)押的证明;

(九)借款申请人原有农发行贷款的偿还计划;

(十)开户行认为需要提供的其他资料。

第十二条 贷款受理与调查。开户行接受借款人的借款申请及有关资料后,对借款人的基本条件进行初审,并将受理或不予受理的意见及时通知借款申请人。

贷款申请受理后,有权审批行应采取直接、联合或委托等方式组织相关人员进行调查。贷款调查人应首先审核借款申请人所提供的各项资料是否真实、完整,对资料不完整或存有疑义的应要求借款申请人补充或说明,并围绕借款申请人的风险承受能力和贷款偿还能力对以下内容进行重点调查。

(一)借款申请人资信状况及其真实性。主要包括:

1. 借款申请人的信用等级及其变化状况;

2. 借款申请人的法定代表人的品行、业绩、能力、信誉等状况;

3. 借款申请人最近两年及近期的经营情况及财务状况；

4. 借款申请人已借贷款本息清偿情况，在他行借款记录和按期还本付息情况；

5. 借款申请人对外担保情况。

（二）申请贷款的效益性。主要包括：

1. 借款申请人货源落实情况；

2. 借款申请人计划购进价格的合理性；

3. 借款申请人销售计划可行性；

4. 申请贷款所带来的预期经济效益；

5. 借款申请人所申请贷款按期归还的可能性。

（三）申请贷款风险防范措施的有效性。主要包括：

1. 对办理保证担保贷款的，调查保证人是否具备法律规定的担保资格，是否具有相应的担保能力；

2. 对办理抵（质）押担保贷款的，调查抵（质）押物的权属、价值及实现抵（质）押权的可行性；

3. 对提供规定比例自有资金或风险准备金的，调查核实其来源及到位的真实性；

4. 对提供合法有效的棉花销售合同的，核实销售合同的真实性，分析合同履约的可能性及违约风险；

5. 对实行授信管理的，还应核实借款申请人的授信额度、授信方式及使用情况，本笔申请的贷款是否在核定的授信额度之内；

6. 根据棉花市场价格现状及其走势分析，判断借款人所购棉花的价格是否合理。

调查结束后，调查人应将调查情况形成书面意见，对申请材料的真实性和有效性特别是借款人的贷款风险承受能力和贷款偿还能力作出评价，明确提出能否贷款以及贷款种类、金额、期限、利率和方式等方面的意见，连同相关资料递交贷款审查人。

调查人应对调查资料的真实性负责。

第十三条 贷款的审查审批按总行的有关制度规定执行。

第十四条 贷款发放。

（一）签订"借款合同"。经审批同意发放的贷款，开户行应及时与借款人签订借款合同。对于担保贷款，要另行签订与借款合同相衔接的担保合同，并按有关规定办理相关手续。借款合同及担保合同应使用总行统一制式的文本。合同填制要做到内容完整、要素齐全、合法有效。

（二）填写"借款借据"。借款合同签订后，由借款人根据借款合同规定填写"借款借据"，开户行信贷部门及时将其送交会计部门办理贷款账务处理手续。对同一借款人一次性审批、分次发放的贷款，可一次签订"借款合同"，分次发放、分次签订"借款借据"。

第十五条 贷款收回。视借款人信用等级及其他资质条件的不同，实行购贷销还或按期偿还的贷款收回方式。

开户行应于贷款到期10个工作日前,向借款人、担保人发送贷款到(逾)期通知书,贷款到期及时办理收回手续;贷款尚未到期,开户行按照有关制度和要求,需提前收回贷款的,应及时与借款人协商办理贷款收回手续。

第五章 贷款检查与监督

第十六条 贷款使用前,开户行要检查借款人自有资金或风险准备金是否按约定足额到位。在资金使用顺序上,借款人应先使用自有资金或其他可支配资金,后使用农发行贷款。贷款发放后,开户行应从棉花预购、购进、存储、加工、销售及货款回笼等方面加强贷款使用的检查,监督借款人按合同约定使用贷款和还本付息。

第十七条 对棉花预购的信贷监督。预购贷款发放后,开户行要定期对贷款使用情况进行检查,检查借款人是否派专人督导棉花生产者按照合同约定组织生产。

借款人按收购订单的约定收购棉花,向开户行申请收购贷款时,开户行根据本办法和收购合同,可向借款人发放收购贷款,同时足额收回预购贷款。

第十八条 棉花购进的信贷监督。

(一)在棉花购进过程中,开户行要审核借款人提供的购进凭证,调查掌握购进棉花的实际品种、质量、数量、价格等情况,及时、全面核查借款人购进入库棉花,并与所发放的贷款相核对,确保贷款按约使用。

(二)在调销和跨区收购业务中,货款结算原则上通过农发行系统内转账进行,现金使用按照中国人民银行和农发行有关现金管理办法执行。对跨区直接收购的,借款人原则上应在收购所在地农发行开立临时存款账户,用于支取收购棉花所需要的现金,收购所在地农发行应提供现金服务,并协助开户行监督借款人的资金使用。

第十九条 棉花存储、深加工的信贷监督。

(一)规范存储,妥善保管。开户行应监督企业将棉花按农发行贷款管理及棉花安全管理的有关要求安全存储、妥善保管。对贷款形成的库存,借款人应该办理财产保险,并在保险事故发生时,用保险赔偿金归还农发行贷款。

(二)对异地存储棉花的管理。对异地存储的棉花,开户行可直接实施信贷监督,也可委托存储地农发行实施监督。开户行应定期对异地存储的棉花进行检查,发现企业有违规操作或有虚假行为的应予制止纠正,停止异地存储业务。

(三)对购销企业棉花存储的信贷监督。开户行应实行定期查库制度,分品种清点、核实棉花库存,并与信贷管理台账、企业财务、统计、保管等各项数据全面核对,检查银企账实、账账、账表、账据、账款是否相符,对不相符的要分析原因,发现问题,及时整改。

(四)对收购加工一体的棉纺企业及其他深加工企业存储的信贷监督。对于贷款占用仅限于皮棉库存环节的,比照购销企业棉花存储信贷监督的有关规定执行;对于贷款占用延伸到深加工环节的,开户行在监督原材料库存变化的基础上,要及时了解掌握原材料转化成产成品的占贷情况,掌握借款人深加工产品的生产进度和原材料的加工转化率，参与借款人的实物盘点，监督消耗的原材料与产成品保持基本对应，确保农发行第一还款来源具有充足的物质保证度。

第二十条 对棉花及深加工产品销售的信贷监督。贷款形成的棉花及深加工产品销售出库，借款人必须及时向农发行提供出库报告。开户行应及时据实登记台账，核减库存。

对企业采取移库异地销售方式销售的，开户行与销售地农发行要共同配合加强监督，掌握移库异地销售情况。

第二十一条 对货款回笼的信贷监督。开户行要根据借款人销售货款的结算方式与结算期限，监督货款回笼归行。借款人有其他金融机构贷款的，其货款回笼我行比例应不低于我行贷款所占比例，对逾期未回笼的，要查明原因，督促借款人采取措施清收。借款人贷款对应全部销售货款不足以还本付息的，应及时采取风险补偿措施，从借款人风险准备金或处置抵（质）押物的价款中收回，属于保证担保的贷款，要及时向保证人追偿。

（一）对借款人实行贷款购贷销还归还方式的，在销货款回笼归行后，开户行要先收回贷款本息（含陈欠本息），结余部分留存企业。

（二）对借款人实行贷款按期偿还归还方式的，在销货款回笼归行后，开户行可根据借款人经营情况将回笼货款在合同约定的贷款期限内按原定贷款用途周转使用，也可经银企双方协议按本条第一款办理。在贷款周转使用过程中，开户行要按照本章第十八条至第二十条的规定加强对使用过程各环节的监督。

第二十二条 对借款人（担保人）经营情况的监督。开户行应及时掌握借款人（担保人）经营情况，加大对其现金流量和偿债能力等财务状况的分析。对借款人（担保人）出现影响信贷安全的经营事项，应及时提出应对策略。

第二十三条 开户行要建立驻企信贷员责任制度。要根据棉花企业信用等级及企业经营情况合理安排驻企信贷人员，落实驻企信贷人员责任。

第二十四条 建立信贷业务定期分析报告制度。

（一）各级行要按月对信贷业务情况进行认真分析，研究制定改进措施和办法，并形成书面分析报告。

（二）开户行应通过对棉花供求状况及价格走势的分析，判断贷款的风险程度，有效规避贷款风险。

第二十五条 贷款总结评价。收购贷款在棉花年度终了，要及时进行总结报告。其他种类的贷款，开户行要在本息收回后，及时进行贷款分析评价，形成书面总结报告。

第二十六条 建立商品棉贷款档案。

第二十七条 商品棉贷款风险管理按照总行有关规定执行。

第二十八条 对借款人违反本办法和借款合同约定的，开户行应当按规定给予相应的信贷制裁。

第二十九条 对违反本办法的农发行有关单位及其相关责任人，应视情节轻重及后果予以责任追究，构成犯罪的，移交司法部门处理。

第六章　附　　则

第三十条　各省级分行可依据本办法制定实施细则，并报总行备案。

第三十一条　本办法由总行负责解释和修订。

第三十二条　本办法自2005棉花年度起施行。原《中国农业发展银行商品棉贷款管理办法》（农发行字［2004］180号）同时废止。

中国农业发展银行棉花良种贷款办法（试行）

第一章　总　　则

第一条　为提高棉花质量和产量，推进棉种产业发展，加强和规范棉花良种贷款管理，维护借贷双方合法权益，根据《中华人民共和国种子法》等国家有关法律法规和政策以及《中国农业发展银行贷款管理制度》，制定本办法。

第二条　本办法所称棉花良种贷款，是指中国农业发展银行（以下简称农发行）对符合贷款条件的企业（以下简称借款人）从事棉花良种繁育、经营等业务发放的贷款。

第三条　棉花良种贷款发放和管理应遵循以下原则：

（一）政策性、安全性、流动性和效益性相统一原则。贷款的发放必须符合国家棉花产业政策与发展规划，严格遵守国家有关种子生产经营法律法规，有利于推进棉种产业的可持续发展。贷款必须做到放得出、收得回、有效益。

（二）优良性原则。贷款支持的棉花良种必须品质优良、科技含量高、适宜性广，有利于促进棉花品质和产量的提高。

（三）择优性原则。重点支持经济效益较好，长期从事良种生产繁育、经营的企业。

（四）封闭管理与风险管理相统一原则。

第二章　贷款对象、种类、用途和条件

第四条　贷款对象。棉花良种贷款对象是指经政府职能部门批准的具有从事棉花良种生产、经营资质的企业。

第五条　贷款种类和用途。

（一）棉花良种繁育贷款。用于解决借款人在棉花良种通过国家级或省级审定后生产繁育过程中的合理资金需要。

（二）棉花良种经营贷款。用于解决借款人收购、调销、加工等经营良种的合理资金需要。

第六条　贷款条件。借款人申请棉花良种贷款，除应具备《中国农业发展银行

贷款管理制度》规定的基本条件外，还应同时具备以下条件：

（一）借款人是依法从事棉花良种生产繁育、经营行为的企业，应持有种子生产许可证或种子经营许可证。

（二）借款人生产加工经营的棉花良种必须通过国家级或省级审定，具有相关证明材料，并符合国家《优势农产品区域布局规划》，达到可在国家区域或省（区）推广的品质要求。

（三）原则上，在农发行开立基本存款账户，确因特殊原因未在农发行开立基本存款账户的，应在农发行开立一般存款账户或专用存款账户。因融资结算等需要在他行开立一般存款账户或临时存款账户，要及时告知农发行。

（四）信用等级达到规定标准，具体标准由省级分行确定。

（五）担保贷款能够提供合法有效的担保。

（六）具有一定比例的自有资金和风险准备金，具体比例由省级分行确定。

第三章　贷款期限、利率和方式

第七条　贷款期限。原则上根据借款人经营周期、还款能力和农发行的资金筹措能力由借贷双方协商确定。棉花良种繁育贷款期限一般为 6 个月至 1 年。棉花良种经营贷款期限一般为 3 个月至 1 年。

借款人不能按期归还贷款时，应在贷款到期 10 个工作日前向开户行书面申请展期，并提出贷款展期理由、期限和还款计划。对借款人贷款到期不能按时归还，但因销售货款在正常结算期内尚未回笼等能提供正当理由的，经有权审批行同意后，开户行可办理展期，展期期限累计最长不得超过原借款合同约定的贷款期限。担保贷款办理展期，原担保人须同意在所展期限内继续担保；如果原担保人不同意继续担保，须有新的担保人为其展期贷款提供担保，否则不得展期。

第八条　贷款利率。按照中国人民银行的利率政策和总行有关规定执行。

第九条　贷款方式。棉花良种贷款根据企业信用等级状况及不同贷款种类采取担保贷款或信用贷款。

第四章　贷款办理

第十条　贷款申请。借款申请人应按有关规定取得农发行贷款资格。申请棉花良种贷款时，借款申请人应填写“中国农业发展银行借款申请书”，开户行应对借款人给予必要的指导和说明。开户行需要借款申请人提供内容较多的，借款申请人应另附借款申请报告。借款人对一个收购季节或一项收购业务所需贷款总量，可一次性提出申请。

借款人申请贷款应提交以下全部或部分资料：

（一）借款申请人及担保人法人营业执照、公司章程、具备验资资格机构出具的验资报告、企业法人代码证书、法定代表人证明书或法人代表授权委托书、贷款卡。

（二）种子生产许可证或种子经营许可证等证明借款申请人具有从事相关业务

资质的资料。

（三）设立董事会的企业还应有董事会同意借款的决议。

（四）借款申请人及保证人最近两个年度的财务报告及近期财务、统计报表。

（五）证明借款申请人自有资金和风险准备金金额及来源等情况的资料。

（六）生产繁育棉花良种的品种名称及有关品质的技术资料、通过国家级或省级品种审定的证明材料以及该品种纳入国家区域或省（区）级推广的相关证明资料。

（七）贷款用于棉花良种繁育的，要提供与农户或生产单位签订的有关种子生产合同或种子预约生产合同；用于棉花良种收购、调销、加工等经营的，要提供种子购销合同及其相关技术保证证明资料。

（八）保证人贷款偿还保证能力情况及保证人同意保证的有关证明文件。

（九）抵（质）押物清单、抵（质）押物评估价值证明材料和有处分权人同意抵（质）押的证明。

（十）借款申请人原有农发行贷款的偿还计划。

（十一）开户行认为需要提供的其他资料。

第十一条 贷款受理与调查。开户行在接受借款人的借款申请及有关资料后，对借款人的基本条件进行初审，并将受理或不予受理的意见及时通知借款申请人。

在贷款申请受理后，应由有权审批行采取直接、联合或委托等方式组织相关人员进行调查。贷款调查人应首先审核借款申请人所提供的各项资料是否真实、完整，对资料不完整或存有疑义的应要求借款申请人补充或说明，并围绕借款申请人的风险承受能力和贷款偿还能力对以下内容进行重点调查。

（一）借款申请人资信状况及其真实性。主要包括：

1. 借款申请人的信用等级及其变化状况；

2. 借款申请人的法定代表人的品行、业绩、能力、信誉等状况；

3. 借款申请人最近两年及近期的经营情况及财务状况；

4. 借款申请人已借贷款本息清偿情况，在他行借款记录和按期还本付息情况；

5. 借款申请人对外担保情况；

6. 与贷款相关的生产经营合同文本或协议书；

7. 所繁育品种原种及相关生产资料的购进情况、原种专利授权情况、与棉农或生产单位的订单签订情况。

（二）申请贷款的效益性。主要包括：

1. 所繁育品种的市场需求前景；

2. 申请贷款所带来的预期经济效益；

3. 所申请贷款按期归还的可能性。

（三）申请贷款风险防范措施的有效性。主要包括：

1. 对办理保证担保贷款的，调查保证人是否具备法律规定的担保资格，是否具有相应的担保能力；

2. 对办理抵（质）押担保贷款的，调查抵（质）押物的权属、价值及实现抵（质）押权的可行性；

3. 对提供规定比例自有资金和风险准备金的调查核实其来源及到位的真实性；

4. 对提供合法有效良种销售合同的，核实销售合同的真实性，分析合同履约的可能性及违约风险；

5. 对实行授信管理的，还应核实借款申请人的授信额度、授信方式及使用情况，本笔申请的贷款是否在核定的授信额度之内。

在调查结束后，调查人应将调查情况形成书面意见，对申请材料的真实性和有效性特别是借款人的贷款风险承受能力和贷款偿还能力作出评价，明确提出能否贷款以及贷款种类、金额、期限、利率和方式等方面的意见，连同相关资料递交贷款审查人。

调查人应对调查资料的真实性负责。

第十二条 贷款的审查审批按总行的有关制度规定执行。

第十三条 贷款发放。

(一)签订借款合同。经审批同意发放的贷款，开户行应及时与借款人签订借款合同。对于担保贷款，要另行签订与借款合同相衔接的担保合同，并按有关规定办理相关手续。借款合同及担保合同应使用总行统一制式的文本。合同填制要做到内容完整、要素齐全、合法有效。

(二)填写“借款借据”。借款合同签订后，由借款人根据借款合同规定填写“借款借据”，开户行信贷部门及时将其送交会计部门办理贷款账务处理手续。对同一借款人一次性审批、分次发放的贷款，可一次签订借款合同，分次发放、分次签订“借款借据”。

第十四条 贷款收回。视借款人信用等级及其他资质条件的不同，实行购贷销还或按期偿还的贷款收回方式。

开户行应于贷款到期10个工作日前，向借款人、担保人下发贷款到(逾)期通知书，贷款到期及时办理收回手续；贷款尚未到期，开户行按照有关制度和要求，需提前收回贷款的，应及时与借款人协商办理贷款收回手续。

第五章 贷款检查与监督

第十五条 贷款使用前，开户行要检查借款人自有资金是否按约定足额到位。在资金使用顺序上，借款人应先使用自有资金或其他可支配资金，后使用农发行贷款。贷款发放后，开户行应从棉花良种繁育、经营、存储、销售及货款回笼等方面加强贷款使用的检查，监督借款人按合同约定使用贷款和还本付息。

第十六条 对棉花良种繁育的信贷监督。开户行对借款人良种生产繁育的有关凭证要认真进行审核，确保贷款按约使用。棉花良种繁育贷款发放后，信贷人员要定期对贷款使用情况进行检查，检查借款人是否按照合同约定组织生产。在收购良种时，开户行根据本办法和有关合同，及时、足额收回棉花良种繁育贷款。

第十七条 对棉花良种经营的信贷监督。开户行对发放的棉花良种经营贷款要认真审核有关凭证，确保贷款按约使用。对收购的良种籽棉，要根据收购凭证合理折算后的棉籽数量发放棉花良种经营贷款（折皮棉部分按《中国农业发展银行商品棉贷款办法》管理），收购的良种籽棉必须单收、单存、单加工，保证收购的棉种数量、质量、价格与收购凭证相符。

第十八条 对棉花良种存储的信贷监督。开户行应监督企业将棉种按种类分开存放，妥善保管，对贷款形成的库存，借款人应该办理财产保险，并在保险事故发生时，用保险赔偿金归还农发行贷款。要实行定期查库制度，分品种清点、核实棉花良种库存，并与信贷管理台账、企业财务、统计、保管等各项数据全面核对，检查银企账实、账账、账表、账据、账款是否相符，对不相符的要分析原因，发现问题，及时整改。

第十九条 棉花良种销售的信贷监督。棉花良种销售出库必须坚持出库报告制度。开户行要检查销售凭证，督促货款回笼归行，按规定收贷收息。

第二十条 对借款人（担保人）经营情况的监督。开户行应及时掌握借款人（担保人）经营情况，加大对其现金流量和偿债能力等财务状况的分析。对借款人（担保人）出现影响信贷安全的经营事项，应及时提出应对策略。

第二十一条 开户行要建立驻企信贷员责任制度。要根据企业信用等级及企业经营情况合理安排驻企信贷人员，落实驻企信贷人员责任。

第二十二条 建立信贷业务定期分析报告制度。

（一）各级行要按月对棉花良种贷款使用情况进行分析，研究制定改进措施和办法，并形成书面分析报告。

（二）建立棉花良种市场的分析制度。开户行应通过对棉花良种供求状况及价格走势的分析，判断贷款的风险程度，指导企业有效规避贷款风险。

第二十三条 建立棉花良种贷款档案。

第二十四条 棉花良种贷款风险管理按照总行有关规定执行。

第二十五条 对借款人违反本办法和借款合同约定的，开户行应当按规定给予相应的信贷制裁。

第二十六条 对违反本办法的农发行有关单位及其相关责任人，应视情节轻重及后果予以责任追究，构成犯罪的，移交司法部门处理。

第六章　附　　则

第二十七条 各省级分行可依据本办法制定实施细则，并报总行备案。

第二十八条 本办法由农发行总行负责解释和修订。

第二十九条 本办法自2005棉花年度起施行。原《中国农业发展银行良种棉贷款管理办法》（试行）（农发行字［2004］180号）同时废止。

关于印发《中国农业发展银行粮食收购贷款办法》和《中国农业发展银行棉花收购贷款办法》的通知

2007年5月8日　农发银发[2007]97号

各省、自治区、直辖市分行,总行营业部:

为贯彻落实全国分行行长会议精神,切实履行好支持粮棉收购的基本职责,确保收购信贷资金供应和管理工作不出大的问题。经总行研究决定,我行粮棉油收购贷款业务属于准政策性贷款业务。为加强准政策性粮棉贷款管理,现将《中国农业发展银行粮食收购贷款办法》、《中国农业发展银行棉花收购贷款办法》(以下简称两个《办法》)印发给你们,请各行认真学习,准确把握,结合实际贯彻执行。现就贯彻落实两个《办法》有关问题通知如下:

一、充分认识做好准政策性贷款业务的重要意义。粮棉油收购市场放开后,由于各类收购企业自主经营、自负盈亏,因企业经营亏损而引发的贷款风险由中国农业发展银行(以下简称农发行)自行承担。为此,我行把粮棉油收购贷款作为商业性业务管理。但从执行情况看,由于农发行始终肩负国务院赋予的支持粮食和棉花收购的重任,尤其在粮棉市场化改革过程中,农发行的粮棉油收购贷款政策在很长一段时期内必须以执行国家宏观调控政策、保护农民利益、确保收购不出问题为前提,其操作与管理不可能完全按照商业性贷款运作。因此,总行把粮食和棉花收购市场放开条件下,为确保粮棉收购顺利进行、不出现区域性"卖粮、卖棉难"的问题,支持企业自主收购粮棉油的贷款业务,界定为准政策性贷款业务是客观需要的,也是履行农发行基本职能所需要的。

二、准确把握准政策性贷款范围。现阶段准政策性贷款业务范围包括:一是支持粮食企业按市场价自主收购小麦、稻谷、玉米、大豆四个主要粮食品种而发放的粮食收购贷款;二是支持粮食企业按市场价自主收购油菜籽、花生两个油料品种而发放的油料收购贷款;三是支持棉花企业收购棉花发放的棉花收购贷款。

三、规范准政策性贷款管理。准政策性贷款的管理有别于政策性和商业性贷款管理。在贷款方式上,采取相应风险缓释措施后,允许适当的信用风险敞口存在。在经营目标考核中,对准政策性粮油贷款可根据实际情况适当区别。在资金供应方面,准政策性贷款的资金和贷款计划优先给予保证,确保收购顺利进行。

四、准政策性贷款的核算。为了正确核算和反映准政策性贷款,总行将设置专门的会计科目核算和反映。有关会计科目和核算要求总行财务会计部将另行通知。

五、做好贷款办法之间的衔接。《中国农业发展银行粮食收购贷款办法》和《中国农业发展银行棉花收购贷款办法》印发之后，原《中国农业发展银行粮食流转贷款办法》（农发银发[2006]63 号）将修订后另行下发，原《中国农业发展银行商品棉贷款管理办法》（农发银发[2004]180 号）和《中国农业发展银行其他粮食企业贷款办法》（农发银发[2005]129 号）同时废止。

中国农业发展银行棉花收购贷款办法

第一章　总　　则

第一条　为落实国家棉花宏观调控政策，维护棉花市场稳定，保护棉农利益，促进棉花产业发展，支持棉花企业入市收购棉花，提高经营效益，加强中国农业发展银行（以下简称农发行）棉花收购贷款管理，维护借贷双方合法权益，根据国家有关法律、法规、政策以及《中国农业发展银行信贷基本制度》，制定本办法。

第二条　本办法所称棉花收购贷款，是指农发行对符合贷款条件的企业（以下简称借款人）从事棉花收购业务发放的贷款。

第三条　棉花收购贷款属于准政策性贷款，棉花收购贷款应按照商业化管理的要求进行管理。

第四条　棉花收购贷款的发放和管理应遵循以下原则：

（一）政策性与安全性相统一。即对棉花收购提供金融支持是国家为解决棉农售棉问题而赋予农发行的政策性信贷任务，具有严格界定的政策要求，同时棉花收购贷款原则上要在棉花年度结束时及时足额收回，确保收购资金安全周转。

（二）以销定贷、以效定贷。即棉花贷款的发放要坚持以效益为核心，确保棉花“购得进、销得出、有效益”。

（三）区别对待、择优扶持。即要根据企业不同的经营状况和风险承受能力实施不同的信贷政策，通过扶优限劣，支持企业改善经营，提高效益，实现银企双赢。

（四）封闭管理与风险管理相统一。即通过全程规范收购各环节信贷资金运动，全程监管企业物资流和资金流，通过建立健全贷款风险预警系统，落实信用等级管理、贷款担保管理等措施，严防资金流失。

第二章　贷款对象、用途和条件

第五条　贷款对象。棉花收购贷款对象是指经政府职能部门批准的具有从事棉花加工经营资质的企业，具体包括：

（一）供销社棉花企业（含供销社控股的棉花企业）。

（二）农业部门所属的良种棉加工企业。

（三）改制后延续或承担农发行贷款债务的棉花企业。

（四）国有农场所属的棉花企业。

（五）棉花产业化龙头企业。

（六）收购加工一体的棉花深加工企业。

（七）其他棉花购销企业。

（八）国务院确定的其他企业。

第六条 贷款用途。用于解决借款人收购加工（指籽棉加工成皮棉和棉籽）棉花或进行深加工（指皮棉加工成棉纱和棉籽加工成棉油等，下同）的合理资金需求，包括收购价款和用于收购的必要费用。

第七条 贷款条件。借款人申请棉花收购贷款，除应具备《中国农业发展银行信贷基本制度》规定的基本条件外，还应具备以下条件：

（一）具备棉花加工经营资质。

（二）原则上在农发行开立基本存款账户，确因特殊原因未在农发行开立基本存款账户的，要在农发行开立一般存款账户或专用存款账户。因融资结算等需要在他行开立一般存款账户或临时存款账户，要及时告知农发行。

（三）信用等级达到规定标准，具体标准由省级分行确定。

（四）担保贷款能够提供合法有效的担保。

（五）有一定比例的自有资金或风险准备金，具体比例由省级分行确定。

（六）对于信用达不到规定标准，担保能力、自有资金或风险准备金不足的借款人，必须承诺将贷款形成库存纳入独立第三方库存监管。

第三章　贷款期限、利率和方式

第八条 贷款期限。贷款期限根据借款人经营周期和还款能力由借贷双方协商确定。贷款期限最长不超过1年。

借款人不能按期归还棉花收购贷款时，应在贷款到期20个工作日前向开户行书面申请展期，并提出贷款展期理由、期限和还款计划。对借款人棉花收购贷款到期不能按时归还，但因销售货款在正常结算期内尚未回笼等能提供正当理由的，经有权审批行同意后，开户行可办理展期，展期期限累计最长不得超过原借款合同约定的贷款期限。担保贷款办理展期，原担保人须同意在所展期限内继续担保；如果原担保人不同意继续担保，须有新的担保人为其展期担保，否则不得同意展期。

第九条 贷款利率。按照农发行有关准政策性贷款利率规定执行。

第十条 贷款方式。根据借款人信用等级状况和风险承受能力采取担保贷款或信用贷款。

第四章　贷款办理

第十一条 收购贷款资格认定。在新的棉花年度开始前，借款人应向当地农发行提出申请收购贷款的意向，开户行客户部门要根据借款人经营资质、已借农发行贷款的偿还情况、风险承受能力、当地棉花收购点布局等情况对借款人贷款资格进行初步认定，并报有权审批行审核确认，棉花收购贷款资格认定的审核权限由各省级分行确定。对经认定取得收购贷款资格的借款人，应通过适当方式及时向社会公告。

第十二条 贷款申请。借款人对一个收购季节或一项收购业务所需贷款总量，可一次性提出申请。

申请棉花收购贷款时，借款人应填写“中国农业发展银行借款申请书”，开户行应对借款人给予必要的指导和说明。开户行需要借款申请人提供内容较多的，借款申请人应另附借款申请报告。

借款人申请贷款应提交以下全部或部分资料：

（一）借款人及担保人法人营业执照、公司章程、有权部门出具的验资报告、企业法人代码证书、法定代表人证明书或法人代表授权委托书、贷款卡；

（二）棉花加工许可证等证明借款申请人具有从事相关业务资质的资料；

（三）设立董事会的企业还应有董事会同意借款的决议；

（四）借款人及保证人最近两个年度的财务报告及近期财务、统计报表；

（五）证明借款人自有资金或风险准备金金额及来源等情况的资料；

（六）与贷款相关的购销合同、协议等资料；

（七）保证人贷款偿还保证能力及保证人同意保证的有关证明文件；

（八）抵（质）押物清单、抵（质）押物评估价值证明材料和有处分权人同意抵（质）押的证明；

（九）借款人原有农发行贷款的偿还情况；

（十）开户行认为需要提供的其他资料。

第十三条 贷款受理与调查。

开户行在接受借款人的借款申请及有关资料后，对借款人的基本条件进行初审，并将受理或不予受理的意见及时通知借款人。

贷款申请受理后，有权审批行应组织相关人员进行调查。贷款调查人应首先审核借款人所提供的各项资料是否真实、完整，对资料不完整或存有疑义的应要求借款人补充或说明，并围绕借款人的风险承受能力和贷款偿还能力对以下内容进行重点调查。

（一）借款人资信状况及其真实性。主要包括：

1. 借款人的信用等级及其变化状况；
2. 借款人的法定代表人的品行、业绩、能力、信誉等状况；
3. 借款人最近两年及近期的经营情况及财务状况；
4. 借款人已借贷款本息清偿情况，在他行借款记录和按期还本付息情况；
5. 借款人对外担保情况。

（二）申请贷款的效益性。主要包括：

1. 借款人收购棉花资源落实情况；
2. 借款人计划购进棉花价格的合理性；
3. 借款人均衡销售棉花计划的可行性；

4. 申请贷款所带来的预期经济效益；

5. 借款人所申请贷款按期归还的可能性。

（三）申请贷款风险防范措施的有效性。主要包括：

1. 对办理保证担保贷款的，调查保证人是否具备法律规定的担保资格，是否具有相应的担保能力；

2. 对办理抵（质）押担保贷款的，调查抵（质）押物的权属、价值及实现抵（质）押权的可行性；

3. 对提供规定比例自有资金或风险准备金的，调查核实其真实性；

4. 对实行授信管理的，还应核实借款申请人的授信额度、授信方式及使用情况，本笔申请的贷款是否在核定的授信额度之内；

5. 根据棉花市场价格现状及其走势分析，判断借款人所购棉花的价格是否合理。

调查结束后，调查人应将调查情况形成书面意见，对申请材料的真实性和有效性特别是借款人的贷款风险承受能力和贷款偿还能力作出评价，明确提出能否贷款以及贷款种类、金额、期限、利率和方式等方面的意见，连同相关资料递交贷款审查人。

调查人应对调查资料的真实性负责。

第十四条 贷款的审查审批按总行的有关制度执行。

第十五条 贷款发放。对经审批同意发放的贷款，开户行应再次审核借款人的资信情况和贷款条件，对借款人资信、风险承受能力、贷款条件发生重大变化，有可能危及贷款安全的，应重新进行贷款调查，停止办理贷款手续，并及时向审批行报告；对借款人资信、风险承受能力、借款条件与贷前调查时基本相符或有好转的，应及时按规定办理借款手续。

（一）签订借款合同。开户行应按审批要求落实有关信贷条件的基础上及时与借款人签订借款合同。对于担保贷款，要同时另行签订与借款合同相衔接的担保合同，并按有关规定办理相关手续。借款合同及担保合同应使用总行统一制式的文本。合同填制要做到内容完整、要素齐全、合法有效。

（二）填写“借款借据”。借款合同签订后，由借款人根据借款合同规定填写“借款借据”，开户行信贷部门及时将其送交会计部门办理贷款账务处理手续。

第十六条 贷款收回。视借款人信用等级及其他资质条件的不同，对借款人实行购贷销还或按期偿还的贷款收回方式。信用等级在AA级（不含）以下的棉花购销企业原则上要采取购贷销还的贷款收回方式。

开户行应于贷款到期10个工作日前，向借款人、担保人发送贷款到（逾）期通知书，贷款到期及时办理收回手续；贷款尚未到期，如果借款人有还款意愿，或者开户行按照有关规定提前收回贷款，应及时办理贷款收回手续。

第五章 贷后监督与管理

第十七条 贷款发放后，开户行应按照棉花收购贷款封闭运行管理的要求，设立台账对借款人贷款使用情况实施全程信贷监督。

在贷款实际支付前，开户行要检查借款人自有资金或风险准备金是否按约定足额到位。在资金使用上，借款人应先使用自有资金或其他可支配资金，后使用农发行贷款。贷款支付后，开户行应从棉花购进、存储、加工、销售及货款回笼等方面加强贷款使用的检查，监督借款人按合同约定使用贷款和还本付息。

第十八条 对棉花购进的信贷监督。

（一）在棉花购进过程中，开户行要审核借款人提供的购进凭证，调查掌握购进棉花的实际品种、质量、数量、价格等情况，同时要及时全面核查借款人购进入库棉花，并与所发放的贷款相核对，确保贷款按约使用。

（二）在跨区收购业务中，货款结算原则上通过农发行系统内转账进行，现金使用按照中国人民银行和农发行有关现金管理办法执行。对跨区直接收购的，借款人原则上应在收购所在地农发行开立临时存款账户，借款人使用现金前，应提早向收购地所在农发行提出使用现金的申请，收购所在地农发行应提供现金服务，并协助开户行监督借款人的资金使用。

第十九条 棉花存储、深加工的信贷监督。

（一）规范存储，妥善保管。开户行应监督企业将棉花按农发行贷款管理及棉花安全管理的有关要求安全存储、妥善保管。对贷款形成的库存，借款人应委托开户行代理办理财产保险。

（二）对异地存储棉花的管理。对异地存储的棉花，开户行可直接实施信贷监督，也可委托存储地农发行实施监督。开户行应定期对异地存储的棉花进行检查，发现企业有违规操作或有虚假行为的应予制止纠正，停止异地存储业务。

（三）对购销企业棉花存储的信贷监督。开户行应根据贷款企业资信状况、风险承受能力和开户行信贷力量，确定采取自行实施库存监管或借助独立第三方的力量实施库存监管。对于信用等级达不到规定标准，担保能力、自有资金或风险准备金不足的借款人，必须实施第三方库存监管。

开户行自行实施库存监管的，必须实行定期查库制度，定期分品种清点、核实棉花库存，并与信贷管理台账、企业财务、统计、保管等各项数据全面核对，检查银企账实、账账、账表、账据、账款是否相符，对不相符的要分析原因，发现问题，及时整改。

开户行实施第三方库存监管的，开户行、借款人和第三方要签订协议，借款人同意将加工的棉花库存存入农发行指定的第三方仓库，制作标准仓单，明确仓单管理方式，并明确贷款发生潜在风险时，农发行有权委托第三方代为销售棉花后收回贷款。

（四）对棉花产业化龙头企业、收购加工一体的棉花深加工企业棉花存储的信贷监督。

对于贷款占用仅限于皮棉库存环节的，比照购销企业棉花存储信贷监督的有关规定执行。

对于贷款占用延伸到深加工环节的，开户行在监督原材料库存变化的基础上，要及时了解掌握原材料转化成产成品的占贷情况，掌握借款人深加工产品的生产进度和原材料的加工转化率，参与借款人的实物盘点，监督消耗的原材料与产成品保持基本对应，确保农发行第一还款来源具有充足的物质保证度。

第二十条 对棉花及深加工产品销售的信贷监督。贷款形成的棉花及深加工产品销售出库，借款人必须及时向农发行通报出库情况。开户行应及时据实登记台账，核减库存。

对企业采取移库异地销售方式销售的，开户行与销售地农发行要共同配合加强监督，掌握移库异地销售情况。

第二十一条 对货款回笼的信贷监督。开户行要根据借款人销售货款的结算方式与结算期限，监督货款回笼归行。对逾期未回笼的，要查明原因，督促借款人采取措施清收。借款人贷款对应全部销售货款不足以还本付息的，应及时采取风险补偿措施，从借款人风险准备金或处置抵（质）押物收回，属于保证担保的贷款，要及时向保证人追偿。

（一）对借款人贷款实行购贷销还归还方式的，在销货款回笼归行后，开户行要先收回贷款本息（含陈欠本息），结余部分留存企业。

（二）对借款人贷款实行按期偿还归还方式的，在销货款回笼归行后，开户行可根据借款人要求，允许并监督借款人将回笼货款在合同约定的贷款期限内按原定贷款用途周转使用，也可经银企双方协议按本条第一款办理。在贷款周转使用过程中，开户行要按照本章第十九条至第二十一条的规定加强对使用过程各环节的监督。

第二十二条 对开户企业产销衔接的监督。开户行应在信贷政策范围内，对符合贷款条件的产销合作企业或项目优先给予贷款支持。在促进棉花产业化龙头企业、棉花深加工企业与棉花购销企业进行产销对接的同时，要严格监督贷款企业间的物资流和资金流的变化情况，加强对资金结算的监管，确保收购资金在更大范围、更高层次的封闭运行，降低棉花收购贷款风险。

第二十三条 对借款人（担保人）经营情况的监督。开户行应及时掌握借款人（担保人）经营情况，加大对其现金流量和偿债能力等财务状况的分析。对借款人（担保人）出现影响信贷安全的经营事项，应及时提出应对策略。

第二十四条 建立定期分析报告制度。

（一）各级行要按月对棉花收购贷款情况进行认真分析，研究制定改进措施和办法，并形成书面分析报告。

（二）开户行应及时通过对棉花供求状况及价格走势的分析，判断贷款的风险程度，有效规避贷款风险。

第二十五条 贷款总结评价。棉花年度终了或企业棉花收购贷款本息结清后，要对收购贷款信贷管理工作及时进行总结，形成书面总结报告。

第二十六条 建立棉花收购贷款档案。

第二十七条 棉花收购贷款风险管理按照总行有关规定执行。

第二十八条 对借款人违反本办法和借款合同约定的，开户行应当按规定给予相应的信贷制裁。

第二十九条 对违反本办法的农发行有关单位及其相关责任人,应视情节轻重及后果予以责任追究。

第六章 附 则

第三十条 各省级分行可依据本办法制定实施细则,并报总行备案。

第三十一条 本办法由总行负责解释和修订。

第三十二条 本办法自印发之日起施行。原《中国农业发展银行商品棉贷款办法》同时废止。

关于印发《中国农业发展银行棉花调销贷款办法》和《中国农业发展银行棉花预购贷款办法》的通知

2007年6月5日　农发银发[2007]117号

各省、自治区、直辖市分行，总行营业部：

为贯彻落实全国分行行长会议精神，切实履行好支持粮棉收购的基本职责，总行研究决定，把棉花收购贷款业务纳入准政策性贷款范围进行管理，并制定下发了《中国农业发展银行棉花收购贷款办法》，原《中国农业发展银行商品棉贷款办法》予以废止。由于原《中国农业发展银行商品棉贷款办法》涵盖了棉花收购、调销、预购等贷款业务，其中，棉花调销贷款和棉花预购贷款属于商业性贷款范畴，因此为加强棉花调销贷款和预购贷款管理，总行制定了《中国农业发展银行棉花调销贷款办法》、《中国农业发展银行棉花预购贷款办法》，现将两个办法印发给你们，请遵照执行。

棉花调销贷款和棉花预购贷款是现阶段棉花商业性贷款业务，是中国农业发展银行在市场化条件下支持棉花收购过程中逐步增加的贷款品种，是对棉花收购贷款的有力补充。棉花预购贷款的投放可促进棉花产业化龙头企业和加工企业密切同棉农联系，支持和鼓励农民多种棉花，增加农民收入，同时形成较为稳定的原料生产基地；棉花调销贷款的投放可支持棉花流通企业活跃流通，平衡余缺，支持棉纺织企业购进和贮存原料，改进产品质量，通过提高棉花最终产品的价值来间接提高农民种棉收益。《中国农业发展银行棉花调销贷款办法》和《中国农业发展银行棉花预购贷款办法》对于加强棉花调销贷款和预购贷款的管理，更好地支持中国棉花产业的健康发展具有十分重要的意义。

为了正确核算和反映棉花调销贷款和棉花预购贷款，总行将修订会计科目的名称和核算内容，有关要求将另行通知。

中国农业发展银行棉花调销贷款办法

第一章　总　　则

第一条　为支持企业开展棉花经营活动，提高经营效益，促进棉花产业发展，加强棉花调销贷款管理，维护借贷双方合法权益，根据国家有关法律法规、政策以及

《中国农业发展银行信贷基本制度(试行)》,制定本办法。

第二条 本办法所称棉花调销贷款,是指中国农业发展银行(以下简称农发行)对符合贷款条件的企业(以下简称借款人)从事棉花(含棉纱及棉副产品,下同)调销业务发放的贷款。

第三条 棉花调销贷款属于商业性贷款,棉花调销贷款的发放和管理应遵循以下原则:

(一)以销定贷、以效定贷。

(二)区别对待、择优扶持。

(三)封闭管理与风险管理相统一。

(四)安全性与效益性相统一。

第二章 贷款对象、种类、用途和条件

第四条 贷款对象。棉花调销贷款对象是指经工商行政管理部门核准的具有从事棉花经营资质的企业。

第五条 贷款用途。用于解决借款人调入棉花直接供应给用棉企业或进行深加工的合理资金需求,以及用于解决借款人配合国家实施宏观调控和储备需要的棉花进出口的合理资金需求,包括调入价款和用于调入的必要费用。

第六条 贷款条件。借款人申请棉花调销贷款,除应具备《中国农业发展银行信贷基本制度(试行)》规定的基本条件外,还应具备以下条件:

(一)信誉状况良好,已借贷款本息能按期偿还,无违约行为发生。

(二)信用等级原则上在A级(含)以上。

(三)有一定比例的自有资金或风险准备金,具体比例由省级分行确定。

(四)棉花购销企业申请棉花调销贷款还应具备真实有效的与所申请贷款相对应的棉花购入和棉花销售的合同或协议。

第三章 贷款期限、利率和方式

第七条 贷款期限。原则上根据借款人经营周期和还款能力由借贷双方协商确定。贷款期限最长不超过1年。

借款人不能按期归还棉花调销贷款时,应在贷款到期20个工作日前向开户行书面申请展期,并提出贷款展期理由、期限和还款计划。对借款人棉花调销贷款到期不能按时归还,但因销售货款在正常结算期内尚未回笼等能提供正当理由的,经有权审批行同意后,开户行可办理展期,展期期限累计最长不得超过原借款合同约定的贷款期限。担保贷款办理展期,原担保人须同意在所展期限内继续担保;如果原担保人不同意继续担保,须有新的担保人为其展期担保,否则,不得同意展期。

第八条 贷款利率。按照农发行有关商业性贷款利率规定执行。

第九条 贷款方式。一般采用担保贷款方式。对于信用等级在AA级(含)以上,能确保足额归还贷款本息的借款人;或者信用等级在A级(含)以上,所申请调销

贷款用于从农发行开户企业调入棉花进行深加工的，在采取一定的风险保障措施后，可以发放信用贷款。

第四章　贷款办理

第十条　棉花调销贷款的申请、受理、调查、审查、审批、发放和收回按照《中国农业发展银行贷款基本操作流程》执行。

第五章　贷款检查与监督

第十一条　在贷款发放后，开户行应按要求，设立台账对借款人贷款使用情况实施全程信贷监督。

在贷款实际支付前，开户行要检查借款人自有资金或风险准备金是否按约定足额到位。在资金使用上，借款人应先使用自有资金或其他可支配资金，后使用农发行贷款。在贷款支付后，开户行应从棉花购进、存储、加工、销售及货款回笼等方面加强贷款使用的检查，监督借款人按合同约定使用贷款和还本付息。

第十二条　对棉花购进的信贷监督。

（一）在棉花购进过程中，开户行要审核借款人提供的购进凭证，调查掌握购进棉花的实际品种、质量、数量、价格等情况，及时全面核查借款人购进入库棉花，并与所发放的贷款相核对，确保贷款按约使用。

（二）货款结算原则上通过农发行系统内转账进行，现金使用按照中国人民银行和农发行有关现金管理办法执行。

第十三条　对棉花存储、深加工的信贷监督。

（一）规范存储，妥善保管。开户行应监督企业将棉花按农发行贷款管理及棉花安全管理的有关要求安全存储、妥善保管。对贷款形成的库存，借款人应委托开户行代理办理财产保险。

（二）对异地存储棉花的管理。对异地存储的棉花，开户行可直接实施信贷监督，也可委托存储地农发行实施监督。开户行应定期对异地存储的棉花进行检查，发现企业有违规操作或有虚假行为的应予制止纠正，停止异地存储业务。

（三）对购销企业棉花存储的信贷监督。开户行应根据贷款企业资信状况、风险承受能力和开户行信贷力量，确定采取自行实施库存监管或借助独立第三方的力量实施库存监管。对于信用等级达不到规定标准，担保能力、自有资金或风险准备金不足的借款人，必须实施第三方库存监管。

开户行自行实施库存监管的，必须实行定期查库制度，定期分品种清点、核实棉花库存，并与信贷管理台账、企业财务、统计、保管等各项数据全面核对，检查银企账实、账账、账表、账据、账款是否相符，对不相符的要分析原因，发现问题，及时整改。

开户行实施第三方库存监管的，开户行、借款人和第三方要签订协议，借款人同意将购进的棉花库存存入农发行指定的第三方仓库，制作标准仓单，明确仓单管理方式，并明确贷款发生潜在风险时，农发行有权委托第三方代为销售棉花后收回贷款。

（四）对棉花产业化龙头企业、收购加工一体的棉花深加工企业棉花存储的信贷监督。

对于贷款占用仅限于皮棉库存环节的，比照购销企业棉花存储信贷监督的有关规定执行。

对于贷款占用延伸到深加工环节的，开户行在监督原材料库存变化的基础上，要及时了解掌握原材料转化成产成品的占贷情况，掌握借款人深加工产品的生产进度和原材料的加工转化率，参与借款人的实物盘点，监督消耗的原材料与产成品保持基本对应，确保农发行第一还款来源具有充足的物质保证。

第十四条 对棉花及深加工产品销售的信贷监督。贷款形成的棉花及深加工产品销售出库，借款人必须及时向农发行通报出库情况。开户行应及时据实登记台账，核减库存。

对企业采取移库异地销售方式销售的，开户行与销售地农发行要共同配合加强监督，掌握移库异地销售情况。

第十五条 对货款回笼的信贷监督。开户行要根据借款人销售货款的结算方式与结算期限，监督货款回笼归行。对逾期未回笼的，要查明原因，督促借款人采取措施清收。借款人贷款对应全部销售货款不足以还本付息的，应及时采取风险补偿措施，从借款人风险准备金或处置抵（质）押物收回，属于保证担保的贷款，要及时向保证人追偿。

（一）对借款人实行贷款购贷销还归还方式的，在销货款回笼归行后，开户行要先收回贷款本息（含陈欠本息），结余部分留存企业。

（二）对借款人实行贷款按期偿还归还方式的，在销货款回笼归行后，开户行可根据借款人要求，允许并监督借款人将回笼货款在合同约定的贷款期限内按原定贷款用途周转使用，也可经银企双方协议按本条第一款办理。在贷款周转使用过程中，开户行要按照本章第十二条至第十五条的规定加强对使用过程各环节的监督。

第十六条 对开户企业产销衔接的监督。开户行应在信贷政策范围内，对符合贷款条件的产销合作企业或项目优先给予贷款支持。在促进棉花产业化龙头企业、棉花深加工企业与棉花购销企业进行产销对接的同时，要严格监督贷款企业间的物资流和资金流的变化情况，加强对资金结算的监管，确保收购资金在更大范围、更高层次的封闭运行，降低棉花收购贷款风险。

第十七条 对借款人（担保人）经营情况的监督。开户行应及时掌握借款人（担保人）经营情况，加大对其现金流量和偿债能力等财务状况的分析。对借款人（担保人）出现影响信贷安全的经营事项，应及时提出应对策略。

第十八条 建立定期分析报告制度。

（一）各级行要按月对棉花调销贷款情况进行认真分析，研究制定改进措施和办法，并形成书面分析报告。

（二）开户行应及时通过对棉花供求状况及价格走势的分析，判断贷款的风险程度，有效规避贷款风险。

第十九条 贷款总结评价。棉花调销贷款本息收回后，要及时进行贷款分析评价、总结，形成书面总结报告。

第二十条 建立棉花调销贷款档案。

第二十一条 棉花调销贷款风险管理按照总行有关规定执行。

第二十二条 对借款人违反本办法和借款合同约定的，开户行应当按规定给予相应的信贷制裁。

第二十三条 对违反本办法的农发行有关单位及其相关责任人，应视情节轻重及后果予以责任追究。

第六章 附 则

第二十四条 各省级分行可依据本办法制定实施细则，并报总行备案。

第二十五条 本办法由农发行总行负责解释和修订。

第二十六条 本办法自印发之日起施行。原《中国农业发展银行商品棉贷款办法》同时废止。

中国农业发展银行棉花预购贷款办法

第一章 总 则

第一条 为保护种棉农民利益，促进棉花生产健康发展，支持企业搞活经营、提高效益，加强和规范中国农业发展银行（以下简称农发行）棉花预购贷款管理，维护借贷双方合法权益，根据国家有关法律法规和政策规定以及《中国农业发展银行信贷基本制度（试行）》，制定本办法。

第二条 本办法所称棉花预购贷款，是指农发行对符合贷款条件的企业（以下简称借款人）为履行棉花收购订单而预付给棉花生产者生产性资金发放的贷款。

第三条 棉花预购贷款属于商业性贷款，棉花预购贷款的发放和管理应遵循安全性与效益性相统一，区别对待、择优扶持的原则。

第二章 贷款对象、用途和条件

第四条 贷款对象。棉花预购贷款对象是指经工商行政管理部门核准的具有从事棉花经营资质的企业。

第五条 贷款用途。用于解决借款人与棉花生产者签订棉花收购合同而预付给棉花生产者进行生产的合理资金需求，主要是棉花生产的物化成本投入。

第六条 贷款条件。借款人申请棉花预购贷款，除应具备《中国农业发展银行信贷基本制度（试行）》规定的基本条件外，还应具备下列条件：

（一）与棉花生产者签订合法有效的棉花收购合同，明确双方权利义务及违约责任。

（二）信誉状况良好，已借贷款本息按期偿付，无违约行为发生。

（三）信用等级原则上为 A 级（含）以上。

（四）原则上，在农发行开立基本存款账户，确因特殊原因未在农发行开立基本存款账户的，要在农发行开立一般存款账户或专用存款账户。因融资结算等需要在他行开立一般存款账户或临时存款账户，要及时告知农发行。

（五）有一定比例的自有资金或风险准备金，具体比例由省级分行确定。

（六）借款人原则上要为贷款支持的棉花生产办理保险。

第三章　贷款期限、利率和方式

第七条　贷款期限。棉花预购贷款期限，根据借款人经营周期和还款能力由借贷双方协商确定，贷款期限原则上最长不超过 1 年。棉花预购贷款原则上不予以展期。

第八条　贷款利率。棉花预购贷款利率按照农发行有关商业性贷款利率规定执行。

第九条　贷款方式。一般采用担保贷款方式。对借款人资信状况良好，已经落实贷款风险防范措施，信用等级在 AA 级（含）以上可采用信用贷款方式。对借款人信用等级为 A 级，在有效资产应抵尽抵的前提下，可采用信用贷款方式。

第四章　贷款办理

第十条　棉花预购贷款的申请、受理、调查、审查、审批、发放和收回按照《中国农业发展银行贷款基本操作流程》执行。

第五章　贷款检查与监督

第十一条　在贷款发放前，开户行要检查借款人自有资金或风险准备金是否按约定足额到位。在资金使用上，借款人应先使用自有资金或其他可支配资金，后使用农发行贷款。

第十二条　在贷款发放后，开户行应按要求，设立台账对借款人贷款使用情况实施全程信贷监督。在贷款支付后，借款人必须派专人督导棉花生产者按合同约定组织生产。开户行要定期对贷款使用情况进行检查，监督借款人按合同约定使用贷款，定期抽查棉花生产者按合同约定进行生产的情况，了解棉花种植、生长状况。

借款人按收购订单约定收购棉花，向开户行申请收购贷款时，开户行根据《中国农业发展银行棉花收购贷款办法》和收购合同，可向借款人发放收购贷款，同时足额收回预购贷款本息。

第十三条　对借款人（担保人）经营情况的监督。开户行应及时掌握借款人（担保人）经营情况，加大对其现金流量和偿债能力等财务状况的分析。对借款人（担保人）出现影响信贷安全的经营事项，应及时提出应对策略。

第十四条　建立定期分析报告制度。各级行要按月对棉花预购贷款运行情况进行认真分析，研究制定措施和办法，并形成书面分析报告。

第十五条 贷款总结评价。棉花预购贷款本息收回后，要及时进行贷款分析评价、总结，形成书面总结报告。

第十六条 建立棉花预购贷款档案。

第十七条 棉花预购贷款风险管理按照总行有关规定执行。

第十八条 对借款人违反本办法和借款合同约定的，开户行应当按规定给予相应的信贷制裁。

第十九条 对违反本办法的农发行有关单位及其相关责任人，应视情节轻重及后果予以责任追究。

第六章 附 则

第二十条 各省级分行可依据本办法制定实施细则，并报总行备案。

第二十一条 本办法由农发行总行负责解释和修订。

第二十二条 本办法自印发之日起施行。原《中国农业发展银行商品棉贷款办法》同时废止。

关于印发《中国农业发展银行粮棉调销贷款办法》的通知

2008年7月15日　农发银发[2008]166号

各省、自治区、直辖市分行，总行营业部：

为进一步完善粮棉收购资金贷款封闭运行管理，有效促进粮棉流通和产销衔接，切实落实国家宏观调控政策，总行决定把粮食调销贷款和棉花调销贷款纳入准政策性贷款管理。现将《中国农业发展银行粮棉调销贷款办法》（以下简称《办法）印发给你们，请各行认真学习，准确把握，结合实际贯彻执行。现就贯彻落实《办法》有关要求通知如下：

一、充分认识粮棉调销贷款作为准政策性贷款的意义。粮棉调销是粮棉收购工作的继续，是实现粮棉销售、促进粮棉流通的重要环节。粮食调销贷款是用于解决企业从中国农业发展银行（以下简称农发行）开户企业购入粮食和按照国家调控政策进口粮食所需资金的贷款；棉花调销贷款是用于解决企业从农发行开户企业调入棉花直接供应给用棉企业或进行深加工，以及用于解决企业配合国家实施宏观调控和储备需要的棉花进出口所需资金的贷款。把粮棉调销贷款界定为准政策性贷款，具有十分重要的意义。

一是有利于更好地落实国家粮棉调控政策。对国家促进产、销区衔接，组织粮棉跨区域调运、进出口等政策措施，农发行通过发放粮棉调销贷款，促进企业及时落实调运、进出口计划，从而实现平衡区域间粮棉供求，维护粮棉市场稳定的目标。

二是有利于发挥农发行支持粮棉产业发展的系统整体功能。农发行通过发放粮棉调销贷款，促进在农发行系统内开户的粮棉购销企业和农业产业化龙头企业、粮棉加工企业之间的物流对接，既解决粮棉加工转化和产业化的资金和原料需要，又促进库存粮棉的顺利销售，支持粮棉产业链的健康发展。

三是有利于进一步完善粮棉收购信贷资金封闭运行管理。农发行对用粮（棉）企业发放粮棉调销贷款，促使开户企业之间通过贷款的此增彼减，加快我行开户企业收购粮棉的销售和还款，实现收购资金在全行范围和产业领域的封闭运行。各级行要积极支持符合规定的开户企业使用粮棉调销贷款，充分发挥我行系统优势，借助我行资金链条，把粮棉收购和加工、上游企业和下游企业贯穿起来，促进供需衔接，优化贷款结构，防范和控制粮棉收购资金贷款整体风险。

二、切实加强粮棉调销贷款管理。把粮棉调销贷款纳入准政策性贷款管理，各级行要坚持以企业风险承受能力和贷款偿还能力为核心，将风险控制放在突出位置，加强市场和行业分析，实行以销定贷、以效定贷。一要严格把握粮棉调销贷款的对象和用途。粮棉调销贷款用于解决粮棉经营企业从农发行开户企业调入粮棉和国家宏观调控政策进口粮棉的资金需要。企业调入油料、油脂和从农发行系统外企业调入粮棉所需要的贷款，应按照相应商业性流动资金贷款办法办理。二要严格把握粮棉调销贷款的条件。各级行要严格按照《办法》规定的条件发放贷款，既要有效促进粮食销售，又要防止信贷风险从收购环节转移到调销环节。对棉纺企业发放调销贷款要执行有关准入政策，严把客户准入关。三要准确把握粮棉调销贷款的期限，严格实行封闭运行管理。粮棉调销贷款一般应在期限内购贷销还，严格实行封闭运行。对在规定贷款期限内周转使用的粮棉调销贷款，要监督销售货款按时回笼到我行账户，并经开户行同意后才能允许企业周转使用，确保贷款专款专用，贷款本息按期足额收回。四要合理采用贷款方式。粮棉调销贷款一般采用担保贷款方式。为促进农发行系统内粮棉销售，对信用等级 AA 级（含）以上，或自有资金达到 30%（含）以上，或风险准备金达到 15%（含）以上的企业，可以发放信用贷款。在企业全部有效资产办理抵押，并且企业法定代表人的个人财产办理抵、质押后，可部分发放信用贷款。五要严格授权管理。省级分行可结合当地实际和风险管理能力，将一定额度的准政策性贷款审批权限转授给二级分行。

三、准确核算和反映粮棉调销贷款。对新发放的棉花调销贷款仍采用原会计科目核算和反映，对新发放的粮食调销贷款和新发放的用于从农发行开户企业以外调入棉花的贷款，总行将设置专门的会计科目核算和反映，有关会计科目和核算要求总行将另行通知。此前按粮食流转贷款办法和棉花调销贷款审批发放的用于粮棉调销的贷款，仍按照商业性贷款管理，到期收回，贷款不实行科目划转。

中国农业发展银行粮棉调销贷款办法

第一章 总 则

第一条 为落实国家粮棉购销政策，促进粮棉流通和产销衔接，支持企业搞活经营，提高效益，加强中国农业发展银行（以下简称农发行）粮棉调销贷款管理，维护借贷双方合法权益，根据《粮食流通管理条例》和《中国农业发展银行信贷基本制度（试行）》，制定本办法。

第二条 粮食调销贷款是指农发行向企业发放的用于从农发行开户企业购入粮食（含成品粮，下同）和按照国家调控政策进口粮食所需资金的贷款。

棉花调销贷款是指农发行向企业发放的从农发行开户企业调入棉花（含皮棉及棉副产品，下同），以及企业配合国家实施宏观调控和储备需要的棉花进出口所需资金的贷款。粮食调销贷款和棉花调销贷款属于准政策性贷款。

第三条 粮棉调销贷款的发放和管理应遵循执行政策、控制风险、以销（效）定贷、封闭管理的原则。

第二章　贷款对象、用途和条件

第四条　贷款对象。

粮食调销贷款对象:

(一)具备粮食收购贷款资格的粮食购销企业。

(二)获得国家从事粮食经营许可的贸易、物流企业(包括储运、粮食批发市场及粮食批发交易企业)。

(三)农业产业化龙头企业和粮食加工转化企业。

(四)经总行批准的其他从事粮食流通的企业。

棉花调销贷款对象是指经工商行政管理部门核准的具有从事棉花经营资质的企业,主要包括棉花购销企业和棉花深加工企业(含农业产业化龙头企业)。

第五条　贷款用途。粮食调销贷款专门用于解决借款人从农发行开户的粮食储备、购销、粮食物流贸易等企业购入粮食的合理资金需要,以及用于借款人配合国家宏观调控政策进口粮食的合理资金需要,包括调入价款和用于调入的必要费用支出。

棉花调销贷款专门用于解决借款人从农发行开户企业调入棉花直接供给用棉企业或进行深加工的合理资金需要,以及用于解决借款人配合国家实施宏观调控和储备需要的棉花进出口的合理资金需要,包括调入价款和用于调入的必要费用。

第六条　贷款条件。借款人申请粮棉调销贷款,除具备《中国农业发展银行信贷基本制度(试行)》规定的条件外,还应具备以下条件:

(一)资信状况良好,生产经营活动正常,经营效益较好,经农发行评定,信用等级为A级(含)以上。

(二)具有与申请粮棉调销贷款相适应的风险承受能力和贷款偿还能力,能够提供相应的贷款担保(抵押、质押、保证)条件;或者具有一定比例的自有资金或风险准备金等,具体比例由省级分行确定。

(三)具有真实有效、与申请粮棉调销贷款相对应的粮棉购销合同,在粮棉经营过程中能够做到"购得进、销得出、不亏损",除购入粮棉自用加工或转化外,购入粮棉用于物流贸易的,还应具有调入粮棉的销售计划和销售合同。

(四)历史信用记录良好,已借贷款的本息按期偿付,无违约行为发生。

第三章　贷款期限、利率及方式

第七条　贷款期限。粮棉调销贷款期限,根据借款人生产经营周期和粮棉购销合同规定的期限由借贷双方协商确定。最长期限不超过1年。

粮棉调销贷款一般应在期限内实行购贷销还,封闭运行。对信用等级在AA级(含)以上,与上下游企业建立长期稳定的购销合作关系的借款人,贷款可以在规定的期限内周转使用。具体标准由省级分行确定。

借款人不能按期归还的粮棉调销贷款,应在贷款到期20个工作日之前向开户行书面申请贷款展期,并提出展期理由、期限和还款计划。对借款人调入的粮食(含产成品）仍未销售，或粮棉销售货款仍在正常结算期内尚未回笼等能提供正当理由的，可按规定经有权审批行同意后办理展期，展期期限最长不超过原贷款期限。展期后到期的贷款，不得再次办理展期。借款人未申请展期或不符合展期条件的贷款，开户行不得办理贷款展期。实行担保方式的贷款的展期按总行的规定执行。

第八条 贷款利率。粮棉调销贷款利率按照农发行有关准政策性贷款利率规定执行。

第九条 贷款方式。粮棉调销贷款一般采取担保贷款方式。对符合下列条件之一的，可采取信用贷款方式：

（一）借款人信用等级在AA级（含）以上，能确保足额归还贷款本息。

（二）借款人的自有资金达到30%（含）以上，或者风险准备金达到15%（含）以上。

（三）借款人的全部有效资产办理抵押，并且企业法定代表人的个人财产办理抵、质押后，可部分发放信用贷款。

第四章 贷款办理

第十条 粮棉调销贷款的申请、调查、审查、审批、发放和收回按照《中国农业发展银行贷款基本操作流程》执行。

第十一条 粮棉调销贷款额度的核定。粮棉调销贷款额度一般根据借款人粮棉购入合同明确的调入粮棉的价格和数量，同时参考借款人历年粮棉经营或用粮（棉）需求及风险承受能力合理核定。

第十二条 贷款收回。对实行"购贷销还"的粮棉调销贷款，开户行应按"钱随物走，购贷销还"的原则，及时从借款人的销售回笼款中收回贷款。对实行在期限内周转使用的粮棉调销贷款，应在贷款到期前及时通知借款人筹措资金，按期偿还贷款。

第五章 贷后监督与管理

第十三条 粮食调销贷款的贷后管理按照《中国农业发展银行粮食收购资金贷款封闭运行管理办法》执行。对在规定贷款期限内可周转使用的粮食调销贷款，要监督销售货款按时回笼到我行账户，并经开户行同意后才能允许企业周转使用。

棉花调销贷款的贷后管理比照《中国农业发展银行棉花收购贷款办法》执行。

第十四条 支持开户企业之间的购销衔接。各级行要充分利用农发行系统优势，发挥好粮棉调销贷款连接粮棉供需，促进购销衔接的功能，把原来单个粮棉企业的封闭运行扩大到系统领域和产业范围。

第十五条 加强对借款人经营情况的分析。信贷人员应定期调查分析借款人粮棉购销和生产经营情况，加强粮棉调出、购入双方开户银行的沟通，及时掌握借款人经营及财务管理中存在的问题，采取措施防范和控制贷款风险。

第十六条 信贷处罚。对借款人违反本办法和借款合同约定，导致农发行贷款风险的，开户行应及时报告，并按规定给予相应的信贷制裁。农发行及有关人员违反本办法，视情节轻重追究相应责任。

第六章　附　　则

第十七条　本办法由农发行总行负责解释、修订。

第十八条　本办法自印发之日起施行。此前有关文件、办法规定与本办法不一致的，按本办法执行。原《中国农业发展银行棉花调销贷款办法》同时废止。

关于印发中国农业发展银行16项信贷制度和《信贷业务操作手册(试行)》的通知

2009年12月1日　农发银发[2009]278号

各省、自治区、直辖市分行,总行营业部:

为进一步落实学习实践科学发展观活动整改要求,促进信贷业务健康有序发展,总行对现行信贷制度进行了梳理、整合,形成了《中国农业发展银行信贷基本制度》、《中国农业发展银行信贷业务基本操作流程》、《中国农业发展银行客户信用等级管理办法》、《中国农业发展银行客户授信管理办法》、《中国农业发展银行集团客户信贷管理办法》、《中国农业发展银行政策性贷款管理办法》、《中国农业发展银行准政策性贷款管理办法》、《中国农业发展银行商业性流动资金贷款管理办法》、《中国农业发展银行固定资产贷款管理办法》、《中国农业发展银行农业小企业贷款管理办法》、《中国农业发展银行银行承兑汇票业务管理办法》、《中国农业发展银行银团贷款管理办法》、《中国农业发展银行灾区应急贷款管理办法》、《中国农业发展银行贷款担保管理办法》、《中国农业发展银行贷款重组管理办法》、《中国农业发展银行不良贷款管理办法》16项信贷制度(以下简称16项信贷制度)和《信贷业务操作手册(试行)(以下简称《手册)。16项信贷制度和《手册》已经总行第31次行长办公会议讨论通过,自2010年1月1日起实施,同时废止《关于加强国有粮食企业破产信贷管理工作的通知》(农发行字[2003]263号)、《中国农业发展银行商品粮油贷款操作规程(试行)》(农发行字[2004]131号)等72个制度规定(见附件)。继续生效的信贷制度性文件,凡与16项信贷制度和《手册》规定不一致的,一律以16项信贷制度和《手册》规定为准。16项信贷制度和《手册》,总行将通过局域网发布并印制成册,请组织学习并认真执行。执行中遇到问题,请及时向总行反馈。

中国农业发展银行政策性贷款管理办法

第一章　总　　则

第一条　为贯彻执行国家宏观调控政策,规范中国农业发展银行(以下简称农发行)政策性贷款管理,明确和维护借贷双方的权利和义务,依据国家相关政策、法律法规和《中国农业发展银行信贷基本制度》,制定本办法。

第二条 政策性贷款是指为支持客户执行国家及地方宏观调控任务而发放的，政府给予相应利息、费用、损失等补贴的贷款。

第三条 政策性贷款的发放和管理应遵循以下原则：

（一）政策指导。以国家宏观调控政策为指导，贷款严格按国家下达的计划和农发行的相关规定发放和管理。

（二）严格准入。借款人必须具备承担政策性任务的资格，满足政策性贷款的条件。

（三）落实补贴。政策性贷款发放前，必须落实各项财政补贴来源。

（四）分类管理。对不同类别的借款人，采取不同管理方法。

第二章 贷款对象、种类、用途和条件

第四条 贷款对象。凡承担县级（含）以上政府赋予的政策性任务的客户，均可申请政策性贷款。

第五条 贷款种类和用途。

（一）储备类贷款。用于解决借款人执行政府粮、棉、油、肉、糖等储备计划的资金需要。

（二）调控类贷款。用于解决借款人执行政府粮、棉、油、肉等调控计划的资金需要。

（三）轮换类贷款。用于解决借款人轮换政策性库存商品的合理资金需要。

（四）其他类贷款。经农发行总行批准的其他政策性贷款。

第六条 贷款条件。申请政策性贷款的借款人，除应具备《中国农业发展银行信贷基本制度》规定的基本条件外，还应具备以下条件：

（一）经政府或相关部门确定，具有承担政策性商品储备、调控任务的资格；

（二）持有政府相关部门指定或委托执行储备、轮换、调控等任务的相关文件；

（三）政府确定的利息、费用、损失等补贴来源已落实；

（四）具备相应的承储能力。

第三章 贷款期限、利率、额度和方式

第七条 贷款期限。政策性贷款期限按照储备或调控计划规定的期限确定；没有规定期限的，按照政策性商品轮换期限确定，一般不超过 3 年；轮换贷款期限根据实际需要确定，一般不超过半年。

第八条 贷款利率。政策性贷款利率按照中国人民银行及农发行相关利率管理规定执行。

第九条 贷款额度。借款人政策性贷款额度按政府有关部门核定的政策性商品数量和入库成本核定。轮换类贷款额度根据计划轮换数量和市场价格确定。

第十条 贷款方式。政策性贷款一般采取信用贷款方式。其中，地方储备粮油轮换类贷款一般采用担保贷款方式。对于地方财政补贴能够弥补价差亏损，或足额

建立轮换风险准备金的轮换类贷款，可采取信用贷款方式。

第四章 管理要点

第十一条 政策性贷款，按专款专用、库贷挂钩、封闭运行的要求进行管理。确保政策性商品库存数量与银行台账、国家储备或调控计划一致，库存质量符合国家规定标准，贷款余额与库存成本相符。

第十二条 账户管理。政策性贷款借款人，应按照农发行相关要求，开立收购资金专户或信贷资金专户。政策性融资客户原则上应在农发行开立基本存款账户。政策性贷款的发放、支付应通过收购资金专户或信贷资金专户进行。

第十三条 资金支付。借款人采取收购方式完成政策性任务的，在收购前向开户行报送用款计划，开户行根据用款计划合理支付铺底资金。在收购启动后，开户行按借款人实际入库商品数量和有关凭证支付后续资金。借款人采取调入方式完成政策性任务的，可根据购销合同支付资金。收购或调入结束后，有剩余资金的，及时收回贷款。

第十四条 库存监管。

（一）首次核查。开户行应在借款人收储、轮换、移库等业务结束后，及时进行全面核查，确保银企账账、账实、账表相符，库存商品品种、数量、成本、质量与国家下达的储备计划或调控任务相衔接。

（二）定期检查。开户行应定期核查借款人的政策性商品库存，防止出现亏库、短库。各级管理行应对所辖基层行库存核查制度执行情况进行经常性检查、督导，并定期抽查辖区内政策性商品库存。

（三）分类管理。对流通类客户政策性贷款形成的商品库存，严格实行“购贷销还、库贷挂钩”管理。对加工（含转化）类客户政策性贷款形成的商品库存，严格实行库贷挂钩管理。

第十五条 销售与回笼货款监管。

借款人政策性商品出库，应向开户行提交相关部门下达的出库或销售计划文件。开户行应按计划文件规定监督政策性商品出库及货款结算，督促销售回笼货款全额归行，并及时收回贷款本息。

第十六条 库存轮换管理。

（一）借款人采取“先销后购”方式轮换政策性库存，轮出库存回笼的销货款，原则上应收回贷款。如确有需要，也可直接用于轮入政策性商品。

（二）借款人采取“先购后销”方式轮换政策性库存，应先发放轮换贷款轮入商品，政策性商品轮出后应及时收回轮换贷款。

第十七条 政策性贷款到期，如政府尚未下达出库或销售计划，且政策性商品库存数量账实相符，质量良好，由借款人提出书面申请，开户行办理借新还旧。轮换类贷款不得借新还旧也不得办理展期。

第十八条 集团客户使用政策性贷款，应按照《中国农业发展银行集团客户信贷管理办法》的相关要求，充分发挥农发行系统协同共管作用，落实封闭管理各项措施。对集团成员之间的政策性信贷资金往来，原则上应通过在农发行开设的账户划转。

第十九条 借款人挤占挪用政策性贷款或违规操作导致政策性库存短库、亏库，应按照有关规定给予相应的制裁。

第五章 附 则

第二十条 政策性贷款的操作按照《中国农业发展银行信贷业务操作手册》相关规定办理。

第二十一条 本办法由总行负责制定、解释和修订。

第二十二条 本办法自2010年1月1日起执行。

中国农业发展银行准政策性贷款管理办法

第一章 总 则

第一条 为落实国家宏观调控政策，保护农民利益，规范中国农业发展银行（以下简称农发行）准政策性贷款管理，有效防控贷款风险，依据国家有关法律法规和《中国农业发展银行信贷基本制度》，制定本办法。

第二条 准政策性贷款是指为履行农业政策性银行职能，支持粮棉油收购，促进产销衔接，维护重要农产品及农业生产资料市场稳定，由农发行自主发放、风险自担的贷款。包括粮棉油收购贷款、粮棉调销贷款和省级（含）以上商业储备贷款。

第三条 准政策性贷款管理遵循以下原则：

（一）执行政策。以执行国家宏观调控政策为前提，围绕支持和服务“三农”，做好收购资金供应和管理工作。

（二）防控风险。以借款人风险承受能力和贷款偿还能力为核心，综合运用多种手段，防范和控制贷款风险。

（三）分类管理。在确保专款专用的前提下，区分不同贷款用途和客户类型，采取差别化管理方式。

第二章 贷款对象、用途和条件

第四条 贷款对象。经工商行政管理部门或主管部门核准登记，实行独立核算的企事业法人及其他经济组织，均可申请准政策性贷款。

第五条 贷款用途。

（一）粮棉油收购。用于解决借款人从省（区、市）内粮棉油收购市场收购，并在本地储存的稻谷、小麦、玉米、大豆、籽棉、皮棉（仅限于新疆生产建设兵团所属企业）、油菜籽、花生等合理资金需求。能够落实符合总行规定的第三方监管的，可不受储存地限制。凡经省级（含）以上政府认定的当地大宗粮油品种，经总行批准后，也可纳入收购支持范围。

（二）粮棉调销。用于解决借款人从农发行开户企业购入农发行贷款形成的粮棉、从粮食批发市场竞买农发行贷款形成的粮食以及配合国家宏观调控政策进口粮食或棉花的合理资金需求。

（三）商业储备。用于解决借款人执行省级（含）以上人民政府下达的化肥、糖、肉、羊毛等商业储备计划的资金需求。

第六条　贷款条件。借款人申请准政策性贷款，除具备《中国农业发展银行信贷基本制度》规定的基本条件外，还应具备以下条件：

（一）借款人应具有相应的经营资格和储存条件，信用等级在 A－级（含）以上。

（二）贷款用于粮棉调销的，借款人应提供与供货方签订的真实有效的粮棉购销合同。购入粮棉用于贸易的，还应具有稳定的销售渠道。

（三）加工（含转化）类客户使用准政策性贷款开展粮棉油收购及粮棉调销的，须具有维持正常经营所需的营运资金，并对准政策性贷款形成的商品专仓（垛）储存。

（四）贷款用于商业储备的，应提供省级（含）以上人民政府或有关部门下达的商业储备计划和相关补贴承诺文件。

第三章　贷款期限、利率和方式

第七条　贷款期限。贷款期限由借贷双方协商确定，最长不超过 1 年。加工（含转化）类客户使用准政策性贷款开展粮棉油收购及粮棉调销的，应根据客户的生产经营周期确定贷款期限，最长不超过 9 个月。

第八条　贷款利率。准政策性贷款利率按照中国人民银行及农发行相关利率管理规定执行。

第九条　贷款方式。

（一）对用于粮棉油收购、省（区、市）内粮棉调销或商业储备的贷款，有条件的应采取担保贷款方式。不具备条件的，在借款人有效资产应抵尽抵的前提下，不足部分可采取信用贷款方式。如认为借款人风险较大的，也可采取其他风险防范措施。

（二）对用于跨省（区、市）粮棉调销的贷款，原则上采取担保贷款方式。借款人信用等级在 AA－级（含）以上的，可采取信用贷款方式。

第四章　管理要点

第十条　分类管理。

（一）流通类客户使用准政策性贷款收购或调销粮棉油的，严格按照“购贷销还、库贷挂钩”的要求进行管理。

（二）加工（含转化）类客户使用准政策性贷款收购或调销的粮棉油，应实行专仓储存。专仓储存商品出库后，应在一个生产经营周期内归还贷款。

（三）借款人使用准政策性贷款用于商业储备的，同类商品库存数量不得少于政府下达商业储备计划的实际执行数量。

第十一条 专户管理。借款人应在农发行开设收购资金存款专户或信贷资金存款专户,准政策性贷款的发放、支付应通过收购资金存款专户或信贷资金存款专户进行。

第十二条 信贷资金支付管理。借款人使用准政策性贷款收购粮棉油的,原则上应先使用自有资金,确需铺底资金的,可根据实际需要适当发放铺底资金贷款。收储启动后,应根据商品入库进度支付后续贷款。借款人使用准政策性贷款调入粮棉或商业储备物资的,可根据购销合同支付资金。收购或调入结束后,有剩余资金的,应及时收回贷款。

第十三条 库存管理。

(一)入库核查。借款人收购或调入业务结束后,开户行应及时对其库存进行全面核查,确保银企账账、账实、账表相符。

(二)定期检查。开户行应定期核查借款人准政策性商品库存。各级管理行应对所辖基层行库存核查制度执行情况进行经常性检查、督导,并定期抽查辖区内准政策性商品库存。

(三)出库监督。借款人准政策性商品出库,开户行应及时进行跟踪检查,核实商品出库的品种、数量及流向。

第十四条 销售回笼货款管理。借款人准政策性贷款形成的库存商品出库后,开户行应监督借款人将销售货款全额回笼至我行账户,及时收回贷款本息。

第十五条 展期管理。流通类客户收购或调销粮棉油占用的准政策性贷款不能按期归还,如贷款形成的库存尚未销售、质量完好或销售货款在正常结算期内(原则上不超过3个月),可向开户行申请办理展期。累计展期期限,原则上不超过原贷款期限。加工(含转化)类客户使用的准政策性贷款,原则上不得办理展期。商业储备占用的准政策性贷款原则上不得办理展期。

第十六条 集团客户管理。集团客户使用准政策性贷款,应按照《中国农业发展银行集团客户信贷管理办法》的相关要求,充分发挥农发行系统协同共管作用,落实封闭管理各项措施。对集团成员之间的准政策性信贷资金往来,原则上应通过在农发行开设的账户划转。

第十七条 贷款管理责任。对管理到位,因市场价格波动出现的贷款风险,可免除当事人责任。对管理未达到尽职要求造成贷款损失的,严格追究相关人员责任。

第十八条 信贷制裁。借款人挤占挪用准政策性贷款或违规操作导致准政策性库存短库、亏库,应按照有关规定给予相应的制裁。

第五章 附 则

第十九条 准政策性贷款的操作按照《中国农业发展银行信贷业务操作手册》相关规定办理。

第二十条 本办法由总行负责制定、解释和修订。

第二十一条 本办法自2010年1月1日起施行。

中国农业发展银行商业性流动资金贷款管理办法

第一章 总 则

第一条 为规范中国农业发展银行(以下简称农发行)商业性流动资金贷款管理,切实防范贷款风险,依据国家有关法律法规和《中国农业发展银行信贷基本制度》,制定本办法。

第二条 本办法所称商业性流动资金贷款,是指农发行按照国家政策,自主选择客户,自主决策,自担风险的本外币流动资金贷款。

第三条 商业性流动资金贷款的发放与管理应执行国家产业政策和农发行信贷政策,坚持服务客户、防范风险、全程监控、良性循环的原则。

第二章 贷款种类、对象、用途和条件

第四条 贷款种类。

(一)商业性流动资金贷款按期限分为短期商业性流动资金贷款和中期商业性流动资金贷款。

短期商业性流动资金贷款是指贷款期限不超过1年(含1年)的商业性流动资金贷款;中期商业性流动资金贷款是指贷款期限在1年以上(不含1年)3年以下(含3年)的商业性流动资金贷款。

(二)商业性流动资金贷款按使用周转性分为一般流动资金贷款和循环流动资金贷款。

一般流动资金贷款是指单笔审批、单笔或分笔发放、贷款收回后不得循环使用的商业性流动资金贷款;循环流动资金贷款是指在一定期限、一定额度内多次滚动使用的商业性流动资金贷款。

第五条 贷款对象。农发行商业性信贷业务支持范围内的客户,符合条件均可申请商业性流动资金贷款。

第六条 贷款用途。商业性流动资金贷款主要用于满足借款人日常生产经营过程中采购物资、支付生产经营费用等合理流动资金需求。

第七条 贷款条件。商业性流动资金贷款的借款人除具备《中国农业发展银行信贷基本制度》规定的基本条件外,还应具备以下条件:

(一)具有健全的财务管理制度,按要求提供真实有效的财务资料,自觉接受并积极配合农发行信贷调查及贷后管理。

(二)申请短期商业性流动资金贷款的,信用等级应在A-级(含)以上;申请中期商业性流动资金贷款的,信用等级应在A+级(含)以上,且正常生产经营周期超过1年。

（三）申请外币流动资金贷款的，应拥有自营进出口权，借款须有特定的外汇用途。

（四）申请用于省级以下商业储备的流动资金贷款，应提供政府相关部门下达的商业储备计划文件。

（五）具备总行规定的其他条件。

第三章　贷款期限、利率、额度和方式

第八条　贷款期限。短期商业性流动资金贷款期限最长为1年，中期商业性流动资金贷款期限为1～3年（含）。用于商业储备的贷款，期限最长为1年。对期限超过1年或金额较大的贷款，应合理确定分期还款计划，实行分期还款。

第九条　贷款利率。商业性流动资金贷款利率按中国人民银行及农发行相关利率管理规定执行。

第十条　贷款额度。商业性流动资金贷款金额按借款人正常经营所需流动资金平均占用减去自有流动资金和其他可用流动负债确定。

第十一条　贷款方式。商业性流动资金贷款一般采取担保方式。对信用等级在AA－级（含）以上或总行另有规定的，可发放信用贷款。

第四章　循环流动资金贷款特别规定

第十二条　循环流动资金贷款是为满足优质客户正常生产经营活动的合理流动资金需求，发放的可循环周转使用的贷款。发放循环流动资金贷款需与借款人签订循环借款合同，贷款在合同规定的额度和期限内，实行随借随还。

第十三条　借款人除具备本办法第七条规定条件外，还应具备以下条件：

（一）业务管理规范，经营和财务状况良好，生产经营连续性强，流动资金占用相对均衡；

（二）信用等级AA－级（含）以上；

（三）与我行建立信贷关系1年以上，合作关系良好。

第十四条　贷款期限最长不超过2年，借款人每次提款的使用时间均不得超过借款合同约定的终止日，贷款到期不得办理展期。

第十五条　发生下列情况循环贷款合同应终止：

（一）循环借款合同签订后，借款人连续3个月未使用贷款，循环借款合同权利义务终止。

（二）在贷款发放和支付阶段如发现借款人信用等级下降或不按用途使用贷款等情况导致贷款风险增加，可根据合同约定停止贷款发放。

第五章　管理要点

第十六条　信贷资金账户管理。借款人使用商业性流动资金贷款，应在农发行开设信贷资金专户。贷款的发放、支付应通过信贷资金专户进行。

第十七条 贷款支付。开户行对受托支付或借款人自主支付的信贷资金,应加强管理与控制。

对受托支付的,开户行应根据合同约定对支付款项进行审核。审核同意后,通过借款人信贷资金账户将信贷资金支付给借款人交易对象。

对借款人自主支付的,开户行应根据借款人的特点、信用状况等,选择事前逐笔审核方式或事前批量审核方式对借款人的提款申请进行审核。对选择事前批量审核方式的,应事后对信贷资金使用进行逐笔检查或抽查。

第十八条 贷后管理。开户行应定期对借款人经营情况和信用状况进行检查和分析,重点关注借款人贷款物资保证率和偿债能力的变化,当借款人贷款物资保证率和偿债能力下降时,应及时采取有效措施控制和化解贷款风险。

第十九条 回笼销货款管理。借款人应将在农发行开设的基本账户或一般存款账户作为销货款回笼账户,开户行应对借款人销货回笼款进行监控。对在其他金融机构开立存款账户的,借款人应定期提供他行账户资金进出情况。

第二十条 贷款展期。借款人因暂时出现资金周转困难,不能按期足额归还商业性流动资金贷款,经有权审批行审批同意可办理一次展期。短期贷款的展期期限不得超过原贷款期限;中期贷款的展期期限不得超过原贷款期限的一半。展期后贷款利率按农发行有关规定执行。用于商业储备的贷款原则上不得办理展期。

第二十一条 信贷制裁。借款人不按合同约定使用商业性流动资金贷款或转移农发行贷款逃避监督,应按照有关规定给予相应的制裁。

第六章 附　　则

第二十二条 商业性流动资金贷款的操作按照《中国农业发展银行信贷业务操作手册》相关规定办理。

第二十三条 本办法由总行负责制定、解释和修订。

第二十四条 本办法自2010年1月1日起执行。

中国农业发展银行固定资产贷款管理办法

第一章 总　　则

第一条 为规范中国农业发展银行(以下简称农发行)固定资产贷款管理,防范信贷风险,促进农发行可持续发展,依据国家相关法律法规和《中国农业发展银行信贷基本制度》,制定本办法。

第二条 本办法所称固定资产贷款,指农发行向借款人发放的用于新建、扩建、改造、购置生产性固定资产的本外币贷款。

第三条 固定资产贷款管理以国家产业政策为导向,以农发行信贷政策为指引,坚持独立审贷、专款专用、防范风险的原则。

第二章　贷款对象、种类、用途和条件

第四条　贷款对象。经工商行政管理部门或主管部门核准登记，借款用途符合我行业务范围，实行独立核算的企、事业法人及其他经济组织，均可申请固定资产贷款。

第五条　贷款种类。

按期限分为短期固定资产贷款和中长期固定资产贷款。

按投资规模分为单项固定资产贷款和固定资产贷款。

按主要还款来源分为经营性固定资产贷款和非经营性固定资产贷款。以经营利润和折旧为主要还款来源的，为经营性固定资产贷款；以各级政府财政补贴为主要还款来源的，为非经营性固定资产贷款。

第六条　贷款用途。

（一）固定资产贷款主要用于解决借款人新建、扩建、改造生产性固定资产项目的资金需要。

（二）单项固定资产贷款主要为解决借款人为购置或更新单项生产设备和运输工具、厂房翻新改造、小型技术改造的资金需要。

第七条　贷款条件。借款人申请固定资产贷款除具备《中国农业发展银行信贷基本制度》规定的基本条件外，还应具备以下条件：

（一）用途符合国家的产业、区域、环保、土地、资源利用等相关政策法规要求。

（二）国家或地方有关部门规定需编制可行性研究报告的，应有国家或行业主管部门规定资质机构出具的项目可行性研究报告（额度在3 000万元以上的贷款一般应由乙级或相应级别（含）以上的机构出具）。

（三）根据国家有关规定或行业惯例需办理的各项审批手续齐备。对实行审批制的项目，其项目已经国家有权部门审批；对实行核准制的项目，其项目立项申请已经国家有关部门批复同意；对实行备案制的项目，已履行备案手续；需行政许可的，应持有政府有权部门颁发的行政许可证件或文件。

（四）信用等级A级（含）以上。

（五）项目各项资金来源明确并有保证，资本金比例不得低于国家和农发行规定的最低标准中的高者。

（六）经营性固定资产贷款项目，借款人财务和信用状况良好，产品具有市场竞争优势，有良好的经济效益和社会效益，借款人及其主要股东、实际控制人、现任高层管理人员遵纪守法，近三年内无不良信用记录。

（七）非经营性固定资产贷款，还应具备以下条件：

1. 借款人为政府出资独立核算的企事业法人、其他经济组织，以及依法具有承贷资格的机关法人。

2. 政府部门授权借款人进行项目建设融资的相关文件材料。

3. 政府或人大同意为借款人（项目）筹集解决还本付息资金的相关文件材料。

省级以上(含)政府项目除外。

4. 地(市)级(含)以下政府负责还款的项目,本级政府具有较强的财政实力,可支配财力较充裕;本级政府具有良好的信用状况,无拖欠到期银行债务;政府负债率、偿债率、债务率、财政总收入平均增长率等指标符合农发行有关规定要求。

5. 其他政府部门负责还款的项目,相关政府部门具有良好的信用状况,无拖欠到期债务的行为。

已经省级(含)以上主管部门批准立项,并列入国家或省级重点建设项目,且符合非经营性项目有关规定要求的,其项目前期运作资金,也可发放固定资产贷款。

(八)农业科技开发贷款,还应具备以下条件之一:

1. 列入《国家中长期科学和技术发展规划纲要(2006 ~ 2020)》明确的农业科技发展优先主题领域的科技成果转化或产业化项目,并能够提供国家或省级科技部门出具的农业科技成果鉴定证书、高新技术产品证书、科技成果推广证书、科技进步奖励证书或国家专利证书等。

2. 列入国家级火炬或星火计划项目、省级政府农业科技计划项目。

(九)申请单项固定资产贷款,还应具备以下条件:

1. 总投资不超过 1 000 万元。

2. 购置或更新的单项生产设备必须技术性能先进,符合节能、环保的要求。

3. 用于厂房翻新或改造的,不得在异地进行和新征用土地。

4. 用于小型技术改造的,只能用于借款人挖潜、革新、改造工程,其中土建工程投资不得超过总投资的 20%。

(十)申请外币贷款,须拥有自营进出口权,借款须有特定的外汇用途。

第三章　贷款期限、利率、额度和方式

第八条　贷款期限。贷款期限根据农发行信贷政策及贷款项目偿债能力等综合因素确定。固定资产贷款一般 3 ~5 年,最长不超过 10 年。其中单项固定资产贷款一般 1 ~3 年,期限最长不超过 3 年。对银团贷款,可以根据银团贷款信息备忘录和银团成员会议确定的贷款期限执行。

第九条　宽限期。宽限期指贷款第一次发放至借款人第一次归还本金的期限。固定资产贷款可设宽限期,原则上不超过项目建设期,项目投产后短期内难以产生经营性现金净流入的,也可适当延长,但延长期不得超过 1 年。单项固定资产贷款原则上不设宽限期。对非经营性固定资产贷款,本届地方政府任期内各期还款额度,原则上不得低于项目各期平均还款额度。

第十条　贷款利率。固定资产贷款利率按中国人民银行和农发行相关利率管理规定执行。

第十一条　贷款额度。单项固定资产、经营性固定资产贷款额度,根据借款人的实际资金需求、偿债能力及所提供的风险保障措施确定。本级财政负责还款的非经营性固定资产贷款额度,一般不超过区域融资最高额度,对有上级政府拨款或补贴的

项目,可根据拨款或补贴金额上调区域融资最高额度。

第十二条 贷款方式。经营性固定资产贷款原则上采取担保贷款方式。非经营性固定资产贷款,如项目具备担保条件或项目收益全额覆盖贷款本息,原则上采用担保贷款方式。否则,可采取信用贷款方式。

第四章 管理要点

第十三条 资料核查。固定资产贷款调查评估前应对借款人所提供资料的完整性、合法性进行核查。核查的重点包括:出具可行性研究报告机构资质及采取的方法和参数是否符合有关规定;可行性研究报告内容是否充实完整;所提供的行政许可、环保、土地使用等证明文件是否真实、合法、有效。

第十四条 调查评估。经营性固定资产贷款调查评估应把握以下重点:

(一)项目建设是否符合国家政策和我行信贷政策;

(二)项目投产后所需原材料供应是否有保证,产成品市场发展趋势及价格走势;

(三)项目所采用的技术工艺是否先进,是否符合节能、高效、降耗、减排的要求;

(四)项目资本金来源是否真实、可靠、合法,资本金比例是否合规,在建项目已投入资本金是否真实;

(五)项目设计规模是否经济、合理;

(六)项目财务净现值是否大于零,内部报酬率是否高于基准折现率,贷款偿还期内经营活动的现金净流量是否满足还本付息需要;

(七)对影响项目效益的敏感性因素是否在可控制范围内,拟采取的应对措施是否可行;

(八)项目可能出现的风险是否能够承受,防范措施是否切实可行;

(九)单项固定资产更新或大修理的必要性、合理性及可行性。

第十五条 非经营性固定资产贷款除按第十四条规定的内容进行调查评估外,还应重点调查地方经济发展程度、地方政府信用状况和财政能力。主要分析 GDP 总量和增长情况、当地的支柱产业发展情况、当地政府信用环境状况、政府合作情况,近三年本级财政总收入、本级可支配财力、建设性支出及占比,地方政府负债率、偿债率、债务率和区域融资最高额度,未来还款期本级可支配财力增长预测等。同时,本级财政负责还款的,要调查政府或人大同意为借款人(项目)筹集解决还本付息资金的相关文件材料是否合法、有效;其他政府部门负责还款的,要调查政府部门同意偿还项目建设贷款的相关文件材料是否合法有效。

第十六条 贷款条件落实。在固定资产贷款发放前,应落实已审批的贷前条件。经营性固定资产项目贷款发放前,项目资本金应按要求到位,项目资本金应为权益性资金;担保材料应完整、真实、合法、有效;本级政府负责还款的非经营性固定资产贷款发放前,当地政府或人大应出具合法、有效的文件或决议,项目资本金已按约定的来源和进度到位;与借款人及有关方已签订项目建设资金使用管理协议、运营收入

(补贴)分割协议等;项目建设有关证照应办理齐全。

第十七条 贷款支付管理。固定资产贷款发放与支付过程中,开户行应确认与拟发放贷款同比例的项目资本金足额到位,并与贷款配套使用。固定资产贷款的支付实行报账制,开设贷款支付回笼专户,可采取借款人自主支付或开户行受托支付方式,对单笔金额超过项目总投资5%或超过500万元人民币的贷款资金支付,应采用受托支付方式。开户行应根据项目进度和已支付建设资金相关凭证监督贷款的支付和使用,非经营性项目工程资金的支付,须经项目建设涉及的政府主管部门审核并签署意见。支付凭证主要包括:

(一)土建工程类:承包商发票、施工合同、监理合同、监理工程师确认的工程进度报告等。

(二)货物采购类:购销合同、供货商发票、货运证明、验货单、供货商签章的付款通知等。

(三)咨询服务类:服务提供方发票、服务提供方签章的付款通知等。

第十八条 严格监督项目投资调整和建设内容变更。在项目建设过程中,如遇特殊情况确需调整投资或变更建设内容(调整建设规模、主要生产设备和工艺等),导致项目总投资调整超过10%以上,对总投资减少的,应相应调减项目贷款,不得减少项目资本金;导致总投资增加的,原则上应由借款人自筹资金弥补。对不能追加项目资本金的,不得追加项目贷款。如出现减少项目资本金,非经营性项目补贴来源发生重大变化,变更借款人(或担保人),变更担保方式或抵(质)押标的,借款人(或担保人)进行资产重组等重大事项,开户行应暂缓贷款发放,采取风险控制措施,并将有关情况逐级上报有权审批行。在项目建设竣工后,有权审批行应及时进行项目后评价,应调查分析项目建设投资总额、项目建设规模及项目资本金来源等情况以及项目工艺技术实际效果、项目产品的价格、品种、质量、数量、销售、市场占有率等情况,同时分析项目的盈利能力、偿债能力,并与项目评估报告进行对比分析,说明是否存在差异、差异原因以及存在的风险点,对后评价发现的问题,应采取措施。后评价结论作为后续信贷支持的决策依据。

第十九条 项目投产后监督。项目投产运营后,应重点关注主要设备运转情况、生产达产情况、产品质量情况、原材料和产品市场变化情况,成本、费用和利润情况,监测项目市场竞争力和效益是否达到预期目标。发现危及贷款安全的问题,应及时采取有效防范措施。

对非经营性固定资产贷款,除按上述要求加强项目监督外,还应重点关注财政资金拨付到位情况。当政府换届时,应及时与借款人落实还款责任,督促政府及有关部门按计划还款。

第二十条 贷款展期。固定资产贷款到期,借款人因正当理由不能按期履约还款,经有权审批行批准可办理一次展期。短期贷款展期期限不得超过原贷款期限,中期贷款展期期限不得超过原贷款期限的一半,长期贷款展期期限不得超过3年。

第二十一条 台账管理。开户行应逐项目建立固定资产贷款管理台账,客户经理要逐笔序时记录贷款的发放使用和本息的收回等情况。

第二十二条 固定资产项目配套的流动资金贷款管理(以下简称配套流动资金贷款)。配套流动资金贷款指为满足项目投产第1年内营运资金需求发放的流动资金贷款,除应按照流动资金贷款有关规定进行管理外,还应按以下要求管理:

(一)应纳入借款人一般融资授信额度进行管理。

(二)一般应在项目投产前单独报批。项目在1年内可投产或配套流动资金贷款必须与固定资产贷款同时发放的,配套流动资金贷款可与固定资产贷款同时报批。

(三)贷款额度应按照项目评估测算的流动资金、资本金比例确定,并根据项目达产率、项目产品市场状况、生产要素市场价格等合理调整。

(四)应根据项目实际投产进度发放贷款。发放前,开户行应对项目资本金到位情况、建设进度或完成情况、投资及资金使用情况、技术及市场情况等进行调查核实,如发现实际情况严重偏离且危及我行信贷资产安全的,不得发放配套流动资金贷款。

(五)对不扩大产能的技术改造、改建类项目或不需投入营运资金的基础设施建设、开发类项目,不得发放配套流动资金贷款。

第五章 附 则

第二十三条 开发性贷款参照本办法管理。

第二十四条 固定资产贷款的操作按照《中国农业发展银行信贷业务操作手册》相关规定办理。

第二十五条 本办法由总行负责制定、解释和修订。

第二十六条 本办法自2010年1月1日起执行。

第三章

与时俱进　创新管理
调整完善信贷政策措施

随着棉花流通体制改革的推进和购销市场形势的变化，棉花贷款对象逐步拓宽，贷款品种不断丰富，中国农业发展银行（以下简称农发行）主动适应棉花信贷工作内外部环境变化，积极调整棉花信贷政策，创新信贷管理措施，提高基础管理水平。

一、调整政策，全力保证棉花收购资金供应

市场化改革后，棉花经营企业自主经营、自负盈亏、自担风险，国家通过储备和进出口等宏观手段调节棉花市场，对于微观企业经营没有风险补偿，棉花收购贷款具有商业性贷款自担风险的特征，但是保护农民利益，确保棉花收购不出问题，仍然是国务院赋予农发行的基本职能，棉花收购贷款又具有很强的政策性，因此，棉花收购贷款面临着执行政策防止出现卖棉难与防控信贷风险的两难选择。对此，农发行妥善处理执行政策与防范风险的关系，调整信贷支持原则，合理布局收购网点，实施贷款额度管理，在“两难”中探索两者的平衡点和结合点，确保了棉花收购顺利开展。

（一）调整信贷支持原则

信贷支持原则是农发行办理棉花信贷业务的基本准则，体现开展棉花信贷业务的目的和方法。制定和贯彻信贷原则的目的，在于使棉花信贷既能服务于国家宏观调控，又能满足借款企业的合理需要。与棉花流通体制改革进程相适应，农发行棉花信贷支持原则可分为三个阶段：

第一阶段，1999～2003 棉花年度，重点突出防控信贷风险。1999 年棉花市场放开后，因企业经营亏损而引发的贷款风险由农发行自行承担，2001 年，国家明确农发行政策性贷款要逐步退出商品棉经营领域，在此形势下，农发行将棉花收购贷款作为商业性贷款管理，重点突出防控信贷风险。1999 棉花年度提出“有条件的地方，可推行以销定贷和担保贷款的贷款方式”，进行了商业化管理探索；2000 棉花年度正式提出“以销定贷、以效定贷”原则，并明确其内涵：一是市场定价原则，即棉花企业自主按照市场价格收购；二是棉花企业必须做到“购得进，销得出，有效益”；三是企业经营棉花不得发生新的亏损挂账。2001 棉花年度，“以销定贷、以效定贷”原则得到国务院确认。

第二阶段，2004～2010 棉花年度，将保收购与防风险并重。2004 棉花年度，在其他资金未能有效进入收购领域、可能影响棉农利益的情况下，国家明确农发行继续支持商品棉经营，农发行强化了收购贷款的政策性职责，把保收购提高到与防风险同等重要的位置。2007 棉花年度，棉花

收购贷款纳入准政策性贷款管理，为兼顾执行政策和防控风险要求，提出“保收购，不保企业”原则，通过合理布局收购资金供应点，整体上保证棉花收购顺利进行，但不保证所有企业都能得到资金供应。2009棉花年度，修正为“保收购、保优质企业、不保劣质企业”和“区别对待、有保有压、择优扶持”。

第三阶段，2011棉花年度以后，面临形势变化，特别是客户结构优化明显，市场风险意识普遍提升，农发行改革处于新阶段的要求，农发行在棉花收购信贷政策上更加突出保收购职能。2011棉花年度，国家出台棉花临时收储政策，加大了对棉花产业的扶持力度，适应政策变化，农发行提出在不“打白条”的前提下防控风险的原则，做到“钱等棉”，把维护棉农利益、保证资金供应放到了更加突出的位置。

（二）合理布局收购网点

为防止出现“打白条”现象，方便棉农售棉，农发行合理布局收购网点，即统筹考虑棉花产量、贷款企业收购及加工经营能力、风险承受能力，通过贷款资格认定，使贷款企业基本覆盖棉花主产区。布局收购网点，首要的是防止出现区域性收购资金供应空白点。对于确无符合贷款条件企业的地区，在政府提出要求并落实风险防范措施的情况下，支持定点收购或者组织周边企业收购，以解决当地棉农卖棉问题。

为做好收购网点布局工作，农发行适时调整贷款资格认定标准和要求。

2003棉花年度，根据社企分开改革进程，制定改制后供销社不再控股新企业的准入条件。

2005棉花年度，针对各地资格准入标准不统一的问题，出台政策性、风险性审查重点。

2008棉花年度，为增强我国棉花企业竞争力，制定《关于加强对大型重点棉花流通企业信贷支持的意见》，对大型重点棉花流通企业提供差异化金融服务，积极支持优质企业做大做强。

2011棉花年度，根据往年合作情况，选择黄金和优质客户以及为防止出现区域性“卖棉难”确需认定资格的企业，认定为基本客户，作为农发行保收购的重要载体，保护棉农利益，确保棉花收购顺利开展。基本客户之外作为可选择客户，按照商业性贷款管理要求择优支持。目前，开展贷款资格认定、合理布局收购网点已经获得业内普遍认可，能否取得农发行贷款资格已经成为衡量企业经营管理水平和综合实力高低的一个标志。

（三）实施贷款额度管理

为配合国家宏观调控，保护棉农基本收益，防范市场风险，农发行制定了棉花收购贷款额度管理政策，最重要的是“双限”政策，即棉花收购贷款标准（收购贷款上限、收购贷款下限）和贷款风险控制标准（收购价格上限、收购价格警戒线）。棉花收购贷款标准是企业收购每担棉花农发行可提供的最高贷款额度，贷款风险控制标准是企业用农发行贷款进行收购的市场收购价格上限，当市场收购价格超过了风险控制标准，停止贷款。两个标准是在收购前全面分析棉花种植成本的基础上，重点考虑棉农合理收益，综合收购加工费用、纺织企业可接受价格等因素而确定的。

2001 棉花年度，首次按照国家价格信息中心发布的新棉收购指导价格（380 元/担）制定了贷款支持上限。

2003 棉花年度，收购价格暴涨，为配合国家稳定市场价格，增设收购价格上限，将单限控制调整为双限控制。

2004 棉花年度，价格高开低走，如执行价格上限政策，可能导致价格过低，引起下一棉花年度棉花市场不稳定，因此适时取消了价格上限，同时坚持贷款上限并提高标准，切实保障了棉农的利益，对稳定市场价格起到了支撑作用。

2006 棉花年度，为配合国家稳定棉花市场，重新实行双限控制政策。

2009 棉花年度，对于纺织企业自用的棉花；实施第三方监管的棉花；信用等级 AA 级（含）以上企业收购的棉花；总行确定的大型重点棉花流通企业收购的棉花，可以适当上浮收购贷款上限。

2010 棉花年度，对于采取标准仓单质押方式融资的企业；采用抵押、质押、保证等有效担保方式，能实现贷款风险全覆盖的企业；自有资金占参与收购资金比例不低于 30%，且信用等级 AA－级（含）以上的企业，可以适当上浮风险控制线。在后期价格快速上涨的极端特殊形势下，从国家改革发展稳定大局出发，对贷款企业愿意收购农民自愿交售的棉花，提供贷款支持，防止出现“打白条”现象。

2011 棉花年度，与国家棉花临储政策相适应，只出台棉花收购贷款标准 900 元/担，对市场风险控制标准不再统一规定。

总体来看，棉花收购信贷政策的调整是因势而变、因时而变、因企业实际而变，适应了棉花流通市场形势的变化，取得了良好的社会效益和经济效益。2011 棉花年度，具备贷款资格企业共 667 家，较市场化改革前减少约 2/3，在客户结构显著优化的同时，收购网点布局满足了棉农售棉需要。2001 ~2010 棉花年度十年间，累放收购贷款 3 533 亿元，支持企业收购棉花59 393万担，棉花收购量占统计局公布棉花产量50%以上，在复杂多变的市场形势下，农发行棉花信贷业务经受了冲击和考验，保持了棉花收购资金供应主渠道地位，已经成为保护棉农利益、维护棉花市场健康运行、执行国家调控政策的核心力量，充分发挥了政策性金融在棉花流通市场化改革中的金融支持和引导作用。

二、创新管理，积极防控信贷风险

市场化改革后，棉花企业产权逐渐明确，历史包袱陆续解决，经营活力逐步增强，市场化程度大幅提高，市场风险也相应加大，但是企业总体规模相对较小，经营水平较低，棉花信贷客户基础依然薄弱，风险承受能力较差。对此，农发行因势而变，抓住重点，创新思路，逐步探索了一套防控风险的新方法。

（一）建立收购贷款“双结零”政策

加入世贸组织后，我国纺织服装行业快速发展，国内棉花产不足需，为保证纺织用棉，国内当年生产的棉花需要全部进入生产领域，另外还需适量进口弥补缺口，在此形势下，农发行建立了棉花收购贷款“双结零”政策，即农发行贷款收购的棉花当年销售完毕，年度结束前收购贷款本金和利息要全部收回。

2002棉花年度，农发行首次提出要督促企业边购边销，棉花年度结束时力争做到贷款本息双结零。

2003棉花年度，正式提出棉花收购贷款必须年度双结零，对于未能收回的企业，原则上不予认定下一年度贷款资格，这一政策得到了国家有关部门的认可。

2004棉花年度，为方便棉纺企业生产经营，规定棉纺企业可以根据订单情况及期限管理要求，来确定收回贷款。

2005棉花年度，总行在《关于进一步做好棉花贷款管理工作的通知》中规定，“对于纯购销企业，至2006年3月末，收贷率原则上要高于50%，5月末，高于70%，年度结束，收购贷款要基本收回”，将“双结零”政策进一步细化为“三五八”收贷模式，督促企业建立均衡销售理念。

2009棉花年度，吸取其他贷款品种管理教训，规定棉纺深加工企业使用收购贷款，也必须执行“双结零”政策。“双结零”政策、“三五八”模式所倡导的稳健经营理念，对于平抑棉花市场价格，建立正常购销市场秩序，保障棉纺企业用棉，防止企业囤积居奇以及防范化解信贷风险等方面，发挥了重要作用，已成为行业共识，现已推广到粮油、农资等信贷业务领域。

(二)开展第三方库存监管

传统棉花库存管理手段工作量大、难度大,效果并不十分理想,特别是对于信用意识较差的企业,空库、亏库现象时有发生,为抓住库存棉花这个第一还款来源,农发行开始探索第三方监管方式,试图通过法律形式,在特殊情况下取得贷款形成棉花库存的处置权,避免贷款客户自身管理可能发生的信用风险和道德风险,以减轻信贷人员的库存管理压力,掌握贷后管理的主动权。具体讲,所谓第三方监管,即将企业贷款收购的棉花交由独立第三方棉花仓库保管或就地监管,由贷款行、贷款企业和第三方仓库(或监管公司)三方签订协议,在协议中明确各自责任义务,若贷款发生潜在风险,开户行有权委托第三方代为销售并收回贷款。2005 棉花年度,更进一步提出了第三方监管的基本做法:

一是在贷款投放前,农发行、贷款客户和第三方签订协议,贷款客户同意将棉花库存存入指定第三方仓库;

二是农发行根据入库棉花的数量和质量按一定比例发放贷款;

三是第三方出具规范的棉花仓单,按协议监管库存;

四是贷款客户销售棉花出库时必须提供农发行认可的提货通知书和棉花仓单原件;

五是在棉花市场发生波动时,农发行有权委托第三方代为销售后收回贷款,独立第三方可选择全国棉花交易市场和现有优质客户。

为便于基层行操作,总行向系统印发了参考协议文本。

2006 棉花年度,规定对信用环境差、抗风险能力弱等情况的棉花流通企业,原则上采取第三方监管方式。

2007 棉花年度,规定对于积极实行第三方监管的企业,可适当放大贷款投放额度,支持企业扩大经营量。对于完全自筹收购铺底资金的企业,可不办理有效资产抵押,直接根据进入第三方监管库存量,按贷款上限提供贷款。同时,提出独立第三方要优先选择全国棉花交易市场。

2008 棉花年度,规定实行第三方监管企业的关联企业不得作为独立第三方,第三方监管的棉花库存要实行专仓专垛管理。

2009 棉花年度,修订了参考协议文本,查找并弥补了原协议中的漏洞,采取“追加质押”操作模式,加强了对贷款形成物资的控制,以应对法院查封、企业破产对农发行债权的影响。同时,对独立第三方选择作了进一步规范。

2011 棉花年度,规定在保证库存安全的前提下,贷款审批行可根据本地实际决定实行就地监管或移库监管，同时要求省级分行对监管主体设置准入门槛，各监管主体原则上要采取缴存履约保证金或者办理履约责任保险等担保措施。此外，规定所有实施第三方监管的棉花，原则上都要办理仓单质押或动产质押手续，以加强对贷款形成棉花的法律保护，确立农发行贷款的优先受偿权。棉花库存第三方监管，既成功解决了看库管库的困难，也有效地应对了执行政策和防范风险矛盾，现已推广到粮油信贷业务领域。

（三）完善“三金”管理政策

为提高贷款保障程度，减小风险敞口，农发行规定企业办理贷款时有效资产需应抵尽抵，有条件的地区要积极推行担保贷款方式。但是棉花企业有效资产较少，担保方式难以全面推广，为此逐步探索建立了“三金”管理政策。“三金”即企业自筹资金、风险准备金和经营者风险担保金。自筹资金指企业通过其他途径筹集与农发行贷款配套参与收购的资金；风险准备金（风险基金、风险保证金），是企业在贷款投放前按照一定比例筹集并存入风险准备金专户的资金，作为贷款损失的补偿；经营者风险担保金是企业经营者个人的资产，也是作为贷款损失的补偿准备。

2002 棉花年度，农发行首次提出要筹集一定比例的自筹资金，逐步建立风险基金制度，风险基金专户管理，不参与企业经营。

2003 棉花年度，规定自筹资金必须是企业自有资金和其他合法有效来源的资金，并在贷款投放前存入专户，销售货款回笼后要首先收回贷款，不允许提前抽走自筹资金。同时，首次提出要推行企业经营管理者个人风险质押金。

2004 棉花年度，为提高自筹资金对贷款的保障程度，规定合同定金和预收货款不得作为自筹资金，风险准备金必须专户存储。

2005 棉花年度，对来源于其他银行、法人单位借款的，要求签订三方或多方协议，约定销售货款回笼收贷顺序和比例。企业风险准备金必须是企业的自有资金，经营者风险担保金必须企业高层管理人员的个人资产，在贷款本息未全额收回前，不得动用。同时，规定“三金”是单独或组织使用及其具体比例由省级分行合理确定。

2009、2010 棉花年度，先后规定风险准备金、经营者风险担保金必须在农发行专户存储，并在借款合同中约定作为对农发行收购贷款的担保。

2011 棉花年度，规定超过 1 年期贷款利率上浮 70%（上浮标准每年调整）的借款不得作为自筹资金，若企业抵质押充足，风险准备金或经营者风险担保金可不收或少收。“三金”政策在引导企业增强经营意识、注重自我积累、防范市场风险、保障收购贷款安全方面起到了很重要的作用。

（四）开展棉花供需衔接

棉花信贷支持领域拓宽到棉花生产、加工、流通、纺织和服装等整个棉花产业链后，为帮助贷款收购企业销售棉花，实现收购资金在全行范围和产业领域的大封闭运行，农发行发挥系统优势，利用系统上下游客户资源，建立了棉花供需衔接机制，利用信贷杠杆，支持开户的棉花下游深加工纺织企业购买农发行贷款轧花厂收购加工的棉花。

2006 棉花年度，首次组织召开供需对接会，对供需衔接机制进行宣传和引导。

2007 棉花年度，为解决银行过分干预、企业选择不当等问题，对供需衔接管理进行了规范，要求按照自愿合作和市场定价的原则开展，不得强行干预，供需衔接对象要挑选贷款客户中规模较大、信用较好、实力较强的用棉企业，供需衔接规模不能超过企业外购棉花需求量。

2008 棉花年度，为推广供需衔接，提出将供需衔接工作前移至收购环节，鼓励上下游企业在收购开始前签订供需合同，进行定向收购。供需衔接时可以临时增加贷款规模，开启办贷“绿色通道”，提高工作效率。另外，规定供需衔接贷款要通过农发行系统内账户划转，售棉企业开户行应及时收回相应收购贷款，在结算中实行此增彼减。

2009 棉花年度，为解决协调卖棉困难、合同纠纷等问题，提出供需衔接要按照“企业自主、强化服务、合同管理、封闭运行”的原则开展，严格规范了购销合同的签订和履行、信贷资金的支付和结算、库存的监管衔接等关键环节。

2010 棉花年度，为防止供需衔接时超需求量购买棉花，规定棉纺企业购买棉花应使用商业性短期流动资金贷款科目，纳入最高综合授信额度控制。棉花供需衔接机制，促进农发行贷款企业间加强合作，使生产、流通、初加工和深加工之间有机衔接形成利益关联体，对于有效防控市场风险，保障棉花收购贷款“双结零”起到了关键作用。

（五）规范企业经营行为

市场放开后，棉花收购主体参差不齐，很多民营企业股权结构单一，规章制度缺失，内部管理不规范，经营随意性大，给农发行贷款安全带来威胁。为此，农发行采取措施，加强引导，规范企业经营行为，提高客户抗风险能力。

一是引导企业建立自我积累机制。2001 棉花年度，规定企业必须有一定数量的自有资金参与收购。此后，逐步引导企业将每年的经营利润按一定比例补充自有流动资金。2009 棉花年度，规定自有资金要在上年度基础上至少增加 10%（新疆企业 5%）。2010 棉花年度，对于自有资金比例低于 30% 的企业，要在 2009 棉花年度的基础上再提高 10%（新疆企业 5%）。2011 棉花年度，规定自有资金 20% 以上的企业，可以认定为基本客户，给予重点支持。

二是督促企业严格质量管理。始终要求贷款企业开展“一试五定”，严禁虚提衣分，虚高等级，不得以衣亏为由弄虚作假，防控棉花质量风险。2002 年，联合国家质量监督检验检疫总局共同下发了《关于加强棉花质量监督管理 防范信贷风险的通知》（国质检执联［2002］288 号），建立了棉花质量监督管理联合工作制度、棉花质量与信贷资金供应协同监管通报制度，协同监管棉花质量。2011 棉花年度，规定在启动收储预案后，对于符合收储要求的棉花，加大支持力度，引导企业提高质量管理意识。

三是严禁企业参与投机活动。电子撮合和期货交易开通后，鉴于棉花企业自有资金有限、内控机制尚不健全、专业知识人才缺乏的实际，为防控信贷风险，2003 棉花年度，规定严禁贷款支持流通企业在全国棉花交易市场购买棉花和参与电子撮合远期棉花交易。2004 棉花年度，规定在农发行贷款的棉花企业暂不进入期货市场进行交易。对企业经营行为加以规范和引导，提高了企业经营管理能力，促进了企业做大做强，降低了棉花信贷风险，实现了银企“双赢”目标。

总体来看，在市场化改革过程中，农发行在继续坚持封闭管理有效措施的基础上，创新提出的“双结零”政策、第三方监管措施、“三金”管理和产销衔接等管理措施，抓住了新形势下的关键环节，增强了贷款管理的主动性，提高了信贷管理水平，有效防控了风险，取得了非常好的效果。2002 棉花年度以来，连续十年收购贷款收回率基本维持在 99%，实现了棉花信贷资金良性循环。

三、夯实基础，有效落实政策措施

随着棉花信贷业务的快速发展，新的信贷政策措施不断出台，对此，农发行细化要求，严格管理，狠抓执行力建设，增强信贷管理实效。

（一）规范贷款使用管理

为确保棉花收购贷款专款专用，防止挤占挪用现象发生，农发行总结经验教训，严格限定了贷款用途，规定棉花收购贷款只能发放给具备棉花加工资格的企业，用于从棉农和经纪人手中直接收购籽棉，不得用于购入皮棉或棉籽（新疆生产建设兵团企业除外）。同时，逐步强化对异地收购贷款和棉纺龙头企业使用收购贷款的管理。

一是逐步收紧异地收购贷款管理。为保证棉花收购不出“卖棉难”的问题，对于确无符合条件企业的地区，早期允许通过周边企业跨区异地收购，解决棉农卖棉。但由于异地收购在资金和库存管理等方面难度较大，此后逐步强化了对异地收购贷款的管理。2004 棉花年度，规定异地收购贷款结算要通过农发行系统内转账进行。2006 棉花年度，规定异地收购要防止诱发当地无序竞争和抢购抬价。2008 棉花年度，规定企业异地收购贷款资格及额度由省级分行核定；异地收购企业信用等级原则上在 AA 级以上，异地收购贷款原则上实行非信用方式。2009 棉花年度，规定收购贷款不得跨省区收购，为解决收购网点布局问题，省级分行可以协调省区内企业跨地市异地收购。

二是逐步收紧棉纺和龙头企业使用收购贷款。2004 年，考虑棉纺龙头企业实力较强、风险相对较小，农发行鼓励优质龙头和棉纺企业入市收购，促进棉花产业化发展。2009 年，鉴于棉纺龙头企业资产实力较强，能够落实商业性贷款管理要求，为防控信贷风险，规定棉纺龙头企业一般性流动资金需要，原则上发放商业性短期贷款解决；确因解决农民售棉需要和季节性原材料集中储备又符合收购贷款条件的，可以适当发放收购贷款，但要严格按照收购贷款封闭管理规定，不得周转使用；加工和龙头企业的棉花收购贷款必须纳入最高综合授信管理，原则上实行担保贷款方式；收购贷款形成的库存要单收单存。

（二）强化借款合同管理

为增强信贷管理措施的法律效力，农发行逐步探索将信贷管理措施写入借款合同或签订补充协议，以强化管理效果。2004 棉花年度，规定要与贷款企业签订有约束力的均衡销售协议书，约定贷款企业适时销售棉花。2007 棉花年度，规定借款合同中要明确约定开户行有权委托执行库存监管的第三方代为销售并收回贷款。2009 棉花年度，规定要将封闭管理和“双线”政策、“三金”来源及比例、货款回笼收贷顺序、均衡还贷时间、第三方监管以及不得以贷款形成棉花作为担保去融资等管理要求体现在借款合同中，以增强棉花信贷管理效果。2011 棉花年度，将企业交储货款回笼至农发行账户等内容纳入合同管理，并且规定各省级分行可制定辖内统一的补充协议文本。

（三）加强台账报表监测

为做好棉花贷款封闭运行管理，农发行将信贷管理会计化，于 1999

年建立了棉花贷款管理台账和月报表制度，即根据贷款发放、棉花购入、加工、销售、货款回笼、贷款收回等各个环节的码单和记账凭证，登记管理台账，根据管理台账生成月报表，通过管理台账和月报表，及时监测、准确了解贷款运行情况和企业经营过程。在此基础上，建立了定期综合分析制度，按月对企业的贷款使用情况、生产经营情况、财务状况及其他重大事项开展分析，其中对于大客户实行重点监测，发现问题及时解决。自2003棉花年度以来，建立了棉花收购贷款旬报制度，按旬统计监测所有棉花企业的贷款情况、收购进度、收购价格、销售以及收贷等情况，发现问题及时提示风险。2011年，更进一步强化电子化监测水平，通过计算机系统建立了综合报表平台，可以直接监测到每个企业的旬报和月报数据，增强了监测分析能力，提高了精细化管理水平。

附:相关信贷政策、制度、流程和办法

关于1998年度棉花收购贷款政策问题的紧急通知

1998年9月4日　农发行字[1998]314号

中国农业发展银行各省、自治区、直辖市分行，各计划单列市分行，总行营业部：

1998年度棉花收购工作即将开始，为保证棉花收购资金的供应，合理发放棉花收购贷款，实现收购资金封闭运行，现将1998年度棉花收购贷款管理中的有关问题紧急通知如下：

一、认真执行棉花收购资金供应政策

各级行必须严格按照收购资金封闭运行的要求，坚持“库贷挂钩、钱随棉走”和“收多少棉花、放多少贷款”的原则，切实采取有效措施，认真做好棉花收购资金供应工作。要切实做好收购贷款计划安排和资金调度工作，保证收购资金供应。要严格核定棉花收购贷款发放额度，确保新发放的收购贷款与新收购的棉花库存值（含必要的收购费用）相一致。各级行在核批的收购贷款计划内，可在收购开始前，先给棉花收储企业发放1～3日的收购贷款作为铺底资金，然后逐日逐笔核对企业棉花收购凭证，根据实际收购量发放贷款，不得超量发放。同时，要防止企业少收多报棉花收购数量、低收高报收购价格；坚决禁止企业挤占挪用收购资金。对挤占挪用收购资金的单位和地区，要采取必要的信贷制裁。要做好现金供应工作，监督棉花收储企业对棉农户交户结，现金结算。

二、关于棉花收购贷款对象问题

从以前棉花收购情况看，一些地方由于历史沿革和管理不善，棉花收购贷款对象比较杂乱，存在着多家承贷棉花收购贷款的问题。但是除棉花收储企业外，基层供销社等单位的基本账户又不在农发行，易造成多头开户，棉花销售货款流失，影响棉花收购资金的封闭运行。因此，为了加强对棉花收购贷款对象的管理，总行决定：1998年度棉花收购贷款只对在中国农业发展银行开立基本账户的供销社系统的棉花收储企业发放，由供销社系统的棉花收储企业统一承贷承还农发行棉花收购贷款，直接收购或委托基层供销社等单位收购棉花。各级行要对棉花收购贷款发放对象进行一次全面清理，进一步规范棉花收购贷款的管理。

三、关于棉花收购费用贷款问题

棉花收购贷款作为国家政策性贷款，只能用于解决棉花收储企业收购皮棉、棉籽等副产品和收购过程中的直接费用的资金需要，针对以往收购贷款发放偏松的问题，考虑到棉花市场价格较低的现状，为防止企业亏损挂账，各级行今年要从紧控制棉花收购贷款发放范围和数额，收购价款要按国务院有关文件规定执行，必要的收购费用只能包括收购过程中直接发生的费用，不包括棉花入库后的保管费用及利息开支。

1998 年收购费用全国平均按每担 150 元掌握，其中，棉籽价款 104 元，收购直接费用 46 元（包括代购手续费、包装材料、集并、打包转运、检验及其他费用等）。1998 年棉花收购费用贷款从紧从严控制，有利于下一步棉花购销价格改革，有利于顺价销售，制止亏损挂账。因此，各级行要按照棉花收购资金封闭运行的要求，对棉花收购贷款的发放必须从严控制。在每笔贷款的发放环节上，收购价款要做到按收购凭证的实际金额认真审查支付，收购费用要按标准核实发放。棉籽收购所需贷款实行专项管理。有些地方棉籽实行棉农委托加工的，不安排棉籽收购贷款。棉花代购手续费所需贷款，只能用于支付代购部分的手续费，不能扩大范围。同时，各级行要积极支持棉花收储企业适当收缩收购网点，减少流通环节，降低代购比重，降低收购费用。

四、关于账户管理问题

加强棉花收储企业账户管理工作，是防止棉花收购资金流失，实现封闭运行的重要手段。在 1998 年度棉花收购贷款管理中，各级行要按政策规定，严格监督棉花收储企业开户管理。棉花收储企业必须在中国农业发展银行开立基本账户，并设立“收购资金存款户”、“企业财务资金存款户”和“单位应付利息存款户”，并按每个存款账户的核算内容要求严格监督管理，制止企业多头开户，严防棉花收购资金流失。

五、认真加强棉花收购贷款管理的基础工作

要尽快建立和完善棉花贷款封闭运行管理台账。总行根据棉花贷款发放、日常监测管理和收贷收息三个关键环节的不同要求，已制定印发了 6 个棉花贷款封闭运行管理台账及《棉花贷款管理台账登记说明》。各级行要按照总行的要求，结合本地实际，认真做好管理台账这一基础性工作，建立健全管理台账制度。对此，各级行行长要加强对这项工作的领导，加强对台账的准确性、及时性、完整性的监督检查，确保这项工作真正落到实处。

要认真做好棉花贷款管理信息反馈工作。各级行要对 1998 年棉花收购贷款管理中出现的新情况和新问题进行认真调查研究，并提出切实可行的建议和意见。对重大问题和情况，要在核实清楚的基础上，及时上报上级行。

1998 年棉花收购贷款管理工作是关系到中国农业发展银行收购资金封闭运行和进一步深化棉花流通体制改革的一项重要工作。各级行要加强领导，精心组织，要按照国家制定的 1998 年棉花及棉花收购工作有关政策和本通知的精神和规定，严格管理，认真贯彻落实。

关于 1999 棉花年度信贷政策和信贷管理问题的通知

1999 年 7 月 20 日　农发行字[1999]161 号

中国农业发展银行各省、自治区、直辖市分行，各计划单列市分行，总行营业部：

为了做好 1999 棉花年度收购资金的供应和管理工作，确保棉花收购资金持续稳定封闭运行，根据《国务院办公厅关于做好 1999 年度棉花工作有关问题的通知》（国办发[1999]57 号）和全国棉花工作会议精神，现将 1999 棉花年度信贷政策和信贷管理有关问题通知如下，请各行遵照执行。

一、严格贷款对象管理

1999 棉花年度，棉花贷款的对象必须是经省级政府有关部门认定的，具有专门从事棉花收购（含初加工）、储备、调销、进出口业务经营资格和还本付息能力的供销社棉花收储企业以及符合我行贷款条件的农业部门所属的良种棉加工厂。棉花贷款对象必须符合《中国农业发展银行棉花贷款管理暂行办法》的有关规定。各级中国农业发展银行（以下简称农发行）要积极支持棉花收储企业参与市场竞争，支持棉花收储企业多收购优质棉花。各级行要对贷款对象进行严格审查，不具备贷款条件的不予贷款。

（一）申请棉花收购贷款的供销社棉花收储企业必须具备法人资格；必须在农发行开立基本账户及有关专用存款账户；必须具备经省级政府有关部门认定的经营资格；必须具备一定数量的自有资金；必须逐步实现棉花储备与经营分开，棉花收储和籽棉加工与多种经营分开，在经营体制上与供销社彻底分离，成为自主经营、自负盈亏、自我发展、自我约束的经济实体。

（二）申请棉花收购贷款的农业部门良种棉加工厂必须是在经农业部批准的国家优质棉基地县的棉花良种繁殖区范围内专门从事良种棉收购、加工的良种棉加工厂；必须具备经有关部门核发的生产许可证、经营许可证、质量合格证和营业执照；必须符合农发行的贷款条件，有还本付息能力，经农发行审核同意后开立基本账户，接受农发行的信贷监督和管理。

二、完善棉花贷款方式

1999 棉花年度棉花贷款原则上实行谁直接经营棉花，谁直接承贷承还的贷款方式。直接承贷承还是指直接从事棉花收购（含初加工）、储备、调销、进出口业务的棉花收储企业直接向当地农发行申请贷款，棉花销售后，直接将贷款本息归还农发行。要通过完善贷款方式，积极支持棉花企业改革经营体制，理顺购销关系，实现直接经营，提高经济效益；要落实债权债务，确保信贷资产安全。

有条件的地方,可推行以销定贷和担保贷款的贷款方式。

三、严格控制收购费用贷款

要严格控制收购费用贷款的发放总量,考虑到1999年棉花收储企业直接经营棉花、直接承贷承还棉花收购贷款的实际情况和棉花初加工设备维修的资金需要,1999棉花年度棉花收购直接费用每担控制在40元以内。

收购直接费用是指棉花收购、初加工过程中发生的直接费用(对棉花入库后的保管费用、销售费用不能发放银行收购贷款),其中棉花初加工设备维修费用每担控制在6元以内,由县(市)支行按此标准参照1999年的预计收购量编制贷款计划报地(市)分行审核批准(同时报省分行备案)后,根据设备维修实际需要分次发放,适当集中使用。设备维修费用只能用于购买现有设备维修所需的零配件,严禁用于新建轧花厂。对国家明令禁止的小轧花厂,各县(市)支行不得发放维修费用。

要严格规范收购费用贷款的发放程序,收购费用贷款必须依据费用单据,按照实际收购进度进行发放,不允许按收购计划一次性全部放款。

四、进一步加强收贷收息工作

各级行要大力支持和促进棉花收购企业开拓市场,顺价销售,加强管理。提高经济效益。要根据收购资金封闭运行要求,在企业销售回笼货款归行后,及时足额收回所占用的贷款以及应分摊的利息,余下的货款及时转入企业财务资金账户。当前要进一步采取措施,切实加强收贷收息工作。要根据国家有关规定,从财政补贴、棉花销售收入以及棉花企业其他资金来源中做好收息工作。对原来借有棉花贷款、目前不承担棉花收储业务的企业,要切实加强信贷管理和资产保全工作,其经营收入以及清理收回的其他不合理占用资金归行后,要首先用于收回当期利息和欠息,不欠息的要收回贷款本金。

五、进一步加强棉花库存和销售管理

各级行要认真贯彻总行和供销总社联合下发的《关于坚决禁止赊销和违规降价销售棉花,切实加强棉花贷款管理的紧急通知》的精神,配合棉花企业加强棉花库存和销售监管工作。要坚持信贷人员联库责任制,认真搞好台账管理工作,及时监测库存变化情况。要坚持棉花出库报告制度。信贷人员要根据企业销售合同,协助企业做好库存成本的测算工作。要按照国务院规定,坚决制止亏本销售和赊销棉花,防止出现新的亏损挂账、挤占挪用收购资金。要按照总行《关于加强新疆移库棉信贷管理工作的紧急通知》(农发行字[1999]114号)文件精神,进一步提高认识,加强领导,切实做好新疆移库棉的信贷管理工作。

六、进一步加强信贷管理基础工作

各级行要从完善信贷员联库制度、台账制度、出库报告制度以及收贷收息制度抓起,加强管理基础工作,加强基层行的工作,不断提高棉花信贷管理水平。各级行要进一步加强监督检查和信息反馈,认真监督检查棉花收储企业使用收购资金情况。对违反政策规定的企业,要实行必要的信贷制裁。各级行要及时反映棉花收购和资金供应管理中的新情况和新问题,重要情况和重大问题及时报告总行。

关于做好2000年度棉花信贷管理工作的通知

2000年9月13日　农发行字[2000]161号

中国农业发展银行各省、自治区、直辖市分行，各计划单列市分行，总行营业部：

目前，棉花收购工作已陆续展开，为了深入贯彻落实全国信贷工作会议精神，准确理解和把握"以销定贷、以效定贷"的信贷政策，做好2000年度棉花收购资金供应和管理工作，现就有关问题通知如下：

一、充分认识新形势下做好棉花收购资金供应和管理的重要意义

2000年度棉花信贷工作，我行将按照"以销定贷、以效定贷"的原则提供棉花收购贷款。这是在棉花市场基本放开、棉花购销价格基本由市场形成、棉花购销主体日趋多元的新形势下，总行对棉花信贷政策作出的相应调整。这反映了棉花流通体制改革对信贷管理的基本要求，既是我行区别于按"收一斤棉，给一斤棉的贷款"原则供应收购资金政策的基本标志，也是对棉花收购资金实行封闭管理的最基本的信贷原则。各级行领导和全体干部职工，要进一步统一思想，提高对贯彻落实好"以销定贷、以效定贷"信贷政策重要性的认识。要充分认识到，做好2000年度棉花收购资金供应和管理工作，对贯彻落实国家宏观调控政策，推进棉花流通体制改革；对支持企业扩大购销，积极参与市场增强竞争力，加快经营机制转换；对棉农增加收入，加快农业种植结构调整；对中国农业发展银行（以下简称农发行）降低信贷资产风险，促进封闭管理，实现收购资金良性循环等都具有十分重要的现实意义。因此，各级行特别是棉花主产区行要统一认识，转变观念，克服困难，抓住机遇，增强紧迫感和责任感，认真贯彻落实"以销定贷、以效定贷"信贷政策，集中精力做好今年棉花收购资金供应和管理工作。

二、正确理解和把握"以销定贷、以效定贷"的信贷政策

（一）准确把握"以销定贷、以效定贷"信贷政策的精神实质。今年是我行实施"以销定贷、以效定贷"的第一年。棉花企业、农民及中国农业发展银行各级行都有个适应和调整的过程。因此在贯彻落实时，既要加大宣传力度，又要注意把握其精神实质。一是市场定价原则，即棉花企业自主按照市场价格收购；二是棉花企业必须做到"购得进、销得出、有效益"；三是企业经营棉花不得发生新的亏损挂账。

（二）合理预测企业棉花购销计划，并据此确定贷款总量。其基本要求是：以市场价格为依据，以县（市）棉花企业为单位，按企业近两年实际购销和2000年当地棉花资源状况，合理确定企业购销计划，进而确定贷款总量。在确定的收购总量及贷款额度内，对管理水平高、市场竞争力强、经营效益好、信用记录优良、购销渠道相对稳定的企业可优先予以支持。有条件的地方，也可试行企业信用等级管理，根据企业的信用等级情况，实行区别对待。考虑到新疆维吾尔自治区的实际情况，新疆维吾尔自治区分行可在新疆维吾尔自治区政府发布的棉花收购指导价格的基础上，按照"以销定贷、以效定贷"的原则供应和管理棉花收购资金。

（三）严格控制收购费用贷款。费用贷款直接影响企业经营成本和经营效益，其发放与管理也体现了各行的管理水平，要通过有效的信贷监管，在不影响正常收购的前提下把收购费用贷款降到最低限度。收购费用贷款要严格按规定的开支范围逐笔据实发放。同时要因企制宜，不准搞"一刀切"。

三、改进信贷服务工作

（一）深入开展调查研究，准确预测企业收购及贷款总量，及时安排贷款，确保收购资金供应，争取工作的主动性。

（二）充分利用我行分支机构多、遍布范围广、信息传递快的优势，及时收集整理反馈市场信息。总行和各分行信贷部门都要指定专人及时发布和传递棉花购销形势和价格信息，积极主动为基层行和企业提供信息服务。同时，各级行还要建立银企联系会制度，定期沟通情况，做好毗邻地区收购价格分析工作，使企业收购棉花始终保持合理的价格水平，促进棉花购销业务的顺利进行。

（三）加大对棉花收购资金供应与管理政策的宣传力度。做好今年棉花收购资金供应和管理，支持供销社棉花企业继续发挥主渠道作用，仍是各级农发行的重要职责。因此，各级行都要积极采取多种形式，加大对"以销定贷、以效定贷"信贷政策的宣传力度，努力创造良好的社会氛围，共同做好棉花收购资金封闭管理工作。

今年是棉花流通体制改革关键的一年。各级行要转变工作作风，深入开展调查研究，特别是要加强对供销社棉花企业体制改革的调查研究，努力提高自身的政策水平和服务水平。同时要继续认真贯彻落实现行的收购资金贷款管理各项制度办法，确保封闭运行。各级行在执行"以销定贷、以效定贷"的信贷政策中遇到新情况、新问题要及时上报总行。

关于做好2001棉花年度棉花信贷管理工作的意见

2001年8月30日　农发行字[2001]171号

中国农业发展银行各省、自治区、直辖市分行,各计划单列市分行:

为了认真贯彻落实全国棉花工作会议精神,积极支持和推动棉花流通体制改革,切实加强棉花收购资金封闭管理,根据《国务院关于进一步深化棉花流通体制改革的意见》(国发[2001]27号)文件精神,现就2001棉花年度棉花信贷管理工作提出如下意见。请各行遵照执行。

一、充分认识做好2001棉花年度棉花信贷工作的特殊重要性

国务院决定,自2001棉花年度起按照"一放、二分、三加强,走产业化经营的路子"深化棉花流通体制改革。这对于彻底打破垄断经营,充分发挥市场作用,合理配置棉花资源,引导农民调整种植结构,增加农民收入,积极推进棉花经营产业化,适应加入世界贸易组织的需要,促进我国棉花产业持续、稳定、健康发展,具有十分重要的意义。同时,为了适应棉花购销和价格的放开,国务院决定中国农业发展银行(以下简称农发行)政策性贷款要逐步退出商品棉经营活动。但为保证收购资金供应上的有效衔接和平稳过渡,2001棉花年度棉花信贷资金继续由农发行按现行办法管理。在确保国家储备棉资金供应的同时,对商品棉收购资金,要根据企业资质条件、经营情况和信用等级,进行发放和管理,并积极创造条件,为政策性贷款退出商品棉经营领域做好准备。

棉花信贷资金供应和管理体制改革对农发行棉花信贷工作提出了更高要求,因此,各级行要充分认识做好2001棉花年度棉花信贷管理工作的特殊重要意义。一是继续按照现行贷款管理办法,积极做好2001棉花年度信贷资金供应和管理工作,确保新老棉花流通体制的平稳过渡和收购资金的有效衔接,促进棉花流通体制改革的顺利推进;二是积极创造条件,为政策性贷款退出商品棉经营领域做好充分准备;三是认真落实"以销定贷、以效定贷"原则,对资信符合贷款条件的原贷款企业发放好商品棉贷款,同时加强棉花信贷管理,保证资产安全,有效防范信贷风险。

各级行都要清醒地认识到当前和今后改革过程中棉花信贷管理工作面临的新情况和新问题,以防范和化解信贷风险为核心,坚决克服和制止企业多占用农发行贷款和倒卖棉花及逃废悬空贷款债务的行为和倾向,切实强化封闭管理,并以高度的政治责任感和事业心做好今年棉花收购资金供应和管理工作,为农发行逐步退出商品棉经营领域奠定基础,积累经验。

二、认真做好2001棉花年度棉花收购资金供应和管理工作

当前，新棉收购在即，各级行都要从本地实际出发，认真执行政策，强化管理，积极做好新棉收购资金的供应和管理工作。

首先，要严格贷款对象管理。2001棉花年度农发行不增加新的棉花贷款企业。对原开户企业重新严格审定其贷款资格。对不符合贷款条件的开户企业停止发放新贷款，但要通盘考虑防止出现资金供应真空，不影响棉农正常交售棉花。对纺织企业委托棉花企业收购棉花，在纺织企业出具委托书和其开户行的信用担保情况下，各级行要积极支持，促进多渠道收购的形成，加速棉花经营产业化的进程。

其次，要严格掌握控制棉花收购价格。各级行都要依据国家计委发布的棉花信息指导价格发放收购贷款，并随信息指导价格的变动而变动。当前，国家计委发布的棉花信息指导价格内地为380元/担，新疆原则上按下浮10%掌握。各级行要以此信息指导价作为单位棉花贷款投放的上限，超过上限部分不予贷款。

再次，严格控制调销贷款。对棉花主产区原则上不发放调销贷款；对棉花主销区，严格控制调销贷款，制止棉花在流通环节倒买倒卖、人为抬高棉花价格。

最后，要调整贷款方式，实行仓单管理，强化库存监管。要积极推行担保贷款方式，特别是棉花收购加工入库后，要立即办理仓单抵押手续。为了保证仓单的法律效力，各开户行要在贷款合同中约定用贷款形成的库存棉花作为该笔贷款的抵押物，待贷款形成的棉花加工入库后，及时办理抵押手续。同时，对企业自有资金收购的棉花和其他有效资产也要及时办理抵押手续，以降低贷款风险。为控制贷款风险和降低库存成本，原则上不发放收购费用贷款，严格控制棉籽收购贷款。

三、坚持从严监管，改善金融服务，促进棉花销售和企业管理水平的提高

各级行要继续加强对贷款投放、库存监管、销售货款回笼三个环节的监管，特别是要加强销售环节的监管，对销售结算款要跟踪监督，确保按期回笼归行。货款回笼归行后，先收贷收息，做到应收尽收，而不需逐笔分割。对企业销售出库不报告、多头开户逃避监管挤占挪用收购资金的，要立即停止贷款，促其纠正。

要积极配合有关部门加强新棉质量监督。企业收购、加工的棉花质量好坏，直接关系着农发行信贷资产安全。各级行一定要站在保证信贷资产安全的高度，提高质量意识，在发放贷款时，不仅要在数量上加强监管，坚持核打码单，还要在质量上进行监督，积极配合纤检等部门，抽检企业收购的棉花，督促企业认真执行《棉花收购加工与市场管理暂行办法》和《棉花质量监督管理条例》，把好棉花收购质量关。收购过程中如发现企业在质量上不严格按规定操作或弄虚作假，特别是以虚高衣分、虚高等级的手段套取贷款行为的要立即停止贷款。

要积极发挥系统优势，努力改善金融服务，积极促进棉花销售。针对2001年棉花流通体制改革的新要求，农发行要积极发挥系统优势，及时收集和掌握市场行情，及时传递全国棉花购销形势和价格信息，更好地帮助企业把握棉花购销价格，把为企业提供良好的信息服务作为信贷工作的重要职责。农发行要积极运用信贷杠杆，把监管寓于服务之中，实现监管与服务有机统一，努力提高服务质量和监管效果。有条件的省级分行可在当地政府的支持、配合下，通过广播、报纸等新闻媒介，及时、广泛地向社会公布经农发行资格认定的贷款企业名单，方便农民售棉。

为减少2000棉花年度库存棉花积压损失，在企业以前期利润弥补价差或在省级政府承诺弥补损失不发生新的亏损挂账的前提下，可允许企业降价销售。对2001棉花年度的新棉，要促进企业“快购、快加工、快销售”，尽力抓住市场机遇，尽快回笼货款，足额归还贷款本息。

要努力营造良好的外部环境。各有关分行一定要加强对深化棉花流通体制的宣传，及时向当地政府汇报，主动与企业主管部门和棉花企业沟通，争取他们的理解、配合与支持。

四、积极支持和参与棉花企业改革，做好信贷资产保全工作

自2001棉花年度起，棉花企业将与供销社彻底分开，通过改组、联合、兼并、出售、股份制改造等多种方式深化棉花企业改革，搞活棉花企业。各级行要密切关注当地棉花流通体制改革的动向，既要积极支持和参与企业改革，又要认真做好落实债务和资产保全工作，切实防止企业逃废、悬空农发行债务。

要全方位地参与棉花企业的改革进程。各级行要以积极的态度，主动参与棉花企业改革方案的制订和实施，参与企业改革、改制所需成本的筹集和使用的监督管理，参与改制企业各项资产的清理和处置，坚决制止企业带棉或挤占收购贷款分流人员。通过积极主动参与，既达到支持企业改革、规范企业改制，又保全信贷资产、防范信贷风险的目的。

要认真落实债权债务。各级行要结合供销社对棉花企业进行的清产核资和界定产权工作，对棉花企业进行清资核贷，摸清底数，搞清问题，落实债权债务。要通过清产核资，确认企业占用农发行贷款的形态和质量，为防止资产流失和追收陈欠贷款奠定基础。特别要防止因改革造成新的亏损挂账或贷款损失。对现有供销社棉花企业拖欠的经营性债务，各级行要制订严格的收贷计划，并认真加以落实，防止悬空和逃废。对改制企业现有的货币资金要全额收贷；对应收账款和应收票据要逐笔清查，协助企业清收，回笼归行后及时收贷收息；对内部职工借款等各种不合理资金占用，要督促企业清理收回，归还贷款本息；对企业出售出租资产收入，要按规定收回贷款本息。对企业借改革之机逃废我行债务的，贷款行要积极与当地企业主管部门、中国人民银行以及政府协商解决，必要时通过法律手段维护我行权益。对确实有困难的企业，可延长偿还期，但要明确还款计划和办理抵押、担保等资产保全手续，防止企业悬空债务。

要对现有库存棉花抓紧办理仓单管理协议，实行仓单管理。各级行要认真执行总行关于企业库存商品仓单管理办法，抓紧对开户企业的库存棉花进行核实，统一办理库存棉花占用贷款仓单管理手续，力争9月底以前办理完毕。对1998棉花年度及以前的老库存棉花和没有亏损补贴弥补来源确实销不完的2000棉花年度的库存棉花，在国家出台陈棉处理政策之前，经省分行审查，可办理贷款展期，报总行备案。

对倒闭、破产的企业，要按国家政策及总行有关规定，积极清收有效资产。对倒闭企业，要积极参与企业资产变现，监督企业将变现收入用于归还贷款，未能还清的贷款，督促企业负责落实还款责任并制定明确的还款计划。对符合以资抵债条件的要及时办理以资抵债手续。对破产企业，要及时申报债权，主张抵押物的优先受偿权，积极参加清算，监督破产程序。对经破产清算应未偿还的贷款本息，要严格按照财政部有关规定和总行有关办法进行认定，并按核销程序逐级上报批准作呆账处理。

五、加强检查监督，从严规范内部管理

认真落实各项规章制度，及时准确反映企业经营活动。要继续强化对收购环节的监管，严格核打收购码单，据实发放贷款；严格库存监管，跟踪监测库存变化，对棉花因加工衣亏、保管损耗及灾害事故等原因引起的库存变动要及时进行账务处理，实事求是地予以反映；严格执行出库报告制度，监督顺价销售。棉花出库，要根据性质及时登记入账，绝不允许有出库不登记台账行为的发生；要跟踪货款结算，确保回笼归行。要特别加强对结算资金的监管，对超过正常结算期的结算资金，要逐笔清查，落实清收责任。对非现金结算失信的单位，要停止使用非现金结算方式，并跟踪追回所欠货款。

要强化检查监督意识，加强信贷检查。各级行要建立完善监督检查制度，加强对各项规章制度落实情况的检查，形成一级查一级的责任制。信贷管理部门至少在每个棉花年度结束前进行一次信贷大检查，对检查中发现的问题要进行认真分析，研究制定改进措施和办法。

要加强培训，提高信贷队伍的综合素质。这是实现内部规范管理的根本和关键。各级行要通过加强政治、政策学习和业务培训，以江总书记“三个代表”重要思想的要求，认真履行职责，使每个信贷员都能够理解和掌握棉花流通体制改革和购销政策，认真执行各项信贷政策和规章制度，确保落实到位，提高棉花信贷管理水平。

关于2002棉花年度信贷管理工作意见

2002年9月25日　农发行字[2002]165号

中国农业发展银行各省、自治区、直辖市分行,各计划单列市分行,总行营业部:

根据国务院有关指示精神,中国农业发展银行(以下简称农发行)的政策性贷款继续支持商品棉经营活动,这对于进一步深入推进棉花流通体制改革,保护农民利益,维护农村社会稳定,促进棉花产业和纺织行业的持续、健康、稳定发展有着十分重大的意义。为做好2002棉花年度收购资金供应和管理工作,现提出如下工作意见,请各行遵照执行。

一、统一思想认识,进一步增强做好棉花收购资金供应和管理工作的责任感

在当前棉花流通体制改革不断深化的情况下,各级行要高度统一思想,正确认识棉花贷款的政策性,在认真总结上年度棉花信贷工作的基础上,认真做好新年度的棉花信贷工作,要进一步增强做好棉花收购资金供应和管理工作的责任感。要根据《国务院关于进一步深化棉花流通体制改革的意见》(国发[2001]27号)文件和最近国家计委等部门联合召开的2002年棉花工作会议精神,认真落实"以销定贷、以效定贷"的信贷政策,同时采取有效措施,防范风险,确保收购资金安全。在实际工作中,要因地、因企制宜,既要严格坚持贷款条件,又要从实际出发,促进新年度棉花购销政策的落实。

二、继续按政策做好收购资金供应和管理工作

(一)确保国家储备棉资金供应,积极配合国家实施宏观调控。各行要按照政策继续做好储备棉贷款的供应和管理工作,确保国储棉收储、轮库的资金需要,为国家实施有效宏观调控提供保障。

(二)认真做好2002棉花年度商品棉收购资金供应和管理工作

1. 做好棉花企业贷款资格复查认定工作。各行要参照信用等级评定结果,结合当地实际情况对棉花企业贷款资格进行复查认定,对符合贷款条件的企业按有关政策和制度规定积极支持,对不符合贷款条件的企业要停止发放新贷款。同时要从大局出发,防止出现区域性收购资金供应上的"空白点"。要主动向当地政府汇报,请当地政府为企业创造必要的贷款条件,确实难以达到我行贷款条件的,可由上级棉花公司及周边符合贷款条件的我行开户棉花企业委托收购,或在严格监督管理的条件下保留1~2个收购资金供应点。因企业违反收购资金封闭管理政策而影响棉农售棉的,农发行要积极向当地政府汇报有关情况,协助政府妥善解决。

2. 坚持市场定价原则。各级行要改进服务,加强对棉花购销价格的分析、预测,坚持市场定价的原则，帮助企业制定合理的新棉收购价格，防止哄抬价格，干扰正常的棉花流通秩序。对企业人为抬级抬价和当地政府行政干预企业抬级抬价收购棉花的行为，不予贷款支持。

3. 认真预测收购总量，按计划提供资金支持。各级行要对当地棉花生产量以及棉花企业的收购、销售形势作周密的调查分析，预测一定时期内的棉花收购及收购资金需求总量，核定贷款计划，并据此做好资金准备和供应工作。对超过核定计划部分，要从严掌握，确需增加贷款支持的，要经上级行批准。

4. 强化自筹资金的筹措，建立健全企业风险基金制度。企业申请贷款要有一定比例的自筹资金，对自筹资金中自有资金比例高的棉花企业要积极予以贷款支持。棉花销售要坚持钱货两清的结算原则，货款回笼后，要先收回当年贷款本息。企业有效资产的抵押额大于或等于我行贷款余额的，对自筹资金比例不作强制性要求。对企业销售利润较多的，要督促企业按商品流通企业财务制度规定提取商品削价损失准备金。要帮助企业逐步建立风险基金制度，风险基金实行专户管理，不允许作为经营资金参与企业的周转，只能用于弥补降价销售亏损占用的贷款。

5. 加强费用贷款管理。各行要继续从严掌握费用贷款的发放，对企业合理的先支后收等原因发生的财务困难，各行可因企制宜，根据实际情况发放适量的费用贷款予以支持，整个棉花年度结束时要全额收回。

6. 继续坚持“区别对待、择优扶持”的信贷政策。各行要在今年信用等级评定的基础上，对棉花企业采取相应的信贷管理政策，体现“区别对待、择优扶持”。在积极配合农发行工作、有效资产已足额办理抵押担保手续的情况下，对符合下列条件之一的棉花企业和地区，优先给予贷款支持：(1)剔除政策性财务挂账不欠农发行贷款本息的企业；(2)新棉收购前上一棉花年度实现贷款本息结零并提取相应风险基金的企业；(3)信用等级高、经济效益好、积极消化国家核复的经营性挂账和1999棉花年度以来产生的亏损挂账企业；(4)签有有效销售合同或有长期稳定销售渠道且有一定比例的自筹资金的企业；(5)当地政府积极支持，有关部门积极配合，具有良好贷款管理环境的地区。

7. 强化贷款期限管理和贷款审批管理。新棉贷款期限原则上为6个月，到期不能归还的可展期一次，展期期限到期后仍未收回的要及时转入逾期贷款，并强化管理。各省级分行要进一步明确购销贷款的审批权限，严格贷款审批。对1998棉花年度及以前老商品棉占用贷款如有库存保证的，可以按照要求继续予以展期。2000棉花年度库存占用贷款可展期到2002年12月底，到期后不再展期，按照规定转入逾期贷款。

（三）结合本地实际，创造性地开展工作。各行在实际工作中要注意处理好执行政策和灵活开展工作的关系，针对遇到的新情况和新问题，要及时总结经验，努力探索工作新思路。

三、有效防范和化解信贷风险，不断提高资产质量

各级行要积极适应棉花流通体制改革要求，采取有效措施进一步防范和化解信贷风险。当前要着重做好以下几方面的工作：

（一）有效防范增量贷款的风险

1. 防范价格风险。总行根据《国家计委办公厅关于确定2002棉花年度棉花收购贷款上限问题的复函》（计办经贸［2002］1226号）文件精神确定的价格风险防范机制，是落实“以销定贷、以效定贷”的依据，也是防范价格风险的重要保证。各级行要严格遵守，并在不突破贷款上限的前提下，按照市场定价的原则支持企业随行就市收购棉花。

2. 防范流量风险。各行要把按收购进度投放贷款与促进企业销售工作结合起来，积极督促企业边购边销，努力做到收购量与销售量保持相对平衡，本棉花年度结束时力争做到当年贷款本息双结零。当企业销售迟缓或销售不积极时，在保证棉农售棉不发生困难的前提下，要通过少放或缓放贷款来调节有关企业的收购进度。

3. 防范质量风险。各级行要积极配合质检部门开展工作，继续加强对棉花质量的管理，要由单纯注重数量监管转变为数量和质量并重的监管。一是积极督促棉花企业严格执行“一试五定”制度，确保新棉收购质量。二是加强对企业加工环节的监管，确保新棉加工质量；对棉花加工后的数量损益及等级变化情况要进行认真的核实，对加工前后差异较大的要及时查明原因，防止企业套取收购资金。三是要建立棉花质量检查制度。为避免收购过程中出现棉花质量问题，各开户行要及时掌握棉花收购质量的有关情况，定期或不定期地提请质检部门对企业收购、加工的棉花进行抽检，并将棉花质量的检验结果作为重要的资料加以保存。一旦发现企业在质量方面弄虚作假，要立即停止贷款，确保将质量风险控制在最低限度。

4. 防范企业信用风险。各级行要特别关注企业信用评级和经营活动中的弱项，加强对企业的动态分析，发现存在影响企业信用水平因素时，要及时降低信用等级，并采取相应贷款管理措施。各开户行要把企业经营决策活动、领导班子变动等情况作为重要的客户资料加以保存和利用。对存在赊销棉花和恶意挤占挪用收购资金问题的棉花企业，在占用贷款未归还前，停止发放新贷款。

（二）努力化解存量贷款风险

1. 防范企业的改制风险。一是要积极参与供销社棉花企业“社企分开”及纺织企业拖欠货款的清欠工作，通过清产核资及界定产权，进一步摸清底数，查清问题，落实好债权债务关系，确认企业占用农发行贷款的形态和质量。对实施重组、兼并、出售等改革措施的开户企业，各级行要坚持“债随资产走”的原则，确保落实银行债权，防止贷款被悬空、逃废和挤占挪用。二是对采取提前解除劳动关系等方式减员分流的企业，要加强对分流人员补偿金资金来源的监督，不能将农发行贷款形成的资产用于分流人员，防止收购资金被挤占挪用。三是改制后的企业要重新进行贷款资格认定，对改制行为不规范或不符合贷款条件的，停止发放新贷款并限期收回以前发放的贷款。四是对破产企业，要监督其严格按照破产法规定程序进行，要依法保全资产，及时申报债权，争取合理的债权清偿，努力减少贷款损失。

2. 加快企业有效资产的抵押担保进度。为有效防范和化解信贷风险，对无正当理由没有办理有效资产抵押的企业原则上不予贷款支持。对不积极配合我行工作办理抵押担保手续的企业要暂缓发放新棉贷款。衡量抵押担保工作的标准：一是有效资产小于我行贷款余额的企业，其全部有效资产应全额办理抵押手续；二是有效资产大于或等于我行贷款余额的企业，其有效资产的抵押额应大于等于我行贷款余额。抵押要做到“两先两后”，即先无库存物资保证的贷款，后有库存物资保证的贷款；先企业负担的经营性贷款，后有财政补贴的贷款。各级行要切实加强领导，加大工作力度，积极争取地方党政及有关部门的支持与配合，落实担保抵押的费用减免政策，促进企业有效资产抵押担保工作的开展。对抵债资产要加强管理，积极变现，收回贷款。各行应要求企业对加工入库的棉花及时办理以我行为第一受益人的财产保险，避免贷款意外损失。

3. 做好棉花企业财务挂账分解落实工作。棉花财务挂账分解落实工作是一项重要的基础性工作，各行要按照总行有关文件的要求，积极和当地有关部门协调，及时将核复数逐项分解落实到棉花企业。同时要做好挂账贷款利息的计收工作，对地方性财务挂账贷款利息，各行要积极督促当地政府比照中央政策性财务挂账处理办法进行处理，每年的利息要督促当地政府纳入财政预算。对企业经营性财务挂账，要制订严格的收贷收息计划，并认真加以落实。

4. 加强老商品棉竞卖及2000棉花年度棉花销售工作。各级行要按照国家计委等五部委联合下发的《关于抛售老商品棉问题的通知》(计经贸[2002]948号)精神，督促企业自查和申报库存老商品棉，积极配合有关部门做好老商品棉的核查、竞卖和结算工作。此次库存核查数量如与国家计委等八部委清查数不一致，要督促企业加以落实解决。竞卖货款回笼后要及时收贷收息。要认真统计老商品棉竞卖有关数据，掌握竞卖价差亏损情况。同时，各行要按照总行文件要求督促企业积极销售2000棉花年度库存棉花，亏损挂账部分要与企业签订限期归还协议，并在1999年以来发生的棉花新亏损挂账占用贷款科目中如实反映。

5. 切实加强对停贷企业的监管。各行要针对不同类型的停贷企业，采取相应的信贷管理措施，分门别类地对企业资产状况、经营状况进行全面的清理核实，对这些企业的有效资产要尽快办理抵押担保手续并与企业签订贷款本息归还协议。要加大对这些企业的库存商品监管力度，有条件的地方，要实行集中归并管理。发现企业违规动用棉花，要及时向当地政府和上级行报告，并采取法律措施保全资产。

四、切实改进金融服务，支持企业搞活经营，提高效益

各级行要增强服务意识，进一步提高服务水平。一是各开户行对同意贷款的企业要及时办理贷款手续，不得无故拖延。二是各级行要充分发挥农发行系统整体优势，为企业及时提供市场信息服务，帮助企业规避风险，扩大销售，搞活经营，提高效益。三是提供和推行银行承兑汇票结算方式，积极为企业提供方便、快捷的结算服务。四是重视和发挥调销贷款的作用，促进棉花市场有序流通。在“购得进、销得出、有效益”的前提下，并在企业落实担保的情况下，积极支持企业调销棉花，促进产区棉花的销售，同时满足销区纺织企业对棉花的需求。要避免和防止棉花在流通领域的倒买倒卖，增加成本，增大风险。

五、进一步加强信贷基础规范化管理工作

信贷管理基础工作是实现收购资金封闭管理的基础，直接反映基层行对各项政策制度的理解和执行水平。因此，各级信贷部门要以高度的事业心和责任感做好信贷基础规范化管理工作，全面落实总行制定的一系列信贷管理制度。

（一）继续加大购、销、存三个环节的监管力度。在收购环节要继续坚持按码单逐笔发放贷款，并监督企业按规定使用贷款；要坚持定期查库制度，落实仓单管理办法，对于企业的临时仓垛应建立临时仓单。棉花加工入库后要及时办理仓单和库存抵押手续。要根据棉花库存变化及加工损益情况及时登记台账，并经常与企业核对，确保账、单、卡、实相符；棉花销售出库，不论货款是否回笼必须及时登记台账。坚持出库报告制度，监督棉花顺价销售，确保回笼销售货款及时归行，货款归行后，要及时收贷收息。要进一步严格账户管理，积极清收结算资金，防止多头开户和坐支现金造成挤占挪用收购资金问题的发生。

（二）加强信贷基础工作规范化管理。各级行要提高对规范化管理的认识，规范化管理不能仅仅停留在形式要件上，要把注意力集中在内容要件上，凡对信贷管理、风险防范有防弊、防漏、防错作用的规范化要求，都是关键环节，是规范化管理的要件。各级行要采取有针对性的措施，抓住关键环节，进一步规范各项基础工作的操作程序，促进规范化管理水平的不断提高。

（三）加大信贷基础工作的检查力度。各级行要建立完善的监督检查制度，省级分行要进一步加大对基层行的检查力度，要注意下基层的覆盖率和频率。发现问题要及时整改，以提高工作有效性。各省级分行要通过扎实细致的监督检查和整改，帮助基层行解决管理中存在的问题，使之逐步走上规范化管理轨道，从而使总行基础管理的各项制度、办法真正落到实处。

（四）加强培训，提高信贷队伍的整体素质。各级行要针对当前棉花信贷人员素质存在的薄弱环节，采取各种方式加大培训力度，丰富培训内容，进一步提高信贷人员的业务素质和思想政治素质，以适应信贷管理工作的需要。

六、加强组织领导，重视调查研究

各级行要进一步增强全局意识、责任意识和风险意识，切实加强组织领导，精心部署，认真履行好国务院赋予我行的职责，紧紧依靠各级地方党委和政府，主动汇报工作，积极宣传有关信贷政策，加强与各级计委、经贸委、财政、质检和供销社等有关部门的沟通协调，按照“三个代表”的要求做好 2002 棉花年度收购资金供应和管理工作。各行要切实转变工作作风，深入实际，进一步加强调查研究工作，及时掌握国内外市场变化情况，研究棉花流通体制改革动态以及改革对收购资金管理产生的影响等情况，注意总结推广好的经验和做法，认真研究探索新形势下防范和化解信贷风险的有效措施，千方百计确保资金安全。

关于2003棉花年度信贷管理工作意见

2003年9月14日　农发行字[2003]204号

中国农业发展银行各省、自治区、直辖市分行,各计划单列市分行,总行营业部:

根据国务院有关文件精神,中国农业发展银行(以下简称农发行)按照择优选贷、以销定贷、以效定贷的原则继续对棉花收购提供资金支持。这对于进一步深化棉花流通体制改革,加强国家宏观调控,保护农民利益,维护农村社会稳定,促进棉花产业的持续、健康、稳定发展,保持我国纺织品的国际竞争力有着重要的意义。为做好2003棉花年度收购资金供应和管理工作,现提出如下工作意见,请各行遵照执行。

一、统一思想,正确认识当前棉花信贷工作面临的复杂形势

随着棉花市场化改革的不断深化和供销社棉花企业改革改制工作的不断推进,棉花信贷管理的内外环境发生了深刻变化。一是随着社企分开的完成,传统的供销社棉花企业正在改制成各种所有制性质的棉花企业,使得农发行的贷款对象所有制性质也将相应发生变化。二是由于我国纺织工业的快速增长,棉花产量增长的速度与此不相适应,当前国内棉花库存处于历史最低水平,国内棉花市场将出现供不应求的局面。同时各方面对2003棉花年度经营棉花的期望值较高,加之棉花加工能力严重过剩,各种性质棉花加工企业之间的竞争激烈,很可能诱发哄抬价格抢购行为。三是一方面供销社棉花企业改革改制的步伐正在加快,另一方面解决供销社棉花企业财务挂账等历史遗留问题的政策尚未完全落实,停贷企业破产有增加的趋势,信贷监管比较薄弱,存量贷款风险很大。

上述各方面对我行的棉花信贷管理提出了新的挑战。各行要统一思想,清醒地认识到棉花信贷管理面临的复杂形势,在认真总结近几年棉花信贷管理工作的基础上,为进一步配合国家宏观调控,防止政策性信贷资金被用于市场炒作,各级行要准确把握信贷政策,从严掌握贷款。综合分析市场行情,把握好贷款投放的时机和数量。以防范和化解信贷风险为核心,切实强化封闭管理。各行要以高度的政治责任感和事业心,努力做好2003棉花年度的棉花收购资金供应和管理工作,为在市场经济条件下做好棉花信贷管理工作进一步积累经验。

二、严格按政策做好收购资金供应管理工作

(一)做好储备棉资金供应与管理工作,配合政府实施宏观调控。各行要按照政策继续做好储备棉贷款的供应和管理工作,确保储备棉收储和轮换的资金需要,为政府有效调控市场提供保障。

(二)合理确定贷款对象。2003棉花年度,农发行按照择优选贷、以销定贷、以效定贷的原则，继续支持符合条件的供销社棉花企业及供销社控股的棉花企业和农业部门所属的良种棉加工厂收购棉花，对改制后供销社不再控股包括通过股权托管实际丧失控股地位的新企业，承担原企业债权债务，经省级分行确认符合条件，以正式文件上报总行审查批准后（审批表参见附件），可继续给予贷款支持。

（三）严格掌握改制后供销社不再控股的新企业的贷款条件。对改制后供销社不再控股的新企业，省级分行除按照《中国农业发展银行棉花购销贷款管理办法（试行）》规定的贷款条件进行严格审查外，还应按照以下条件进行严格审查。

1. 改制企业，包括被整合的企业，须经有资质条件的评估机构对其进行资产评估。

2. 经评估有净资产的棉花企业被整体收购的，收购方应支付相应净资产金额的现金进行收购。

3. 改制企业，包括整合后的企业，须承担原有企业应承担的全部债权债务，并负责继续落实全部政策性挂账。

4. 牵头组织整合的企业有被认可的经营规模和经济实力，有良好的经营业绩，没有不良信用行为的记录。其资产负债率原则上不得高于70%。

5. 改制企业，包括整合后的企业要有一定比例的自筹资金参与收购。具体比例由省级分行确定。

6. 改制企业，包括整合后的企业其法人代表和管理人员要有一定数量的风险质押金存于农发行账户上。具体数量由省级分行确定。

7. 改制企业，包括整合后的企业同意在农发行开立“一基三专”账户，接受并积极配合农发行的信贷监管。

8. 改制企业，包括整合后的企业一律实行担保贷款方式。

（四）严肃对违规企业的贷款管理。对于存在虚开码单套取贷款、存在新的挤占挪用贷款、提前抽逃自筹资金造成农发行贷款损失等违反信贷管理规定的行为，必须整改到位，全部归还贷款，否则应停止发放新贷款。在新棉收购前，对没有按照《关于促进棉花销售的紧急通知》（农发行电字［2003］2号）有关规定全部归还2002棉花年度贷款本息的企业，不得发放新贷款。

（五）采取特殊措施，防止出现“卖棉难”的问题。对于企业因改制、信用等级评定，或因违规丧失贷款资格，而其他收购资金供应渠道还没有落实，由此引起当地出现“卖棉难”的问题，在省级政府提出要求，并协调当地政府承担信贷风险的情况下，农发行可支持定点收购。

（六）密切关注企业改制动态，防范贷款风险。一是加强对未改制企业的监管。各行在企业新棉收购过程中进行的改制行为要高度重视，防止企业挪用农发行收购资金支付改革成本。二是要继续参与企业清产核资与社企分开工作，防止企业借改革改制之机悬空逃废银行债务。三是要积极运用经济、行政及法律手段，最大限度地避免改制过程中造成贷款损失。

三、切实加强信贷管理，有效防范增量贷款风险

（一）严格执行贷款上限和市场收购价格上限政策，实行“双限”风险控制。为继续有效防范贷款风险，2003 棉花年度在继续执行贷款上限的同时，还要设定市场收购价格上限，企业超过市场收购价格上限收购棉花，农发行应暂停发放贷款，完全由企业通过其他渠道自筹全部资金进行收购。对于已经签订销货合同，明确销货价格的，购销双方信用可靠，可以在企业保本有利的前提下，不受市场收购价格上限的限制给予收购贷款。

（二）强化贷款期限管理。各行要根据棉花经营周期的特点，合理确定贷款期限。通过发挥贷款期限的杠杆作用，强化企业的信用观念，促使企业自主均衡销售棉花。贷款期限的确定原则上要有利于棉花贷款在一个年度内收放平衡。贷款展期要根据实际情况从严掌握。贷款到期前要按规定抓紧催收，到期后仍未收回的要及时转入逾期贷款进行管理。

（三）加强自筹资金、风险保证金、风险质押金和预收货款管理。与农发行贷款捆绑收购的自筹资金，必须是企业的自有资金或其他合法有效来源的资金。企业自筹资金必须在收购开始前存入农发行专户，与贷款配套使用。销售货款回笼后，要先收回贷款本息，最后再返还自筹资金，不允许提前抽走自筹资金，将风险转嫁给农发行。要大力推行风险保证金制度，企业的风险保证金主要用于弥补价差风险损失和其他风险损失，要实行专户管理，有风险保证金的企业，自筹资金比例可以适当降低。要在贷款企业中，尤其是自筹资金比例较低的企业中，积极推行企业经营管理者个人风险质押金制度。风险质押金要在本年度贷款本息全部收回后才能退还企业经营管理者个人。要区别定金和预收货款，加强对预收货款的管理，预收货款不能作为棉花企业的自筹资金与农发行贷款捆绑收购。对于预收货款形成的棉花库存，纳入企业完全自筹资金收购的库存进行监管。

（四）进一步加强质量风险控制。各级行要按照《关于加强棉花质量监督管理防范信贷风险的通知》（国质检执联[2002]288 号）的要求，主动联合质检部门深入开展工作，认真贯彻《棉花质量监督管理条例》和棉花信贷管理的规定，强化棉花质量和信贷资金的监管，最大限度地降低棉花信贷风险。

四、加强存量贷款管理，努力减少贷款损失

（一）继续加强企业有效资产的抵押担保工作。对没有确权的有效资产，要帮助企业抓紧确权。确权后要督促企业及时办理抵押登记，落实贷款抵押担保手续。对不积极办理抵押担保手续的企业可暂缓发放新棉贷款。各级行要切实加强领导，积极争取地方党政及有关部门的支持与配合，使企业有效资产抵押担保工作落到实处。对抵债资产要加强管理，积极处置，收回贷款。各行应要求企业对加工入库的棉花及时办理以我行为第一受益人的财产保险，避免贷款意外损失。

（二）继续做好棉花企业财务挂账分解落实工作。目前各行财务挂账落实工作进展不平衡。尚未完全落实的有关行要积极与当地政府有关部门加强联系，确保尽早落实到位。对企业经营性财务挂账，要制订严格的收贷收息计划，并认真加以落实。

（三）继续做好老商品棉上网竞卖工作。一是抓紧老商品棉竞卖的货款结算工作；二是按照有关文件规定，正确核算反映有关部门认定的老商品棉竞卖亏损占用贷款，未经认定的老商品棉的销售亏损要单独核算、记账；三是对于仍未核查的老商品棉，协调有关部门和企业积极上报核查；四是针对部分棉花企业阻止已上市竞卖老商品棉出库问题，有关行要加大协调力度，督促企业尽快出库。

（四）切实加强对停贷和破产企业的监管。各行要充分认识做好棉花停贷及破产企业占用贷款管理工作的重要意义，按照总行《关于加强棉花停贷及破产企业占用贷款管理工作的意见》（农发行字[2003]149号）的要求，加强领导，完善制度，落实各项管理措施，最大限度地避免贷款损失。

五、继续加强棉花信贷基础工作，提高规范化管理水平

（一）继续坚持和完善信贷基础管理各项制度。几年来的实践证明，农发行现有一系列信贷基础管理制度是有利于收购资金封闭管理的，在新的管理制度没有建立前，现行有效的制度必须认真执行。在收购环节，要重点审查、核实收购码单的真实性，及时核对实物库存，防止企业虚开码单套取农发行收购资金。有条件的地方，要积极推行皮棉贷款方式，以降低发放籽棉收购贷款的风险；在库存环节，坚持定期查库制度和仓单管理制度；棉花出库，无论什么原因，必须及时登记台账。要督促企业边购边销、快购快销，要坚持钱货两清的结算方式，跟踪监测货款及时回笼，防止企业坐支销货款。销货款归行后要及时足额收贷收息。

（二）加强规范化管理工作。各行要加大规范化管理力度，按照总行《中国农业发展银行县级支行规范化管理考核暂行办法》和《中国农业发展银行县级支行规范化管理考核暂行标准》的要求，加大对棉花信贷基础工作的检查力度，切实提高信贷管理水平，促进棉花信贷基础管理工作走上制度化、规范化的轨道。

（三）加强人员培训，提高信贷队伍的整体素质。各级行要针对当前棉花信贷管理工作中的薄弱环节和信贷人员的能力弱项，采取有针对性的措施，充实培训内容，加大培训力度，进一步提高信贷人员的思想政治素质和业务素质，以适应不断变化的形势和越来越高的工作要求。

六、积极开展调查研究，提高指导水平

各行要继续围绕准确把握政策，改进信贷管理，防范和化解信贷风险，解决实际问题进行调查研究。要切实转变工作作风，深入基层行和棉花企业，理论联系实际，提高调研工作的质量和水平，同时，要密切关注国内外市场变化、棉改动态及其对收购资金管理产生的影响等情况，为领导决策提供科学依据。要及时总结推广好的经验和做法，把收购资金封闭管理和风险管理工作提高到一个新的水平。

七、加强组织领导，做好协调工作

各级行要加强对2003棉花年度收购资金供应和管理工作的领导，落实人员配备和资金计划，确保收购工作的顺利进行。同时，要继续加强与各级政府、发改委、质检、供销社等有关部门的沟通协调，特别是采取停贷措施时，一定要向当地政府及有关部门报告,争取理解和支持。对新棉收购资金供应过程出现的新情况、新问题要及时掌握,在向上级行报告的同时,及时主动向当地政府、有关部门反映,掌握工作主动权。

附件:改制后新企业贷款资格审批样表(略)

关于认真做好2004棉花年度信贷资金供应管理工作的意见

2004年9月2日　农发行字[2004]196号

中国农业发展银行各省、自治区、直辖市分行，各计划单列市分行，总行营业部：

根据国务院领导同志关于中国农业发展银行(以下简称农发行)支持粮棉流通的职能不能削弱的有关指示精神，农发行在当前和今后一个时期要继续做好棉花收购、调销、储备资金的供应和封闭管理工作，并适当拓宽棉花贷款对象和贷款品种，增加对棉花产业化龙头企业的支持。这对于进一步深化棉花流通体制改革，加强国家宏观调控，保护棉农利益，维护农村社会稳定，增强我国棉纺织品的国际竞争力，促进棉花产业化发展有着十分重大的意义。为做好2004棉花年度信贷资金供应管理工作，现提出以下工作意见。

一、认清形势，统一思想认识

2004棉花年度，棉花信贷资金供应与管理工作面临的形势非常复杂。一是受2003年度棉花收购价格过高的影响，2004年棉花种植面积增幅较大。据国家统计局统计，2004年全国棉花种植面积为8 475万亩，在2003年增长20%的基础上，又增长了10%。目前各方面对我国新年度棉花产量的预测是：农业部600万吨，中国棉花协会630万吨；美国农业部653万吨，国际棉花咨询委员会630万吨。总之，与上年度国家统计局公布的487万吨总产量相比，今年的棉花总产有较大幅度增长。棉花生产大起大落的状况仍没有改变。二是新棉收购资金供应压力增大。在上年度初期棉花市场价格不断走高的情况下，其他渠道资金踊跃入市支持收购棉花，后期因价格滑落太快且幅度大，部分企业亏损严重，导致许多资金不能如期收回。目前，尽管2004棉花年度新棉收购在即，但其他渠道资金入市仍十分谨慎。因此，在棉花增产、其他渠道资金供应不确定等因素作用下，新棉收购对农发行贷款的需求很可能大幅增长。三是企业承担风险的能力降低。2003棉花年度，由于我行部分贷款企业的经营行为不理性，稳健经营、均衡销售的理念尚未建立，丧失了保本盈利的机会，有的导致严重亏损，承担风险的能力被削弱，增加了农发行的信贷风险。四是信贷管理要求发生了变化。为适应棉花流通体制改革的需要，经请示中国银行业监督管理委员会同意，我行调整了贷款对象，增加了贷款品种，并重新制定了贷款管理办法，对管理方式进行了调整。

因此，各行要认清形势，统一思想。一是要认真履行职能。农发行是国家农业政策性银行，必须按照国家政策认真履行职能。各行要准确把握国家宏观调控政策，按照"市场定价、企业自主、政府协调、规范运作"的原则积极支持符合条件的企业收购棉花，确保农民利益的实现。二是有效防范风险。各行一定要认真学习总行新制定的贷款管理办法，并做好培训工作。要把总行的信贷政策与本地实际密切结合起来，按照企业的风险承受能力发放和管理贷款。要正确处理好业务发展与防范风险的关系。不能单方面为了拓展业务而不顾风险，也不能单方面为了防范风险，对该支持的企业不予支持。总之，面对复杂的形势，各行要有清醒的认识，正确处理好执行政策、业务发展与防范风险的关系，努力做好2004棉花年度信贷资金供应和管理工作。

二、准确把握信贷政策，积极支持新棉收购

（一）按政策及时进行企业贷款资格认定。2004棉花年度，各行对各类棉花企业的贷款资格要进行严格审核，并实行分级审批制度。

1. 对原供销社及其控股棉花企业、良种棉加工企业、贷款延伸支持深加工产品企业、已经总行批准的改制企业的新年度贷款资格，根据企业信用等级评定结果确定。

2. 对改制后延续或承担农发行贷款债务的棉花企业的贷款资格仍由总行审批。

3. 对申请与农发行新建立信贷关系的企业贷款准入资格一律报总行审批。

4. 对需要报经总行审批贷款资格的企业，省级分行要严格按照总行有关政策以及贷款管理办法的相关规定，对企业贷款资格进行审查，提出明确的审查意见。要对企业法人资信状况以及我行债务落实等情况进行重点审查。省级分行对其上报总行材料的真实性负责（审批表见附件）。

（二）按政策合理布局资金供应点。鉴于2004年棉花收购形势复杂，个别地区可能出现企业普遍存在承担风险能力不足或因违规丧失贷款资格的问题。对此，有关行要提前做好预案。一是提前向当地政府和上级行报告，并通过省级分行向省级政府报告当地企业承担风险能力不足或丧失贷款资格的情况及原因。二是在确保控制贷款风险的前提下，可选择邻近地区的贷款企业通过直接或委托收购的方式解决当地棉农卖棉问题。三是在当地选择支持符合贷款条件的新企业收购农民棉花。四是在省级政府承诺补偿风险损失的前提下，可对政府指定的企业发放贷款，支持棉花收购。

（三）按照贷款上限政策积极支持企业随行就市收购棉花。为有效控制市场风险，2004棉花年度，每担标准级皮棉贷款上限暂定为450元（新疆430元），允许上浮50元，下浮不限。各行要根据企业信用等级，认真执行贷款上限政策。

（四）按政策稳妥支持棉花产业化龙头企业。根据国务院第57次常务会议精神，农发行可以对具备贷款条件的粮棉油产业化龙头企业提供贷款支持。各行要按照总行制定的产业化龙头企业贷款管理办法，结合当地实际情况，严格优选贷款对象，重点支持信用等级高、内部管理健全、经营水平稳定、风险承受能力强、辐射范围广的棉花产业化龙头企业经营棉花，支持这类企业做大做强。

三、加强信贷管理，有效控制风险

（一）加强信用等级管理。各行要严格按照《中国农业发展银行棉花贷款企业信用等级评定办法》的要求，对棉花贷款企业进行全面信用等级评定。对没有申请信用等级评定的企业，不予认定贷款资格。对取得信用等级的企业，要按不同的信用等级，提供相应的贷款品种，实施不同的管理措施，并实行动态监测。各行在信用等级评定中要严肃认真，把握好企业的准入关，加强监管，切实防范贷款风险。

（二）加强收购、库存、销售三个环节管理。总行制定的有关制度办法仍然保留了过去行之有效的管理手段，将收购、库存和销售三个环节的监管摆在突出的位置。各行要严格按照制度办法的规定，根据信用等级，继续强化监管。在收购环节，要核实资金使用原始凭证的真实性，按资金使用凭证逐笔发放贷款，及时核对库存实物；在库存环节，坚持定期查库制度和仓单管理制度，加工入库的棉花要及时办理仓单和库存抵押手续，有条件的地方要推行棉花库存集并管理，特别是对企业尚未销售的2003年度棉花实行单仓集并管理，不得与新棉库存混合仓储；在销售环节，坚持出库报告制度，棉花一出库就要登记台账。要督促企业边购边销、快购快销，坚持钱货两清的结算方式，对棉花销售货款要督促企业及时、足额回笼归行，防止企业坐支销售货款。允许信用等级高的企业周转使用贷款只是简化企业贷款手续，方便企业经营，并不意味可以放松对企业的监管。对实行购贷销还的贷款，销货款回笼归行后要足额收回新贷款本息，再收回部分陈欠贷款本息，剩余部分留存企业。

（三）加强对企业改制的管理。一是各级行要主动参与棉花企业改革方案的制订和实施，参与改制企业各项资产的清理和处置，切实落实农发行债权，积极运用经济、行政和法律手段，落实资产保全措施，防止企业借改革改制之机逃废银行债务。加强对企业改制行为规范性、合法性的监管力度。二是要对改制后经营效益明显好转、信用等级较高、发展前景好的企业给予积极支持，起到良好的示范效应。三是要加强对改制企业的管理。各行对改制企业的管理不能松懈，要适应改制企业的经营需要，提高管理水平，防止新的贷款风险的产生，要特别注重防范改制企业管理人员的道德风险。

（四）加强期限管理。各行要根据企业经营周期和市场供求变化，依据当地棉花资源量、企业经营状况、往年经营水平及收购加工进度和能力等因素，同时结合企业均衡销售情况，合理确定企业的贷款额度，优化组合年度贷款期限。各行在发放2004棉花年度贷款前，要与贷款企业签订有约束力的均衡销售协议书，约定贷款企业适时销售棉花。开户行要根据企业的销售计划和对市场行情的分析判断逐笔确定贷款额度和期限，适时掌握贷款发放的节奏。借款期限约定后，要严格控制展期。新放贷款的收回率在次年的5月底前，原则上要达到70%以上。本年度各行一定要在贷款企业均衡销售上有新的突破，帮助企业逐步树立稳健经营的理念。对不按销售计划进行销售，导致贷款不能按期收回的企业，农发行要适时降低其信用等级，调整管理方式。

（五）加强企业自筹资金、风险准备金和风险担保金管理。考虑到2003棉花年度市场起伏较大，我行贷款企业经营状况不同，在新的年度对企业自筹资金可根据以下不同情况予以处理：一是对2003棉花年度贷款本息已经收清和已经按照《关于进一步做好棉花销售和收贷收息工作的通知》(农发行贷二字[2004]28号)规定归还部分贷款的企业,其自筹资金比例可相应或酌情降低;二是为解决收购空白点,省级政府承诺风险损失补偿后由政府指定的收购企业,可免配套自筹资金;三是2004棉花年度与农发行新建立信贷关系的企业要配套一定比例的自筹资金。

企业销售货款回笼后,要先收回贷款本息,不允许企业提前抽走自筹资金。对提前抽逃自筹资金的企业要及时降低信用等级,调整管理方式。在有条件的地方可允许企业从商业银行借款与农发行贷款一起参与收购棉花,三方应签订包含有在企业销售货款回笼后,按各自贷款比例同步偿还的约定内容,否则农发行不予贷款。合同定金和预收货款不得作为自筹资金配套我行贷款参与收购,对合同定金和预收货款参与收购形成的棉花库存,要单独进行监管。

要全面推行企业经营风险准备金制度,实行专户管理,企业发生亏损时可直接从风险准备金中收回贷款,有风险准备金的企业,自筹资金比例可以适当降低。要积极推行企业经营者风险担保金制度。

(六)加强质量风险管理。各行要继续积极配合质检部门工作,切实提高质量意识,防范质量风险。一是积极监督企业严格执行棉花收购“一试五定”制度,杜绝企业虚提衣分、虚高等级、收超水分棉现象发生;二是加强对企业加工环节的监管,棉花入库后要及时按皮棉数量调整台账,坚决不允许出现超标准的衣亏,各行不得再以衣亏为由随意减少棉花库存;三是定期或不定期地提请质检部门对企业收购加工的棉花进行抽检。一旦发现企业在棉花质量方面弄虚作假,要按照有关管理规定降低企业信用等级,调整管理方式,确保将棉花质量风险控制在最低限度。各行要积极创造条件推行皮棉贷款,为下一步全面实行皮棉贷款打好基础。

(七)严肃信贷纪律。在2003棉花年度发生提前抽走自筹资金将风险向农发行转移,虚报收购数量,挤占挪用收购资金行为的企业,在未纠改到位前,一律不得发放新贷款,并采取措施收回已发放贷款。由于企业违规导致局部停贷的地区,有关行要事先将有关情况及时报告当地政府和上级行,恢复贷款要经总行审批。

四、加强组织领导,注重沟通协调,提高服务水平

(一)加强组织领导。面对2004棉花年度的特殊形势,各级行要高度重视新棉信贷资金供应管理工作,加强组织领导,确保各项工作措施落到实处。各级行领导要转变作风,深入基层,调查研究,对新年度棉花信贷管理过程中出现的新情况、新问题,及时掌握,准确分析,合理解决,确保2004棉花年度信贷资金供应和管理工作顺利进行。

(二)注重协调沟通。各级行要进一步加强内外部协调。一是依靠地方政府,密切与发改委、财政、质检、供销社等有关部门的合作,积极宣传有关信贷政策。二是强化上下级行的协同配合,确保政令畅通、步调一致。三是重视行内各部门之间的交流沟通,互相配合,创造良好工作环境。

(三)提高服务水平。各级行在加强信贷监管的同时要不断强化服务意识,把监管寓于服务之中,实现监管与服务有机统一,努力提高监管效果和服务质量。要尽快树立以客户为中心的服务理念，不断改进各项服务。一是要加强市场调查，积极做好购销量预测和资金需求预测，及时安排资金，确保收购资金需要。二是发挥农发行系统优势，及时收集和掌握市场行情，逐步建立农发行自身的棉花价格风险控制体系，完善棉花购销市场信息定期发布制度，积极为企业提供可靠的信息服务。三是进一步改进和完善结算服务。

附件：1. 改制企业贷款资格审批表（略）

2. 新企业贷款资格审批表（略）

关于做好2005棉花年度信贷工作的意见

2005年9月5日　农发银发[2005]227号

各省、自治区、直辖市分行，总行营业部：

做好棉花储备、收购和调销资金的供应和管理工作，加大对棉花产业发展的支持力度，是我行贯彻落实中共中央1号文件关于中国农业发展银行（以下简称农发行）要继续发挥支持农业、服务农村的作用并拓宽业务范围要求的具体体现，这对于保护棉农利益，维护农村社会稳定，增强我国棉纺织品的国际竞争力，配合国家实施宏观调控，促进棉花产业持续、稳定、健康发展具有重要意义。为做好2005棉花年度资金供应和管理工作，现提出如下工作意见：

一、认清形势，统一思想，切实做好2005棉花年度信贷工作

随着棉花流通体制改革的不断深入和棉纺织行业的迅猛发展，棉花信贷工作面临的形势日趋复杂。一是我国棉花生产大起大落的状况仍未改变。自1999棉花年度棉花市场放开至2004棉花年度，我国棉花产量较上年波动幅度分别为：-15%、15%、21%、-18%、-1%、30%，有关部门预计今年棉花产量较上年下降10%以上，棉花生产波动依然很大。二是不考虑进口因素，国内棉花产需矛盾突出。有关部门预计2005棉花年度棉花总产在580万吨左右，较上年下降50万吨。而国内用棉需求量大幅上升，2004棉花年度全国纺纱用棉量将达830万吨左右，较上年同期增长20%以上。三是影响棉花市场价格的不确定因素难以预测。除供需矛盾外，影响棉花市场价格的因素很多，包括国家汇率政策的调整、中欧中美纺织品贸易摩擦、关税政策的变化以及气候变化等，这些因素都将会对棉花市场价格造成异常波动，进而形成市场风险。四是棉纺织业竞争日趋激烈，棉纺织市场风险进一步加大。2004年棉纺织加工业亏损面已达20%，全行业平均销售利润率仅为2.43%，随着人民币汇率升值，棉纺织品出口竞争力下降，企业间的竞争将进一步加剧，市场风险加剧。五是棉花信贷管理的难度加大。一方面我行面对的贷款企业结构和类型更加复杂，企业经营涉及多种领域，管理手段差异明显，筹资渠道多样，集团性客户关联交易频繁；另一方面我行现有的管理手段、制度办法、人员结构、知识水平都处在不断的调整变化发展中，适应企业的个性化需要仍有难度。

各行要清醒地认识到面对的复杂形势，统一思想，看到肩负的重大责任，坚持从服务“三农”大局出发，以高度的事业心和责任感正确处理好执行政策、业务发展与防范风险的关系，努力做好2005棉花年度信贷工作。一是准确把握政策，配合国家实施宏观调控，维护棉花市场稳定。要按政策做好储备棉贷款的供应和管理工作，配合有关部门完成年度储备计划，确保储备棉收储和轮换的资金需要。充分发挥资金主渠道作用，在有效防范风险的前提下，积极支持企业新棉收购。二是审慎积极地开展新业务，要结合自身特点，有针对性地开展客户营销工作，促进棉花信贷业务的有效发展，提高银企综合效益，提高棉花贷款社会效益。三是强化风险管理，客户部门承担贷款调查和贷款管理的重任，要始终把防范风险放在首位，努力提高棉花信贷业务的质量和效益。

二、准确把握政策，积极支持新棉收购

（一）做好贷款企业资格认定工作。2005 棉花年度收购开始之前，各行要按照《关于开展粮棉油企业贷款资格认定工作的通知》（农发银发［2005］76 号）和《关于做好棉花企业贷款资格认定工作的通知》（农发银客二［2005］16 号）的有关要求组织开展对辖内各类棉花企业的贷款资格认定工作，不得对未进行资格认定的企业发放贷款。对于前两个年度存在虚开码单套取贷款、提前抽逃自筹资金造成我行贷款损失以及其他挤占挪用我行贷款等违规行为的企业，必须进行整改，归还违规挤占贷款本息或签订切实可行的清偿协议，否则不予认定贷款资格。对于获得农发行贷款资格的企业，各行可以适当的方式向社会公告，以方便棉农售棉，争取政府和舆论界的理解和支持，赢得支持新棉收购的主动权。

（二）合理布局收购供应点。各行要在统筹考虑各地产量和贷款企业加工能力的基础上，合理布局收购资金供应点。既要防止因我行贷款企业之间过度竞争诱发的抬价抢购行为，又要防止出现区域性收购资金供应上的空白点。在一定范围内，如果没有一家企业能获得我行贷款资格，同时又没有其他企业入市收购，预期可能出现农民"卖棉难"的问题，当地行要及时向地方政府和上级行汇报，协商解决农民卖棉问题。对政府指定的企业提供新棉收购资金支持的，必须落实各项风险补偿措施，确保贷款安全。

对从事异地收购的贷款企业，贷款行要引导规范其经营行为，促使企业有序经营。要与当地农发行协调配合，加强对异地收购资金的管理。

（三）合理确定企业 2005 棉花年度新增贷款额度，加强重点客户的监测。开户行要根据当地棉花资源量、贷款企业往年经营水平、本年度计划经营量、生产经营状况、收购资金筹措情况、以前年度贷款偿还情况、风险防范措施以及收购加工进度和能力等因素，合理确定企业 2005 棉花年度新增贷款额度。各行客户部门要对贷款额度较大的客户进行重点监测和管理。总行将监测新疆分行贷款额度超过 4 亿元、其他省（市）分行贷款额度超过 2 亿元的单个客户，有关行应于贷款额度确定后一周内将这类客户情况报总行客户二部备案（具体报备项目见附件 1）。收购开始后各行要根据重点客户购销情况、生产加工情况、贷款运行情况等填报"重点客户贷款情况月报表"（见附件 2）于每月末 5 日内上报总行客户二部。各省级分行可根据本地实际情况合理确定省分行、二级分行重点监测和管理的客户。

（四）按贷款上限政策支持企业随行就市收购棉花。2005 棉花年度，总行继续实行贷款上限控制政策（具体标准另文下发），并将根据市场价格情况分阶段予以适时调整，同时各行可在总行确定的贷款上限的基础上进行一定范围内的浮动。各行要在不突破设定的贷款上限的前提下，按照市场定价的原则积极支持企业随行就市收购棉花。

三、加强客户营销，审慎积极开展新业务

（一）审慎选择新客户，优化贷款客户结构。各行要高度重视拟准入新客户的贷前调查工作。一是要选择资产质量优良、经营状况良好、信用等级高、辐射作用明显的客户；二是要考虑全省贷款企业的布局，优化各地、县我行贷款支持的棉花企业客户结构；三是要考虑贷款支持后产生的经济效益和社会效益；四是要考虑对当地棉花产业的影响。通过对客户的组织结构、经营、财务、信誉、经营者素质、关联方交易等情况的调查，全面、准确地评价企业的风险承受能力。要通过慎选、优选新客户，改善我行贷款客户结构。

（二）实施差别化的营销策略。各行要根据《关于印发〈中国农业发展银行粮棉油贷款客户分级管理指引〉的通知》的有关要求，对客户实行分级管理，要有进有退，有所为有所不为，实施差别化的营销策略。要转变服务观念，以客户为中心，由单一产品营销向产品组合营销转变，由被动营销向主动营销转变，由大众化服务向个性化、差别化服务转变。进而优化客户结构，改善贷款质量。

一是积极拓展黄金客户和发展优质客户。对黄金客户和优质客户可在贷款期限组合、利率浮动、贷款方式选择等方面适当提供优惠便利。要通过提供高效优质的服务，确保其信贷需求得到及时满足。

二是转化一般客户。对于经营状况一般但诚信状况好、成长潜力大的客户，可为其提供包括战略规划、市场研判、信息咨询、代客理财等服务，努力提高资金使用效益，促进其向优质客户转化。

三是淘汰低质客户。对经营出现了信贷风险的客户，要压缩贷款规模，以降低信贷风险；对于生产规模过小，设备陈旧落后，经营效益低下的客户，要限制、控制新增贷款，收回老贷款，实施退出战略；对信用状况差，扭亏无望，濒临倒闭的客户，要通过法律等手段予以主动淘汰。

（三）加大对棉花信贷产品的营销力度。目前，我行已初步形成了一批能够较好地满足客户棉花经营需求的信贷产品，包括棉花收购贷款、调销贷款、预购贷款、技术设备改造贷款、棉花良种经营贷款、棉花良种繁育贷款和棉花产业化龙头企业贷款等。各行要针对每类产品的特点，选择对其进行重点营销的对象，并根据目标客户实际情况，量身定制客户营销方案。要在落实各项风险防范措施的前提下，依据拟定的营销方案，积极营销，促进棉花信贷业务的有效发展，提高银企综合效益，进而提高我行贷款的社会效益。

四、加强风险管理，提高棉花贷款的质量和效益

（一）加大对企业第一还款来源的监管。各行要在购入、库存、加工、销售环节加强对企业第一还款来源的监管。在购入环节，要认真审核企业提供的购进凭证，调查了解企业购入物资品种、质量、数量、价格等情况，并与购进凭证进行核对，防止出现虚报收购数量、等级、质量骗取收购资金的问题。对于资信状况差、风险承受能力弱的企业要坚持逐笔核打收购码单,确保贷款按约使用。在库存环节,要坚持定期查库制度,查库要有记录,不能流于形式,要将实物库存与信贷管理台账、企业财务、统计、保管等各项数据全面核对,对不相符的要分析原因,发现问题,及时采取风险防范措施。对辖内信用等级低、风险承受能力弱、曾经有过不良信用记录、能用于抵押的确权有效资产较少的企业,可探索将企业皮棉存入农发行指定的监管仓库,借助第三方实施库存监管(具体操作办法总行另文下发)。在加工环节,要在及时监督原材料库存变化的基础上,了解掌握原材料转化成产成品的占贷情况,掌握企业深加工产品的生产进度和原材料的加工转化率,同时参与企业的实物盘点,监督消耗的原材料与产成品保持基本对应。在销售及货款回笼环节,要坚持出库报告制度,商品一出库,就要登记台账,对继续坚持采用购贷销还管理方式的棉花流通企业,要督促其及时、足额回笼销售货款,防止企业坐支销货款,货款回笼后,要及时收贷收息,确保贷款按约收回。

(二)制定并实施价格风险防范方案。开户行要根据客户风险承受能力的不同,充分考虑客户筹资渠道和信贷资金面临的风险程度,确定单独或组合采用企业配套收购自筹资金和企业风险准备金及相应比例,积极推行企业经营者风险担保金措施,一企一策,提前制订价格风险防范方案,具体比例由各省级分行确定。对客户发放调销贷款虽不受贷款上限政策的限制,但为防范信贷风险,也应制订相应的价格风险防范方案。

在实施价格风险防范方案时,要重点加强对企业自筹资金的监管力度。各行要结合资金到账原始凭证、借款合同和企业财务报表分析企业自筹资金来源。合同定金、预收货款、年利率超过7.5%(中国人民银行规定1年期贷款利率上浮上限)的资金不得作为自筹资金配套我行贷款参与收购。对于来源于其他商业银行贷款、法人单位或个人借款的,应签订真实有效的三方或多方协议,在充分考虑我行资金量占比大小的基础上,约定回笼销售货款优先归还农发行贷款或按各方参与收购资金比例偿还。在贷款投放后,各行要定期分析企业的资金流和现金流量,监督企业销售货款回笼后按协议约定归还贷款。要将企业资金流和物流情况进行对比,看是否基本一致,如发现不一致,要认真分析原因,发现贷款风险点,要及时向领导汇报,果断采取相应防范措施。如企业出现未按约定归还我行贷款等提前抽逃自筹资金行为,要视同挤占挪用处理,立即停止贷款,并按规定加、罚息,同时要将企业失信行为向有关部门汇报,取得各方支持。

企业风险准备金必须是企业的自有资金,企业经营者风险担保金必须是企业高层管理人员的个人资产,二者均需存入我行专户管理,在贷款本息未全额收回前,企业和经营者个人不得动用。在出现企业现金净流量不足以归还我行到期贷款本息时,可直接从风险准备金或担保金中收回贷款本息。

(三)强化期限管理。各行要根据企业收购计划、筹资方案、加工能力和进度,结合对市场行情的分析判断,与企业协商制订2005棉花年度均衡销售计划,并据此优化组合企业每笔贷款的期限。对于延伸支持深加工领域的贷款,要充分考虑企业深加工产品的加工周期及其销售方式、渠道和计划,合理确定贷款期限,使贷款期限与企业的生产加工周期、流动资金周转周期基本一致,各行在与这类企业签订贷款期限时,可跨年度,以满足企业实际生产的需要。贷款期限确定后,没有特殊理由,一般不得展期,贷款到期不能归还,要按规定加、罚息,并督促企业加快加工进度、加大促销力度,确保贷款按期偿还。

(四)帮助企业拓宽销售渠道。各行要加强信息沟通,发挥农发行整体优势,运用信贷杠杆,鼓励贷款棉纺企业和产业化龙头企业等用棉企业购买我行产区贷款企业收购的棉花,帮助这些企业建立长期、稳定的棉花购销关系,减少双方的销售采购成本,降低我行贷款风险。各行要支持、引导好企业充分利用先进的销售手段多渠道销售。当电子撮合价格高于现货价格时应鼓励企业通过公开交易市场实现销售,这样既能使企业获得合理利润又可有效保证我行资金安全。

(五)加大对棉花企业技术设备改造贷款的管理。根据国家发展改革委、质检总局的规划,全国棉花企业技术设备改造从 2005 年起全面开展,分 5 年逐步实施。各行要主动与当地发改委等有关部门联系,了解当地棉花加工企业技术设备更新改造规划情况,合理制定各行棉花企业技术设备改造贷款五年发展规划,并尽快确定 2005 棉花年度的技改贷款营销目标客户。要及时按照农发银发[2005]168 号文件的要求,加快工作进度,力争取得实质性进展。

(六)加强对企业改制的监管力度。一是要加强对未改制企业的监管工作。各行要在对收购、库存、销售及货款回笼等环节坚持管理的基础上,加强对企业资金流的监督,督促企业留存利润为下一步进行社企分开和现代企业制度改革储备资金,严防企业挤占挪用收购资金支付改革成本;二是要充分利用我行现有优势,以资金为纽带,促使辖内风险承受能力强、有扩张能力的企业在愿意承担未改制企业原有农发行债务的条件下对其进行收购、兼并,帮助其完成改制工作,获取防范改制风险的主动权;三是要积极主动参与棉花企业改革方案的制订和实施工作,积极主张债权人权利,通过债务重组等方式最大限度地保全我行信贷资产,防止企业借改革改制之机逃废我行债务。

五、加强组织领导,强化基础管理,努力提高信贷队伍素质

(一)加强组织领导,努力做好协调工作。各级行要进一步增加全局意识、责任意识和风险意识,切实加强组织领导,精心部署,确保 2005 棉花年度新棉收购工作顺利进行。各级行在收购开始前要组织做好贷款资格认定、收购资金预测、风险防范预案等准备工作;收购开始后,要深入基层,调查研究,及时了解掌握收购过程中出现的新情况、新问题,结合国内外棉花、棉纺市场变化情况,提出防范和化解信贷风险的有效措施。要进一步加强与各级政府、发展改革委、财政、质检等部门的沟通协调,积极宣传我行有关信贷政策,及时主动汇报我行贷款支持企业收购农民棉花情况和贷款企业与我行配合情况,掌握工作的主动权。

(二)强化基础管理,提高规范化管理水平。信贷管理基础工作是监测、防范、控制风险的前提,能直接反映各行对各项政策制度的理解和执行水平,各行要高度重视,严格执行基础管理规范化操作程序。要采取有针对性的措施,抓住信贷基础管理关键环节,进一步规范各项基础工作,促进规范化管理水平的不断提高。

(三)加强培训,努力提高信贷队伍素质。随着我行棉花信贷新业务的发展,信贷队伍素质不适应业务发展的情况十分突出。各级行要切实加大培训力度,特别是要加大信贷人员相对陌生的棉花生产行业、棉纺织行业、流动资金调查、固定资产调查等知识的培训,结合保持共产党员先进性教育活动,努力提高信贷人员的思想政治素质和业务素质,以适应不断变化的形势和新业务开展的需要。

附件:1. 重点监测客户报备表(略)

2. 重点监测客户贷款情况月报表(略)

关于做好2006棉花年度信贷工作的意见

2006年8月24日　农发银发[2006]217号

各省、自治区、直辖市分行，总行营业部：

2006棉花年度棉花收购即将开始，为做好2006棉花年度信贷资金供应和管理工作，加大对棉花产业发展的信贷支持力度，防控信贷风险，实现棉花贷款业务的有效发展。现提出如下工作意见，请各行遵照执行。

一、统一思想，准确认识2006棉花年度信贷工作面临的形势

随着棉花流通体制改革的不断深化和国家对棉花产业宏观调控政策的调整，我行棉花信贷管理的内外部环境发生了深刻变化，2006棉花年度信贷工作面临的形势将更为复杂。一是国内棉花流通企业经营环境越来越艰难。一方面，为确保农民收入稳步增长，国家需采取相应的调控措施，以保持棉花收购价格处于一定的水平；另一方面，为保持我国纺织品在国际市场的竞争力，需要进口大量的国外棉花以平抑市场价格。因此，以经营国内棉花为主的棉花流通企业生存空间狭小，而流通企业目前仍是我行贷款客户的主体，这将使我行贷款的市场风险增大。二是我国纺织行业对国外棉花的依赖程度越来越高。我国纺织工业虽然受欧美设限影响，但发展势头依然强劲，2000~2005年我国纱线产量和坯布产量的年均增长都在10%以上，2006年分别达到1 440万吨和470亿米，纺纱规模已突破7 000万锭。在国内棉花产量基本稳定的情况下，纺织业对棉花进口的需求逐年增加，2005年我国进口外棉达257万吨，2006年1~7月已进口274万吨，预计今年将突破350万吨。因此，外棉不再是国内棉花的补充与调剂，已经成为国内棉花需求的重要组成部分。三是国内外棉花市场接轨的趋势越来越明显。随着国家大量进口和使用外棉，低廉的国外棉价对国内棉花价格的冲击很大。受国际市场影响，国内棉花价格在2006年一直处于缓慢下跌的态势，在印度、巴基斯坦等国低廉的棉花成本和劳动力成本的竞争优势下，我国纺织品出口压力与日俱增，纺织行业要求国内外棉花市场价格接轨的呼声很高。四是棉花信贷人员素质亟待提高。近日，中国银监会已批复同意我行扩大贷款范围，信贷力量不足的矛盾将更加突出。同时，我行信贷人员的政治素质和业务素质还难以完全适应业务发展的需要，责任心和事业心有待加强。

各级行要统一思想，充分认识2006棉花年度信贷工作的复杂性，牢固树立服务“三农”和建设社会主义新农村的大局观，以高度的政治责任感和事业心，努力做好2006棉花年度信贷资金的供应与管理工作。一是继续积极支持国家棉花宏观调控政策的实施，做好储备棉贷款供应和管理工作，确保储备棉收储和轮换的资金供应；

二是在有效防范风险的前提下，因地制宜、因企制宜，积极支持新棉收购；三是根据企业风险承受能力，审慎积极支持棉花产业化龙头企业和棉纺企业发展，进一步优化客户结构，改善资产质量，着力营销和培植一批竞争力强、效益好、辐射作用明显的优质客户；四是妥善处理好执行政策、加快发展与防范风险的关系，实现有效发展。要始终把风险防范放在第一位，防止单纯为扩大市场份额和完成考核指标而不顾条件地盲目发放贷款，要走质量、规模、效益相统一的发展之路。

二、准确把握信贷政策，大力支持棉花产业发展

（一）优选客户，严把贷款准入关。一是严格按照《关于做好2006棉花年度棉花企业资格认定工作的通知》（农发银发［2006］163号）的要求，做好棉花企业贷款资格认定工作。对2005棉花年度未按期归还贷款的企业，原则上不得认定新的贷款资格。对按期归还贷款，信誉好、风险承受能力强的企业，要优先予以认定并积极给予贷款支持。二是要加大对产业化龙头企业和棉纺企业支持力度，实现棉花贷款客户结构调整，支持棉花产业的发展。三是发放好调销贷款，促进产销衔接，发挥棉花贷款整体优势，有效防控棉花贷款的整体风险。

（二）继续执行贷款上限政策。2006棉花年度，总行决定继续实行棉花收购贷款上限政策，即每担标准级皮棉（328）收购贷款基准暂定为500元/担（新疆480元/担），允许上浮50元/担，下浮不限，最高贷款额不得突破550元/担（新疆530元/担）。各行要在总行确定的贷款上限幅度内，结合本地实际，确定较为合理的价格水平，积极支持企业做好新棉收购工作。收购期间若棉花购销市场行情发生较大变化，总行将按实际情况调整贷款上限。

（三）设定价格警戒线。为配合国家调控棉花价格及防范贷款风险，总行决定设定棉花收购价格警戒线。对于企业超过收购价格警戒线收购棉花时，各行应停止发放贷款，完全由企业通过其他渠道自筹资金进行收购。

收购价格警戒线以贷款日C0tl00k A（FE）指数折算的外棉到岸价为基准予以控制掌握，同时主要参考行业平均的加工费用水平、企业应承担的利息、管理费及税金等其他成本。设定收购价格警戒线，有利于我行配合国家宏观调控，保持棉花收购及市场价格在收购期间的稳定，有效防控信贷风险。遇市场价格出现较大波动时，总行将随时发布价格预警通知。

（四）及时测算收购企业资金需求量，合理确定贷款额度。各行在新棉收购开始前，要对当地2006棉花年度的棉花产量，贷款企业的加工能力、经营水平、资金筹措情况以及在当地收购市场的占有率等情况进行调查分析，在此基础上预测贷款企业新年度的收购总量，核定企业的资金需求量。同时做好信贷计划的衔接和资金调度安排，按政策确保新棉收购资金的需要。

（五）配合国家棉花质检体制改革，做好棉花企业技术设备改造贷款的发放与管理工作。2006年是国家棉花企业技术设备改造五年发展规划实施的第二年，各行要对纳入国家棉花质检体制改革规划，符合我行贷款条件的企业发放好相应的技改贷款，支持企业搞好棉花质检体制改革。对达不到我行贷款条件的企业，各行不得发放贷款。

（六）加大对棉花预购和良种贷款的投放力度，扶持棉花生产，改善棉花质量。2006 棉花年度，各行要加大对棉花生产性资金需求以及棉花良种生产、经营资金需求的支持力度，进一步扶持棉花生产，改善棉花质量。各行要在防范风险的前提下，积极加强棉花预购贷款、良种繁育贷款和良种经营贷款等贷款品种的营销，并严格贷后管理。

三、加强贷款管理，有效防控风险

（一）切实加强企业自筹资金、风险准备金和风险担保金管理。要切实提高企业自筹资金比例，增强企业抗风险能力。对与我行贷款配套收购的企业自筹资金必须在新棉收购开始前筹集到位。各行要结合企业财务报表、资金到账凭证、集资合同等分析企业自筹资金来源，确保自筹资金真实可靠。合同定金、预收货款、金融机构借款和年利率超过 7.5% 的职工集资款不得作为自筹资金配套我行贷款参与收购。必须把自筹资金管理真正落到实处，要确保自筹资金的真实性，严格杜绝企业由于缺乏自筹资金而出现少收多报、低收高报及提前抽逃自筹资金形成虚库的情况。企业出现上述行为，要立即停止发放贷款，收回已放贷款，并按规定给予信贷制裁。

要积极推行企业风险准备金和经营者风险担保金制度。风险准备金必须是企业自有资金，经营者风险担保金必须是企业经营者个人合法资产，二者都要实行专户管理。在本年度贷款本息未全额收回前，企业和经营者个人不得动用。在企业无力归还我行到期贷款本息时，可直接用风险准备金或担保金收回贷款本息。

（二）合理确定贷款期限，按期收回贷款。2006 棉花年度，各行要继续强化贷款期限管理，尤其是收购贷款期限管理。要根据企业预计收购量和销售计划，在贷款发放时逐笔确定企业收购贷款期限。要与企业协商制定均衡销售计划，树立赚取平均利润的经营理念。贷款期限的确定要有利于促进企业实现均衡销售和我行约期收贷。对不执行销售计划、赌后市思想严重的企业，要及时采取措施促进销售或筹措其他资金归还贷款。

对 2006 年度发放的棉花收购贷款，至 2007 年 3 月末，流通企业收购贷款的收贷率原则上要高于 50%，5 月末高于 70%，年度结束，收购贷款要基本收回。

（三）强化质量管理，严格防范棉花质量风险。各行要高度重视企业收购棉花的质量，进一步加强对质量风险的防范与控制。一是严格按照国家今年 7 月新修改发布的《棉花质量监督管理条例》和《关于加强棉花质量监督管理防范信贷风险的通知》（国质检执联［2002］288 号）要求，监督企业严格执行棉花收购“一试五定”制度，在收购环节杜绝企业虚提衣分、虚高等级、收超水棉、混等混级等现象；二是继续贯彻 2002 年国家发布的《避免在棉花采摘、交售、加工过程中混入异性纤维的暂行规定》的各项要求，督促企业全面抓好各环节排除异性纤维工作，切实改善“三丝”问题；三是加强对企业加工环节的监管，各行不得以衣亏为由随意调减棉花库存，要防止企业以衣亏掩盖收购数量不实的问题；四是要建立棉花质量检查制度，密切与质检部门的配合，定期或不定期地对企业收购加工的棉花进行抽检，及时掌握企业棉花质量情况;五是积极配合国家棉花质量检验体制改革。

(四)强化贷前、贷中和贷后管理。各行要继续把信贷监管贯穿信贷工作的全过程,切实加强贷前、贷中和贷后管理。要加强对企业实物库存和资金流的管理。要严格按照相关贷款流程要求,开展贷款受理和调查评估工作,要逐步加大对企业土地、房产等不动产的抵押担保力度,机器设备等动产的担保比例要逐步降低。要严格按企业收购凭证认真审核购入物资的品种、质量、数量和价格等情况。

各行要规范贷款企业异地收购行为,要树立全国农发行"一盘棋"的观念,防止因我行贷款企业异地收购诱发当地无序竞争和抢购抬价情况的发生。支持企业从事异地收购的贷款行,要主动与收购地农发行联系沟通,建立联系机制,共同监督异地收购企业的收购行为。

各行要严格贷后管理,加强库存监管。要坚持定期查库制度,将企业实物库存与银行台账、企业相关账务核对,要及时了解掌握原材料转化成产成品的占贷情况、深加工产品的生产进度和原材料的加工转化率,参与企业的实物盘点。在销售及货款回笼环节,要坚持出库报告制度,商品出库要及时登记台账。要督促企业快收购、快加工、快销售,及时、足额回笼销售货款并收贷收息,防止企业坐支销货款。

各行要集中信贷力量,加强对大型棉纺企业和龙头企业客户的管理,要成立信贷组派驻企业进行日常管理。要对这类客户的财务状况和经营状况进行月度分析,发现经营及财务等发生较大变化,要及时报上级行,并采取相应措施。各行要对棉花年度贷款额度较大的客户进行重点监测和管理。

(五)推广运用第三方库存监管办法。各行要积极推行协议委托第三方监管的库存管理模式。对信用环境差、收购企业资质普遍不能满足我行贷款要求的地区,对我行贷款客户中信用等级低、抗风险能力差的棉花流通企业,原则上都要采取第三方监管方式。对于愿意主动配合我行实行第三方监管的企业,可视其加工经营能力,加大贷款支持力度。履行监管职能的独立第三方,一是可选择全国棉花交易市场,利用其分布在全国各地的交割仓库和电子撮合交易平台,进行合作监管;二是可选择我行现有优质客户中信用等级高、经营管理能力强、库存管理规范、仓储能力大、销售渠道畅通的企业,利用其仓储条件和经营平台,加强库存管理。一旦棉花市场发生变化危及我行贷款安全,各行可按合作协议规定,要求监管第三方通过这些交易平台和经营平台主动销售监管棉花,以确保我行贷款安全。

(六)利用信贷杠杆,促进贷款流通企业和棉纺生产企业产销衔接,防范系统性风险。各行要加强信息沟通,发挥我行系统的整体优势,利用棉花流通领域和深加工领域的客户资源,促进贷款客户间实现产销衔接。要帮助这些企业建立长期稳定的棉花购销合作关系,通过信贷杠杆作用,促使贷款企业间形成一个生产、流通和加工有机衔接的利益连接体,有效抵御市场价格波动带来的风险。个别棉花主产省份缺少棉花深加工客户资源,应主动与纺织大省联系沟通,通过利用我行系统客户资源实现产销有效衔接,必要时总行可予以协调。

四、加强组织领导，抓好基础管理，提高信贷队伍素质

（一）加强组织领导，注重沟通协调。各行要树立全局意识、风险意识、责任意识和服务意识，切实加强组织领导，精心部署，确保2006棉花年度棉花贷款工作的健康有效发展。要深入基层，深入实际开展调查研究，对新年度出现的新情况新问题，要及时掌握，准确分析，及时解决。要加强与各级政府、发展改革委、财政、质检、供销社、纺织协会等有关部门行业的沟通协调，积极宣传我行信贷政策，争取理解与支持。

（二）加强和规范内部基础管理工作。信贷基础管理工作是执行政策、防范风险、合规经营的重要保证，也是提高管理水平、树立形象、实现可持续性发展的基础。各行要抓好信贷基础管理工作，不断提高规范化管理水平，确保信贷制度和办法的有效落实。要继续坚持和完善各项制度，规范操作流程，将业务发展置于严格、严密、有效、规范的管理之上，真正实现规范化、精细化管理的要求。

（三）加强培训，提高信贷队伍素质。信贷队伍素质不仅关系到信贷营销和管理的质量，也关系到信贷业务的可持续发展。各行要把信贷队伍建设作为当前最紧迫的任务认真抓好。一是提高政治素质，结合学习践行“八荣八耻”，增强信贷人员的事业心和责任感；二是加强培训，提高业务素质，重点围绕客户营销、市场分析、贷款调查评估、贷后管理等内容开展业务培训；三是转变工作作风，求真务实，加强调查研究，创造性地开展工作；四是加强职业道德教育和廉政建设，增强新形势下棉花信贷队伍的拒腐防变能力。

（四）严肃信贷纪律。对2006棉花年度发生弄虚作假套取收购资金、库存不实、挤占挪用贷款等行为的企业，一经发现，要立即停止发放新贷款，并采取措施收回已发放贷款，必要时可采取法律诉讼手段。对造成信贷资金损失的我行相关责任人，要严格按照《中国农业发展银行违反信贷和资金管理规章制度行为处理暂行办法》（农发银发［2006］58号）的有关规定进行严肃处理。

关于做好2007棉花年度收购信贷工作的意见

2007年9月7日　农发银发[2007]243号

各省、自治区、直辖市分行，总行营业部：

2007棉花年度棉花收购即将开始，为做好新棉花年度棉花收购信贷工作，现提出如下工作意见，请各行遵照执行。

一、充分认识2007棉花年度面临的形势，增强工作主动性

从当前国际、国内棉花市场的发展状况和国家对棉花产业政策调整变化的趋势看，2007棉花年度棉花收购信贷工作面临的形势十分复杂。一是自今年6月以来，国内外棉花市场价格大幅攀升，COtl00k A(FE)指数涨幅一度高达25%，中国棉花价格指数涨幅也达到了12%，当前市场棉价仍在高位运行，后期走势不明朗，这将给我行棉花收购贷款带来较大的市场风险。二是今年以来，受人民币持续升值、国际贸易摩擦不断加剧、国家进一步下调出口退税税率和调整进口棉花准税政策等因素的影响，国内纺织品出口竞争压力增大。由于国内棉花产需缺口逐年加大，依赖外棉程度越来越高，国家棉花及纺织行业宏观政策的调整变化将对棉花市场走势产生较大影响，后期棉花市场走势不确定性进一步增大。三是党的十七大即将召开，特殊的宏观政治背景对我行发挥政策性金融职能，支持棉花收购提出了更高的要求。四是国内棉花流通企业规模较小，普遍经营水平不高，总体竞争力偏弱，还有相当一部分供销社企业未实行改革改制，国内纺织企业参差不齐，纺织品技术含量、附加值和质量档次不高，产业结构亟待升级，客户基础仍显薄弱。五是随着新业务的不断开展，各行信贷人员有所分散，棉花收购信贷管理力量有待加强。

面对新棉花年度的复杂局面，各行要高度重视棉花收购信贷工作，绝不能因业务范围的拓宽和新业务的发展而有丝毫的放松和忽视。今年总行制定了新的《中国农业发展银行棉花收购贷款办法》，把棉花收购贷款列为准政策性贷款进行管理，各行要准确理解和把握好准政策性棉花贷款业务的本质特征和基本要求。棉花收购贷款作为准政策性贷款，既有政策性贷款刚性需求的特征，又有商业性贷款自担风险的特征。积极支持棉花收购，确保不因为收购资金供应问题出现区域性农民"卖棉难"，仍然是现阶段国务院赋予我行的基本职能，这就决定了棉花收购信贷具有很强的政策性，就要以执行国家宏观调控政策、保护农民利益、确保收购不出问题为前提。同时，又要看到自棉花市场放开以来，各类收购企业自主经营、自负盈亏，完全实行市场运作，国家对于企业的经营亏损没有任何风险补偿，由此而带来的贷款风险也由我行自行承担。这种政策性和商业性两者兼具的特殊性大大增加了收购贷款的管理难度,要求我们必须加大工作力度,在两者之间找到平衡点和结合点。

因此,各行要统一思想,增强工作的主动性,进一步加强对棉花收购贷款的管理。要科学把握棉花购销信贷的总体形势,坚持"保收购,不保企业"的总原则,认真贯彻总行一系列管理要求,妥善处理好执行政策与防控风险的关系。牢固树立服务"三农"和建设社会主义新农村的大局观,以高度的政治责任感和事业心,做好2007棉花年度棉花收购贷款的发放与管理工作。

二、准确把握信贷政策,积极支持棉花收购

(一)进一步调整和优化客户结构,优化信贷区域布局

一是要严格按照《关于做好2007年度棉花收购贷款资格认定工作的通知》(农发银发[2007]136号)的要求认真做好棉花企业贷款资格认定工作,严把贷款资格准入关。对于发生挤占挪用的企业,不得认定收购贷款资格。对于列入中国棉花协会行业警示目录的企业,一律不得认定其贷款资格。对于未改制的供销社棉花企业认定新年度贷款资格的,要从严控制,并书面报备总行。

二是要按照《关于进一步加强对棉纺企业信贷支持与管理的意见》(农发银发[2007]35号)的要求,积极营销和培植一批诚实守信、资产质量和经营状况良好、辐射作用明显、具有棉花加工能力的产业化龙头企业和棉纺企业入市收购。

三是要加大客户结构调整力度。各行要结合2006棉花年度贷款收回情况,及时开展贷后评价,根据资金实力、经营状况、管理情况和诚信度对现有客户按照积极支持、限制支持、信贷退出等进行分类排队,进一步优化客户结构。

四是要不断优化信贷区域布局。各行要结合本地资源特点,逐步形成具有区位优势的棉花信贷布局。在棉花主产区,要充分利用资源优势,在夯实传统购销业务的基础上,支持有实力的企业向生产领域延伸;在棉花主销区,要发挥市场优势,支持具有领先优势和带动作用的龙头企业,向棉花深加工领域延伸;在棉花产销都比较发达的地区,要利用其资源和市场双重优势,将棉花信贷向两头延伸,逐渐形成以市场牵龙头、龙头带基地、基地连农户的一条龙式的发展格局。

(二)严格执行贷款上限和收购价格警戒线政策

2007棉花年度,总行决定继续实行棉花收购贷款上限和贷款支持收购价格警戒线政策。各行要在贷款支持收购价格警戒线以下,严格按照不超过贷款上限规定的贷款支持额度发放贷款,对于企业超过贷款支持收购价格警戒线收购棉花时,应立即停止发放贷款,完全由企业通过其他渠道自筹资金进行收购。

(三)大力推行棉花库存第三方监管

为了既积极支持企业入市收购,扩大收购量,又有效加强信贷管理,控制信贷风险,在总结去年试点经验的基础上,今年要大力推行棉花库存第三方监管。

一是明确客户对象。凡信用等级A级(含)以下的企业,原则上要实行库存第三方监管,不实行第三方监管的企业一般不得发放信用贷款,确需发放的要经省级分行批准。对于信用等级在A级(不含)以上的企业,各行可根据企业资信状况、风险承

受能力、历史销售情况等因素自主确定是否采取库存第三方监管。

二是把握支持政策。对于积极实行第三方监管的企业,在落实有效资产全额抵押的基础上,可适当放大贷款投放额度,支持企业扩大经营量。对自筹收购铺底资金不足的,可按照抵押额发放铺底贷款。对于完全自筹收购铺底资金的企业,在落实相应的风险防控措施后,可不办理有效资产抵押,直接根据进入第三方监管库存量,按贷款上限提供贷款。

三是切实规范管理。开户行、借款人和实行监管的第三方要签订合法、有效协议,棉花库存存入后要制作标准仓单,明确仓单管理方式,明确约定我行对仓单及对应库存棉花的优先处置权,有条件的地方可据此发放仓单质押贷款。若贷款发生潜在风险,开户行有权委托第三方代为销售并收回贷款,并在贷款合同中予以明确约定。

四是进一步明确履行监管职能的独立第三方。履行监管职能的第三方,要优先选择全国棉花交易市场,利用其分布在全国各地的交割仓库,进行合作监管。要鼓励实施第三方监管或未实施的企业,利用全国棉花交易市场的电子撮合交易平台进行交易,确保销售货款的按时回笼,以实现我行如期收贷收息。对利用全国棉花交易市场的监管体系有困难的地方,也可选择我行现有优质客户中信用等级在AA级(含)以上、经营管理能力强、库存管理规范、仓储能力大、销售渠道畅通的企业和符合上述要求的社会仓储企业,作为监管平台,加强库存管理。

(四)规范使用贷款品种

各行要根据客户的不同类型,合理、准确选择适当的贷款品种,进一步规范贷款品种的使用。棉花收购贷款只能用于直接收购籽棉(包括异地收购),只有具备籽棉加工资格的棉花流通企业、棉纺企业和产业化龙头企业,才能发放棉花收购贷款,对于自身不具备籽棉加工资格,采取租赁、委托收购等方式进行收购的企业,必须有明确的风险防控措施和真实有效的购销合同,否则,不得发放棉花收购贷款;棉花调销贷款原则上只能用于购入皮棉或棉副产品,对于具备棉花经营资质的流通企业、棉纺企业和产业化龙头企业都可以选择发放棉花调销贷款;产业化龙头企业贷款可用于产业化龙头企业购入原料和其他流动资金需求。各行要根据不同贷款品种的管理要求合理选择使用和组合,使用某一贷款品种,必须按相应的管理办法进行管理,不得任意改变贷款用途、范围和管理要求。

(五)加大对棉花预购贷款、棉花良种贷款和棉花技改贷款的投放力度

2007棉花年度,各行要积极支持有实力的棉花企业在棉花生产、棉花良种生产、经营以及技术改造等方面的资金需求,在防范风险的前提下,加大对棉花预购贷款、棉花良种繁育贷款、棉花良种经营贷款和棉花技改贷款等贷款品种的投放力度。特别是在棉花主产区,各行要支持实行“公司+基地+农户”产业化经营模式的龙头企业加大向生产领域延伸的深度和广度,通过改良品种、与棉农签订种植收购合同、为棉农提供资金及服务等建立稳定优良的棉花货源,从而进一步扶持棉花生产,改善棉花质量。各行要积极配合国家棉花质检体制改革,对我行贷款客户中信用等级高、经

营机制好、经营水平高的企业,可支持其进行技术改造以进一步提高棉花加工能力。

三、不断加强和创新贷款管理,有效控制和化解贷款风险

(一)继续坚持封闭管理的有效措施,严格贷前、贷中和贷后管理

各行必须始终坚持把对企业实物库存和资金流的监管贯穿信贷工作的全过程,切实加强贷前、贷中和贷后管理。要进一步坚持和完善台账制度,将贷款发放,棉花购入、加工、销售,货款回笼,贷款收回等各个环节全部纳入信贷管理台账进行监测,以便及时、准确地了解我行贷款运行情况和企业经营过程。要建立定期综合分析制度,每月对企业的贷款使用情况、生产经营情况、财务状况及其他重大事项进行综合分析,查找问题并及时解决。各行要对贷款额度较大的客户进行重点监测和管理。

在购入环节,要严格按企业收购凭证认真审核购入物资的品种、质量、数量和价格等情况,防止出现虚报数量、价格和质量骗取我行贷款的问题。对从事异地收购的贷款企业,贷款行要主动与收购地农发行协调配合,要督促企业到当地农发行开设结算账户,加强资金监管。要引导企业规范经营行为,防止在收购当地出现无序竞争等情况。在库存环节,要坚持定期查库制度,信贷员查库必须要有查库记录,要将企业实物库存与银行台账、企业相关账务核对,及时了解掌握原材料转化成产成品的占贷情况、深加工产品的生产进度和原材料的加工转化率,要参与企业的实物盘点。在销售及货款回笼环节,要坚持出库通报制度,棉花一出库就要登记台账。原则上要求企业实行钱货两清的结算方式,对于存在合理结算期的销售行为,要通过查看企业有关销售凭证、与购买企业核实等核查每笔应收账款的真实性。对棉花销售货款要监督企业及时、足额回笼归行,防止企业坐支销售货款。货款回笼后,要及时收贷收息。

(二)充分发挥信贷调节作用,积极促进产销、供需衔接

各行要充分利用系统整体优势,利用我行棉花生产、流通、深加工等上下游领域的客户资源,积极支持贷款客户间开展产销和供需衔接。要运用信贷杠杆,推动棉花深加工企业和产业化龙头企业等用棉单位购买我行贷款收购企业的棉花,促进整个棉花产业链各方实现利益均衡,降低我行贷款风险。对于积极配合我行实现产销、供需衔接的大中型产业化龙头企业,可加大贷款支持力度。

要从严规范产销、供需衔接的管理。一是要本着企业自愿合作和市场定价的原则推动企业之间开展合作,不得强行干预企业;二是在产销、供需衔接对象的选择上要挑选我行贷款客户中规模较大、信用较好、实力较强的用棉企业;三是要根据用棉企业的生产规模和实际用棉量实现衔接,不能超出企业外购棉花的需求量;四是要全程监督衔接企业双方的购销行为,规范债权债务及资金往来关系,及时掌握双方的出入库情况及资金走向,确保产销、供需衔接的真实性和合法有效;五是省际间开展产销、供需衔接的有关行,要加强配合和信息沟通,必要时可提请总行予以协调。

(三)进一步强化企业"三金"管理

各行要继续强化对企业自筹资金、风险准备金和经营者风险担保金的管理,因企制宜,确定单独或组合采用"三金"的风险防范方案。与我行贷款配套收购的企业自筹资金必须在我行贷款发放前筹集到位。要结合企业财务报表、资金到账凭证、集资

合约等分析企业自筹资金来源,确保自筹资金真实可靠。合同定金、预收货款、金融机构借款和超过中国人民银行规定1年期贷款基准利率的职工集资款不得作为自筹资金配套我行贷款参与收购。对于实行第三方监管的企业,可适当放宽要求,作为自筹配套参与收购的职工集资款的利率可按人民银行规定1年期贷款基准利率最高上浮20%。要杜绝企业由于缺乏自筹资金而出现少收多报、低收高报形成虚库的情况。在企业销售货款回笼后,要先收回贷款本息,不允许企业提前抽走自筹资金。企业出现上述行为,要立即停止发放贷款,收回已放贷款,并按规定给予信贷制裁。

企业风险准备金必须是企业自有资金,经营者风险担保金必须是企业经营者个人合法资产,二者都要在贷款发放前存入我行实行专户管理,或办好抵押。在本年度贷款本息未全额收回前,企业和经营者个人不得动用。在企业无力归还我行到期贷款本息时,可直接用风险准备金或担保金收回贷款本息,并在贷款合同中予以明确约定。企业自筹资金、风险准备金和经营者风险担保金缴存比例由各省级分行根据实际情况自行确定。

各行要加大对企业自我积累、自我发展能力的培育,发挥信贷杠杆作用,督促企业每年要按经营成果的一定比例补充自有流动资金,并与信贷支持挂钩。凡不按要求补充自有流动资金的企业,要逐步控制贷款投放,直至退出。

(四)准确把握贷款节奏和期限,促进棉花收购市场平稳运行

各行在支持收购的把握上要有大局观,要树立全国“一盘棋”的理念。在贷款投放上要把握好贷款投放的时机和数量,要根据市场变化情况适时投放贷款。对于企业的资金需求量,要在考虑当地棉花资源量、企业往年经营水平、收购资金筹措情况、收购加工能力等各方面因素的基础上,及时进行测算并确定贷款额度,不可盲目扩大贷款数量。各行要采取各项措施,引导企业理性收购。若收购价格过高,各行要适当控制贷款投放,若出现收购价格过低,影响农民种棉收益时,各行要积极支持企业入市收购,确保棉农收益得以实现。要通过控制贷款发放的频率和节奏,有效促进棉花收购市场的平稳运行。

各行要继续强化贷款期限管理。贷款期限的确定要有利于促进企业实现均衡销售和我行约期收贷,要根据市场的供求变化、企业的生产经营周期及销售计划,逐笔确定贷款期限。要在棉花收购贷款投放时,就制订比较具体的贷款收回计划,并将每笔收购贷款的期限确定与贷款收回计划结合起来。对2007棉花年度发放的各类涉棉企业的棉花收购贷款,原则上至2008年3月末,收贷率要高于50%,5月末高于70%,棉花年度结束要基本收回。

(五)高度重视棉花收购质量监督管理

各行要监督企业把好棉花质量关,提高棉花品质,切实防范因质量问题给我行贷款带来的风险。一是严格按照《棉花质量监督管理条例》要求,监督企业严格执行棉花收购“一试五定”制度,在收购环节杜绝企业虚提衣分、虚高等级、混等混级等现象;二是督促企业全面抓好各环节排除异性纤维工作,切实改善“三丝”问题;三是加强对企业加工环节的监管,棉花入库后要及时按皮棉数量调整台账,各行不得以衣亏

为由随意调减棉花库存，要防止企业以衣亏掩盖收购数量不实的问题；四是要积极配合国家棉花质检体制改革，密切与质检部门的配合，定期或不定期地对企业收购加工的棉花进行抽检，掌握企业棉花质量情况。

（六）加强存量贷款管理

各行要高度重视对存量贷款的管理，要按照区别对待，分类管理的原则，积极处置和盘活不良贷款。一是各行要对地方政策性棉花财务挂账情况及涉及的企业情况进行摸底调查和梳理分析，积极与地方政府及相关部门沟通协调，努力争取地方财力支持，实现消化收回；二是各行对企业经营性财务挂账和商品棉其他不合理占贷要制订切实的清收计划，并加以落实。要根据企业的实际情况，分别采取有效措施进行清收和处理。对于已完成改革改制、有良好的风险保证措施、具备我行贷款条件的企业，在其承诺逐年消化不良贷款并制订偿还计划的前提下，继续支持其经营活动，以其经营利润清收不良贷款。对于信用程度低、经营理念和资产质量差、不符合我行贷款条件的企业，要立即停止与其信贷关系，充分利用经济、行政和法律手段，积极清收存量贷款，必要时采取依法诉讼资产保全的手段追偿我行贷款。

四、加强协调沟通，夯实基础管理，强化责任意识

（一）加强宣传协调，营造良好的内外部环境。各行要加强调查研究，及时分析和把握新年度的市场运行情况，创造性地开展工作。一是要加强与各级政府及有关部门行业的沟通协调，尤其是要加强与新闻宣传部门的信息沟通，充分利用各种新闻媒介积极宣传我行信贷政策；二是加强对社会公众的宣传，对于获得我行贷款资格的企业要以适当形式向政府和社会各界公布，赢得收购信贷工作的主动；三是要建立快速的上下信息沟通和紧急情况反馈处置机制，对棉花购销和贷款运行中出现的新情况、新问题，做到及时发现，准确分析，妥善解决。

（二）强化和规范基础管理工作。各行要抓好信贷基础管理工作，不断提高信贷管理水平，确保各项贷款制度和政策要求的有效落实。要继续坚持和完善各项制度，规范操作流程，抓住信贷基础管理的关键环节，进一步规范各项基础工作，促进规范化管理水平的不断提高，以防范贷款风险。

（三）强化责任意识，严肃信贷纪律。全行上下要进一步确立棉花收购贷款的政策观念、风险意识和责任意识，切实加强管理。对工作责任不到位，管理要求不落实而出现贷款风险损失的，要严格按照《中国农业发展银行违反信贷和资金管理规章制度行为处理暂行办法》（农发银发［2006］58 号）有关规定对相关责任人进行责任追究。

关于做好 2008 棉花年度收购信贷工作的意见

2008 年 9 月 1 日　农发银发[2008]211 号

各省、自治区、直辖市分行：

为做好 2008 棉花年度棉花收购信贷工作，现提出以下意见，请各行遵照执行。

一、正确认识形势，高度重视新棉花年度棉花信贷工作

2008 棉花年度，国家的宏观调控措施不断强化，新棉花年度流通企业及纺织企业面临的棉花市场形势更为复杂，不确定因素增加，这给我们做好棉花信贷工作提出了更高的要求。

一是收购资金供应任务将更加繁重。从目前掌握的情况来看，新棉花年度的棉花产量将连续第三年保持增长态势，棉花收购资金需求巨大。受持续的紧缩货币政策及上年度棉花市场平稳、利润空间较小等因素影响，其他渠道资金入市收购将更为谨慎。作为农业政策性银行，我行仍须发挥好资金供应主渠道的作用。

二是把握“双限”政策的难度增大。一方面，今年农资价格涨幅较大，棉花种植成本增加较多，加上粮食价格涨幅明显，棉农对新棉价格上升企盼较高。另一方面，从近期国内外棉花现货市场价格和期货市场价格走势看，新棉花年度棉花价格很难和种植成本同步上涨，棉花流通企业和棉纺企业利润空间将变窄，我行面临的棉花市场风险增加，如何在有效防范风险的前提下正确制定和执行棉花收购“双限”政策难度增大。

三是我行促销收贷面临的形势更为严峻。受紧缩的货币政策、人民币持续升值、原料和生产要素价格上涨等因素影响，纺织企业流动资金不足，经营成本持续上涨，出口竞争力下降，利润空间明显缩减，很多企业生产经营出现困难，部分企业面临开工率不足的困境，而且今年以来纺织服装出口的增速回落明显，这将进一步减少棉花市场需求，抑制棉花价格的上涨，不利于棉花顺价销售，加大了我行促销收贷的难度和压力。

四是我行客户结构调整的紧迫性凸显。根据国家规定，2010 棉花年度以后，只有完成棉花质检体制改革的企业才可以取得棉花加工资格，因此我行不能再向未参加改革的棉花加工企业提供贷款支持。目前我行还有近 400 家客户没有纳入质检体制改革规划，占用大量存量贷款。如果我行不能在未来两年的过渡期内顺应质检体制改革完成客户结构调整，一方面可能出现收购资金供应空白点，另一方面将严重影响到我行信贷资产安全。

为进一步完善棉花收购资金贷款封闭运行管理，构建大封闭运行机制，今年总行决定把棉花调销贷款纳入准政策性贷款管理。各行要准确理解和把握好准政策性棉花调销贷款业务的本质特征和基本要求，妥善处理好执行政策与防控风险的关系，充分发挥调销贷款在促进供需衔接、推动棉花产业链健康发展以及优化我行贷款结构、防范贷款风险中的重要作用。

棉花收购资金供应工作始终是我行的主体业务，各行要高度重视棉花收购信贷工作，增强工作的主动性，认真执行国家棉花购销和宏观调控政策，提前制订棉花收购资金供应预案，按照“区别对待，择优扶持”的原则，积极组织我行贷款支持的棉花产业化龙头企业、棉纺企业和大型棉花流通企业入市收购，确保棉花收购资金供应不因我行工作不到位出现大的问题。

二、准确把握信贷政策，积极支持棉花收购

（一）做好收购贷款企业资格认定工作。各行要以“区别对待，择优扶持”为指导原则，严格按照《关于做好2008年度棉花收购贷款资格认定工作的通知》（农发银发[2008]159号）的要求，认真做好棉花收购企业的贷款资格认定工作，严把贷款准入关。要注意把握三个结合：一是与国家棉花质检体制改革相结合；二是与合理布局收购网点相结合；三是与企业以前年度收购贷款按期归还情况相结合。收购贷款资格认定要实行动态管理，若发现已认定资格企业经营异常、无法达到我行贷款准入条件，应及时取消其贷款资格，并采取措施收回已放贷款。各级行要主动向当地政府和有关部门通报收购贷款资格认定情况，采用适当形式及时向社会公布认定结果，方便棉农售棉，赢得政府和社会各界的支持。

（二）合理布局，组织优势企业积极收购。各行要统筹考虑辖内棉花产量、贷款企业收购及加工经营能力，合理布局收购资金供应点。针对收购市场上可能出现的问题，各行要提前做好预案。一方面要防止出现区域性收购资金供应上的空白点；另一方面要防止出现因我行贷款企业之间过度竞争诱发的抬价抢购行为，维护棉花收购市场秩序。对于个别地区因我行客户结构调整等原因可能出现收购主体缺失的情况，有关行要提前向当地政府和上级行报告，通过组织有实力的企业直接设点或委托收购解决当地棉农卖棉问题。

各行要加大对优势企业的支持力度，因企制宜，积极组织贷款企业入市收购棉花，掌握棉花收购资金供应工作的主动权。一是鼓励并支持自身实力强、经营效益好、信誉度高、抗风险能力强且具备棉花加工资格的产业化龙头企业和棉纺企业直接入市收购，利用其产业链条长、辐射作用强的优势，发挥骨干和支柱作用，促进产业化发展格局。二是大力支持收购辐射面宽、会经营、讲信用、效益好的大型重点棉花流通企业。2008棉花年度，总行将在全国范围内认定一批大型重点棉花流通企业。各行要按照《关于加强对大型重点棉花流通企业信贷支持的指导意见》（农发银发[2008]209号）的要求，采取有针对性的信贷支持措施，扶持其做大做强。要以这些大型重点棉花流通企业为载体，逐步加强它们对棉花收购市场的引导和带头作用，规范稳定收购市场。三是支持流通企业与深加工企业在收购前签订供需合同，根据深加工企业的用棉数量、品质等要求，由流通企业有针对性地组织棉花收购。

（三）配合国家质检体制改革，调整客户结构。各行要认清国家棉花质检体制改革过渡期的严峻形势，高度重视，积极配合国家质检体制改革，并以此为契机，进一步调整我行客户结构。各行要主动向政府有关部门汇报情况，并结合辖内各地收购资金供应布局情况，充分考虑质检体制改革对存量贷款产生的影响，制订出今后两年质检体制改革过渡期内客户结构调整方案，于2008年9月末前上报总行。对于原我行贷款企业中已列入国家质检体制改革规划的规模较大、效益较好、诚信度较高的企业，要优先认定其贷款资格，重点支持；对于原我行贷款企业中尚未列入国家规划的，要因企制宜，对优质诚信企业，要积极与当地政府部门协调沟通，推动其参加质检体制改革，并继续认定其贷款资格，对实力较弱、无法进入质检体制改革规划企业，要结合过渡期，研究制订信贷退出计划和具体措施，在考虑辖内棉花收购实际和企业存量贷款等情况下，不予认定贷款资格或逐步缩减贷款规模，同时要防范企业信用风险；对于已列入国家规划的非我行贷款企业，若其符合我行收购贷款条件，视辖内收购点布局情况、企业财务、经营状况等，由省级分行确定是否纳入收购贷款支持对象。

（四）保证收购资金供应，把握投放时机。对棉花收购贷款资金需求，各行要足额安排信贷规模，保证资金供应及时足额。在收购旺季，要加强与中国人民银行、贷款企业的沟通，确保节假日和双休日现金供应。要积极引导棉农和经纪人使用牡丹金山卡等非现金结算方式结算棉款，减轻现金供应压力。同时，各行要把握好收购贷款投放的时机和数量，根据市场变化情况适时投放贷款，通过控制贷款发放的频率和节奏，有效促进棉花收购市场的平稳运行。

（五）严格执行贷款上限和贷款支持收购价格警戒线政策。2008棉花年度，总行决定继续实行棉花收购贷款上限和贷款支持收购价格警戒线政策（具体标准将另行印发）。各行发放收购贷款的额度不得超过贷款上限的规定，贷款企业入市收购价格不得超过贷款支持收购价格警戒线。当企业超过收购价格警戒线收购棉花时，各行应立即停止贷款供应，全部由企业通过其他渠道自筹资金自行收购。收购期间若棉花购销市场行情发生较大变化，总行将根据实际情况适时调整贷款上限和收购价格警戒线标准。

（六）严格规范异地收购行为。异地收购是指贷款企业跨省（自治区、直辖市）、跨地市（州、区）收购棉花，在同一地市（州、区）区域内收购不属于异地收购。各行要严格规范企业异地棉花收购行为，切实防范异地收购风险。一是严把贷款投放关。开展异地收购业务的企业信用等级原则上在AA级（含）以上，用于异地收购的棉花收购贷款原则上不得发放信用贷款。对于为解决收购空白点问题而开展异地收购的企业，信用等级可放宽至A级（含）以上。企业异地收购资格及贷款额度由省级分行客户部门核定，跨省收购的需报总行备案（备案表见附件1）。二是落实信贷协管。对异地棉花收购，原则上贷款行应委托收购所在地农发行协同管理，贷款行有条件实行信贷直管的，可视自身实际情况自行进行监管。三是严格资金和库存管理。通过我行贷款进行异地收购的企业原则上要在收购所在地农发行开设收购资金存款账户，并通过该专户划汇和支取资金。收购所在地行要严格库存监管，看好入库、储存和出库环节。四是规范异地收购秩序。企业进行异地收购必须严格遵守收购所在地的棉花收购政策，保证当地收购有序进行。

（七）继续大力推行棉花库存第三方监管。各行要坚持“购贷销还，封闭管理”的原则，继续大力推行棉花库存第三方监管。凡信用等级在 A 级（含）以下的流通企业，或未列入国家质检体制改革规划的流通企业使用我行贷款收购的棉花库存，以及在异地保管的棉花，原则上都要实行库存第三方监管。确有特殊原因不能采取第三方监管的，经省级分行批准后报总行备案（备案表见附件 2），并说明原因。对于积极配合我行实行第三方监管无不良信用记录的企业，在落实有效资产全额抵押的基础上，可适当放大贷款投放额度，扩大企业的收购经营量。有条件的地方可以推行动产质押或仓单质押业务。

今年是大力推行第三方监管的第二年，各行在积极推广的同时，要重点规范第三方监管的操作管理，包括对非全国棉花交易市场作为第三方的操作，总行将专门下文予以明确。履行监管职能的独立第三方，要优先选择全国棉花交易市场。对利用全国棉花交易市场的监管体系有困难的地方，也可选择我行现有优质客户中信用等级在 AA 级（含）以上、经营管理能力强、库存管理规范、仓储能力大的企业和符合上述要求的社会仓储企业。实行第三方监管企业的关联企业不得作为独立第三方。第三方监管的棉花库存要实行专仓专垛管理，不得与其他库存混放，要坚持定期或不定期的查库制度。

（八）规范棉花收购贷款的使用。棉花收购贷款只能发放给具备棉花加工资格的棉花流通企业、棉纺企业或棉花产业化龙头企业，用于从棉农和经纪人手中直接收购籽棉，不得用于购入皮棉或棉籽（新疆生产建设兵团所属企业除外）。各行要核实籽棉收购凭证的真实性，按资金使用凭证发放收购贷款，有条件的地方可积极推行由企业自有资金或根据企业有效资产抵押发放部分铺底贷款先行收购籽棉，而后根据企业自身收购加工的皮棉实行点包放款。

三、大力支持棉花产业健康发展

（一）积极组织贷款企业实施棉花供需衔接，实现产业链大封闭运行。各行要立足棉花产业上下游客户资源，利用我行系统的整体优势，进一步发挥信贷纽带作用，支持流通企业和深加工企业之间开展供需衔接，推动棉花购销产业链条畅通，实现收购资金在全行范围和产业领域的大封闭运行。各行要强化大局观和长远意识，采取各种形式和方式，积极推动企业间建立长期稳定的购销合作关系。各行要有重点、有选择性地开展供需衔接工作，优中选优，重点支持我行贷款客户中规模较大、信用较高、效益良好、实力较强的深加工企业参与衔接。要将供需衔接工作前移至收购环节，鼓励上下游企业在收购开始前签订供需合同，进行定向收购。在供需衔接过程中，要本着企业自愿合作和市场定价的原则推动企业之间开展合作，各行不得强行干预。要根据深加工企业的生产规模实现衔接，不得超出企业实际用棉量。各行要坚持贷款企业的棉花库存和棉花需求定期监测制度，利用好总行搭建的棉花供需衔接网络信息平台，同时注意信息保密。省际间开展供需衔接的有关行，要加强配合和信息沟通，必要时可提请总行予以协调。

（二）积极做好棉花调销贷款的发放与管理。2008 棉花年度，总行把棉花调销贷款列为准政策性贷款进行管理，规定贷款仅用于企业从农发行开户企业调入棉花或企业配合国家宏观调控、储备而进出口的资金需求。各行要准确把握准政策性贷款的本质特征和基本要求，结合调销贷款自身特点，遵照《中国农业发展银行粮棉调销贷款办法》（农发银发[2008]166 号）规定，积极做好调销贷款的发放与管理工作。棉花调销贷款用途只能用于企业调入皮棉和棉副产品。各行要重点支持棉花深加工企业从我行开户企业调入棉花的资金需求，采取贷款此增彼减的方式，进一步推动与流通企业间的供需衔接。各行要强化对调销贷款的风险管理，防止信贷风险从收购环节转移到调销环节，购棉企业和售棉企业的双方开户行要加强配合，通力协作，贷款资金必须通过系统内账户划汇，对资金流和物资流的信贷监管不能留有空白点，确保信贷资金安全。

（三）加强对棉花企业技术设备改造的信贷支持。各行要高度重视棉花企业技术设备改造贷款的发放与管理工作，统筹考虑，区别对待。对于我行已认定 2008 棉花年度收购贷款资格的客户中信用等级较高、规模较大、实力较强的企业，若其已纳入国家棉花质检体制改革规划或已经各省（自治区、直辖市）发展改革委认定并将纳入国家规划，并且符合我行棉花企业技术设备改造贷款条件，各行要积极提供技改贷款，主要支持其更新大型打包机的资金需求，促进企业在过渡期结束前完成改造。

（四）扶持棉花生产，进一步加大对棉花预购和良种贷款的投放力度。2008 棉花年度，各行要进一步加大对棉花生产性资金需求以及棉花良种生产、经营资金需求的支持力度，积极扶持棉花生产。要在防范风险的前提下，积极加强对棉花预购贷款、良种繁育贷款和良种经营贷款等贷款品种的营销和发放工作。特别是在棉花主产区，各行要积极支持实行"公司 + 基地 + 农户"等产业化经营模式的龙头企业，通过改良品种、与棉农签订种植收购合同、为棉农提供资金及服务等，促进棉花生产，实现农民植棉收益。

四、加强贷款管理，有效防控风险

（一）始终坚持封闭管理有效措施，严格对企业第一还款来源的监管。各行必须坚持贷款封闭运行管理有效措施，紧紧盯住企业第一还款来源，做到"钱随棉走、专款专用、库贷挂钩、封闭运行"。要把对企业实物库存和资金流的监管贯穿信贷工作的全过程，狠抓贷款发放、库存监管和收贷收息三个关键环节。要进一步坚持和完善台账制度，将贷款发放、棉花购入、加工、库存、销售、货款回笼、收贷收息等各个环节全部纳入信贷管理台账进行监测，及时、准确登记台账。要建立定期综合分析制度，每月对企业的贷款使用情况、生产经营情况、财务状况及其他重大事项进行综合分析，查找问题并及时解决。各行要对贷款额度较大的客户进行重点监测和管理。

在贷款发放和棉花收购环节，要确认企业配套自筹资金的真实合规性，核实企业收购的原始凭证，认真核对实际收购棉花的品级、质量、数量和价格等情况，并以此作为后续贷款的依据，防止出现虚报数量、价格和质量骗取我行贷款现象发生。在库存监管环节，对企业自行保管的库存，要作为库存监管的重点，严格执行定期查库制度，信贷员查库必须要有查库记录，要将企业实物库存与银行台账、企业相关账务核对；对棉花深加工的库存情况，要及时了解掌握原材料转化成产成品的占贷情况、深加工产品的生产进度和原材料的加工转化率；对纳入第三方监管的库存，要加强与全国棉花交易市场、监管库的沟通，严格落实监管协议要求。在销售回笼及收贷收息环节，要坚持出库通报制度。对棉花销售货款要监督企业全额回笼我行，防止企业坐支棉花销售货款。货款回笼后，及时足额收贷收息。

（二）规范棉花销售结算方式。各行要高度重视棉花销售结算资金风险，严格规范棉花销售结算方式。要积极推行电子撮合、网上超市等公开透明的销售方式，原则上要求企业实行钱货两清的结算方式，严禁赊销。对企业确有特殊情况且能够提供正当理由和凭证的应收账款，要通过查看企业销售凭证、与买方企业核实等核查每笔应收账款的真实性，同时要切实加强对该笔应收账款的管理，采取各种有效措施尽快收回占用贷款。对实行供需衔接的企业，双方贷款行要加强沟通，可允许其存在一定的合理结算期。

（三）继续加强对企业“三金”的管理。各行要继续强化对企业自筹资金、风险准备金和经营者风险担保金的管理。在保证企业配套收购的自筹资金足额、真实的前提下，按照企业信用等级情况，因企制宜，区别对待，选择是否缴纳风险准备金、经营者风险担保金，是否缴纳及缴纳的具体比例由各省级分行根据实际情况自行确定。要鼓励企业用自有资金参与棉花收购，督促企业不断积累和补充自有资金，逐年提高自有资金所占比例。

与我行贷款配套收购的企业自筹资金必须在企业使用我行贷款前筹集到位。要结合企业财务报表、资金到账凭证等分析企业自筹资金来源，确保自筹资金真实可靠。合同定金、预收货款、金融机构借款和超过中国人民银行规定 1 年期贷款基准利率的职工集资款或社会借款不得作为自筹资金配套我行贷款参与收购。要杜绝企业由于缺乏自筹资金而出现少收多报、低收高报形成虚库的情况。企业销售货款回笼后，要先收回贷款本息，不允许企业提前抽走自筹资金。

企业风险准备金必须是企业自有资金，经营者风险担保金必须是企业经营者个人及其家庭的合法财产，二者都要在贷款发放前存入我行实行专户管理，或办好抵质押。在本棉花年度贷款本息未全额收回前，企业和经营者个人不得动用。在企业无力归还我行到期贷款本息时，可直接用风险准备金或担保金收回贷款本息，并在贷款合同中予以明确约定。

（四）合理确定收购贷款期限，切实落实收贷计划。各行要继续强化收购贷款期限管理，坚持有利于促进企业实现均衡销售和我行约期收贷的指导思想。要综合考虑棉花市场形势、企业生产经营周期、棉花收购量、销售计划等方面因素，同时结合我行制订的贷款收回计划，逐笔确定企业收购贷款期限。要帮助企业树立赚取行业平均利润的经营理念，对不考虑成本效益核算、赌市场思想严重的企业要坚决予以淘汰。

对棉花流通企业发放的2008棉花年度棉花收购贷款,原则上至2009年3月末,收贷率要高于50%,5月末高于70%,年度结束,要基本收回。对棉花深加工企业发放的收购贷款可按企业生产周期合理约期,实行期限管理,按期收回贷款。

(五)强化棉花收购质量监督管理。各行要高度重视企业收购棉花的质量问题,监督企业把好棉花质量关,切实防范因质量问题给我行贷款带来的风险。一是严格按照国家《棉花质量监督管理条例》和《棉花加工资格认定和市场管理暂行办法》的要求,监督企业严格执行棉花收购"一试五定"制度,在收购环节杜绝企业虚提衣分、虚高等级、收超水棉、混等混级等现象;二是继续贯彻2002年国家发布的《避免在棉花采摘、交售、加工过程中混入异性纤维的暂行规定》的各项要求,督促企业全面抓好各环节排除异性纤维工作,切实改善"三丝"问题;三是加强对企业加工环节的监管,各行不得以衣亏为由随意调减棉花库存,要防止企业以衣亏掩盖收购数量不实的问题;四是积极配合国家棉花质量检验体制改革,密切与质检部门的配合,定期或不定期地对企业收购加工的棉花进行抽检,及时掌握企业棉花质量情况。

五、加强组织领导,夯实基础管理

(一)加强组织领导,做好协调沟通。各行要高度重视棉花收购工作,切实加强组织领导,精心部署,确保2008棉花年度棉花收购信贷工作的顺利开展。要加强与各地发展改革委、财政、质检、供销社、棉花协会、纺织协会等有关政府部门、行业协会的沟通协调,通过新闻宣传媒体向社会公众发布贷款企业名单等有关信息,积极宣传我行信贷政策。要深入基层,结合实际开展调查研究,对新年度收购中出现的新情况、新问题,要及时掌握,准确分析,妥善解决。

(二)坚持加强和规范信贷基础管理。各行要持之以恒地抓好棉花信贷基础管理工作,不断提高精细化管理水平,确保信贷制度和办法的有效落实。要继续坚持和完善各项制度,规范操作流程,严格执行各项管理措施,特别是各类报表数据要及时、真实和准确,切实防范贷款风险。

(三)提高队伍素质,严肃信贷纪律。各行要进一步加大对棉花信贷人员的培训力度,努力提高信贷队伍的政治素质和业务素质,要不断增强责任意识、风险意识和服务意识,求真务实,以适应棉花信贷的可持续发展。同时,要严肃信贷纪律,对由于工作责任不到位,管理要求不落实甚至与企业串通勾结而出现贷款风险损失的,要严格按照《中国农业发展银行违反信贷和资金管理规章制度行为处理暂行办法》(农发银发[2006]58号)有关规定对相关责任人进行责任追究。

附件:1. 2008年度棉花企业跨省收购备案表(略)

2. 2008年度不实行第三方监管企业备案表(略)

关于做好2009年度棉花收购信贷工作的意见

2009年8月21日　农发银发[2009]231号

各省、自治区、直辖市分行：

为做好2009年棉花收购信贷工作，现提出以下意见，请各行遵照执行。

一、正确认识形势，高度重视新年度棉花收购信贷工作

从当前国际、国内棉花市场的形势和国家对棉花产业政策调整变化的趋势看，2009棉花年度棉花收购信贷工作面临的形势十分复杂。

一是棉花市场供求形势不够明朗。一方面，今年全国棉花种植面积同比下降10%左右，产量相应下降，受气候影响，产量下降的幅度还存在不确定性；另一方面，经济危机尚未结束，国内纺织形势没有根本好转，出口外销型企业经营依然艰难，用棉需求存在不确定性。再加上国家宏观调控市场力度显著增强，市场供求形势的复杂性增加了我行收购贷款的管理难度。

二是国内政治经济形势比较特殊。今年收购旺季正值建国60周年大庆，尤其是棉花主产区新疆的收购形势，可能受“7·5”事件影响而趋于复杂化，甚至影响全国收购市场的走势，对我们信贷支持新棉收购提出了更高要求。

三是棉花质检体制改革进入关键阶段。今年是国家棉花质检体制改革过渡期的最后一年，目前我行还有相当一部分贷款企业没有纳入改革规划，有的纳入规划没有完成改造。新年度客户结构调整，将给我行履行支持棉花收购职责和存量贷款安全等方面带来严重影响。

四是我行收购信贷政策也有相应调整。今年以来，我行异地收购贷款风险有所显现，总行对于深加工企业和龙头企业使用收购贷款、企业开展异地收购、调销业务的贷款管理等做出了新的规定。我行内部政策的变化对我们把握新年度支持收购和加强贷款管理也提出了新的要求。

各行要清醒地认识到2009棉花年度的复杂形势，增强政治意识和大局意识，正确处理好执行政策与防控风险的关系，确保棉花收购资金供应不因我行工作出现大的问题。各行要坚持“保收购、保优质企业、不保劣质企业”和“区别对待、有保有压、择优扶持”的原则，提前做好收购企业贷款资格认定、资金供应、贷款办理、制订应急预案等各项准备工作，适时支持贷款企业入市收购，保障国储棉收储、轮库的资金供应，积极向地方党政汇报，取得支持，确保棉花收购资金供应工作平稳有序进行。

二、准确把握信贷政策，积极支持棉花收购，促进棉花产业健康发展

（一）把好贷款准入关，合理布局资金供应点

各行要严格按照《关于做好 2009 年度棉花收购贷款资格认定工作的通知》（农发银发[2009]166 号）的要求，认真做好棉花收购企业的贷款资格认定工作，严把贷款准入关。要根据贷款管理和收购资金供应点布局需要，积极配合国家棉花质检体制改革，认定收购贷款资格，并及时向社会公布。

各行要统筹考虑辖内棉花产量、贷款企业收购、加工经营能力及异地收购减少对本地收购市场的影响，合理布局资金供应点，提前做好有针对性的预案。对于可能出现的收购资金供应空白点，所在地行要提前向当地政府和上级行报告，研究制定解决方案和办法，争取工作的主动性；同时要充分发挥大型重点棉花流通企业的作用，支持其设点收购。

（二）保证收购资金供应，推广非现金结算

各行要足额安排信贷规模，保证棉花收购资金及时、足额到位。在收购开始前，各行要做好贷前调查、贷款审查和审批、借款合同签订等前期准备工作。在收购开始后，各行要适时发放贷款，确保收购。在收购旺季，要加强与中国人民银行、贷款企业的沟通，确保现金供应，特别是节假日和双休日的现金供应。

各行要在保证收购工作顺利进行的前提下，引导棉农和经纪人使用牡丹金山卡、网上银行等与中国工商银行合作的支付产品结算棉款，积极探索与其他金融机构业务合作的有效途径，减轻现金供应压力。在推广非现金结算过程中，各行要加强支付环节的监管，定期检查企业结算明细，并与企业库存进行核对，防止虚报冒领，有效防范贷款风险。

（三）严格执行贷款上限和贷款风险控制线政策

继续实行棉花收购贷款上限和贷款风险控制线政策（具体标准将另行印发）。各行发放收购贷款的额度不得超过贷款上限的规定，贷款企业入市收购价格不得超过贷款风险控制线。当发现企业超过贷款风险控制线收购棉花时，各行应立即停止贷款供应，并及时将情况向当地政府和上级行报告。

（四）及时合理核定贷款额度，把握投放时机和节奏

各行要根据所处区域棉花产量、企业加工能力、往年收购量、贷款上限、企业的风险承受能力等综合核定收购贷款额度。超过本级行额度权限的，应及时报上级行核准。皮棉的贷款额度不得超过总行公布的贷款上限，合理控制棉籽占用收购贷款的额度。棉花深加工企业的收购贷款额度原则上不得超过企业年用棉量所需的资金。

各行要把握好收购贷款投放的时机和节奏，根据收购进度适时投放贷款，通过控制贷款发放的频率和节奏，有效促进棉花收购市场的平稳运行。

（五）积极推行担保贷款方式

各行应结合当地实际，在保证收购资金有效供应的同时，积极推行抵押担保、质押担保、保证担保等担保贷款方式，减少风险敞口。有条件的地区可采取“前期资金启动，棉花质押跟进，全程第三方监管，不留风险敞口”的贷款投放方式，即企业以自

有资金或根据有效资产抵押向我行申请贷款先行收购籽棉，加工成皮棉后，我行根据皮棉发放仓单质押贷款或动产质押贷款，支持企业的后续收购，质押物纳入第三方监管，一旦遇到风险根据质押合同处置棉花或棉花仓单，实现风险可控。

（六）规范棉花收购贷款的使用，加强对异地收购的管理

棉花收购贷款只能发放给具备棉花加工资格的棉花收购企业，用于从棉农和经纪人手中直接收购籽棉，不得用于购入皮棉或棉籽（新疆生产建设兵团所属企业除外）。各行要核实籽棉收购凭证的真实性，按资金使用凭证支付贷款。

对于棉花深加工企业一般性流动资金需要，原则上发放商业性短期贷款解决；确因解决农民售棉需要和季节性原材料集中储备又符合收购贷款条件的，可以适当发放收购贷款，同时要严格执行收购贷款封闭管理规定，不得周转使用。

各行要认真执行《关于粮棉油异地收购调销贷款管理有关问题的紧急通知》（农发银发[2009]167号）的有关规定，新发放的收购贷款不得用于跨省区异地棉花收购。新发放的收购贷款能否用于省区内跨地市收购，由各省级分行结合当地实际情况自行确定，并落实有效的监管措施。对于以往跨省异地收购没有出现我行信贷风险的企业，各行要因企制宜采取引导加工企业直接向当地农发行申请贷款、支持企业开展棉花调销业务等措施，满足企业合理的资金需要。

（七）继续推行棉花库存第三方监管

各行要继续推行棉花库存第三方监管，逐步推广仓单质押、动产质押等监管模式，加强对贷款形成物资的控制。我行贷款形成的棉花库存，如符合下列条件之一的，原则上应实施第三方监管：

——信用等级为A+级（含）以下企业收购调入的棉花；

——异地保管的棉花；

——未完成质检体制改革的流通企业收购调入的棉花。

确有特殊原因不能采取第三方监管的企业，由省级分行批准后报总行备案（备案表见附件）。对于积极配合我行实行第三方监管且无不良信用记录的企业，在落实有效资产全额抵押的基础上，可适当降低企业自筹资金、风险准备金和经营者风险担保金，优先保障资金供应。

各行应根据本地实际情况，选择资信状况良好、经营管理能力强、库存管理规范、仓储能力大、交通便捷的企业作为监管方，具体包括交易市场、物流企业及社会仓储企业。在监管方的选择上应注意以下几点：

——与贷款企业存在关联关系的企业，不得作为监管方。

——我行贷款支持的企业原则上不得作为监管方。如果确有必要成为监管方，企业应保证自身库存与我行委托监管的库存分开保管。

——各交易市场的指定交割（监管）仓库原则上不得以仓库自身作为监管方。上述仓库若成为监管方，应解除与相应交易市场的合作关系。

在实施第三方监管前，贷款行、贷款企业、监管方应签署经行内风险管理部门或外部法律顾问审核的三方合作协议，明确彼此间的权利义务。在仓单质押、动产质押

模式下，应根据现行法律法规要求，规范仓单格式、操作流程，保证质押的合法有效。总行近期将印发与全国棉花交易市场的三方合作协议，各行起草与其他监管方的三方合作协议时，可参考与全国棉花交易市场三方合作协议中的相关内容。

（八）加大棉花预购贷款、棉花良种贷款、棉花企业技术设备改造贷款的投放力度

各行要在防范风险的前提下，积极加强对棉花预购贷款、良种繁育贷款和良种经营贷款等贷款品种的营销和发放工作。特别是在棉花主产区，各行要积极支持实行“公司 + 基地 + 农户”等产业化经营模式的龙头企业，通过改良品种、与棉农签订种植收购合同、为棉农提供资金及服务等，促进棉花生产。对于符合棉花企业技术设备改造贷款条件的企业，要积极进行信贷支持。

三、加强贷款管理，有效防控风险

（一）始终坚持封闭管理有效措施，严格对企业第一还款来源的监管

各行必须坚持贷款封闭运行管理有效措施，紧紧盯住企业第一还款来源，做到“钱随棉走，专款专用，库贷挂钩，封闭运行”。要把对企业实物库存和资金流的监管贯穿信贷工作的全过程，狠抓贷款发放、库存监管和收贷收息三个关键环节。要进一步坚持和完善台账制度，将贷款发放、棉花购入、加工、库存、销售、货款回笼、收贷收息等各个环节全部纳入信贷管理台账进行监测。要建立定期综合分析制度，每月对企业的贷款使用情况、生产经营情况、财务状况及其他重大事项进行综合分析，查找问题并及时解决。各行要对贷款额度较大的客户进行重点监测和管理。

在贷款发放和棉花收购环节，要确认企业配套自筹资金的真实合规性，核实企业收购的原始凭证，认真核对实际收购棉花的品级、质量、数量和价格等情况，并以此作为后续贷款的依据，防止出现虚报棉花数量、价格和质量骗取我行贷款的现象发生。在库存监管环节，对企业自行保管的库存，要作为库存检查的重点，严格执行定期查库制度；对棉花深加工的库存情况，要及时了解掌握原材料转化成产成品的占贷情况、深加工产品的生产进度和原材料的加工转化率；对纳入第三方监管的库存，要加强与监管方的沟通，严格落实监管协议要求，适时进行库存抽查。在销售回笼及收贷收息环节，要坚持出库通报制度。对棉花销售货款要监督企业全额回笼我行，防止企业坐支销售货款。在货款回笼后，及时、足额收贷收息。

（二）继续加强对企业“三金”的管理

在保证企业配套收购的自筹资金足额、真实的前提下，各行要按照企业信用等级情况，因企制宜，区别对待，选择是否缴纳风险准备金、经营者风险担保金，是否缴纳及缴纳的具体比例由各省级分行根据实际情况自行确定。要鼓励企业用自有资金参与棉花收购，督促企业不断积累和补充自有资金，逐年提高自有资金所占比例。2009 棉花年度企业参与收购的自有资金应在 2008 棉花年度的基础上至少增加 10%（新疆企业 5%）。

与我行贷款配套收购的企业自筹资金必须在企业使用我行贷款前筹集到位。要结合企业财务报表、资金到账凭证等分析企业自筹资金来源，确保自筹资金真实可靠。合同定金、预收货款、年利率超过中国人民银行规定 1 年期贷款利率上浮 30%

(根据现行规定计算为6.903%)且还款期限早于我行收购贷款收回期限的资金不得作为自筹资金配套我行贷款参与收购。要杜绝企业由于缺乏自筹资金而出现少收多报、低收高报形成虚库的情况。在企业销售货款回笼后,要先收回贷款本息,不允许企业提前抽走自筹资金。

企业风险准备金必须是企业自有资金,在本年度贷款本息未全额收回前,企业和经营者个人不得动用。风险准备金的缴纳必须满足形式特定化(即在我行专户存储)和移交债权人占用作为债权的担保(即在借款合同中约定风险保证金作为对我行收购贷款的担保)两个必要条件,依法保障我行权益。

经营者风险担保金必须是企业经营者个人及其家庭的合法财产,要在贷款发放前存入我行实行专户管理,或办好抵质押。在本年度贷款本息未全额收回前,企业和经营者个人不得动用。

(三)合理确定收购贷款期限,切实落实收贷计划

各行要继续强化收购贷款期限管理,坚持有利于促进企业实现均衡销售和我行约期收贷,提高企业均衡销售的主动性和自觉性。要帮助企业树立赚取行业平均利润的经营理念,对不考虑成本效益核算、赌市场思想严重的企业要坚决予以淘汰。对2009棉花年度发放的全部棉花收购贷款,原则上至2010年3月末,收贷率要高于50%,5月末高于70%,棉花年度结束,要全额收回。要综合考虑棉花市场形势、企业生产经营周期、棉花收购量、均衡销售计划等方面因素,同时结合我行制定的贷款收回计划,逐笔确定企业收购贷款期限,避免贷款集中到期,促进企业均衡销售,我行均衡收贷。

(四)积极组织贷款企业实施棉花供需衔接,实现产业链大封闭运行

各行要认真执行《关于进一步规范棉花供需衔接信贷管理工作的通知》(农发银发[2009]68号),按照“企业自主、强化服务、合同管理、封闭运行”的要求,做好供需衔接工作。各行要摆正位置,本着企业自愿合作和市场定价的原则,以企业购买和销售棉花的实际需求为基础,积极组织和引导我行贷款企业开展供需衔接合作。各行要有重点、有选择性地开展供需衔接,对于参与供需衔接的棉花供需双方,特别是棉花需求方,要择优选择,优中选优。各行要将调销贷款和用于供需衔接的产业化龙头企业流动资金贷款,全部纳入供需衔接进行管理。

(五)规范棉花销售结算方式

各行要高度重视棉花销售结算资金风险,严格规范棉花销售结算方式。要积极推行电子撮合、网上超市等公开透明的销售方式,原则上要求企业实行钱货两清的结算方式,严禁赊销。对企业确有特殊情况且能够提供正当理由和凭证的应收账款,要通过查看企业销售凭证、向买方企业核实等核查每笔应收账款的真实性,同时要切实加强对该笔应收账款的管理,采取各种有效措施尽快收回占用贷款。对实行供需衔接的企业,双方贷款行要加强沟通,合理确定贷款结算期并强化跟踪管理,确保按期结算归行,收贷收息。

（六）强化棉花收购质量监督管理

各行要高度重视企业收购棉花的质量，监督企业把好棉花质量关，切实防范因质量问题给我行贷款带来的风险。一是严格按照国家《棉花质量监督管理条例》和《棉花加工资格认定和市场管理暂行办法》的要求，监督企业严格执行棉花收购"一试五定"制度，在收购环节杜绝企业虚提衣分、虚高等级、收超水棉、混等混级等现象；二是认真贯彻2002年国家发布的《避免在棉花采摘、交售、加工过程中混入异性纤维的暂行规定》的各项要求，督促企业全面抓好各环节排除异性纤维工作，切实改善"三丝"问题；三是积极配合国家棉花质量检验体制改革，密切与质检部门的配合，定期或不定期地对企业收购加工的棉花进行抽检，及时掌握企业棉花质量情况。

（七）加强对收购贷款的合同管理

各行要高度重视对收购贷款的合同管理，要将我行的信贷管理要求充分体现在借款合同中，通过借款合同加强信贷管理。在借款合同或补充协议中应对以下事项予以明确：一是明确企业应执行我行的封闭管理政策"双线"政策。二是明确"三金"的比例及来源，销售货款回笼后先收回贷款本息，以及在企业无力归还我行到期贷款本息时我行可直接用风险准备金或担保金收回贷款本息。三是明确均衡还贷的具体时间。四是明确是否实施第三方监管，以及企业不得以我行贷款形成的库存作为担保去融资。

（八）加强存量贷款的管理

各行要高度重视对存量贷款的管理，要按照"区别对待、分类管理"的原则，积极处置和盘活不良贷款。一是各行要对地方政策性棉花财务挂账及涉及企业的情况进行摸底调查和梳理分析，积极与地方政府及相关部门沟通协调，努力争取地方财力支持，实现消化收回。二是各行对企业经营性财务挂账和商品棉其他不合理占贷要制订清收计划，并加以落实。要根据企业的实际情况，分别采取有效措施进行清收和处理。充分利用2008棉花年度流通企业普遍盈利的有利时机，督促企业用经营利润归还不良贷款。三是在配合国家棉花质检体制改革，实施客户调整时，要及时清收存量贷款，实现安全退出。四是对于信用程度低、经营理念和资产质量差、不符合我行贷款条件的企业，要停止发放新贷款，充分利用经济、行政和法律手段，积极清收存量贷款，必要时采取依法诉讼资产保全的手段追偿我行贷款。

四、加强组织领导，确保收购信贷各项政策措施落到实处

（一）加强组织领导，做好协调沟通

各行要高度重视棉花收购工作，充分认识2009棉花年度面临的特殊形势，切实加强组织领导，精心部署，要加强与政府有关部门、行业协会的沟通协调，加强和新闻媒体的有效沟通，积极宣传我行信贷政策。要深入基层，结合实际开展调查研究，对新年度收购中出现的新情况、新问题，要及时掌握，准确分析，妥善解决。对于重大敏感问题，要及时向当地政府和上级行汇报。对收购任务重、管理难度大的有关行，省级分行要加强指导。

（二）全面推行贷款尽职管理

各行要按照《关于全面推行〈客户经理贷款管理尽职记录指导文本（试行）〉的通知》（农发银发［2009］153 号），落实贷款尽职管理，规范信贷业务操作，健全信贷监管和失职问责制度，切实防控贷款风险，真正形成按制度放贷管贷、靠制度管人的长效机制。

（三）提高队伍素质，严肃信贷纪律

各行要进一步加大对棉花信贷人员的培训力度，努力提高信贷队伍的政治素质和业务素质，要不断增强责任意识、风险意识和服务意识。同时，要严肃信贷纪律，对由于工作责任不到位、管理要求不落实甚至与企业串通勾结而出现贷款风险损失的，要严格按照《中国农业发展银行违反信贷和资金管理规章制度行为处理暂行办法》（农发银发［2006］58 号）有关规定对相关责任人进行责任追究。

附件：2009 年度不实行第三方监管企业备案表（略）

关于做好2010年度棉花收购信贷工作的意见

2010年9月2日　农发银发[2010]178号

各省、自治区、直辖市分行，总行营业部：

为做好2010棉花年度棉花收购信贷工作，现提出以下意见，请遵照执行。

一、充分认识棉花市场形势，增强做好新棉花年度棉花收购信贷工作的责任感

2010棉花年度即将来临，从当前国际、国内棉花市场的形势和国家宏观调控政策走向看，不确定因素较多，棉花收购信贷工作面临的形势十分复杂。

一是从资源情况看，国内棉花供给预期偏紧。据统计，2010年国内棉花种植面积与上年基本持平，受自然灾害影响，棉花长势不如去年，预计产量不会有大的增加，国内棉花资源依然偏紧，需通过进口予以平衡。从全球棉花产需情况看，据有关机构预测，2010棉花年度棉花供需基本平衡。二是从纺织行业形势看，棉花需求的不确定性较大。去年下半年以来，纺织企业产量、价格、销售、出口和效益全面回升，经过近一年的强劲增长，纺织行业已基本恢复到甚至在某些方面超过了危机前的水平，景气度较高，但受原材料价格大幅上涨、综合成本显著增加、人民币升值、国际贸易保护主义抬头等影响，纺织行业能否承受当前高位运行的棉价，保持持续增长的态势还存在较大的不确定性。三是从宏观层面看，政策走向存在不确定性。今年以来，我国经济继续朝着宏观调控的预期方向发展，回升向好势头明显，但受国内外诸多因素的影响，宏观调控政策面临的不确定问题增多，后期政策走向将一定程度影响棉花产业运行态势。四是从我行客户基础看，企业抗风险能力仍有待提高。近年来，棉花流通企业经营水平不断提高，资金实力不断增强，但受当前棉价高位运行，企业经营成本增加的影响，经营风险加大，对我行客户维护、风险防控带来了挑战。

各行要充分认识2010棉花年度的复杂形势，进一步增强做好新棉花年度棉花收购信贷工作的责任感，正确处理好执行政策与防范风险的关系，坚持“保收购、稳市场、调结构、控风险”的原则，提前做好各项准备工作，积极稳妥支持企业入市收购，确保新棉花年度棉花收购信贷工作平稳有序进行。

二、准确把握信贷政策，积极稳妥支持棉花收购

（一）把好贷款准入关，合理布局资金供应点

要严格按照《关于做好2010年度棉花收购贷款资格认定工作的通知》（农发银发[2010]126号）的要求，认真做好棉花收购企业贷款资格认定工作，严把贷款准入关。要根据收购资金网点布局、贷款风险防控以及调整优化客户结构的需要，及时认

定企业收购贷款资格，并向社会公布。对于虽未纳入质检体制改革规划但具备政府有关部门认定的加工资格的企业，如为解决当地棉花收购问题确有必要支持的，可由省级分行继续认定其贷款资格。对于可能出现的收购资金供应空白点，要及时向当地政府和上级行报告，提前做好有针对性的预案，争取工作的主动。

（二）切实落实信贷计划，确保收购资金供应

各行要认真做好资金测算，及时制订信贷计划，保证棉花收购资金足额到位。要做好贷前调查、贷款审查和审批、借款合同签订等前期准备工作，根据企业收购进度适时发放贷款。在收购期间，要加强与中国人民银行、现金代理行和贷款企业的沟通，确保现金供应，特别是节假日的现金供应。要在保证收购工作顺利进行的前提下，在条件具备的地区积极引导棉农和棉花经纪人使用牡丹金山卡、网上银行等现代支付手段，加快结算进度，提高服务水平，减轻现金供应压力。

要加强对贷款支付环节的监督，积极与企业沟通协调，督促企业加快棉款结算，确保棉农交售棉花后能及时足额拿到售棉款。对于企业发生延期支付售棉款行为的，要立即采取措施督促企业予以纠正，并向当地政府和上级行报告。

（三）严格执行贷款上限和贷款风险控制线政策

2010 棉花年度，总行决定继续实行棉花收购贷款上限和风险控制线政策（具体标准另行下发）。当收购价格不超过贷款风险控制线时，开户行在企业自筹资金到账后，可按不突破贷款上限的标准提供贷款。当收购价格高于贷款风险控制线时，开户行原则上不再提供贷款，并及时向当地政府和上级行报告。

考虑到不同地区、不同企业风险承受能力的差异，本棉花年度对符合下列条件之一的棉花企业，在不突破我行贷款上限的前提下，经省级分行批准，风险控制线可在总行公布标准的基础上适当上浮：

——采取标准仓单质押方式融资的企业，即企业自筹资金入市收购棉花，并将在全国棉花交易市场或郑州商品交易所生成的标准仓单质押给我行，我行以不超过仓单市值的70%提供贷款。

——采用抵押、质押、保证等有效担保方式，能实现贷款风险全覆盖的企业。我行贷款企业之间的联保、互保、循环担保除外。

——自有资金占参与收购资金比例不低于30%，且信用等级 AA－级（含）以上的企业。

（四）及时核定贷款额度，做好大额准政策性贷款核准和备案工作

各行要根据所处区域棉花产量、企业加工能力、往年收购量、贷款上限、企业的风险承受能力等综合核定收购贷款额度。要根据《关于粮棉油准政策性贷款最高额度核准和备案有关操作问题的通知（农发银发［2009］235 号）的要求，继续认真做好大额准政策性贷款核准和备案工作，把好大额准政策性贷款的风险关口。

（五）加强棉纺企业使用收购贷款的管理

对于棉纺企业的一般流动资金需求，原则上发放商业性流动资金贷款解决。

对于具备棉花收购加工资格的棉纺企业，为解决农民售棉和企业自身季节性原

材料集中储备需要，可发放收购贷款予以支持，并严格执行收购贷款封闭管理的规定，实行购贷销（用）还，不得周转使用，同时按月按比例收回贷款，年度末结零。

（六）积极推行棉花库存第三方监管

2010棉花年度，各行要继续推行棉花库存第三方监管，逐步推广仓单质押、动产质押等监管模式，加强对贷款形成物资的控制。对于我行贷款形成的、信用等级为A+级（含）以下企业收购调入的棉花库存和异地保管的棉花库存，原则上应实施第三方监管。确有特殊原因不能采取第三方监管的企业，由省级分行批准后报总行备案（备案表见附件）。

对于与全国棉花交易市场开展监管合作的，各行要继续执行《关于印发我行与全国棉花交易市场开展第三方监管合作有关协议文本的通知（农发银发[2009]252号）的相关规定。对于与其他仓储物流企业开展监管合作的，各行应结合本地实际，选择资信状况良好、经营管理能力强、库存管理规范、仓储能力大、交通便捷的企业作为监管方，具体包括交易市场、物流企业及社会仓储企业等。在监管方的选择上应注意以下几点：

——与贷款企业存在关联关系的企业，不得作为监管方。

——我行贷款支持的企业原则上不得作为监管方。如果确有必要成为监管方，企业应保证自身库存与我行委托监管的库存分开保管。

——各交易市场的指定交割（监管）仓库原则上不得以仓库自身作为监管方。上述仓库若成为监管方，应解除与相应交易市场的合作关系。

在实施第三方监管前，贷款行、贷款企业、监管方应签署经行内风险管理部门或法律顾问审核的三方合作协议，明确彼此间的权利、义务。在仓单质押、动产质押模式下，应根据现行法律、法规的要求，规范仓单格式、操作流程，保证质押的合法有效。各行起草与其他监管方的三方合作协议时，可参考与全国棉花交易市场三方合作协议中的相关内容。对于实施第三方监管的企业，各行要在借款合同或补充协议中明确企业不得以我行贷款形成的库存作为融资的担保。

三、加强贷款管理，有效防控风险

（一）坚持封闭管理有效措施，严格对企业第一还款来源的监管

各行必须坚持收购贷款封闭运行管理有效措施，紧紧盯住企业第一还款来源，做到“钱随棉走、专款专用、库贷挂钩、封闭运行”，把对企业实物库存和资金流的监管贯穿信贷工作的全过程，按照我行支持收购“八个环节”的要求，重点抓好贷款发放、库存监管和销售回笼等关键环节。

在贷款发放环节，要确认企业配套自筹资金的真实合规性，核实企业收购的原始凭证，认真核对实际收购棉花的品级、质量、数量和价格等情况，并以此作为后续贷款的依据，防止出现虚报棉花数量、价格和质量的现象发生。

在库存监管环节，对企业自行保管的库存，要作为库存检查的重点，严格执行定期查库制度；对进入深加工环节的库存，要及时了解、掌握原材料转化成产成品的占贷情况、深加工产品的生产进度和原材料的加工转化率；对纳入第三方监管的库存，

要加强与监管方的沟通，严格落实监管协议要求，适时进行库存抽查。

在销售回笼环节，要坚持出库通报制度。对棉花销售货款要监督企业足额回笼我行，及时收贷收息，防止企业坐支销售货款。

各行要进一步坚持和完善台账制度，将贷款发放、棉花购入、加工、库存、销售、货款回笼、收贷收息等环节纳入信贷管理台账进行监测。对贷款额度较大的客户要进行重点监测和管理。

（二）积极推行担保贷款方式

各行应结合当地实际，在保证收购资金供应的同时，积极推行抵押担保、质押担保、保证担保等多种有效担保贷款方式，减少风险敞口。对于抵押担保，原则上实行有效资产应抵尽抵，优先选择价值相对稳定、便于处置变现的优质资产。对于质押担保，有条件的地区可采取"前期资金启动，棉花质押跟进，全程第三方监管，不留风险敞口"的贷款投放方式，即企业以自有资金或根据有效资产抵押向我行申请贷款先行收购籽棉，加工成皮棉后，我行根据皮棉发放仓单质押贷款或动产质押贷款，支持企业的后续收购，质押物纳入第三方监管，一旦遇到风险根据质押合同处置棉花或棉花仓单，实现风险可控。对于保证担保，各行要按照我行相关规定，在分析担保方会计报表和查询中国人民银行征信系统相关信息的基础上，重点关注担保方资产负债变化的真实情况，准确测算其担保能力。企业应优先选择有相关资质的专业担保公司提供保证担保。对于民营企业法定代表人和主要经营者，应按照总行有关文件要求签订个人无限连带责任担保合同。

（三）继续加强对企业"自筹资金、风险准备金、经营者风险担保金"的管理

与我行贷款配套收购的企业自筹资金必须在企业使用我行贷款前筹集到位。各行要结合企业财务报表、资金到账凭证等分析企业自筹资金来源，确保自筹资金真实可靠。年利率超过中国人民银行规定 1 年期贷款利率上浮 30% 且还款期限早于我行收购贷款收回期限的资金、合同定金和预收货款均不得作为自筹资金配套我行贷款参与收购。要严防企业由于缺乏自筹资金而出现少收多报、低收高报形成虚库的情况发生。企业销售货款回笼后，要先收回贷款本息，不允许企业提前抽走自筹资金。

风险准备金在本棉花年度贷款本息未全额收回前，企业和经营者个人不得动用。风险准备金的缴纳必须满足形式特定化（即在我行专户存储）和移交债权人占用作为债权的担保（即在借款合同中约定风险准备金作为对我行收购贷款的担保）两个必要条件，依法保障我行权益。

经营者风险担保金必须是企业经营者个人及其家庭的合法财产，要在贷款发放前存入我行实行专户管理，或办好抵质押。在本棉花年度贷款本息未全额收回前，企业和经营者个人不得动用。采用定期存单质押方式的可视同缴纳经营者风险担保金。

在保证企业配套收购的自筹资金足额、真实的前提下，各行可按照企业信用等级情况、第三方监管执行情况、担保措施落实情况，因企制宜确定是否缴纳风险准备金、

经营者风险担保金。是否缴纳及缴纳的具体比例由各省级分行自行确定。原则上，2010棉花年度参与收购的自有资金比例低于30%的企业，应以2009棉花年度自有资金金额为基数提高10%（新疆企业5%），要把对“三金”的管理通过贷款合同予以落实。

（四）合理确定收购贷款期限，因企制宜做好促销收贷工作

各行要继续强化收购贷款期限管理，引导企业树立稳健经营、赚取行业平均利润的经营理念。鉴于2010棉花年度棉价高位运行、风险较大的形势，各行要加大棉花促销力度，贯彻边收边销，见利就销，促进企业及时销售棉花，规避价格风险。对于风险意识淡薄，赌市场倾向严重的企业不予支持。

对2010棉花年度发放的棉花收购贷款，应按企业棉花销售进度，及时收贷收息。年度结束，要全额收回，实现“双结零”。要密切关注企业生产经营情况，综合考虑棉花市场形势、企业生产经营周期、棉花收购量、销售计划等方面的因素，结合我行制定的贷款收回计划，逐笔确定企业收购贷款期限，避免贷款集中到期，并在借款合同中予以明确。要关注企业本息保障线和盈亏平衡线，因企制宜做好促销收贷工作。

（五）规范棉花供需衔接，加强调销贷款管理

各行要本着企业自愿合作和市场定价的原则，以企业购买和销售棉花的实际需求为基础，完善金融服务，积极引导我行贷款企业开展供需衔接。在供需衔接过程中，对流通企业使用调销贷款，应以销定贷。对棉纺企业的购棉资金需求，应发放商业性短期流动资金贷款解决。国家宏观调控需要等特殊情况下，确需向棉纺企业发放调销贷款的，由总行统一部署，各省级分行严格管理、从严审定，实行贷款额度控制，并落实有效风险防范措施，不得周转使用。

（六）加强棉花销售结算管理

各行要高度重视棉花销售结算资金风险，严格规范棉花销售结算方式。条件具备的地区，要积极推行电子撮合、网上超市等公开透明的销售方式，原则上要求企业实行钱货两清的结算方式，不得赊销。对企业确有特殊情况且能够提供正当理由和凭证的应收账款，要通过查看企业销售凭证、核实应收账款的真实性，同时要切实加强对该笔应收账款的管理，采取各种有效措施尽快收回占用贷款。对实行供需衔接的企业，双方贷款行要加强沟通，合理确定贷款结算期并强化跟踪管理，确保按期结算归行，及时收贷收息。

（七）强化棉花收购质量管理

各行要高度重视企业收购棉花的质量，督促开户企业把好棉花质量关，切实防范因质量问题给我行贷款带来的风险。督促企业严格执行棉花收购“一试五定”制度，在收购环节杜绝企业虚提衣分、虚高等级、收超水棉、混等混级等现象；同时加强与国家质检部门的沟通，参考质检部门对棉花企业的分类监管信息，结合定期或不定期的棉花质量检验结果，及时了解掌握企业棉花质量情况。

四、加强组织领导，提高管理服务水平

（一）加强组织领导，做好沟通协调

各行要高度重视棉花收购工作，充分认识2010棉花年度面临的特殊形势，提前做好收购工作预案。要切实加强组织领导，精心部署，加强与政府有关部门、行业协会的沟通协调，加强和新闻媒体的有效沟通，积极宣传我行信贷政策。要深入基层，结合实际开展调查研究，对新年度收购中出现的新情况、新问题，要及时掌握，准确分析，妥善解决。对于重大敏感问题，要及时向当地政府和上级行汇报。对收购任务重、管理难度大的有关行，省级分行要加强指导。

（二）规范信贷业务操作，切实做好系统信息服务

各行要根据我行有关规定，落实贷款尽职管理和信贷业务责任管理，规范信贷业务操作，切实防控贷款风险。结合棉花信贷工作实际，完善优化现有报表体系，建立定期综合分析制度，对企业的贷款使用情况、生产经营情况、财务状况及其他重大事项进行综合分析，查找问题并及时解决。

（三）提高队伍素质，严肃信贷纪律

各行要进一步加大对棉花信贷人员的培训力度，切实增强其责任意识、风险意识和服务能力，为做好新年度棉花收购信贷工作提供智力支持和人才保障。棉花信贷人员要筑牢廉洁自律思想防线，自觉贯彻执行廉洁办贷“十不准”，严肃信贷纪律，规范信贷工作，确保棉花信贷业务正常运行和健康发展。

附件：2010年度不实行第三方监管企业备案表（略）

关于做好2011年度棉花收购信贷工作的意见

2011年8月25日　农发银发[2011]167号

各省、自治区、直辖市分行，总行营业部：

为做好2011棉花年度棉花信贷资金供应和管理工作，现提出如下意见，请各行遵照执行。

一、深刻认识棉花市场形势，增强做好2011棉花年度棉花收购信贷资金供应工作的责任感和使命感

经过2010棉花年度棉花市场的跌宕起伏，2011棉花年度，我行棉花信贷工作的内外部环境都发生了深刻变化，面临着新的困难和挑战。一是从宏观政策面看，国家首次出台棉花临时收储政策，这是国家保护和稳定棉花产业里程碑式的举措，对棉花产业各方都将产生深远的影响，对我行贯彻国家宏观调控政策提出了新的要求。二是从供需形势看，2010棉花年度棉花价格的飙升，刺激了棉花生产，包括我国在内的全球植棉面积大幅增加，棉花供应将有一定幅度的增长；同时棉花价格高、棉花替代品广泛使用以及不景气的全球经济形势和人民币的持续升值等抑制了纺织行业棉花需求的增速，这种供需形势的调整对我行棉花信贷政策的灵活性和适应性也提出了新的要求。三是从棉花收购资金供应面看，国家适度从紧的货币政策导致参与2011棉花年度棉花收购的商业性资金大幅减少，我行政策性收购资金供应工作面临着巨大的压力和挑战。四是从购销企业的经营状况看，2010棉花年度后期棉花价格大幅回落，企业经营出现亏损，可持续经营能力和资金实力下降，加之2011棉花年度预计棉花价格波动将趋缓，企业经营利润空间收窄，我行防范2010棉花年度企业经营风险转移所致的信贷风险的难度较往年明显加大。

各行必须深刻认识到2011棉花年度棉花收购资金供应工作面临的困难和挑战，自觉增强做好2011棉花年度棉花收购信贷资金供应工作的责任感和使命感，牢固树立在不“打白条”的前提下防控风险的指导思想，把防止出现“卖棉难”和“打白条”作为棉花信贷工作的首要任务，正确处理好保收购与防风险的关系，平稳、有序地做好棉花收购资金供应工作

二、准确把握信贷政策，全力做好2011棉花年度棉花收购信贷资金供应工作

（一）落实国家临时收储政策，做好收储预案启动的各项工作

国家决定，2011年9月1日至2012年3月31日，如棉花市场价格连续5个交易日低于19 800元/吨，将启动收储预案，对2011棉花年度生产加工并经仪器化公证

检验的锯齿棉由具有400型棉花加工资格的企业直接交储，对于符合相关质量要求的棉花不限数量，敞开收储，由中储棉总公司承储，由中国农业发展银行（以下简称农发行）总行营业部全额提供收储资金。

临时收储对我行棉花收购资金供应工作提出了新的要求，各行要高度重视、精心准备。收储预案启动后，对于符合收储要求的棉花，各行要加大信贷支持力度，向参与交储的贷款企业及时足额提供资金，保证国家的惠农措施落到实处。

一是提前组织辖内棉花信贷人员和贷款企业认真学习临时收储的相关政策、交储流程、收储质量要求、包装要求以及不予收储的相关规定，准确掌握具体操作要求。

二是督促企业做好对棉农的收储质量宣传工作并按交储要求做好收购、加工的各项准备工作；收购开始后，要督促企业按收储质量要求收购、加工、包装棉花，从各环节防范交储质量风险。

三是核查企业收购的原始单据，监督企业按照不低于国家公布的籽棉收购参考价（由中国棉花协会定期公布）的价格进行收购，并及时向农民兑付售棉款。

四是督促企业在签订交储合同时，将农发行账号作为交储资金唯一的结算账号。要加强与中储棉总公司和农发行总行营业部的沟通，加大对交储货款回笼的跟踪力度，确保信贷资金的封闭运行、良性循环。

五是农发行总行营业部要提前安排信贷计划，根据国家收储预案，制订我行储备资金供应预案，确保国家临时收储资金供应及时、足额、有序。要加强与中储棉总公司的沟通和协调，提高结算服务的质量和效率，特别是要发挥系统优势，在货款支付环节增加一道审核关口，确保我行贷款企业交储结算货款能足额回笼至我行账户。

（二）合理布局收购资金供应点，方便棉农售棉

各行要严格按照总行《关于做好2011年度棉花收购贷款资格认定工作的通知》（农发银发［2011］153号）要求，认真做好棉花收购企业的贷款资格认定工作，合理布局收购资金供应点，使我行的贷款企业基本覆盖棉花主产区，方便棉农售棉。各行要坚持总量平衡，局部调整，在布局收购资金供应点的同时优化我行客户结构。贷款资格有权认定行要对2010棉花年度收购贷款的还款来源进行调查核实，对用销货款以外资金来源结零的企业，要核查掌握其真实的财务状况、经营状况，对丧失持续经营能力、经营亏损超出企业风险承受能力的企业，不予认定贷款资格。对于可能出现的收购资金供应空白点，要提前做好有针对性的预案，支持优质的基本客户在资金供应空白点开展省内跨地市收购，同时要及时向当地政府和上级行报告，争取工作的主动。

（三）切实落实信贷计划，确保棉花收购资金及时足额供应

各行要及时核定企业贷款额度，认真做好资金测算，及时安排信贷计划，确保收购需要。在收购开始前，要完成贷前调查、贷款审查和审批、借款合同签订等前期准备工作，根据企业收购需要适时发放一定数量的铺底资金，做到钱等棉。

各行要加强与中国人民银行、现金代理行和贷款企业的沟通，确保现金供应，并对国庆节等节假日资金供应作出周密安排，在条件具备的地区要积极推广非现金结

算。要加强对企业与棉农、棉花经纪人结算行为的监管，提高结算服务的质量和效率，督促企业加快棉款结算，确保棉农交售棉花后能及时足额拿到棉款，严防延期支付等变相"打白条"现象的发生。对企业违规延期支付棉款的，开户行要立即采取措施督促企业予以纠正，并及时向当地政府和上级行报告。

（四）贷款标准和市场风险控制标准

2011 棉花年度，总行决定每担标准级皮棉（328）收购贷款基准暂定为 900 元/担，允许最高向上浮动 50 元/担，下浮不限，最高贷款额不得突破 950 元/担。各省级分行可结合本地实际情况，在总行的最高上浮限额内，确定本省的贷款标准。

2011 棉花年度总行暂不对市场风险控制标准作统一规定，由各省级分行根据当地市场形势、资金供应需要、风险控制能力、企业持续经营能力等因素确定。

如遇棉花市场形势发生重大变化，总行将对贷款标准进行适时调整或出台统一的市场风险控制标准。

三、加强贷款管理，防控信贷风险

（一）规范棉花收购贷款调销贷款的使用

棉花收购贷款只能发放给具备棉花加工资格的棉花企业，用于从棉农和经纪人手中直接收购籽棉，不得用于购入皮棉或棉籽（新疆生产建设兵团所属企业除外）。棉花调销贷款用于解决借款人从农发行开户企业购入农发行贷款形成的棉花以及配合国家宏观调控政策进口棉花的合理资金需求。

对于棉花深加工企业的一般流动资金需求，原则上应发放商业性流动资金贷款解决。对于具备棉花收购加工资格的棉花深加工企业，为解决农民售棉和企业自身季节性原材料集中储备需要，也可发放收购贷款予以支持，并严格执行收购贷款封闭管理的规定。落实国家宏观调控要求，确需向棉花深加工企业发放调销贷款的，由总行统一部署，各省级分行严格管理、从严审定，实行贷款额度控制，并落实有效风险防范措施，不得周转使用。

（二）切实做好贷款额度核定核准相关工作

各行要区别基本客户和可选择客户，分别核定贷款额度。对基本客户要根据所处区域棉花产量、企业加工能力、往年收购量、贷款标准、企业的风险承受能力等综合核定收购贷款额度。对可选择客户要严格按照贷款标准和企业的风险承受能力核定收购贷款额度。各行可根据本地实际情况，同时核定最高累放额和最高贷款余额两个限额，最高累放额不得超过企业最大可收购棉花数量所需资金总额，最高贷款余额要与企业的风险承受能力相匹配。在一个棉花年度内，贷款发放前，经测算本笔贷款发放后，最高累放额和最高贷款余额均未被突破，本笔贷款可由开户行直接通过 CM2006 系统办理贷款手续。

各行核定的贷款额度达到总行《关于印发元/担年度〈中国农业发展银行直接授权书〉的通知》（农发银发［2011］41 号）中规定的准政策性贷款核准的相应标准时，应及时报总行或省级分行进行核准，并根据总行《关于粮棉油准政策性贷款最高额度核准和备案有关操作问题的通知》（农发银发［2009］235 号）的要求进行办理。

（三）继续加强对企业“三金”的管理

各行要加强自筹资金管理。自筹资金必须在企业使用我行贷款前筹集到位，开户行要结合企业财务报表、资金到账凭证等对企业自筹资金来源、期限、利率、数额进行核实。企业自筹资金应主要来源于企业自有资金和其他金融机构借款等。以下资金不得作为自筹资金配套我行贷款参与收购：合同定金、预收货款、年利率超过中国人民银行规定1年期贷款利率上浮70%的借款、还款期限早于2012年8月末的借款。对不符合以上自筹资金要求的企业不得发放收购贷款。

各行要加强风险准备金和经营者风险担保金管理。风险准备金的缴纳必须满足形式特定化（即在我行专户存储）和移交债权人占用作为债权的担保（即在借款合同中约定风险准备金作为对我行收购贷款的担保）两个必要条件，依法保障我行权益。经营者风险担保金必须是企业经营者个人及其家庭的合法财产，要在贷款发放前在我行办理相应的抵质押手续或实行专户管理。风险准备金和经营者风险担保金在本年度贷款本息未全额收回前，企业和经营者个人不得动用。

各省级分行可根据企业的客户类型、信用等级、第三方监管的执行以及担保措施的落实等情况，确定单独或组合使用自筹资金、风险准备金和经营者风险担保金及其比例。企业缴纳“三金”的要求要因企制宜，一企一策，若企业抵质押充足，我行贷款风险可控，风险准备金或经营者风险担保金可不收或少收。2010棉花年度实现盈利的企业，本年度自有资金应在上年度的基础上有所增加。

（四）强化企业销售和贷款期限管理

各行要加强对企业销售行为的管理，要督促企业快收购、快加工、快销售，见利就销。要鼓励企业通过现款现货等钱货两清的方式实现销售，不得赊销。对通过全国棉花交易市场等电子交易平台实现销售的，要加大对销货款的跟踪力度，监督交易货款及时回笼；对于企业已经签订的销售合同，要对交易对手公司进行核查，重点核实销售合同的真实性以及履约能力。对企业已形成的结算资金要加大清收力度，限期收回。销售货款回笼后，开户行要及时收回贷款本息，严禁以占规模、拉存款等理由将回笼货款滞留在企业账上，造成新的贷款流失风险。要积极开展供需衔接，鼓励我行支持的纺织企业购买我行收购贷款形成的棉花，双方开户行要通力合作，通过我行账户系统进行结算，确保我行贷款实现大的封闭运行。

各行要强化贷款期限管理。要引导企业坚持均衡销售、稳健经营的理念，与企业协商制订分阶段贷款偿还计划，并根据偿还计划确定每笔收购贷款的到期日，避免贷款到期日过于集中给企业造成还款压力。需要特别强调的是，棉花收购贷款期限管理应服从于购贷销还的规定。企业愿意提前归还贷款的，开户行应及时办理还款手续。对2011棉花年度发放的全部棉花收购贷款，原则上各行收贷进度2012年3月末要不低于50%，2012年5月末要不低于70%，2012年8月末要全额收回。

（五）完善库存第三方监管

2011棉花年度，我行贷款形成的下列棉花物资原则上应实施第三方监管：信用等级为A+级（含）以下企业收购调入的棉花库存，异地保管的棉花库存，2010棉花年度用销货款和自有资金以外资金结零企业的棉花库存。确有特殊原因不能采取第三方监管的企业,由省级分行批准后报总行备案(备案表见附件)。

各省级分行要对监管主体在注册资本、赔付能力、信誉水平、内控机制等方面设置准入门槛,各监管主体原则上要采取缴存履约保证金或者办理履约责任保险等担保措施,要对每个纳入监管的企业配备专职监管人员。在保证库存安全的前提下,各贷款审批行可根据本地实际决定监管方式(就地监管或移库监管),在省级分行确定的范围内选择监管主体。在实施第三方监管前,贷款行、贷款企业、监管主体应签署经省级分行法律合规部门审核的三方合作协议,明确各方的权利义务。以下单位不得作为监管主体:与该主体监管的我行贷款支持的监管对象存在关联关系的企业;我行棉花收购贷款支持的企业;各交易市场的指定交割(监管)仓库。我行棉花收购贷款支持的企业如确有必要成为监管主体,企业应保证自身库存与我行委托监管的库存分开保管。

对于与全国棉花交易市场开展监管合作的企业,各行要继续执行2010棉花年度我行与全国棉花交易市场开展第三方监管合作有关协议文本中的相关规定。

(六)积极推行棉花质押贷款

所有实施第三方监管的棉花,原则上都要办理仓单质押或动产质押手续,以加强对我行贷款形成棉花的法律保护,确立我行贷款的优先受偿权。办理仓单质押或动产质押可根据企业自筹资金和持续经营能力选择采取以下两种模式:

一是先质押后贷款模式,即采取"前期资金启动,棉花质押跟进,全程第三方监管,不留风险敞口"的贷款投放方式,企业以自有资金或根据有效资产抵押向我行申请贷款,先行收购籽棉,加工成皮棉后,我行根据皮棉价值发放仓单质押贷款或动产质押贷款,支持企业的后续收购,质押物纳入第三方监管,一旦遇到风险,可立即根据质押合同处置棉花或棉花仓单,实现风险可控。

二是先贷款后追加质押模式,即在企业有效资产应抵尽抵后,先发放信用贷款,支持企业收购籽棉,加工成皮棉后,追加办理仓单质押或动产质押手续,签订质押合同,原有的借款合同和借款方式不需变更,要在CM2006系统操作中,直接将追加质押时签署的质押合同关联至主合同,在发生债务纠纷时,确保我行贷款的优先受偿权。

四、加强基础工作,确保政策措施落到实处

(一)坚定不移地落实好封闭管理的各项有效措施

封闭管理是我行对准政策性贷款进行管理的成功经验和有效手段,是我行实现保收购和防风险双重目标的有力保障。各行务必将封闭管理措施落到实处,紧紧盯住企业第一还款来源,做到"钱随棉走、专款专用、库贷挂钩、封闭运行",按照我行支持收购"八个环节"的要求,重点抓好贷款发放、库存监管和销售回笼等关键环节。

在贷款发放环节,要认真审核企业的自筹资金来源,核实企业收购的原始凭证,核对实际收购棉花的品级、质量、数量和价格等情况,并以此作为后续贷款的依据。各行要加强与质检部门的联系沟通,督促企业把好棉花收购的质量关,要督促企业坚持“一试五定”,杜绝虚提衣分、虚高等级、少收多报、低收高报等现象。在库存监管环节,要严格执行定期查库制度。对进入深加工环节的库存,要及时了解掌握原材料转化成产成品的占贷情况、深加工产品的生产进度和原材料的加工转化率。对纳入第三方监管的库存,开户行仍要承担起库存监管的职责,加强与监管方的沟通,严格落实监管协议要求,并对监管主体的履职情况进行定期抽查。在销售回笼环节,要坚持出库通报制度。要监督企业将销售货款足额或按比例回笼至我行,及时收回贷款本息,不允许企业提前抽走自筹资金。

(二)加强对不同类型企业的分类管理

各行要根据不同企业的特点,因企制宜地开展信贷服务和监管。要将可选择客户、为弥补空白点确需支持的客户、上年度用销货款以外资金来源结零的客户作为监管的重点。

对中储棉总公司,要按照临时收储的相关要求及时提供信贷资金,做好服务工作,同时加强贷款支付、棉花入库、货款支付和贷后管理。对棉花购销企业,要落实好封闭管理的各项要求,引导企业见利就销。未启动收储时,企业收购的棉花原则上要落实真实有效的购销合同;启动收储后,不符合收储标准的棉花原则上也必须要落实真实有效的购销合同。对棉花深加工企业,收购贷款形成的满足企业自身季节性原材料集中储备需要的棉花,在企业动用棉花库存进入深加工环节时,要收回相应的棉花收购贷款;超出自身加工需要的棉花要按照购销企业相关规定进行管理,实行购贷销还,不得周转使用,同时分月按比例收回贷款,年度末结零。

(三)加强合同管理

各开户行要依法加强信贷管理,将我行的信贷管理要求充分体现在借款合同中。在借款合同或补充协议中应对以下事项予以明确:一是明确企业应执行我行的封闭管理政策;二是明确“三金”的比例及来源,销售货款回笼后先收回贷款本息,以及在企业无力归还我行到期贷款本息时,我行可直接用风险准备金或经营者风险担保金收回贷款本息;三是明确是否实施第三方监管,以及企业不得以我行贷款形成的库存或仓单作为担保去融资;四是明确企业的交储货款必须回笼至我行账户;五是各行认为需要约定的其他事项。

考虑到地区间和企业间的差异,对于借款合同中需明确的相关内容,各省级分行可自行制定辖内普遍使用的补充协议文本。补充协议文本需向总行备案。

(四)加强对开户行的检查指导

为了保障2011棉花年度棉花收购资金供应工作顺利开展,各级管理行要加强对开户行的检查指导,全面提高基础管理水平。要加强对开户行执行总行信贷政策的指导,帮助开户行全面准确地理解和执行总行的各项信贷政策,将总行的要求不折不扣地落实到位。要加强对开户行棉花库存的检查力度,要通过交叉检查、不定期抽查等方式及时掌握真实的库存状况。管理行特别是省级分行要将棉花主产区和棉花信贷工作难度大、基础管理薄弱的地区和企业作为工作重点,派出业务骨干进行检查指导。

（五）加强组织领导，做好沟通协调

棉花收购信贷工作是业务工作的重中之重，各级行“一把手”要亲自抓、分管行领导具体抓，要根据本地实际制订棉花收购信贷资金供应预案。各级行行领导和客户部门负责人要深入基层，结合实际开展调查研究，对2011棉花年度收购中出现的新情况、新问题要及时掌握，准确分析，妥善解决。各行要加强与政府有关部门、行业协会、中储棉总公司及所属库点的沟通协调，加强和新闻媒体的有效沟通，积极宣传我行信贷政策。对于重大突发敏感问题，要及时向当地政府和上级行汇报。

棉花收购事关棉农利益、社会稳定、宏观调控，各行要全面严格准确执行总行的棉花信贷政策。凡因工作失职、违反有关规定，致使棉花收购出现“打白条”问题，或发生重大信贷风险及案件的，要严肃问责，追究责任。

附件：2011棉花年度不实行第三方监管企业备案表（略）

关于印发《中国农业发展银行棉花贷款担保管理办法（试行）》的通知

2001 年 5 月 30 日　农发行字[2001]88 号

中国农业发展银行各省、自治区、直辖市分行，各计划单列市分行：

现将《中国农业发展银行棉花贷款担保管理办法（试行）》印发给你们，请认真组织学习，并切实遵照执行。执行中遇到的情况和问题，请及时向总行反映。

中国农业发展银行棉花贷款担保管理办法（试行）

第一章　总　　则

第一条　为规范和加强中国农业发展银行（以下简称农发行）棉花贷款担保管理，确保信贷资金安全，根据《中华人民共和国担保法》和总行关于贷款管理的相关制度规定，制定本办法。

第二条　农发行棉花贷款担保方式有：贷款保证担保、贷款质押担保和贷款抵押担保。

第三条　贷款担保遵循平等、互利、自愿和诚实信用原则。

第四条　贷款担保的范围包括贷款本金、利息、违约的加罚息、损失赔偿金、实现抵押权、质权和收回贷款本息所需其他费用。

第五条　本办法适用于农发行棉花收购贷款、棉花调销贷款和地方储备棉贷款以及国务院、中国人民银行批准的其他贷款的担保管理。

第二章　贷款保证担保管理

第六条　贷款保证担保是指保证人同农发行约定，当借款人不能按期偿还贷款本息时，保证人按照约定清偿贷款本息或承担责任的贷款担保方式。农发行保证担保方式采用连带责任保证。

第七条　贷款保证人应具备以下条件：

（一）信誉良好，在已有贷款中，无半年以上逾期贷款，或因客观原因造成半年以上逾期但已落实了还款计划；

（二）资产负债结构合理，资产负债率不高于 70%，经营状况良好；累计担保总额不超过其资产总额；

（三）保证人财产属本人所有，易变现、能保值；

（四）其他经济组织作为贷款保证人，应有合法、可支配的财产和稳定的收入来源。

第八条 以下单位和部门不能作为贷款保证人：

（一）各级国家机关（经国务院或省级政府批准的政策性财政担保除外）；

（二）学校、医院等公益事业单位、社会团体；

（三）企业法人的分支机构、职能部门（有书面授权的，可在授权范围内提供担保）；

（四）不具备法人资格和偿债能力的主管部门和行政性公司。

第九条 贷款保证担保必须由借款人、农发行和保证人按照农发行统一合同文本共同签订“保证担保借款合同”。

第十条 借款人的一个保证人不能提供足额保证的，可由多个保证人提供。

第十一条 借款人经农发行同意发生贷款债务转移，或农发行同借款人协商变更主合同其他内容而加重了借款人责任的，须取得保证人书面同意或另觅保证人，借款人、农发行和保证人应重新签订保证合同（本条款同样适用抵押担保管理和质押担保管理）。

第十二条 借款人不能按期归还贷款而要求展期的，须取得保证人书面同意。展期批准后，借款人、农发行和保证人应按照农发行统一合同文本重新签订保证担保合同书（本条款同样适用抵押担保管理和质押担保管理）。

第十三条 保证期间内，借款人破产的，农发行须及时通知保证人。农发行可向人民法院申报债权，也有权直接向保证人主张权利，要求其提前承担保证责任。农发行申报债权后在破产程序中未受清偿的部分，保证人仍应承担保证责任。农发行要求保证人承担的，应在破产程序终结后6个月内提出。

第十四条 保证人在保证期间，被宣告撤销、破产、关停或因其他原因不能履行保证责任时，农发行有权要求借款人更换经农发行同意的保证人或提供其他担保方式，借款人不更换或拒绝提供的，农发行有权提前收回贷款本息。

第十五条 借款人不能按期归还贷款本息，农发行除向借款人发出催收通知书外，还应书面通知保证人，要求保证人履行保证责任。借款人不归还贷款本息，保证人不履行保证责任的，农发行可在保证期间内以借款人、保证人为共同被告向法院起诉。

第十六条 借款人申请棉花贷款，开户行可采用最高额保证担保方式。

第十七条 最高额保证担保指保证人在一定期间和确定的最高借款额度内，就借款人连接发生的借款行为承担保证责任的保证方式。最高额保证担保的额度以保证人的偿债能力为基础，最高不超过保证人资产总额的80%。农发行采用最高额保证担保贷款的期限最长不超过1年，保证期间为借款合同履行期届满之日起2年。

第三章　贷款抵押担保管理

第十八条　贷款抵押担保方式是指在不转移财产占有的情况下,以借款人或第三人财产作为抵押物,在借款人不能按期偿还贷款本息时,农发行有权依法以该财产折价或以拍卖、变卖该财产的价款优先清偿贷款本息的贷款担保方式。借款人或第三人为抵押人,农发行为抵押权人,提供担保的财产为抵押物。

第十九条　以下财产可作为贷款抵押物:

(一)抵押人所有或依法有权处分的房屋和其他地上定着物;

(二)抵押人所有或依法有权处分的机器设备和交通运输工具;

(三)抵押人以出让方式取得依法有权处分的国有土地使用权及地上定着物;

(四)抵押人依法承包并经发包方同意抵押的荒山、荒沟等荒地的土地使用权;

(五)依法可以抵押的其他财产。

第二十条　以下财产不能作为贷款抵押物:

(一)土地所有权;

(二)耕地、宅基地、自留地等集体所有的土地使用权,抵押人依法承包并以发包人同意抵押的荒山、荒沟等荒地的土地使用权除外;

(三)与农作物尚未分离的土地使用权;

(四)违法、违章建筑物;

(五)以公益为目的的事业单位、社会团体的教育设施、医疗卫生设施和其他社会公益设施;

(六)所有权、使用权不明或有争议的财产,已被抵押的财产;

(七)未经其他共有人同意的共同共有财产;

(八)依法被扣押、查封和监管的财产;

(九)依法不得抵押的其他财产。

第二十一条　抵押物现值根据不同种类财产的现行市场价格、账面净值和变现程度,由农发行与抵押人共同协商估价。对估价有争议的可以委托有资格评估机构估价。

第二十二条　根据对借款人的信贷评估结果、确定的贷款期限、抵押物种类及变现程度逐笔确定贷款抵押率。采用抵押担保方式的,贷款额不得超过抵押物变现值的80%。

第二十三条　借款人提供的抵押担保经农发行审核同意后,农发行应和借款人、抵押人按照农发行统一合同文本签订“抵押担保借款合同”。

第二十四条　贷款采取抵押担保方式的,其抵押物必须办理登记手续。抵押合同自登记之日起生效。以下抵押物的登记部门是:

(一)以无地上定着物的土地使用权抵押的,为核发土地使用权证书的土地管理部门。

(二)以城市房地产或乡、村企业的厂房等其他建筑物抵押的,为县级以上地方政府规定的部门。

（三）以林木抵押的，为县级以上林木主管部门。

（四）以车辆、船舶等抵押的，为运输工具的登记部门。

（五）以企业生产设备抵押的，为所在地工商行政管理部门；抵押人以国有资产抵押的，需经其行政主管部门出具书面同意书。

（六）以其他抵押物抵押的，为抵押人所在地的公证部门。

第二十五条 采取贷款抵押担保方式的，应要求抵押人就抵押物办理保险，在保险合同中应明确农发行为该保险标的的第一受益人。抵押人不办理保险的，农发行有权不接受抵押并不发放贷款。

第二十六条 抵押期间，抵押合同发生变更，需到抵押登记机关办理变更登记。借款人办理贷款展期除同样适用本办法第十二条的规定外，还需到抵押物登记机关办理续登手续。

第二十七条 抵押期间，抵押人转让已办理登记的抵押物时，应通知农发行并告知受让人转让物已经抵押的情况。抵押人未通知农发行或受让人的，转让行为无效，农发行仍可以行使抵押权。抵押物的转让价款明显低于农发行和抵押人商定的现值时，农发行应要求抵押人提供相应的担保。抵押人不提供的，不得转让抵押物。抵押人转让抵押物所得价款，应提前归还农发行贷款本息，不足部分由借款人清偿。

第二十八条 抵押人的行为足以使抵押物价值减少的，农发行有权要求抵押人停止该行为。抵押物价值减少时，农发行有权要求抵押人恢复抵押物的价值，或提供与减少价值相当的担保，并重新签订担保合同。抵押人拒绝上述要求时，农发行有权要求借款人提前履行还款义务或提前行使抵押权。

第二十九条 出现以下情形之一的，农发行有权依法处分抵押物：

（一）借款合同履行期满，借款人未按期偿还贷款本息，又未同农发行签订贷款展期协议或申请展期未经批准的；

（二）抵押期间，借款人死亡、无继承人或受赠人的；

（三）借款人的继承人拒绝偿还贷款本息或继承人放弃继承的；

（四）借款人被解散、宣布破产或依法撤销的；

（五）其他可以依法处分抵押物的情形。

第三十条 处分抵押物的价款不足清偿贷款本息和罚息的，农发行有权另行追偿不足部分。

第三十一条 因抵押物灭失、毁损或者被征用所得的保险金、赔偿金或者补偿金应当作抵押财产，农发行有权优先受偿。

第三十二条 开户行对借款人发放贷款可采用最高额抵押担保方式。贷款最高额抵押担保指抵押人以抵押物对借款人在一定期间和规定的最高借款额度内连续贷款所作的抵押担保，贷款额不得超过抵押物变现值的 80%。

第三十三条 贷款最高额抵押担保的合同期限由抵押人、农发行和借款人根据贷款期限协商确定。采用最高额抵押担保的贷款期限最长不超过 1 年。

第四章 贷款质押担保管理

第三十四条 贷款质押担保方式是指借款人或第三人将其动产或可以转让的权利移交农发行占有，担保在借款人不能按时清偿贷款本息时，农发行有权依法以上述动产或权利折价或以拍卖、变卖的价款优先受偿的贷款担保方式。借款人和第三人为出质人，农发行为质权人，移交的动产和权利为质物和质权。

第三十五条 农发行贷款采用质押担保方式的，质物、质权应具备易变现、易保值、易保管的特征。可以作为贷款质押担保的质物、质权有：

（一）出质人所有或依法有权处分的动产；

（二）出质人所有或依法有权处分的汇票、支票、本票、债券、存单、仓单、提单；

（三）出质人依法可以转让的股票、股份；

（四）出质人依法可以转让的商标专用权、专利权、著作权中的财产权；

（五）出质人依法可以质押的其他有效权利。

第三十六条 农发行贷款采用质押担保方式的，借款人、出质人和农发行应按照农发行统一合同文本签订“质押担保借款合同”。

第三十七条 贷款采用质物质押的，贷款额不得超过质物现值的80%；采用质权质押担保方式的，贷款额一般不得超过质权现值的90%。

第三十八条 采用质物质押的，出质人须将质物按合同约定的时间将质物交由农发行占有，质押合同自质物交与农发行占有时生效。

第三十九条 出质人未按合同约定的时间交付质物，因此给农发行造成损失的，出质人应根据其过错承担赔偿责任。

第四十条 以汇票、支票、本票、存款单、债券、存单、提单出质的出质人应在合同约定的期限内将权利凭证交付农发行。质押合同自权利凭证交付之日起生效。其中，以汇票、支票、本票、债券出质的，出质人与质权人应在票据上背书记载“质押”字样。

第四十一条 以依法可以转让的股票出质时，出质人与农发户应签订书面合同，上市公司的股票出质的，需向证券登记机关办理出质登记，质押合同自登记之日起生效；以非上市公司的股票出质的需将股票出质记载于股东名册，质押合同自记载股东名册之日起生效。

第四十二条 以依法可以转让的商标专用权、专利权、著作权中的财产权出质的，出质人与农发行应签订书面合同，并向其管理部门办理出质登记。质押担保合同自登记之日起生效。

第四十三条 农发行占有质物、质权后，应妥善保管。在贷款本息未完全清偿前，不得将质物、质权返还出质人。

第四十四条 质物及权利出质后，不得转让；出质后的商标专用权、专利权、著作权不得许可他人使用。但在保证转让价款或许可使用费提前清偿贷款本息的情况下，经农发行同意，可以转让。

第四十五条 质物有价值明显减少的可能，足以危害农发行贷款安全时，农发行有权要求出质人提供相应的担保。出质人不提供的，农发行有权拍卖或变卖质物，并将所得价款用于提前清偿贷款本息。

第四十六条 以载明兑现或提货日期的汇票、支票、本票、债券、存单、提单出质的，兑现或提货日期先于贷款到期的，农发行可按期兑现或提取，并与借款人协商将兑现的价款或提存的货款用于提前清偿贷款本息。

第四十七条 本办法第二十九条、第三十条、第三十一条同样适用质押管理。

第五章 附　　则

第四十八条 AAA 级和 AA 级企业申请棉花调销贷款时，开户行可酌情采用差额担保方式。对 AAA 级企业贷款采取差额担保方式的，其担保额不得少于贷款额的 60%，对 AA 级企业贷款采取差额担保方式的，其担保额不得少于贷款额的 80%。

第四十九条 按本办法办理贷款保证、抵押和质押担保所需的公证、鉴证、登记、保险、估价、仓储、保管和运输等费用，由借款人负担。

第五十条 本办法由农发行总行制定、解释和修订。各省级分行可根据本办法制定实施细则，并报总行备案。

第五十一条 本办法自发布之日起施行。

关于2002年度棉花收购贷款上限的紧急通知

2002年9月26日　农发行字[2002]160号

中国农业发展银行各省、自治区、直辖市分行,各计划单列市分行,总行营业部:

为了有效防范价格风险,保证棉花信贷资金的安全,积极配合国家实施宏观调控,确保棉花市场平稳运行,根据《国家计委办公厅关于确定2002年度棉花收购贷款上限问题复函》(计办经贸[2002]1226号)的精神,现将2002棉花年度棉花收购贷款上限有关问题紧急通知如下:

一、2002棉花年度每担标准级皮棉收购贷款基准暂定为380元/担,允许上下浮动10元/担,最高贷款额不得突破国家计委批复的390元/担的上限(新疆棉370元/担)。总行将按旬通报标准级皮棉全国平均贷款收购均价,该价格作为下旬贷款基准,各行按新基准上下浮动10元/担掌握贷款。在新基准基础上上浮10元/担作为新的贷款上限,不得突破。若国家有关部门发布新的收购指导价或棉花购销市场行情发生较大变化时,总行将另行通知。

二、制定贷款基准和上限是防范和化解价格风险的重要保证,各行要在不突破国家计委批复的贷款上限的前提下,按照市场定价的原则支持企业随行就市收购棉花。当收购价格低于贷款基准下浮的标准时,农民仍愿意交售棉花,开户行要按照实际价格提供贷款支持收购。当收购价格高于贷款上限时,须在收储企业自筹资金到账并有确定销售渠道的前提下,方可按贷款限额提供贷款,超过部分不予贷款,由企业自行解决。

三、各省级分行要充分利用各种信息资源,密切关注国内、国际棉花购销市场动态,对每旬的棉花购销价格要进行动态分析,逐步建立和完善本地的价格风险防范机制。

关于加强棉花质量监督管理防范信贷风险的通知

2002年9月29日　国质检执联[2002]288号

各有关产棉省(区、市)及新疆生产建设兵团质量技术监督局、中国农业发展银行分行:

为了适应棉花流通体制改革的需要,加强棉花质量监督管理,有效防范和化解棉花信贷风险,根据棉花质量监督、信贷资金管理的有关规定,国家质检总局、中国农业发展银行(以下简称农发行)决定,凡农发行开户企业使用农发行政策性贷款收购的棉花,采取质量监督与信贷资金供应挂钩的办法进行协同监管。现提出如下意见,请各地认真贯彻执行。

一、充分认识棉花质量监督、信贷资金供应协同监管的重要性

随着棉花流通体制改革的进一步深化,棉花收购市场全面放开,棉花收购多渠道的局面已经形成,棉花质量监督管理的难度加大。棉花收购贷款的市场风险日益增加。加强农发行贷款收购棉花的质量与信贷资金供应的协同监管,是针对当前棉花流通中出现的新情况、新问题所采取的新举措,是行政监督与金融监管的有效结合,对于维护棉花市场秩序,促进棉花质量的提高,防范棉花信贷风险具有十分重要的意义。因此,各级专业纤维检验机构、农发行要密切配合,认真贯彻落实《棉花质量监督管理条例》(以下简称《条例》)和棉花信贷管理有关规定,强化棉花质量和信贷资金的监督管理,督促企业严格执行有关棉花质量法律、法规和国家标准,增强质量意识,保证棉花质量,最大限度地降低棉花信贷质量风险。

二、切实加强农发行贷款收购棉花的质量监督,有效防范信贷风险

加强对农发行贷款收购棉花的质量监督,是棉花质量监督管理工作的重要组成部分,尤其在将质量监督与信贷资金供应管理挂钩的情况下显得更加重要。因此各级专业纤维检验机构必须高度重视此项工作,制订具体的质量监督检查工作方案,并认真组织实施。质量监督检查的范围是取得各级农发行贷款资格的各类棉花企业;检查的环节包括收购、加工和库存等环节;检查的对象是收购的籽棉、皮棉以及加工、库存的批量成包皮棉;检查的重点内容是棉花企业的质量保证能力及其收购、加工、库存棉花的质量、数量;检查的依据是《条例》、国家标准和技术规范;检查的方式可采取定期或不定期的巡回检查或重点抽查。对棉花企业收购、加工和库存棉花质量违反《条例》有关规定的,要依法进行处理并及时将情况通报当地农发行。农发行要依据棉花质量监督检查情况管理贷款,实行相应的信贷制裁。在棉花企业被责令整改,但整改未到位之前停止发放新的贷款;对丧失资质条件的企业,出现掺杂使假、以次充好、异性纤维问题突出等严重质量违法案件以及存在少收多报、低收高报等弄虚作假行为的企业,不再提供贷款支持。要通过采取有力措施,加强棉花质量监督检查,有效地防范棉花信贷质量风险,同时要通过对质量信誉差的棉花企业实施信贷制裁,更为有效地规范棉花质量行为。

三、建立健全相关制度,确保棉花质量与信贷资金供应协同监管措施的顺利实施

为确保对棉花质量与信贷资金供应协同监管措施落到实处,取得实效,并使其规范化、制度化,要求各地建立健全相关制度。

(一)建立棉花质量监督管理联合工作制度

各级专业纤维检验机构与农发行在棉花收购、加工旺季要定期对棉花收购、加工和库存环节的质量情况开展联合检查。对收购、加工数量大、信贷资金多的棉花企业,要作为联合检查的重点进行监控;对加工、库存的批量成包皮棉的质量、数量、标识、异性纤维含量等情况要进行经常性的监督检查,农发行要根据棉花质量监督检查情况汇总表登记或调整台账、建立仓单,以确保账实相符,确保棉花质量与标识相符;对典型的质量案件,可相互协助进行联合调查。同时,各级专业纤维检验机构要加强对基层农发行信贷人员棉花质量监督管理相关法律、法规、政策的培训和业务指导。各级专业纤维检验机构、农发行要定期或不定期进行工作联络,沟通情况,研究问题,制定措施。

(二)建立棉花质量与信贷资金供应协同监管情况的通报制度

各级专业纤检机构、农发行要建立取得贷款资格的棉花企业的数据库,进行动态管理,及时掌握企业的调整、变更情况。请各分行将在农发行开户并取得2002棉花年度贷款资格的企业名录(见附表)通过电子邮件于10月20日前上报农发行总行信贷二部。中国纤维检验局将会同农发行信贷二部编制信息软件下发各地执行。各级专业纤检机构、农发行要按照信息软件规定内容及时互相通报棉花质量监督检查与信贷管理情况。双方联合检查的,一次一通报;大案要案查处情况随时通报并逐级上报;日常监督检查和销地反馈对当地有关棉花企业销售棉花的公证检验质量情况以及信贷管理情况按月互相通报;半年及年度工作结束后,各地要对农发行贷款收购棉花的质量与信贷资金供应协同监管工作情况共同进行总结并逐级上报。中国纤维检验局、农发行信贷二部将适时汇总各地情况,在全国范围内通报或向上级及有关部门报告。交流情况,总结经验,提出建议、措施,督促、指导各地工作。

四、加强组织领导,共同做好棉花质量与信贷资金供应的协同监管工作

各级专业纤维检验机构和农发行要高度重视发行贷款收购棉花的质量与信贷资金协同监管工作,切实加强领导,负起责任,并要从组织上落实。

(一)各级专业纤维检验机构、农发行都要明确1名领导具体分管此项工作,确定专人负责情况通报工作,并将负责人、专门负责情况通报工作的人员姓名、联系电话上报中国纤维检验局、农发行信贷二部,以便随时联系。

(二)各级专业纤维检验机构要确保棉花质量监督检查情况客观、公正、准确和及时,对提供质量监督检查情况不实的,依据《条例》有关条款追究相关人员的责任。

(三)农发行要充分利用棉花质量监督检查情况加强棉花收购资金的供应和管理工作。对违反《条例》的棉花企业要实施相应的信贷制裁。对因未按专业纤检机构提供的棉花质量监督检查情况进行信贷管理造成信贷损失的,要按有关规定追究相关人员的责任。

附件:农发行开户棉花企业名录(略)

避免在棉花采摘、交售、加工过程中混入异性纤维的暂行规定

2002年10月14日　国家计委等五部委2002年第24号令

第一条　为提高我国棉花质量和棉纺织品出口竞争力，鼓励使用国产棉花，根据《棉花质量监督管理条例》、《棉花收购加工与市场管理暂行办法》等有关行政法规，制定本规定。

第二条　本规定适用于中华人民共和国境内所有从事棉花生产、经营活动的棉花生产者（含农民和棉花生产企业）、棉花经营者（含棉花收购、加工、销售）、纺织用棉企业。

第三条　异性纤维是指混入棉花中的非棉纤维，如化学纤维、丝、麻、毛发、塑料绳等。

第四条　农民和棉花生产企业在棉花生产过程中应遵守下列规定：

（一）在采摘、晾晒、交售棉花时，应当戴棉布帽子，穿棉布服装；用棉布口袋盛装棉花；用棉绳、棉线绑扎棉袋口。禁止使用化纤编织袋等非棉布口袋盛装棉花；禁止使用有色的或非棉线绳扎棉袋口。

（二）晾晒籽棉时应当采取必要措施加强防护管理，防止混入异性纤维。

第五条　棉花收购企业应严格按棉花国家标准收购棉花并遵守下列规定：

（一）收购籽棉时应当对交售者籽棉盛装物、绑扎物进行检查，发现使用化纤编织袋、有色棉线或非棉线（绳）等物品的，应当拒绝收购。

（二）收购籽棉时发现籽棉中混有异性纤维、色纤维及其他危害性杂物的，应当责成交售者挑拣干净后收购；交售者拒绝挑拣或挑拣不干净的，可以拒绝收购或由收购者挑拣干净后根据异性纤维含量相应降价收购。

（三）已购进的籽棉，应当在上垛前组织人力进行检查，发现异性纤维应当予以排除。

（四）在籽棉收购、运输、存放等环节，应当采取必要措施防止混入异性纤维。

（五）应当为农民免费或以成本价提供盛装籽棉的棉布口袋及其他所需物品。

第六条　棉花加工企业应严格按棉花国家标准加工棉花并遵守下列规定：

（一）设立清理异性纤维的工序。加工籽棉前发现混有异性纤维、色纤维及其他危害性杂物的，须组织人力挑拣干净后加工。

（二）加强待加工籽棉的存放管理，采取必要措施防止混入异性纤维。

（三）对批量成包皮棉应当按照国家标准进行异性纤维检验，应当在棉花标识中

明示“有、无或未发现”字样，并在检验证书上注明。

棉花加工企业收购籽棉的，同时应当遵守第五条的有关规定。

第七条 纺织用棉企业与供棉企业可以根据棉花中有、无混入异性纤维情况对棉花制定加价、降价、索赔、拒收和退货的规定。有关条款应当在双方签订的棉花购销合同中约定。

第八条 对违反本规定第五条第（一）、（二）、（三）项和第六条第（一）、（三）项的棉花收购、加工企业，按照《棉花质量监督管理条例》的有关规定处罚：

（一）棉花收购企业收购棉花，不按照国家标准和技术规范排除异性纤维和其他有害物质的，由棉花质量监督机构责令改正，可以处3万元以下的罚款；情节严重的，由质检机关提交原资格认定机关取消其棉花收购资格。

（二）棉花加工企业加工棉花，不按照国家标准分拣、排除异性纤维和其他有害物质的，由棉花质量监督机构责令改正，并可以根据情节轻重，处10万元以下的罚款；情节严重的，由质检机关提交原资格认定机关取消其棉花加工资格。

（三）棉花加工企业销售皮棉时未将棉花中异性纤维情况在外包装上标识或标识与实物不符的，由棉花质量监督机构责令改正，并可以根据情节轻重，处3万元以下的罚款。

第九条 产棉县、乡人民政府及其农业部门应当采取措施，利用多种方式引导和教育农民、棉花生产企业自觉遵守第四条的规定。

第十条 产棉区市、县、乡人民政府及省、市、县农业、纺织、供销、质量技术监督部门应依据本规定做好排除异性纤维的宣传、组织、引导和监督工作。

第十一条 中国农业发展银行对违反本规定收购及加工后的棉花中异性纤维含量较多且屡教不改的棉花收购、加工企业，可停止对其提供棉花收购贷款。

第十二条 本规定由国家发展计划委员会商有关部门解释。

第十三条 本规定自2002年10月30日起执行。

关于进一步做好棉花促销工作的通知

2003年2月28日　农发行贷二字[2003]10号

中国农业发展银行各省、自治区、直辖市分行信贷二处(信贷处),各计划单列市分行计划信贷处,总行营业部信贷管理部:

近期国内棉花市场价格持续攀升,但是我行贷款企业的棉花销售进度却十分缓慢,截至2003年2月20日,全国农发行贷款企业的购销比为45%,近一个月以来仅提高4个百分点。尤其是内地贷款企业购销比仅15%,部分省份的棉花销售甚至已经停滞。为防范我行贷款风险,确保资金安全,现将有关要求通知如下:

一、统一思想,采取有效措施加大棉花促销力度。各级行棉花信贷管理部门要统一思想认识,帮助企业客观分析棉花市场行情。积极帮助企业抓住目前销售的有利时机,加快棉花销售进度,降低贷款风险。要强化棉花贷款的期限管理,对贷款到期不能偿还的要及时转入逾期贷款科目,并积极催收。

二、严禁贷款支持企业在全国棉花交易市场上购买棉花和参与远期电子撮合棉花交易。当前全国棉花交易市场的电子撮合棉花交易价格已突破13 000元/吨,导致企业对价格预期不断升高,影响了企业销售现货的积极性。特别值得注意的是电子撮合棉花交易的70%都是转手交易,存在"炒作"和误导市场的可能性。作为政策性贷款只能支持企业收购棉花和到产区调销棉花直接销售给纺织企业。严禁贷款支持企业在全国棉花交易市场购买棉花和参与电子撮合远期棉花交易,以免引起市场混乱。各级行棉花信贷管理部门要加强对所辖贷款企业的管理,对已经发放的贷款要立即追回。

各省分行收到本通知后,请立即转发至基层行。

关于加强棉花停贷及破产企业占用贷款管理工作的意见

2003 年 8 月 14 日　农发行字[2003]149 号

中国农业发展银行各省、自治区、直辖市分行,各计划单列市分行,总行营业部:

随着棉花流通体制改革的不断深入,部分棉花企业由于历史包袱沉重,经营不善、机制及管理体制落后等原因,无法适应激烈的市场竞争,有的已丧失农发行贷款资格,有的已破产或进入破产程序。部分棉花企业的破产给农发行信贷管理和资产保全带来严重影响。为切实加强对棉花停贷及破产企业占用贷款的管理,尽量降低风险,提出如下工作意见。

一、充分认识做好棉花停贷及破产企业占用贷款管理工作的重要意义

随着棉花流通体制改革的深化,棉花市场化程度不断提高,棉花企业破产有增加的趋势。近几年,新增棉花贷款的风险基本得到控制,强化存量贷款管理已成为风险管理的重点。据不完全统计,截至 2003 年 3 月末,山东、河北、江苏、四川、湖南、河南、湖北和新疆八省(自治区)已破产终结或进入破产程序的棉花企业共占用农发行贷款 73 亿元,占八省(自治区)棉花贷款总额的 9.5%。如剔除中央政策性挂账占用贷款、棉花竞卖未弥补亏损占用贷款、棉花销售结算资金占用贷款等因素,则占八省(自治区)棉花贷款余额的 17%。因此,管好停贷企业和破产企业占用贷款是当前管好存量贷款的难点和重点。这对于提高和改善棉花贷款质量,减少贷款损失具有十分重要的意义。各行对此要有清醒的认识,要依法监督企业破产,并积极主张各项权利,落实各项贷款管理措施,尽量减少贷款损失。不能因自身工作的疏漏或失误造成管理不到位,导致信贷资产流失。

二、落实各项管理措施,加强对停贷及破产棉花企业占用贷款的管理

为加强对停贷及破产棉花企业占用贷款的管理,目前各行当务之急是将各项信贷管理措施落到实处。

(一)认真检查现有贷款资料的法律有效性,确保债权合法有效。各级行要本着对国家负责的态度,高度重视、认真检查各项贷款资料、手续的合法性和有效性。对各类到期、逾期贷款要及时催收,并要求企业签收催收通知单,保留贷款追索权。特别是对那些已经停止贷款的企业,要作为重点工作对象来抓,绝对不允许出现因超过诉讼时效而丧失贷款追索权的现象。

(二)全力落实贷款抵押担保工作。总的来看,我们在棉花贷款抵押担保方面做了不少工作,也取得了一些成效。据统计,截至 2003 年 3 月末,已停贷棉花企业中已确权有效资产已办理抵押手续的占停贷企业已确权有效资产的80%。但我们在资产保全工作中仍存在不足,如确权的有效资产占企业全部有效资产的比例不清、已确权的有效资产尚未全部办理抵押、抵押担保制度没有完全落实等。办理有效资产抵押还有大量工作要做。各级行一方面要对企业的有效资产进行进一步的清理分类,尤其是对已停贷企业,要尽快摸清企业确权的有效资产占企业全部有效资产的比例,帮助企业加快有效资产的确权步伐,积极督促企业将未确权的资产抓紧确权,已确权的资产要及时办理抵押手续,力争做到100%的抵押。另外,对已办理的担保抵押手续进行全面检查,确保合法、合规、有效。各行要真正建立起衡量资产抵押工作是否到位的标准,通过不同指标间的互相比较,检验资产抵押工作是否真正扎实、有效。

(三)积极办理以资抵债。对已经停贷的企业,若其资产已办理抵押手续,要积极办理以资抵债手续,及时将资产过户到农发行,对有条件易于变现的,要抓紧进行资产变现处理。

(四)主动诉讼,依法追偿贷款。对那些严重资不抵债、已经停止贷款的且不配合我行针对存量贷款办理资产抵押手续的企业,我们不能任其在我行管理之外继续亏损经营,而应该对到期逾期贷款主动依法起诉追偿。

三、加强领导,依法监督企业破产

各级行都要认真学习有关法律知识;加强领导,对破产企业和停贷企业占用贷款的管理工作予以充分重视;积极参与企业破产全过程;积极争取当地政府、法院的理解和支持,按有关法律、法规认真做好各项工作。

(一)认真学习相关法律知识。各级行主管信贷的行长和信贷部门负责人要带头学习有关法律知识,同时要组织广大信贷员认真学习有关法律知识。要充分了解破产程序和维护债权的关键环节,制定参与企业破产的工作规程。

(二)指定专人负责,全程参与,及时反映有关情况。信贷人员一定要全面掌握所辖企业的基本情况,特别是对停贷企业要进行动态、有效监控,对有破产意向的企业要提前介入,争取主动权,对已进入破产程序的企业要积极参与企业破产的全过程。一是在企业申请破产时,要积极申请债权并启动诉前财产保全,参与清算组对企业资产的清算和债权人会议,积极按照有关法律条款行使债权人的一切权利等。二是参与对企业各类有效资产的处置和企业结算资金的清收,按照《中华人民共和国民事诉讼法》中关于企业法人破产还债的规定以及《最高人民法院关于审理企业破产案件若干问题的规定》,对能收回的债权及时清收,尽量减少信贷资金的损失,对不能收回的部分,进行呆账认定和处理,积极申请核销。三是对法院已经宣告破产终结但不能及时执行的企业,要及时运用法律手段,提请法院强制执行,保证信贷资金的及时清偿。

(三)积极争取政府和法院的理解和支持。各级行要密切关注到期无力偿还贷款、濒临破产的棉花企业的经营状况,严格监控其各项资产变动情况。一旦发现企业有非法破产或逃避银行债务等行为,要及时向当地政府和上级行反映有关情况。开户行发现企业在人民法院受理破产案件前6个月至破产宣告之日期间,有以下违法行为之一的，要及时向人民法院报告，请求法院驳回企业的破产申请。

1. 隐匿、私分或无偿转让财产；

2. 非正常压价出售财产；

3. 对原来没有财产担保的债务提供财产担保；

4. 对未到期的债务提前清偿；

5. 放弃自己的债权。

（四）依法监督企业破产。当出现受理破产案件的法院在审理案件时偏向企业，不合理地侵犯银行的合法权益或法院宣告逃废债企业破产、随意剥夺银行抵押债权的优先受偿权利、姑息纵容财产低估和压价拍卖行为等违规现象时，破产企业开户行要认真研究分析原因，及时向上级法院提出复议申请，同时及时向地方政府和上级行反映情况，最大限度地保全农发行债权。

一是按时、准确申报债权。基层行要在收到人民法院债权申报通知1个月内，未收到通知书的要在企业破产公告发布之日起3个月内，向人民法院申报债权，说明债权数额和有无财产担保，并提交有关证明材料。有财产担保的债权必须单独申报并申请优先受偿。特别是互相提供担保的棉花企业同时进入破产程序的，要将主债权和担保债权总额作为破产债权，分别在两个破产程序中申报。

二是积极参加债权人会议，依法行使各项权利。破产棉花企业的开户行要认真审查企业破产前6个月的资产变化情况，核实是否有非法处置财产的行为；认真审查其他债权人申报债权的真实性和合法性，核实是否有故意伪造债权债务关系影响我行债权受偿的行为；认真审查清算组的清算报告，核实是否有财产评估不全、人为低估破产财产的行为；认真审查破产财产的处理方案和分配方案，核实是否有侵害我行公平受偿权益的行为。如发现问题，要及时向破产清算组提出异议，要求予以纠正；已经债权人会议作出决议的，依法申请人民法院予以审查裁定。

三是依法维护银行权益。在实施破产企业财产诉前保全和债权申请的前提下，基层行要针对不同情况正确运用法律武器进行维权。第一，依法行使剔除权。已经在农发行设定抵押或质押的企业财产不得作为企业破产财产，并就该财产价款优先受偿农发行贷款。第二，依法行使对债权人会议决议的异议权。若债权人会议决议违反法律规定（是指决议的内容违法、决议的表决程序违法、会议的召开程序违法、决议超出了债权人会议的职权范围或者有其他违反法律情形）或侵害部分债权人合法权益的，基层行要在债权人会议作出决议后7日内向人民法院提出，由人民法院裁决。第三，依法行使对人民法院关于清算组财产分配方案裁定的申诉权。对经人民法院裁定的清算组财产分配方案，占无财产担保债权总额半数以上债权的贷款行有异议的，要在人民法院作出裁定之日起10日内向上一级人民法院申诉。第四，依法行使对破产犯罪的控告、检举权。第五，依法行使保证担保追索权。对有保证担保的贷款，要在企业破产终结之日起6个月内，向保证人行使追索权，要求保证人偿还贷款本息。

四、完善制度，确保各项管理措施落到实处

为保证对破产企业和停贷企业占用贷款的各项管理措施得到落实，各行要进一步建立健全报告制度、档案管理制度和责任追究制度。

（一）建立完善破产情况汇报制度。对新发生的企业破产案件，不论金额大小，都要根据案件的发生、发展和经过，及时将情况上报省分行。重大情况及时上报总行。基层行在获知企业向法院提交破产申请5天内，要将情况上报地、市分行。地、市分行接报后，要在5天内将情况报至省分行。如发现企业破产过程中存在逃废债等行为，在及时采取措施进行制止和纠正的同时，在5天内向地、市分行报告。地、市分行在及时给予指导和参与的同时，要在5天内向省分行报告。企业改制完成或破产终结后，基层行要在1周内向地、市分行报告，地、市分行要在1周内向省分行报告。重大情况要随时报告。下级行向上级行报告反映情况一律采取书面报告形式。

（二）建立健全档案管理制度。开户行要全面掌握开户棉花企业的相关情况，特别是要掌握停贷企业、破产企业的情况，按照破产、停贷棉花企业的类型和贷款占用情况，分类建立档案，实施有区别的管理办法，严格管理。从企业破产申请、破产宣告、破产总结、申报呆账到核销呆账整个过程的材料，都要以企业为单位，按照业务规范化管理的要求统一装订保管。

（三）建立健全责任追究制度。凡因在企业破产过程中玩忽职守、不履行职责造成信贷资产损失的，因查处不力、隐情不报或汇报不及时，以致丧失时效，造成贷款损失的，要追究有关人员的责任。

关于执行2003年度棉花收购贷款上限的通知

2003年9月15日　农发行字[2003]202号

中国农业发展银行各省、自治区、直辖市分行,各计划单列市分行,总行营业部:

为了积极配合国家实施宏观调控,稳定棉花市场,确保国家政策性信贷资金的安全,根据《国家发展改革委办公厅关于确定2003年度棉花收购贷款上限问题的复函》(发改办经贸[2003]826号)精神,现将2003年度棉花收购贷款上限有关问题紧急通知如下:

2003棉花年度内地每担标准级皮棉收购贷款基准暂定为400元/担,允许上下浮动50元/担,最高贷款额不得突破450元/担的上限;新疆每担标准级皮棉收购贷款基准暂定为400元/担,允许上下浮动20元/担,最高贷款额不得突破420元/担的上限。总行将按旬分别通报内地和新疆标准级皮棉平均贷款均价,以此作为下旬贷款基准。超过贷款上限进行收购的部分,由企业自筹资金解决。

为防止棉花企业利用我行信贷资金哄抬棉花价格,2003棉花年度我行贷款企业收购棉花时,内地市场标准级皮棉收购价格每担突破500元/担、新疆市场突破470元/担时,各行应暂停发放贷款,完全由企业通过其他途径自筹资金进行收购。若国家有关部门发布新的收购指导价或棉花购销市场行情发生较大变化,需要调整市场收购价格上限时,总行将另行通知。

各行在执行过程中出现的新情况、新问题要及时上报总行。

关于当前新棉收购信贷工作若干问题的指导意见

2003 年 10 月 23 日　农发行字[2003]223 号

中国农业发展银行各省、自治区、直辖市分行，各计划单列市分行，总行营业部：

为了正确履行好中国农业发展银行(以下简称农发行)职能，做好当前新棉收购资金供应和管理工作，经国家发展改革委同意，现就有关问题提出如下指导意见。

一、坚持政策性银行办行方向，服从国家宏观调控

由于供求发生变化，棉花购销价格不断上涨，棉花市场风险极大。在这种情况下，农发行要坚决服从国家宏观调控，各行要认真落实 9 月 18 日全国棉花工作电视电话会议精神，坚持“双限”政策，严格防范风险。

二、认真贯彻落实“择优选贷、以销定贷、以效定贷”的信贷原则，变普遍支持为重点支持

各行对重点企业，允许对其贷款上限浮动 50～100 元/担；其价格上限原则上可按企业销售保本价(收购成本＋加工成本费用)不得超过贷款日 C0tl00k A 指数折算的到岸价进行掌握。当前棉花销售价格上涨过程中，C0tl00k A 指数低于国内棉花价格指数。当 C0tl00k A 指数接近或超过国内棉花价格指数时，对重点支持企业的价格上限水平要采取相应措施据实及时调整，严格控制。新疆地区的价格上限应比上述标准低 50 元/担。

三、重点企业的确定

重点企业由省级分行确定。各省级分行在确定重点企业时，主要看企业的风险承受能力大小，要充分考虑以下五个因素。

(一)全部有效资产在农发行办理了合法的抵押手续。

(二)有较高比例的风险保证金和经营者风险质押金。

(三)资产负债率较低，有较多的自有流动资金(不含自筹)。

(四)企业经营者熟悉棉花市场，经营稳健，并且该企业上年贷款本息双结零。

(五)有比较稳定的购销渠道，客户履约记录好。

四、区别对待，谨慎操作

得到授权具有分散决策权的支行，在具体执行中，要区别所确定的重点企业的不同情况，根据企业的风险承受能力和每批收购的棉花质量等级，因企而异掌握“双限”浮动幅度。即使确定为“双限”浮动幅度的企业，也不是一定要按最大幅度对其发放贷款，必须逐笔核贷，坚持边购边销，不得积压，以保企业生存为主。对风险把握不准、可贷可不贷的贷款，坚决不贷。

五、明确贷款收回责任

各行对发放的贷款要明确收回责任，并与考核奖惩挂钩。

六、加强调查研究，及时反馈信息

鉴于目前的复杂形势，各行要密切关注国内外市场行情，认真分析棉花购销动态，加强调查研究工作，对于发现的新问题、新情况，要及时向总行反馈。

关于在中国农业发展银行贷款的棉花企业不得进入期货市场的紧急通知

2004 年 6 月 3 日　农发行字[2004]105 号

中国农业发展银行各省、自治区、直辖市分行，各计划单列市分行：

2004 年 6 月 1 日，棉花期货已在郑州商品交易所正式挂牌交易。为配合国家宏观调控，防范信贷风险，确保政策性信贷资金的安全，现就在中国农业发展银行（以下简称农发行）贷款的棉花企业能否进入期货市场交易的问题紧急通知如下：

一、根据国务院《期货交易管理暂行条例》第四十七条的规定："任何单位或者个人不得使用信贷资金、财政资金进行期货交易。金融机构不得为期货交易融资或者提供担保。"目前在农发行贷款的棉花企业大部分棉花库存都是利用贷款形成，企业自有资金十分有限，企业内控机制还不健全，缺乏期货专业知识人才；对参与棉花期货套期保值的涉棉企业的风险管理和控制还缺乏保障措施。为此，在农发行贷款的棉花企业目前一律不得进入期货市场进行交易。

二、中国证监会《国有涉棉企业期货套期保值业务管理制度指引》规定："在中国农业发展银行贷款的棉花生产经营企业申请开展期货业务，应当按照中国农业发展银行的有关规定办理。"郑州商品交易所《贯彻实施中国证监会〈国有涉棉企业期货套期保值业务管理制度指引〉的规定》进一步明确："期货经纪公司接纳从中国农业发展银行贷款的棉花生产经营企业参与套期保值交易的，应与交易所、中国农业发展银行进行信息沟通，及时通报贷款企业的交易、资金情况。"请各有关行按照上述规定尽快了解辖内是否有开户棉花企业已进入期货交易市场的情况，若有开户棉花企业已进入期货交易市场，要立即采取有效措施帮助这些企业尽快退出棉花期货市场，确保信贷资金安全。各省级分行于 6 月 11 日前专题报告总行信贷二部。

三、各有关行要认真观察分析棉花期货市场的运行情况，尤其要密切关注期货价格、现货价格的波动等情况，为加强棉花信贷管理、防范信贷风险提供参考依据。

四、各省级分行接到本通知后，务必于 6 月 5 日下班前将通知精神传达到各基层行，各基层行应尽快将总行的规定告知贷款企业。

关于印发《中国农业发展银行商品粮棉油库存信贷监管暂行办法》的通知

2004 年 6 月 11 日　农发行字[2004]114 号

中国农业发展银行各省、自治区、直辖市分行,各计划单列市分行:

为了进一步完善对商品粮棉油库存的信贷监管,有效防范和控制商品粮棉油信贷风险,适应粮棉市场化改革、强化商品粮棉油贷款管理的需要,总行在总结以往商品粮棉油库存监管实践经验的基础上,研究制定了《中国农业发展银行商品粮棉油库存信贷监管暂行办法》(以下简称《监管办法》),现印发给你们。并就有关问题通知如下:

一、进一步提高商品粮棉油库存信贷监管重要性的认识

粮棉油库存信贷监管是农发行商品粮棉油信贷管理工作的关键环节,是检验粮棉信贷操作规范化管理水平的主要依据,也是有效防范和控制贷款风险的重要措施。总体上看,中国农业发展银行(以下简称农发行)粮棉油贷款企业的贷款风险承受力较弱,依靠自身资产保障和补偿贷款风险的能力有限,绝大部分企业的贷款本息收回只能依靠商品粮棉油销售收入作为第一还款来源,只有严格监督企业库存及其变化,才能控制其销售收入,从而确保贷款本息的收回。只有强化和完善商品粮棉油库存信贷监管,才能真正做到商品粮棉油库存银企账实相符,实现粮棉信贷操作规范化管理的目的,保证给国家提供真实、准确的商品粮棉油库存信息,为国家粮棉宏观调控提供决策依据。

二、针对薄弱环节,努力提高商品粮棉油库存信贷监管水平

随着粮棉购销市场的全面放开,农发行商品粮棉油贷款的市场风险将加大。在此情况下,各级行在商品粮棉油库存信贷监管方面,不仅不能有丝毫放松,而且要进一步加强,要毫不动摇地落实各种行之有效的粮棉油库存信贷监管措施。针对粮棉油库存信贷监管存在的薄弱环节,当前,要重点抓好四个方面的工作:一是对企业在粮棉购销市场放开后,由于购销形式多样化,因跨区开展粮棉油购销业务而形成的异地储存粮棉油,各有关行要通过签订四方或三方委托监管协议,明确监管责任,受托行要切实履行监管职责,真正将异地储存粮棉油的信贷监管措施落到实处,防止企业借机挤占挪用收购资金贷款。二是要以全国粮食检查、省级政府开展的粮食企业 1998 年 6 月 1 日后财务挂账的清理认定和农发行实施的新、老贷款分开管理为契机,进一步核实粮油库存底数。特别是在当前粮食企业改革步伐不断加快的情况下,要加大查库力度,提高查库频率,要通过经常性的库存核查,确保银企账实相符。三是完善库存仓单管理，各行在仓单管理方面，除严格执行《监管办法》的有关规定外，还可根据本行实际情况，细化管理，有条件的行，可继续实行仓单协议管理。同时，要针对粮棉产业化龙头企业、粮油加工骨干企业及大型粮油经营集团性企业资金和物资运动的特点，积极探索这类企业库存监管的有效途径与方法，不断完善商品粮棉油库存信贷监管制度办法。四是将对企业的库存监管和对企业的财务监督结合起来，延伸信贷监管领域，注意防止"只查库、不查账"的片面的信贷监管，将信贷监管渗透到企业经营活动的全过程。

三、加强学习，把握要领，促进各项措施落到实处

《监管办法》是新的粮棉贷款管理制度办法体系中的重要组成部分，各级行要组织有关人员认真学习《监管办法》，并贯彻到实际工作中去。要因地制宜，根据《监管办法》中有关需要相关行明确的内容，结合本行实际，制定相应的实施细则或意见，报总行备案。对贯彻落实《监管办法》中出现的问题，要及时报告总行，以便总行不断修订完善《监管办法》。同时，各级行在商品粮棉油库存信贷监管工作中，既要严格执行政策，从严监管，又要增强服务意识，搞好信贷服务，要将监管寓于服务之中。促使企业自觉执行国家粮棉流通体制改革政策和收购资金管理政策及农发行各项贷款管理制度规定，主动接受并积极配合农发行的库存信贷监管工作，不断提高商品粮棉油库存信贷监管质量。

中国农业发展银行商品粮棉油库存信贷监管暂行办法

第一章　总　　则

第一条　为了切实加强商品粮棉油收购资金贷款使用的信贷管理，有效防范贷款风险，根据《中国农业发展银行贷款管理制度》及相关贷款管理办法，制定本办法。

第二条　商品粮棉油库存信贷监管是实现中国农业发展银行（以下简称农发行）信贷业务规范化管理和有效防范信贷风险的关键，是为国家实施宏观调控和科学决策提供准确的商品粮棉油库存信息的重要依据。

第三条　商品粮棉油库存信贷监管的目标是银企账实相符，确保企业库存商品粮棉油数量真实、质量完好。农发行开户行（以下简称开户行）信贷管理台账的商品粮棉油的增加、减少和结存数量，应当及时真实反映企业商品粮棉油实际增加、减少和结存情况，确保库存监督操作规范，信贷管理信息真实可靠。

第四条　本办法所称商品粮棉油库存，是指农发行贷款的粮棉企业（以下简称企业）具有所有权的全部商品粮棉油库存，包括农发行贷款、企业自有资金、其他负债资金等各类资金形成的商品粮棉油库存资产。

第五条　本办法所称商品粮棉油库存信贷监管，是指农发行对企业商品粮棉油从入库到出库（包括在途商品）全过程实施的信贷监督，对发现的因粮棉油库存的各种变化而对农发行贷款造成的风险，及时采取相应的措施，确保贷款的合规使用，及时、全额收回。

第六条 本办法适用于在农发行开户并使用收购资金贷款的企业的商品粮棉油库存管理。

第二章 仓单管理

第七条 商品粮棉油库存仓单(以下简称仓单,见附件1、附件3)管理是指农发行通过填制仓单,对企业商品粮棉油库存实施逐仓监管的一种信贷管理方式。

第八条 仓单是由管户信贷员填制并确认的企业商品粮棉油库存的书面证明。农发行仓单与企业保管账及仓卡相对应,管户信贷员应定期将仓单与企业保管账及仓卡进行核对,确保相关内容相互一致。

第九条 管户信贷员应根据企业库存商品的品种、性质、品质、等级、数量等情况逐仓(囤)填制仓单,并签字。如果企业粮仓(囤)较多,对于粮食品种、品质及做仓(囤)时间基本相同且集中连片的粮仓(囤)可设立一份仓单进行登记、监管。对粮食加工企业可只对其粮油库存原料实行仓单管理。棉花实行分包、分垛仓单管理。

第十条 对于烘干前的高水分粮食、销售前临时存放在港口码头或车站货场的商品粮棉油、边购边销不入库的商品粮棉油等特殊的储存方式,可通过填制临时仓单进行监管。临时仓单的内容与本办法规定的仓单内容一致,需填写的项目可根据实际业务的具体情况而定。

第三章 粮棉油购进的监管

第十一条 对企业从当地收购市场直接收购入库的商品粮棉油,管户信贷员应当根据收购凭证,结合资金使用情况,核实入库商品粮棉油的性质、数量、成本与占用贷款。

第十二条 对企业跨区收购商品粮棉油的监管。

(一)属于自行收购的,企业应当按规定在收购地农发行开立临时存款账户,企业的收购资金通过开户行汇划到收购地农发行临时存款账户。双方农发行和企业签订三方监管协议,共同对企业收购各环节实施信贷监管职责;也可由收购企业开户行直接派人监管,收购地农发行提供结算服务。

(二)属于委托收购的,受托收购单位原则上选择收购地农发行开户的企业。在受托收购单位确定后,企业的收购资金通过开户行汇划到受托收购单位在农发行的存款账户,双方农发行、企业和受托收购单位共同签订四方监管协议,收购地农发行要严格按照协议要求切实履行对受托收购单位收购各环节的信贷监管职责。

如果选择非农发行开户企业作为受托收购单位,由收购企业开户行直接派人监管。

第十三条 对企业正常调入的商品粮棉油,管户信贷员应当根据购销合同、购进发票及运输凭证等,结合资金使用情况,核实入库商品粮棉油的品种、数量、成本与占用贷款。

第十四条 企业异地购买的商品粮棉油仍寄存原地，并是从农发行开户企业购买的粮棉油，双方开户行要密切协作，强化监督，确保买方资金安全。所有权买断后，购销双方企业及其开户行要共同签订四方监管协议，卖方开户行要严格按照协议要求切实履行对被买断的粮棉油库存的信贷监管职责。

如果购买非农发行开户企业的粮棉油，由买方开户行直接派人实施监管。

第十五条 对企业采取先货后款方式购进的商品粮棉油，除核实入库的粮棉油外，在企业付款时，还应根据购销合同等资料监督企业的货款支付。

第十六条 对企业购进的商品粮棉油，管户信贷员应当在核对入库凭证与实物后，及时采集库存增加的有关信息。

第四章 粮棉油销售的监管

第十七条 实行出库报告制度。企业出库商品粮棉油应当向开户行报告，具体报告的方式、方法由当地分支行结合实际情况确定。报告的内容至少包括品种、数量、仓号、价格、销售对象及结算方式。对企业口头报告的，开户行要建立登记簿，对企业出库报告情况进行登记。口头报告登记簿和书面报告的报告单格式由开户行自定。

第十八条 企业销售出库商品粮棉油时，管户信贷员应当根据企业出库报告的内容，对企业销售的商品粮棉油及货款结算等情况进行监督，并帮助和督促企业按时回笼归行销售货款。对企业销售形成的结算资金要通过建立登记簿，加强监管，登记簿格式由开户行自定。

第十九条 对企业采取卖断所有权方式销售商品粮棉油的，按本办法第十四条的规定进行监管。

第二十条 对企业采取移库异地自行保管销售方式销售商品粮油的，企业应当首先在销售地农发行开设临时存款账户，企业及开户行与销售地农发行要共同签订三方监管协议，销售地农发行要严格按照协议要求切实履行对企业销售各环节的信贷监管职责。对于销售地没有农发行机构的，可在其他金融机构开设临时存款账户，由销售企业开户行直接派人实施监管。

第二十一条 对企业采取移库委托异地企业代储代销方式销售商品粮油的，原则上要选择销售地农发行开户的企业作为受托企业。受托企业确定后，双方企业及其开户行共同签订四方监管协议，然后销售企业出库商品粮油。在出库过程中，开户行应及时将企业粮油出库的品种、数量、等级、具体时间、运输方式、库存成本等有关情况书面通知受托企业开户行，受托企业开户行要严格按照协议要求切实履行对受托企业代储代销活动的信贷监管职责。

如果选择非农发行开户企业作为受托企业，由销售企业开户行直接派人实施监管。

第二十二条 对于上述移库异地销售的商品粮油，有关开户行应会同企业主管部门根据粮油市场情况和预测销售量核定最高控制数量，一般应当控制在 2 个月销售数量之内。

第二十三条 企业销售商品粮棉油,管户信贷员应当在核实实际出库数量后,及时采集库存减少的有关信息。

第二十四条 粮食加工企业的产成品、副产品销售的监管比照上述有关规定进行。

第二十五条 棉花及其产成品、副产品不实行移库异地销售,确需移库异地销售的,需报总行批准。

第五章 储存环节的监管

第二十六条 完善库存核查制度。

(一)每个收购季节结束后,开户行应对所辖企业商品粮棉油库存组织一次全面核查;二级分行应当每半年组织一次支行之间商品粮棉油库存的交叉互查;省级分行应当每年组织一次商品粮棉油库存的抽查;总行根据需要不定期对商品粮棉油库存组织重点抽查。管户信贷员定期查库时间由所在行根据实际情况自行确定,但最长间隔时间不得超过 7 天。开户行应当建立查库登记制度,每次查库都要按登记制度规定进行登记。

(二)管户信贷员查库要以企业的会计、统计账务和农发行的台账及仓单数据为依据,与实际库存进行核对,确保银企账实相符。必要时应对库存进行实地清查(库存清查方法可参考附件 2、附件 4)。

(三)对查库中发现的亏库、短库问题,要立即查明原因,并采取措施,及时进行纠正处理,防止贷款损失。

第二十七条 对粮食加工企业和棉花收购加工企业商品粮棉油储存环节的监管,开户行可根据实际情况对企业库存在产品、产成品、副产品建立相关辅助台账,定期核查原材料、在产品、产成品、副产品的实际库存数量,与企业的会计、统计账务和农发行的台账及仓单核对,确保账实相符。管户信贷员要切实掌握粮棉油加工进度,监督企业消耗的原材料与在产品、产成品的数量、价值保持对应。

第二十八条 对库存损益的监管。

(一)对因损失损耗而减少的商品粮棉油,管户信贷员要监督企业按规定对损失损耗及时进行统计和会计账务处理,并及时采集库存减少的有关信息。

(二)对发生溢库而增加的商品粮棉油,管户信贷员要监督企业按财务会计制度有关规定进行统计和会计账务处理,并及时采集库存增加的有关信息。

第二十九条 对企业在采取本办法所涉及的各种特殊购销方式购进和销售商品粮棉油过程中所形成的异地储存商品粮棉油,除按本办法有关规定实行协议监管外,开户行还应定期对异地储存商品粮棉油进行清理核实,发现企业违规操作或有虚假行为的应限期纠正,并立即停止异地存储业务,省级分行应加强对异地储存商品粮棉油业务的监督检查。

对省际间异地储存商品粮棉油业务发生频繁、储存数量大的,省级分行应派驻信贷组加强监管。

第三十条 对企业内部移库、库存商品粮棉油品质发生变化等情况管户信贷员应及时采集库存变动的有关信息，确保仓单、台账数据的准确性。

第六章 附 则

第三十一条 本办法由农发行总行负责解释、修订。

第三十二条 农发行各省、自治区、直辖市分行和计划单列市分行可根据本办法，结合当地实际，制定实施意见，并报总行备案。

第三十三条 本办法自印发之日起施行。施行后，《中国农业发展银行贷款企业库存商品仓单管理办法（试行）》（农发行字［2001］89 号）不再适用于商品粮棉油库存监管。

附件：1. 商品粮油库存仓单（略）

2. 商品粮油库存清查参考方法（略）

3. 商品棉库存仓单（略）

4. 棉花库存实物清查方法和商品棉库存仓单填制说明（略）

关于印发《中国农业发展银行棉花贷款企业信用等级评定办法》的通知

2004年7月8日　农发行字[2004]139号

中国农业发展银行各省、自治区、直辖市分行,各计划单列市分行,总行营业部:

为适应棉花流通体制市场化改革的要求,有效防范信贷风险,针对棉花企业自身的特点,中国农业发展银行(以下简称农发行)总行制定了《中国农业发展银行棉花贷款企业信用等级评定办法》(以下简称《办法》),现印发给你们,并就信用等级管理有关要求通知如下,请遵照执行。

一、提高认识,做好棉花企业信用等级评定管理工作

随着棉花流通体制改革不断深化,棉花购销市场已经全面放开,市场竞争日益激烈。棉花信贷面临着企业经营、市场波动和道德因素等各方面可能带来的风险。因此,对企业的资信状况全面、准确地把握显得尤为迫切和重要。开展对棉花企业信用等级评定工作正是对棉花企业诚信情况、经营管理能力、风险承受能力和发展前景等情况的综合评价。信用等级评定结果是信贷准入的重要依据,也是对企业实行"择优扶持、区别对待、分类管理"的依据。凡与农发行建立借贷关系的企业,无论其基本存款账户是否在农发行,均应列入信用等级评定范围。各行要对棉花企业全面实行按信用等级进行管理,对不按规定参加信用等级评定的企业,不予认定贷款资格,不发放贷款,且原有贷款要抓紧收回。对取得信用等级的企业,要按相应级别进行分类管理。

在信用等级评定中,各行要注意克服认识偏差,正确处理信用等级评定管理与积极执行收购政策的关系。信用等级评定的目的是为了促进企业提升信用意识和竞争能力,对企业实行分类管理,有针对性地防范贷款风险,既不能为了简单地将弱质企业淘汰了事而降低信用等级,也不能为了发放贷款而人为地提高等级。因此,各行应将我行信用等级评定办法向被评企业公布,接受社会监督。对于信用等级较低的企业,一方面,要按照总行的有关规定加强监管;另一方面,在政策允许的范围内还要尽量创造条件,帮助其改善经营,盘活存量贷款。各级行一定要组织信贷人员认真学习《办法》,进一步提高对棉花企业信用等级评定管理工作的认识,切实将此项工作做好。

二、区别不同信用等级企业,实行分类管理

各行要根据企业信用等级评定结果,按照有关贷款管理办法,区别不同信用等级企业,在贷款管理方式上实行区别对待、分类管理。各不同信用等级企业管理原则

如下:

（一）AAA 级企业。

1. 可按规定提供各类棉花贷款;

2. 可发放担保贷款或信用贷款（总行对贷款方式有明确规定的从其规定）;

3. 贷款可实行按期偿还的归还方式;

4. 棉花收购中可免于逐笔核打收购码单;

5. 可在价格上限内提供贷款支持;

6. 可采取公开授信管理方式;

7. 经批准可给予利率优惠。

（二）AA 级企业。

1. 可按规定提供各类棉花贷款;

2. 可发放担保贷款和信用贷款（总行对贷款方式有明确规定的从其规定）;

3. 贷款可实行按期偿还或购贷销还的归还方式;

4. 棉花收购中可免于逐笔核打收购码单;

5. 在有一定比例的风险准备金和自有资金等风险补偿措施的前提下，在价格上限内可高于贷款上限提供贷款支持;

6. 采取内部信用额度控制管理方式。

（三）A 级企业。

1. 可提供籽棉或皮棉收购加工贷款和调销贷款，提供其他贷款种类需由省级分行审批;

2. 企业应办理抵押的确权有效资产要办理抵押;

3. 贷款实行购贷销还的归还方式;

4. 棉花收购要逐笔核打收购码单或逐包核对成件皮棉，在价格上限内可按贷款上限提供贷款支持;

5. 要有一定比例的风险准备金和自有资金，企业经营者个人也需缴存一定的风险准备金或等值资产抵（质）押给农发行;

6. 发放调销贷款要有有效销售合同，以销定贷。

（四）BBB 级企业。

1. 只提供籽棉或皮棉收购加工贷款;

2. 企业应办理抵押的确权有效资产要办理抵押;

3. 贷款实行购贷销还的归还方式;

4. 棉花收购要逐笔核打收购码单或逐包核对成件皮棉，在价格上限内可按贷款上限提供贷款支持;

5. 要有一定比例的风险准备金和自有资金，企业经营者个人也需缴存一定的风险准备金或等值资产抵（质）押给农发行。

（五）BB 级企业。

1. 只按入库皮棉提供收购加工贷款;

2. 企业应办理抵押的确权有效资产要办理抵押；

3. 贷款实行购贷销还的归还方式；

4. 棉花收购要逐包核对成件皮棉，只在价格上限内按不高于贷款上限提供贷款；

5. 要有一定比例的风险准备金和自有资金，企业经营者个人也需缴存一定的风险准备金或等值资产抵（质）押给农发行。

（六）B 级企业在当地政府有要求，省级政府有风险补偿承诺的情况下，可按上述第（五）条的规定提供贷款，其中执行第（五）条第 5 款的要求有困难的，可适当降低要求。

其他管理依照有关贷款管理办法执行。省级分行可根据不同信用等级企业，结合当地实际，在总行分类管理规定的基础上设定并公布其他需要附加的管理条件。

三、对企业信用等级实行动态管理

企业信用等级评定后，开户行每季度要对企业信用等级变化进行监测，并实行动态管理。发现下列情况，要立即扣减原评定所得分数（各项分值扣减见附件 1－2），并根据扣减后剩下的分数相应调整信用等级，同时调整管理方式。

（一）企业法人代表及主要管理人员涉嫌重大贪污、受贿、舞弊、抽逃资本金等违法行为；

（二）发生收购资金未专款专用、销货款挪做他用、虚开码单或开假码单套取收购资金等挤占挪用行为；

（三）用虚假财务报表和有关资料骗取信用等级；

（四）不按要求提供资料，对农发行的信贷管理不予配合，逃避农发行信贷监管；

（五）因虚高等级和衣分等因素造成棉花库存账实不符并拒绝整改；

（六）出库不报告；

（七）销货款不归行，提前抽逃自筹资金，致使农发行不能及时收贷收息，风险向农发行转移；

（八）不主动办理确权手续，致使抵押工作无法进行；

（九）出现重大经营困难或财务状况明显恶化；

（十）对其他债权人发生恶意不履行合同等违约行为；

（十一）不按质检规定程序收购加工棉花，或者掺杂使假，扰乱市场秩序；

（十二）存在其他违规行为。

四、几点要求

（一）严格按统一标准进行评审。为便于对不同地区棉花企业信用等级状况进行比较评价，各行要严格按照《办法》中规定的统一标准和评审程序，准确评定企业信用等级。

（二）实事求是，客观公正，严禁弄虚作假。开户行要注意收集掌握企业有关数据资料，确保评定数据来源真实可靠。地（市）分行要做到科学、客观、公正、准确评定企业信用等级。省级分行要加强督导检查，确保评定工作的严肃性、准确性和有效性。企业为评定信用等级提供虚假资料，一经发现，立即取消其信用等级，并收回已发放贷款。农发行在信用等级评定中，如弄虚作假，一经发现，要按有关规定追究责任人的责任。

（三）集中评定，定期上报。棉花贷款企业信用等级评定每年 7 月开始，8 月底前结束，并通告被评企业。9 月 15 日前将工作总结及统计分析表（见附件 2－1、附件 2－2）上报总行。棉花贷款企业信用等级评定结果，一般不对外公布。

（四）及时反馈有关信息。本《办法》执行中遇到新情况、新问题，请及时上报总行。

附件：1. 中国农业发展银行棉花贷款企业信用等级评定办法

1－1　中国农业发展银行棉花贷款企业信用等级测评标准表（略）

1－2　中国农业发展银行棉花贷款企业信用等级扣分表（略）

1－3　中国农业发展银行棉花贷款企业信用等级评定指标说明

1－4　中国农业发展银行棉花贷款企业信用等级申报表（略）

1－5　中国农业发展银行棉花贷款企业信用等级评审表（略）

1－6　中国农业发展银行棉花贷款企业信用等级通知书（略）

2－1　中国农业发展银行棉花贷款企业信用等级评定统计表（略）

2－2　中国农业发展银行棉花贷款企业信用等级评定情况分析表（略）

附件 1

中国农业发展银行棉花贷款企业信用等级评定办法

第一章　总　　则

第一条　为加强对中国农业发展银行（以下简称农发行）棉花贷款企业的信贷管理，提高贷款决策科学性，有效防范和化解信贷风险，提高信贷资产质量，促进企业增强经营活力和市场竞争能力，根据国家有关法律、法规及政策，制定本办法。

第二条　农发行棉花贷款企业信用等级评定是指农发行运用定性分析和定量分析相结合的方法，对贷款企业诚信情况、信用履约情况、偿债能力、经营水平和企业发展前景等按统一指标和标准进行综合评价和定级。

第三条　信用等级评定必须遵循客观公正、标准统一、实事求是的原则。

第二章　评定对象

第四条　信用等级评定的对象是：与我行建立信贷关系，经政府职能部门批准从事棉花收购、加工、调销（含进出口）等业务的棉花经营企业和良种棉企业，包括：

（一）供销社棉花企业（含供销社控股的棉花企业）及农业部门所属的良种棉加

工厂；

（二）改制后延续承担农发行原贷款债务的棉花企业；

（三）经批准从事棉花及相关业务的其他企业。

第三章 评定指标与等级

第五条 评定内容。

根据企业诚信情况、信用履约情况、偿债能力、企业经营水平和发展前景等情况设置评定指标，并根据各指标对贷款风险影响程度设置不同分值。

第六条 评定指标及分值设置。企业信用等级评定实行百分制，总分 100 分，其中，定性指标 30 分，定量指标 70 分（见附件 1－1）。

（一）企业诚信情况（30 分）：

1. 企业领导诚信情况（5 分）；
2. 账户开立情况（2 分）；
3. 制度建设情况（2 分）；
4. 向农发行提供有关资料情况（2 分）；
5. 收购资金使用情况（5 分）；
6. 棉花质量管理情况（3 分）；
7. 企业库存管理情况（3 分）；
8. 企业出库报告情况（3 分）；
9. 企业销货款归行情况（5 分）。

（二）企业信用履约评价（30 分）：

10. 新放贷款到期归还率（10 分）；
11. 有棉花库存保证的其他年度贷款归还率（4 分）；
12. 无棉花库存保证贷款归还率（3 分）；
13. 贷款利息偿付率（4 分）；
14. 新放贷款利息偿付率（5 分）；
15. 有效资产抵押率（4 分）。

（三）企业偿债能力（15 分）：

16. 资产负债率（5 分）；
17. 流动比率（4 分）；
18. 利息保障倍数（3 分）；
19. 现金流量比率（3 分）。

（四）企业经营水平（15 分）：

20. 存货周转率（5 分）；
21. 销售利润率（4 分）；
22. 人均创利（3 分）；
23. 应收账款、票据周转率（3 分）。

（五）企业发展前景（10 分）：

24. 净资产增长率（4 分）；

25. 利润增长率（3 分）；

26. 销售增长率（3 分）。

第七条 评定指标时间范围。评定企业上一日历年度或本棉花年度初至评定日有关指标执行、完成情况。企业诚信情况，按近三年情况进行评定打分。

第八条 信用等级的划分。根据企业得分高低，信用等级分为 AAA 级、AA 级、A 级、BBB 级、BB 级、B 级六个等级：

AAA 级、AA 级、A 级企业诚信情况指标第 1、5、9 项应得满分；信用履约指标第 10、14 项应得满分。BBB 级、BB 级企业诚信情况指标第 1、5、9 项至少应有 2 项得满分；信用履约指标第 10、14 项应得满分。

第四章 评定机构与程序

第九条 评定机构。各级分支行都要成立由行长或主管副行长任主任，信贷部门负责人和有关人员参加的企业信用等级评审委员会，评审委员会下设办公室，办公室设在信贷部门。县级支行负责初审、推荐、上报工作，地（市）分行和省级分行按权限进行确认和审批。

第十条 评审程序。

（一）信用等级的评定，由企业提出书面申请，填制“中国农业发展银行棉花贷款企业信用等级申报表”（见附件 1－4），并提供经审计部门审计认定的财务报表及相关统计报表。

（二）开户行信贷部门根据企业书面申请和各项指标实际情况对评定指标进行测算并提出初评意见，填制“中国农业发展银行棉花贷款企业信用等级评审表”（附件 1－5），由开户行审查并提出审查意见后，连同相关财务、统计资料一并报地（市）分行进行审定。

（三）地（市）分行审定后，将符合 AAA 级和 AA 级条件的企业上报省级分行，由省级分行审批后以正式文件确认；评定结果为 A 级及以下的企业，由地（市）分行批准并下文确认。评定结果由开户行填制“中国农业发展银行棉花贷款企业信用等级通知书”（见附件 1－6）正式通知企业。地（市）分行要将 A 级及 A 级以下企业上报省级分行备案。

第十一条 企业信用等级每年评定一次，按季度监测。评定工作应在 7 月开始，每年 8 月底前完成。

第十二条 对申请建立信贷关系的新企业，首次评定其信用等级可参考其他金融机构的评定结果及企业近两年的经营状况综合评定。

第十三条 企业对评定结果不服，可向上级行申诉。上级行收到企业对评定结果不服的申诉，应及时受理，组织有关人员对企业重新进行测评，并及时将测评结果告知企业。

第十四条 各级行要建立、完善企业信用等级评定档案制度，加强对企业信用等级评定表及相关财务、统计资料等档案的保管。

第五章 附　　则

第十五条 本办法由总行负责解释和修订。各省级分行可结合当地实际情况，制定实施细则，并报总行备案。

第十六条 本办法自下发之日起执行，原涉及棉花贷款企业信用等级评定的办法同时废止。

附件 1－3

中国农业发展银行棉花贷款企业信用等级评定指标说明

一、企业诚信指标

1. 企业领导诚信情况：如果法定代表人及其他高层管理人员道德品质好、经营管理能力强、信用记录良好的，该指标得标准分；否则，得零分。

2. 账户开立情况：企业违规多头开户，未按规定予以及时彻底纠正，取消评级资格；企业违规多头开户，但已按有关规定予以及时彻底纠正到位，该指标得零分；企业无违规多头开户行为，该指标得标准分。

3. 企业制度建设情况：企业内部财务管理制度健全，会计核算规范，经营机制灵活有效的，该指标得标准分；否则，得零分。

4. 企业向农发行提供有关资料情况：企业向开户行提供资料及时、真实和准确，并且主动接受和配合农发行信贷管理的，该指标得标准分；否则，得零分。

5. 收购资金使用情况：企业有挤占挪用行为，未按规定予以及时彻底纠正，取消评级资格；企业有挤占挪用行为，但已经按照有关要求积极整改到位，该指标得零分；企业按约使用贷款，无挤占挪用行为，该指标得标准分。

6. 棉花质量管理情况：依据国家质量技术监督检验等有权部门认定，企业未严格进行质量管理，有虚高等级和衣分等情况，未按规定予以及时彻底纠正，取消评级资格；企业有虚高等级和衣分等情况，但已经按照有关要求积极整改到位，该指标得零分；企业严格质量管理，无虚高等级和衣分等情况，该指标得标准分。

7. 库存管理情况：企业严格按有关规定加强库存管理的，该指标得标准分；否则，得零分。

8. 出库报告情况：企业棉花出库及时向开户行报告情况的，该指标得标准分；否则，得零分。

9. 销货款归行情况：企业销货款未全额归行，并发生抽逃自筹资金等违规行为，不按规定予以及时彻底纠正，取消评级资格；企业销货款未全额归行，并发生抽逃自筹资金等情况，但已经按照有关要求积极整改到位，未造成我行贷款损失，该指标得零分；销货款及时全额归行或虽未全额归行但在农发行认可的正常结算期内，该指标得标准分。

二、企业信用履约评价指标

10. 新放贷款到期归还率：本棉花年度累计归还到期新放贷款 ÷ 本棉花年度累计到期新放贷款 ×100%。

该指标以本棉花年度初截至当年 7 月底的数字为基础进行计算。

新放贷款中剔除新发放的中央政策性财务挂账息转本贷款。

11. 有棉花库存保证的其他年度贷款归还率：本年度实际归还其他年度库存对应贷款 ÷ 本年度实际销售其他年度库存占用贷款 ×100%。

其他年度指本棉花年度外的其他棉花年度，该指标用上年度 9 月 1 日至当年 7 月底的数字为基础进行计算。

12. 无棉花库存保证贷款归还率：本年度实际归还无库存保证的贷款 ÷ 无库存保证的贷款 ×100%。

无库存保证贷款是指扣除新放贷款和有棉花库存保证的其他年度贷款以外的贷款。

该指标以上一日历年度末的数字为基础进行计算，计算时无库存保证贷款剔除中央政策性财务挂账、地方政策性财务挂账（含息转本，下同）、国储棉和 1998 棉花年度及以前棉花年度老商品棉和新疆棉竞卖价差亏损占用贷款以及附营业务占用贷款。

13. 贷款利息偿付率：全年实付利息总额 ÷ 全年应付利息总额 ×100%。

该指标以上一日历年度末的数字为基础进行计算，以会计部门核算的口径为准，计算时应付利息总额应剔除中央政策性财务挂账、地方政策性财务挂账、国储棉和 1998 棉花年度及以前棉花年度老商品棉和新疆棉竞卖价差亏损占用贷款的利息。

14. 新放贷款利息偿付率：本棉花年度实付新放贷款利息总额 ÷ 本棉花年度应付新放贷款利息总额 ×100%。

该指标以本棉花年度开始至当年 7 月底的数字为基础进行计算。

计算时新放贷款应剔除新发放的中央政策性财务挂账息转本贷款。

15. 有效资产抵押率：应办理抵押的确权有效资产实际抵押额 ÷ 应办理抵押的确权有效资产总额 ×100%。

该指标以截至评定时的数据为基础进行计算。

应办理抵押的确权有效资产总额 = 企业确权的全部有效资产 × 企业对农发行的负债 ÷ 企业总负债

三、企业偿债能力指标

16. 资产负债率：（年末负债总额 ÷ 年末资产总额）×100%。

该指标以上一日历年度末的数字为基础进行计算，计算时，分子分母中等额剔除中央政策性财务挂账、地方政策性财务挂账、国储棉和 1998 棉花年度及以前棉花年度老商品棉和新疆棉竞卖价差亏损占用贷款。

17. 流动比率：（流动资产平均额 ÷ 流动负债平均额）×100%。

该指标以上一日历年度末的数字为基础进行计算，平均额按月平均计算。

计算时分子分母等额剔除出疆棉贷款额。

18. 利息保障倍数：（税前利润总额＋利息支出）÷利息支出。

该指标以上一日历年度末的数字为基础进行计算，利息支出指企业全年应付利息总额，计算时剔除中央政策性财务挂账、地方政策性财务挂账、国储棉和1998棉花年度及以前棉花年度老商品棉竞卖价差亏损占用贷款利息。

19. 现金流量比率：经营活动产生的现金流入累计数÷经营活动产生的现金流出累计数。

该指标以财政部规定的企业现金流量表为计算依据，以上一日历年度末的数字为基础进行计算。

现金流入包括：（1）销售商品、提供劳务收到的现金；（2）收到的税费返还；（3）收到的其他与经营活动有关的现金。现金流出包括：（1）购买商品、接受劳务支付的现金；（2）支付给职工以及为职工支付的现金；（3）支付的各项税费；（4）支付的其他与经营活动有关的现金。

四、企业经营水平指标

20. 存货周转率：销售成本÷平均存货额×100%。

（1）该指标以上一日历年度末的数字为基础进行计算；

（2）平均存货额＝（年初存货额/2＋1月末额＋…＋11月末额＋12月末存货额/2）÷12

21. 销售利润率：（税前利润总额÷销售收入总额）×100%。

该指标以上一日历年度末的数字为基础进行计算。

22. 人均创利：税前利润总额÷正式在册职工人数。

该指标以上一日历年度末的数字为基础进行计算。

23. 应收账款、票据周转率：销售收入÷应收账款、票据平均余额×100%。

该指标以上一日历年度末的数据为基础进行计算。

应收账款、票据平均余额＝（年初应收账款、票据余额/2＋1月末余额＋…＋11月末余额＋12月末应收账款、票据余额/2）÷12

五、企业发展前景

24. 净资产增长率：（年末净资产－年初净资产）÷年初净资产×100%。

该指标以上一日历年度数据为基础进行计算，净资产包括企业实收资本、资本公积、盈余公积和未分配利润四项。

25. 利润增长率：（上年利润总额－前年利润总额）÷前年利润总额×100%。

该指标以日历年度数据为基础进行计算，计算时分母按绝对值进行计算。

26. 销售增长率：（上年销售收入－前年销售收入）÷前年销售收入×100%。

该指标以日历年度数据为基础进行计算。

27. 鉴于中棉公司和中储棉公司既有储备贷款又有商品棉贷款的特殊性，在计算企业各项经营水平指标时可剔除政策性因素，只评定商品棉的经营水平。

关于开展粮棉油企业贷款资格认定工作的通知

2005年4月1日　农发银发[2005]76号

中国农业发展银行各省、自治区、直辖市分行：

当前，随着粮棉市场化改革的深入进行，一方面，粮棉企业(含油脂企业，下同)经过改革改制，企业所有制形式、经营机制和经营方式发生较大的变化；另一方面，以粮棉为原料的农业产业化龙头企业、粮食加工企业(以下简称产业化龙头企业、加工企业)和其他粮棉企业均可入市收购，粮棉购销市场多元化格局已经形成。为适应形势需要，做好新年度粮棉收购尤其是夏季粮食收购信贷资金供应工作，切实履行中国农业发展银行(以下简称农发行)政策性职能，支持粮棉稳定增产和农民持续增收，总行决定开展粮棉企业贷款资格认定工作。现就有关要求通知如下：

一、贷款资格认定的范围

根据国家粮改、棉改政策和中国银行业监督管理委员会批准的农发行贷款业务范围，粮棉企业贷款资格认定包括已与我行建立借贷关系和准备与我行建立借贷关系的粮棉购销企业、产业化龙头企业、加工企业和其他粮棉企业。粮食企业包括：从事粮食购销经营活动的国有及国有控股粮食企业；国有粮食购销企业改制后落实农发行贷款债务、继续从事粮食经营的各种所有制企业；具有粮食经营资格，按规定属于农发行贷款范围的产业化龙头企业、加工企业和其他粮食企业。棉花企业包括：供销社棉花企业(含供销社控股的棉花企业)；农业部门所属的良种棉加工企业；改制后延续或承担农发行贷款债务的棉花企业；国有农场所属的棉花企业；收购加工一体的棉纺企业；属于农发行贷款范围的棉花产业化龙头企业和其他棉花购销企业。

二、贷款资格认定的基本标准

贷款资格应按有利于解决农民销售粮棉问题和发挥农发行职能作用，有利于企业搞活经营和农发行控制化解贷款风险，有利于推动企业改革和农发行经营管理的原则进行认定。对持有工商行政管理部门核发的经营许可证和中国人民银行所在地分支机构核发的贷款证，自觉接受农发行的信贷管理，符合下列标准的粮棉企业可获得贷款资格：

(一)粮棉购销企业贷款资格认定的基本标准。一是从事直接向种粮农民或其他粮食生产者批量购买粮食活动的企业，按照《粮食流通管理条例》应具备粮食收购资格；二是粮棉购销企业改革改制基本到位，落实农发行贷款债务，改制后新成立的企业产权明晰，经营机制完善，财务管理健全，经营正常；三是2004年至今没有发生挤占挪用农发行贷款行为，或发生的挤占挪用问题已得到解决；四是资信状况良好，信用等级符合一定标准，信用等级标准由省级分行确定；五是具备贷款本息偿还能力。

（二）产业化龙头和加工企业贷款资格认定的基本标准。一是依法合规经营，经济效益和社会效益较好；二是信用等级A级（含）以上；三是具有一定的风险承受能力和按期还本付息能力；四是棉花产业化龙头企业应有地、市级以上人民政府或政府有关部门确定该企业为产业化龙头企业的批示文件。

（三）中央、地方粮食、棉花储备直属企业原则上可直接确认其贷款资格。

（四）其他粮食企业贷款资格认定标准。属于粮食购销的按第（一）条规定标准掌握，属于产业化和加工的按第（二）条规定标准掌握。

对有下列情况之一的粮棉企业暂缓贷款资格认定：一是2004年以来有挤占挪用农发行贷款行为，或者发生的挤占挪用问题至今没有得到解决；二是改革改制不到位，农发行贷款债务未落实；三是没有风险承受能力和贷款本息偿还能力，经营亏损、扭亏无望。

三、稳步开展贷款资格认定工作

贷款资格认定是防范贷款风险的基础工作。粮棉购销市场和价格的放开，标志着各类粮棉市场主体可以平等入市竞争，优胜劣汰不可避免；同时也意味着农发行不可能包揽所有粮棉企业的收购资金需求，更不能为企业经营全额提供贷款，必须实行贷款资格准入和退出的制度，对粮棉企业的风险承受能力进行适时适度衡量和判断。各行要按总行的统一部署和要求，扎实有效地做好此项工作。

（一）对粮棉企业情况进行核实。各行要对辖区内所有列入贷款资格认定范围的粮棉企业进行摸底调查，要对粮棉企业领导人情况、企业经营管理、财务状况、资信状况等进行调查了解，为信用等级评定和贷款资格认定打好基础。

（二）扎实开展信用等级评定工作。2005棉花年度对粮食企业信用等级评定继续执行农发行字［2002］78号和农发行字［2003］25号文件的规定，对棉花企业信用等级评定继续执行农发行字［2004］139号文件的规定。对新建企业，由于缺乏信用等级评定要求的相关财务和经营情况数据，在信用等级评定时，可以根据企业组织管理能力、法人素质、资产负债状况以及产品市场前景和企业成长状况，给企业确定一个暂时的信用等级，待企业经营一段时间后再评定正式的信用等级，但暂时评定的信用等级不能超过AA级，具体评定标准由省级分行结合本地实际情况具体制定。对改制、重组形成的新的企业，也可以比照新建企业的办法执行。

（三）认真开展资格认定工作。各行要按照此次贷款资格认定的范围和标准，认真开展贷款资格认定工作。在一个县（市）辖区范围内没有粮棉企业符合相关贷款条件的，各行要及时与当地政府及粮食行政管理部门沟通，由政府推荐并经农发行确认，在辖区内保留几家经营管理和效益相对较好的国有粮棉企业或其他粮棉企业的贷款资格。

（四）及时做好资格认定批准工作。粮棉企业贷款资格由省级分行批准确认（棉花改制企业、新企业和农业产业化龙头企业的贷款准入资格不再上报总行，由省级分行审批，报总行备案)。开户行依据贷款资格认定的原则和标准，对粮棉企业贷款资格进行初评，并向二级分行提交初步意见。二级分行对企业基本情况、经营管理水平及资信状况等进行严格审查，并将审查结果报省级分行。省级分行应及时对企业贷款资格予以确认批准。贷款资格核定后，应及时将认定结果反馈开户行，由开户行将贷款资格认定结果以书面形式通知企业，并向当地政府通报我行贷款资格认定情况。同时，要以适当形式向社会公布我行贷款资格认定结果，争取政府和社会各界的理解和支持，赢得支持收购工作的主动权。

四、按时做好贷款资格认定及统计上报工作

根据粮棉收购季节及地域分布特点，今年贷款资格认定工作将分段进行：从事夏季粮油及早籼稻收购的企业，贷款资格认定工作必须于5月底前完成；从事秋季粮油收购的企业贷款资格认定工作于9月底前完成；棉花企业贷款资格认定工作应于8月底前完成。

各行要按时完成贷款资格认定工作，及时总结贷款资格认定工作中出现的新情况、新问题。贷款资格认定工作总结和“粮食企业贷款资格认定情况统计表”、“2005年度粮食企业信用等级评定情况统计表”，“棉花企业贷款资格认定情况统计表”、“2005年度棉花企业信用等级评定情况统计表”于工作结束后30日内分别通过Notes上报总行客户一部，邮件地址：一处/客户一部/公函；客户二部，邮件地址：一处/客户二部/公函。

附件：1. 粮食企业贷款资格认定情况统计表(略)

2. 2005年度粮食企业信用等级评定情况统计表(略)

3. 棉花企业贷款资格认定情况统计表(略)

4. 2005年度棉花企业信用等级评定情况统计表(略)

5. 与农发行新建立信贷关系棉花企业报备表(略)

关于做好棉花企业贷款资格认定工作的通知

2005 年 7 月 4 日　农发银客二[2005]16 号

中国农业发展银行各省、自治区、直辖市分行客户二处(客户处),总行营业部客户部:

为适应形势需要,切实履行中国农业发展银行(以下简称农发行)政策性职能,支持粮棉稳定增产和农民持续增收,总行于 4 月初下发了《关于开展粮棉油企业贷款资格认定工作的通知》(农发银发[2005]76 号),对 2005 年棉花企业贷款资格认定工作进行了部署,将新建立信贷关系棉花企业贷款资格认定工作下放各省级分行,并要求各省级分行确认后将认定通过企业的基本情况在一周内报总行备案。从目前各省级分行报备情况看,大部分省级分行对此项工作十分重视,贷款资格认定工作正审慎、积极、有序地开展。但仍存在一些问题,有的行未及时将通过资格认定贷款企业名单报总行备案;有的行在认定过程中对有关政策把握还不够准确。为更好地开展此项工作,现就有关问题通知如下。

一、统一思想,提高对棉花企业贷款资格认定工作的认识

目前,我行的棉花信贷支持领域已经从原来的棉花流通环节延伸到棉花生产、深加工领域。从去年以来,我行已经与一批棉纺企业和棉花产业化龙头企业建立了信贷关系。各行在与新棉花企业建立信贷关系时,应充分认识到棉花产业是我国市场竞争最为激烈的产业之一,竞争不仅限于国内市场,更是全球范围内的竞争。因此,各省级分行在确认棉花企业贷款资格时,不仅要充分考虑全省资源和产业的合理布局,而且要站在全球棉花产业现状和发展趋势的角度,深入分析各种因素,包括现有生产能力、市场容量以及国家宏观调控、产业结构调整等政策因素对棉纺行业的影响,从而明确信贷支持的重点和力度。

要处理好业务发展与防范风险的关系,既要克服畏首畏尾、消极观望的思想,又要防止不顾条件、盲目追求信贷规模扩张的倾向。由于我们对棉纺领域有一个逐渐了解的过程,因此各行在进入时也要循序渐进、量力而行,在缺乏相关知识和管理手段时,不能贸然快速进入,尤其是中西部经济欠发达地区要将信贷支持重点放在棉花生产和流通领域,对进入棉纺加工领域要格外慎重。

二、审查重点

(一)政策性

1. 改制企业。在审查企业改制行为是否合规合法的同时,应重点审查其是否延续或承担我行原贷款企业未归还的贷款、是否有逃废或变相逃废我行贷款的行为。

2. 新企业。一是审查企业是否具备棉花收购加工资格，对不具有收购加工资格，但其控股或主要参股企业具有收购加工资格的企业，不能直接发放收购贷款，但可发放调销贷款；二是审查企业是否是已纳入国家棉花质检体制改革规划并具备大型打包机的棉花企业。

3. 棉花产业化龙头企业。应重点审查该企业是否具有地、市级以上（含地、市级）有权部门确定的棉花产业化龙头企业证书或批文。

（二）风险性

1. 法人代表的管理水平、信誉及从业经历。

2. 企业资产负债状况，他行贷款情况，近几年的经营水平、盈利能力。

3. 企业拥有的有关加工设备状况，是否处于行业领先水平。

4. 信用等级、担保能力及对外提供担保情况等。

对有下列情况之一的棉花企业暂缓贷款资格认定：一是2004年以来有挤占挪用农发行贷款行为，或者发生的挤占挪用问题至今没有得到解决的；二是改革改制不到位，农发行贷款债务未落实；三是没有风险承受能力和贷款本息偿还能力，经营亏损、扭亏无望；四是企业没有建立现代企业制度、法人治理结构不合理、财务制度不健全；五是法人代表过去有挤占挪用行为或因经营管理不善造成贷款损失的。

三、关于棉纺企业的资格认定问题

棉纺业是我国比较优势的产业，生产能力巨大，2004年棉纱产量达到1 120万吨。虽然2005年1月1日取消了纺织品贸易配额制度，但我国棉纺企业面临的贸易环境并不宽松，竞争更加激烈。因此，在棉纺企业的资格认定中应注意防范市场风险，着重审查其市场竞争力和应对市场变化的能力。

（一）生产能力

纺织行业具有规模经济性，企业必须达到一定的生产规模才能降低单位产品的生产成本，才能具备一定的竞争力。据我行对全国18个省份范围内的199家棉纺企业的摸底调查，平均每家棉纺企业的年纺纱能力为12万锭，而且不少大型棉纺企业仍在通过规模扩张进一步提高市场占有率。因此，规模偏小的棉纺企业生存空间将越来越小。为此，总行决定山东、上海、江苏、浙江等沿海省市新建立信贷关系棉纺企业（含产业化龙头企业，下同）的总资产应在5 000万元（含5 000万元，下同）以上，年纺纱能力不低于5万锭；其他内陆地区新建立信贷关系棉纺企业的总资产应在3 000万元以上，年纺纱能力应不低于3万锭。欲与低于上述标准的棉纺企业建立信贷关系的，必须在资格认定前将有关材料报送总行审阅。

（二）技术装备水平

棉纺企业的技术装备水平直接关系到其所生产纱线的档次和竞争力。近几年，棉纺织行业技术装备水平提升很快，20世纪90年代以后的技术装备已占近60%，因此，在新建立信贷关系时要充分考虑企业的技术装备水平，对技术装备较落后，在同档次产品竞争中处于劣势的棉纺企业应不予支持。

四、关于集团性客户的审批

集团性客户拥有巨额资产、负债，关联方较多，关联交易错综复杂，管理难度较大，信贷风险相对一般客户大。因此对集团客户及其控股子公司的审查应十分慎重，要全面掌握集团性客户组织架构，统一评价集团整体偿债能力和信用状况。

把好集团性客户准入关，在资格认定时重点关注以下几点：一是把可持续发展能力作为集团性客户准入的核心条件，重点评价集团性客户主业的稳定性、主营业务现金流量的稳定性、集团成长的稳定性和核心竞争力、集团在投资中的风险偏好以及与银行的合作态度等。对组织结构清楚，财务制度健全，资金往来规范，符合国家行业、产业政策，经营效益好，发展和扩张主要依靠自身积累的集团性客户，应予以支持。二是对主营业务不突出，财务制度不健全、关联交易不按照市场规则进行，关联关系不明显、无法充分掌握关联方信息，或客户不愿意提供关联方信息的集团性客户，应审慎介入。对单纯依靠银行信用膨胀进行规模扩张的家族式民营企业，公司治理混乱，涉足股市、期市等高风险市场，资本运作频繁的集团性客户，不得予以信贷支持。

对于集团性客户及其所有控股子公司全部分布在本省范围内的，应在由省行对整个集团客户进行全面的贷前调查后，统筹考虑是否将其纳入我行贷款对象范围。不得仅对某个控股子公司进行贷前调查后，不考虑整个集团性客户的整体情况，贸然与某一控股子公司建立信贷关系。

对于集团性客户及其控股子公司跨省分布的，各省行应在审批其贷款资格前与总行沟通，由总行负责协调各行全面了解该集团性客户资信情况，并决定如何建立信贷关系。

五、关于报备问题

新纳入我行棉花贷款对象范围企业的基本情况是重要的基础资料，是总行制定棉花贷款政策和营销策略的基础，也是总行创新棉花信贷新产品的基础。请各省级分行进一步增强对此项工作重要性的认识，务必于贷款资格审批通过后一周内将企业基本情况报总行客户二部备案。

关于进一步做好棉花贷款客户库存管理工作的意见

2005年9月6日　农发银客二[2005]22号

各省、自治区、直辖市分行客户二处(客户处),总行营业部客户部:

为适应新形势下棉花贷款客户的贷后管理需要,促进我行业务发展和客户营销工作,有效防范棉花信贷风险,现就进一步做好棉花贷款客户库存管理工作提出如下意见。

一、充分认识做好棉花库存管理的重要性

强调棉花库存是贷款的第一还款来源,突出贷款的物资保证性,确保库存棉花价值与占用的贷款相符,是我行收购资金封闭运行的成功经验,是根据我行棉花贷款企业经营水平和抗风险能力作出的现实选择。实践证明,这对于防范和控制信贷风险具有十分有效的作用。

近两年,随着我行业务的发展,信贷支持领域从原来的棉花流通环节延伸到棉花生产、深加工领域,贷款对象较以前有新的拓展,贷款客户结构和类型变得更加复杂,客户经营涉及多种领域,管理手段差异明显,筹资渠道多样,但贷款客户使用的最基础的物资仍是棉花,因此,在对这类客户实行管理时,既要与时俱进、不断借鉴创新以客户风险承受能力为主的管理措施,同时也要继承和发展对客户实行库存实物管理的有效办法。

二、继续扎实做好棉花流通企业的库存管理

目前在我行贷款客户群体中占主体的仍是棉花流通企业,其中相当一部分是供销社棉花企业和改制的供销社棉花企业,这些客户对棉花收购、调销资金需求量很大,但大多数客户经营水平不高,抗风险能力弱,在棉花市场发生波动时难以抵御市场风险,容易给我行贷款造成损失。

因此,为有效防范风险,对于棉花流通企业,仍要继续在购入、库存、销售环节对我行贷款形成的棉花库存实物进行管理。在购入环节,要认真审核企业提供的购进凭证,调查了解企业购入棉花的品种、质量、数量、价格等情况,并与购进凭证进行核对,防止企业虚报收购数量、等级、质量骗取收购资金。在库存环节,要根据企业实际,坚持定期查库制度,查库不能流于形式,要将实物库存与信贷管理台账、企业财务、统计、保管等各项数据全面核对,对不相符的要分析原因,发现问题,及时采取风险防范措施。在销售及货款回笼环节,要坚持出库报告制度,商品一出库,就要登记台账,对采用购贷销还管理方式的棉花流通企业,要督促其及时、足额回笼销售货款,防止企业坐支销货款，货款回笼后，要及时收贷收息；对允许贷款周转使用的企业，要跟踪资金的去向，全程监管形成的实物库存，确保贷款按约收回。

三、根据棉纺企业和产业化龙头企业经营特点，做好库存管理

在我行贷款客户中，已经有一批收购加工一体的棉纺企业和棉花产业化龙头企业，这类客户具有生产连续、品种及流转环节多、资金周转快、融资多元化等特点，原有的以主要监管实物库存的管理方式难以适应企业生产的特点和管理的需要。各行要在坚持对企业物资流管理的同时，加大对这类企业资金流的管理，既不能因为客户情况复杂、监管难度大，而放松对客户的库存实物管理，也不能不顾企业的实际情况，生搬硬套过去的实物库存的管理方法，增加对客户的管理成本。要按照“区别对待、分类指导”的原则，因地制宜，积极探索对这类客户的库存管理措施。

对于贷款占用仅限于皮棉库存环节的，要全面及时掌握企业的棉花库存及其变化情况。在棉花入库时，信贷人员应当根据有关购进凭证，结合资金使用情况，核实入库棉花的品种、数量、成本与占贷情况。坚持定期查库制度，分品种清点、核实棉花库存，并与信贷管理台账、企业财务、统计、保管等各项数据全面核对，检查银企账实、账账、账表、账据、账款是否相符，确保我行贷款有充足的实物库存保证。

对于贷款占用延伸到深加工环节的，在监督原材料库存及其变化的基础上，还应采取现金流量分析等方法综合分析企业经营、投资、筹资等方面的现金流量变动情况，及时掌握企业现金流动性和偿还债务的能力。要及时了解掌握原材料出库进入深加工生产过程的物资运动以及转化成产成品的占贷情况，掌握企业深加工产品的生产进度和原材料的加工转化率，参与企业的实物盘点，根据原材料、产成品出入库以及在产品生产流程状况，监督消耗的原材料与在产品、产成品保持基本对应，确保农发行第一还款来源具有充足的物质保证度。

四、探索新途径，完善库存管理工作

目前，我行的部分棉花贷款客户信用等级低、抗风险能力差，对我行投放贷款形成了潜在的风险。但综合各方面因素，我行对这些客户还需提供必要的信贷支持。为切实、有效防范可能存在的风险，使我行对这类客户的贷款做到放得出、收得回，可采取联合贷款客户与资信状况好、经营能力强、管理比较规范、销售渠道畅通的独立第三方合作，加强对我行贷款形成的棉花库存进行管理。

其基本做法如下：一是在贷款投放前，农发行、贷款客户和第三方签订协议，贷款客户同意将加工的棉花库存存入农发行指定的第三方仓库；二是农发行根据贷款客户入库棉花的数量和质量按一定比例向贷款客户发放贷款，其首批入库的棉花可以是贷款客户用自有资金形成的，也可以是农发行在控制风险的前提下先提供部分铺底资金形成的；三是第三方对委托保管的棉花库存妥善管理，按农发行要求填制各方签字认可的棉花仓单，并向农发行提供有关数据；四是贷款客户销售棉花出库时必须提供农发行认可的提货通知书和棉花仓单原件；五是在棉花市场发生波动时，农发行在适当时机向贷款客户发出价格预警，敦促客户销售，若贷款客户仍不销售，农发行有权委托第三方代为销售后收回贷款。

这种合作管理实物库存的意义在于，一是引入第三方对棉花库存进行独立管理，有效避免了贷款客户自身管理可能发生的信用风险和道德风险；二是合规的合作管理库存的协议具有法律效力，贷款的保证程度较高；三是将我行信贷人员从繁重的库存管理工作中解脱出来，可以在其他管理方面投入更多的精力；四是在棉花市场发生波动危及我行贷款安全而客户存在囤积居奇心理不愿销售时，可按协议委托第三方销售棉花，收回贷款，从而避免贷款的损失。

目前，我行贷款客户中有一批信用等级高、风险承受能力强的优质客户，我们可从中选择一些仓储能力大、库存管理规范、经营管理能力强、销售渠道畅通的客户进行合作，作为独立的第三方协助我行进行库存管理。另外，全国棉花交易市场有近70家指定交割仓库分布在全国棉花产销区，近年来在棉花规范监管方面积累了一定的经验，各行可与全国棉花交易市场合作，充分利用这一辐射全国的棉花交易平台加强对贷款客户的库存管理（三方合作协议推荐文本及操作流程附后）。

各行可结合各地的实际，积极探索有效的棉花库存管理新措施，从而实现既适应企业生产经营管理的需要，又确保我行贷款安全的目标。

附件：1. 农发行开户行、贷款企业、全国棉花交易市场三方合作协议（推荐文本）（略）

2. 农发行开户行、贷款企业、全国棉花交易市场三方合作监管操作流程图（略）

关于认真执行2005年度棉花收购贷款上限的通知

2005年9月13日　农发银发[2005]230号

各省、自治区、直辖市分行，总行营业部：

为有效防范价格风险，保证棉花信贷资金的安全，积极配合国家实施宏观调控，确保棉花市场平稳运行，总行决定2005棉花年度继续实施贷款上限政策，现就有关事宜通知如下：

一、2005棉花年度每担标准级皮棉（328）收购贷款基准暂定为500元/担（新疆480元/担），允许向上浮动50元/担，下浮不限，最高贷款额不得突破550元/担（新疆530元/担）。若国家有关部门发布新的收购指导价或棉花购销市场行情发生较大变化，需要调整贷款上限时，总行将另行通知。

二、各省级分行要充分利用各种信息资源，关注国内、国际棉花购销市场动态，结合本地实际情况，在总行确定的最高上浮限额内，确定本省的贷款上浮标准，并对每旬的棉花购销价格进行动态分析，建立和完善各行的价格风险防范机制。

三、各行要密切关注贷款企业新棉收购的价格和质量，当发现新棉收购价格加上合理利费已高于相同等级、质量棉花市场销售价格时，应果断停止发放贷款，以防止贷款企业利用我行信贷资金哄抬棉花价格。

关于进一步做好棉花贷款管理工作的通知

2005 年 12 月 20 日　农发银发[2005]335 号

各省、自治区、直辖市分行，总行营业部：

10 月，针对国庆节前后棉花价格大幅上涨的形势，总行下发了《关于切实做好当前棉花收购资金管理工作的通知》（农发银发[2005]227 号），要求各行正确分析可能导致价格走低的因素，严防价格风险。11 月中下旬以来，国内棉花市场价格呈稳中缓慢趋降的态势，棉花市场后市走向不容乐观。为防范我行棉花贷款可能面临的系统性风险，进一步做好 2005 棉花年度棉花收购资金管理工作，现就有关要求通知如下：

一、认清形势，正确评判棉花贷款面临的风险

目前，我行棉花贷款管理面临的形势比较复杂。从内部管理看：一是收购贷款投放量增幅较大。在棉花产量较上年下降 10% 以上的情况下，我行收购贷款投放量和贷款支持收购量均创 1999 棉花年度棉花市场放开以来的历史同期新高，截至 11 月末，累计发放新棉收购贷款 328 亿元，同比增加 125 亿元，支持收购皮棉 4 952 万担，同比增加 1 396 万担，增幅 39%，占 2005 棉花年度棉花产量的 45%。二是贷款企业收购成本较高。除新疆以外的其他省份，客户平均每吨收购价格 13 300 元，有的省贷款客户平均收购价格高达 13 800 元/吨，考虑到加工、保管、财务等费用成本，流通企业利润空间已十分有限，个别企业甚至出现成本倒挂。三是调销贷款和产业化龙头企业贷款投放量较上年同期增幅明显。截至 11 月末，共投放调销贷款 115 亿元，同比增加 219%，棉花产业化龙头企业贷款 37 亿元。四是 2004 棉花年度贷款还有部分未收回，其中有些已被企业挤占挪用，管理难度很大。

从外部形势看，我行棉花贷款管理也面临着很大挑战。一是 2006 年棉花进口配额政策对国内目前棉价的影响仍不明朗。据有关部门预测，我国棉花供需缺口加大，需进口大量棉花满足国内纺织工业生产需要。考虑到当前内外棉价的差异，我国 2006 年棉花进口配额数量的大小、税率的高低和发放时机都将对国内棉价带来不小的影响。二是人民币汇率变动对棉纺工业的影响深远。由于我国棉纺工业的出口依存度高，人民币汇率变动势必影响到棉纺工业在国际市场的竞争能力和盈利水平，从而对棉花价格的影响难以估计。三是棉纺企业发展迅猛，在贸易摩擦和宏观调控下面临结构调整和产业升级，将有一批竞争能力差的企业被淘汰。

因此，各行要结合各地棉花供需情况和贷款客户实际，正确分析贷款管理面临的内外形势对贷款风险的影响程度，制定切实可行的降低贷款风险程度的措施，有效防范贷款风险。

二、采取有效措施，进一步做好收购资金管理工作

（一）按政策做好跨年度收购资金供应和管理工作。受气候等因素影响，2005 棉花年度新棉收购工作较 2004 棉花年度进展快，目前新棉收购高峰已过，但内地部分棉花主产区收购工作尚未结束，各行要继续严格按政策做好跨年度收购资金供应和管理工作。各行要加大对客户收购棉花数量和质量的监管力度，及时监测客户的收购成本，测算包括加工费、财务费用、保管费用在内的销售成本，当发现销售成本已高于相同质量棉花市场销售价格且企业尚未签订有明确价格的销售合同时，要及时提醒企业，采取措施降低经营风险。如企业不顾风险，继续高价收购，要坚决停止发放贷款，已发放贷款尚未形成收购值的部分，要立即收回。各行要采取有力措施，确保跨年度收购资金供应和管理工作平稳有序进行。

（二）制订实施有针对性的促销收贷计划。各行在继续做好跨年度收购工作的同时，要及时将管理的重点转移到促销收贷工作上来。要针对客户的风险承受能力，区别对待，一企一策，制订实施有针对性的促销收贷计划。

对于棉花购销企业，要积极督促企业抓住目前销售企业尚能做到保本有利的时机，快加工、快销售；要加强客户服务工作，发挥我行信贷资金的纽带作用，帮助企业建立稳定购销渠道，稳健经营，降低企业经营成本，同时要加大对销售回笼货款的监督，及时收回贷款本息。至 2006 年 3 月末，购销企业收贷率原则上要高于 50%，5 月末高于 70%，年度结束，收购贷款要基本收回。

对于收购加工一体的棉纺企业，要根据企业的订单情况及期限管理的要求，制定收贷计划；对于没有下游产品订单或者生产产品出现积压的企业，要视同棉花购销企业管理，制订相应的促销收贷计划。

（三）加强对调销贷款和产业化龙头企业贷款管理。2005 棉花年度，调销贷款和产业化龙头企业贷款发展势头较强，各行要重视和加强对这类贷款的管理力度。要定期分析客户资金流、物流，并与客户棉纺织品订单、销售合同执行情况以及贷款期限管理和偿还情况进行比较，发现问题要认真分析原因，提前发现贷款风险点，及时进行风险预警，同时采取有针对性的降低风险措施，确保贷款安全，实现新业务的有效健康发展。

（四）加强监管，切实防范存量贷款风险。要加强对企业第一还款来源的监管力度，坚持定期查库制度，对于风险承受能力较弱而又未借助第三方力量实施库存监管的客户要增加查库的频度，发现问题，要及时采取措施，确保我行贷款有充足的物资保证。要加大对企业自筹资金、风险准备金的真实性和合规性的检查，如发现客户以合同定金、预收货款、年利率超过 7.5% 的资金作为自筹资金配套我行贷款参与收购或用虚假自有资金作为风险准备金等失信行为，要立即停止发放新贷款，同时要采取措施收回相应的贷款，确保各项风险保障措施真实有效。对于近两年仍未收回的贷款，要采取多种措施，加大清收力度；对于存在弄虚作假、挤占挪用等已形成事实风险的贷款，要分析贷款风险形成的原因，对相关责任人员予以责任追究，对挤占挪用客户予以信贷制裁。

关于做好2006棉花年度棉花企业资格认定工作的通知

2006年6月14日　农发银发[2006]163号

各省、自治区、直辖市分行，总行营业部：

为贯彻落实年初全国分行行长会议精神，更好地发挥政策性金融对棉花产业的支持作用，现就做好2006棉花年度棉花企业贷款资格认定工作的有关问题通知如下。

一、统一思想，提高对棉花企业贷款资格认定工作重要性的认识

为进一步做好政策性金融对棉花产业的支持工作，总行决定2006棉花年度继续开展棉花企业贷款资格认定工作，这对防范信贷风险具有十分重要的意义。一是有利于实施优质客户战略。通过对企业开展贷款资格认定工作，我行可在行业内选择效益好、技术水平先进、核心竞争力强、发展前景良好的企业进行重点支持，实现业务的有效发展。二是有利于实现信贷业务协调增长。棉花产业的竞争是全国乃至全球市场范围内的竞争，通过对企业开展贷款资格认定工作，我行可针对不同区域市场特点对客户选择进行合理布局，并针对不同的企业类型实行有区别的信贷管理，从而实现我行棉花信贷业务的稳定协调增长。三是有利于从源头上防范信贷风险。通过对企业开展贷款资格认定工作，可以检验现有客户的经营状况和经营水平，可以根据行业发展情况和国家产业政策，不断调整准入条件和信贷支持重点，从而有效地防范行业性的系统性风险。

各行要严格按照总行要求，有计划、有步骤地在2006棉花年度开始前做好棉花企业贷款资格认定工作，为新年度棉花信贷工作顺利开展奠定良好的基础。

二、贷款资格认定条件

贷款资格认定工作应根据不同的企业类型把握不同的条件，具体如下。

（一）棉花购销企业的贷款资格

认定棉花购销企业是我行的传统客户，在我行目前客户群体中仍是主体，在对这类企业进行贷款资格认定时应把握以下几点：

1. 2005棉花年度贷款原则上应在棉花年度结束时全部收回。确因特殊原因不能按时归还2005棉花年度贷款的客户，必须制订切实可行的归还贷款计划，由省级分行认可其新年度贷款资格。

2. 要合理布局，防止企业间过度竞争。我国棉花收购、加工市场发育还不完善，棉花加工企业数量众多、加工能力过剩的问题仍然存在。因此，各行在开展贷款资格认定工作时，要结合发展改革委棉花质检体制改革的要求，合理安排贷款客户布局。

3. 与我行新建信贷关系的棉花购销加工企业必须已纳入或准备纳入国家棉花质检体制改革5年规划，信用等级应在A级（含）以上。对于已按棉花质量检验体制改革要求更新了大型打包机和质检设备且符合我行贷款条件的企业，要优先认定其贷款资格。

4. 对于近3个年度存在虚开码单套取贷款、发生新的挤占挪用贷款、提前抽逃自筹资金造成农发行贷款损失等违规行为的企业，必须整改到位或归还全部违规贷款，并承诺不再发生以上违规行为，否则不予认定贷款资格。

5. 对没有改制的企业，要严格贷款资格认定条件；对改制行为规范、财务制度健全并妥善落实各种债权债务的改制企业，可优先认定其贷款资格；对正在进行改制的企业，在确保我行债权债务落实的前提下，可认定其贷款资格，否则暂缓认定；对有逃废或变相逃废我行贷款行为的改制企业，不得认定其贷款资格，并采取有效措施清收所欠贷款。

（二）棉纺企业的贷款资格认定

近年来，我国纺织业快速发展，2000～2005年，我国纱线产量和坯布产量的年均增长都在10%以上，2005年分别达到1 440万吨和470亿米，纺纱规模已突破7 000万锭。虽然目前棉纺织行业的产销率达97%以上，但是部分地区固定资产投资增长过快，出现低水平建设的情况，纺织业存在着产能过剩的危险。“十一五”期间，国内棉纺织行业将加速行业重组和整合，在纺织产业结构优化升级过程中，将提高企业规模经济水平和产业集中度，而众多规模小、产品技术含量低、效益差的小棉纺企业将被淘汰出局。因此，在对棉纺企业进行资格认定时，必须坚持准入门槛。与我行新建信贷关系的棉纺企业（含收购加工一体的棉纺企业、以棉纺为主的产业化龙头企业）应具备以下条件：

1. 生产规模。原则上，山东、江苏、广东等省市的棉纺企业纺纱规模（含气流纺，下同）在8万（含8万，下同）纱锭以上，其他省份棉纺企业的纺纱规模在5万纱锭以上。对山东、江苏、广东等省市纺纱规模在5万～8万纱锭，其他省份纺纱规模在3万～5万纱锭的棉纺企业，省级分行认为确有必要予以信贷支持时，应将有关情况与总行客户二部沟通，经书面认可后方可确定其贷款资格。达不到以上规模的棉纺企业，不得纳入我行贷款支持范围。

2. 技术设备水平。绝大部分主体设备（或经技术改造后的主体设备）应达到国内20世纪90年代水平；存有《产业结构调整指导目录（2005年本）》中限制类项目和淘汰类项目的企业，应按要求限期淘汰；若有织造设备，其无梭织机的比重应在25%以上。

3. 财务状况。近两年，反映企业财务状况的偿债能力类指标、财务效益类指标、资产营运类指标中应至少有12项指标达到同行业同类型企业平均值，且每类指标中不能有多于2项指标达不到同行业同类型企业平均值。各类型企业的指标平均值见附件2，指标的计算方法见《中国农业发展银行客户信用等级评定办法（试行）》（农发银发[2005]214号)。

4. 信用状况。企业无不良信用记录,信用等级必须在A级(含)以上。对于未能达到上述条件,但已是我行贷款客户的棉纺企业,各省级分行可根据企业经营、信用等综合因素从严掌握是否继续认定其贷款资格。

(三)其他棉花企业的贷款资格认定

对于棉副产品深加工企业、其他棉花产业化龙头企业,各省级分行应在深入调查各行业状况的基础上,参照对棉纺企业的准入条件,谨慎选择效益好、有核心竞争力、信用良好的优质客户作为贷款支持对象。

三、贷款资格认定工作的其他要求

对企业开展贷款资格认定工作只是我行对客户进行信贷服务与管理的开始,是客户关系管理的一部分。因此,对贷款企业的资格不能简单地认定了事,而应实行动态管理,在资格认定后发现企业存在不符合我行贷款准入条件时,应及时取消其贷款资格。同时,对企业开展贷款资格认定工作,不能取代贷款审批发放的有关程序规定。

各省级分行要继续将新纳入我行贷款对象范围的企业基本情况报总行备案,这对总行制定棉花贷款政策和营销策略以及创新棉花信贷产品具有十分重要的参考作用。

对棉花企业贷款资格认定工作原则上要在2006年8月底前完成,并于9月10日前将贷款资格认定工作总结"2006棉花年度棉花企业贷款资格认定情况统计表"和"2006棉花年度棉花企业信用等级评定情况统计表"通过电子信箱上报总行客户二部(客户二部/总行/公函@adbc)。

附件:1.《产业结构调整指导目录(2005年本)》摘录(略)

2. 纺织企业财务状况指标平均值(略)

3. 与农发行新建立信贷关系棉花企业备案表(略)

4. 2006棉花年度棉花企业贷款资格认定情况统计表(略)

5. 2006棉花年度棉花企业信用等级评定情况统计表(略)

关于做好2007年度棉花收购贷款资格认定工作的通知

2007年6月12日　农发银发[2007]136号

各省、自治区、直辖市分行，总行营业部：

为贯彻落实年初全国分行行长会议精神，做好棉花收购资金的供应工作，履行好中国农业发展银行（以下简称农发行）支持棉花收购的基本职责，切实防范棉花收购贷款风险，总行决定2007棉花年度继续开展棉花收购贷款资格认定工作，现就有关要求通知如下。

一、加强领导，进一步提高对棉花收购贷款资格认定工作重要性的认识

从2001棉花年度开始，我行均在每个新的棉花年度开始前，对申请棉花收购贷款的企业进行贷款资格认定工作，这对于做好棉花收购资金供应和管理工作、防范棉花贷款风险具有重要作用。棉花收购贷款资格认定是棉花信贷工作的基础性工作，是适应棉花市场化的重要举措，是防控信贷风险的首要关口，也是取得支持棉花收购的主动权、履行好政策性职能的重要环节。收购贷款资格认定工作的开展，有利于做好收购资金供应点的布局，解决农民卖棉问题和发挥农发行职能作用，有利于为各类棉花企业创造平等的融资环境，促进棉花企业搞活经营和推动企业改革；有利于农发行把好贷款准入关，切实控制化解贷款风险。

因此，各行要严格按照总行要求，有计划、有步骤地在2007棉花年度开始前做好棉花收购贷款资格认定工作，为新年度棉花收购工作顺利开展奠定良好的基础。

二、棉花收购贷款资格认定的范围

根据农发行棉花贷款业务经营范围，涉棉企业棉花收购贷款资格的认定范围包括已经和准备与我行建立借贷关系的供销社棉花企业和其他所有制涉棉企业。具体包括：供销社棉花企业（含供销社控股的棉花企业）、农业部门所属的良种棉加工企业、改制后延续或承担农发行贷款债务的棉花企业、国有农场所属的棉花企业、收购加工一体的棉花深加工企业、棉花产业化龙头企业、其他棉花购销企业。

三、棉花收购贷款资格认定的标准

（一）棉花收购贷款资格认定的基本标准

1. 涉棉企业获得棉花收购贷款资格应同时具备以下条件：一是持有工商行政管理部门核发的营业执照，办理有效年检手续；二是持有中国人民银行核发的贷款卡，办理有效年检手续；三是具有经有权部门认定的棉花加工资格；四是在农发行开立存款账户；五是具有贷款本息偿还能力，经营正常，资产和效益良好；六是自愿接受农发行信贷监督。

2. 合理布局收购资金供应点。在开展棉花收购贷款资格认定工作时，结合国家发展改革委棉花质检体制改革的要求，合理安排贷款客户布局。要在统筹考虑各地产量、贷款企业加工能力和抵御市场风险能力的基础上，合理调整布局，既要防止出现贷款支持收购点过于集中，造成收购加工资源浪费、影响收购秩序的情况；又要防止过于分散，影响棉农售棉的情况。

（二）与我行新建立信贷关系的棉花购销加工企业的认定标准

与我行新建立信贷关系的棉花购销加工企业必须已纳入国家棉花质检体制改革五年规划，信用等级应在 A 级（含）以上。对于已按棉花质量检验体制改革要求更新了大型打包机和质检设备且符合我行贷款条件的企业，要优先认定其贷款资格。

（三）对改制企业进行贷款资格认定的标准

对改制行为规范、财务制度健全、并妥善落实各种债权债务的改制企业，可优先认定其贷款资格；对正在进行改制的企业，在确保我行债权债务落实的前提下，可认定其贷款资格，否则暂缓认定；对有逃废或变相逃废我行贷款行为的改制企业，不得认定其贷款资格，并采取有效措施清收所欠贷款；对没有改制的企业，要严格贷款资格认定条件，由省级分行认定其新年度贷款资格。

（四）不予认定贷款资格的规定

对于发生挤占挪用贷款、提前抽逃自筹资金造成农发行贷款损失等违规行为的企业，必须整改到位并归还全部违规贷款，承诺不再发生以上违规行为，否则不予认定贷款资格。对于 1999～2005 棉花年度，棉花收购贷款仍未全额收回的企业，必须切实履行已签订的贷款清偿计划，否则不予认定贷款资格。

（五）2007 棉花年度棉花收购贷款资格认定的特别规定

2006 棉花年度贷款，纯购销企业原则上应在棉花年度结束时全部收回。棉花深加工企业可适当延迟 3 个月。确因特殊原因不能按时归还 2006 棉花年度贷款的客户，必须制订切实可行的归还贷款计划，由省级分行认定其新年度收购贷款资格。

四、棉花收购贷款资格认定的程序

（一）确定企业名单

开户行要主动开展棉花市场调查，充分了解涉棉企业融资需求，加强客户营销，合理确定参与资格认定的企业名单。在继续支持原有棉花贷款企业的同时，积极发展新客户，支持符合条件的具备棉花初加工能力的农业产业化龙头和收购加工一体的棉花深加工企业参与棉花收购，促进多渠道公平竞争棉花流通格局的继续发展。

（二）核实企业情况

开户行要对辖区内所有具备棉花收购贷款资格的棉花企业进行调查，了解涉棉企业加工能力、经营管理、财务状况、资信状况和收购计划、贷款需求等情况。

（三）资格审查认定

已与我行建立信贷关系企业的棉花收购贷款资格原则上可由二级分行认定批准，并报省级分行备案；新准入企业的棉花收购贷款资格原则上由省级分行认定。开户行依据棉花企业收购贷款资格认定的原则和标准,对棉花企业收购贷款资格进行初步评定,并逐级向有权审批行上报初步评定意见。有权审批行对企业基本情况、经营管理水平及资信状况等按要求进行严格审查认定。对具备收购贷款资格的企业,开户行要以书面形式将收购贷款资格认定结果通知棉花企业。

(四)公布认定结果

开户行要主动向当地政府和有关部门通报收购贷款资格认定情况,采用适当形式向社会公布认定结果,重点选择乡村广播站、县乡有线电视台等能将信息传送到棉农的新闻媒体作为宣传手段,方便棉农选择棉花交售点,二级分行和省级分行要在当地主流媒体予以公告,争取政府和社会各界的理解和支持,赢得收购工作的主动。

五、棉花收购贷款资格认定工作的其他要求

对贷款企业的资格认定工作应实行动态管理,对具备我行贷款条件,符合收购资金布局要求的企业可随时认定贷款资格,在资格认定后发现企业存在不符合我行贷款准入条件时,应及时取消其贷款资格。各行要根据各自的实际情况扎实有效地做好2007棉花年度棉花收购贷款资格认定工作。

对棉花企业贷款资格认定工作原则上要在2007年8月20日前完成,并于8月31日前将贷款资格认定工作总结"2007棉花年度棉花企业收购贷款资格认定情况统计表"和"2007棉花年度棉花收购贷款企业信用等级评定情况统计表"通过电子信箱上报总行客户二部(一处/客户二部/总行/公函@adbc)。

附件:1. 2007棉花年度棉花企业收购贷款资格认定情况统计表(略)

2. 2007棉花年度棉花收购贷款企业信用等级评定情况统计表(略)

关于认真执行2007棉花年度棉花收购贷款上限和贷款支持收购价格警戒线的通知

2007年9月10日　农发银发[2007]245号

新疆维吾尔自治区分行：

为积极配合国家实施宏观调控，有效防范价格风险，保证棉花信贷资金的安全，确保棉花市场平稳运行，经征求国家发展和改革委员会经贸司意见，总行决定2007棉花年度继续实施棉花收购贷款上限和贷款支持收购价格警戒线政策，现将有关要求通知如下：

一、贷款上限标准

2007棉花年度每担标准级皮棉（328）收购贷款基准暂定为500元/担，允许最高向上浮动50元/担，下浮不限，最高贷款额不得突破550元/担。你行要充分利用各种信息资源，关注国内、国际棉花购销市场动态，结合新疆实际，在总行确定的最高上浮限额内，确定你行的贷款上浮标准。

二、贷款支持价格警戒线标准

2007棉花年度棉花收购贷款支持收购价格警戒线，每吨标准级皮棉（328）以贷款日C0tl00k A（FE）指数按滑准税折算的外棉到岸价为基准，剔除行业平均加工费用、企业应承担的财务费用、管理费用、税金及运往内地主销区的运费等（按总计不得低于1 500元/吨）予以控制掌握，如果贷款日C0tl00k A（FE）指数按滑准税折算的外棉到岸价超过国家棉花滑准税政策调控的国际棉价高限（目前为68.26美分/磅），则贷款支持收购价格警戒线的基准按此高限执行。如果国家调整棉花进口滑准税公式，影响到滑准税调整的价格区间，总行将据此调整贷款支持价格警戒线的高限水平。

三、严格执行政策

你行及辖内各级行要严格执行棉花贷款上限和贷款支持价格警戒线政策，当收购价格低于贷款上限的标准，农民仍愿意交售棉花，开户行要按照实际价格提供贷款支持收购。当收购价格高于贷款上限而低于贷款支持价格警戒线时，须在企业自筹资金到账并有确定销售渠道的前提下，方可按贷款限额提供贷款，超过部分不予贷款。当收购价格高于贷款支持价格警戒线时，应停止发放贷款，完全由企业自筹资金入市收购。

四、严防市场风险

新疆是棉花主产区，90%以上的棉花要销往内地，受运输距离和铁路运输车皮紧张的影响，棉花企业很难做到“快收购、快加工、快销售”。棉花销售时间和距离的限制，使得新疆棉花企业面临的市场风险要大于内地企业，防范棉花市场风险的任务十分艰巨。为此，你行要采取有针对性的措施，严防棉花市场风险。一是在棉花收购时要充分考虑新疆作为棉花主产区的地域特点和棉花销售时必需的运输费用，相同等级、质量的棉花每担皮棉收购价格应至少较内地低 20 ~ 30 元；二是新疆棉花产量占全国棉花消费量的 20% ~30%，不能垄断棉花价格，涉棉企业销售棉花时必须依据全国棉花市场形势，因此，要帮助贷款企业认识到在棉花收购时要充分考虑棉花销售时面临的市场风险；三是要督促贷款棉花企业以合理的收购价格入市，避免出现收购企业大面积经营亏损，影响其下一棉花年度的收购能力，促进新疆棉花产业可持续健康发展；四是要认真核查贷款企业自筹资金的真实性，确保自筹资金在贷款投放前到位，切实发挥自筹资金在防范棉花市场价格风险中的作用。

你行及辖内各级行要对棉花购销价格进行动态分析，有针对性地建立和完善价格风险防范机制。若棉花购销市场行情发生较大变化，需要调整贷款上限和贷款支持价格警戒线标准时，总行将另行通知。

关于认真执行2007棉花年度棉花收购贷款上限和贷款支持收购价格警戒线的通知

2007年9月10日　农发银发[2007]246号

各省、自治区、直辖市分行(不含新疆分行):

为积极配合国家实施宏观调控、有效防范价格风险,保证棉花信贷资金的安全,确保棉花市场平稳运行,经征求国家发展改革委经贸司意见,总行决定2007棉花年度继续实施棉花收购贷款上限和贷款支持收购价格警戒线政策,现将有关要求通知如下:

一、贷款上限标准

2007棉花年度每担标准级皮棉(328)收购贷款基准暂定为500元/担,允许最高向上浮动70元/担,下浮不限,最高贷款额不得突破570元/担。各省级分行要充分利用各种信息资源,关注国内、国际棉花购销市场动态,结合本地实际情况,在总行确定的最高上浮限额内,确定本行贷款上浮标准。

二、贷款支持价格警戒线标准

2007棉花年度棉花收购贷款支持收购价格警戒线,每吨标准级皮棉(328)以贷款日COtl00k A(FE)指数按滑准税折算的外棉到岸价为基准,剔除行业平均加工费用、企业应承担的财务费用、管理费用及税金等(由各省级分行确定,总计不得低于1 000元/吨)予以控制掌握,如果贷款日COtl00k A(FE)指数按滑准税折算的外棉到岸价超过国家棉花滑准税政策调控的国际棉价高限(目前为68.26美分/磅),则贷款支持收购价格警戒线的基准按此高限执行。如果国家调整棉花进口滑准税公式,影响到滑准税调整的价格区间,总行将据此调整贷款支持价格警戒线的高限水平。

三、严格执行政策

各级行要严格执行棉花贷款上限和贷款支持价格警戒线政策。当收购价格低于贷款上限的标准,农民仍愿意交售棉花,开户行要按照实际价格提供贷款支持收购。当收购价格高于贷款上限而低于贷款支持价格警戒线时,须在企业自筹资金到账并有确定销售渠道的前提下,方可按贷款限额提供贷款,超过部分不予贷款。当收购价格高于贷款支持价格警戒线时,应停止发放贷款,完全由企业自筹资金入市收购。

各级行要对棉花购销价格进行动态分析,有针对性地建立和完善价格风险防范机制。若棉花购销市场行情发生较大变化,需要调整贷款上限和贷款支持价格警戒线标准时,总行将另行通知。

关于做好2008年度棉花收购贷款资格认定工作的通知

2008年6月30日　农发银发[2008]159号

各省、自治区、直辖市分行,总行营业部:

为切实履行农业政策性银行职能,做好棉花收购资金的供应管理工作,防范棉花收购贷款风险,总行决定,2008棉花年度继续开展棉花收购贷款资格认定工作,现将有关要求通知如下:

一、充分认识棉花收购贷款资格认定工作的重要性

对申请棉花收购贷款的企业进行贷款资格认定,是做好棉花收购信贷工作的首要环节,有利于夯实新年度棉花收购贷款发放与管理的基础,有利于合理布局棉花收购资金供应点,有利于从源头上防控收购贷款风险。特别是2008棉花年度,棉花市场比较复杂,棉纺织市场形势严峻,国家棉花质检体制改革到了关键时期,各级行要认清形势,充分认识做好棉花收购贷款资格认定工作的重要性,切实把好贷款准入关。

二、认真做好棉花收购贷款资格认定工作

各级行要严格按照总行要求,对新年度拟到我行申请棉花收购贷款的所有棉花企业进行分类排队,按照"区别对待,择优扶持"的原则,有计划、有步骤地开展贷款资格认定工作。具体认定范围、认定标准和认定程序继续按照总行《关于做好2007年度棉花收购贷款资格认定工作的通知》(农发银发[2007]136号)要求执行。

三、新年度贷款资格认定工作的特别要求

(一)鉴于新颁布的国家《棉花加工资格认定和市场管理暂行办法》规定,从2010棉花年度开始,只有纳入全国棉花加工业生产设备更新改造规划、配备符合国家规定的400吨大型打包机的棉花企业才能取得棉花加工资格。各级行要及早准备,主动与当地发展改革委等主管部门联系沟通,掌握棉花加工设备改造情况,在今年的棉花收购贷款资格认定工作中,对辖内已经纳入《2005年到2008年全国棉花加工业生产设备更新改造规划企业名单》(见附件1)的棉花企业逐企业进行调查评估认定。已纳入国家规划但尚未与我行建立信贷关系的棉花企业,若其符合我行收购贷款条件,视企业财务、经营状况、辖内收购资金供应点布局情况及当地棉花收购实际,确定是否纳入新年度收购贷款支持对象。

(二)2007棉花年度发放的棉花收购贷款,对于各类涉棉企业,原则上都应在棉花年度结束时全部收回。对于棉纺织企业直接入市收购而发放的收购贷款要严格期限管理，不得展期。确因特殊原因不能按时归还的客户，必须制订切实可行的还款计划，由省级分行认定其新年度收购贷款资格。

（三）2008棉花年度新认定收购贷款资格的棉花企业，经省级分行认定贷款资格后，需报总行备案，"2008棉花年度新认定收购贷款资格棉花企业备案表"（见附件2），电子邮箱：一处/客户二部/总行/公函。

（四）新年度棉花收购贷款资格认定工作原则上要在2008年8月20日前完成，并于8月31日前将棉花收购贷款资格认定工作总结"2008棉花年度棉花收购贷款资格认定情况统计表"（见附件3）和"2008棉花年度棉花收购贷款企业信用等级评定情况统计表"（见附件4）上报总行，电子邮箱：一处/客户二部/总行/公函。

附件：1. 2005年到2008年全国棉花加工业生产设备更新改造规划企业名单（略）

2. 2008棉花年度新认定收购贷款资格棉花企业备案表（略）

3. 2008棉花年度棉花收购贷款资格认定情况统计表（略）

4. 2008棉花年度棉花收购贷款企业信用等级评定情况统计表（略）

关于做好 2008 年棉花供需衔接工作的通知

2008 年 7 月 16 日　农发银发[2008]172 号

各省、自治区、直辖市分行，总行营业部：

近几年，我行在棉花供需衔接方面进行了积极的探索和实践，提高了信贷管理档次，有效地防范了风险，取得了良好效果，为实现“收购资金大封闭管理”奠定了良好基础。为进一步做好 2008 年的棉花供需衔接工作，现就有关要求通知如下：

一、对象选择

为防止信贷风险由流通环节进入到生产环节，由售棉企业转移到购棉企业，各级行要在总结往年经验的基础上，进一步优选供需衔接的对象。

一是重点支持规模较大、开工率和产销率正常稳定、经济效益好、附加值高、具有功能化或差异化产品特征、抗风险能力强、信誉度高的现有纺织企业客户参与供需衔接。

二是选择贸易量大、经营稳定、购销畅通、效益良好并在我行开户的大型棉花流通企业，支持其组织销售。

三是对于规模较小、资产负债率较高、开工率和产销率下降、库存压力较大、产品附加值较低、利润空间较小的纺织企业客户，不得选择参与棉花供需衔接。

二、授信额度

购棉企业所在省级分行要在综合考虑纺织企业经营能力、棉花库存、半成品库存、产成品库存、结算资金占用情况和大型棉花流通企业贸易能力的基础上，按照市场定价原则，合理确定该企业可实施供需衔接的棉花数量，并据此提供信贷支持。对超出企业实际需求的采购，不得采取供需衔接的方式，不得提供信贷支持。

购棉企业的内部授信额度如能满足供需衔接的需要，新增贷款可在原有的内部授信额度内予以解决。购棉企业的内部授信额度如不能满足供需衔接的需要，新增贷款可通过特别授信的方式解决。用于供需衔接的特别授信额度不得挪做他用。

三、贷款规模

供需衔接可以使用棉花调销贷款、产业化龙头企业棉花短期贷款、银行承兑汇票等产品。

在供需衔接时，购棉企业从产区调棉要临时增加贷款规模。考虑到此部分贷款随棉花的加工转化销售，可在年内收回，在购棉企业供需衔接所需实际贷款额度内，购棉企业所在省级分行年度贷款计划可在报经总行批准后年中“鼓肚”安排。即不增加其年度计划，“鼓肚”部分专项用于客户部门提供的企业从产区调棉需要，不得挪做他用，且2008年11月30日前必须压回到原核批的年度贷款计划之内。

在供需衔接时，由于2008年年度计划一次亮底安排，售棉企业所在省分行腾出的收购贷款规模年内还要用于新棉收购，不经总行批准，不得挪用。

为保证供需衔接所需的贷款规模，购棉企业所在省级分行的客户部门要根据供需衔接的进度，及时向同级计划部门提供购棉企业逐企业所需贷款情况。购棉企业和售棉企业所在省级分行的客户部门均需向总行报送“供需衔接情况统计表”（附件），电子邮箱：一处/客户二部/总行/公函@ adbc。

四、贷款办理

购棉企业所在省级分行在贷款调查、审查、审批、报备等环节要提高办贷效率，保障供需衔接的顺利进行。对于实施供需衔接的用棉企业，可以开启“绿色通道”，按照“特事特办”的要求，力争在最短时间内完成贷款办理流程。

符合转授权条件的，省级分行可以将审批权下放给二级分行；不符合转授权条件的，省级分行客户部门应灵活采用直接调查、委托调查、联合调查等方式，缩短贷前调查时间。信贷管理部门也要前移审查环节，缩短审查时间。对于已在我行办理业务的纺织企业，供需衔接所需贷款的申报材料应进行简化。

五、结算服务

我行向购棉企业发放专项用于供需衔接的贷款后，原则上，应要求其通过我行的结算网络将货款汇至售棉企业在我行开立的账户。售棉企业的开户行应及时收回我行棉花收购贷款。

供需衔接需要行内各相关部门紧密配合才能顺利进行。资金计划部门要做好规模管理工作，客户部门和信贷管理部门要及时做好授信管理以及贷款收放工作，财会部门要及时汇划资金，提高结算速度。

附件：供需衔接情况统计表（略）

关于做好棉花质检体制改革信贷支持工作的通知

2008 年 7 月 25 日　农发银发[2008]177 号

各省、自治区、直辖市分行，总行营业部：

棉花质量检验体制改革，是我国棉花加工、质量检验的一次重大变革，对深化棉花流通体制改革、规范棉花加工市场秩序、建立国家棉花公证检验服务体系、促进棉花产业健康发展具有重要意义。几年来，我行作为棉花质量检验体制改革小组成员单位，积极贯彻落实国家棉花宏观调控政策、产业政策和质量检验体制改革政策，充分发挥信贷杠杆作用，加强和改进金融服务，有力地推进了棉花质量检验体制改革进程。当前棉花质量检验体制改革已进入关键时期，5 年过渡期截止时间的逐渐临近，给我行棉花信贷工作带来了新的挑战，各行务必要认清形势，高度重视，切实采取措施，加大支持力度，积极促进国家棉花质量检验体制改革政策的有效落实。

一、认清形势，进一步增强对棉花质量检验体制改革的认识

国务院决定，从 2005 年开始，用 5 年左右的时间完成棉花质量检验体制改革。推进棉花质量检验体制改革，是棉花质量检验发展的大势所趋，是棉花加工企业升级换代的需要，是国家调控棉花市场的需要。

4 年来，棉花质量检验体制改革得到了有力推进，新体制企业数量逐年增加。2005～2008 年，国家发展改革委下达规划企业 1 342 家，棉花生产加工线 1 408 条，目前规划内企业已完成 995 条棉花生产加工线的改造任务，占下达规划的 71%。我行积极配合国家棉花质量检验体制改革，对纳入棉花质量检验体制改革规划企业给予信贷支持。一是对参加棉花质量检验体制改革的企业更换大型打包机及其配套设备提供信贷支持。到 2008 年 5 月末，我行共向 10 个棉花主产省份的 138 家棉花加工企业，累计投放棉花企业技术设备改造贷款 5.23 亿元。在已纳入规划的 1 342 家棉花企业中，我行贷款企业有 927 家，占 69%；在已完成改造任务的 995 条棉花生产加工线中，我行贷款企业完成改造生产加工线 779 条，占 78%。二是对参加棉花质量检验体制改革的企业收购加工棉花提供信贷支持。2008 年 5 月末，已列入改革规划企业收购贷款余额为 475 亿元，占我行收购贷款余额的 85%。

按照棉花质量检验体制改革规划，到 2009 棉花年度，我国将完成棉花质量检验体制改革的任务。根据国家发展改革委、工商总局、质量检验总局三部委联合发布的第 49 号令《棉花加工资格认定和市场管理暂行办法》，在 2009 年度结束前的过渡期内，棉花加工、检验、流通两种体制并存，2010 棉花年度将取消小包棉生产企业的加工经营资格,小包型加工企业将要退出市场。为了确保改革的顺利推进,国家相继采取了一系列政策措施:一是国家只收储经仪器化公证检验的大包棉花;二是经公证检验的大包棉花,铁路部门优先安排运输;三是从2010年9月开始,国家停止对加工企业设备更新改造的贷款贴息,停止小包棉花进入期货和电子撮合交易,铁路部门停止小包棉花运输,一律取消未纳入规划和已纳入规划但未进行更新改造企业的棉花加工资格,我行只能对按规划完成更新改造并积极送检的棉花加工企业提供贷款。

二、高度重视,充分认识棉花质量检验改革对棉花收购贷款的影响

从目前情况看,实施棉花质量检验体制改革将使我行主要面临两个方面的问题。一是由于历史原因,目前我行棉花收购贷款客户结构还难以适应棉花质量检验体制改革和棉花收购的需要。截至2008年5月末,我行贷款企业中有927家已纳入规划,我行仍提供收购贷款的企业中尚有391家未纳入规划。一方面,我行棉花收购贷款客户中未纳入规划的购销企业不同程度地存在资产状况和经营情况较差等问题,难以达到我行棉花企业技术设备改造贷款的支持条件,依靠自身力量进行技术改造又存在一定困难,将会被市场所淘汰;另一方面,已纳入规划的棉花企业中有相当一部分还不是我行的棉花收购贷款客户。目前,我行棉花收购贷款客户结构与棉花质量检验体制改革目标仍有差距,如果在余下的两年多过渡期内未能及时调整到位,可能会出现收购空白点,造成区域性卖棉难问题。二是客户因未列入规划无法取得棉花加工资格将使我行形成一定的不良贷款。截至2008年5月末,我行未参加棉花质量检验体制改革的391家棉花加工企业贷款余额为82.8亿元,其中历年累积的不良贷款余额为19.43亿元。目前我行通过支持这些企业,以其正常经营利润每年逐步消化不良贷款,一旦我行不再贷款,其承担的不良贷款就丧失了偿还来源,将直接导致贷款损失。

我行是棉花收购资金供应主渠道,棉花购销企业是我行的重要客户群体,棉花质量检验体制改革与我行棉花收购信贷业务息息相关。各行要进一步提高对棉花质量检验体制改革的认识,周密谋划,提早研究和完善应对措施。在两年多过渡期内积极顺应改革趋势,努力参与改革进程,加大信贷支持力度,促进棉花质量检验体制改革目标的顺利实施。

三、统筹规划,合理布局,切实做好过渡期棉花信贷工作

各行要充分认识到棉花质量检验体制改革的紧迫性和对我行棉花收购贷款的影响,顺应改革形势,将棉花企业技术设备改造贷款和收购贷款信贷工作有机结合,统筹安排,合理组织,制订切实可行的工作计划和措施,在2008、2009棉花年度内将棉花质量检验体制改革的各项要求落到实处,最终实现改革的顺利过渡。在两年过渡期内,各行要在全面分析本地区棉花生产、收购加工等情况的基础上,结合当地发展改革委棉花质量检验体制改革规划,对现有棉花企业包括我行正在给予收购贷款支持的和已纳入棉花质量检验体制改革规划但我行尚未贷款支持的都要进行认真分析排队,实施差异化的信贷政策。

一是对于尚未纳入棉花质量检验体制改革规划的我行贷款客户(指目前仍在提

供棉花收购贷款的客户，下同），要积极支持其纳入规划。截至2008年5月末，国家已确定纳入棉花质量检验体制改革规划的企业有1 342家，按照国家发展改革委2 400家企业的规划目标，还有1 058家有待确定，而我行贷款客户中尚有391家未纳入规划。各行要配合当地发展改革委，根据当地棉花产量分布状况，合理安排和调整新体制企业规划布局，防止出现区域性收购空白点。

各行要在认真摸底调查的基础上，结合本地区棉花收购和贷款客户结构情况，对未纳入规划的391家贷款客户进行逐企业分析，明确信贷支持策略，实施分类指导。对有利于稳定棉花收购市场且有实力的企业，要利用余下的两年多时间，尽快争取纳入规划。在确定后续规划企业时，各行要积极向当地发展改革委汇报，及时提供我行贷款企业基本情况、信用评级情况，大力推荐我行贷款客户中已利用自筹资金完成技术改造、信用等级在A级（含）以上、有利于解决当地棉农“卖棉难”问题的企业纳入规划。

二是对于已纳入棉花质量检验体制改革规划但尚未实施技术改造的我行贷款客户，要积极支持其完成技术改造。截至2008年5月末，我行已纳入规划的927家客户中已完成技术改造的客户有769家，尚有158家未完成技术改造。各行要对其中经营正常、积极配合我行信贷监管的客户，及时提供棉花企业技术设备改造贷款，主要支持其更新大型打包机的资金需求，促其在过渡期结束前完成改造。对已给予棉花企业技术设备改造贷款支持的企业，原则上要优先认定其棉花收购贷款资格。

三是对于过渡期结束前确实无法纳入棉花质量检验体制改革规划的我行贷款客户，要视具体情况实行重组或主动退出。第一种情况，我行贷款客户不具备纳入棉花质量检验体制改革规划的条件，但其退出可能会出现收购“空白点”的，有关行要积极向当地政府汇报，支持符合条件的大型棉花流通企业、深加工企业对其实施兼并重组，或与其联营，使其具备条件尽快纳入规划并完成技术改造，妥善解决经营资格问题。第二种情况，我行贷款客户不具备纳入棉花质量检验体制改革规划条件且可以退出的，有关行要尽早谋划，尽快制订和完善退出方案。对于我行贷款客户没有陈欠贷款的，要在本棉花年度棉花收购贷款全部收回后及时退出；对于有陈欠贷款的，要结合棉花质量检验改革规划，完善资产保全手续，防止债务悬空，积极向当地政府有关部门反映，争取落实处理政策。

四是对于已完成棉花质量检验体制改革的非我行贷款客户按照不留收购空白点的原则，有计划地给予择优支持。各行要对已完成棉花质量检验体制改革但与我行尚未建立信贷关系的企业进行逐企业调查评估，根据辖内收购资金供应点布局需要及当地棉花收购量，对符合我行棉花收购贷款条件的给予信贷支持。

四、加强协调，及时反映和解决棉花质量检验体制改革中存在的问题

棉花质量检验体制改革是一项复杂的系统工程，涉及地方政府、棉花购销经营和加工企业以及棉农的利益，对我行棉花收购信贷资金的正常运营具有重要的影响。作为棉花质量检验体制改革成员单位，各行要高度重视，主动参与，认真谋划，加强与地方政府的沟通协调，积极参与当地棉花质量检验体制改革，努力维护棉花收购市场的稳定。同时,要认真分析棉花质量检验体制改革对我行棉花收购信贷工作的影响,及时向地方政府汇报我行贷款企业改革情况,做好市场分析和预测,防止出现区域性、“卖棉难”的问题。对我行在配合实施质量检验体制改革过程中遇到的各类问题,开户行要主动向上级行汇报并及时解决,重大事件要逐级上报总行。

关于加强对大型重点棉花流通企业信贷支持的指导意见

2008 年 8 月 28 日　农发银发[2008]209 号

各省、自治区、直辖市分行，总行营业部：

近年来，我行认真执行国家宏观调控政策，不断加强对棉花产业的信贷支持，有效地发挥了棉花收购资金供应主渠道作用，在棉花产业中的影响力日益增强。为进一步发挥政策性金融的杠杆作用，选择和培育一批有竞争力的大型重点棉花流通企业，促进我国棉花产业健康、有序发展，现就有关工作提出以下意见。

一、充分认识加强对大型重点棉花流通企业信贷支持的重要意义

中国是世界上重要的棉花生产国和消费国，棉花产业的健康发展不仅事关广大棉农利益，而且关系到纺织业的健康发展。棉花流通企业作为棉花市场经营的主体，担负着在国内棉花市场上收购、调运棉花的重任，具有连接棉花生产和深加工、协调产需平衡的重要作用。由于我国棉花流通业市场化进程时间较短，目前存在购销企业数量众多、规模偏小的问题，难以有效发挥流通环节对产需衔接与平衡的调节作用。为提高我国棉花产业竞争力，亟须培育一批有规模、有影响力的流通企业，但如果完全依靠市场自发形成，这一过程将会相当漫长。因此，中国农业发展银行（以下简称农发行）充分发挥金融杠杆作用，以市场为导向，选择培育一批会经营、讲信用的棉花流通企业，支持其做大做强，具有十分重要的现实意义。

一是有利于充分发挥政策性银行信贷支农作用。通过加强对大型重点棉花流通企业的信贷支持力度，增强棉花流通企业的经营实力，促进棉花流通体系整合，形成收购网络，确保农民种植棉花收益的顺利实现。流通企业可通过提供棉花良种、科技种棉指导等方式，促进棉花生产，方便棉农售棉，实现组织收购、规模销售，提高棉农植棉效益，从而更好地发挥政策性银行支农作用。

二是有利于加强和改善宏观调控，促进棉花市场稳定。选择培育一批会经营、讲信用的棉花流通企业，可以通过金融杠杆作用，促进它们在落实国家棉花市场调控政策方面发挥载体作用，在市场价格形成中发挥稳定和引导作用，在维护市场秩序中起到带头作用。

三是有利于深化棉花流通体制改革，规范市场秩序，提升我国棉花产业的竞争力。棉花流通企业是连接棉农和棉纺企业的重要中间环节，流通企业的健康发展有利于促进棉花流通领域进一步深化体制改革，进行有效整合，从而规范收购市场秩序。选择和培育一批有影响、效益好、竞争力强的流通企业，促使其与棉农和纺织企业结成利益共同体，一方面与农民开展订单收购，提高棉花生产力；另一方面，与用棉企业建立长期稳定的购销合作关系，保证棉花质量，促进纺织企业提升产品档次、提高市场竞争力，从而推动我国棉花产业化经营进程，提升我国棉花业的世界竞争力和话语权。

四是有利于提升棉花流通企业的整体竞争力，进一步调整和优化我行棉花客户结构，实现棉花信贷业务可持续发展。加强对大型重点棉花流通企业信贷支持，可以提升其经营能力和竞争力，增强其抗风险能力和社会参与能力，使其能在棉花购销领域真正发挥带动作用，对经营差、竞争力弱的客户逐步建立完善退出机制，进一步优化我行棉花客户结构。培育一批有影响、有竞争力的流通企业，有利于流通客户与纺织客户开展供需衔接，实现棉花贷款良性循环和棉花信贷业务可持续发展。

二、明确营销重点，准确把握支持对象

各行在选择培育大型重点棉花流通企业时，要把握一定的准入条件，重点支持具备一定规模、善经营、讲信用的棉花流通企业。大型重点棉花流通企业实行资格认定制，获得资格的企业应符合以下第（一）条至第（六）条要求，同时至少满足第（七）条至第（十）条要求中的三条：

（一）近三年经营量达到年均 50 万担以上或占全省收购总量的 20% 以上，或者在区域内、行业内具有特殊地位；

（二）企业或所属轧花厂已经纳入全国棉花质检体制改革规划；

（三）在农发行开立基本账户；

（四）被农发行评定为省级分行以上（含）的优质客户；

（五）近 3 年均能够按期归还农发行棉花贷款本息；

（六）无不良信用记录，信用等级原则上应达到 AA 级（含）以上；

（七）经营状况良好，连续 3 年实现盈利，净资产收益率达到 3% 以上；

（八）企业月均资产负债率连续 3 年不超过 75%；

（九）企业净资产连续 3 年呈增长态势，且连续 3 年内资本积累率不低于 3%（资本积累率 =（年末所有者权益 - 年初所有者权益）÷ 年初所有者权益 ×100%）；

（十）自有资金真实，连续 3 年自有资金总量呈增加态势，且年增长幅度不低于 5%。

大型重点棉花流通企业的资格认定工作由总行组织实施。各省级分行负责对符合条件拟按大型重点棉花流通企业予以支持的企业进行调查并收集整理相关材料，填制“大型重点棉花流通企业资格申请表”（附件 1）。各分行要根据总行制定的大型重点棉花流通企业资格标准认真做好企业遴选工作，对于目前尚未达到准入标准拟重点支持的棉花流通企业，各省级分行可结合本省实际，制定符合企业生产经营特点的信贷支持策略，帮助企业做大做强，逐步达到大型重点棉花流通企业标准。

三、因企制宜，为大型重点棉花流通企业提供有针对性的信贷支持措施

大型重点棉花流通企业具有不同于一般棉花购销客户的特点，各行要加强调查研究，根据企业特点和生产经营状况，因企制宜地加强信贷支持，并采取有针对性的支持措施。

（一）适当提前发放新棉花年度棉花收购贷款。对近几个棉花年度能够准确把握棉花市场价格走势的大型重点棉花流通企业，经当地行分析研究认为其具备较强的棉花经营水平和抗风险能力，可以提前确定新年度棉花收购贷款资格，根据企业需要准确把握收购贷款发放时机，支持其适时入市收购。

（二）适当延迟棉花年度收购贷款本息“双结零”期限。对于大型重点棉花流通企业，其棉花收购贷款的“双结零”期限可以根据企业的经营周期、已签订销售合同情况以及正常结算期状况等适当延后。

（三）实行差别化“三金”制度。对近几年经营状况良好、信誉度高、与农发行建立良好银企关系的大型重点棉花流通企业，可以适当降低自筹资金比例；对信用等级为AAA级的企业可以不交存风险准备金、经营者风险担保金，信用等级为AA级的企业少交存风险准备金、经营者风险担保金，具体比例由各省级分行根据实际情况掌握。同时，要鼓励企业用自有资金参与棉花收购，提高自有资金所占比例。

（四）实行贷款约期管理。对大型重点棉花流通企业要逐步实行期限管理，在约期的基础上实行购贷销还。要根据市场形势、企业经营周期和销售计划，合理确定贷款期限。在销售贷款回笼后，可根据企业要求，允许并监督企业在约定的贷款期限内按原定贷款用途周转使用。对于有还款意愿的企业，各行应鼓励企业提前归还银行贷款，不以各种理由拒绝企业还款。

（五）支持企业多方位的资金需求。各行应在满足企业收购资金需求的基础上，根据企业的自身现状与发展规划，选用合理的贷款品种，提供多方位金融服务，实现银企“双赢”。通过积极发放棉花预购贷款支持企业与农户实行订单生产、建立生产基地，对具备条件的企业可以支持企业建设现代化的棉花物流体系。各行应综合运用棉花调销贷款、良种贷款、产业化龙头企业贷款等品种，根据企业实际生产经营特点及现状进行合理有效的组合，多方位支持企业资金需求。

四、改进金融服务手段，提升服务水平

各行应充分利用我行现有资源，帮助企业逐步建立现代化的企业经营模式，提高企业竞争力。

（一）优先满足大型重点棉花流通企业资金需求。对于大型重点棉花流通企业申请的棉花预购贷款、良种贷款等商业性贷款，各行应在本行年初确定的商业性贷款规模内优先给予考虑，满足企业的商业性资金需求，促进企业逐步建立、完善“公司+基地”的经营模式。准确了解、掌握企业的用款需求，加强与中国人民银行的沟通，确保在企业提出用款需求时，及时足额供应。

（二）以信贷服务促进企业提升经营管理水平。一是通过日常的信贷服务、政策宣传，帮助企业逐步树立稳健的经营理念，实现理性收购、均衡销售，赚取行业平均利润。二是通过贷后管理，及时发现企业在生产经营、财务管理中存在的问题，充分利用我行人力、智力资源，为企业提供切实可行的建议，提升企业管理水平、财务水平和整体竞争力。

（三）提高办贷效率，强化跟踪和服务。大型重点棉花流通企业是我行择优支持的重点棉花客户，在贷款办理过程中要实行特事特办，跟踪服务，提高工作效率，及时满足企业合理金融需求。要因企制宜，一企一策地制订个性化、差别化的金融服务方案，为企业提供一揽子服务。

（四）帮助企业做好异地收购工作。对于开展异地收购的大型重点棉花流通企业，各行应强化服务理念，做好沟通协调工作。一方面向企业介绍、解读收购所在地的棉花收购政策，为企业遵守当地收购秩序创造条件；另一方面要加强与收购所在地行的沟通，积极落实信贷监管和措施等，确保企业的异地收购工作平稳有序开展。

（五）提供优质全面的信息服务。积极为企业提供相关市场信息服务，为客户收购、销售等生产经营活动提供决策参考。帮助企业了解、分析国家现行棉花行业政策，及时掌握国内、国际棉花市场动态，制定可行的应对策略，有效规避市场风险。

（六）积极开展供需衔接工作，拓宽企业销售渠道。根据企业生产经营特点，有针对性地组织棉纺企业与我行支持的大型重点棉花流通企业之间的交流活动，积极为客户牵线搭桥，实现供需衔接。在开展供需衔接工作过程中，应将做好大型重点棉花流通企业的供需衔接作为工作重点，优先向用棉企业推介我行贷款支持的大型重点棉花流通企业，在帮助企业维护现有销售网络的同时，积极拓宽销售渠道，充分发挥信贷资金的纽带作用，促使大型重点棉花流通企业与大型棉纺企业之间建立互惠互利、长期合作的战略伙伴关系，逐步形成棉花产业链联盟，实现棉花贷款的良性循环。

五、进一步强化基础管理，切实防范信贷风险

各行在转变工作思路，加强对大型重点棉花流通企业大信贷支持的同时，还应继续加强信贷基础管理工作，防止出现重营销、轻管理的情况，切实将风险防范的各项基本措施落到实处，确保我行信贷资金安全。

（一）严格执行收购贷款支持价格警戒线政策。各行要充分认识到棉花收购贷款支持价格警戒线是我行在多年实践中总结出来的宝贵经验，是防范市场风险的有效手段。大型重点棉花流通企业也要严格执行收购价格警戒线政策，一方面可以防止因企业市场价格走势误判带来的信贷风险，另一方面也可以起到稳定市场的作用。

（二）加强贷后管理，防范信贷风险。棉花是大型重点棉花流通企业的主要经营对象，在企业资产中占有很大比重，棉花库存是贷款的第一还款来源。因此，在大型重点棉花流通企业的贷后管理中，仍应强调贷款的物资保证性，要认真落实各项行之有效的库存管理制度，加强对企业购销活动的监督。加强对企业资金流和物资流的监测，做好销售货款回笼收贷工作，实现信贷资金良性循环。

（三）引导企业合理选择棉花交易方式，防范结算资金风险。大型重点棉花流通企业的销售方式多样、客户较多，各行要高度关注企业结算方式，引导企业选择钱货两清、电子撮合等可以有效保证资金安全的交易方式，切实防范结算资金风险。

（四）加强棉花市场研究，努力防范市场风险。要加强对棉花市场的研究，把握市场运行情况，研判市场价格走势，保持对市场异常波动的警惕和迅速反应能力，发现可能威胁我行信贷资金安全的问题应及时预警，并采取相应的风险化解措施。

（五）定期监测，年度综合评价。对认定的大型重点棉花流通企业，各行要认真填制“大型重点棉花流通企业季度监测分析表”（附件2）、“大型重点棉花流通企业年度评价表”（附件3），逐步建立季度分析、年度综合评价的长效机制。每一日历年度结束后，各行应根据企业的年度财务、经营状况，同时参考各季度经营情况分析，对企业作出综合评价，提出对该企业下一棉花年度的支持意见。对财务、经营、发展状况良好，积极配合农发行信贷管理，逐年增加参与经营的自有资金，符合相关标准的企业，总行将在下一棉花年度继续确认大型重点棉花流通企业资格；对于经营、财务状况发生重大不利变化，不符合大型流通企业条件的，要及时调整信贷策略，并适时取消其大型重点棉花流通企业资格。

附件：1. 大型重点棉花流通企业资格申请表（略）

2. 大型重点棉花流通企业季度监测分析表（略）

3. 大型重点棉花流通企业年度评价表（略）

关于认真执行2008棉花年度收购贷款上限和贷款风险控制线的通知

2008年9月17日　农发银函[2008]288号

各省、自治区、直辖市分行，总行营业部：

为积极配合国家实施宏观调控，积极支持棉花收购，有效防范价格风险，保证棉花信贷资金的安全，确保棉花市场平稳运行，总行决定2008棉花年度实施收购贷款上限和贷款风险控制线政策，现就有关事宜通知如下：

一、贷款上限标准

考虑到国家已实施400元/吨的新疆棉外运补贴政策，弥补了新疆棉在运输成本上的劣势，内地和新疆执行统一的贷款上限。贷款上限基准暂定为500元/担，最高可以上浮50元/担，根据市场变化可以下浮，下浮幅度由各省级分行确定。对于纺织企业自用的棉花、总行确定的大型重点棉花流通企业收购的棉花、实施仪器化公证检验的大包棉花、信用等级AA级(含)以上企业收购的棉花、实施第三方监管的棉花，收购贷款上限最高可以上浮60元/担。

二、贷款风险控制线标准

考虑到棉花市场波动情况，为了有效防范棉花市场风险，以中国棉花价格指数为基础设立贷款风险控制线。总行将根据前一周的中国棉花价格指数到厂平均价，减去流通企业的加工费用(500元/吨)、财务费用和仓储费用(600元/吨，按6个月计算)、运输费(100元/吨)、合理的利润(200元/吨)，并根据市场行情在上下浮动5%的范围内确定，在每周第一个工作日在内部网络系统公布，一周内有效。

三、严格执行政策

各行要严格执行贷款上限和贷款风险控制线政策。各行发放收购贷款不得超过贷款上限的规定，企业贷款入市收购要遵守贷款风险控制线的规定。在发放收购贷款前，开户行必须在借款合同或补充协议中与客户明确："客户在收购过程中如不执行我行的贷款上限和贷款风险控制线政策，我行将停止贷款。"

当收购价格低于贷款上限的标准时，开户行可按照实际价格提供贷款支持收购。当收购价格高于贷款上限而低于贷款风险控制线时，开户行须在企业自筹资金到账并有确定销售渠道的前提下，在贷款上限标准内提供贷款。当收购价格高于贷款风险控制线时，开户行不应提供贷款支持，全部由企业通过其他渠道自筹资金自行收购。

各省级分行要充分利用各种信息资源，关注国内、国际棉花购销市场动态，结合本地实际情况，在总行确定的最高上浮限额内，确定本省的贷款上浮标准，并有针对性地建立和完善价格风险防范机制。收购期间若棉花购销市场行情发生较大变化，总行将根据实际情况适时调整贷款上限和贷款风险控制线标准。

关于进一步规范棉花供需衔接信贷管理工作的通知

2009年4月1日　农发银发[2009]68号

各省、自治区、直辖市分行，总行营业部：

自2006年以来，我行立足系统优势和产业上下游客户资源，积极探索并逐步推行棉花供需衔接工作，取得了良好成效。通过支持贷款企业间开展供需衔接，我行更好地履行了信贷支农的职能，保护了棉农的收益，稳定了棉花市场，供需衔接已经成为我行信贷资金促进棉花产业健康发展的重要举措，同时供需衔接工作对于促进棉花收购贷款“双结零”起到了关键作用，提升了我行棉花信贷管理水平，有效防控了风险，为我行实现棉花信贷资金大封闭管理打下了重要基础。但是，各行在供需衔接的具体操作过程中也存在一些问题，如供需双方的要求协调困难、合同履行产生纠纷、部分流通企业对供需衔接产生依赖心理等。

供需衔接是我行支持棉花大产业链的主要环节；加上当前棉花市场形势严峻，我行促销收贷任务繁重，各行要高度重视供需衔接工作，进一步提高认识，充分发挥信贷资金纽带作用，加强和规范企业间的供需衔接，推动购销产业链条畅通，实现棉花信贷资金大封闭运行。各行要按照“企业自主、强化服务、合同管理、封闭运行”的要求，做好以下几方面工作。

一、坚持企业自主，努力提高服务意识

供需衔接的主体是进行棉花交易的购销双方，双方贷款行主要是提供服务，依托我行的系统优势和客户资源，以资金为纽带，加强信息服务和协调沟通，从而促进棉花流通。各行对此要有清醒的认识，要摆正位置，本着企业自愿合作和市场定价的原则，以企业购买和销售棉花的实际需求为基础，积极组织和引导企业间开展供需衔接合作。各行不得以各种形式诱导企业或给企业施压，不得强行干预企业的买卖意愿，不得参与企业的实际交易行为。

在供需衔接过程中，各行要强化服务意识，提高服务水平。一是供需双方的贷款行要通力协作，做好信息咨询服务，要为双方企业提供及时、准确、有效的购销信息；二是用于供需衔接的贷款品种可选择调销贷款或产业化龙头企业流动资金贷款，双方贷款行通过贷款在系统内的大封闭运行来实现衔接；三是各行要优化办贷流程，提高办贷效率，对于符合转授权条件的，各省级分行可视实际情况将审批权下放给二级分行；四是供需衔接工作不能停留在只为实现当前库存棉花的销售，各行要树立长远意识，帮助企业间建立长期稳定的棉花购销合作关系。有条件的地方可以将供需衔接工作前移至收购环节,鼓励双方企业在收购开始前就签订供需合同,由供应方按照需求方的要求开展收购。

二、择优选择供需衔接对象

供需双方企业的选择是做好供需衔接工作的基础。各行要有重点、有选择性地开展供需衔接,对于参与供需衔接的棉花供需双方,特别是棉花需求方,要择优选择,优中选优。

一是重点支持我行贷款客户中规模较大、效益较好、信用较高、开工率和产销率较好、产品技术含量和附加值较高、已与我行贷款棉花企业建立稳定购销合作关系的棉花深加工企业,以及在行业内有影响力、实力较强的大中型棉花产业化龙头企业。

二是可选择总行确定的大型重点棉花流通企业作为供需衔接的需求方,支持其购买中小流通企业的棉花,集中资源,由这些大型重点棉花流通企业统一组织销售。除总行确定的大型重点棉花流通企业外,需将其他流通企业作为供需衔接的需求方进行支持的,对其发放用于供需衔接贷款的资格必须由省级分行客户部门认定。

三是要限制规模较小、资产负债率较高、开工率和产销率明显下降、抗风险能力较弱的棉花深加工企业参与供需衔接。

四是要限制信用程度不高、经营理念淡薄、盲目追求扩张、赌后市思想严重的棉花流通企业作为棉花供应方参与供需衔接,要通过供需衔接帮助流通企业建立稳健的经营理念,防止企业对我行供需衔接产生依赖心理。

三、严格规范供需衔接具体操作

各行要将调销贷款和用于供需衔接的产业化龙头企业流动资金贷款,全部纳入供需衔接进行管理。在开展供需衔接的过程中,要严格规范企业购销合同的签订和履行、信贷资金的支付和结算、库存的监管衔接等各个关键环节。

一是要严格审查企业购销合同。参与供需衔接的棉花需求方申请贷款,必须以签订真实、有效的棉花购买合同为贷款条件,购买合同上必须明确购买的棉花数量、等级、价格、时间、结算方式、保险等要素,意向性的购销协议不得作为供需衔接贷款的依据。对于供需衔接的需求方是流通企业的,贷款条件除具备棉花购买合同外,还应具备真实、有效的销售给用棉企业的棉花销售合同。双方贷款行不得介入企业间购销合同的签订。

二是要严格资金支付,做好库存监管。我行向棉花需求方发放贷款用于支付供需衔接货款,必须通过我行结算系统汇到供应方在我行开立的账户。双方贷款行要严格资金支付环节,严格坚持"钱货两清"原则,不得赊销。要重点监管好企业的实物库存,双方贷款行要做好库存管理工作的衔接,明确监管责任,避免在供需双方企业交易中出现库存监管的真空。

三是监督企业有效履行合同约定。供需双方的贷款行要监督企业严格按照购销合同约定的条件开展衔接,确保合同顺利有效的履行。供应方贷款行要监督企业按照合同约定的棉花数量、质量、交货时间等进行收购、加工和运输,需求方贷款行要监督企业按照合同约定执行。供应方贷款行须待供需双方企业确认交易行为已经完成且无争议后方可收回对应的贷款。若发现一方企业出现违约问题，贷款行要及时通知对方行，积极予以沟通协调。

四是加强行际间协作。各行要有大局观，要树立全国“一盘棋”的理念，互相支持，加强行与行之间的协作沟通，同时双方贷款行要认真负责，切实强化对棉花库存和资金的监管。供需双方的贷款行要因地、因企制宜，可结合实际采取包括签订监管合作协议等在内的各种方式，规范相互间的合作，严格监管职责。

五是及时、妥善解决纠纷问题。各行要采取有效措施避免供需双方出现商业纠纷，如果双方企业在衔接过程中出现纠纷，双方贷款行要客观分析问题所在，以合作共赢为基础，帮助企业妥善协调解决，无法协调的要及早上报各自的上一级行，同时要摆正银行在供需衔接中的位置，要避免银行陷入企业间纠纷。

四、坚持封闭管理有效措施，切实防控信贷风险

在供需衔接中，各行要坚持封闭管理的有效措施，严格贷前、贷中和贷后管理，防止将信贷风险由前道转移到后道。

一是在供需衔接开始前，供需双方的贷款行要对双方企业在信用状况、经营财务状况、库存真实情况、结算资金情况、贷款运行情况、货源组织能力和消化能力等方面进行调查核实，把好企业准入关。

二是要综合考虑纺织企业生产规模、经营能力、自身采购棉花渠道和数量、棉花实时库存和大型棉花流通企业的销售渠道、贸易能力等因素，合理确定衔接棉花数量。对于超出企业实际需求的采购，不得提供信贷支持。

三是供需双方的贷款行要全程跟踪监督双方企业的购销行为，及时掌握双方的出入库情况及资金走向，一经发现问题要及时调查解决。

四是各省级分行要对供需衔接工作实行定期检查，建立季度分析制度，按季度进行总结分析。

五、充分利用总行棉花供需信息网络平台

总行在系统网站上建立棉花供需信息平台，及时发布更新流通企业的棉花库存情况和纺织企业的需求情况，旨在给各行创造一个更大更全面的信息平台，进一步推动棉花供需衔接工作。各行一是要积极做好棉花供需信息的报送工作，确保企业库存及需求信息的及时性和准确性；二是要充分利用这个平台，定期及时关注上面的供需信息，结合本地企业的供需要求，为企业做好信息服务工作。要把总行棉花供需信息网络平台作为推动供需衔接工作的一个有力的手段，利用好，同时要注意信息保密。

关于加强粮棉油加工和产业化龙头企业收购贷款管理的紧急通知

2009年5月6日　农发银发[2009]107号

各省、自治区、直辖市分行,总行营业部:

为了有效防控信贷风险,确保收购信贷资金安全,现就加强和改进粮棉油加工和产业化龙头企业(以下简称加工和龙头企业)使用粮棉油准政策性收购贷款(以下简称收购贷款)管理有关问题紧急通知如下:

一、高度重视加工和龙头企业收购贷款使用和管理中的突出问题

自粮棉市场化改革以来,中国农业发展银行(以下简称农发行)粮棉油收购贷款的范围进一步拓宽,贷款客户结构发生了明显变化。农发行以发放收购贷款为主要手段,积极支持包括加工和龙头企业在内的多渠道收购,不仅有效解决了市场化条件下农民卖粮(棉)难问题,有效发挥了农业政策性银行的职能作用,也促进了我行信贷业务有效快速增长。各级行认真落实收购贷款管理各项政策制度,狠抓风险防控,总体情况良好。但同时,加工和龙头企业收购贷款使用和管理还存在一些亟待解决的问题,突出表现在少数企业违规使用和挤占挪用收购贷款,个别地方甚至出现收购贷款风险集中暴露的苗头。究其原因,尽管有国际金融危机、国内经济下行的冲击和影响,但从农发行管理来看:一是少数行风险意识淡薄,盲目追求贷款扩张,业务发展思路存在偏差。二是贷前调查不严,没有搞清企业真实用款需求。有的分支行对本应发放商业性贷款解决的企业一般流动资金需要,绕过贷款审批权限和信贷计划控制、降低贷款门槛发放收购贷款。三是重贷轻管比较普遍,贷后管理没有严格遵循收购贷款管理要求,责任不落实,贷款封闭管理不到位。有的地方已经出现了贷款损失,教训十分深刻。各级行必须引起高度重视,从有利于确保粮棉收购、有效防控风险,有利于农发行改革发展的大局出发,切实加强和改进加工和龙头企业使用收购贷款的管理,将其作为阶段性重点工作,立即开展专项风险排查,明确落实责任,完善管理措施,切实堵塞漏洞,提高对加工和龙头企业的信贷风险防控水平。

二、进一步明确加工和龙头企业的收购贷款使用范围,严把贷款准入关

(一)严格限定收购贷款使用边界。应当认识到,解决加工和龙头企业购进粮棉油等原料的资金需要,可以选择收购贷款、调销贷款以及商业性短期贷款等多个品种,这些贷款都是农发行确保收购不出问题的手段,具体贷款种类的使用应当因企制宜,以有效控制风险为前提。应该使用什么种类的贷款,就发放什么种类贷款;发放什么种类贷款,就要按照相应的贷款办法来管理。对加工和龙头企业一般性流动资金需要,原则上发放商业性短期贷款解决;确因解决农民售粮棉需要和季节性原材料集中储备又符合收购贷款条件的,可以适当发放收购贷款,同时要严格按照收购贷款封闭管理规定,不得周转使用。对于内部资金关联复杂的跨区域、跨行业集团性客户,原则上,发放商业性短期贷款解决流动资金需要;对其确因季节性收购加工所需粮棉油原料的资金需要,可以由其相关公司直接向当地农发行申请收购贷款,同时必须纳入集团统一授信管理,实行库贷挂钩,出库还贷。要从严掌握加工和龙头企业异地收购贷款,异地收购的粮棉油只能用于企业自身加工转化。不得向加工和龙头企业发放收购贷款用于调入粮棉油原材料等资金需要。对资信状况良好,自觉接受农发行收购贷款封闭管理,历年使用收购贷款能够及时归还本息,多年来没有发生挤占挪用收购贷款等不良记录的加工和龙头企业,可以继续发放收购贷款。2009 棉花年度发放的收购贷款,要在新的棉花年度收购旺季到来之前全部收回;对仍未归还收购贷款本息的加工和龙头企业,不准发放新的收购贷款。

(二)严格贷前调查。对加工和龙头企业使用收购贷款,要认真调查企业申请贷款的真实用途,严防企业以收购贷款名义套取我行贷款挪作他用。重点调查确认收购贷款需求的合理性,测算贷款额度,防止过度授信。要认真核实企业财务状况,客观判断企业的风险承受能力。同时要将企业关联交易和行业市场分析作为贷款调查的重要内容。贷前调查中发现的企业存在重大劣迹行为,或者企业经营和财务活动弄虚作假的,要立即停止贷前调查,终止办贷程序。

(三)严格授权和授信管理。一是严格授权管理。各省级分行要结合当地实际,合理制定二级分行对加工和龙头企业审批收购贷款的转授权额度,二级分行要在省级分行授权额度内审批收购贷款,严禁越权审批。对加工和龙头企业只申请收购贷款的,二级分行可在省级分行授权额度内审批,超过授权额度必须报省级分行审批。对既有我行商业性短期流动资金贷款,又申请收购贷款的,其收购贷款由省级分行审批。属异地收购的加工和龙头企业收购贷款,一律不得转授二级分行。

二是合理确定收购贷款额度,严禁过度授信。加工和龙头企业的收购贷款必须纳入最高综合授信管理。要综合考虑企业前几年收购及加工粮棉油原料数量情况、企业仓容能力和本年生产计划及原料价格,合理核定企业用于粮棉油收购的最高贷款额度,并按照《中国农业发展银行客户授信管理办法》(农发银发[2009]16 号)的规定,在信用评级的基础上,通过对企业经营及融资风险状况的分析判断,核定企业最高综合授信额度。企业实际用信额度实行最高贷款额度和最高综合授信额度双限控制,当对企业在核定的最高收购贷款额度内,发放收购贷款后企业的贷款余额达到最高综合授信额度时,应暂停发放新的收购贷款,督促企业抓紧销售收回占用的收购贷款后,可视情况发放贷款。对于因季节性原料收购需要调增收购贷款专项融资授信额度或追加特别授信的,要严格审核企业收购资金需求的合理性,按规定程序和权限办理。

三是促进信贷计划安排和客户授信的有效衔接。适当增加加工和龙头企业商业性短期贷款规模,缓解当前形势下企业流动资金困难,帮助企业正常生产经营。各省级分行要在客户排查的基础上，对资信良好的黄金客户和优质客户的合理资金需求，在商业性信贷计划上优先安排，重点保证，防止出现商业性信贷规模不足而占用准政策性收购贷款问题。要严格商业性短期贷款和收购贷款的功能区分，应当发放商业性短期贷款解决企业粮棉油正常经营资金需要的，就不应绕过贷款权限和信贷计划控制发放收购贷款。

（四）有效落实好贷款担保措施。加工和龙头企业使用准政策性收购贷款原则上实行担保方式。在旺季收购开始前，要办好企业有效资产抵押或保证担保手续。在企业有效资产应抵尽抵和企业法人代表个人财产办理抵、质押担保后，可以发放信用贷款，但必须由省级分行审批。

三、实行分类管理，切实加强对收购贷款使用的监管

（一）严格执行收购贷款专户管理。申请收购贷款的加工和龙头企业，原则上应在我行开立基本存款账户，并开立收购资金存款专户。收购贷款必须专款专用，按照收购进度据实通过专户支取。对既有商业性贷款又使用收购贷款的，还应按照《关于加强信贷资金账户和贷款支付监管有关问题的意见》（农发银发［2008］46号）的要求，开立信贷资金存款账户，以管理商业性贷款资金，不允许商业性贷款与收购贷款混账户管理。

（二）加强收购贷款支付环节的监督审查。加工和龙头企业使用收购贷款，严格实行报账制。客户支用收购贷款时，开户行要严格按照有关规定和借款合同约定审核，重点核实是否满足贷款批复条件，是否按收购进度支取收购资金，特别是要严格审核大额贷款支付和现金支取的合理性和合规性，是否存在异常的大额取现和转账，严禁不按收购进度超量支取贷款。要严格规范收购非现金结算操作，重点关注和审查收购贷款资金转入其他银行，严禁贷款资金直接转存企业个人银行账户、卡。集团客户成员之间异地代储、代收、代销汇划资金，原则上通过在农发行开设的账户划转。

（三）强化库存监管。库存监管是对加工和龙头企业收购贷款实行封闭管理的核心内容，是贷后尽职管理的主要工作。对加工和龙头企业使用收购贷款形成的库存，要监督企业单收、单存。要加大查库频率，严格实行出库报告制度，收购贷款形成的粮棉油库存一经出库，就要督促企业归还占用的收购贷款。要在对企业现有收购贷款占用进行全面清理的基础上，大力压缩收购贷款在企业加工、销售环节的占用，力争收购贷款在新的收购季节到来前全额收回。

（四）强化企业货款回笼的监督管理。要强化使用收购贷款的加工和龙头企业销货回笼款监督管理，对只在我行融资的加工和龙头企业，销售货款必须全额回笼我行账户，并及时收贷收息；对多渠道融资的加工和龙头企业的销售货款，要在借款合同中明确回笼我行账户的比例，并将货款回笼农发行的情况作为企业是否诚信的重要标准。对企业回笼到农发行账户的销售货款，必须首先全额收回收购贷款本金及当期利息。

（五）坚持收购资金台账监测制度。加工和龙头企业使用收购贷款必须逐笔序时登记台账，密切监测贷款使用和库存变化情况，同时要掌握企业加工在产品和产成品库存变化、货款回笼和收贷情况。总行正抓紧完善粮棉油信贷台账报表制度,进一步提高信贷统计监测水平。要综合分析企业还款能力和贷款风险状况,及时、准确反映贷款风险分类形态。坚持收购贷款重大风险问题应急报告制度,对检查发现的加工和龙头企业挤占挪用收购贷款问题,必须在3日之内逐级上报至总行客户部门和风险管理部门,同时要采取有效措施保全我行信贷资产。

四、明确责任,促进贷后管理各项措施有效落实

(一)明确贷后管理责任。开户行行长是贷后管理第一责任人,要把贷后管理各环节责任明确细化落实到每一个岗位和人员。二级分行要按期组织对加工和龙头企业收购贷款使用的监测和考核。收购贷款审批行要加强跟踪监测,要加强对贷款使用、企业经营状况、贷款风险情况的跟踪监测,有关部门要协同配合,将贷后管理各项措施落到实处。客户部门是贷后管理的主体,要强化贷后监管,风险管理部门要按规定加强信贷风险监测,财会部门要加强企业账户资金支取情况的柜台监督。

(二)严格贷款管理问责制。各级行要切实提高合规经营意识,以强化加工和龙头企业收购贷款管理为着力点,狠抓制度落实,采取有力措施,抓督促检查,抓责任追究。对不按规章制度办事,违规放贷、越权审批、违规操作、弄虚作假、贷后管理失职造成贷款风险和损失的,要严格按照总行相关违规处罚办法的规定严肃处理。对加工和龙头企业收购贷款无库存对应,被企业流动资金长期占用、逾期未收回的,对其主要责任人实行专职清收,并视清收情况进一步追究责任。

五、集中开展好加工和龙头企业收购贷款专项风险排查

各级行要认真组织学习、落实本通知要求。各省级分行要在第一季度总行统一组织的开户企业风险排查工作的基础上,对加工和龙头企业进行一次收购贷款专项风险排查工作,彻底摸清收购贷款使用和风险情况。本次排查的重点是搞清加工和龙头企业收购贷款的使用和库存占用情况,是否做到专款专用;检查企业收购贷款调查、审查、审批操作是否合规,贷款手续是否齐全,是否严格落实贷后封闭管理各项措施;对无库存对应的收购贷款,要彻底核查加工、销售等环节的占用情况,特别是核查有无挤占挪用收购贷款问题。对排查发现的问题要立即限期整改。各省级分行要把清收库贷差额作为整改重点,集中清收有问题贷款,要制定清收计划,责任落实到人。各省级分行要按要求填制"粮棉油加工和产业化龙头企业使用准政策性贷款专项风险排查表(粮油类)"(附件1)和"粮棉油加工和产业化龙头企业使用准政策性贷款专项风险排查表(棉花类)"(附件2),并形成专项风险排查报告,于5月底前上报总行,粮油类客户上报至:四处公函/客户一部/总行;棉花类客户上报至:三处公函/客户二部/总行。

附件:1. 粮棉油加工和产业化龙头企业使用准政策性贷款风险排查表(粮油类)(略)

2. 粮棉油加工和产业化龙头企业使用准政策性贷款专项风险排查表(棉花类)(略)

3. 填表说明(略)

关于做好2009年度棉花收购贷款资格认定工作的通知

2009年6月23日　农发银发[2009]166号

各省、自治区、直辖市分行，总行营业部：

为深入贯彻落实年初全国分行行长会议精神，切实履行好中国农业发展银行（以下简称农发行）信贷支农的政策性银行职能，继续做好棉花收购资金供应与管理工作，有效防范棉花收购贷款风险，总行决定，2009棉花年度继续开展棉花收购贷款资格认定工作，现将有关要求通知如下：

一、认清形势，加强领导，认真把好客户准入关

棉花收购贷款资格认定工作，是棉花信贷的基础性工作，是进一步优化客户结构的重要手段，更是防控棉花收购贷款风险的第一道关口。各级行要给予高度重视，加强领导，充分认识棉花收购贷款资格认定工作面临的复杂形势，一是当前金融危机尚未结束，对实体经济的影响还在继续，市场持续低迷，棉花流通企业和棉纺企业受到较大影响，经营效益普遍下降；二是国家对经济的宏观调控力度加强，宏观政策的调整节奏加快，对棉花市场的影响较大；三是国家棉花质检体制改革进入到了关键的最后一年，但目前我行仍有部分收购贷款企业没有纳入规划。

面对复杂的形势，各级行要进一步提高认识、加强领导，扎实做好2009年度棉花收购贷款资格认定工作。要主动与当地政府有关部门做好沟通、协调，争取工作的主动性与政策支持。要遵循“有保有压、区别对待、择优扶持、统筹兼顾”的原则，有计划、有步骤地做好棉花收购贷款资格认定工作，认真把好客户准入关。

二、棉花收购贷款资格认定的范围

根据农发行棉花贷款业务的相关规定，棉花收购贷款资格认定的范围是：

（一）供销社棉花企业（含供销社控股的棉花企业）。

（二）农业部门所属的良种棉加工企业。

（三）改制后延续或承担农发行贷款债务的棉花企业。

（四）国有农场所属的棉花企业。

（五）收购加工一体的棉花深加工企业。

（六）棉花产业化龙头企业。

（七）其他棉花购销企业。

三、棉花收购贷款资格认定的标准

（一）基本标准。涉棉企业获得棉花收购贷款资格应同时具备以下条件：

1. 持有工商行政管理部门核发的营业执照，办理有效年检手续。

2. 持有中国人民银行核发的贷款卡，办理有效年检手续。

3. 具有经有权部门认定的棉花加工资格。

4. 在农发行开立存款账户。

5. 具有贷款本息偿还能力，经营正常，资产和效益良好。

6. 自愿接受农发行信贷监督。

（二）对未纳入国家棉花质检体制改革规划的原我行贷款企业的认定标准。

1. 对优质诚信，有可能纳入国家棉花质检体制改革规划的企业，要督促、协助企业积极参加国家棉花质检体制改革，并继续认定其贷款资格。

2. 对无法纳入国家棉花质检体制改革规划，退出影响当地农民售棉的企业，可认定其贷款资格，但要严格控制其贷款规模。

3. 对无法纳入国家棉花质检体制改革规划，退出不会影响区域收购资金供应布局，也不会影响当地农民卖棉，存量贷款容易保全的企业，不予认定贷款资格。

（三）对已纳入国家棉花质检体制改革规划但尚未完成更新改造的原我行贷款企业的认定标准。

1. 对正在进行加工设备更新改造，并在 2009 年度结束前能够完成的企业，其年收购量与新上 400 型打包机加工能力匹配，可继续认定其收购贷款资格。

2. 对尚未开始加工设备更新改造，但有在 2009 年度完成改造计划的企业，如果具备改造所需土地、厂房、资本金等基本要件，且年收购量与将上 400 型打包机加工能力匹配，可继续认定其收购贷款资格。

3. 对尚未开始加工设备更新改造，同时无法落实改造所需土地、厂房、资本金等基本要件的企业，按对未纳入国家棉花质检体制改革规划的原我行贷款企业的认定标准进行贷款资格认定。

（四）与我行新建立信贷关系的棉花企业的认定标准。

1. 必须纳入国家棉花质检体制改革规划，并且已经完成加工设备更新改造。

2. 信用等级原则上应在 A+级（含）以上。

3. 新建立信贷关系企业棉花收购贷款资格由省级分行客户部门认定，并报总行备案（见附件 1）。

（五）对供销社所属改制企业进行贷款资格认定的标准。

1. 对改制行为规范、财务制度健全并妥善落实各种债权债务的企业，可认定其贷款资格。

2. 对正在进行改制的企业，在确保我行债权债务落实的前提下，可认定其贷款资格，否则暂缓认定。

3. 对有逃废或变相逃废我行贷款行为的改制企业，不得认定其贷款资格，并采取有效措施清收所欠贷款。

4. 对尚未进行改制的供销社所属企业，要严格贷款资格认定条件，由省级分行客户部门认定其贷款资格。

（六）不予认定贷款资格的规定。

1. 对于发生挤占挪用贷款、提前抽逃自筹资金造成农发行贷款损失、没有归还全部违规贷款的企业，不予认定贷款资格。

2. 对于 1999 ~ 2007 棉花年度，棉花收购贷款仍未全额收回，近两年没有切实履行已签订的贷款清偿计划的企业，不予认定贷款资格。

3. 2008 棉花年度结束时，收购贷款未实现本息双结零的企业原则上不予认定贷款资格。确因特殊原因不能按时归还的客户，必须制订切实可行的还款计划，由省级分行客户部门认定其贷款资格。

四、棉花收购贷款资格认定的程序

（一）确定企业名单。开户行要根据棉花收购贷款资格认定的范围，对现有客户和符合条件的非我行客户进行认真细致的分类排队，充分了解企业生产经营状况以及融资需求，合理拟定参与资格认定的企业名单。

（二）核实企业情况。开户行要根据已拟定的参与贷款资格认定的企业名单逐企业进行调查，了解、核实企业加工能力、经营管理、财务状况、资信状况和收购计划、贷款需求等情况。

（三）资格审查认定。开户行依据棉花收购贷款资格认定的原则、标准和企业实际情况，对企业收购贷款资格进行初步评定，并将初评意见逐级上报至有权审批行。有权审批行对企业基本情况、经营管理水平及资信状况等按相关认定标准进行严格审查认定，并将认定结果逐级通知相关分支行。

棉花收购贷款资格认定审批权限：新准入企业、尚未进行改制的供销社所属企业、未按要求实现贷款本息双结零的企业的棉花收购贷款资格由省级分行客户部门认定，并报总行备案；其他企业的棉花收购贷款资格由二级分行认定，并报省级分行备案。

（四）公布认定结果。

1. 开户行要以书面形式将收购贷款资格认定结果通知企业。

2. 要采取适当形式向社会公布认定结果，省级分行和二级分行要在当地主流媒体公告认定结果，开户行要重点选择乡村广播站、县乡有线电视台等能将信息传送到棉农的新闻媒体作为宣传手段，方便棉农选择棉花交售点。

3. 各级行要主动向当地政府和有关部门通报收购贷款资格认定情况，争取理解和支持，赢得收购工作的主动。

五、2009 棉花年度收购贷款资格认定工作的其他要求

2009 年度棉花收购贷款资格认定工作是棉花收购资金供应与管理工作的首要环节，各级行务必要统筹考虑辖内棉花供需状况，结合企业生产经营实际，加强领导，精心组织，科学布局，切实做好此项工作。

（一）合理布局，做好防止出现收购资金供应空白点的预案。各级行在开展棉花收购贷款资格认定工作时，应结合国家棉花质检体制改革规划，合理布局收购资金供应点。要在统筹考虑各地产量、贷款企业加工能力和抵御市场风险能力的基础上，合理调整布局，既要防止出现贷款支持收购点过于集中，造成收购加工资源浪费、影响收购秩序的情况；又要防止过于分散，影响棉农售棉的情况。各级行要积极做好预案，鼓励辖内大型重点棉花流通企业，辐射面广、带动力强的优质企业在可能出现资金供应空白点的地区设立收购网点，防止出现新棉收购资金供应空白点，实现新棉组织收购。

（二）配合国家棉花质检体制改革规划，进一步优化客户结构。2009 棉花年度是国家棉花质检体制改革五年缓冲期的最后一年，各级行要抓住这一关键时期，进一步优化客户结构。对现有客户中不能在 2009 棉花年度纳入并完成国家棉花质检体制改革规划的，要逐企业分析原因以及存量贷款结构，制订出切实可行的退出方案。对于确实因收购资金供应点布局、存量贷款清收困难等原因暂时无法退出的企业，要严格控制新年度棉花收购贷款规模，且必须采取贷款担保措施，并要求企业经营者办理个人及其家庭合法财产担保，同时提高其自有资金、风险准备金比率，落实库存第三方监管。

（三）审慎做好对棉花产业化龙头企业和深加工企业收购贷款资格认定工作。为有效防控信贷风险，确保信贷资金安全，总行下发了《关于加强粮棉油加工和产业化龙头企业收购贷款管理的紧急通知》（农发银发[2009]107 号），明确规定了产业化龙头企业和深加工企业使用棉花收购贷款的条件。各级行要按照文件规定，严格遵循棉花收购贷款使用边界，对棉花产业化龙头企业和深加工企业发放的收购贷款只能用于解决农民售棉问题和季节性原材料集中储备的需要。

（四）继续加强异地收购贷款管理。为规范异地收购行为，从源头上防范异地收购风险，各行要进一步加强对异地收购贷款的管理。

1. 跨省异地收购贷款只能用于棉花产业化龙头企业和深加工企业购进用于满足自身生产所需的棉花。

2. 开展异地收购业务的企业信用等级原则上在 AA－级（含）以上，对于省内为解决收购空白点问题而开展异地收购的企业，信用等级可放宽至 A－级（含）以上。

3. 企业异地收购资格由省级分行客户部门认定，跨省收购的需报总行备案（备案表见附件 5）。

（五）新年度棉花收购贷款资格认定工作应在 2009 年 8 月 31 日前完成，并于 9 月 10 日前将棉花收购贷款资格认定工作总结和“2009 棉花年度棉花收购贷款资格认定情况统计表”（见附件 2）、“2009 棉花年度棉花收购贷款企业信用等级评定情况统计表”（见附件 3）和“2009 棉花年度退出企业统计表”（见附件 4）上报总行，电子邮箱：一处/客户二部/总行/公函。

附件：1. 2009 棉花年度新认定收购贷款资格棉花企业备案表（略）

2. 2009 棉花年度棉花企业收购贷款资格认定情况统计表（略）

3. 2009 棉花年度棉花收购贷款企业信用等级评定情况统计表（略）

4. 2009 棉花年度退出企业统计表（略）

5. 2009 年度棉花企业跨省收购备案表（略）

关于粮棉油异地收购调销贷款管理有关问题的紧急通知

2009年6月25日　农发银发[2009]167号

各省、自治区、直辖市分行,总行营业部:

针对少数分支行粮棉油异地收购、调销贷款发放和管理中存在的突出问题,为进一步强化粮棉油异地收购、调销等薄弱环节贷款管理,有效防范信贷风险,现就有关要求通知如下:

一、自本通知印发之日起,新发放的收购贷款不得用于跨省区异地粮棉油收购。新发放的收购贷款能否用于省区内跨地市收购,由各省级分行结合当地实际情况自行确定,确定继续支持开户企业省区内跨地市异地收购的,必须把签订和落实四方或三方粮棉油库存异地监管协议作为收购贷款发放的前提条件,不落实的不能发放贷款。

二、粮棉油收购贷款的发放要着眼于解决本地粮棉油收购问题,对企业跨省区收购粮棉油的,坚持"在哪里收购,就在哪里贷款"的原则,有效落实收购贷款发放行的贷后管理责任。凡是当地没有粮棉油收购的,不得发放收购贷款。对超过当地粮棉油收购实际需要的贷款投放,必须严格审查和控制。不得对企业发放调销贷款用于异地收购。

三、跨省区异地收购贷款禁止发放后,对购销双方企业之间(包括集团公司母子企业之间或关联企业之间)具有长期稳定的粮棉油购销协作业务的支持,采取"联合贷款、此增彼减"的方式,即首先由调出方企业开户行根据双方企业委托收购协议或合同,按照收购贷款办法规定审批发放粮棉油收购贷款,并负责贷后库存管理;然后由调入方根据调销贷款办法规定,审批发放粮棉油调销贷款,根据粮棉油调销进度将贷款直接汇入调出方中国农业发展银行(以下简称农发行)账户,用于全额归还收购贷款本息。

四、对农发行收购、调销贷款形成的粮棉油库存,必须坚持"钱货两清、出库收贷"的规定。严格控制和监管企业利用农发行准政策性贷款从事"异地采购、异地销售"及"异地存储、异地销售"的粮棉油经营业务。对确需异地存储、销售的粮棉油,原则上由贷款行直接派人监管;棉花异地库存监管也可实行独立第三方库存监管;对采取委托监管方式的,必须有效落实四方或三方粮棉油库存异地监管协议,不落实的不能发放贷款。监管协议中要明确落实受托行的监管责任,受托行利差分成的比例原则上不得低于50%。

五、各行要立即组织对前期已经发放的粮棉油异地收购贷款、跨省区调销贷款逐笔进行风险排查，并按本通知要求进行落实，稳妥收回贷款或完善监管措施。对出现的重大风险，要按收购贷款应急报告制度的要求，在3个工作日内逐级书面上报至总行。

六、除本通知明确的规定外，其他要求继续按照总行已经下发的《关于进一步加强粮食收购贷款管理的通知》（农发银发[2008]4号）、《中国农业发展银行粮食收购资金贷款封闭管理运行办法》（农发银发[2008]79号）、《中国农业发展银行棉花收购贷款办法》（农发银发[2007]97号）、《中国农业发展银行粮棉调销贷款办法》（农发银发[2008]166号）、《关于加强粮棉油调销流转环节贷款管理和风险防控工作的通知》（农发银发[2008]185号）、《关于进一步加强调销流转环节贷款管理有关问题的通知》（农发银发[2008]216号）、《关于粮棉调销贷款管理有关问题的通知》（农发银发[2009]57号）、《关于做好2008棉花年度收购信贷工作的意见》（农发银发[2008]211号）、《关于进一步规范棉花供需衔接信贷管理工作的通知》（农发银发[2009]68号）执行。对不严格执行总行收购调销贷款相关规章制度，造成粮棉油收购和调销贷款出现重大问题，或者出现大额风险贷款的，要严格追究相关人员的责任。本通知各级行必须认真组织学习贯彻落实，政策执行中遇到的问题要及时上报总行。

关于集团性客户授信和准政策性贷款最高额度核准问题的通知

2009 年 8 月 18 日　农发银发[2009]228 号

各省、自治区、直辖市分行，总行营业部：

为适应业务发展需要，进一步加强风险防控，根据全国分行行长汇报会精神，现就集团性客户授信和准政策性贷款最高额度核准问题通知如下：

一、关于集团性客户授信管理问题

对集团性客户按照"谁用信，向谁授信"的原则，直接向符合我行业务范围的独立法人实体授信，原则上不对集团性客户进行整体授信。确需整体授信的，由总行进行评估授信。

二、关于准政策性贷款最高额度控制问题

(一)准政策性贷款最高额度(余额)1 亿元(含)以上 3 亿元(不含)人民币以下的，由省级分行核准，报总行备案。

准政策性贷款最高额度(余额)1 亿元(不含)人民币以下的，由省级分行将核准权差别转授二级分行。二级分行准政策性贷款核准情况报省级分行备案。

(二)准政策性贷款最高额度(余额)3 亿元(含)人民币以上的，报总行核准。

企业收购中遇有特殊情况，将超过核准额度时，按核准权限下一级行须提前 5 个工作日报上一级行。本通知自下发之日起执行。

关于粮棉油准政策性贷款最高额度核准和备案有关操作问题的通知

2009年8月27日　农发银发[2009]235号

各省、自治区、直辖市分行，总行营业部：

为落实《关于集团性客户授信和准政策性贷款最高额度核准问题的通知》（农发银发[2009]228号）的相关规定，现就粮棉油准政策性贷款最高额度核准与备案的具体操作问题明确如下：

一、关于粮棉油准政策性贷款最高额度（余额）的核准问题

（一）属于以下情况的新审批粮棉油准政策性贷款须报总行核准：

1. 截至审批日企业准政策性贷款余额在3亿元（含）以上；

2. 截至审批日企业准政策性贷款余额未达到3亿元，但贷款余额与新审批的准政策性贷款金额合计在3亿元（含）以上。

（二）贷款审批后发放前要向总行上报以下核准材料：

1. "粮油准政策性贷款最高额度（余额）核准表"（见附件1）或"棉花准政策性贷款最高额度（余额）核准表"（见附件3）；

2. 有权审批行贷款调查报告、贷款审查意见、拟下发的贷款批复意见。

以上材料一式两份，经省级分行行长或授权副行长审核、签字，并加盖省级分行公章后，寄送至总行客户一部或客户二部，同时将申报材料电子版通过内部局域网上报至总行，电子邮箱：一处/客户一部/总行/公函或一处/客户二部/总行/公函。

（三）总行客户部门在收到贷款核准上报材料后，及时审核并反馈核准意见，核准意见未反馈之前不得发放贷款。

二、关于粮棉油准政策性贷款最高额度（余额）核准的备案

准政策性贷款最高额度（余额）1亿元（含）以上，3亿元（不含）以下的，由省级分行核准，省级分行核准后要在5个工作日内填制"粮油准政策性贷款最高额度（余额）备案表"（见附件2）或"棉花准政策性贷款最高额度（余额）备案表"（见附件4）报总行客户部门备案。

各行要认真做好粮棉油准政策性贷款最高额度的核准与备案工作，核准与备案具体实施过程中遇到的问题要及时向总行反映。本通知自发文之日起施行。

附件：1. 粮油准政策性贷款最高额度（余额）核准表（略）

2. 粮油准政策性贷款最高额度（余额）备案表（略）

3. 棉花准政策性贷款最高额度（余额）核准表（略）

4. 棉花准政策性贷款最高额度（余额）备案表（略）

关于认真执行2009棉花年度收购贷款上限和贷款风险控制线的通知

2009年9月21日　农发银发[2009]250号

各省、自治区、直辖市分行，总行营业部：

为配合国家宏观调控，有效防范市场风险，经报发展改革委同意，总行决定，2009棉花年度继续实施收购贷款上限和贷款风险控制线政策，现就有关问题通知如下：

一、贷款上限标准

贷款上限基准暂定为500元/担，最高可上浮50元/担，根据市场变化可下浮，上、下浮幅度由各省级分行确定。符合下列条件之一的，收购贷款上限最高可以上浮60元/担。

（一）纺织企业自用的棉花。

（二）实施第三方监管的棉花。

（三）信用等级AA级（含）以上企业收购的棉花。

（四）总行确定的大型重点棉花流通企业收购的棉花。

二、贷款风险控制线标准

贷款风险控制线以中国棉花价格指数为基准设立。总行将根据前一周的中国棉花价格指数到厂平均价，减去流通企业的平均加工费用（500元/吨）、财务费用和仓储费用（500元/吨，按6个月计算）、运输搬倒费（200元/吨）、合理的利润（200元/吨），并根据市场行情在上下浮动5%的范围内确定，于每周第一个工作日在内部网络系统公布，一周内有效。

三、严格执行政策

各级行要严格执行贷款上限和贷款风险控制线政策。贷款发放前，开户行必须在借款合同或补充协议中明确："客户在收购过程中如不执行我行的贷款上限和贷款风险控制线政策，农发行将停止贷款。"

当企业收购价格低于贷款上限的标准，开户行可按实际价格提供贷款支持收购。当收购价格高于贷款上限而低于贷款风险控制线时，开户行须在企业自筹资金到账后，在贷款上限的标准内提供贷款。当收购价格高于贷款风险控制线时，开户行不应提供贷款支持，并及时将情况向当地政府和上级行报告。

各分行要充分利用各种信息资源，关注国内、国际棉花购销市场动态，结合本地实际情况，在总行确定的最高上浮限额内，确定本省的贷款上限标准，并有针对性地建立和完善价格风险防范机制。

收购期间若棉花购销市场行情发生较大变化，总行将根据实际情况适时调整贷款上限和贷款风险控制线标准。

关于印发我行与全国棉花交易市场开展第三方监管合作有关协议文本的通知

2009 年 9 月 23 日　农发银发[2009]252 号

各省、自治区、直辖市分行，总行营业部：

自 2005 棉花年度以来，我行与全国棉花交易市场开展第三方监管合作，提高了我行棉花库存的监管水平，有效保障了我行的第一还款来源。为进一步规范和推动贷款形成棉花库存的第三方监管，总行和全国棉花交易市场在试点地区合作协议的基础上协商制定了新的三方合作协议文本，现印发给你们，并就有关事项通知如下：

一、准确把握协议文本中的重要条款

新的三方合作协议文本有助于实现执行政策与防范风险的有机结合。新协议查找并弥补了原协议中的漏洞，减少了风险点；规范了贷款行（甲方）、贷款企业（乙方）、全国棉花交易市场（丙方）的权利义务关系；采取了“追加质押”的操作模式，加强了对贷款形成物资的控制，可以有效应对法院查封、企业破产对我行债权的不利影响。

本次印发的协议文本中如下几方面的条款至关重要，各行在签署、执行协议过程中，应特别关注，准确理解，贯彻落实。

（一）关于仓单质押有效性的条款

1. “未经甲方书面同意，丙方不得为已质押给甲方的仓单处理挂失、补办、作废手续。”

“持单人凭仓单可提取货物。丙方在确定持单人不欠相关费用的前提下，丙方应无条件及时为持单人办理提货单，丙方指定交割仓库核实提货单后应允许仓单对应的棉花出库。”

“持单人可将质押仓单背书转让，其权利义务一并转移给买受人。凡涉及质押仓单背书转让的，持单人应以传真方式通知丙方，丙方进行书面和在线变更。”

2. “甲方妥善保管仓单。”

3. “丙方对其盖章确认仓单的真实、有效性负责。”

4. “棉花移库前仓单已生成并质押给甲方的，棉花移库不影响甲方行使仓单权利。”

（二）关于监管责任的条款

1. “乙方棉花存入的丙方指定交割仓库不得与乙方存在关联关系。存在关联关系的，丙方不受理监管业务、对仓单质押不予确认。丙方在签订本协议过程中，应将与乙方存在关联关系的丙方指定交割仓库名单书面通知甲方、乙方。该书面通知作为本协议的附件。”

2.“凡甲方未发出解除棉花监管的书面通知,而出现棉花被乙方或他人提取或被销售等违反本协议约定的行为,造成甲方损失的,丙方均应向甲方先行赔付,再由丙方向有关责任人追索。丙方赔付数额为未经甲方允许而提取或销售棉花数量所对应的甲方贷款本息。”

(三)关于销售锁定的条款

“经甲方同意,乙方可通过丙方的商品棉电子撮合交易平台、网上超市交易平台或其他商品棉交易平台进行销售。销售成交后,未经甲方同意,不得再进行回购。丙方应对乙方的销售进行锁定。甲方对销售货款享有优先受偿权,可直接扣划用于归还贷款本息。”

(四)关于保险受益人的条款

“乙方质押给甲方仓单对应的棉花,无论甲方或丙方代办保险,保险单上的第一受益人必须为甲方。当乙方全额归还甲方的贷款本息时,保险单上的第一受益人方可变更。”

(五)关于利用仓单在他行融资的条款

“按本协议纳入监管范围的棉花,在乙方足额归还甲方贷款本息前,未经甲方同意,丙方不得为乙方提供仓单质押等资金服务业务。”

(六)关于未纳入监管的棉花信息公开的条款

“乙方同意,对于乙方正常申报参与丙方交易等业务但未纳入监管范围的棉花,在本协议的有效期内,丙方可将乙方参与交易市场业务的信息通过加密卡的方式向甲方开放。”

(七)关于诉讼管辖地的条款

“本协议在履行过程中,如发生争议,由三方协商解决,协商不成应向甲方所在地人民法院提出诉讼。经甲、乙、丙三方协商一致,可以变更诉讼地点。”

二、执行协议的具体要求

(一)协议的种类与适用

考虑到不同贷款方式以及不同棉花存放区域的特殊情况,本次印发的协议文本有四个:

1. 内地质押模式文本。适用于仓单质押和追加质押的信用贷款方式对应的且存放在全国棉花交易市场新疆以外的内地指定交割仓库的棉花。

2. 内地监管模式文本。适用于除仓单质押以外的其他有第二还款来源担保的贷款方式对应的且存放在全国棉花交易市场新疆以外的内地指定交割仓库的棉花。

3. 新疆质押模式文本。适用于仓单质押和追加质押的信用贷款方式对应的且存放在全国棉花交易市场新疆指定监管仓库的棉花(包括后期移库至内地指定交割仓库的棉花)。

4. 新疆监管模式文本。适用于除仓单质押以外的其他有第二还款来源担保的贷款方式对应的且存放在全国棉花交易市场新疆指定监管仓库的棉花(包括后期移库至内地指定交割仓库的棉花)。

其中内地质押和新疆质押两个模式的文本均包括两种质押操作方式:一种是普通的质押贷款办理中的质押操作,即我行在发放质押贷款前已办理质押手续;另一种是追加质押,贷款发放后再办理质押手续,即我行先发放信用贷款,信用贷款形成的棉花存入全国棉花交易市场的指定交割(监管)仓库并生成仓单后,企业将该仓单质押给我行。自2009棉花年度起,我行信用贷款形成且由全国棉花交易市场实施第三方监管的棉花,符合追加质押条件的应办理追加质押。

贷款行应根据贷款形成棉花库存的具体情况,签署相应的协议文本。同一企业贷款方式上既有仓单质押和追加质押的信用贷款的,又有除仓单质押以外的其他有第二还款来源担保的,应签署质押模式和监管模式两个协议文本。同一企业若贷款方式和棉花存放区域符合签署多个协议文本的条件的,应签署对应的多个协议文本。

(二)仓单质押贷款的办理

贷款行收到企业提供的仓单,应核实仓单上的企业及指定交割(监管)仓库的签字盖章。贷款行同意向企业发放仓单质押贷款,应按照质押贷款有关规定办理,与企业签订流动资金借款合同、权利质押合同,同时将仓单寄送给全国棉花交易市场。贷款行收到全国棉花交易市场盖章确认的仓单后,方可放款。仓单作为质押物,由贷款行会计部门按重要质押凭证保管。

(三)严格"追加质押"操作

发放信用贷款后追加质押,可以在遇到法律纠纷时更好地保障我行权益。追加质押时,贷款行应与企业签署权利质押合同,在外部法律关系上,我行贷款转为质押贷款。在内部操作上,贷款行应将追加质押情况向上一级行备案,但原有的借款合同和借款方式不需变更,并在CM2006系统操作中直接将追加质押时签署的权利质押合同关联至主合同。

(四)借款合同补充条款或补充协议的填写

为充分发挥协议的作用,应通过借款合同补充条款或另行签署补充协议明确:"乙方应将甲方贷款形成的棉花存放在丙方认可的指定交割(监管)仓库,不得存放在丙方不承担监管责任的指定交割(监管)仓库。"

内地质押、新疆质押模式中采取"追加质押"的,还应在借款合同补充条款或另行签署补充协议中增加以下表述:"乙方使用甲方贷款形成的棉花应按合作协议第四条的约定及时存入丙方指定交割仓库并按照丙方公布的程序生成仓单,乙方应将由丙方盖章确认的仓单追加质押给甲方,甲乙双方还应签订相应的权利质押合同。"

(五)准确填写协议文本中的空白处

贷款行与企业协商一致后,应准确填写协议文本中的以下空白处,保证协议效力:棉花加工后企业联系入库事宜的时间、企业收取交割货款的指定账户、贷款行发出解除监管通知的授权人签字留样和公章留样、风险控制条款中棉花价格下降的比例、保险代办机构的选择、协议适用的棉花年度。

（六）及时履行我行义务

贷款行在执行协议的过程中，应加强与企业和全国棉花交易市场的沟通，及时办理各项手续，履行以下义务：贷款行对申报单或仓单盖章确认并寄送交易市场、仓单背书转让后通知交易市场、棉花交割后向交易市场归还仓单并通知其解除监管、企业自行还款后向企业归还仓单并通知交易市场解除监管等。

（七）加强指导、检查力度

省级分行和二级分行要加强对贷款行签署、执行协议的指导、检查力度，保证协议的合法有效。同时，管理行和贷款行要及时掌握纳入第三方监管棉花的动态，有效利用全国棉花交易市场提供的加密卡查询有关信息，加强工作督导。

（八）协议的印制、签署与生效

各省级分行统一组织协议文本的印制，并下发有关贷款行。贷款行和企业在协议上签字盖章后，将协议交全国棉花交易市场签字盖章，协议生效。

三、其他事项

自 2009 棉花年度开始，本次印发的四个协议文本启用，原有的协议文本废止，试行 1 年。本次印发的四个协议为制式文本，未经总行同意，各行不得修改。协议文本实际使用过程中的有关情况和问题，请及时向总行报告。各行在与全国棉花交易市场以外的主体开展第三方监管合作时，可参考本次印发的四个协议的有关内容。

附件：1. 中国农业发展银行贷款行、贷款企业、全国棉花交易市场三方业务合作协议（内地质押模式）（略）

2. 内地质押版业务流程图（先仓单后贷款）（略）

3. 内地质押版业务流程图（先贷款后仓单）（略）

4. 中国农业发展银行贷款行、贷款企业、全国棉花交易市场三方业务合作协议（内地监管模式）（略）

5. 内地监管版业务流程图（略）

6. 中国农业发展银行贷款行、贷款企业、全国棉花交易市场三方业务合作协议（新疆质押模式）（略）

7. 新疆质押版业务流程图（先仓单后贷款）（略）

8. 新疆质押版业务流程图（先贷款后仓单）（略）

9. 中国农业发展银行贷款行、贷款企业、全国棉花交易市场三方业务合作协议（新疆监管模式）（略）

10. 新疆监管版业务流程图（略）

关于做好2010年度棉花收购贷款资格认定工作的通知

2010年6月29日　农发银发[2010]126号

各省、自治区、直辖市分行,总行营业部:

为做好棉花收购资金供应与管理工作,切实履行好中国农业发展银行(以下简称农发行)信贷支农的政策性银行职能,有效防范棉花收购贷款风险,总行决定,2010棉花年度继续开展棉花收购贷款资格认定工作,现将有关要求通知如下:

一、统一思想,加强领导,严把客户准入关

棉花收购贷款客户是农发行发挥政策性银行职能作用、落实国家宏观调控政策、支持“三农”发展的重要载体。做好棉花收购贷款资格认定工作,是防控棉花收购贷款风险的重要基础,是进一步优化我行客户结构的基本前提,更是新年度棉花收购贷款发放与管理工作有序开展的有力手段。各级行务必高度重视,切实加强领导,充分认识棉花收购贷款资格认定工作的重要性。

当前,棉花市场形势比较复杂,国内棉花市场价格持续高位运行,棉纺织市场近期持续走强但远期走势尚未明朗,国家棉花质检体制改革五年过渡期即将结束。各级行要认清形势,统一思想,继续遵循“有保有压、区别对待、择优扶持、统筹兼顾”的原则,有计划、有步骤地做好棉花收购贷款资格认定工作,严把客户准入关,为新年度棉花信贷工作的有效开展打下坚实的基础。

二、棉花收购贷款资格认定的范围

根据农发行棉花贷款业务的相关规定,棉花收购贷款资格认定的范围是:

(一)供销社棉花企业(含供销社控股的棉花企业)。

(二)农业部门所属的良种棉加工企业。

(三)改制后延续或承担农发行贷款债务的棉花企业。

(四)国有农场所属的棉花企业。

(五)收购加工一体的棉花深加工企业。

(六)棉花产业化龙头企业。

(七)其他棉花购销企业。

三、棉花收购贷款资格认定的标准

(一)基本标准。涉棉企业获得棉花收购贷款资格应同时具备以下条件:

1. 持有工商行政管理部门核发的营业执照,办理有效年检手续。

2. 持有中国人民银行核发的贷款卡,办理有效年检手续。

3. 纳入国家棉花质检体制改革规划，并且已经完成加工设备更新改造，同时具有经有权部门认定的棉花加工资格。

4. 在农发行开立存款账户。

5. 具有贷款本息偿还能力，经营正常，资产和效益良好。

6. 自愿接受农发行信贷监督。

（二）与我行新建立信贷关系的棉花企业的认定标准。对与我行新建立信贷关系的棉花企业进行棉花收购贷款资格认定时，要求企业在达到基本标准的基础上，经我行系统方法评级审批的信用等级为 A + 级（含）以上，其中棉纺类企业还必须符合《关于做好棉花农资龙头企业流通体系等客户营销和管理工作的通知》（农发银发［2010］70 号）中的客户准入相关规定。对于 2009 棉花年度棉花收购资金供应布局能够满足当地棉农售棉需求的地区，原则上不再对新企业认定棉花收购贷款资格。

（三）对供销社所属改制企业进行贷款资格认定的标准。对供销社所属改制企业进行棉花收购贷款资格认定时，要求企业在达到基本标准的基础上还需具备以下条件：

1. 对改制行为规范、财务制度健全并妥善落实各种债权债务的企业，可认定其贷款资格。

2. 对正在进行改制的企业，在确保我行债权债务落实的前提下，可认定其贷款资格，否则暂缓认定。

3. 对有逃废或变相逃废我行贷款行为的改制企业，不得认定其贷款资格，并采取有效措施清收所欠贷款。

（四）不予认定贷款资格的规定。

1. 对于发生挤占挪用贷款、提前抽逃自筹资金造成农发行贷款损失、没有归还全部违规贷款的企业，不予认定贷款资格。

2. 未纳入国家棉花质检体制改革规划，或者纳入规划未完成加工设备更新改造的企业，不予认定贷款资格。

3. 2009 棉花年度结束时，收购贷款未实现本息双结零，或者利用他行贷款、集资款等非销售回笼货款实现本息双结零的企业原则上不予认定贷款资格。

4. 对于 1999 ~ 2008 棉花年度，棉花收购贷款仍未全额收回，近两年没有切实履行已签订的贷款清偿计划的企业，不予认定贷款资格。

四、棉花收购贷款资格认定的程序

（一）确定企业名单。开户行要根据棉花收购贷款资格认定的范围，对现有客户和符合条件的非我行客户进行认真细致的分类排队，充分了解企业生产经营状况以及融资需求，合理拟定参与资格认定的企业名单。

（二）核实企业情况。开户行要根据已拟定的参与贷款资格认定的企业名单逐企业进行调查，了解、核实企业加工能力、经营管理、财务状况、资信状况和收购计划、贷款需求等情况。

（三）评定信用等级。在确定企业 2010 棉花年度棉花收购贷款资格前，各行应对拟认定的企业进行信用等级评定。信用等级评定工作应采用系统方法进行，具体流程及要求按照《信贷业务操作手册（试行）》中 CM2006 系统评级方法相关规定执行。为适应 CM2006 系统办贷要求，对于信用等级初评结果为 A－级（不含）以下的企业，确需支持的，经省级分行批准后可上调至 A－级，但“2010 棉花年度棉花收购贷款企业信用等级评定情况统计表”中仍按原初评的信用等级上报。

（四）认定贷款资格。开户行依据棉花收购贷款资格认定的原则、标准和企业实际情况，对企业收购贷款资格进行初步评定，并将初评意见逐级上报至有权认定行。有权认定行对企业基本情况、经营管理水平及资信状况等按相关认定标准进行严格审查认定，并将认定结果逐级通知相关分支行。

棉花收购贷款资格认定权限：

1. 新准入的企业、尚未进行改制的供销社所属企业、我行为防范新棉收购资金供应中突发状况需要认定的企业，其棉花收购贷款资格由省级分行客户部门认定，并报总行备案（见附件 1）。

2. 其他企业的棉花收购贷款资格由二级分行认定，并报省级分行备案。

（五）公布认定结果。

1. 开户行要以书面形式将收购贷款资格认定结果通知企业。

2. 要采取适当形式向社会公布认定结果，省级分行和二级分行要在当地主流媒体公告认定结果，开户行要重点选择乡村广播站、县乡有线电视台等能将信息传送到棉农的新闻媒体作为宣传手段，方便棉农选择棉花交售点。

3. 各级行要主动向当地政府和有关部门通报收购贷款资格认定情况，争取理解和支持，赢得收购工作的主动。

五、其他要求

2010 棉花年度棉花收购贷款资格认定工作是棉花收购资金供应与管理工作的第一道关口，各级行务必要统筹考虑辖内棉花供需状况，结合企业生产经营实际，加强领导，精心组织，科学布局，切实做好此项工作。

（一）合理布局收购资金供应点。各级行在开展棉花收购贷款资格认定工作时，应结合国家棉花质检体制改革规划，合理布局收购资金供应点。要在统筹考虑各地产量、贷款企业加工能力和抵御市场风险能力的基础上，合理调整布局，既要防止出现贷款支持收购点过于集中，造成收购加工资源浪费、影响收购秩序的情况；又要防止过于分散，影响棉农售棉的情况。各级行要积极做好预案，鼓励辖内大型重点棉花流通企业，辐射面广、带动力强的优质企业在可能出现影响棉农售棉的地区设立收购网点，组织新棉收购。

（二）提高企业自有资金参与棉花收购比例。2009 棉花年度，棉花生产加工企业普遍盈利。各行应把握这一有利时机，督促、鼓励企业不断充实自有资金实力，加强风险防范能力，提高自有资金占全部收购所需资金比例，从而帮助企业逐步树立健康、可持续发展的经营理念。2010 棉花年度企业参与收购的自有资金应在 2009 棉花年度的基础上增加 10%。

（三）新年度棉花收购贷款资格认定工作应参考企业上一年度棉花收购贷款的结零情况，先结零、先认定，分期分批地开展工作。2010年度棉花收购贷款资格认定工作原则上应在2010年8月31日前完成，对于确因我行为防范新棉收购资金供应过程中可能出现的突发状况而需追加认定的企业不受此时间限制，但认定结果必须于5个工作日内上报总行。

各行应于9月10日前将棉花收购贷款资格认定工作总结和“2010棉花年度棉花收购贷款资格认定情况统计表”（见附件2）、“2010棉花年度棉花收购贷款企业信用等级评定情况统计表”（见附件3）和“2010棉花年度退出企业统计表”（见附件4）上报总行，电子邮箱：一处/客户二部/总行/公函。

附件：1. 2010年度棉花收购贷款资格备案表（略）

2. 2010棉花年度棉花企业收购贷款资格认定情况统计表（略）

3. 2010棉花年度棉花收购贷款企业信用等级评定情况统计表（略）

4. 2010棉花年度退出企业统计表（略）

关于认真执行2010棉花年度收购贷款上限和贷款风险控制线的通知

2010年9月21日　农发银发[2010]194号

各省、自治区、直辖市分行，总行营业部：

为配合国家宏观调控，有效防范市场风险，总行决定，2010棉花年度继续实施收购贷款上限和贷款风险控制线政策，现就有关问题通知如下：

一、贷款上限标准

328级皮棉贷款上限基准暂定为700元/担，最高可上浮50元/担，根据市场变化可下浮，上、下浮幅度由各省级分行确定。

二、贷款风险控制线标准

贷款风险控制线以中国棉花价格指数为基准确立。总行将根据前一周的中国棉花价格指数到厂平均价，减去流通企业的平均加工费用、财务费用和仓储费用、运输搬倒费以及合理的利润，并参考其他方面掌握的信息最终确定贷款风险控制线标准，于每周第一个工作日在内部网络系统公布，一周内有效。

按照《关于做好2010年度棉花收购信贷工作的意见》(农发银发[2010]178号)的规定，各省风险控制线可以上浮的企业及上浮比例，由省级分行确定。风险控制线上浮比例最高不超过总行公布标准的10%，并通过局域网报总行备案(备案表见附件)，电子邮箱：一处/客户二部/总行/公函。

三、严格执行政策

当收购价格不超过贷款风险控制线时，开户行在企业自筹资金到账后，可按不突破贷款上限的标准提供贷款。当收购价格高于贷款风险控制线时，开户行原则上不再提供贷款，并及时向当地政府和上级行报告。

各分行要充分利用各种信息资源，关注国内、国际棉花购销市场动态，结合本地实际情况，在总行确定的最高上浮限额内，确定本省的贷款上限标准。

贷款发放前，开户行必须在借款合同或补充协议中明确，客户在收购过程中应执行我行的贷款风险控制线政策。

附件：风险控制线上浮企业备案表(略)

关于印发2010棉花年度我行与全国棉花交易市场开展第三方监管合作有关协议文本的通知

2010年10月14日　农发银客二[2010]38号

河北、山西、辽宁、江苏、浙江、安徽、江西、山东、河南、湖北、湖南、四川、陕西、甘肃、新疆分行客户二处,天津分行客户一处,上海分行客户处,总行营业部客户处:

2009年总行印发了我行与全国棉花交易市场开展第三方监管合作的有关协议文本。近一年的试点表明,这些协议文本基本能够满足实际工作的需要。

2010年全国棉花交易市场对其交易规则进行了修改。为保障第三方监管的顺利开展,经过协商,总行和全国棉花交易市场对协议文本进行了微调,主要体现在以下三点:一是将棉花组批标准从"每一批次净重不小于19吨"调整为"每一批次数量小于86包"。二是要求入库棉花包型和包装符合国家棉花包装标准(GB 6975—2007)关于I型棉包的规定。三是协议中引用的《全国棉花交易市场指定交割(监管)仓库管理办法》、《全国棉花交易市场商品棉仓单管理办法》、《全国棉花交易市场商品棉交易办法》、《全国棉花交易市场商品棉交割办法》四个办法均为2010年度版。

如在本文印发前已签署了2010年度的三方合作协议,贷款行应与企业、全国棉花交易市场签署包括上述三项调整内容的补充协议,已签署的三方合作协议其他条款继续有效。

本次印发的协议文本原则上由各省级分行组织印制,也可委托二级分行或贷款行印制。协议文本实际使用过程中的有关情况和问题,请及时向总行报告。

附件:1. 中国农业发展银行贷款行、贷款企业、全国棉花交易市场三方业务合作协议(内地质押模式)(略)

2. 内地质押版业务流程图(先仓单后贷款)(略)

3. 内地质押版业务流程图(先贷款后仓单)(略)

4. 中国农业发展银行贷款行、贷款企业、全国棉花交易市场三方业务合作协议(内地监管模式)(略)

5. 内地监管版业务流程图(略)

6. 中国农业发展银行贷款行、贷款企业、全国棉花交易市场三方业务合作协议(新疆质押模式)(略)

7. 新疆质押版业务流程图（先仓单后贷款）（略）
8. 新疆质押版业务流程图（先贷款后仓单）（略）
9. 中国农业发展银行贷款行、贷款企业、全国棉花交易市场三方业务合作协议（新疆监管模式）（略）
10. 新疆监管版业务流程图（略）

关于做好当前粮棉收购信贷工作的紧急通知

2010 年 10 月 25 日　农发银传[2010]3 号

各省、自治区、直辖市分行，总行营业部：

当前，粮棉收购信贷工作面临的形势极端复杂。各行务必从国家发展改革稳定的大局出发，以高度的政治责任感做好支持粮棉收购各项工作。总行重申和强调以下要求：

一、对具备中国农业发展银行（以下简称农发行）收购贷款资格的粮棉经营企业，愿意收购农民自愿交售的粮棉，农发行要予以贷款支持，绝不允许企业出现“打白条”现象。各级行要足额安排信贷规模，合理核定企业收购贷款额度，发放必要的铺底收购资金贷款。要主动及时做好与党政部门的沟通协调。

二、各级行必须严格落实总行关于粮棉准政策性贷款管理的各项规定，认真落实贷前条件，强化贷款支付监督，注意掌控贷款节奏，紧盯粮棉库存变化，切实做到购贷销还。购销企业应有购销合同，勤进快销，并落实贷款风险准备金；加工企业要落实抵押担保措施和做好收购贷款分月偿还工作。对因市场原因形成的价差亏损占用贷款，经总行核实确认后，可单独反映，不纳入年度经营绩效考核。

三、粮棉收购贷款必须专款专用，严防违规放贷，严防企业骗贷，严防内外勾结、收受贿赂、吃拿卡要等违纪违法案件发生。

四、各省级分行务必在本周内，将本通知连同总行近期下发的农发银发[2010]202 号、农发银传[2010]2 号和《行务会议纪要》总行 2010 年第 3 期四个重要文件，采取紧急措施，贯彻落实到辖内分支机构。凡因工作失职，违反有关规定，致使收购信贷工作出问题，或出现大额风险及案件，将实行严格问责，绝不姑息。各行在贯彻落实中遇到的重要情况和问题，及时报告总行。

此件须转发至县级支行。

关于做好 2011 年度棉花收购贷款资格认定工作的通知

2011 年 7 月 20 日　农发银发[2011]153 号

各省、自治区、直辖市分行,总行营业部:

为切实履行好农业政策性银行信贷支农职能,认真做好棉花收购资金供应与管理工作,总行决定,2011 棉花年度继续开展棉花收购贷款资格认定工作,现将有关要求通知如下:

一、高度重视,严把客户准入关

棉花收购贷款资格认定工作,是做好棉花收购信贷工作的重要基础,也是实施优质客户战略、防控棉花信贷风险的第一道关口,尤其是在棉花市场已进入高棉价阶段和国家临储制度建立的新形势下,棉花收购市场格局发生重大变化,贷款客户作为我行保收购和防风险的重要载体,把好客户准入关口尤为重要。各行要高度重视,切实加强组织领导,要坚持在不出现"打白条"现象的前提下防控风险的指导思想,认真开展棉花收购贷款资格认定工作,既要合理布局、防止出现"卖棉难",保护棉农利益,又要严把客户准入关口、有效防范棉花收购贷款风险,为 2011 棉花年度棉花信贷工作的有效开展打下坚实的基础。

二、棉花收购贷款资格认定原则

各行要按照"分类认定、动态管理、有保有压、合理布局、防控风险"的原则,扎实做好 2011 棉花年度棉花收购贷款资格认定工作。

(一)分类认定,力保收购

各行要有计划、有步骤、分批次地开展棉花收购贷款资格认定工作。要将企业划分为基本客户和可选择客户进行分类认定。基本客户是我行保收购的重要载体,是棉农交售的主要对象,始终与其保持良好的信贷合作关系是我行履行农业政策性银行职能、保护棉农利益的重要基础。基本客户包含两类企业:一是支农辐射面较广、应对复杂市场形势的能力较强、信用等级较高、经营效益较好、有较强风险承受能力、与中国农业发展银行(以下简称农发行)配合好的优质企业;二是为弥补棉花收购资金供应空白点,防止出现"卖棉难"、"打白条"现象,确需提供收购资金支持的企业。可选择客户是基本客户之外、农发行可自主选择支持的客户。对可选择客户棉花收购贷款资格的认定,要根据棉花市场形势变化、棉农售棉意愿及棉企收购资金需求等因素,同时结合企业资产负债率、风险承受能力、市场把控能力、与农发行的配合等情况,确定是否认定其棉花收购贷款资格。

（二）动态管理，有保有压

各行要进一步优化客户结构，建立健全客户退出机制。对我行信贷支持企业加工能力超过当地资源总量的，要适当退出部分企业。要按照“保优质企业、不保劣质企业”的原则，对棉花收购企业实行动态管理，优质客户及时准入，劣质客户及时退出，逐步建立优质客户群。对以下几类客户原则上均要退出：一是不配合我行信贷监管“囤棉赌市”的企业；二是经营能力下降、成长性差的企业；三是主要财务指标低于行业平均值、连续3年亏损的企业。

（三）合理布局，防控风险

各行在开展棉花收购贷款资格认定工作时，要在统筹考虑各地产量、贷款企业加工能力和抵御市场风险能力的基础上，合理调整布局，切实防范政策性风险，既要防止出现贷款支持收购点过于集中造成收购加工资源浪费、影响收购秩序的情况，又要防止过于分散、影响棉农售棉的情况。各行要积极做好预案，防止出现区域性“卖棉难”现象，要支持辖内大型重点棉花流通企业，辐射面广、带动力强的优质企业在可能出现影响棉农售棉的地区设立收购网点，组织新棉收购。

三、棉花收购贷款资格认定范围、标准及权限

（一）认定范围

根据农发行棉花贷款业务的相关规定，棉花收购贷款资格认定的范围为同时具备以下条件的涉棉企业：

1. 持有工商行政管理部门核发的营业执照，办理有效年检手续；

2. 持有人民银行核发的贷款卡，办理有效年检手续；

3. 纳入国家棉花质检体制改革规划，并且已经完成加工设备更新改造，具有经有权部门认定的棉花加工资格。

（二）认定标准

1. 现有客户棉花收购贷款资格认定标准。对2010棉花年度已认定棉花收购贷款资格或有棉花技改贷款余额的客户视为现有客户，在2011棉花年度棉花收购贷款资格认定时，企业需同时具备以下条件：

（1）2010棉花年度实现收购贷款本息双结零；

（2）能够积极配合农发行信贷监管，与我行合作关系良好；

（3）经营正常，资产、效益良好。

对供销社所属改制企业进行棉花收购贷款资格认定时，企业还需具备以下条件之一：改制行为规范，经营管理正常、财务制度健全并妥善落实各种债权债务；正在进行改制，能够确保我行债权债务的落实。

2. 新客户棉花收购贷款资格认定标准。对2010棉花年度未认定棉花收购贷款资格、棉花技改贷款无余额且2011棉花年度拟向我行申请棉花收购贷款的客户视为新客户，在棉花收购贷款资格认定时，企业需同时具备以下条件：

（1）注册资本金不低于1 000万元人民币；

（2）近两年连续实现盈利；

(3)经我行系统方法评级审批的信用等级为A+级(含)以上;

(4)经调查,认定企业2011棉花年度参与收购的自有资金能够达到10%(含)以上。

3. 基本客户棉花收购贷款资格认定标准。基本客户棉花收购贷款资格的认定除达到以上现有客户或新客户的相应标准外,还需具备以下条件之一:

(1)总行级或省级黄金客户、省级优质客户;

(2)信用等级AA-级(含)以上的企业;

(3)经调查,认定2011棉花年度参与收购的自有资金能够达到20%(含)以上的企业;

(4)不具备以上条件之一,但为防止出现区域性“卖棉难”确需认定的企业。

4. 不予认定棉花收购贷款资格的规定。对存在以下现象之一的企业,2011棉花年度不予认定棉花收购贷款资格:

(1)2010棉花年度收购贷款未实现本息双结零的企业;

(2)发生挤占挪用贷款、提前抽逃自筹资金等造成农发行贷款损失、没有归还全部违规贷款的企业;

(3)1999~2009棉花年度,棉花收购贷款仍未全额收回,近两年没有切实履行已签订的贷款清偿计划的企业;

(4)2010棉花年度以高息借款参与收购的企业;

(5)经营期不满2年的企业。

(三)认定权限

1. 由省级分行客户部门认定并报总行备案的企业。

(1)新准入企业;

(2)尚未进行改制或正在进行改制的供销社所属企业;

(3)为防范新棉收购资金供应中突发状况确需认定的企业;

(4)2010棉花年度,利用他行贷款、集资款等非销售回笼货款实现收购贷款本息双结零的企业;

(5)不符合基本客户棉花收购贷款资格认定前三条标准之一,但为防止出现区域性“卖棉难”确需认定为基本客户的企业。

2. 其他企业的棉花收购贷款资格可由二级分行认定,并报省级分行备案。

四、棉花收购贷款资格认定程序

(一)确定企业名单

开户行要根据棉花收购贷款资格认定的范围,对现有客户和新客户进行认真细致的分类排队,充分了解企业生产经营状况以及融资需求,合理拟定参与棉花收购贷款资格认定的企业名单。

(二)核实企业情况

开户行要根据已拟定的参与棉花收购贷款资格认定的企业名单逐企业进行调查,核实企业加工能力、经营状况、财务状况、资信状况和收购计划、贷款需求等情况。

要重点核实2010棉花年度企业结零的真实性，在了解其还款资金来源、尚未销售棉花库存情况、他行融资等负债情况的基础上，对其真实的财务状况、风险承受能力进行综合分析，避免2010棉花年度企业的经营风险对2011棉花年度的收购贷款形成风险隐患。

（三）评定信用等级

各行应对拟认定棉花收购贷款资格的企业进行信用等级评定。信用等级评定工作应按照总行《关于做好2011年度客户评级授信管理工作的通知》（农发银发[2011]60号）要求，对棉花准政策性收购贷款客户信用等级原则上采用系统评级方式进行，对于采用非系统评级方式评定的棉花准政策性收购贷款客户的信用等级不得高于A-级（含）。

（四）认定收购贷款资格

开户行依据棉花收购贷款资格认定的原则、范围、标准和企业实际情况，对企业收购贷款资格进行初步评定，并将初评意见逐级上报至有权认定行。有权认定行对企业基本情况、经营管理水平及资信状况等按相关认定标准进行严格审查认定，并将认定结果逐级通知相关分支行。

（五）公布认定结果

开户行要以书面形式将棉花收购贷款资格认定结果通知企业。要采取适当形式向社会公布获得棉花收购贷款资格的基本客户名单。各级行要积极向当地政府和有关部门通报棉花收购贷款资格认定情况，取得理解和支持，避免被动，赢得收购工作的主动。

五、有关要求

2011年度棉花收购贷款资格认定工作原则上应在2011年8月31日前完成。各行应于9月10日前将2011年度棉花收购贷款资格认定工作总结和“2011年度棉花收购贷款资格备案表”（附件1）、“2011棉花年度棉花收购贷款资格认定情况统计表”（附件2）、“2011棉花年度棉花收购贷款企业信用等级评定情况统计表”（附件3）、“2011棉花年度退出企业统计表”（附件4）通过局域网上报总行，电子邮箱：一处/客户二部/总行/公函。

对后期认定的企业，各行应将认定结果汇总并分别于10月、11月、12月的最后一个工作日将“2011棉花年度棉花收购贷款资格认定情况统计表”（附件2）“2011棉花年度棉花收购贷款企业信用等级评定情况统计表”（附件3）上报总行；对后期认定且需向总行备案的企业，各行应于认定后2个工作日内将“2011年度棉花收购贷款资格备案表”（附件1）上报总行；对随时退出的企业，各行应于退出后2个工作日内将“2011棉花年度退出企业统计表”（附件4）上报总行。

附件：1. 2011年度棉花收购贷款资格备案表（略）

2. 2011棉花年度棉花企业收购贷款资格认定情况统计表（略）

3. 2011棉花年度棉花收购贷款企业信用等级评定情况统计表（略）

4. 2011棉花年度退出企业统计表（略）

关于新疆维吾尔自治区分行2011年度棉花收购贷款最高额度核准权限的批复

2011年8月24日　农发银复[2011]233号

新疆维吾尔自治区分行：

你行《关于新疆分行棉花收购贷款最高额度核准权限问题的请示》（新农发银发[2011]190号）收悉。经研究，现批复如下：

一、同意你行2011棉花年度棉花准政策性贷款最高额度核准权限按照下列标准执行：

（一）贷款最高额度（余额）在7亿元（含）以上的，报总行核准。

（二）贷款最高额度（余额）在5亿元（含）以上，7亿元（不含）以下的，由省级分行核准，并报总行备案。

二、同意你行对贷款最高额度（余额）在10亿元（含）以上的兵团棉麻企业的贷款核准工作，由省级分行进行核准，并报总行备案。

第四章

服务国家宏观调控
加强国家储备棉贷款管理

国家储备棉分经常性储备棉和临时性储备棉两种。经常性储备棉的建立是基于国家对棉花市场进行宏观调控和战略储备的需要；临时性储备棉的建立则主要是保护棉农利益不受损害，维护棉农的植棉积极性。按照国家有关规定，中国农业发展银行（以下简称农发行）负责安排国家储备棉所需贷款，并对发放的国家储备棉贷款实施信贷监管。这一类贷款属于政策性贷款。

一、国家储备棉制度的演变与完善

我国从1957年开始建立国家棉花储备，最早由国家物资管理局负责具体管理。依据其发展历史和作用大体分为四个阶段：

第一阶段是20世纪50年代中期至70年代末。这一时期由于农业生产力落后，棉花产量低，棉花资源严重不足，国家为解决社会安定和备战备荒的特殊需要，以压缩纺织工业生产和限量供应民用絮棉而储备棉花。这一阶段是“战备”储备期。

第二阶段是十一届三中全会以后。1984棉花年度我国棉花生产创历史最高水平，产量达626万吨，由于纺织工业用棉有限，农民出现“卖棉难”现象。为此，国务院决定增加棉花储备量，到1985年8月末，储备棉总量达到443万吨，为我国棉花储备史上数量最多的一年。1985年以后，一方面棉纺工业发展迅速，棉花消费量增加到400万吨；另一方面国家调整棉花产业政策，棉花生产出现滑坡，产量下降，严重供不应求。为此，国家屡次动用国储棉以满足纺织工业的需要。到1991年8月末，国家储备棉数量减少到35万吨。这一阶段可以称为解决“卖棉难”储备期。

第三阶段是从1990棉花年度开始。国家连续几次上调棉花收购价格，刺激了农民种棉积极性，1991年、1995年全国棉花产量分别达到565万吨和475万吨。国家抓住机遇，及时充实增加国储棉数量，到1998年8月末国家储备棉数量恢复到215万吨，是储备历史上的第二个高峰期。进入21世纪头10年，国家根据市场的变化，多次组织抛售和收储国储棉，有力维护市场的供应，抑制了市场价格的过度涨落。如2008年国家临时收储250万吨棉花的措施，对于稳定棉花价格、保护棉农利益发挥了重要作用；2009年以来又将这部分资源投放市场，很大程度上缓解了需求大幅增长带来的矛盾。其间，国家成立了专门管理国储棉的中国储备棉管理总公司，标志着国家储备棉管理进入了新阶段。这一阶段为“增强宏观调控能力”储备期。

第四阶段是2011棉花年度临时储备的建立，标志着中国棉花产业进入一个全新时代。国家通过储备棉调控这一"蓄水池"功能,有效缓解市场因供求、价格波动带来的周期性问题。但是,这种因阶段性供求矛盾而采取的措施,是事后调节的方法,没有从根本上解决生产与需求周期性的矛盾。为克服价格大起大落带来的生产大上大下的矛盾,必须完善收储调控的运行机制,设置一种预防性措施达到稳定市场预期的目标,这就是建立棉花临时收储制度。其基本思路:一是综合考虑各种因素,合理制定棉花主产区皮棉临时收储价格,并在棉花播种前公布。二是由中储棉总公司在主产区合理部署收储库点。三是新棉上市后,市场价格低于国家制定的临时收储价时,由中储棉总公司负责敞开收储。临时储备制度的建立是中国棉花产业史上具有里程碑意义的事件,是对原有储备棉制度的拓展与完善,既充实和丰富了我国储备棉体系建设,又有利于从各个层面引导棉花产业健康发展。

二、建立临时储备制度前,经常性储备棉贷款管理的主要做法

农发行在国家储备棉贷款管理方面的主要任务是贯彻执行国家储备棉管理政策,积极支持国家棉花储备计划的实施,保证国家储备棉收储等业务的合理资金需要,加强信贷管理,防范信贷风险,为配合国家宏观调控目标服务。

为加强储备棉的管理,1997 年国家颁布了《储备棉管理办法》和《国家储备棉财务管理办法》。与此相适应,2001 年总行也制定了《中国农业发展银行棉花储备贷款管理办法》(农发银字[2001]126 号),2009 年在总行信贷制度整合时废止了该办法,将相关规定纳入《中国农业发展银行政策性贷款管理办法》和《中国农业发展银行信贷业务基本操作流程》(农发银发[2009]278 号)当中。其主要做法体现在:

(一)坚持政策性原则,保障国储棉贷款资金的足额供应

农发行根据国家有关部门联合下达的收储计划,按照国家的宏观调控政策要求,积极筹措资金,做好信贷资金的足额供应和准备工作,确保国家储备棉收储等业务的资金需要,配合做好国家储备棉收储、抛售、出入库等工作。

(二)坚持计划性原则,保障国家宏观调控的有效实施

根据国家有关部门下达的国家储备棉收储、抛售计划发放和收回国储棉贷款。一是保证收储计划的实现。按照国家发展改革委会同有关部门下达收储计划,向中储棉公司投放贷款,严格按照规范的棉花交易市场公开竞价采购,提供足量资金。二是监督抛售计划的实施。按照国家储

备棉抛售计划，严格监督国家储备棉通过规范的棉花交易市场公开竞卖销售，实行到库提货制。三是参与轮换计划的完成。中储棉公司根据库存储备棉储存年限、质量状况及当年棉花供求情况，与相关部门商量决定轮换计划，农发行按计划投放贷款予以支持。

（三）坚持封闭管理原则，保障棉花信贷资金的良性循环

国储棉贷款实行库贷挂钩、储贷销还，封闭管理。国储棉贷款与物资相对应，在棉花收储时提供贷款，在棉花抛售出库时收回贷款，确保贷款的物资保证率。加强国储棉贷款在入储、在库、抛售环节的信贷监管，保证贷款的良性循环和信贷资金的安全。在收储环节核查国储棉入库有关凭证，确保国储棉完整入库，并核实货款支付金额是否与国家有关部门下达的数量、入库价格一致。在出库环节，国家储备棉实行出库通报制度，核对国储棉销售价格和成本，防止违规降价和亏本销售。在货款回笼环节，监督国储棉销售货款回笼、归行情况，防止借款人以任何形式截留坐支、挤占挪用销货款。

（四）坚持双重管理原则，保障国储棉库存的规范运作

针对国家储备棉贷款统贷统还、库存分散存放的特点，国储棉贷款形成的库存实行双重管理，即由中储棉公司的开户行总行营业部与贷款企业库存所在地（或就近）的支行按双重管理模式对异地库存商品进行检查监管。接受开户行委托的国储棉库存所在地（或就近）的支行实行定期查库制度。

三、棉花临时储备制度实施方案与执行成效

与经常性储备棉相比，临时性储备棉的不同主要体现在：一是经常性储备棉具有较强的计划性，储存规模相对比较稳定；而临时性储备棉则是具有既定的预案，但预案是否启动需要具备一定的条件，储备规模也要视实际情况而定，事先没有确定的计划。二是经常性储备棉计划一旦确定，其储存往往具有长期性；而临储棉入库后一般是临时储存，择机抛售，库存规模变动性强。

2011 年 3 月，国家发展改革委等八部委联合发布了《2011 年度棉花临时收储预案》。具体实施方案是：

（一）执行区域

棉花临时收储制度在全国 13 个棉花主产区市实行。收储棉花为当年度生产、加工的经仪器化检验的皮棉。

（二）定价原则

综合考虑植棉成本、合理的粮棉比价、市场供求、国际市场价格等因素制定。临时收储价一年一定。

（三）运行机制

1. 制定预案。国家发展改革委会同有关部门建立会商机制，每年年初研究制订下一棉花年度临时收储预案，2 月底前向社会公布。

2. 确定地点。中储棉总公司根据收储预案，按照有利于农民交售籽棉、加工企业交储、保证储备棉安全等原则，合理安排收储库点并向社会公布。

3. 监测价格。由国家棉花市场监测系统和中国棉花协会监测国内棉花、棉籽市场价格水平，取两单位监测的棉花价格平均值和棉籽价格平均值作为国内棉花、棉籽市场平均价格。中国棉花协会根据折算公式测算籽棉收购参考价并向社会公布。

4. 启动时机。在预案执行期间，当监测的市场棉价连续 5 个工作日低于临时收储价时，由中储棉总公司宣布启动收储预案。

5. 收储方式。收储按照公开、公平、公正的原则通过全国棉花交易市场收储交易系统进行。

6. 资金费用。收储所需资金由农发行安排储备棉贷款解决。收储过程中发生的必要合理费用，由中央财政按有关规定核定。

在全球金融危机的大背景下，受全球棉花增产和欧债危机加剧等因素影响，2011 棉花年度又恰值国内棉花市场高位回落并不断走低之时，临储制度的建立有效地促进了棉价回升和市场平稳运行。中央储备棉公司作为最重要的参与者，其 2011 棉花年度收储量占全国棉花总产量的 45% 以上；农发行支持的棉花收购企业交储量达总收购量的 70% 以上，棉花收购贷款当年投放量和收贷率创棉花流通体制改革以来的历史新高。在上一年度的基础上，2012 年度的临储预案分别在收储价格、收储范围、收储质量标准三个方面进行调整，预案公布时间也比 2011 年提前了一个月。棉花临储价格成为国内棉花市场的“定海神针”，起着市场稳定器的作用。棉花临储政策成为农民、购销企业、生产者、经营者安排生产加工计划的主要依据，也成为农发行制定棉花信贷政策的主要依据。

附：相关信贷政策、制度、流程和办法

关于转发《国家储备棉财务管理办法》和《棉花储备库管理办法》的通知

1997年10月20日　农发行商字[1997]38号

中国农业发展银行各省、自治区、直辖市、各计划单列市分行工商信贷处：

为进一步强化对国家棉花专项储备贷款的管理，提高信贷资产质量，现将《国家储备棉财务管理办法》(财商字[1997]57号)和《棉花储备库管理办法》(供销棉字[1997]80号)转发给你们，请结合实际，认真组织学习，使工商信贷人员进一步熟悉和了解国家储备棉财务管理和棉花储备库管理的有关操作规程，以不断提高我行对国家棉花专项储备贷款管理的水平。

关于下发《国家储备棉财务管理办法》的通知

1997年3月12日　财商字[1997]57号

各省、自治区、直辖市、计划单列市财政厅(局)、供销合作社、财政部驻各省(区、市)财政监察专员办事处:

根据国务院有关文件精神,为了加强国家储备棉花的财务管理,财政部、中华全国供销合作总社制定了《国家储备棉财务管理办法》,现印发给你们,请遵照执行。

国家储备棉财务管理办法

第一章　总　　则

第一条　为了加强国家储备棉管理,完善国家储备棉管理制度,根据国家有关规定,特制定本办法。

第二条　本办法适用于国家储备棉的财务行为。地方储备棉财务管理办法可参照本办法由各地财政厅(局)、供销合作社联合制定,并报财政部、中华全国供销合作总社备案。

第二章　储备资金

第三条　国家储备棉所需资金由国拨棉花特准储备资金(以下简称国拨资金)和中国农业发展银行贷款解决。国家储备棉的资金实行专项管理,任何单位不得挤占挪用。

第四条　国拨资金由财政部委托中华全国供销合作总社统一管理,承担储备任务的中华棉花总公司和省级供销合作社棉麻公司(以下简称承储单位)按规定集中掌握使用。

第五条　国拨资金除为战备储备库安排少量铺底资金外,全部用于棉花储备。由于管理不善造成储备棉霉烂变质而发生的损失,不得减少国拨资金。对因不可抗力使储备棉受到损失的,经当地财政监察专员办事机构审核后,由承储单位逐级上报,经财政部、中华全国供销合作总社核实后,予以核销,冲减国拨资金。

第六条　国家储备棉实行统一保险。对因重大自然灾害等造成的损失,在保险范围内的，由保险公司赔偿。保险费从国家储备棉费用补贴中列支。

第七条 国拨资金与所需全部储备资金的差额由各承储单位根据国家储备棉花计划向当地中国农业发展银行申请国家储备棉花专项贷款。

第三章 利息和费用

第八条 用专项贷款储备的棉花利息补贴计息范围包括入库价、技改费、锯齿棉衣亏补贴、入库运杂费及有关税金。

第九条 国家储备棉入库价格由中华全国供销合作总社、财政部、国家计委等部门根据有关规定联合制定，其他任何附加费用均不得计入入库价格。

第十条 用专项贷款储备的棉花利息补贴计息时间，异地储备以储备棉货款支付之日起，产地就地储备以储备棉入库之日起为准。用专项贷款储备的棉花利息补贴停息时间以储备棉出库货款结算时间为准。储备棉出库后两个月仍未结算货款的，停止计息。

第十一条 国家储备棉费用实行定额补贴办法。国家储备棉费用主要指仓租费、倒垛费、苫垫费、保险费等。费用定额补贴标准为每年每担 8 元。

第十二条 国家储备棉的银行贷款利息和费用由中央财政垫付补贴，采取按季度预拨、分季度清算、年终决算办法。

第十三条 拨款程序。中华全国供销合作总社收到中央财政预拨的国家储备棉贷款利息、费用后，与财政部联合下拨给中华棉花总公司和省级棉麻主管公司，中华棉花总公司和省级棉麻主管公司收到款后要及时、足额转拨，不得截留或挪用。

第四章 出、入库管理

第十四条 国家储备棉的出、入库时间、数量、等级和价格，由国家计委、中华全国供销合作总社和财政部提出方案，报国务院批准后实施。国家储备棉出库价格要加上中央财政垫付的利息和费用。

第十五条 储备棉出库时发生的价差收入，经财政部审核后首先用于归还中央财政垫付的利息和费用，其余部分主要增加棉花国拨资金，小部分留给中华全国供销合作总社，作为国家投资，专项用于棉花储备库改造和与储备体系建设有关的开支。

第十六条 国家储备棉出库后应归还中央财政垫付的利息和费用，在清算后一个月内，由中华全国供销合作总社集中足额上缴中央金库。

第十七条 储备棉出库发生价差支出，经中华全国供销合作总社和财政部批准后，冲减棉花国拨资金。

第十八条 用国拨资金储备的棉花出库结算后，及时归还专项储备借款，相应减少国家储备棉专项贷款，仍有节余的，在 3 个月内上交中华全国供销合作总社。

第十九条 为确保国家储备棉的质量和完整，建立国家储备棉推陈储新制度。国家储备棉在 3 ~ 5 年的时间内要轮换出库。国家储备棉轮换出库、轮换入库由中华全国供销合作总社与财政部根据储备棉储存时间、储存质量等情况共同确定，具体执行情况由供销总社按月通报财政部。

第二十条 没有入库计划或超计划储备的棉花，不得申请利息和费用补贴。没有出库计划自行动用储备棉的，除追究领导人的责任外，还要扣回已支付的贷款利息和费用补贴。对虚报冒领储备棉贷款利息、费用的，除全额追回被冒领的利息、费用外，还要按有关规定严肃处理。

第五章 财务报表制度

第二十一条 国家储备棉承储单位要设置储备棉明细分类账，分别按棉花批次、等级设立账户，核算数量、单价、金额，汇总单位要有分地区的数字。

第二十二条 有国拨特准储备资金的，要设置“棉花特准储备资金明细分类账”予以反映。国家储备棉贷款要立专户单独核算。

第二十三条 国家储备棉承储单位要根据储备棉明细分类账，按月编报“国家储备棉花库存月报表”、按季度编报“国家储备棉花利息、费用季度申报表”（报表格式附后）。中华棉花总公司和各省级主管公司要在月、季度后15天汇总上报中华全国供销合作总社和财政部。要做到报送及时、准确，保证账实相符、账表相符。中华棉花总公司上报的“国家储备棉花库存月报表”要列分省数额。

第二十四条 国家储备棉贷款利息和费用实行分季度清算、年终决算制度。每季后30天内，供销总社将汇总的全国国家储备棉季度报表报财政部，财政部予以清算，并预拨下一季度储备棉利息、费用。每年终了，国家储备棉承储单位要对全年利息、费用支付、拨补情况进行全面清理，据此编报“国家储备棉花利息、费用年度决算表”，并在年度终了后30天内报中华全国供销合作总社和财政部。

第六章 监督与检查

第二十五条 财政部驻各地财政监察专员办事机构对国家储备棉贷款利息、费用支出实行就地监督。

第二十六条 中华棉花总公司承储的国家储备棉的监督管理。各储备库按月编报的“国家储备棉花库存月报表”经当地财政监察专员办事机构审核后，报各地省级财政监察专员办事机构汇总、盖章，然后上报财政部商贸司。中华棉花总公司上报的“国家储备棉花库存月报表”、“国家储备棉花利息、费用季度申报表”和“国家储备棉花利息、费用年度决算表”由供销总社和财政部进行审核。

第二十七条 省级供销合作社棉麻公司承储国家储备棉的监督管理。各级财政监察专员办事机构对承储单位报送的国家储备棉贷款利息、费用季度报表和年度决算报表要严格把关，逐级审查，并由省（自治区、直辖市）办事机构签章后上报财政部和中华全国供销合作总社。对审查季度报表和年度决算中发现的问题，省级财政监察专员办事机构可以提出初步处理意见。如被审查单位对初步处理意见无异议，即对原报表和决算进行调整；否则，省（自治区、直辖市）办事机构的意见和被审查单位的意见应一并上报，交由财政部和中华全国供销合作总社共同裁决。

第七章　奖　　罚

第二十八条　中华全国供销合作总社会同财政部对模范执行本办法的承储单位,给予表彰和奖励。对违反本办法的承储单位,追究主要负责人和直接责任者的责任,情节严重的,要给予纪律处分,触犯法律的,移交司法部门追究责任。

第二十九条　本办法由财政部负责解释。

第三十条　本办法自 1997 年 1 月 1 日起施行,凡与本办法相抵触的一律按本办法执行。

关于印发《棉花储备库管理办法》的通知

1997年8月15日　供销棉字[1997]80号

各有关省、自治区、直辖市及大连、青岛、宁波市、新疆生产建设兵团供销合作社，中华棉花总公司：

为加强棉花储备库管理，确保国家储备棉安全，根据国务院有关文件精神和国家储备棉管理有关规定，总社制定了《棉花储备库管理办法》，现印发给你们，请遵照执行。

棉花储备库管理办法

第一章　总　　则

第一条　为使棉花储备库的管理规范化、科学化，根据“安全第一，预防为主，防消结合”的方针和国家有关规定，制定棉花储备库管理办法。

第二条　本办法适用于存放国家储备棉的棉花储备库（含存放国家储备棉的其他仓库）。

第二章　组织机构

第三条　棉花储备库由中华全国供销合作总社委托各有关省、自治区、直辖市、计划单列市供销合作社和中华棉花总公司代管。各有关省、自治区、直辖市、计划单列市棉麻公司和中华棉花总公司（以下简称承储单位）负责储备库的具体管理工作。

第四条　承储单位应根据实际情况，设专门机构或专职人员，负责储备库的具体管理工作。

第五条　棉花储备库应根据仓库规模和储备任务的需要，按照精于高效的原则设置职能机构，配备政治可靠、身体健康、责任心强、懂业务的管理人员、消防人员和警卫人员，原则上每万平方米仓库，应不超过三十人。

棉花储备库实行主任负责制，其管理机构和管理人员应保持相对稳定。库主任、副主任的任免或变更，应由主管公司决定，并报同级供销合作社备案。

第六条　棉花储备库的党组织关系在当地党委。思想政治工作、学习、安全保卫等在当地党委统一领导下进行。储备库应及时向当地党委和政府请示汇报工作。

棉花储备库党组织要加强领导，做好思想政治工作。严格执行党的纪律和国家有关政策、法律，贯彻落实棉花储备库的各项规章制度。

第七条 棉花储备库每年年终要进行工作总结，由承储单位汇总后报中华全国供销合作总社。平时工作中取得突出成绩或发生较大事故，要及时逐级上报。

第三章 仓库管理

第八条 棉花储备库的财务管理办法由承储单位参照《国家储备棉财务管理办法》有关规定制定。储备库要建立健全各项规章制度，加强财务管理，严格财经纪律。所有财产、资金，都要立账，定期清查盘点，做到账账、账实相符。承储单位要定期组织财经纪律检查，发现问题及时处理。

第九条 棉花储备库必须执行勤俭办企业的方针，发扬自力更生、艰苦奋斗精神。经承储单位批准的维修库房、设备等工程项目和进出库装卸搬运等工作，在确保仓库安全和工程质量的前提下，应组织职工自己完成。

第十条 承储单位要重视对职工的业务培训，通过举办专业培训班等多种形式，不断提高职工的业务水平。

第十一条 棉花储备库按单位面积储存量、商品保管损失率、差错率等指标进行考核，其指标由承储单位核定。

第十二条 棉花储备库在坚持搞好棉花储备，确保储备棉安全的基础上，应充分利用库区的设施和设备，挖掘内部潜力，开展“以储为主，多种经营，以库养库”活动，逐步增强企业活力，改善职工生活条件。

第十三条 棉花在保管中含水率不得超过10%，库内相对湿度不得超过70%，温度要求在30℃以下，最高不得超过35℃。

所有库房均须配备温、湿度计，随时掌握气候变化，定时检查、记录库内温、湿度，在高温、高湿季节，须采取降温、散湿措施，保证库内温、湿度和棉花含水率不超过规定标准。

明库，每日测定一次库房内温、湿度和相对湿度，雨天和雨后初晴，应关闭门窗，防止棉花受潮。

洞库，在封闭季节，每两周测定一次温、湿度，并计算出绝对湿度与库外进行对照，库外空气的绝对湿度大于库内空气的绝对湿度时，应将门窗封闭，反之应开启库门，进行通风散潮。

第四章 进出库管理

第十四条 棉花储备库要按照承储单位下达的出入库计划、轮库计划规定的数量、等级等严格执行，不得随意变动。

第十五条 棉花储备库接到出入库计划后，要向当地人民政府和交通运输、公安、消防等有关部门汇报，取得支持和配合。要安排好短途运输工具、装卸搬运劳力和苫垫、消防器材。

第十六条 棉花储备库对入库的棉花要认真清点，采取全部抄码、验证、抽验、抽磅的办法，逐批验收。发现污损情况立即通知发货单位并报承储单位妥善处理。发现货证不符、批次混乱、丢失短少等问题要及时与发货单位、铁路运输部门联系，按照有关规定妥善解决。

第十七条 储备的棉花要按产地、批次、等级分别存放，按消防规定合理堆垛。堆垛要整齐稳固，"五距"符合要求，不露白，分垛挂签，标记清楚，安全通风，方便出入。

"五距"指仓库消防安全规定：明库，安全通道宽 2 米，棉垛距门 2 米，距墙 0.5 米，距柱 0.5 米，距顶梁 1 米，垛与垛之间走道 1 米；洞库，棉垛间距 1 米，棉垛两侧人行道各约 0.6 米。

第十八条 棉花入库验收准确无误后，应按"棉花质量检验证书"所载等级、件数、准重记入储备棉保管明细账，并将码单、证书、发票、卡片按库分垛整理，建立垛位档案，便于查核。

第十九条 棉花储备库对出库的棉花要做到批次完整、票证齐全、包装完好、货证相符。储备棉出库时要按验收结果实行原进原出的原则，依据"棉花质量检验证书"所载等级、水杂和重量结算，除霉烂变质和其他人为因素造成的损失外，不再重新检验过磅。

第二十条 储备棉出库后，应及时调整储备棉保管明细账，并将出库执行情况及时报承储单位。

第五章 消防安全

第二十一条 棉花储备库主任是该库安全负责人，对储备库的安全工作负全部责任。全体职工是义务消防员。做好防火、防盗、防汛、防雷、防虫蛀鼠咬、防霉变等工作，确保安全。

第二十二条 要建立专业与群众相结合的治安保卫和消防组织，实行谁主管谁负责的原则，分区划片，分级归口，层层管理。

储备库要定期开展消防训练和灭火演习，做到每个干部职工都会报警，都能正确使用消防器材，不断提高消防业务素质。

第二十三条 严格执行下列制度。

（一）库区和生活区严格分离，库区实行封闭式管理。非工作人员不得进入库区，进入库区人员必须认真登记。

（二）按消防要求管理火种、火源、电源。不准将火柴、打火机、易燃易爆物品带入库区。库区和其他物资储存场所严禁吸烟和明火照明。

（三）储备棉进入库区，必须指派专人观察 24 小时；进出库时要手续完备。出入库的车辆必须配备防火罩，门卫要认真检查。

（四）警卫、消防人员要熟悉业务，坚守岗位，严格交接班制度。

（五）库内消防器材齐全、性能良好，消防管道形成网络、水源充足。消防设备、器材不准挪用外借，并由专人负责管理，加强维修保养。消防车及其他消防器具，除灭火、训练、保养外，严禁开出库区，冬季必须定期开机检修。每年雨季前必须对避雷装置进行全面检修、测试，保持有效状态。

（六）储备库职工实行轮休制度，保持足够人员在岗。节假日、夜间，领导和管理人员要轮流值班，查岗、查哨。

库内人员不得随意抽调、缺岗。

（七）储备库如发生火警或其他事故，要立即组织抢救并及时上报有关部门，尽快查明原因，严肃处理。做到原因不明不放过，事故责任者和群众没有受到教育不放过，没有防范措施不放过。

第二十四条 坚持安全检查制度，发现问题及时解决。做到违章必究，奖惩分明。库内要组织经常性的检查。承储单位每年组织 1 ~2 次全面检查、评比。

第六章 奖励与处罚

第二十五条 中华全国供销合作总社根据国家有关规定适时召开全国储备棉工作会议，对先进储备库和个人给予表彰奖励。

第二十六条 先进储备库的条件：

（一）正确执行棉花国家标准和有关法规、政策，认真贯彻国家棉花储备政策和有关规定，经承储单位检查考核各项指标合格。

（二）全库职工牢固树立安全第一的思想，警惕性高，责任心强，警卫、消防做到组织、思想、措施三落实，常抓不懈，不发生任何事故。

（三）储备棉堆码整齐，数量准确，质量完好，按期完成进、出库任务；有一套科学的管库方法，做到“四无”仓库（无火灾盗窃，无霉烂变质，无虫蛀鼠咬，无差错事故）。

（四）全库职工遵纪守法，忠于职守，廉洁奉公，服从指挥，服从调动，爱护国家财产，关心集体，团结互助。

（五）以储为主，多种经营成绩突出。

第二十七条 先进个人的条件：

（一）坚持四项基本原则，认真贯彻执行党的路线、方针、政策，积极参加政治理论学习。

（二）热爱棉花储备工作，具有高度的责任感和事业心；积极钻研业务，有开创精神；工作中有突出成绩，能起模范带头作用。

（三）能够团结同志，较好地完成领导交给的各项任务，在工作中未出现任何责任事故。

（四）遵纪守法，廉洁奉公，关心集体，爱护国家财产。

第二十八条 中华全国供销合作总社表彰的先进储备库和先进个人产生程序：由承储单位根据条件，在评选的基础上，向中华全国供销合作总社报批。

第二十九条 对由于管理不善，造成的火灾、盗窃、霉烂变质、虫蛀鼠咬及其他事故，视情节轻重，给予以下处罚：

（一）通报批评，并责令改正；

（二）按照有关法律或行政法规给予处分；

（三）情节恶劣，后果严重，触犯刑律的，移交司法部门处理。

第七章　附　　则

第三十条　各承储单位可根据本办法制定管理细则，报中华全国供销合作总社备案。

第三十一条　本办法由中华全国供销合作总社棉麻局负责解释。

本办法自发布之日起施行，原商业部颁发的《棉花储备库管理条例》从本办法发布之日起停止执行。

国家计委关于印发中国储备棉管理总公司组建方案和章程的通知

2002年8月24日　计经贸[2002]1437号

中国储备棉管理总公司：

根据《国务院关于组建中国储备棉管理总公司有关问题的批复》(国函[2002]36号)，现将《中国储备棉管理总公司组建方案》和《中国储备棉管理总公司章程》印发给你公司，请认真贯彻执行。

附件：一、中国储备棉管理总公司组建方案

　　　二、中国储备棉管理总公司章程

附件一

中国储备棉管理总公司组建方案

为完善中央储备棉管理体制，加强中央储备棉的管理，实现棉花储备与经营分开，切实发挥棉花储备的宏观调控作用，根据《国务院关于组建中国储备棉管理总公司有关问题的批复》(国函[2002]36号)，制订如下组建方案：

一、名称

公司的中文全称为"中国储备棉管理总公司"，简称"中储棉公司"；公司英文全称为"China National Cotton Reserves Corporation"，英文简称为"CNCRC"。

二、性质

中储棉公司是由中央管理的大型国有企业。受国务院委托，具体负责中央储备棉的经营管理。在国家宏观调控和监督管理下，中储棉公司依法开展业务活动，实行自主经营，自负盈亏。

三、宗旨

遵守国家法律法规，执行国家棉花政策，强化管理，搞活经营，不断提高企业经营管理水平和经济效益，确保中央储备棉储存安全，质量良好，调运通畅，促进国有资产的保值增值，完成国家宏观调控任务。

四、主要职责

(一)根据国家计划，负责中央储备棉的购进、储存、调运、销售和进出口业务。

（二）负责中央储备棉储存安全。适时对中央储备棉进行轮换，保证棉花质量。负责中央储备棉的库存管理和统计工作，建立中央储备棉台账管理制度，保证账实相符。

（三）提出建立高效灵活的中央储备棉管理体制和运作机制方案的建议，以利于发挥中央储备棉的宏观调控作用，搞活经营，提高经济效益。

（四）负责中央直属棉花储备库（以下简称直属库）的建设、维护和管理，提高仓储能力和效率。研究、开发和推广应用先进技术，提高棉花保管、运输的科技水平。

（五）负责管理、拨付和统筹使用中央储备棉保管费用补贴，加强费用管理和经济核算，降低管理成本。

（六）负责本公司所属国有资产管理，承担保值增值的责任。

（七）按照建立现代企业制度的要求，深化企业改革，促进机制转换，加强企业管理，提高员工素质。

（八）承担国务院交办及国务院有关部门委托的其他工作。

五、经营范围

中央储备棉的购销、储存、运输、加工业务；仓储设施的租赁、服务业务；棉花进出口及其他相关业务。

六、管理体制和机构设置

（一）国务院向中储棉公司派出国有重点大型企业监事会。国家计委对中储棉公司实行业务指导。

（二）中储棉公司实行总经理负责制。公司总经理为中储棉公司的法定代表人。中储棉公司设立党委。公司领导人员职务管理和党的关系，按中央、国务院的有关文件规定办理。

（三）中储棉公司对中央储备棉经营管理体系的人、财、物实行垂直管理。

（四）中储棉公司按照精简、统一、效能的原则，建立精干高效、职责明确的内部管理机构。按公司职能和业务范围设六部一室，人员编制暂定 40 人、直属库领导班子 72 人（18 个直属库，每库 4 人）。今后根据建立现代企业制度的要求和工作需要，再进行调整。

1. 综合部。负责企业规划、企管、外事、法律、培训等业务。

2. 计调部。负责组织中央储备棉收购、销售、调运、轮换及统计等业务。

3. 仓储部。负责中央储备棉的安全保管和直属库的建设，以及直属库设施的维护、管理、技改科研等工作。

4. 财务部。负责财务管理、核算和国有资产管理，以及内部财务审计和监督。

5. 信息部。负责组织市场调研、市场分析、咨询、计算机管理及网络建设等工作。

6. 进出口部。负责棉花进出口业务，执行国家棉花进出口政策。

7. 办公室（人事部），负责文秘、行政、人事、劳资、党务和工青妇等工作。

（五）中储棉公司对直属库实行垂直管理，直属库的领导班子（主任、副主任、财务主管)由中储棉公司直接聘任,其劳资、人事关系由中储总公司统一管理,党的组织关系实行属地化管理。直属库主任在中储棉公司总经理授权范围内,独立负责直属库的经营管理业务。

七、注册资金、流动资金、开办费

现由全国供销合作代管的棉花特准储备资金,财政部暂不收回,如数划转中储棉公司,用于解决国家储备棉所需收购资金,缺口部分由中国农业发展银行贷款。中储棉公司的注册资金通过财政部拨付的直属储备棉库建设资金解决,直属库竣工交付使用后,其建设资金陆续如数划转为中储棉公司的注册资金。为简化手续、便于注册,先借用棉花特准储备资金进行注册,总额为10亿元。待直属库竣工决算批复后用新增资产进行调整。

组建中储棉公司所需开办费,由财政部给予一次性补助。具体金额由中储棉公司申报项目预算,报财政部审批。

八、融资渠道

中储棉公司的融资渠道主要是中国农业发展银行。

九、法定住所

中储棉公司的法定住所:北京市。

十、主要权限

(一)中储棉公司根据棉花入库年限和品质情况,提出年度轮换计划,经国家计委批准后,按中央储备棉轮换管理办法组织实施。原则上中央储备棉2~3年轮换一次。

(二)中央储备棉的保管费用补贴实行定额包干,由财政部拨给中储棉公司。中储棉公司通过中国农业发展银行的补贴专户,定期拨给直属库或承储企业。中储棉公司在中央储备棉保管费用补贴包干总额内,统筹使用保管费用补贴。

(三)中储棉公司统一承贷中央储备棉贷款,贷款管理实行库贷挂钩、封闭运行。中央储备棉贷款的利息补贴,由中储棉公司与中国农业发展银行直接进行结算。

(四)中储棉公司的基本建设计划由国家计委下达,中储棉公司按照国家投资管理权限,审批限额以下的项目,并具体组织实施。

(五)中储棉公司按国家有关规定自主决定人事管理、劳动用工、工资分配及奖惩制度。

(六)在中央储备棉数量超出直属库库容时,中储棉公司可向社会公开招租符合中央储备棉保管标准的仓库,存放中央储备棉;当直属库库容闲余时,可向社会租赁。

(七)中储棉公司具有一定的外事审批权和棉花进出口权。

(八)国务院及有关部门授予的其他权限。

十一、相关政策

(一)中央储备棉轮换费用、出入库的价差,以及报失损耗处理办法,由财政部会同有关部门另行制定下达。

(二)中储棉公司的经费,在中央储备棉保管费用补贴中统筹列支,由财政部核定。超支不补,结余留用。

(三)参照中国储备粮管理总公司,给予中储棉公司适当的税费优惠政策,具体办法由财政部、国家税务总局确定。

(四)中储棉公司在国家计划中实行计划单列,财务关系在国家财政中单列,并按资金来源渠道和类别,接受有关部门的监督。

十二、其他事宜

国家计委加强对中储棉公司组建工作的指导,会同有关部门研究和协调组建中的有关问题,及时总结公司运行中的经验,逐步进行规范和完善。组建中储棉公司后,全国供销合作总社现有储备棉管理机构即华棉储备管理中心的资产和人员一并转入中储棉公司。

附件二

中国储备棉管理总公司章程

第一章 总 则

第一条 为确立中国储备棉总公司的法律地位和行为规则,保障公司的合法权益,依据国家有关法律法规,制定本章程。

第二条 公司的中文名称为“中国储备棉管理总公司”,简称“中储棉公司”;英文名称为“China National Cotton Reserves Corporation”,英文简称为“CNCRC”。

第三条 中储棉公司是中央管理的大型国有企业。中储棉公司在国家工商行政管理总局登记注册具有独立法人资格,依法经营,照章纳税。

第四条 中储棉公司受国务院委托,具体负责中央储备棉的经营管理,执行国家下达的棉花储备、进出口及市场调控计划。负责中央直属棉花储备库(以下简称直属库)的建设、维护和管理。

第五条 根据《国有企业监事会暂行条例》的规定,中储棉公司接受国务院派出的国有重点大型企业监事会对国有资产保值增值状况实行监督,支持配合监事会依法开展监督捡查工作。

第六条 根据国务院有关规定,中储棉公司接受国家计委的业务指导。

第七条 中储棉公司的注册地址:北京市。

第八条 中储棉公司的注册资金总额为10亿元。

第二章 经营宗旨和经营范围

第九条 中储棉公司经营宗旨:遵守国家法律法规,执行国家棉花政策,强化管理,搞活经营,不断提高企业经营管理水平和经济效益,确保中央储备棉储存安全,质量良好，调运通畅，促进国有资产的保值增值，完成国家宏观调控任务。

第十条 中储棉公司经营范围：中央储备棉的购销、储存、运输、加工业务；仓储设施租赁、服务业务；棉花进出口及其他相关业务。

第三章 职责和权限

第十一条 中储棉公司的职责：

（一）根据国家计划，负责中央储备棉的购进、储存、调运、销售和进出口业务。

（二）负责中央储备棉储存安全。适时对中央储备棉进行轮换，保证棉花质量。负责中央储各棉的库存管理和统计工作，建立中央储备棉管理台账制度，保证账实相符。

（三）提出建立高效灵活的中央储备棉管理体制和运作机制方案的建议，以有利于发挥中央储备棉的宏观调控作用，搞活经营，提高经济效益。

（四）负责直属库的建设、维护和管理，提高仓储能力。开发和推广应用先进技术，提高棉花保管、运输的科技水平。

（五）负责管理、拨付和统筹使用中央储备棉费用补贴，加强费用管理和财务核算，降低管理成木。

（六）负责本公司所属国有资产管理，承担保值增值的责任。

（七）按照建立现代企业制度的要求，深化企业改革，促进机制转换，加强企业管理，提高员工素质。

（八）承担国务院交办及国务院有关部门委托的其他工作。

第十二条 中储棉公司的主要权限：

（一）中储棉公司根据棉花入库年限和品质情况，提出年度轮换计划，经国家计委批准后，按中央储备棉轮换管理办法组织实施。原则上中央储备棉 2～3 年轮换一次。

（二）中央储备棉保管费用补贴实行定额包干，由财政部拨给中储棉公司。中储棉公司通过中国农业发展银行补贴专户定期拨给直属库或承储企业。中储棉公司在中央储备棉保管费用补贴包干总额内，统筹使用保管费用补贴。

（三）中储棉公司统一承贷中央储备棉贷款，贷款管理实行库贷挂钩、封闭运行。中央储备棉贷款的利息补贴，由中储棉公司与中国农业发展银行直接进行结算。

（四）中储棉公司的基本建设计划由国家计委下达，中储棉公司按照国家投资管理权限，审批限额以下的项目，并具体组织实施。

（五）中储棉公司按国家有关规定自主决定人事管理、劳动用工、工资分配及奖惩制度。

（六）在中央储备棉数量超出直属库库容时，中储棉公司可向社会公开招租符合中央储备棉保管标准的仓库，存放中央储备棉；当直属库库容闲余时，可向社会租赁。

（七）中储棉公司具有一定的外事审批权和棉花进出口权。

（八）国务院及有关部门授予的其他权限。

第四章　管理体制和组织机构

第十三条　中储棉公司对中央储备棉经营管理体系的人、财、物实行垂直管理。

第十四条　直属库的领导班子(主任、副主任、财务主管)由中储棉公司直接聘任,其劳资、人事关系由中储棉公司统一管理,党的组织关系实行属地化管理。直属库主任在中储棉公司总经理授权范围内,独立负责直属库的经营管理业务,承担国有资产保值增值的责任。

第十五条　中储棉公司实行总经理负责制。设总经理1人,副总经理若干人。总经理为公司法定代表人。总经理人选由中央企业工委确定,按照法定程序办理任免手续。

第十六条　总经理负责中储棉公司的全面工作,行使下列职权:

(一)贯彻国家的方针、政策,执行国务院和业务指导部门的决议,并向其报告工作。

(二)主持中储棉公司的经营管理工作,召集并主持总经理办公会议,研究中储棉公司的重大事项。

(三)组织制定和实施中储棉公司发展战略、中长期发展规划和年度经营计划。组织制定中储棉公司重要业务管理办法和规章制度。

(四)组织制订中储棉公司内部管理机构设置方案,经批准后组织实施。

(五)组织制订中储棉公司年度财务预算方案,编制财务决算。

(六)按干部管理权限和管理程序,聘任或解聘中储棉公司内设机构负责人、直属库领导班子成员。

(七)行使国务院及有关部门授予的其他职权。

第十七条　中储棉公司按照精简、统一、高效的原则,设立内部管理机构。

第十八条　中储棉公司依照有关规定设立党委并开展工作。

第五章　财务会计与审计

第十九条　中储棉公司依照国家法律、法规和财政部的有关规定,建立健全财务会计制度。

第二十条　中储棉公司的财务关系在国家财政中单列。资金按照来源渠道和类别,接受有关部门的监督。

第二十一条　中储棉公司在中国农业发展银行开设基本账户。

第二十二条　中央储备棉轮换费用、出入库的价差,以及损失损耗处理办法,按国家有关规定执行。

中储棉公司的经费,在中央储备棉保管费用补贴中统筹列支,实行总额控制,由财政部核定,超支不补,结余留用。

以自然年度为会计年度,每年12月31日为会计年度终结时,编制财务报告、会计报表,报财政部审批。

第二十三条 中储棉公司严格执行财政部有关规定资产的购置标准,正确计算提取固定资产折旧费,保证设备更新改造。

第二十四条 中储棉公司采用人民币为记账本位币。根据出口业务需要,可适时增设外汇账户。

第二十五条 中储棉公司建立内部审计机构,实行规范的审计制度,对内部经营管理活动进行审计和监督。

第六章 劳动人事制度

第二十六条 中储棉公司根据国家有关劳动认识的法规、政策,按照建立现代企业制度的要求,指定人事管理、劳动用工管理和工资分配办法。

第二十七条 中储棉公司根据经营管理和企业发展的需要,加强员工的政治思想和职业道德教育,建立业务技术培训制度,不断提高职工队伍素质。

第二十八条 中储棉公司认真执行国家有关社会保障法律、法规,切实保障劳动者的合法权益。

第七章 附 则

第二十九条 本章程经国务院原则同意,由国家计委印发后生效。中储棉公司根据需要可以修改章程。修改后的章程须报国家计委审核批准后生效。

第三十条 本章程未尽事宜,按照国家有关法律、法规和政策执行。

第三十一条 本章程由中储棉公司负责解释。

关于清理储备棉资金占用情况的通知

2003 年 2 月 20 日　农发行贷二字[2003]8 号

中国农业发展银行各省、自治区、直辖市分行信贷二处(信贷处),各计划单列市分行计划信贷处,总行营业部信贷部:

为妥善解决储备棉历史遗留问题,适应国家储备棉管理体制改革,完善储备棉信贷管理,积极配合国家实施宏观调控,经研究决定对国储棉资金占用情况进行全面清理。现将清理的有关事项通知如下:

一、清理目的

核准国储棉资金占用情况和库存数量,查找国储棉资金占用中存在的问题,查清未收回的储备棉贷款去向。

二、清理内容

(一)国储棉资金占用和库存情况。内容包括:库存数量、库存占用、结算资金占用、价差亏损占用和挤占挪用占用等情况。

(二)核对"国储棉竞卖情况清理表"(附件 2)、"各省承储国家储备棉库存、竞卖盈亏情况对账表"(附件 3)和"各省国拨资金上收情况对账表"(附件 4)中反映的差异部分。附件 2 中的"下拨贷款"数、附件 3 和附件 4 中的相关数据均由华棉储备管理中心提供(表中数据未经财政部有关部门核定)。

三、清理方法

在清理资金时,清理人员要结合农发行的会计账、信贷台账以及企业账进行认真逐笔清理;清理库存时,在分仓逐包清点实物库存的基础上,与企业保管账、会计商品账及银行台账进行核对,做到账账、账实相符。如有差额,须说明原因,查清去向。

四、清理要求

(一)各分行信贷部门要对这次清理工作给予高度重视,组织好所辖行的清理工作;开户行有关人员要全程参与,逐笔清理。

(二)要按照银企双方共同认定的数据填制附件 1 至附件 4,如有差异,分析原因,追查去向,如实填报。

(三)各开户行要对被挤占挪用的储备棉贷款边清边收。

(四)本次清理的时点为 2002 年 12 月 31 日。其中附件 1"三项资金余额"栏中的"贷款余额"数应与 2002 年 12 月管理月报反映的贷款余额相一致,如有差额,要查找原因,说明情况。

(五)银企双方共同认定的清理表与对账表填好后,须由企业负责人、开户行行长、制表人签字，并加盖银企双方单位公盖章后，于3月20日前通过邮寄方式报总行信贷二部，同时通过信贷二部信贷二处公函信箱报送一份电子文本。

（六）清理中遇到问题，请及时与总行信贷二部信贷二处联系。联系电话：010－68081586。

附件：1. 国储棉资金占用及库存情况清理表（略）

2. 国储棉竞卖情况清理表（略）

3. 各省承储国家储备棉库存、竞卖盈亏情况对账表（略）

4. 各省国拨资金上收情况对账表（略）

5. 填表说明（略）

关于中储棉公司轮换国储棉贷款有关问题的紧急请示

2003 年 9 月 4 日　农发行字[2003]197 号

国家发展和改革委员会：

8 月 27 日，中国储备棉管理总公司（以下简称中储棉公司）向我总行营业部提出，依据国家发展改革委的口头答复，要求继续执行 2002 年未完成的 10 万吨国家储备棉轮换计划，并对轮换资金问题提出三条解决途径：第一，中国农业发展银行（以下简称农发行）按特事特办、简便易行的原则，在 9 月上旬发放信用贷款；第二，允许他们动用经财政部同意借用的由中储棉公司代财政部管理的从国储棉竞卖回笼货款中扣下的 10 亿元国拨棉花特准储备资金（该公司用此资金进行了工商注册）；第三，从其他银行申请贷款，并称已得到其他银行的授信额度。对中储棉公司的意见我们进行了认真的研究。我们认为中储棉公司提出的关于轮换资金的几个解决办法都涉及政策问题，需进一步明确。对此，特请示如下：

一、关于储备棉轮换计划问题。按照现行国家储备棉管理有关政策，无论是收储还是轮换国储棉，都必须经国家有关部门协商后联合下达计划，并在计划中明确数量、质量、价格、差价补贴、费用利息补贴等。如果按中储棉公司提出的要求，继续执行《国家计委关于下达 2002 年度第一批国家储备棉轮换计划的通知》（计经贸[2002]2076 号），在 2003 棉花年度进行轮换，有五个问题需明确：一是计经贸[2002]2076 号文件跨棉花年度执行是否仍然有效；二是如果依然有效，是否还要像上年那样特事特办；三是轮换过程中如果出现价差亏损谁来弥补；四是利费补贴谁来承担；五是计经贸[2002]2076 号文件中所定价格在当前市场行情下是否仍然合适。这些问题都需要财政部明确意见。因此，要继续执行计经贸[2002]2076 号文件，建议国家发展改革委对上述问题会签有关部门正式行文予以明确，以便农发行总行营业部据此发放贷款。

二、关于动用中储棉公司代财政部管理的从国储棉竞卖回笼货款中扣下的 10 亿元国拨棉花特准储备资金问题。我们认为，在国储棉竞卖价差亏损核实、清算工作尚未结束之前，不应动用这笔资金。即使要动用，也必须经财政部批准。农发行无权同意中储棉公司使用该资金。

三、关于中储棉公司贷款政策问题。中储棉公司提出轮换储备棉所需资金可从其他银行贷款解决，并称已得到其他行的授信额度。对中储棉公司所提意见，我们认为不妥。《国务院关于组建中国储备棉管理总公司有关问题的批复》（国函[2002]36

号）中已明确规定“中储棉公司统一向中国农业发展银行承贷国家储备棉贷款，贷款管理实行库贷挂钩、封闭运行”。国务院并未授权其他任何一家银行发放储备棉贷款和对国储棉实施监管。按照国家有关规定，在农发行开户的经营商品棉的棉花企业都不能多头开户。国储棉是政策性很强的国家储备商品，管理国储棉的中储棉公司提出到其他银行贷款，这不仅不符合国函[2002]36 号文件精神，也不符合《国务院关于进一步深化棉花流通体制改革的意见》（国发[2001] 27 号）的文件精神。关于中储棉公司贷款政策问题，原国家计委在起草下发《国家计委关于印发中国储备棉管理总公司组建方案和章程的通知》（计经贸[2002] 1437 号）前曾经征求过我行的意见，当时我行何林祥行长、尉士武副行长和刘梅生副行长亲自对《中国储备棉管理总公司组建方案》和《中国储备棉管理总公司章程》作出多处修改，其中将第九条“融资渠道”中“中储棉公司的融资渠道主要是中国农业发展银行”改成“中储棉公司的融资渠道是中国农业发展银行，不得多头开户融资。”同时我们将修改意见通过电话及时向贵委作了说明，要求贵委无论是否采纳我行的意见，都通知我们。目前《国家计委关于印发中国储备棉管理总公司组建方案和章程的通知》（计经贸[2002]1437号）与《国务院关于组建中国储备棉管理总公司有关问题的批复》（国函[2002]36号）对中储棉公司贷款政策的表述有不一致的地方，我行倾向于按国务院批复执行，建议国家发改委对此作出权威性解释。因中储棉公司催办贷款甚急，恳请对上述请示速予批复，以便我行依据批复精神研究中储棉公司贷款问题。

关于调整国储棉贷款占用形态有关问题的通知

2004年9月23日　农发行函字[2004]170号

中国农业发展银行各省、自治区、直辖市分行,各计划单列市分行:

为调控棉花市场,2000年4月以来国家通过全国棉花交易市场公开竞卖国家储备棉。截至目前,各省代储的国储棉已基本竞卖完毕,反映在我行"国家储备棉销售正常结算资金占用贷款"和"国家储备棉销售超期结算资金占用贷款"科目中的贷款余额实际上已属亏损占用贷款。为真实、合理地反映贷款占用形态,现将调整国储棉贷款占用形态的有关问题通知如下:

各有关行应在2004年9月末将"国家储备棉销售正常结算资金占用贷款"和"国家储备棉销售超期结算资金占用贷款"科目中反映的余额扫数调整至"竞卖国家储备棉未弥补亏损占用贷款"科目中进行核算,并对9月"项目电报"和"国家专项储备贷款管理月报表"作相应调整。同时,允许对"竞卖国家储备棉未弥补亏损占用贷款"科目核算的贷款进行展期,每次展期不超过原贷款期限。目前,在国家尚未出台国储棉亏损处理政策的情况下,财政部仍对国储棉竞卖亏损占用贷款给予贴息。待财政部核定国储棉竞卖亏损金额并出台消化处理政策后再按相关规定办理。

关于请加紧清算国储棉竞卖货款以便基层企业归还我行贷款的函

2007 年 6 月 12 日　农发银客二[2007]21 号

中华全国供销合作总社棉麻局：

关于国储棉竞卖货款结算及价差占用我行贷款的问题，经过贵局和相关部门领导的大力支持，大部分问题已经得到解决，这对基层供销社棉花企业消化占用我行积欠贷款起到了重要的作用。为此，我们对贵局的大力支持深表感谢。但是，目前仍有部分省原占用的贷款 3.68 亿元不能全额收回，为此，我们进行了专题调查，从部分省调查反映的情况来看，造成原占用贷款不能全额收回有两点主要原因：一是由于贵局与相关省份棉麻公司货款结算不足；二是贵局代扣了国储棉盈余、国储棉升值款、特种储备资金。对企业占用的这部分贷款，我行已按照银监部门的有关管理要求，统一调整到不良贷款科目。按照相关管理规定，这将会影响所涉省份棉麻公司在我行的贷款资格认定，对棉麻公司的正常经营也带来了一定影响。有关省份棉麻公司反映比较强烈，曾多次向所在地行和总行反映这类问题。

对此，我们恳请贵局予以重视。鉴于问题形成原因比较复杂，时间跨度较长，我们建议：一是关于对贵局与各省棉麻公司的货款清算问题，要在抓紧核对账务的基础上，对确属清算不足的，尽快予以结算。二是对代扣国储棉盈余、国储棉升值款、特种储备资金等导致占用贷款的，要在清理的基础上，积极向财政部门反映解决，我部也将积极配合。尽可能通过我们的共同努力为基层棉麻企业和中国农业发展银行搞活经营创造良好的条件。

特此函告，盼复。

关于不支持棉花流通企业竞买国储棉的紧急通知

2009年6月25日　农发银客二[2009]21号

上海、海南、青海分行客户处，天津、福建、贵州、广东分行客户一处，其他省、自治区、直辖市分行客户二处，总行营业部客户处：

5月22日，国家通过全国棉花交易市场抛售国储棉，旨在稳定棉花市场，满足纺织企业用棉需求，并明确规定购买方限于纺织用棉企业。近日，为满足中小纺织企业配棉需求，有关部门决定允许纺织企业委托有实力的棉花流通企业交易商，代理其竞拍国储棉。据统计，交易资格放宽一周来，委托代理成交的国储棉占总成交量的比例高达83%。棉花流通企业大量参与竞拍国储棉，一方面，有可能出现囤积炒作的问题，既违背了国家满足纺织企业用棉需求的初衷，又不利于棉花的顺利流通；另一方面，棉花市场价格走势尚不明朗，流通企业囤积国储棉存在很大的市场风险。

为维护棉花市场稳定，确保我行信贷资金安全，各行不得支持贷款流通企业用于竞买国储棉的资金需求。同时要密切关注我行贷款流通企业用其他来源资金参与竞买国储棉的情况，要切实加强对我行存量贷款的管理，发现有占用我行存量贷款竞买国储棉的，要立即纠正，抓紧收回相应贷款本息，落实中有什么问题请及时向总行报告。

关于发布《2011 年度棉花临时收储预案》的公告

2011 年第 5 号

为稳定棉花生产、经营者和用棉企业市场预期，保护棉农利益，保证市场供应，国家发展改革委、财政部、农业部、工业和信息化部、铁道部、国家质检总局、供销合作总社、中国农业发展银行制订了《2011 年度棉花临时收储预案》，经国务院批准，现予发布。

附件：2011 年度棉花临时收储预案

附件

2011 年度棉花临时收储预案

第一条 为稳定棉花生产、经营者和用棉企业市场预期，保护棉农利益，保证市场供应，决定从 2011 棉花年度开始实行棉花临时收储制度，特制订本预案。

第二条 执行本预案的棉花主产区为天津、河北、山西、江苏、安徽、江西、山东、河南、湖北、湖南、陕西、甘肃、新疆 13 个省（自治区、直辖市）。

第三条 2011 棉花年度棉花临时收储价为，标准级皮棉到库价格每吨 19 800 元（公重），其他等级皮棉的收储价格按照 3% 的品级差率、1% 的长度差率计算。中国棉花协会根据皮棉临时收储价和当时的棉籽等副产品价格以及皮棉籽棉折算公式、相关合理参数测算籽棉收购参考价，并向社会公布。

第四条 2011 棉花年度棉花临时收储预案执行时间为 2011 年 9 月 1 日至 2012 年 3 月 31 日。

第五条 收储的棉花为 2011 棉花年度生产加工并经仪器化公证检验的锯齿细绒棉，由具有 400 型棉花加工资格的棉花企业直接交储。品级要求为 1 至 4 级，长度要求为 27 毫米以上（含 27 毫米），马克隆值要求为 A 级、B 级和 C 级 C2 档，其他质量要求按国家有关标准执行。棉花包装要符合棉花包装国家标准（GB 6975—2007），铁路运输棉包捆扎物应使用塑钢带。

第六条 中国储备棉管理总公司（以下简称中储棉总公司）要按照“有利于保护农民利益、有利于企业就近交储、有利于棉花安全储存、有利于监管、有利于调运”的原则，合理确定执行棉花临时收储预案的承储库点（包括直属库和代储库点）。其中代储库点由中储棉总公司提出并报国家发展改革委、财政部备案及抄送中国农业发展银行后，双方签订“储备棉保管合同”。

代储库的具体选用标准和管理办法由中储棉总公司另行制定。

第七条 国家棉花市场监测系统和中国棉花协会监测国内棉花、棉籽市场价格水平，取两单位监测的棉花价格平均值和棉籽价格平均值作为国内棉花、棉籽市场平均价格。该价格通过相关行业网站每天发布。

第八条 预案执行期间当监测的棉花市场价格连续五个工作日低于临时收储价时，由中储棉总公司及时发布公告，启动收储预案。

收储按照公开、公平、公正的原则通过全国棉花交易市场收储交易系统进行，具体交易办法另行制定。

第九条 预案启动后，在交储企业与中储棉总公司签订的棉花购销合同中明确，交储企业应按不低于籽棉收购参考价的价格向农民收购籽棉。中储棉总公司承储库点在接受棉花入储时查验交储企业收购单据，凡籽棉实际收购价低于籽棉收购参考价的企业，其所加工的皮棉一律不得入储，所发生的一切费用一律由交储企业承担；棉花协会、棉纺协会等行业组织配合实施舆论监督，将不执行籽棉收购参考价的交储企业列入行业黑名单；有关部门加强对交储企业收购价格和合同执行情况的监管。

第十条 收储所需资金，由中国农业发展银行按照有关政策规定安排储备棉贷款解决，中国农业发展银行总行营业部（以下简称总行营业部）统一发放信用贷款。中储棉总公司实行统贷统还，按入储成本向总行营业部申请储备贷款，包括收储价格及收储直接相关的合理费用。总行营业部依据有关政策，将贷款发放到位。

临时收储直接相关的合理费用，统一计入储备成本，有定额标准的，按标准执行，没有定额标准的，由相关财政监察专员办事处及时审核确认。中储棉总公司要按合同将相关费用及时足额拨付到代储库点。

第十一条 承储库点要按照中央储备棉有关管理规定的要求，切实做好收储入库各项工作。对违规收取各种费用的，中储棉总公司要按相关规定严肃处理。

第十二条 预案执行期间，中储棉总公司每个工作日将当天收储的棉花数量、等级、价格、区域分布等情况汇总报国家发展改革委、财政部并抄送中国农业发展银行。

预案执行结束后十个工作日内，中储棉总公司要将当年度棉花临时收储预案执行情况报告国家发展改革委、财政部并抄送中国农业发展银行。

第十三条 中储棉总公司要加强入储棉花的保管工作，保障储备棉安全。在市场需要时，由国家有关部门委托中储棉总公司在全国棉花交易市场公开竞价销售入储的棉花。销售的国家储备棉由中央财政统负盈亏。

第十四条 国家发展改革委负责协调落实棉花临时收储制度相关政策，会同有关部门解决临时收储预案执行中的问题。财政部负责及时拨付中储棉总公司临时收储棉花所需的利息、费用补贴。农业部负责了解各地执行临时收储政策情况，监测棉花收购价格，反映农民的意见和要求。工业和信息化部负责监测纺织企业运行和棉花需求动态情况，及时反映纺织企业意见。铁道部负责做好临时收储新疆棉出疆的铁路运输工作。供销合作总社负责加强对所属棉花收购加工企业的指导，监督企业认真执行国家临时收储政策，切实保护农民利益。中国农业发展银行负责向中储棉总公司及时提供储备贷款，并对资金使用和棉花库存进行监管。中国纤维检验局负责组织棉花入库公证检验。中储棉总公司作为国家委托的临时收储预案执行责任主体，对其临时收储棉花的数量、质量、价格和库存管理等负总责。全国棉花交易市场负责维护管理收储交易系统，会同中储棉总公司审核交储企业资格。产棉区政府负责对交储企业执行籽棉收购参考价情况进行监督检查，并督促、协调地方相关部门，支持和配合中储棉总公司的工作，共同完成收储任务。

第十五条 本预案由国家发展改革委、财政部负责解释。

中国储备棉管理总公司《2011年度棉花临时收储预案》实施办法

为稳定棉花生产、经营者和用棉企业市场预期，保护棉农利益，保证市场供应，国家发展改革委等八部委联合下发《2011年度棉花临时收储预案》（公告2011年第5号，以下简称《预案》）。中国储备棉管理总公司（以下简称中储棉总公司）为更好落实《预案》有关要求，切实做好2011年度棉花临时收储工作，特制定本实施办法。

第一章 组织机构及职责

第一条 中储棉总公司成立“2011年度棉花临时收储领导小组”，姚明烨同志任组长，侯振武同志任副组长，储备部、仓管部、财务部、信息部等负责人为小组成员。领导小组部署、协调、指挥棉花临时收储的各项工作，负责政策落实，研究确定相关费用标准，统一调配人员、设备，协调解决《预案》执行中的相关问题等。

第二条 储备部负责储备棉收储业务的具体实施。根据国家有关部门要求和收储需要商仓管部启用具体收储库点，负责编制储备棉统计报表，指导储备棉入库工作，负责申报、协调储备棉公证检验工作，负责储备棉的中转调运工作，负责储备棉保险工作，根据相关规定商财务部拨付储备棉入库费、配合公检费、中转运费等专项费用。

第三条 仓管部负责在库储备棉安全管理工作及储备棉代储库的选定。根据《国家储备棉代储库资格认定及租用办法》（见附件1）选定储备棉备用仓库。经确认使用后，负责与备用仓库签订《国家储备棉仓储合同》，备用库正式成为储备棉代储库。中储棉总公司不向代储库、备用库承诺存储数量和时间。

2011年8月20日前，按照“有利于保护农民利益、有利于企业就近交储、有利于棉花安全储存、有利于监管、有利于调运”的原则，仓管部商储备部确定《预案》执行区域内的承储库（包括直属库和代储库，下同）布局和库容并报有关部门备案。第一批备用库仓容应不少于100万吨。根据收储进度，随时考察、确定备用仓库。

第四条 财务部负责向中国农业发展银行（以下简称农发行）总行营业部申请储备棉收储所需资金，根据国家有关规定与交储企业及承储库结算货款和相关费用，核算储备棉成本。

第五条 信息部负责主营业务系统和储备棉台账系统的维护及培训等，保障公司总部和承储库的正常使用，保障有关部门计算机等办公设备的配备和维护，为确保收储工作顺利进行，提供技术、设备支持。

第六条 承储库负责储备棉的入库、堆码和在库储备棉安全工作。负责收储棉花的入库初验，查验交储企业提供的籽棉收购单据，配合公证检验，入库堆码，做好储备棉数据的录入、上报等工作，负责收集和妥善保管棉花的小样和条码，以备查验。承储库要积极配合农发行总行营业部异地库存监管工作。

直属库（单位）根据《国家储备棉代储库安全监管办法》（见附件2）负责代储库的安全监管。负责代储库业务指导和派驻代储库人员的管理。

中储棉总公司派驻人员负责协助代储库进行储备棉入库初验工作，协调检验机构现场公证检验，指导代储库做好储备棉安全收储相关工作。

第二章　价格监测和启动收储

第七条　根据《预案》规定，《预案》执行期间，信息中心每个工作日在中储棉总公司网站和中国棉花网发布国内棉花、棉籽市场平均价格（国家棉花市场监测系统和中国棉花协会监测的国内棉花价格平均值和棉籽价格平均值）。

第八条　当监测的棉花市场价格连续五个工作日低于临时收储价 19 800 元/吨时，经国家发改委确认后，中储棉总公司及时发布《2011 年度棉花临时收储公告》，于第六个工作日正式启动收储预案。

第三章　签订合同

第九条　储备棉收储通过全国棉花交易市场（以下简称交易市场）储备棉交易平台进行，交易规则见《2011 年度棉花临时收储交易办法》。

第十条　交储企业必须具备以下条件：

（1）经国家工商行政管理部门登记注册的企业法人。

（2）具备 400 型棉花加工资格的棉花企业。

（3）具备一般纳税人资格。

第十一条　储备部会同交易市场审核交储企业资格，通过审核的交储企业要在交易市场预存 300 元/吨的履约保证金。

第十二条　交储企业应按照合同约定，以不低于籽棉收购参考价向棉农收购籽棉，在交货时提供收购单据，并为单据的真实性承担法律责任。

第十三条　储备部每个工作日公布挂牌收储库点和数量，并根据需要及时调整。成交后，储备部在规定时间内与交储企业签订《国家储备棉购销合同》（见附件3）。

第四章　质量、包装及组批要求

第十四条　交储的棉花必须是 2011 棉花年度生产并经仪器化公证检验的锯齿细绒棉。

第十五条　交储棉花品级要求为 1～4 级，长度要求为 27 毫米以上（含 27 毫米），马克隆值要求为 A 级、B 级和 C 级的 C2 档，其他质量要求按国家有关标准执行。

第十六条　棉包包装材料和捆扎材料要符合“GB 6975—2007 棉花包装”国家标准规定，必须使用新包装材料，新疆库点交储的棉包捆扎物应使用塑钢带。棉包外形和尺寸要符合“GB 6975—2007 棉花包装”国家标准中Ⅰ型包规定,平均包重 227 公斤(允差幅度为 ±10 公斤)。棉包刷唛要按照“GB 1103—2007 棉花细绒棉”国家标准中包装标识要求,做到内容齐全、字迹清晰,塑料套包两侧要粘贴不干胶标签。

第十七条 交储棉花要按品级组批,一个品级棉花组一批,新疆产区每批组批数量为 93 包或者 186 包,内地产区每批组批数量为 60 包或者 120 包。刷唛中要有批号,批号由 11 位数字或字母组成,第 1 位至第 5 位为仪器化检验加工厂代码,第 6 位至第 7 位为棉花年度,第 8 位为生产线代码,第 9 位至第 11 位为组批顺序号。例如,批号 34011111001,其中第 1 位至第 5 位为加工厂代码“34011”,第 6 位至第 7 位为棉花年度“11”,第 8 位为生产线代码“1”,第 9 位至第 11 位为组批顺序号“001”。

第五章 入库初验

第十八条 交储企业要按照中储棉总公司规定时间将交储的棉花均衡运至指定承储库,交储企业运输前要及时与承储库联系,承储库做好接货准备工作。

第十九条 交储企业在指定承储库交货时需要提供以下单据:

(一)籽棉收购单据。收购单据要按合同装订成册,并加盖交储企业公章。

(二)交储棉花出厂公证检验证书。

(三)交储棉花的小样及条码,每包小样不少于 125 克。

(四)“申报入储公证检验表”(附件 4)及电子版、“条码汇总表”电子版,按照中纤局要求填写。

(五)提供与交储棉花包装材料相同的包皮和捆扎材料一套。

(六)“国家储备棉购销合同”复印件。

第二十条 承储库要在棉花入库时查验交储企业提供的相应籽棉收购单据,籽棉收购价格不低于合同中约定的籽棉收购参考价。凡是籽棉收购价格低于合同约定的籽棉收购参考价的棉花,一律不得接收,棉花由交储企业自行处理,因此发生的费用由交储企业承担。同时,承储库要书面上报储备部,将该合同按违约处理,并报相关部门将该交储企业列入行业黑名单。承储库应配合有关部门对交储企业收购价格和合同执行情况的监管。

第二十一条 承储库在初验过程中发现下列情况之一的棉花不符合收储条件,整批棉花退出,由交储企业自行处理:

(一)棉花品级低于 4 级。

(二)长度级低于 27 毫米。

(三)马克隆值级为 C1。

(四)单包棉花回潮率超过 10%。

(五)异性纤维含量超过 L 档。

(六)炸包、散包包数占总包数超过 3%。

(七)露白棉包包数占总包数超过 10%。

(八)货证不符的棉花。

（九）严重污染、霉变、水残、雨淋的棉花。

（十）混有地脚棉、回收棉等。

第二十二条 承储库在入库过程中发现炸包、散包包数不超过该批总包数3%的，可以正常入库，但交储企业应负责按原包数给予复包或调换，相应费用由交储企业自行承担。

第二十三条 入库棉花露白包数不超过该批总包数10%的，可以入库，由承储库负责整理，交储企业需承担相应整理费用。

第二十四条 入库棉花发现污染、霉变、水残、水渍等异常情况棉花包数不超过该批总包数5%的，剔除异常棉包，并由交储企业补齐后，可以正常入库和初验。

第二十五条 为了加快结算进度，原则上一个合同的棉花到齐后一次初验上报。

第二十六条 初验符合储备棉要求的，承储库要在1个工作日内出具“储备棉初验入库单”（见附件5）上报储备部，“储备棉初验入库单”中填报的棉花不得有污染、霉变、水渍等问题棉包。填报“储备棉初验入库单”的棉花，没有中储棉总公司出具的“公证检验不合格棉花出库单”（见附件6）或“储备棉出库单”（见附件7）一律不得出库。

第二十七条 初验不符合收储条件的棉花，承储库及时书面上报储备部，并通知交储企业在2日内将棉花自行移库，交储企业承担由此发生的各项费用。交储企业未能在规定期限内移库的棉花，承储库要与交储企业签订代保管合同，明确责任。

第六章　预付货款

第二十八条 储备部收到“储备棉初验入库单”1个工作日内进行登记，并交财务部。

第二十九条 财务部收到“储备棉初验入库单”2个工作日内，按照标准级（328）价格向交储企业预付80%货款。

第七章　公证检验

第三十条 储备部将启用收储库点提前通知中国纤维检验局（以下简称中纤局），中纤局安排承检机构现场检验。公证检验结果作为交储企业提供的棉花是否符合交储的质量依据，中储棉总公司按中纤局出具的公证检验结果与交储企业结算货款。收储棉花公证检验按照《2011年度国储棉收储公证检验预案》执行。

第三十一条 承储库要全力配合公证检验工作。为加快检验进度，有条件的承储库可以采取整批过磅方式，协调承检机构在棉花入库卸车过程中同步进行现场检验。

第三十二条 承储库接到承检机构出具的“国家储备棉入库公证检验结果汇总表”，对公证检验结果进行确认。如果对公证检验结果有异议，应及时反馈储备部，储备部按照《棉花质量监督管理条例》的规定向中纤局提出复检申请，对复检结论仍有异议的，可以申请仲裁或依法向人民法院提起诉讼。

承储库接到承检机构出具的“国家储备棉入库公证检验结果汇总表”后，应在1个工作日内通知交储企业对公证检验结果进行确认。如果交储企业对公证检验结果有异议，应及时向中纤局提出复验申请。

第三十三条 承检机构将双方确认的公证检验结果上报中纤局，中纤局将电子版检验数据传储备部。储备部根据公证检验结果合格部分出具“储备棉入库通知书”（见附件8）下发承储库，不合格部分开具“公证检验不合格棉花出库单”。承检机构现场出具“储备棉公证检验证书”，交承储库两份，其中一份承储库留存，随货同行，另一份收储结束对账后统一交储备部。

第三十四条 承储库接到“储备棉入库通知书”后，要在2个工作日内，根据“储备棉公证检验证书”、接货记录和系统数据进行核对，确认无误后填制“储备棉入库单”（见附件9）上传储备部。数据如有不符的要及时将情况反馈储备部。

第八章 货款结算

第三十五条 储备部收到“储备棉入库单”后，2个工作日内进行审核、登记后与“公证检验不合格棉花出库单”一并交财务部，财务部根据国家有关部门规定结算货款。

货款计算公式为：[成交价×(1±等级差率)]×每包公定重量

品级和长度差率按《预案》规定执行。

第三十六条 财务部接到“储备棉入库单”2个工作日内出具“储备棉入库结算单”（见附件10）传真至交储企业，交储企业根据“储备棉入库结算单”开具增值税发票。财务部收到增值税发票并验证无误后3个工作日内向交储企业付清余款。

第三十七条 财务部接到“公证检验不合格棉花出库单”2个工作日内出具传真至交储企业，交储企业10个工作日内退回多付货款，财务部确认收回多付货款，在“公证检验不合格棉花出库单”签字确认交回储备部，储备部下发“公证检验不合格棉花出库单”，承储库为交储企业办理出库手续，不合格棉花发生的相关费用由交储企业承担。

第三十八条 财务部确认交储企业收到“储备棉入库结算单”后10个工作日内未将预付货款退回的，书面通知储备部。储备部将相应棉花通过交易市场公开拍卖，所得货款用于冲抵预付货款、入库费用、超期保管费、保险费等，如有余款，退回交储企业。拍卖所得货款不足以冲抵预付货款和相关费用时，由交易市场扣除该企业的全部保证金用于冲抵预付货款和相关费用，不足部分中储棉总公司将依法向交储企业追索。

第九章 违约责任

第三十九条 交储企业存在以下情况之一，按照违约处理，扣除300元/吨的履约保证金。

(1)交储棉花的籽棉收购价低于合同中约定的籽棉收购参考价。

(2)未按规定时间签订购销合同。

(3)未按规定时间交货。

(4)棉花质量存在弄虚作假。

(5)实际交储棉花(公检合格)比合同约定数量少10%以上。

(6)交储棉花公检不合格,未按规定时间退回预付货款。

第四十条 交易市场在采购工作结束15个工作日内将交储企业由于违约扣留的履约保证金汇至中储棉总公司指定账户。

第十章 储备棉调运和集并

第四十一条 根据收储进度,中储棉总公司报有关部门批准后启动新疆棉调运工作。收储工作结束后,中储棉总公司报有关部门批准,将代储库库存少于5 000吨的储备棉进行集并。

第十一章 附 则

第四十二条 本办法未尽事宜参照相关规定执行。

第四十三条 本办法自发布之日起实施。

第四十四条 本办法由储备部负责解释。

附件:1.《国家储备棉代储库资格认定及租用办法》(略)

2.《国家储备棉代储库安全监管办法》(略)

3. 国家储备棉购销合同(略)

4. 申报入储公证检验表(略)

5. 储备棉初验入库单(略)

6. 公证检验不合格棉花出库单(略)

7. 储备棉出库单(略)

8. 储备棉入库通知书(略)

9. 储备棉入库单(略)

10. 储备棉入库结算单(略)

11. 2011年度棉花临时收储工作流程图(略)

中国棉花协会关于发布2011年度棉花临时收储籽棉收购参考价格的通告

按照国家发展和改革委员会等八部委联合颁布的《2011年度棉花临时收储预案》(2011年第5号公告),2011棉花年度棉花临时收储标准级皮棉到库价格为每吨19 800元(公重)。中国棉花协会根据皮棉临时收储价和棉籽等副产品价格,以及皮棉/籽棉折算公式、相关合理参数,测算出籽棉收购参考价格。在完成调研、公示、审核等程序后,现予以公布,于2011棉花年度试行。

附件:2011年度棉花临时收储籽棉收购参考价格(试行)(略)

关于发布《2011 年度棉花临时收储交易办法》的公告

2011 年第 1 号

各涉棉企业：

根据国家发展和改革委员会等八部委发布的《2011 年度棉花临时收储预案》(2011 年第 5 号公告)有关规定,2011 年度棉花收储交易通过全国棉花交易市场收储交易系统进行,有关交易规则按照《2011 年度棉花临时收储交易办法》(见附件)执行。

特此公告。

附件:2011 年度棉花临时收储交易办法

附件

2011 年度棉花临时收储交易办法

第一章　总　　则

第一条　根据《中华人民共和国合同法》、《2011 年度棉花临时收储预案》(国家发展和改革委员会 2011 年第 5 号公告)及有关规定,制定本办法。

第二条　2011 年度棉花临时收储是指由中国储备棉管理总公司(以下简称中储棉总公司)按照《2011 年度棉花临时收储预案》要求,通过全国棉花交易市场(以下简称交易市场)棉花收储交易系统发布购棉邀约,由具有 400 型棉花加工资格的棉花企业就近选择库点点击成交,交易市场根据成交结果生成“国家储备棉购销合同”(以下简称“购销合同”),经中储棉总公司和交储企业分别签字盖章后,由交易市场作为第三方予以见证,交储企业在合同约定仓库货场交货的收储方式。

交储的棉花必须是 2011 年度生产加工、经仪器化公证检验、符合规定交储条件要求的锯齿细绒棉。

收储库点参见中储棉总公司相关公告。

第三条　除非本办法另行规定,参加本次临时棉花收储交易的交储企业须具备以下条件:

（一）经国家工商行政管理部门登记注册的企业法人。

（二）具有400型棉花加工资格的棉花企业。

（三）具备一般纳税人资格。

第四条 交易市场和中储棉总公司共同对参与2011棉花年度棉花收储交易和交储企业的资格进行审核，审核结果于2个工作日及时回复有关交储企业。

通过资格审核的交储企业，需在交易市场开户方可参与收储交易。

对于租赁符合交储条件的400型棉花加工企业，或委托符合交储条件的400型棉花加工企业代为加工棉花的，或400型棉花加工企业本身为非独立法人的，需由有关企业出具租赁、委托加工以及交储企业属于非独立法人等证明后，方可由有关企业参与收储交易。交储企业为提供的资料承担相关法律责任。

第五条 棉花收储交易时间为每日16:00开市，16:30全场交易结束。

第二章 品种、质量、计量和计价单位

第六条 棉花收储的交易报价品种为328级锯齿细绒棉，卖方报价为送至中储棉总公司指定仓库货场以公定重量计算的交货价格即19 800元/吨，其他等级棉花的收储价格按照3%的品级差率、1%的长度差率计算。实际交货的棉花品级要求为1～4级，长度要求为27毫米以上（含27毫米），马克隆值要求为A级、B级（含B1级和B2级）和C级的C2档，其他质量要求按照国家有关规定标准执行。

实际货款根据公证检验结果据实结算。

第七条 所有交储的棉花须为经过仪器化公证检验的大包棉花。

第八条 合同交易的计量单位为“吨”，合同交易的计价单位为“元/吨”（含税）。

第三章 棉花收储交易的程序

第九条 棉花收储交易的程序：

（一）卖方参与交易前，向交易市场交纳一定数额的保证金，交易系统根据成交情况按照每吨300元实时扣划。

（二）每日收储交易前由中储棉总公司发布当日收储总数量和各承储仓库具体收储数量。

（三）交易市场棉花收储交易系统于工作日16点整开市，已办理开户的交储企业可进入交易系统参与交易。

（四）交易开始后，具备交易资格的交储企业按照“时间优先”原则参与。内地库点成交数量须为30吨的整倍数，且单笔最小成交数量不少于90吨，单笔最大成交数量不超过180吨；新疆库点成交数量须为40吨的整倍数，且单笔最小成交数量不少于200吨，单笔最大成交数量不超过400吨。16:30全场交易结束。

（五）交易市场根据成交结果生成经国家工商行政管理部门登记备案的“国家储备棉购销合同”，中储棉总公司和卖方在3个工作日内签订，交易市场作为第三方予

以见证，并具有法律效力。

（六）卖方于成交后3个工作日内未签订合同的，交易市场按其违约处理。

第十条 交储企业和中储棉总公司各自对其通过交易市场棉花收储交易系统发出的“邀约”指令承担全部经济和法律责任。

第十一条 交储企业必须按照本办法及相关规定参与交易。对违反本办法和有关公告规定的交易商，除对有关成交按无效或违约处理外，交易市场有权视情节轻重分别给予口头警告、书面警告、暂停交易、取消交易商资格等处罚。

第四章 保证金和手续费

第十二条 交易市场于交易前向买卖双方收取保证金，其中，卖方交易商于交易前需在交易市场指定账户存放不少于人民币20万元的保证金。

保证金是指卖方交易商和中储棉总公司按照交易市场规定标准交纳的资金，专门用于2011棉花年度棉花临时收储交易的履约保证。

第十三条 交易过程中，如卖方交易商保证金不足，将不能参与交易。

第十四条 成交后，交易市场分别向成交双方一次性暂扣300元/吨保证金作为履约保证。

第十五条 交易市场凭中储棉总公司出具的通知释放卖方交易商的保证金。

第十六条 交易市场按10元/吨（含税）分别向成交双方收取交易手续费。

第五章 质量保障和纠纷处理

第十七条 实际交储过程中，如交储企业提供的棉花质量、数量不符合规定的入储条件，无论棉花是否已运至中储棉总公司指定仓库，所发生的费用及所有责任均由交储企业承担，相应部分棉花按《中国储备棉管理总公司〈2011年度棉花临时收储预案〉实施办法》处理。

第十八条 交储企业或中储棉总公司如对公证检验结果有异议的，按照《棉花质量监督管理条例》的规定向中纤局提出复检申请，中纤局按照规定程序进行复检，双方按照复检结果结算；对复检结论仍有异议的，可以申请仲裁或依法向人民法院提起诉讼。

第十九条 交储企业存在以下情况之一，按照违约处理：

（一）交储棉花的籽棉收购价低于合同中约定的籽棉收购参考价；

（二）未按规定时间签订“购销合同”；

（三）未按规定时间交货；

（四）棉花质量存在弄虚作假；

（五）实际交储棉花（公检合格部分）比合同约定少10%以上；

（六）交储棉花经公检不合格，未按规定时间退回中储棉总公司预付货款；

（七）其他严重违反本办法及有关规定情形。

第二十条 合同违约，交易市场按300元/吨将违约方的违约金支付给另一方。

第二十一条 交储企业对交储的棉花实行质量终身负责制，出库时发现掺杂使假、棉花大样与原验结果严重不符等问题，交储企业须承担相应的经济和法律责任。

第六章 附 则

第二十二条 交货流程、货款结算等按照《中国储备棉管理总公司实施办法》执行。

第二十三条 交易市场有权根据国家有关部门指示对本办法有关规定作出调整。所有调整以交易市场公告形式对外发布。

第二十四条 本办法由交易市场负责解释和修订。

第二十五条 本办法自发布之日起执行。

关于发布《2012 年度棉花临时收储预案》的公告

2012 年第 3 号

为稳定棉花生产、经营者和用棉企业市场预期，保护棉农利益，保证市场供应，国家发展改革委、财政部、农业部、工业和信息化部、铁道部、国家质检总局、供销合作总社、中国农业发展银行制订了《2012 年度棉花临时收储预案》，经国务院批准，现予发布。

附件：2012 年度棉花临时收储预案

附件

2012 年度棉花临时收储预案

第一条 为稳定棉花生产、经营者和用棉企业市场预期，保护棉农利益，保证市场供应，特制订本预案。

第二条 执行本预案的棉花主产区为天津、河北、山西、江苏、安徽、江西、山东、河南、湖北、湖南、陕西、甘肃、新疆 13 个省（自治区、直辖市）。其他产区需纳入收储范围的，经有关部门研究后另行公布。

第三条 2012 棉花年度棉花临时收储价为，标准级皮棉到库价格每吨 20 400 元（公重），其他等级皮棉的收储价格按照 3% 的品级差率、1% 的长度差率计算。

中国棉花协会根据皮棉临时收储价和当时的棉籽等副产品价格以及皮棉籽棉折算公式、相关合理参数测算籽棉收购参考价，并向社会公布。

第四条 2012 棉花年度棉花临时收储预案执行时间为 2012 年 9 月 1 日至 2013 年 3 月 31 日。

第五条 收储的棉花为 2012 棉花年度生产加工并经仪器化公证检验的锯齿细绒棉，由具有 400 型棉花加工资格的棉花企业直接交储。品级要求为 1 ~ 4 级，长度要求为 27 毫米以上（含 27 毫米），马克隆值要求为 A 级、B 级和 C 级 C2 档，其他质量要求按国家有关标准执行。如局部地区因遭遇严重自然灾害导致大部分棉花等级达不到 4 级以上的，经有关部门研究后可在受灾地区放宽收储质量标准到 5 级，有关情况及相应的等级差率等另行公布。

棉花包装要符合棉花包装国家标准(GB 6975—2007),铁路运输棉包捆扎物应使用塑钢带。

第六条 中国储备棉管理总公司(以下简称中储棉总公司)是棉花临时收储的执行单位。中储棉总公司要按照“方便交储、有利监管、节约成本”的原则,合理确定执行棉花临时收储预案的承储库点(包括直属库和代储库点)。其中代储库点由中储棉总公司提出并报国家发展改革委、财政部备案及抄送中国农业发展银行后,双方签订“储备棉保管合同”。

代储库的具体选用标准和管理办法由中储棉总公司另行制定。

第七条 中国棉花协会和国家棉花市场监测系统监测国内棉花、棉籽市场价格水平,取两单位监测的棉花价格平均值和棉籽价格平均值作为国内棉花、棉籽市场平均价格。该价格通过相关行业网站每天发布。

第八条 预案执行期间当监测的棉花市场价格连续五个工作日低于临时收储价时,经有关部门确认,由中储棉总公司及时发布公告,启动收储预案。

收储按照公开、公平、公正的原则通过全国棉花交易市场收储交易系统进行,具体交易办法另行制定。

第九条 预案启动后,在交储企业与中储棉总公司签订的棉花购销合同中明确,交储企业应按不低于籽棉收购参考价的价格向农民收购籽棉。中储棉总公司承储库点在接受棉花入储时查验交储企业收购单据,凡籽棉实际收购价低于籽棉收购参考价的企业,其所加工的皮棉一律不得入储,所发生的一切费用一律由交储企业承担;棉花协会、棉纺协会等行业组织配合实施监督,将不执行籽棉收购参考价的交储企业列入行业黑名单;有关部门加强对交储企业收购价格和合同执行情况的监管。

第十条 收储所需资金,由中国农业发展银行按照有关政策规定安排储备棉贷款解决,中国农业发展银行总行营业部(以下简称总行营业部)统一发放信用贷款。中储棉总公司实行统贷统还,按入储成本向总行营业部申请储备贷款,包括收储价格及收储直接相关的合理费用。总行营业部依据有关政策,将贷款发放到位。

临时收储直接相关的合理费用,统一计入储备成本,有定额标准的,按标准执行,没有定额标准的,由相关财政监察专员办事处及时审核确认。中储棉总公司要按合同将相关费用及时足额拨付到代储库点。

第十一条 承储库点要按照中央储备棉有关管理规定的要求,切实做好收储入库各项工作。对违规收取各种费用的,中储棉总公司要按相关规定严肃处理。

第十二条 预案执行期间,中储棉总公司每个工作日将当天收储的棉花数量、等级、价格、区域分布等情况汇总报国家发展改革委、财政部并抄送中国农业发展银行。

预案执行结束后十个工作日内,中储棉总公司要将当年度棉花临时收储预案执行情况报告国家发展改革委、财政部并抄送中国农业发展银行。

第十三条 中储棉总公司要加强入储棉花的保管工作,保障储备棉安全。在市场需要时,由国家有关部门委托中储棉总公司在全国棉花交易市场公开竞价销售入储的棉花。销售的国家储备棉由中央财政统负盈亏。

第十四条 国家发展改革委负责协调落实棉花临时收储制度相关政策，会同有关部门解决临时收储预案执行中的问题。财政部负责及时拨付中储棉总公司临时收储棉花所需的利息、费用补贴。农业部负责了解各地执行临时收储政策情况，监测棉花收购价格，反映农民的意见和要求。工业和信息化部负责监测纺织企业运行和棉花需求动态情况，及时反映纺织企业意见。铁道部负责做好临时收储新疆棉出疆的铁路运输工作。供销合作总社负责加强对所属棉花收购加工企业的指导，监督企业认真执行国家临时收储政策，切实保护农民利益。中国农业发展银行负责向中储棉总公司及时提供储备贷款，并对资金使用和棉花库存进行监管。中国纤维检验局负责组织棉花入库公证检验。中储棉总公司作为国家委托的临时收储预案执行责任主体，对其临时收储棉花的数量、质量、价格和库存管理等负总责。全国棉花交易市场负责维护管理收储交易系统，会同中储棉总公司审核交储企业资格。产棉区政府负责对交储企业执行籽棉收购参考价情况进行监督检查，并督促、协调地方相关部门，支持和配合中储棉总公司的工作，共同完成收储任务。

第十五条 本预案由国家发展改革委、财政部负责解释。

第五章

积极支持棉纺行业
促进棉花全产业链发展

为适应棉花流通体制改革的不断深化,配合国家实施宏观调控,促进棉花产业整体发展,中国农业发展银行(以下简称农发行)于2004年开始对棉纺行业给予信贷支持。信贷政策首先是将贷款对象扩展到收购加工一体的棉纺企业,之后又将贷款支持范围扩大到棉纱环节,支持以纺纱企业为主的棉花产业化龙头企业,并把信贷支持领域从纺纱不断延伸到织布、印染、服装等全产业链,开辟了农发行对中国纺织业的信贷支持之路。经过近8年的发展,农发行对棉纺行业的信贷支持已形成相当规模,行业影响力不断增强。截至2011年年底,已支持客户517家,累计发放贷款1 595亿元,农发行的信贷资金对纺织行业的发展、产业升级、走向国际市场竞争给予了有力支持。实践证明,农发行对棉纺行业的全方位支持一方面促进了作为国民经济传统支柱产业、重要民生产业的棉纺织行业的有效发展;另一方面通过后道带动前道、下游带动上游、工业带动农业的信贷支持模式,既有利于纺织业的发展,又有利于促进棉花生产和棉农增收,保护农民利益,同时对有效防控风险也起到了重要保障作用。

回顾棉纺行业信贷业务发展轨迹,大致可分为三个时期:

一、延伸信贷领域,业务开创期

这一时期的核心内容是延伸信贷支持领域。2004年,经过几年的棉花流通体制改革,棉花市场已经放开,流通环节出现了收购主体多元化、收购方式灵活化的特点,多渠道收购的格局已经形成。供销社棉花企业一统收购天下的局面被彻底打破,为更好地配合棉花流通体制改革和国家宏观调控,从根本上保护农民利益,2004年7月,农发行向中国银行业监督管理委员会提交了调整棉花贷款对象和业务范围的请示,并获得了批准。《中国银行业监督管理委员会关于同意中国农业发展银行调整棉花贷款对象的批复》(银监复[2004]120号)中同意农发行贷款进入棉花预购、良种、深加工、进出口等领域,拉开了农发行棉花业务范围拓宽的序幕,棉花也成为农发行率先进入商业性贷款领域的贷款品种。至此棉花贷款对象中增加了收购加工一体化的棉纺企业,贷款范围延伸到可支持皮棉加工成棉纱环节。农发行发放给棉纺企业的贷款用途限于棉花收购、预购和调销,均是最长一年期的流动资金贷款,且贷款需在皮棉加工成棉纱并销售后归还。

在粮棉流通体制市场化改革新的形势下,粮棉油产业化经营关系到我国城乡社会统筹发展的全局。2004年10月,农发行关于开展粮棉油产业化龙头企业贷款业务的请示得到了中国银监会的批准。在《中国银行业监督管理委员会关于中国农业发展银行开展粮棉油产业化龙头企业贷款业务的批复》(银监复[2004]151号)中,明确同意农发行可向经地、市级以上人民政府或政府有关部门认可的以粮棉油产业化龙头企业提供贷款。粮棉油产业化龙头企业以粮棉油加工或流通为主业,通过各种利益连接机制与农户相联系,带动农民进入市场,使粮棉油生产、加工、销售有机结合、相互促进。对棉纺企业的贷款支持相应增加了产业化龙头企业棉花短期和中长期贷款品种,支持范围扩展到可以用于解决棉花产业化龙头企业收购和调入棉花的需要、生产和经营过程中的其他短期流动资金需要以及其技术改造、仓储设施建设和棉花生产基地建设等中长期资金需要。

这一时期农发行陆续制定了一系列信贷管理措施,不断理顺和规范对棉纺企业的信贷支持,主要有如下三方面的内容:

(一)明确棉纺企业准入标准。对棉纺企业的资格认定提出了两个条件:一是在纺纱规模方面,规定山东、上海、江苏、浙江等沿海省市新建立信贷关系棉纺企业(含产业化龙头企业,下同)的总资产应在5 000万元(含,下同)以上,年纺纱能力不低于5万锭;其他内陆地区新建立信贷关系棉纺企业的总资产应在3 000万元以上,年纺纱能力应不低于3万锭。二是规定在新建立信贷关系时要充分考虑企业的技术装备水平,对技术装备较落后、在同档次产品竞争中处于劣势的棉纺企业应不予支持。

(二)明确提出对集团性棉纺客户在资格认定的要求。提出对棉纺类集团客户的管理重点主要集中在客户的可持续发展能力、关联交易的透明和规范程度、财务制度的健全程度等方面。

(三)规范贷款品种使用问题。棉纺企业如果取得棉花产业化龙头企业贷款资格,则不能发放商品棉收购(调销)贷款,进一步规范了农发行贷款品种的使用。

经过这一时期业务的发展和政策的不断调整,农发行开创了对棉纺行业这一新的信贷支持领域,初步理清了对棉纺企业的支持和管理思路,形成了以棉花产业化龙头企业贷款为主支持棉纺企业的业务发展雏形,为下一步加大对棉纺企业的支持力度奠定了良好的基础。

二、积极支持棉纺产业,业务发展期

这一时期的核心内容是积极支持棉纺企业发展。2006~2008年,我国纺织行业紧紧抓住加入世界贸易组织、取消纺织品配额、国际市场一体化有利时机,在规模扩张和产业升级之路上加速前行。在产能快速增长的同时,棉纺织行业的发展出现了四种趋势:即向沿海地区集中、向原料产区集中、向出口大户集中、向民营企业集中。一方面国际市场更加开放,且我国纺织产业基础日渐夯实,产业链条逐步完备,这为我国棉纺产业发展创造了良好机遇;另一方面产能快速扩张,国内棉纺行业市场竞争日趋激烈。为更好地促进棉纺产业健康发展,农发行对原有的信贷政策进行了如下的调整。

(一)紧扣国家相关政策规划,明确信贷支持重点。一是重点向技术设备和管理理念先进、产品技术含量高、"三无一精"(无卷化纱、无接头纱、无梭化布、精梳纱)产品比例高、辐射范围广、经营效益好、对区域经济发展或相关产业发展具有较强带动作用的棉纺企业倾斜。二是主要满足棉纺企业流动资金需求,发放好流动资金贷款,审慎支持棉纺企业固定资产资金需求。三是利用好棉花流通领域和深加工领域的客户资源,促进两类企业之间按照平等、自愿、公开、协商、互惠互利的原则建立长期稳定的产销合作关系。

(二)根据棉纺行业的现况,调整棉纺企业的准入标准。一是生产规模。原则上山东、江苏、广东等省市的棉纺企业的纺纱规模(有气流纺的按照其产能折算为环锭纺,下同)应在8万纱锭(含8万纱锭,下同)以上,其他省份应在5万纱锭以上。二是企业拥有的主体设备或经技术改造后的主体设备应达到国内20世纪90年代中后期水平。三是企业无不良信用记录,信用等级必须在A级(含)以上。

(三)根据客户类型,明确提出分类管理的措施。一是首次明确提出对农发行评定的黄金客户和优质客户的棉纺企业,在同等条件下优先予以贷款支持,优先享受农发行提供的相关金融服务,在利率和担保等方面享受一定优惠措施。二是首次明确提出要建立棉纺企业的贷款退出机制。三是对具备产业化龙头企业资格的棉纺企业要根据该企业有无籽棉加工资格来合理选择贷款品种。

(四)进一步完善了棉纺集团客户的管理措施。一是明确棉花信贷资金只能支持与农发行棉花业务相关的业务,对其固定资产贷款要严格限制。二是根据集团客户的经营管理和业务特点,分别选择符合条件的集团、集团本部或子公司作为贷款对象。三是要积极与其他商业银行联合发放"拼盘"贷款或银团贷款,并合理确定贷款份额。四是对已经建立信贷关系的集团性客户,要及时掌握其组织架构、财务状况、担保能力、资信状况、资金流向等变动情况及其原因,并进行持续、动态的监测。

这一时期,农发行对棉纺企业的贷款支持范围涉及纺纱、织布、家纺等多个领域，支持方式既满足棉纺企业生产经营的流动资金需要又满足技术设备升级改造等的固定资产投资需要。农发行的棉花产业化龙头企业贷款规模大幅增加，客户队伍逐步壮大，为我国棉纺行业的大发展起到了积极的推动作用，从而带动了我国整个棉花产业从棉花种植到棉花收购再到棉纺及其后道产业这一完整产业链条的全面发展。

三、顺应产业升级，业务优化期

进入2008年，我国纺织行业由入世后高速增长的释放期开始回归正常增长期。一方面，产能增长过快，造成结构性产能过剩。在全球产业链中仍处于加工制造业的地位，自主创新能力弱，行业发展遇到了“瓶颈”。另一方面，人民币持续升值、原料和生产要素价格上涨，削弱了中国纺织品出口的价格优势。同时，金融危机引发的全球性经济增长放缓和消费增速下降，使我国纺织品出口受阻。面对内忧外患，我国纺织行业主动和被动经历了产业转型和升级，竞争焦点已从主要依靠劳动力比较优势的产品竞争，逐步转向依靠科技创新能力及品牌创造力的竞争。为应对行业变化，农发行及时对原有的准入标准和贷款管理措施进行了调整和完善。

（一）进一步明确信贷投入重点。在客户选择、贷款投向和贷款品种上提出“三支持、三限制”政策。重点支持技术水平先进、管理水平高、经济效益好、产品带有功能化或差异化特征、具有核心竞争力、信誉度高以及产业链较长、综合盈利能力较强的客户；重点支持棉花供需衔接，支持纺织服装产业比较发达的地区以及新兴的纺织产业集群；重点支持企业的流动资金需求。限制支持技术水平低、规模小、产品附加值低、资产负债率偏高的企业；限制贷款进入高耗能、高污染和资源消耗型的企业；限制固定资产贷款发放，严格优选，并适当提高项目资本金比例。

（二）进一步严格准入门槛。一是技术设备装配水平超过70%的主体设备应达到20世纪90年代末水平。二是中高档次产品比重应不低于60%，产品销路稳定，产成品库存保持合理水平。三是原则上以棉纺为主的企业纱锭规模（气流纺按照其产能折算为环锭纺）应在10万纱锭（含）以上。四是信用等级在AA级（含）以上。企业无不良信用记录，法人代表信誉、品行良好。

（三）进一步细化棉纺客户分类管理措施。一是做强做大优质客户。要通过优良的服务和提供个性化的信贷策略与这些客户建立长期稳定的合作关系。二是适度支持一般客户。对管理水平或技术设备一般、财务指标普遍在行业平均值上下、信用等级为A级、在行业中总体处于中等水平的一般客户，原则上农发行的贷款额度不超过企业融资总额的50%，不增加新贷款。三是适时退出问题客户。对于已出现明显风险迹象的客户，要及时采取有效措施，果断退出。

（四）进一步促进供需衔接。农发行向棉纺企业提供收购贷款、棉花产业化龙头企业贷款等多个贷款品种，要做到产业化龙头企业贷款与棉花收购贷款业务的有机结合，引导农发行支持的购销企业和棉纺企业在公开、公平、诚信的基础上开展供需衔接。对棉纺企业发放的流动资金贷款要优先用于从农发行收购企业购买棉花；同时，在棉花市场供给紧张时，积极引导购销企业向农发行贷款支持的棉纺企业销售棉花。

伴随着我国棉纺产业不断地转型和升级，农发行的棉纺信贷业务不断调整和完善信贷政策，优化信贷组合，提高金融服务水平。既实现了支持优质棉纺客户做大做强，又实现了农发行棉纺信贷业务的有效健康发展。截至2011年年底，农发行贷款支持的棉纺企业共计517家（其中，纺织行业五百强企业有150余家是农发行客户），主要支持企业的流动资金需求，贷款品种以短期贷款尤其是产业化龙头企业棉花短期贷款为主（发放产业化龙头企业贷款的有470家，占棉纺客户总数的91.26%）。农发行在贷款棉纺企业总的融资体系中所占比例为34.8%，成为我国棉纺企业重要信贷资金来源。从棉纺企业的主营业务看，前三位分别是以纺纱织布为主的（381家，占比73.79%），以服装为主的（42家，占比8.16%），以家用纺织品为主的（30家，占比5.83%）。棉纺企业信贷业务已成为农发行棉花信贷战略的重要组成部分，对促进棉花供需衔接、推动棉花产业发展具有十分重要的意义。

附:相关信贷政策、制度、流程和办法

关于进一步明确棉花产业化龙头企业贷款有关事项的通知

2005 年 4 月 21 日　农发银发[2005]90 号

中国农业发展银行各省、自治区、直辖市分行，总行营业部：

根据中国银监会的批复，2004 年我行开办了棉花产业化龙头企业贷款业务。为避免棉花产业化龙头企业短期贷款和商品棉收购（调销）贷款两类贷款的贷款对象发生交叉现象，给分支行在贷款操作中准确把握贷款对象及相关贷款核算统计带来不便，现将有关事项明确如下：

一、对按照总行《关于开展粮棉油企业贷款资格认定工作的通知》（农发银发[2005]76 号）文件规定取得产业化龙头企业贷款资格，和经总行审批取得贷款资格的棉花产业化龙头企业申请和发放贷款，一律按《中国农业发展银行粮棉油产业化龙头企业贷款管理暂行办法》的规定执行，发放的贷款在棉花产业化龙头企业贷款有关会计科目中核算。

二、对已取得棉花产业化龙头企业贷款资格的企业不再发放商品棉收购（调销）贷款。对未取得产业化龙头企业贷款资格前发放的商品棉收购（调销）贷款，已经进入商品棉收购（调销）贷款科目核算的，到期后收回，不得进行账务调整。

三、对棉花产业化龙头企业的贷款发放情况，要按照总行《关于增加棉花产业化龙头企业贷款管理情况月报表的通知》（农发银发[2004]277 号）的要求，单独统计在“棉花产业化龙头企业贷款管理情况月报表”中按时上报总行，不在“棉花贷款管理月报表”和“棉花购销旬报”中重复反映。

四、在贷款业务办理过程中遇到问题，请及时向总行客户二部反映。

关于进一步加强对棉纺企业信贷支持与管理的意见

2007 年 3 月 1 日　农发银发[2007]35 号

各省、自治区、直辖市分行，总行营业部：

自 2004 年中国银监会批复我行棉花信贷业务扩大到棉纺领域以来，我行对棉纺行业贷款投入稳健快速发展。截至 2007 年 1 月末，全国累计发放产业化龙头企业贷款 179 亿元，贷款客户已超过 300 家，支持范围涉及棉纺、针织、织布、家纺等多个种类。为有效地支持棉纺行业的生产和发展，现就有关工作提出以下意见。

一、当前我国棉纺行业的现状及发展趋势

我国的纺织行业分为纺织业，纺织服装，鞋、帽制造业，化学纤维制造业，纺织专用设备制造四个大类，各大类又有若干种类和众多小类，涉及的领域广泛，门类众多，产业链条很长。棉纺业作为中国纺织工业中基础最好的传统产业，在国民经济中占有重要地位，不仅是我国出口创汇的重要行业，而且还是高就业行业和农产品深加工行业，涉及 1 亿棉农的经济利益。因此，棉纺企业对农民及农业的带动作用十分巨大，中国农业发展银行（以下简称农发行）信贷支持棉纺企业，可以促进农业增效、农民增收、农村发展，加快社会主义新农村建设步伐。

尽管受到频繁的贸易摩擦、出口退税税率下调、人民币汇率调整和原料成本上升等不利因素影响，在过去 5 年里，我国纺织业紧紧抓住纺织品配额逐步取消、国际市场一体化有利时机，在产业升级之路上加速前行。据世界贸易组织最新公布的全球贸易统计数据，2005 年，中国纺织品占据了国际市场 24. 1% 的份额。据海关统计，我国纺织品服装出口额已从 2001 年的 534 亿美元增长到 2006 年的 1 470 亿美元，5 年里年均增幅高达 20%。在产能快速增长的同时，棉纺织行业的发展出现了四种趋势：向沿海地区集中、向原料产区集中、向出口大户集中、向民营企业集中。这些趋势的出现突破了传统生产能力控制格局，体现了市场竞争的结果，也体现了市场在资源配置中的基础作用。

预计未来两年纺织产业发展将喜忧参半，一方面，随着中美、中欧协议到期，国际市场将更为开放，同时我国纺织产业基础日渐夯实，产业链条逐步完备，为我国棉纺产业发展创造了良好机遇；另一方面，国内棉纺行业市场竞争日趋激烈、资源环境约束矛盾日趋突出、自主创新能力不足、营销手段滞后的局面没有得到根本性改变，更为严重的是反倾销已经成为各国经常使用的主要贸易壁垒手段，中国纺织品已进入贸易摩擦高发期，对我国纺织产品出口影响巨大，这些都将不利于我国棉纺产业的发展。

二、准确掌握棉纺企业特点，明确信贷支持重点

目前我国棉纺企业主要有四种类型：一是高技型，生产技术和设备先进，产品主要以纯棉高支纱为主；二是特色型，主要以精梳棉及莫代尔、天丝、竹纤维、牛奶纤维等混纺产品为主，产品科技含量高；三是综合型，根据客户需求情况来决定生产品种，既有混纺又有纯棉产品；四是传统型，主要是国有大型企业及其改制企业，这类企业建厂时间较长，生产设备相对落后，但纺织技术比较成熟，产品质量稳定，客户群相对固定，规模效益比较明显。

由于我行信贷资金进入棉纺行业时间不长，信贷管理模式还在不断探索中，因此，近期我行信贷支持的重点要先从熟悉的棉花深加工领域着手，选择与棉花关联度较高的纺纱、针织、服装、家纺及印染精加工等领域，再逐步实现向其他领域的扩大和延伸。具体而言，我行信贷支持的重点包括：

（一）以我国纺织行业"十一五"发展规划和国家发展改革委政策导向为指导，重点向技术设备和管理理念先进、产品技术含量高"三无一精（无卷化纱、无接头纱、无梭化布、精梳纱）产品比例高、辐射范围广、经营效益好、对区域经济发展或相关产业发展具有较强带动作用的收购加工一体的棉纺企业和产业化龙头企业倾斜，扶持这些企业做强做大，使它们在市场价格形成中起到稳定和引导作用，在维护市场秩序中起到带头作用，在落实国家对棉花市场调控政策方面起到载体作用，在解决国际贸易摩擦中提高我国企业在世界棉花市场和纺织品市场上的影响力和话语权。特别是对销售收入、人均利税、出口创汇、销售利税等主要经济效益指标在棉纺织行业全国排名靠前的棉纺企业，要作为营销和信贷支持的重中之重。

（二）主要支持棉纺企业流动资金需求，发放好流动资金贷款。要充分发挥我行棉花收购资金供应及时、组织网络健全和信贷管理独具特色的优势，利用好棉花流通领域和深加工领域的客户资源，在贷款方式、期限、利率、品种上给予引导，促进两类企业之间按照平等、自愿、公开、协商、互惠互利的原则建立长期稳定的产销合作关系，形成一个生产、流通和加工有机衔接的利益连接体，共同抵御市场风险。

（三）审慎支持棉纺企业固定资产资金需求。鉴于棉纺行业属潜在产能过剩行业，对企业固定资产信贷需求要持谨慎态度，总行将继续控制对棉纺企业发放固定资产贷款。但为支持我行现有优质客户的产业升级，增强市场竞争力，各省可适度对少数AA级（含）以上的客户发放部分固定资产贷款，贷款用途仅限于纺织行业"十一五"发展规划规定的高档纺织生产、印染和后整理加工等鼓励类项目。

三、灵活选择信贷方式和品种，有效支持企业发展

各行要针对客户的资金需求特点，灵活选择不同的贷款品种和服务组合，合理确定贷款额度、贷款期限和贷款方式。

（一）全面实行授信管理。从2007年起，各行对棉纺企业要全面实行授信管理，在授信额度内保证客户用信需求。对符合我行公开授信条件的棉纺企业要推行公开授信，以减少贷款审批环节，提高办贷效率。

（二）有效组合贷款品种。要根据客户类型的不同，合理选择适当的贷款品种。对于没有籽棉加工资格的产业化龙头企业，可以选择产业化龙头企业贷款和商品棉调销贷款品种；对于具备籽棉加工资格的产业化龙头企业，可以选择产业化龙头企业贷款和商品棉贷款品种，其中发放商品棉收购（含异地收购）贷款的额度要根据企业的籽棉加工设备条件、加工能力、企业最近3年年平均加工量及当地的棉花产量等因素综合确定，开户行对这类企业发放商品棉收购贷款，要确保贷款只能用于直接收购籽棉，不得改变用途。对客户购入棉花原料及其他流动资金需求，要根据客户授信情况，选择产业化龙头企业贷款或商品棉调销贷款等品种予以信贷支持。发放产业化龙头企业贷款和商品棉贷款分别执行相关管理办法。

（三）对我行评定的黄金客户和优质客户，各行要在同等条件下优先予以贷款支持，优先享受我行提供的相关金融服务。对总行级黄金客户，在有效落实相关风险防范措施的基础上，可以实行信用贷款，贷款利率可适当下浮。对省级分行的黄金客户，在有效资产全部办理抵押担保后，不足部分也可以实行信用贷款和享受利率下浮政策。

四、强化管理，防范风险

“十一五”期间国内棉纺行业将加速行业重组和整合，在纺织产业结构优化升级过程中，将提高企业规模经济水平和产业集中度，而众多规模小、产品技术含量低、效益差的小棉纺企业将被淘汰出局。为有效防范我行信贷资金的风险，各行要着力做好以下几项工作。

（一）建立贷款项目库

各行要对辖区内棉纺企业进行摸底调查，深入分析客户资源情况，及时将目标客户纳入项目库管理，要与地方政府有关部门、税务、银行同业形成良好的沟通机制，充分利用客户信息和贷款项目库软件，对项目库中的客户进行分类排队，适时更新项目库，加强对贷款项目管理，有计划地将目标客户转变为现实客户。

（二）明确重点支持客户的条件

一是技术设备装备水平。其拥有的主体设备或经技术改造后的主体设备应达到国内20世纪90年代中后期水平，没有《产业结构调整指导目录（2005年本）》中规定的限制类和淘汰类项目，若有织造设备，原则上其无梭织机的比重应在25%以上，并逐年提高。

二是生产规模。原则上山东、江苏、广东等省市的棉纺企业的纺纱规模（有气流纺的按照其产能折算为环锭纺，下同）应在8万纱锭（含8万纱锭，下同）以上，其他省份应在5万纱锭以上。对达不到以上规模，但产品优良、市场竞争力强的棉纺企业，省级分行认为确有必要予以信贷支持的，应将有关情况上报总行，由总行审批确认其贷款资格。

三是财务状况。近两年，反映企业财务状况的偿债能力类指标、财务效益类指标、资产营运类指标中应至少有12项指标达到同行业同类型企业平均值，且每类指标中不能有多于2项指标达不到同行业同类型企业平均值。

四是信用状况。企业无不良信用记录,信用等级必须在A级(含)以上。

对于未能满足以上条件,但已是我行贷款客户的棉纺企业,各省级分行可根据企业经营、信用等综合因素从严掌握是否予以信贷重点支持。对于棉副产品深加工企业、其他棉花产业化龙头企业,各省级分行应在深入调查各行业状况的基础上,谨慎选择效益好、核心竞争力强、信用良好的优良客户作为信贷支持的对象。

(三)注重行业分析,把握宏观政策

棉纺行业是市场化程度非常高的行业,注重行业分析有助于我们把握棉纺行业的发展态势,选择好信贷投入的重点。行业分析要密切关注国家棉纺行业宏观政策的调整动向,及时掌握行业内技术设备更新情况和最新产品情况,各行对棉纺企业的选择,不能囿于一个地区,必须将其放在全行业进行比较筛选。可以实行推荐评估方式,与政府有关部门、行业协会协调联合,科学筛选和推荐贷款项目。

(四)强化贷后管理,建立贷款退出机制

强化对棉纺企业的贷后管理是有效防控信贷风险的重要环节。要针对棉纺企业的特点,密切关注企业经营机制、达产能力、产销比率、产品市场定位、经营活动和重要财务指标等的变化情况,切实做好对客户的贷后评价。一是要建立和完善台账制度,通过建立台账将我行贷款从发放—购入原材料—产成品销售—销售货款回笼—库存等多个环节全部纳入信贷管理台账进行监测和反映,以便更为直观地了解企业购、产、销及资金运动的全过程。二是要建立定期综合分析制度,每月要对企业的贷款使用情况、生产经营情况、财务状况、贷款担保情况、关联交易及其他重大事项进行综合分析,查找存在的问题,提出解决措施。三是要建立贷款退出机制。从财务、非财务、客户信息和第三方信息入手,将现有客户进行定性预测分析和定量预测分析,设立风险预警信号,准确识别风险。在客户出现风险信号时,能够及时发现,予以监测关注,并分门别类采取压缩贷款、择机退出和立即收回等措施,保证贷款安全。

(五)加强对棉纺集团客户管理

目前,我行已经有了一批集团性棉纺客户,这些客户拥有巨额资产和负债,关联交易错综复杂,信贷管理难度相对一般客户大,是我行信贷监管的重点和难点。一是要对集团客户提高识别能力,把可持续发展能力作为集团性客户准入的核心条件,重点评价集团性客户主业的稳定性、集团成长的稳定性、集团在投资中的风险偏好等,找准信贷切入点。信贷资金只能支持与农发行棉花业务相关的业务,重点满足企业因生产经营以及季节性收购所需流动资金的需要,对其固定资产贷款要严格限制。二是根据集团客户的经营管理和业务特点,分别选择符合条件的集团、集团本部或子公司作为贷款对象。三是严格对集团客户的授信管理和用信,对集团客户不搞独家贷款,要积极与其他商业银行联合发放“拼盘”贷款或银团贷款,并合理确定我行贷款份额,适当分散贷款风险。四是对已经建立信贷关系的集团性客户,要及时掌握其组织架构、财务状况、担保能力、资信状况、资金流向等变动情况及其原因,并进行持续、动态的监测。对贷款额度较大的集团性客户要安排业务素质高、管理经验丰富的客户经理组成信贷组,专门负责对其调查、信息收集、贷后管理和金融服务等工作。

（六）增强服务意识，改进服务措施

目前我行的结算手段及服务效率等还不能很好地满足客户需求，我们要进一步增强服务意识，改进服务措施。一是要在有效防范风险的前提下优化贷款程序，满足企业融资需求。不因农发行原因，影响客户结算、用现等资金需要，特别是不能单纯为完成我行业务指标任务，而限制客户正常生产经营资金需要。二是要及时向客户宣传农发行信贷政策，加强银企定期沟通，主动为客户提供政策、市场等信息服务。三是要不断提高自身的专业素质和服务水平，提升服务档次，提高办事效率，为客户做好服务工作，实现银企互惠“双赢”，共同发展。

关于进一步做好棉纺企业信贷支持与管理工作的意见

2008 年 8 月 27 日　农发银发[2008]206 号

各省、自治区、直辖市分行，总行营业部：

总行印发《关于进一步加强对棉纺企业信贷支持与管理的意见》(农发银发[2007]35 号)以来，各行认真按照文件精神，加大营销力度，完善管理措施，棉纺企业信贷业务快速稳健发展。当前，纺织行业面临严峻形势，部分企业出现经营困难，贷款风险有所显现。为应对行业变化，总行决定对原有的贷款准入标准和贷款管理措施予以必要的调整和完善，促进棉纺企业信贷业务有效发展，确保我行棉花信贷大封闭的良性运行。现就进一步做好棉纺企业信贷支持与管理工作提出以下意见。

一、认清形势，增强对棉纺行业发展现状及趋势的认识

2007 年以来，随着外部环境的变化以及纺织行业自身内在调整的需要，我国纺织行业由加入世贸组织后高速增长的释放期回归到正常增长期，已连续 7 年保持两位数增长的中国纺织品服装出口增速开始放缓，纺织企业呈现优胜劣汰、两极分化的竞争格局。4 万多家纺织企业中，利润率大于平均水平的不到 1/3，全行业 39% 的利润集中于 9% 的企业，而低于平均利润率的企业超过 2/3，平均利润率只有 0.61%。2007 年棉纺行业亏损面已达 12.68%，行业内部的结构调整已全面展开。2008 年上半年，纺织品服装出口累计同比增长 11.4%，较 2007 年全年水平下降 8 个百分点，其中 6 月出口同比出现负增长。总体来看，行业整体运行平稳，但继续维持调整格局，形势仍不容乐观。

内在运行方面，自身累积的问题限制了行业发展，促进了行业的结构调整。一是虽然近几年中国纺织工业取得了长足进步，但与发达国家相比仍存在较大差距。中国纺织工业在全球纺织产业结构中，总体仍处在加工制造业的地位，自主创新能力弱，落后的技术装备仍然占相当比重。二是企业生产方式和经营管理粗放，主要靠规模生产和低工资从业，劳动生产率较低，2007 年规模以上企业平均净利润率仅为 3.97%。三是产能增长过快，造成结构性产能过剩。“十五”期间全国棉纺织固定资产投资年均增长 40%，目前总的产能超过 1 亿锭，其中相当一部分产能属同质化或低水平扩张，导致企业之间竞争加剧，中低档产品供大于求，效益下降。

外部环境方面，多项不利因素降低了企业盈利能力，加速了行业的结构调整。一是紧缩的货币政策、降低出口退税率、设置纺织纱线类加工贸易限制类商品等一系列宏观调控政策，限制了纺织产业过快增长。二是人民币持续升值，削弱了中国纺织品出口的价格优势。自 2005 年 7 月 21 日人民币实施汇改以来，对美元升值累计超过 20%。三是原料和生产要素价格上涨直接加大了运行成本。近年来，煤电油运价格和生产原料价格不断上涨，特别是《中华人民共和国劳动合同法》的颁布实施，人工成本刚性持续增长。四是美国次贷危机引发的全球性经济增长放缓和消费增速下降，使我国纺织品出口受阻。纺织企业难以在短时间内消化这些因素，造成利润空间缩减，部分企业面临难以生存的困境。

总之，纺织行业正在主动或被动经历着产业转型和升级，竞争焦点已从主要依靠劳动力比较优势的产品竞争，逐步转向依靠科技创新能力及品牌创造力的竞争，这也是我国纺织工业未来的发展方向。以产能扩张和同质化初级产品贴牌出口为主的行业增长模式已经越来越难以为继，规模小、产品技术含量低的纺织企业面临更为严峻的形势，相当一部分企业将被市场所淘汰。因此，各行应引起高度重视，提高认识，积极应对纺织行业面临的严峻形势，审慎发展新客户，加大对现有客户的调整和管理力度，严控信贷风险。

二、明确信贷支持重点，严把新客户准入关

（一）明确信贷投入重点

当前纺织行业的结构调整对我行既是挑战，也是机遇。各行要积极应对纺织企业两极分化的形势，围绕纺织业“十一五”规划，在棉纺企业信贷服务工作上，做到“三支持、三限制”。

“三支持”体现在：一是在客户选择上，重点支持技术水平先进、管理水平高、经济效益好、产品带有功能化或差异化特征、具有核心竞争力、信誉度高以及产业链较长、综合盈利能力较强的客户；二是在贷款投向上，重点支持棉花供需衔接，支持纺织服装产业比较发达的地区以及新兴的纺织产业集群；三是在贷款品种上，主要支持企业的流动资金需求，对部分管理规范、资产负债率低、自身积累厚实、自我发展能力较强的行业中的骨干企业进行“十一五”规划鼓励类的技术升级换代所需固定资产贷款，要有计划、分批次予以支持。通过建立项目库，在重点监测、培育、筛选的基础上，择优选择好企业和好项目进行支持。

“三限制”体现在：限制支持技术水平低、规模小、产品附加值低、资产负债率偏高的企业；限制贷款进入高耗能、高污染和资源消耗型的企业；限制固定资产贷款发放，严格优选，并适当提高项目资本金比例。

（二）进一步严格准入门槛

目前，相当一部分棉纺行业的优质客户已纳入我行的客户群体，其纺纱能力在整个行业中已占有相当比例。在当前行业形势下，各行应谨慎营销新的棉纺企业，原则上应达到以下准入条件。

一是技术设备装配水平。超过 70% 的主体设备应达到 20 世纪 90 年代末水平，设备标准符合我国纺织行业“十一五”发展规划的总体要求和具体规定。劳动生产率在行业平均水平以上。

二是产品档次。产品结构合理，中高档次产品比重应不低于 60%，产品销路稳定,产成品库存保持合理水平。

三是纱锭规模。原则上以棉纺为主的企业纱锭规模(气流纺按照其产能折算为环锭纺)应在10万纱锭(含)以上。

四是财务状况。反映企业财务状况的偿债能力类指标中的资产负债率、流动比率,财务效益类指标中的销售利润率,资产营运类指标中的流动资产周转率应连续两年达到行业同类型企业良好值,其他财务指标应不低于行业同类型企业平均值。

五是经营情况。企业管理能力较强,能够稳健、合规经营,平稳发展,没有盲目扩张行为。

六是信用状况。信用等级在AA级(含)以上。企业无不良信用记录,法人代表信誉、品行良好。对新营销的拟与我行发生信贷关系的棉纺企业,符合上述准入标准,各行认为可以支持的,要通过正式文件上报总行,贷款资格由总行审批。上报时要附上"拟建立信贷关系棉纺企业贷款资格审批表"及近两年审计报告和最近月份的财务报表。对个别指标达不到上述准入标准,但产品具有功能化、差异化特征且附加值较高、综合盈利能力较强的棉纺企业,省级分行认为确有必要予以信贷支持的,也可上报总行审批。

对于以棉花副产品为原料的产业化龙头企业,各省级分行要在深入调查行业和区域产业优势的基础上,谨慎选择市场有竞争力、有较强影响力和知名度,占有稳定市场份额的优质客户作为信贷支持对象。

三、实施分类管理,优化客户结构和贷款结构

(一)加强客户数据库建设和管理

客户数据库是存储目标客户和现有客户各种数据的客户信息档案。对于目标客户,各行应根据纺织行业发展形势,深入调查分析客户资源,筛选目标客户,纳入数据库管理,并指派客户经理负责跟踪培育,从贷款条件成熟的客户中择优支持。对于现有客户,各行要利用数据库信息,一方面,逐个分析企业经营和贷款运行情况,及时发现风险点,进行风险预警;另一方面,通过分类排队,划分客户等级进行分类管理。

(二)实施客户分类管理

各行要在对现有客户进行分类排队的基础上,实施差别化个性化的信贷服务和管理措施。

一是做强做大优质客户。各行要把法人治理结构健全、管理手段先进、主流设备具有国际先进技术水平、财务指标大部分在行业良好值以上、具有品牌或差异化产品等核心竞争力、经营存续时间较长且信用程度较好,同时信用等级在AA级(含)以上的客户作为优质客户予以重点支持。要通过优良的服务和提供个性化的信贷策略与这些客户建立长期稳定的合作关系。在贷款额度上可以按照最高综合授信额度的上限掌握,确保资金供应;在贷款方式上可以在有效资产应抵尽抵后发放信用贷款;在授信方式上可以实施公开授信;在贷后管理上主要监测企业资金流的变化。

二是适度支持一般客户。对管理水平或技术设备一般、财务指标普遍在行业平均值上下、信用等级为A级、在行业中总体处于中等水平的一般客户,原则上我行的贷款额度不超过企业融资总额的50%，不增加新贷款，对其中发展趋势不明的还要适当调减贷款额度，但要防止企业资金链断裂危及贷款安全；在贷款方式上严格执行担保贷款方式；在贷后管理上同时监测资金流与物资流的变动，并对企业实施渗透式管理，随时关注企业的经营状况。

三是适时退出问题客户。对经营效益持续下降，产品滞销严重，主流设备技术装备水平没有达到20世纪90年代末水平，以纺纱为主的企业纱锭数在3万锭（不含）以下，以及其他影响贷款安全运营的各类因素难以短时间消除的客户，要增加担保措施，加强贷后监管，逐步压缩贷款，实施信贷退出。对于已出现明显风险迹象的客户，要及时采取有效措施，果断退出。

四、合理组合贷款品种，进一步促进供需衔接

随着这几年棉花信贷业务逐步向棉纺等深加工领域延伸，我行逐步确立了大棉花信贷策略，实现棉花信贷在整个棉花产业链上的封闭运行。各行要在发展棉纺企业信贷业务时，做到与棉花收购贷款业务的有机结合，运用信贷杠杆鼓励棉纺企业购买我行贷款企业收购的棉花，实现供需“双赢”。

对于棉花深加工企业（包括棉花产业化龙头企业），我行提供了多个可供选择的贷款品种。各行要按照总行相关贷款办法和管理规定，正确使用各类贷款。棉花收购贷款主要用于有籽棉加工资格的企业直接参与棉花收购的合理资金需求。对具有籽棉加工资格的棉花深加工企业发放棉花收购贷款，要根据企业籽棉加工设备条件、加工能力、企业最近3年年均加工量及当地的棉花产量等因素综合确定贷款额度。棉花调销贷款用于解决棉花深加工企业从我行开户企业采购棉花的资金需求，原则上调入的棉花用于自用；对于购销加工一体化的企业，使用棉花调销贷款调入的棉花用于对外销售的，要具有真实有效的销售合同。棉花调销贷款额度要综合考虑企业用棉需求、纺纱规模及风险承受能力合理核定。产业化龙头企业棉花短期贷款主要用于解决产业化龙头企业的日常流动资金需要，对于既发放棉花收购贷款或调销贷款，又要发放产业化龙头企业短期贷款的，产业化龙头企业短期贷款额度要综合考虑已发放的收购贷款和调销贷款额度及企业的流动资金缺口合理确定。

为进一步加强棉花供需衔接，总行在客户二部网站定期发布棉花主产省区购销企业的棉花库存和主要棉纺企业棉花需求情况。各行要充分利用这一信息平台，进一步做好棉花供需衔接工作。针对当前纺织行业面临的特殊形势，各行在具体衔接过程中，要充分考虑棉纺企业生产经营情况、风险承受能力以及实际用棉需求，严防信贷风险由流通环节进入到生产环节、由购销企业转移到棉纺企业。要坚持公平交易原则和市场定价原则，由企业自行确定购销数量和价格。

五、加强贷后管理，防范信贷风险

目前，我行的棉纺企业贷款已形成了相当的规模。针对纺织行业面临的严峻形势，各行要切实将棉纺客户贷后管理工作摆在突出位置，下大力气加强风险预警和防控。

（一）进一步强化贷后管理

各行要切实加强贷后管理，在常规贷后检查的基础上，对于棉纺企业还要在以下几方面重点加强监管。一是密切关注企业的经营状况，包括产销率、开工率、产品销售市场变动情况等。要重点跟踪监测产销率和开工率较低、资产负债率较高、产品销售不畅的客户，对经营状况持续恶化的客户要完善风险防控措施。二是密切关注企业财务状况，包括资产负债率、流动比率、存货周转率、应收账款周转率、销售利润率等财务指标的变动情况。三是密切关注企业非财务信息变化。包括企业有无欠交员工"五险一金"行为、或有负债情况、社会及企业内部职工高息集资情况等非财务信息，各行要针对上述情况进行一次全面专项清理检查。四是密切关注企业资金链条的变化。针对目前纺织企业流动资金普遍吃紧的情况，要高度关注开户企业他行融资的异常变化；对近几年进行大规模技改和固定资产投资的企业，要关注项目建设和达产情况，防范短贷长用、以租代购、达产率低等带来的风险。五是监督企业货款回笼。要督促企业按照我行的贷款比例实现销售货款的及时足额归行。对于基本账户不在我行开立的客户，要进一步加强资金监管，防止企业挤占挪用我行贷款。六是高度重视第二还款来源。对于纺织客户，要严格控制信用贷款的发放，原则上不支持我行贷款企业之间互保，抵押担保要选择变现能力强的资产作为抵押物。

（二）强化各级管理行的管理职责

一是建立逐客户监测制度。各级管理行要定期监测本辖区纺织客户生产经营、财务指标及其变化情况，认真查找和分析贷款风险点，并建立应急反应机制，对潜在风险客户和已出现风险的客户第一时间掌握情况，制订风险处置预案，最大限度降低贷款损失。二是建立多级行联动机制，加强对大客户的管理。原则上贷款额度超过5 000万元的客户纳入大客户管理。各行可根据本省客户贷款规模情况进行分类，由省级分行或二级分行直接参与管理。三是建立业务分析制度。各行要按月对企业生产经营、财务状况及我行贷款运行等情况进行分析，并撰写业务分析报告。原则上，贷款余额超过1亿元的，分析报告要上报省级分行；贷款余额超过5亿元的，分析报告要上报总行。四是建立重大事项报告制度。凡是贷款形态发生变化出现关注或不良的，各行要及时将客户基本情况、贷款发放及使用情况、出现风险的原因及采取的措施等，形成书面材料上报总行。五是加强集团客户管理。各行要高度重视对集团客户尤其是跨区域集团客户的管理，指定专门的客户经理或客户经理小组，有效掌握集团关联关系和实际控制人，跟踪监测我行贷款使用情况和货款回笼情况，将集团作为整体进行贷后监管。

附件：拟建立信贷关系棉纺企业贷款资格审批表（略）

关于加强棉纺企业信贷风险防控有关问题的通知

2008 年 11 月 13 日　农发银发[2008]277 号

各省、自治区、直辖市分行，总行营业部：

当前，受全球金融危机和国内外经济形势变化影响，我国纺织行业在结构性调整的基础上，面临更加复杂严峻的形势，企业经营状况不容乐观。为了进一步做好棉纺企业信贷工作，防控行业系统性风险，现就有关要求通知如下：

一、要充分认识新形势下做好棉纺企业信贷工作的艰巨性和复杂性

纺织行业是我国重要的出口导向型产业之一，市场化程度和出口依存度较高，受国际经济影响和冲击较大。从去年下半年开始，纺织行业主要受人民币加速升值、生产成本和人工成本上升等因素影响，增速下降，结构调整全面展开。美国次贷危机爆发以来，愈演愈烈的金融风暴逐步波及实体经济，导致全球经济增速显著放缓，需求萎缩对纺织行业带来了较大影响。今年 1 ~ 9 月，中国纺织品、服装累计出口 1 369. 4 亿美元，较上年同期增长 8. 1%，低于全国外贸出口增幅 14 个百分点，连续 8 个月回落，如果考虑汇率变化，从 6 月开始实际上一直呈现负增长；其中，9 月服装出口总额为 120. 6 亿美元，环比减少 3. 8%，同比减少 3. 2%，1 ~ 9 月，服装累计出口 871 亿美元，同比增加 15. 1 亿美元，增幅 1. 8%。从出口结构看，1 ~ 9 月，对美国出口纺织品、服装合计 192. 4 亿美元，同比增长 1. 4%，增幅比上年同期下降了 28 个百分点；对欧盟出口由于放开数量限制，保持了较高的增速，但从下半年以来，也呈现了明显下滑态势。

面对复杂的国际、国内宏观经济形势，我国纺织行业正遭遇前所未有的“寒流”，产销增速下降，利润大幅下滑，亏损面逐步扩大，企业资金链条趋紧，部分纺织企业陷入限产、停产的困境，甚至破产倒闭，纺织行业生存和发展受到了严峻考验。纺织行业属于劳动密集型、高成本、低利润的传统支柱产业，国家对纺织行业面临的严峻形势高度重视，相继采取了提高出口退税率等扶持政策，但从目前情况看，短期内纺织行业难以出现转机，金融危机对中国纺织行业所产生的全局影响还未完全显现。一是金融危机导致的消费需求下降，直接导致我国纺织服装出口订单明显减少，同时金融危机传导到全球实体经济还有一定的滞后期，其危害程度及影响时间还难以判断。二是行业信心低落，由于对美元、欧元等主要货币走势难以把握，企业普遍不敢接订单，特别是金融危机造成欧盟需求下降，欧元对人民币快速贬值，使得今年上半年对欧盟出口高速增长的态势难以持续，这对目前倚重欧盟市场拉动出口的企业无疑是雪上加霜。由于金融危机波及全世界，开拓其他消费市场的困难也势必加大。三是出口受阻，大部分纺织服装产品将转向内销，国内产能过剩的矛盾更加突出，竞争更加激烈。四是国内纺织行业从下游企业向上游企业、从东南沿海到内地也有一个传导的过程，目前受直接冲击较少的上游企业和内地企业也可能在今后一段时间内出现困境。五是受国家宏观调控政策影响和银行规避行业性风险的考虑，商业银行可能会继续减少纺织行业授信或用信，纺织企业资金链更为紧张。

棉纺行业是我行纺织行业客户的主体，棉纺企业信贷业务是我行棉花信贷战略的重要组成部分，对促进棉花供需衔接、推动棉花产业发展、实现信贷资金棉花产业封闭管理具有十分重要的意义。目前，我行贷款支持的棉纺企业506家，纺纱锭数占全国棉纺行业的1/3，今年9月末，我行棉纺企业贷款余额占其全部银行贷款余额的36%，我行已成为棉纺企业融资的重要渠道。由于我行贷款的棉纺企业，大多是在近3年纺织行业高速发展时期营销过来的，其应对金融危机和行业调整的能力还有待市场的检验，纺织行业系统风险不容忽视。对此，各行务必要有充分的思想准备，既要认识到做好棉纺企业信贷工作的艰巨性和复杂性，增强风险意识，又要树立大局意识，通过加强内部管理，提高信贷服务水平，进一步做好棉纺企业信贷支持与管理工作，确保我行贷款不出大的问题。

二、密切关注当前棉纺企业存在的主要风险

我国纺织行业面临严峻形势，行业结构调整的步伐加快，两极分化、优胜劣汰在所难免，部分纺织企业已到了生死存亡的危急关口。从今年以来相继出现的纺织企业倒闭破产案例看，当前棉纺企业存在的风险主要表现在：

一是企业经营管理不善，导致严重亏损。部分企业因产品市场适应性差、销路不畅、成本控制水平低、缺乏核心竞争力等问题，不能顺应行业形势变化，造成产品积压，经营严重亏损，进而出现破产倒闭的情况。

二是企业盲目扩张，导致资金链条出现断裂。部分企业往往是规模较大的企业或集团企业在未充分考虑自身实力和市场形势变化的情况下，盲目扩大产能或跨行业投资，甚至挪用信贷资金进入股市、楼市或进行期货交易等，造成自有营运资金短缺，短贷长用，现金流入不敷出，一旦资金供应出现困难，企业将濒临破产；部分企业以较高成本从其他非正常途径获取资金，包括民间借贷、职工集资等，在行业下滑期很可能导致企业经营恶化或停产等严重问题。

三是法人治理结构和内控机制不健全、或有负债过大导致非经营性损失。关联企业、上下游客户、同一地区企业间超能力提供担保或循环担保，一旦担保链上某家企业出现问题就会造成连锁反应殃及其他企业；部分企业生产经营决策权过于集中，易发生个人道德或意外原因带来的风险。

四是企业恶意逃废债务，直接导致银行贷款损失。企业大股东或实际控制人通过关联交易、信贷资金体外循环和销售货款不回笼等，抽逃或转移贷款企业资产，悬空银行债务。

近期，我行贷款支持的个别棉纺企业也相继出现上述风险苗头，各行应引起高度重视。

三、加强管理，积极主动做好棉纺企业信贷风险防控工作

各行要认真落实总行《关于进一步做好棉纺企业信贷支持与管理工作的意见》（农发银发[2008]206号），严格贷款准入标准，完善贷款管理措施。当前，针对我行贷款棉纺企业遇到的新情况、新问题，各行要切实做好以下工作：

（一）认真开展风险排查，及时发现风险隐患

各行要围绕行业和客户风险状况、风险类型特点和我行内部操作规范性，认真组织开展一次对棉纺企业的贷款风险排查工作。客户风险排查，主要内容包括企业经营状况、财务状况、银行及其他渠道融资情况、对外担保等或有负债情况、公司大股东或实际控制人经营财务状况、关联交易情况、新建项目及对外投资的资金来源和效益、我行贷款使用情况、销售货款回笼归行以及我行贷款抵（质）押物真实有效性等。银行内部操作规范性排查，主要内容包括贷前调查是否深入、贷款手续是否齐备、贷款支付是否合规、贷后管理是否到位、贷款额度是否合理、贷款担保措施是否合法有效等。

（二）实行分类指导，做到贷款有保有压

各行要做好对现有客户的分级排队，实行差别化支持策略。对在本轮行业调整过程中，表现出较强抗风险能力，经营和财务状况良好、发展前景较好的优质客户，要重点支持，优先保证其资金供应；对经营效益略有下滑，但开工率和产销率尚属正常，可适度支持，保持合理的资金供应水平；对生产经营出现暂时性困难、开工率或产销率下降明显，要根据企业实际重新测算企业资金需求量，相应调减贷款额度，减轻企业财务负担；对经营财务状况恶化，陷入停产或半停产状态，已丧失生存能力的客户以及恶意逃废我行债务的客户要及时保全资产，实施信贷退出。

（三）因企制宜，有效控制贷款风险敞口

各行要根据企业生产经营规模、周期和还款能力，合理制订和调整贷款方案，防止过度贷款。要根据棉纺企业自身实力，因企制宜开展产销衔接，防止转移和掩盖贷款风险。要在高度重视企业第一还款来源的同时，采取切实有效措施，提高贷款担保覆盖率和有效性，努力降低我行贷款风险敞口。

（四）坚持定期分析制度，细化信贷监管与服务

各行要定期开展棉纺企业生产经营情况和贷款运行情况分析，及时掌握企业情况。省级分行要选择一定数量的重点客户按月进行逐户分析，加强对基层行工作指导的针对性；开户行要切实加强棉纺企业贷后管理，增加检查频度和广度，随时监测企业变化。要加强企业资金链分析，密切关注企业经营现金流量变化，合理设计我行贷款方案，保持企业合理的融资结构。要发挥信贷杠杆作用，限制和约束企业盲目扩张。要发挥农发行系统优势，及时为企业提供购销信息、资金结算等服务。要改进信贷服务，提高办贷效率，促进企业购销衔接，加快企业资金周转。要加强与地方政府及有关商业银行的合作，共同维持企业资金供应的稳定。

四、制订预案，落实责任，努力化解和降低贷款风险

在当前特殊的宏观经济背景下，各行务必要增强防控棉纺企业贷款风险的敏感性。要在逐企业风险排查的基础上，对存在风险隐患的企业，因企制宜制订风险防范化解预案，完善风险预警机制和指标体系，落实相关人员责任。一旦出现贷款风险，各行要立即向总行报告，并及时采取收回贷款、暂停企业账户对外支付、资产保全、向担保人追索、诉讼等有效措施，努力减少贷款损失。要加大协调力度，争取地方政府及有关部门配合支持，营造依法维权的良好外部环境。

最后，对糖、丝、麻、烟产业化龙头企业，各行也要参照棉纺企业的做法，认真安排一次风险排查，并将棉纺、糖、丝、麻、烟产业化龙头企业风险排查及风险防控措施于12月31日前上报总行。

关于做好棉花农资龙头企业流通体系等客户营销和管理工作的通知

2010 年 4 月 16 日　农发银发[2010]70 号

各省、自治区、直辖市分行，总行营业部：

为贯彻落实全国分行行长会议精神，促进棉花、农资、龙头企业、流通体系等各项信贷业务有效发展，现就进一步做好客户营销和管理工作通知如下：

一、充分认识客户营销与管理工作的重要性

客户是中国农业发展银行（以下简称农发行）发挥政策性银行职能作用、落实国家宏观调控政策、支持“三农”发展的重要载体，是防控风险、实现各项信贷业务有效发展的基础和源泉。努力营销和培育优质客户，扩大客户群体，优化客户结构，合理配置信贷资源，既有利于农发行发挥政策性金融支农作用，又有利于防控风险实现可持续发展。我行棉花、农资、食糖、肉类、龙头企业、农村流通体系建设等贷款业务，是国家宏观调控的重要工具，是信贷支农的重要组成部分，涉及行业和种类较多，客户资源丰富，发展空间大。近年来，伴随着农发行支农职能的不断完善，一大批新客户进入我行视野，对我行客户营销工作提出了新的要求，同时我行原有的传统客户，经过多年市场锤炼，也发生了较大的变化，对我行信贷管理与服务提出了更高的要求。因此，各级行要高度重视客户营销与管理工作，增强紧迫感、责任感，抓住机遇，切实做好优质客户营销与维护工作，有效防控风险，努力促进各项信贷业务又好又快发展。

二、加强市场调研，制订切实可行的客户营销战略

各行要加强对当地客户资源状况的调查研究，按照区别对待、分类管理原则，制定切实可行的客户营销战略。一要做好行业市场调研，谋划行业布局。要全面了解我行业务范围内行业发展政策、发展现状及优势、市场规模、发展前景等基本情况，分析行业信贷需求，结合本行实际，拟定信贷行业战略。二要在调查研究、摸清客户资源的基础上，进行客户细分，对客户价值进行科学分析和评估，审慎选择确定目标客户，寻找信贷支持的切入点。三要因企制宜，合理制订客户营销方案。要根据行业特点，不同类型、层次客户的价值，制订符合当地实际的营销方案。要综合运用信贷政策、资金计划、利率定价和结算服务等手段，合理配置信贷资源，吸引和维护好优质客户，限制和淘汰劣质客户。

三、准确把握业务范围，突出信贷支持重点

各行在客户营销过程中要准确把握我行业务范围，不打“擦边球”，要按照以下要求把握好信贷支持重点。

棉花收购信贷业务。一是支持完成棉花质检体制改革、严格执行我行信贷政策、风险承受能力强的企业入市收购。二是支持深加工企业为解决农民售棉和自身季节性原材料集中储备需要入市收购,深加工企业要严格执行收购贷款封闭管理规定,贷款不得周转使用。三是支持深加工企业从我行支持收购企业调入棉花,实现供需衔接。四是在棉花主产区,支持实行“公司 + 基地 + 农户”等产业化经营模式的龙头企业,促进棉花生产,稳定棉花资源。

农资信贷业务。以化肥储备为依托,加大对农资产业链一体化的信贷支持。一是支持承担国家和省级化肥储备计划的企业开展储备和经销。二是支持化肥、农药、农机等生产企业用于科技成果转化和产业化项目资金需求,重点支持获得省级以上(含)科技部门认定的高新技术生产企业和资源优势明显的企业。三是支持经省(市)农机化办批准的、具有一定规模并承担垫付农机购置补贴的农机企业流动资金需求,重点选择年生产或经营额不低于 2 000 万元的农机客户。四是支持规模较大、行业地位突出、信用等级在 AA - 级(含)以上的农资公司农药、农膜等其他农资流动资金需求。五是对大中型农资流通企业购置固定资产或新建、改扩建基础设施、市场建设、物流等项目提供中长期贷款。

棉纺信贷业务。一是支持综合实力位列全国行业排名 500 强或生产规模大、技术设备先进、产品具有差异化和功能化特征、附加值和市场认知度高的纺织企业。优先选择与棉花关联度较高的纺纱、针织、服装、家纺及印染精加工企业。二是支持有实力的龙头企业在棉花优势产区建设棉花生产基地,与棉农专业合作社开展联合经营。三是结合棉纺行业振兴规划,积极支持企业技术升级改造,提升产品质量,增强竞争力。适当支持产业转移“退城进园”等项目。四是支持无不良信用记录、生产经营规范、能主动配合我行信贷监管、贷款抵(质)押担保充足的企业。

食糖信贷业务。一是支持国家和省级政府下达并给予利费和价差补贴的食糖储备计划的资金需求。二是支持食糖主产区具有稳定原材料来源和成本规模优势的糖料产业化龙头企业从事糖料种植、加工成品糖的流动资金需求。三是支持食糖消费区具有稳定购销渠道的食糖流通企业进行食糖购销储的流动资金需求。

农村流通体系建设信贷业务。一是支持现有批发市场的升级改造和改扩建、新建重点农产品批发市场、冷库建设及购置设备、农产品冷链物流、仓储码头设施等基础设施建设项目,促进农产品流通网络完善。二是支持连锁超市、配送中心等农村日用消费品的连锁经营、农村邮政物流服务体系和农村商业网点的改造整合。三是支持连锁超市、配送中心、批发市场等企业参与农产品生产基地建设,开展农超对接、订单农业等。四是支持以集中采购、统一配送为核心的农业生产资料现代仓储物流设施建设和农业生产资料的仓储配送、连锁经营。五是支持国家推广的“家电下乡”、“汽车下乡”,满足家电、汽车等工业品下乡中标企业的流动资金贷款需求。六是支持农村再生资源回收利用,促进循环经济发展和环境保护。

对于客户投资建设的固定资产类项目,是否采取销售模式及销售比例由省级分行在其贷款权限内视客户风险承受能力合理确定。对于采取销售模式的项目，各行要切实防止客户借市场建设之名变相搞商业性房地产开发经营，贷款用途要严格符合我行规定。

四、落实准入条件，严把客户准入关

根据业务发展需要，总行对各项业务品种的客户准入条件进行相应调整，各行要严格执行。对于新客户的准入，按照业务品种不同，除具备总行《中国农业发展银行商业性流动资金贷款管理办法》、《中国农业发展银行固定资产贷款管理办法》和《中国农业发展银行非经营性项目贷款操作指引》等相关制度办法规定的基本条件外，还要符合以下条件要求。对于现有客户，要引导和培育其逐步达到以下条件。

棉花收购信贷业务。客户准入标准在新棉花年度开始前另行规定。

农资信贷业务。新准入在省域内经营的化肥客户应达到以下条件：一是注册资本不低于1 000万元。二是近两年年经销额不低于3 000万元。三是近两年净资产收益率不低于2%。四是近两年月平均资产负债率不高于90%。

新准入跨省经营的化肥客户应达到以下条件：一是注册资本不低于3 000万元。二是近两年年经销额不低于15 000万元。三是近两年净资产收益率不低于2%。四是近两年月平均资产负债率不高于90%。

新准入农药、种子、农机具、农膜、农用柴油等其他农资类客户应达到以下条件：一是注册资本不低于500万元。二是近两年年经销额不低于2 000万元。三是近两年净资产收益率不低于2%。四是近两年月平均资产负债率不高于80%。

农资新客户的准入资格由省级分行审批，报总行备案（备案表见附件1），备案期间（5个工作日）不得发放贷款。对个别指标达不到上述条件，省级分行认为确有必要准入的客户，报总行审批。

棉纺类信贷业务。新准入以纺纱为主业的棉纺客户应达到以下条件：一是纱锭规模在10万纱锭（含）以上。二是综合实力位列全国行业排名500强或省内排名靠前。三是信用等级在AA-级（含）以上。四是主体设备应达到21世纪初以上水平，万锭用工人数在行业平均数以下。五是经营期两年以上，经营财务状况良好，毛利率在行业平均水平之上，有定价能力，主要财务指标达到行业良好水平。

对其他棉纺新客户、以棉花副产品为原料的新客户、蚕丝和麻类新客户的准入条件，按总行相关制度办法规定执行。

棉纺新客户、以棉花副产品为原料的新客户、蚕丝和麻类新客户的准入资格由省级分行审批，报总行备案（备案表见附件2），备案期间（5个工作日）不得发放贷款。对个别指标达不到上述条件，但产品有特色有市场、核心竞争力较强、有良好发展前景的棉纺企业，省级分行认为确有必要准入的，报总行审批。

食糖信贷业务。新客户准入资格由省级分行审批，具体准入条件由各省级分行根据各省实际情况自行制定。

农村流通体系建设信贷业务。对流动资金贷款和经营性固定资产贷款的准入条件，不再受总行《关于进一步做好农村流通体系建设贷款管理工作的意见》（农发银发[2008]202号)中总资产、净资产和资产负债率等财务指标的限制。

五、强化客户维护与管理,提高金融服务水平

各行要以风险防控为前提,以业务发展为目标,因企制宜,实施差异化的信贷服务和管理措施。

一要定期做好客户分类排队,坚持有保有压,择优扶持原则,积极支持优质客户,适度支持一般客户,坚决退出劣质客户。对于优质客户,可在贷款额度、贷款方式、利率及金融基础服务方面给予倾斜,及时提供政策咨询和信息服务;对于一般客户,要控制好信贷额度,强化管理,跟踪监测企业生产经营状况和财务收支情况,要严格执行贷款担保方式,减少风险敞口;对于劣质客户,要完善退出机制,增加担保措施,逐步压缩贷款,要讲究退出策略,防止贷款发生损失。

二要树立以客户为中心的经营理念,提高服务水平。各行要从服务客户、规范操作和防控风险出发,进一步简化手续,提高效率。要加强和完善项目库建设,择优入库,及时培育。要建立和完善客户定期回访制度,加强与客户沟通联系,听取客户意见建议。要创新产品和服务,帮助客户提高经营决策水平,增加客户满意度和忠诚度。

三要做好集团客户的服务与管理。各行要拟订集团客户整体金融服务和管理方案,发挥系统优势,加强纵、横向协调,实行联动服务和管理。要及时做好集团客户认定、评级和授信工作,监测分析集团主业、组织架构、担保能力、资信状况、资金流向、投资活动等变动情况,落实好集团客户管贷制度。

四要加强基础工作,切实防控风险。各行要进一步强化对贷前、贷中、贷后各环节的管理,规范信贷业务操作,落实贷款尽职管理。要坚持对企业库存和资金流的监管,加强账户管理和贷款资金支付监督。要做好对企业的日常监测和风险排查工作,对出现风险点的,要立即制订风险处置预案,并及时向上级行报告。

六、加强组织领导,提高队伍素质

各行要高度重视,加强组织领导,抓好棉花、农资、龙头企业、流通体系等客户营销和管理工作。对于重点项目重点客户,省级分行要牵头组织,各级行领导要亲自挂帅,带头营销。要加强与各级政府、有关部门行业协会及新闻媒体的沟通协调,及时了解相关产业政策和项目进展,创造良好营销环境。

要加大培训力度,强化队伍建设,着力打造一支优秀的客户经理队伍。要提高政治理论素质,增强责任感和事业心;要完善知识结构,增强政策把握、财务分析、项目评估、行业研究等专业能力;要培养正确的营销理念,增强沟通协调能力;要加强作风建设和廉政建设,自觉做到廉洁自律,坚决杜绝腐败行为发生。

附件:1. 中国农业发展银行农业生产资料(储备)客户备案表(略)

2. 中国农业发展银行棉纺类客户备案表(略)

关于进一步做好棉纺企业贷款客户分类管理的通知

2010年9月29日　农发银发[2010]198号

各省、自治区、直辖市分行：

今年以来，我国纺织行业呈现由复苏到加速回暖态势，产销两旺，投资快速增长，行业景气度创历史新高的良好局面。但是，我们应清醒地认识到我国纺织行业产能过剩、粗放经营等行业根本性矛盾仍然没有解决，受欧美经济复苏不稳、人民币升值、贸易摩擦、原材料价格和生产成本大幅提高等因素影响，未来纺织行业发展仍存有较大不确定性。为促进纺织行业健康发展，国家对纺织工业调整和振兴规划将会得到更坚定地执行。因此，理性分析纺织工业形势，抓住当前有利时机，开展棉纺企业贷款客户分类排队、分类管理，调整客户结构，对促进我行棉纺信贷业务可持续发展显得尤为重要。现将有关要求通知如下：

一、严格标准，认真做好现有客户分类排队工作

分类管理的前提是把现有客户进行分类排队，各省级分行要严格按照标准，在综合考虑企业信用等级、资产规模、经营效益、品牌及市场竞争力、技术装备水平、发展前景、经营者素质、对本行业务发展的影响程度等诸多因素的基础上，结合各地实际，把现有棉纺企业贷款客户划分为优质客户、一般客户和劣质客户，并对分类排队情况严格保密。

此次分类排队工作，主要由各省级分行完成，省级分行认为有必要的，可征求下级行意见。对划分为劣质客户的，要逐个企业提出处理预案。各省级分行将本行客户分类排队情况（见附件）、分析报告于10月31日前通过局域网上报总行，电子邮箱：三处/客户二部/总行/公函。

分类标准如下：

（一）优质客户。满足以下条件的确定为优质客户：

1. 行业地位突出，品牌效益明显，位居我国纺织服装行业500强或省内同行业排名前列。

2. 管理规范，内控机制健全，近两年主要财务及生产经营指标优于我行棉纺客户平均值。

3. 无任何不良信用记录，在我行评定信用等级AA-级（含）以上。

4. 生产规模位居省内同行业前列，纺纱企业纺纱规模原则上应在10万锭（含）以上。

5. 生产工艺先进,关键生产设备应达到2000年以后水平,纺纱企业万锭用工人数在80人以下。

6. 企业经营者具备较高素质,懂经营、守信用,个人无不良信用记录。

7. 在我行年均贷款余额位居省级分行同行业企业前列或增长潜力较大。

(二)劣质客户。满足以下条件之一的确定为劣质客户:

1. 同行业排名中下水平,产品档次低,科技含量和附加值较低。

2. 主要财务及生产经营指标较差,开工率低于80%,近两年毛利率低于10%或有财务造假行为。

3. 我行评定信用等级A-级(含)以下。

4. 按国家节能减排政策,属于国家淘汰落后产能类的项目和企业。

5. 信用意识差,蓄意不归还银行贷款。

6. 不配合我行信贷监管,不按合同约定使用资金,挤占挪用贷款。

7. 存在偷税漏税、拖欠职工工资、关联企业出现重大问题、涉及自身责任诉讼等问题影响其正常生产经营。

8. 其他不利因素。

(三)一般客户。对于既不属于优质客户,也不属于劣质客户的,确定为一般客户。

二、分类管理,不断优化客户结构

各行要根据分类排队结果,实行区别对待、分类管理,实施差异化的信贷政策,增强服务与管理的针对性,优化客户结构,提高信贷质量,切实防控贷款风险。

对于优质客户,各行要作为优先支持对象,加大政策倾斜力度,集中信贷资源,支持其做大做强。对企业提出的合理信贷需求优先受理调查、优先审查审批,提高办贷效率,符合公开授信条件的可实行公开授信;优先安排贷款计划,提供利率优惠;与企业建立定期沟通制度,及时提供政策咨询与信息服务。

对于劣质客户,贷款余额只减不增,各行要逐企业分析,因企制宜合理制订客户退出预案,限期退出。要讲究方式方法,因企制宜,采取灵活稳妥的退出策略,并争取当地政府或上级管理部门的理解和支持。对无贷款余额或现有贷款本息可全额收回的劣质客户,要立即采取退出措施;对贷款暂时难以全部收回的劣质客户,各行要综合分析企业抵(质)押物、担保单位状况及企业领导人资信情况,分析评价贷款风险敞口,采取追加担保、减少贷款、提高利率、严格管理等措施,提高我行贷款风险覆盖率;对已出现贷款风险的劣质客户,要立即采取有效措施收回贷款,把贷款损失降到最低。

对于一般客户,各行不宜扩大营销,应维持客户数量和贷款余额不增加。其中,对于纺纱规模在5万锭以下但未划入劣质客户的纺纱企业,各行要进行重点监控,加强管理,把握好信贷支持额度,对其中产品没有特色、附加值不高的企业要逐步予以退出。

各行要加强棉纺企业贷款客户日常监测和管理,密切关注企业生产经营和财务状况，分析评价影响企业经营、我行贷款安全的各项因素及变化，对客户分类排队情况及时进行动态调整。

在做好现有客户分类管理的同时，各行也要高度重视棉纺优质客户营销工作。当前棉纺新客户准入，除满足总行文件规定的基本条件外，主要选择位列我国纺织服装行业500强或省内同行业排名前列中的优势企业，选择近两年主要财务及生产经营指标优于我行棉纺客户平均值的优势企业，选择纺织服装产业优势地区或国家纺织服装产业集群所在地区的优势企业。

附件：中国农业发展银行棉纺企业贷款客户分类排队情况表（略）

第六章

清理认定财务挂账
消化历史包袱

1998 棉花年度以前，由于体制原因，各级供销社所属棉花企业和其他棉花企业在执行中央或地方各级政府有关政策的过程中，造成购销价格严重倒挂，或经营过程中因经营管理不善等原因形成亏损，自身无法弥补导致占用中国农业发展银行（以下简称农发行）和其他商业银行的贷款及其他各项资金，形成棉花财务挂账。棉花财务挂账产生于棉花企业但挂在银行，究其深层原因，与历年来国家棉花价格政策、财政补贴政策密不可分。为清理认定棉花企业占用银行贷款的真实情况，分清性质，提出消化方案，农发行自成立后就做了大量清理核查统计等卓有成效的工作。在财政部、中国人民银行、审计署等部门的大力支持下，困扰农发行多年的棉花企业在农发行的挂账得到了妥善处理。

一、棉花财务挂账的分类

棉花财务挂账，可分为供销社企业棉花财务挂账占用贷款、新疆棉计息挂账占用贷款和“三棉”竞卖未弥补亏损占用贷款三大类。

（一）供销社企业棉花财务挂账占用贷款

按挂账的性质划分，可分为中央政策性财务挂账、地方政策性财务挂账和企业经营性财务挂账。其中，中央和地方政策性财务挂账，是指企业执行中央和各级地方政策发生的价差、费用补贴等，由于种种原因没有得到及时弥补所形成的挂账。企业经营性财务挂账，是指企业经营管理不善，累计发生的经营性亏损在财务制度允许的期限内未能及时弥补形成的挂账。

按清理认定时段划分，可分为 1992 年度末棉花财务挂账和 1993 ~ 1998 年度棉花财务挂账。其中，1992 年度末棉花财务挂账，是指在 1992 棉花年度末（即 1993 年 8 月 31 日）之前发生的经清理认定的棉花财务挂账，也称老挂账。1993 ~ 1998 年度棉花财务挂账，是指在 1993 ~ 1998 棉花年度（即 1993 年 9 月 1 日至 1999 年 8 月 31 日）期间发生的，经各部门清理认定的棉花财务挂账，也称新挂账。

（二）新疆棉计息挂账占用贷款

该贷款是指国家为解决新疆棉积压问题，委托全国供销总社所属中华棉花总公司从 1996 年至 1998 年从新疆购买并调运到内地销售的棉花所占用的贷款。按照国家规定，从 1998 年 12 月 21 日起对该公司调入尚未销售的新疆棉库存占用贷款，实行计息挂账政策。

（三）“三棉”竞卖未弥补亏损占用贷款

“三棉”是指国储棉、出疆棉和 1998 棉花年度及以前棉花年度老棉花。从1998年起，由于国内外棉花市场发生剧烈波动，国内市场缺口迅速扩大，国务院决定将“三棉”作为调控棉花市场的资源，经财政部核实后由有关部门按国家储备棉办法在全国棉花交易市场竞卖。由于这些棉花库存时间长、入储成本高，抛售和竞卖收入不能补偿成本及费用支出而直接形成亏损。

二、棉花财务挂账清理认定的相关政策

（一）供销社企业棉花财务挂账的清理认定

1999年国家计委、财政部、中国人民银行、审计署、供销合作总社、中国农业发展银行、中国农业银行联合下发《关于清理认定供销合作社财务挂账工作的通知》（计经调[1999]1733号），对供销社企业1993～1998年新增亏损挂账及1992年以前老亏损挂账未消化部分进行全面清理认定。在全面清理认定的基础上国家计委、财政部、中国人民银行等部委联合向国务院上报了关于供销社企业棉花财务挂账的清理认定的专题报告。2001年国务院下发《国务院关于供销合作社财务挂账处理等有关问题的批复》（国函[2001]136号），根据该批复2002年7月财政部等七部委联合下发了《关于核复供销社财务挂账及其财务处理问题的通知》（财建[2002]255号），对分解落实供销社财务挂账有关事项作了具体规定：1. 1992年底前老挂账按照国务院《关于研究解决供销社政策性亏损挂账问题的会议纪要》文件规定的政策处理；2. 对1993～1998年度中央政策性财务挂账，从1999年9月1日起由中央财政停息挂账5年，利息损失由中央财政按挂账金额和1年期流动资金贷款基准利率核定；3. 对1993～1998年度地方政策性财务挂账，由地方各级政府承担还本付息责任，参照中央政策性财务挂账的消化处理办法解决；4. 对1993～1998年度经营性财务挂账，由企业自行消化解决。

（二）新疆棉计息挂账的清理认定

新疆棉计息挂账清理认定工作由财政部、中国人民银行组织进行，财政部驻各有关省（自治区、直辖市）专员办事处及中国人民银行分支行具体负责清理认定工作。根据《关于中华棉花总公司库存新疆棉处理问题的通知》（财经字[1999]819号）文件要求，农发行总行营业部对中华棉花总公司截至1998年12月20日的新疆棉库存占用贷款按1年期利率计息不收息，中国人民银行对农发行的等额再贷款也按1年期利率计息不收息，按照两个利率的差率计算，农发行减少的利息收入，由中央财政对农发行给予亏损补贴。

(三)“三棉”竞卖亏损挂账的清理认定

“三棉”竞卖亏损挂账的清理认定工作由财政部组织进行，财政部驻各有关省(自治区、直辖市)专员办事处具体负责清理认定工作。根据2005年《财政部关于棉花竞卖亏损补贴和有关棉花财政性资金处理问题的通知》(财建[2005]1058号)，国储棉、出疆棉和1998年度及以前老商品棉竞卖形成的未弥补亏损占用贷款由中央财政承担还本付息责任。从2005年12月起，中央财政按照“一次补贴，直接支付；历史陈账，一并处理”的原则，将清理认定的未弥补亏损，在扣减历年来供销总社与相关棉花企业应缴未缴财政性资金及国储棉竞卖往来货款等之后，直接拨付企业用于归还农发行贷款。按照财政部工作安排，“三棉”补贴资金原定于2005年12月底全部拨补到位。由于考虑到老商品棉拨补企业众多，且涉及本金、利息及费用情况复杂，财政部改“三棉”资金一次到位为两次划拨：2005年年末先下拨国储棉、出疆棉及1998年度高等级棉补贴共192.33亿元；2006年1月下拨老商品棉补贴72.43亿元。“三棉”竞卖亏损挂账补贴核拨工作共涉及18个省份和中央直属企业，其中，老商品棉涉及14个省份共483家企业。

三、棉花财务挂账消化处理的措施及成效

(一)供销社企业棉花财务挂账的消化处理

为了做好供销社企业棉花财务挂账的消化处理工作，农发行在有关部门的大力支持下，做了大量富有成效的工作：一是根据清理认定结果，要求各供销社企业开户行设置“供销社棉花企业财务挂账”专户，并按财务挂账类别设置明细账户核算管理，确保账务清晰。二是先后下发《关于进一步做好供销社棉花企业财务挂账分解落实有关工作的通知》、《关于供销合作社企业中央政策性财务挂账利息转为挂账本金问题的批复》等文件，指导各行做好财务挂账的分解落实工作，共转发相关部委文件、起草下发行发文和部发文近20份。对各省陆续上报的财务挂账分户统计和汇总数据及时进行审核汇总，及时向有关部门提供分解落实供销合作社财务挂账的情况报告。三是多次参加财政部组织召开的供销社财务挂账工作会议，配合财政部召开分解落实供销合作社财务挂账培训班，配合财政部门督促有关行与当地政府协调，加快棉花企业财务挂账分解落实工作。

经过多方面的共同努力，农发行共收回1993～1998棉花年度中央政策性棉花财务挂账贷款本息242.93亿元，贷款全部清零。截至2011年年末，供销社棉花企业仍在农发行有挂账贷款余额57.89亿元，主要是各地

政府没有按照中央文件要求消化的地方政策性挂账和需由企业自行消化的企业经营性挂账,这部分挂账处理消化还面临较大困难。

（二）新疆棉计息挂账的消化处理

为了做好新疆棉计息挂账的消化处理工作,农发行及时转发财政部的有关文件,对营业部《关于如何处理出疆棉挂账利息的请示》行文批复,明确处理措施。同时专门组织人员对中华棉花总公司1996年10月至1998年6月调运新疆棉数量、品级、调运成本以及截至1998年12月20日剔除转国家储备及销售后实际结存新疆棉数量、库存成本等情况进行认真清理认定。

经过多方面的共同努力,最终国家以1998年12月21日中华棉花总公司尚未销售的新疆棉库存占用贷款为清理认定数,实行计息挂账。截至目前,财政部核复的124.62亿元新疆棉计息挂账已全部收回。新疆棉计息挂账消化处理工作基本结束。

（三）“三棉”竞卖亏损挂账的消化处理

为做好“三棉”竞卖亏损挂账的消化处理工作,农发行进行了认真部署:

一是明确收贷收息工作政策和程序。先后下发《关于做好“三棉”收贷收息工作的通知》、《关于进一步做好老商品棉亏损补贴分解落实工作的紧急通知》和其他补充通知,全面规范贷款本息回收工作,明确资金分割顺序和要求。

二是通力合作落实资金拨付。在补贴划拨之前,及时下发《关于做好“三棉”收贷收息统计上报工作的紧急通知》,利用系统优势协助老商品棉承卖单位——中棉公司逐户核对竞卖老商品棉产权单位名称及账号,确保补贴款划拨准确到位。

三是及时解决划拨过程中出现的新问题,针对补贴划拨过程中出现的错划、汇划退票、因破产账户冻结无法划拨等情况,积极协调予以解决。

通过全系统的共同努力,农发行共从财政补贴款中收回“三棉”贷款本息260.56亿元,收贷率超过99%,“三棉”未弥补亏损占用贷款问题得到妥善解决。

棉花财务挂账的消化处理,有效地促进了供销社企业减轻历史包袱,为供销社企业转换经营机制、建立现代企业制度和提高融资能力创造了良好的条件,极大地推进了棉花流通体制改革的进程。同时,财务挂账的消化处理,也解决了信贷资金被长期占用和收息率低的问题,改善了农发行的信贷资产质量,提升了农发行的盈利能力,为农发行在市场化条件下更好地支持棉花企业健康发展奠定了良好基础。

附:相关信贷政策、制度、流程和办法

关于中华棉花总公司库存新疆棉处理问题的通知

1999年10月13日　财经字[1999]819号

中国农业发展银行、中华全国供销合作总社,新疆维吾尔自治区财政厅、中华棉花总公司、新疆农业发展银行、新疆维吾尔自治区棉麻公司、新疆生产建设兵团棉麻公司:

根据国务院领导批示精神,现将中华棉花总公司(以下简称中棉公司)库存新疆棉处理问题通知如下:

一、关于调运数量和成本问题

经清理核实,从1996年10月至1998年6月,中棉公司根据国家有关部门下达的调运计划,共调运新疆棉1 290 555.78吨,按不同期间调运数量、等级、长度和相应的结算价格计算,中棉公司应付新疆棉货款2 272 894万元,加上技改费2 942万元、集并费8 954万元、铁路运杂费52 897万元、入库费5 162万元、储备棉划转前开支费用8 726万元(保险费114万元、移库费810万元、转储前利息7 802万元)、未弥补的管理费开支8 824万元,扣减二次结算新疆退回低等级棉花货款37 953万元,总调运成本为2 322 446万元。

中棉公司调运的新疆棉,根据国家有关部门下达的计划,划转为国家储备536 987.86吨,成本为988 174万元,其中,占用储备资金49 693万元、占用中国农业发展银行营业部(以下简称农发总行营业部)贷款938 481万元;标准级(327)棉花库存成本统一按849.34元/担核算,其他等级棉花库存成本统一核算标准详见附件二。商品棉753 568.01吨,成本为1 334 272万元,相应需占用农发总行贷款;标准级(327)棉花库存成本统一按816.94元/担核算,其他等级棉花库存成本统一核算标准详见附件三。

二、关于中棉公司与供货单位货款结算问题

中棉公司应支付新疆维吾尔自治区棉麻公司和新疆生产建设兵团棉麻公司货款及代垫费用2 299 734万元,累计已支付2 164 638万元,尚拖欠135 096万元,中棉公司承贷后要及时支付。

中棉公司支付拖欠货款的方式,由农发总行营业部商中棉公司后确定。中棉公司支付的拖欠款,按中国农业发展银行收贷收息的有关规定处理。

三、关于中棉公司贷款及拖欠利息问题

调运的新疆棉上述总成本扣除国拨储备资金49 693万元后,中棉公司应从农发总行营业部贷款2 272 753万元,农发总行营业部已贷给中棉公司2 137 988万元,应再向中棉公司发放贷款134 765万元。农发总行营业部和中棉公司接到本通知后，请按上述要求办理贷款手续。

截至1998年12月20日(结息日)，中棉公司调运新疆商品棉累计应付农发总行营业部贷款利息91 180万元(不包括转储备棉贷款利息)，中棉公司已从销售收入中归还15 000万元，尚拖欠76 180万元。

四、关于中棉公司销售新疆棉及货款处理问题

截至1998年12月20日，中棉公司累计销售调入新疆棉33 847.17吨(库存商品棉余额为719 693.84吨)，实现销售收入45 544万元(包括中央财政每担75元定额补贴款)，扣减上交增值税和城建税及教育费附加245万元、支付代储库点保管费36万元、弥补管理费开支266万元，应归还农发总行营业部贷款本息44 997万元，已支付利息15 000万元、归还贷款本金29 533万元。中棉公司接到本通知后，立即再归还贷款本金464万元。

五、关于中棉公司贷款计息挂账及处理问题

对中棉公司调运新疆商品棉占用的贷款和拖欠利息，从1998年12月21日起实行计算挂账，即农发总行营业部对中棉公司按1年期贷款利率计息不收息；中国人民银行对中国农业发展银行的等额再贷款也按1年期利率计息不收息。按上述对中棉公司的贷款利率与再贷款利率的差率计算，中国农业发展银行减少的利息收入，由中央财政对中国农业发展银行给予亏损补贴。在实行计息挂账期间，根据中棉公司销售新疆棉情况相应调整计息挂账金额，并按中国人民银行统一调整贷款利率情况实行分段计息。计息挂账期限，另行通知。

从1998年12月21日起计息挂账贷款为1 246 154万元(农发总行营业部已贷给中棉公司2 137 988万元，扣减划转为国家储备棉占用938 481万元、已销棉实际归还本金29 533万元，加拖欠利息76 180万元)；从农发总行营业部按本通知要求对中棉公司增加贷款之日起，调整为1 380 455万元(在期初计息挂账贷款基础上加新发放贷款134 765万元，扣减已销棉再归还贷款本金464万元)。

上述贷款在实施计息挂账以前的再贷款利息，中国农业发展银行应全额上交中国人民银行；中国农业发展银行已支付的1998年12月20日以后上述计息挂账的再贷款利息，从本通知下发以后应支付的再贷款利息收入中相应抵减。

六、关于计息挂账后棉花销售等问题

中棉公司应积极开拓销售市场，根据国务院确定的棉花销售政策努力促销库存新疆商品棉，并及时、足额归还农发总行营业部贷款，农发总行营业部同时注销中棉公司已归还贷款的已计未收利息，中国人民银行相应核销已计未收中国农业发展银行的再贷款利息。

中棉公司销棉款归还贷款本金后的结余部分，如数上交中央财政，不得挪做他用。中棉公司调运新疆棉已开支的管理费用进入库存成本后，今后继续发生的管理费用由中棉公司列入当期损益，自行消化。

国家决定由中棉公司大量调运新疆棉，帮助新疆解决棉花积压问题，减轻了新疆的负担，促进了当地经济的发展，中央财政由此逐年相应增加负担，因此，中棉公司调运新疆棉过程中拖欠货款的利息，原则上由新疆有关方面自行消化，确实消化不了的部分列入棉花企业财务挂账，按全国统一布置进行清理，将来根据国务院批准的处理政策逐步消化。

中棉公司库存新疆商品棉保管费问题，另行通知。

国务院关于供销合作社财务挂账处理等有关问题的批复

2001 年 10 月 20 日　国函[2001]136 号

各省、自治区、直辖市人民政府,国家计委、财政部、人民银行、审计署、供销总社、农业发展银行、农业银行:

国家计委等有关部门报送的《关于供销合作社财务挂账清查情况及处理意见的请示》(计经调[2001]1394 号)收悉,现批复如下:

一、关于供销社财务挂账的处理意见

按照《国务院关于解决当前供销合作社几个突出问题的通知》(国发[1999]5 号)确定的"分清性质、分清责任、逐级负担"原则,对供销社亏损挂账进行分类处理。具体意见如下:

(一)对 1992 年年底前供销社老挂账的处理意见:

鉴于国务院《关于研究解决供销社政策性亏损问题的会议纪要》(国阅[1996]70 号)对原核定的 1992 年年底前的政策性亏损已经提出处理措施,对原核定的中央政策性亏损挂账尚未消化部分,仍按照国阅[1996]70 号文件规定的政策处理。对地方政策性亏损问题,按照国阅[1996]70 号文件确定的原则,由各省、自治区、直辖市人民政府组织其有关部门,在进一步调查核实基础上,研究制定具体解决办法,并尽快落实。

此次清查超过原核定数的老挂账,由企业自行消化。

(二)对 1993 年以后供销社新增财务挂账(各级供销社所属企业及基层社截止到 1998 年 12 月 31 日,棉花企业截止到 1999 年 8 月 31 日)的处理意见:

1. 对执行国家统一购销政策经营棉花形成的财务挂账,由中央财政负担解决。本金部分先停息挂账 5 年,利息损失按挂账金额和 1 年期流动资金贷款基准利率核定,由中央财政负担;本金 5 年后再视情况处理。

2. 对地方财政补贴资金不到位、执行地方政府政策以及由于其他指令性因素形成的财务挂账,由地方各级人民政府负责解决。本金部分由地方财政贴息挂账 5 年,5 年后由各省、自治区、直辖市人民政府视财力情况制定消化处理方案,确保落实。

3. 对企业经营因素形成的财务挂账,由企业通过深化改革、转变经营机制,逐年自行消化解决。

(三)上述新老挂账具体处理办法,由财政部会同有关部门制定下发。

二、关于供销社库存商品棉的处理意见

对截至1999年9月1日前的老库存商品棉应认真做好清仓查库工作,库存棉花企业要妥善保管好库存棉花,防止资源流失,并按顺价销售原则积极组织销售。同时做好竞卖准备,一旦调控需要,通过全国棉花交易市场公开竞卖,陆续投放。所发生的亏损,先停息挂账,以后再逐步消化。具体处理办法由国务院有关部门抓紧制定实施。

关于抛售老商品棉问题的通知

2002 年 6 月 19 日　计经贸[2002]948 号

有关省、自治区、直辖市、计划单列市计委、财政厅(局),供销合作社、中国农业发展银行分行、中国纤维检验局,财政部驻有关省(自治区、直辖市)财政监察专员办事处,中华棉花有限公司,全国棉花交易市场,中国农业发展银行营业部:

为解决当前低等级棉花市场供应不足的矛盾,满足纺织企业生产的需要,降低棉纺织品成本,增强出口竞争力,根据国务院领导批示精神,决定在全国棉花交易市场(以下简称交易市场)公开竞卖部分 1998 棉花年度及以前年度生产的库存商品棉(以下简称老商品棉)。现将有关事项通知如下:

一、库存老商品棉核查及公证检验

为做好老商品棉竞卖工作,由国家计委牵头,财政部、供销总社、农业发展银行、中国纤维检验局(以下简称中纤局)、中华棉花有限公司(以下简称中棉公司)、交易市场等有关部门和单位组成抛售老商品棉工作协调小组(以下简称协调小组)。

协调小组负责制定老商品棉库存核查办法,具体核查工作由财政部驻各地财政监察专员办事处(以下简称专员办)和中棉公司共同承担,并联合组成老商品棉核查工作小组(以下简称核查小组),由专员办牵头负责,统一布置有关工作,组长由财政部监督局指定,副组长由中棉公司有关人员担任。核查小组将从事核查工作的人员分成若干小组(以下简称作业组),作业组组长由专员办工作人员担任,每个作业组负责核查若干户供销社系统棉花企业(以下简称企业)的账实情况。

协调小组确定抛售老商品棉企业名单后,由供销总社棉麻局通知企业。企业根据通知要求,在规定的时间内向核查小组提交以下资料:1995 年 8 月 31 库存商品棉资料,1995 ~ 2001 棉花年度商品棉库存增减资料、原始码单及证书、"企业基本情况和老商品棉存放库点情况申报表"、"企业库存棉花增减情况申报表"、"企业老库存商品棉申报表"、"企业非老库存商品棉申报表"。具体格式和要求由供销总社棉麻局届时另行通知。企业如不能按要求及时、全面、完整提供有关材料,则该企业退出老商品棉核实处理范围,不享受国家出台的老商品棉处理政策。

核查小组按照"逐个企业复核,分批处理"原则,核实企业库存老商品棉,确保库存真实性,做到账账相符、账实相符、实物与码单证书相符。清点库存实物时,所在地农发行派 1 人参加,协助作业组工作。

在清点实物或稽核账目过程中,核查人员要根据企业的有关材料和核算资料,调查核实老商品棉从 1999 年 9 月 1 日以来新增利息、保管费和保险费开支及其账务处理情况，并编制相应的结果表；同时，企业和企业开户的中国农业发展银行（或所在地中国农业发展银行）也要在此结果表填写老商品棉新增利息、保管费和保险费开支及其账务处理情况。

对核查小组核查认定的老商品棉，由中纤局参照国家储备棉公证检验办法，组织力量进行复核和公证检验。中纤局要组织精干力量，在规定时间内及时完成公证检验任务，并向协调小组报送公证检验结果。

二、老商品棉竞卖方法

协调小组对老商品棉公证检验结果审查确认后，委托中棉公司建立“国家处理企业老库存商品棉实物台账”，参照竞卖国家储备棉竞卖办法，在交易市场公开竞卖，交易市场所有会员及其代理客户均可竞买，但禁止购买本企业上市交易的老商品棉。老商品棉竞卖底价，根据国务院决定精神和国储棉竞卖底价作价原则及办法确定，按最高竞价成交。

老商品棉竞卖结束后，对竞卖成交的老商品棉由中棉公司与竞买方签订购销合同。对参加竞卖未成交的商品棉，按国家有关政策处理。

三、老商品棉竞卖成本核算

老商品棉竞卖成本，包括入库成本、新增利息和保管费、公证检验过程中发生的仓库搬倒费用、交易手续费。

入库成本，以原验等级、准重为基础，包括国家规定补贴后的收购价、基层代购手续费、从量费用（包括集并费、包装材料费、打包费、保险费、检验费、合理损耗、其他费用）、经营管理费、锯齿棉衣亏补贴。详见“抛售老商品棉入库成本确认表”（附件一）。准重原则上以有关项目的公证检验结果并按原来的准重计算方法确定。

新增利息原则上按入库成本在 1999 年 9 月 1 日至中棉公司汇付竞卖货款后 7 个工作日期间和同期棉花收购贷款利率计算确定；新增保管费原则上按 1999 年 9 月 1 日开出老商品棉竞卖提货单的次月期间和每吨每年 160 元计算确定。

公证检验过程中发生的仓库搬倒费用，按公证检验后的老商品棉公定重量每吨 30 元包干使用。

交易手续费，按全国供销合作总社、财政部、中国农业发展银行《关于 1993 年度以前入库国家储备棉竞卖有关财务问题的通知》（供销棉联字［2000］1 号）规定执行，按竞卖成交的公证检验老商品棉公定重量和每吨 10 元计算。从竞卖老商品棉货款中列支，由中棉公司代付给交易市场。

四、老商品棉竞卖货款结算

老商品棉竞卖货款结算事项，由中棉公司统一办理，并在中国农业发展银行总行营业部设立“抛售老商品棉结算专户”。

在中棉公司与竞买方签订的老商品棉购销合同规定时间内收妥全部货款后，中棉公司对竞买方开具“抛售老商品棉提货单”（见附件二，以下简称“提货单”），购买方据此到相关企业提货。如竞买方违约，按交易市场规定扣罚竞买方保证金。

棉花产权单位对“提货单”核对无误后，要及时按“提货单”载明的批号、等级、重量、存放地址等有关项目出库老商品棉。竞买方需将提货时间提前通知棉花产权单位,棉花产权单位随即通知所在地中国农业发展银行进驻库点,在提货时对竞卖成交的老商品棉实行现场复验并在"提货单"上签字,然后棉花产权单位和竞买方在"提货单"上签字,并由棉花产权单位及时传真给中棉公司,作为汇付货款的依据。专员办不定期抽查竞卖老商品棉提货情况。

中棉公司要及时审核"提货单",确认无误后通知棉花产权单位开具增值税发票,办理结算事项,并在3个工作日内将货款从"抛售老商品棉结算专户"中汇付到棉花产权单位,棉花产权单位要及时归还有关银行贷款。中棉公司根据竞卖购销合同向竞买方开具增值税发票。中棉公司要定期向协调小组通报老商品棉竞卖、货款结算和提货情况。

五、老商品棉竞卖财务处理

老商品棉竞卖结束后,竞卖收入低于上述国家规定的老商品棉竞卖成本所发生的亏损,停息挂账。具体办法由财政部商有关部门另行制定。

六、有关工作要求

有关地区和部门要高度重视,切实加强领导,精心组织,密切配合,确保抛售老商品棉工作顺利进行。

有关库点要积极配合账实核查、公证检验、出库和结算工作,准备好合格的衡量器具,安排好搬倒人员,有条件的应提供分级检验场所,确保核查和公证检验工作顺利进行。任何单位和个人不得变相拖延、阻挠老商品棉抛售工作。

凡经过公证检验的老商品棉,由公证检验部门加刷标记,所在地农发行加强监管,棉花产权单位要专垛存放,不得自行销售、集并、移垛等。棉花产权单位要继续做好老商品棉的安全保管工作,售出棉花交运前的安全保管仍由有关棉花产权单位负责。有关棉花产权单位要与纤维检验部门共同做好老商品棉检验现场的安全工作,及时回包整理扦样棉包,尽量避免露天堆放,加强防火、防雨、防雷等安全检查,确保老商品棉安全。如棉花产权单位违反上述规定,影响老商品棉抛售工作,有关部门将给予严肃处理。

附件:一、抛售老商品棉入库成本确认表(一、二)(略)

二、抛售老商品棉提货单(略)

关于核复供销合作社财务挂账及其财务处理问题的通知

2002 年 7 月 25 日　财建[2002]255 号

各省、自治区、直辖市、计划单列市财政厅(局)、计委、审计厅(局)、供销合作社、农业发展银行、农业银行、人民银行各分行、营业管理部,财政部驻各省、自治区、直辖市、计划单列市财政监察专员办事处:

根据《国务院关于供销社财务挂账处理等有关问题的批复》(国函[2001]136号)规定,现将供销合作社财务挂账核复及其财务处理问题通知如下:

一、对你省(自治区、直辖市;含计划单列市,下同)上报的供销合作社财务挂账清理核查结果,经国务院供销合作社财务挂账清理核查小组审核,并报国务院批准,确认你省(自治区、直辖市)供销合作社累计财务挂账　　万元(棉花企业截至 1999 年 8 月 31 日、其他企业和基层社截至 1998 年年底,以下统称企业),其中:

1992 年年底前老挂账　　万元。其构成项目为:一是中央政策性亏损挂账,包括农民陈欠农副产品预购定金、1981 ~ 1984 年商品统一降价损失、未收回 1984 年和 1986 年"两棉"赊销款、1991 年商品销价损失;二是地方政策性亏损挂账;三是经营性亏损挂账;四是未收回 1993 棉花年度棉花贴息贷款本息。

1993 年以来新增财务挂账　　万元。其构成项目为:一是中央政策性挂账,包括国家规定降价销售棉花亏损和 1995 ~ 1998 棉花年度储存棉花亏损及其新增挂账利息;二是地方政策性挂账;三是经营性亏损挂账。

以上挂账项目和金额,详见附件 1。

二、你省(自治区及直辖市)计委、财政厅(局)、审计厅(局)、中国人民银行各分行及营业管理部、供销合作社、中国农业发展银行、中国农业银行、财政部驻当地财政监察专员办事处等部门(以下简称有关部门),负责将上述财务挂账逐项层层分解落实到棉花企业和非棉花企业,并将分解落实结果汇总填列到附件 2,于 9 月底以前上报国务院供销合作社财务挂账清理核查小组组成部门。分解落实数额超过核复数额的部分,由地方或企业负责消化处理。

三、财务挂账占用的银行贷款实行专户管理,但不调整债权和债务关系。企业开户银行设置"供销社财务挂账贷款"专户,并在此专户中设立"1992 年年底前老挂账"和"1993 年以来新增财务挂账"分类专户。同时,根据财务挂账性质,在"1992 年年底前老挂账"分类专户中设置"中央政策性亏损挂账"、"地方政策性亏损挂账"、"经营性亏损挂账"、"未收回 1993 年度棉花贴息贷款本息"明细户;在"1993 年以来新增财务挂账”分类专户中设置“中央政策性挂账”、“地方政策性挂账”、“经营性亏损挂账”明细户。另外，根据财务挂账构成，在“1992 年年底前老挂账”分类专户中“中央政策性亏损挂账”明细户中建立“农民陈欠农副产品预购定金”、“1981 年至 1984 年商品统一降价损失”、“未收回 1984 年和 1986 年‘两棉’赊销款”、“1991 年商品销价损失”辅助账簿；在“1993 年以来新增挂账”分类专户中的“中央政策性挂账”明细户中建立“计入挂账本金新增利息”辅助账簿。分解落实到企业的财务挂账占用的银行贷款，企业开户银行将其从目前的贷款户中转入上述财务挂账专户，并在有关分类专户、明细户和辅助账簿中作相应记载。银行收到或划转财务挂账消化款时，及时、如数减少财务挂账专户贷款余额，同时在有关分类专户、明细户和辅助账簿中作相应记载。

企业对财务挂账实行专账登记。将在有关资产、损益类等会计账户中记载的财务挂账统一划转到“待处理财产损溢”账户中，在此账户中设立“供销社财务挂账”明细账户集中统一核算，反映财务挂账增减变化情况，并在该明细账户设置“1992 年年底前老挂账”、“1993 年以来新增财务挂账”明细账户，同时按照财务挂账性质和具体构成分设对应账目。企业对财务挂账占用的短期借款、长期借款、国家储备资金以及其他负债等资金，不调整负债类的账户，设立“供销社财务挂账”明细备查账簿。该账簿按照财务挂账占用不同来源的资金设立明细账户，要设立“占用银行贷款——中国农业银行（中国农业发展银行、中国工商银行、其他银行或非银行金融机构名称）”、“占用国家资本金”、“占用国家储备资金”等明细账户，明细账户要按照财务挂账的性质构成详细记录。

四、中央政策性财务挂账处理。1993 年以来新增财务挂账中的中央政策性挂账，从 1999 年 9 月 1 日起由中央财政停悬挂账 5 年，利息损失按挂账金额和 1 年期流动资金贷款基准利率核定，截至 2001 年年底的挂账利息计入挂账本金。从 2002 年 1 月 1 日起，按计入上述利息后的挂账金额停息，至 2004 年 8 月 31 日期间的停息损失，中央财政原则上按季度拨付给有关银行总行，由其层层转拨到系统内企业开户银行。挂账本金 5 年后再视情况处理。尚未消化的原核定的 1992 年年底前中央政策性亏损挂账和未收回 1993 棉花年度棉花贴息贷款本息挂账，仍按照国务院《关于研究解决供销社政策性亏损问题的会议纪要》（国阅[1996]70 号）规定的政策处理。

五、地方政策性财务挂账处理。1993 年以来新增财务挂账中的地方政策性挂账，非棉花企业和棉花企业分别从 1999 年 1 月 1 日、1999 年 9 月 1 日起，由地方财政按挂账本金和 1 年期流动资金基准贷款利息贴息挂账 5 年，由各地有关部门参照新增中央政策性财务挂账停息办法制定具体处理措施，并上报国务院供销合作社财务挂账清理核查小组组成部门备案；5 年后挂账本金由各省、自治区、直辖市人民政府视财力情况制订消化处理方案，确保落实。

1992 年年底前地方政策性亏损挂账，按照国阅[1996]70 号文件确定的原则，由各省、自治区、直辖市人民政府组织其有关部门，在进一步调查核实的基础上，研究制定具体解决方法，并尽快落实。

六、经营性财务挂账处理。新老财务挂账中的经营性亏损挂账、超出原核定的1992年年底前中央政策性亏损挂账和未收回1992年年底前中央财政性亏损挂账中的经营性亏损挂账和未收回1993棉花年度棉花贴息贷款本息部分的挂账，由企业通过深化改革、转变经营机制，逐年自行消化解决。各地有关部门要督促企业制订消化计划，采取切实措施，确保尽快消化经营性财务挂账。

七、纳入停息或贴息范围的财务挂账占用的银行贷款，从财务挂账分解落实到企业之日起，开户银行不得再向企业收取利息，企业也不得再对这部分贷款计提或预提利息。停息或贴息期间内的上述财务挂账利息，银行对企业已收取的部分，由开户银行退还企业，也可由开户银行与企业协商一致后抵顶其他贷款利息；银行对企业计息未收息的部分，由开户银行冲销这部分应收利息；企业对已支付或计提未付的部分，调整有关会计核算账目及相应年度损益。

八、各地有关部门和企业要切实做好供销社财务挂账分解落实和消化处理工作，不得随意调整债权、债务关系，不得挤占、挪用利息补贴或本金消化资金。

附件：1. 供销合作社系统财务挂账核复表（略）

2. 省（自治区、直辖市）供销合作社系统财务挂账分解落实统计表（略）

3. 国家确认供销合作社系统财务挂账明细表（不发地方）（略）

关于贯彻落实财政部等七部委《关于核复供销合作社财务挂账及其财务处理问题的通知》的通知

2002年8月20日　农发行字[2002]139号

中国农业发展银行各省、自治区、直辖市分行，各计划单列市分行，总行营业部：

为认真落实《财政部、国家计委、人民银行、审计署、供销总社、农业发展银行、农业银行关于核复供销总社财务挂账及其财务处理问题的通知》（财建[2002]255号）文件精神（以下简称《通知》），做好供销社棉花企业财务挂账消化处理工作，现将有关问题通知如下：

一、加强协调，准确核复财务挂账数并分解落实到棉花企业

各省级分行要尽快与省级财政、计委、人行、审计、供销社以及财政部驻当地财政监察专员办事处等部门协调，对供销社棉花企业财务挂账进行核复，及时将核复数通知到地（市）分行和县支行。

县支行和有关营业部要在当地政府领导下，会同财政、计委、审计、供销社等部门将核复数逐项分解落实到棉花企业。各项目核复数与会计科目反映数不一致，要以核复数为准进行调整。

二、修订和增设会计科目，专户管理棉花企业挂账贷款

（一）总行在进行棉花贷款七级分类时，已对应挂账内容设立了相应挂账占用贷款科目，请各行在准确核复挂账数后，将“1992年年底前老挂账”中的“中央政策性亏损挂账”、“地方政策性亏损挂账”和“经营性亏损挂账”分别结转到“1992年度末中央政策性棉花财务挂账占用贷款”、“1992年度末地方政策性棉花财务挂账占用贷款”和“1992年度末企业经营性棉花财务挂账占用贷款”科目中核算。将“未收回1993年度棉花贴息贷款本息”结转到“未收回1993年度棉花贴息贷款本息财务挂账占用贷款”科目中核算。将“1993年以来新增财务挂账”中的“中央政策性挂账”、“地方政策性挂账”和“经营性亏损挂账”分别结转到“1993～1998年度中央政策性棉花财务挂账占用贷款”、“1993～1998年度地方政策性棉花财务挂账占用贷款”和“1993～1998年度企业经营性棉花财务挂账占用贷款”科目中核算。

（二）按照财建[2002]255号文件精神，请各行根据财务挂账构成，在上述有关一级科目下设立二级科目核算。

1. 在“1992年度末中央政策性棉花财务挂账占用贷款”科目下分设“农民陈欠

农副产品预购定金”、“1981～1984 年商品统一降价损失”、“未收回 1984 和 1986 年‘两棉’赊销款”、“1991 年商品削价损失”二级科目核算。

2. 在“1993～1998 年度中央政策性棉花财务挂账占用贷款”科目下分设“国家规定降价销售棉花亏损”、“1995～1998 年度储存棉花亏损”和“中央政策性挂账本金新增利息”二级科目核算，其中，“中央政策性挂账本金新增利息”科目，专门核算从 1999 年 9 月 1 日至 2001 年年末新增中央政策性挂账利息转成的挂账本金。

3. 在“1993～1998 年度地方政策性棉花财务挂账占用贷款”科目下分设“地方财政补贴资金不到位”、“执行地方政府政策造成亏损或损失”、“其他指令性因素造成的亏损或损失”和“地方政策性挂账本金新增利息”二级科目核算，其中，“地方政策性挂账本金新增利息”科目，专门核算从 1999 年 9 月 1 日至 2001 年年末新增地方政策性挂账利息转成的挂账本金。同时，对“地方储备商品补贴未到位”、“经营指定商品价格补贴未到位”和“其他补贴未到位”等明细账簿的核算内容要分别逐笔结转到“地方财政补贴资金不到位”二级科目。对“地方扩大降价销售棉花”、“赊销棉花占用贷款利息”、“指定经营商品亏损”和“政府部门占用资产损失”等明细账簿的核算内容要分别逐笔结转到“执行地方政府政策造成亏损或损失”二级科目。对“主管部门政策形成损失”和“承担救灾任务形成亏损”等明细账簿的核算内容要分别逐笔结转到“其他指令性因素造成亏损或损失”二级科目。

三、清理借款合同和借据，做好贷款结转工作

开户行信贷部门根据分解落实到企业的棉花财务挂账具体项目和金额，在企业正常库存占用贷款、变质库存占用贷款、财务挂账占用贷款、停息挂账占用贷款、挤占挪用占用贷款、呆账贷款和其他贷款等贷款科目中，首先找出确认挂账占用贷款相对应的合同和借据，然后按贷款发放的先后顺序，找出借款日期较早的、借款金额与核复的棉花财务挂账金额基本一致的借款合同和对应的借款借据作为贷款结转的原始依据。一个企业的财务挂账金额可由多笔原始借款合同和借款借据构成。贷款结转不改变原债权债务关系。对原借款合同需要变更部分内容，银行要与企业签订“中国农业发展银行借款合同变更协议”（以下简称“变更协议”见附件 1、2）。一份原始借款合同要对应一份“变更协议”，具体按以下三种情况进行处理。

（一）对原借款合同和借款借据不需分割、全额结转的贷款，开户行与企业签订“变更协议”后，在原借款合同和借据上注明“已作变更，结合×××号“变更协议”执行”，将“变更协议”和借据作为原借款合同的附件。

（二）对原借款合同和借款借据需要分割，部分结转的贷款，开户行与企业签订“变更协议”。对分割出来的部分，信贷部门填制一式四联的贷款占用形态调整通知书，由开户行和贷款企业双方签章，第一联由信贷部门留存，第二联交企业，第三、第四联和“变更协议”交会计部门办理账务处理手续。分割借款合同和借款借据的原则是：在同一贷款科目内只对其中一笔原借款合同和借据进行分割，尽力保持原借款合同和借据的完整性。因贷款企业灭失或关停并转等原因，无法落实企业签章的，可由信贷员在贷款占用形态调整通知书上注明原因，经行长签署意见后，仍然依据贷款占用形态调整通知书结转贷款并作相关账务处理，以确保结转到挂账占用贷款科目中的贷款余额与核复数相一致。对原借款合同和借款借据需要分割，部分结转的贷款，必须在原借款合同和借据上注明："已作部分变更，分割到"变更协议"和贷款占用形态调整通知书上××金额，原合同和借据剩余××金额"，将"变更协议"和贷款占用形态调整通知书作为原借款合同的附件，原借款合同复印件和原借款借据作为剩余金额债权凭证。

（三）对1999年9月1日至2001年年末新增财务挂账利息转本金部分，开户行与贷款企业签订新的借款合同和借款借据，借款起止日期为2002年1月1日至2004年8月31日，借款用途填写"中央（或地方）政策性棉花财务挂账新增利息转本金"。

（四）贷款结转时点。统一结转时点为2002年10月20日。到贷款结转日，信贷部门根据签订的"变更协议"和借款借据，逐笔用"贷款占用形态调整通知书"（新增利息转本金部分签订的借款合同不需要此通知书），书面通知会计部门办理贷款结转手续。

四、做好挂账贷款的利息计收工作

（一）纳入停息或贴息范围的财务挂账占用的银行贷款，从财务挂账分解落实到企业之日起，开户银行不得再向企业收取利息，全部纳入表外"应收未收贷款利息"科目核算。停息或贴息期间内的上述财务挂账利息，银行对企业已收取的部分，由开户银行与企业协商一致后抵顶其他贷款利息；企业没有任何欠息的，由开户银行退还企业。银行对企业计息未收息的部分，不再向企业收取，已计入损益的部分由开户行冲减当期贷款利息收入，并在表外"应收未收贷款利息"科目核算。

（二）对1999年9月1日至2001年年底中央政策性财务挂账贷款产生的新增利息，各有关行在准确核实的基础上，应通过发放贷款收回，同时将发放的贷款转为中央政策性财务挂账贷款，计入"中央政策性挂账本金新增利息"科目中核算。贷款发放不得超过核复数。计收这部分利息，应遵循以下原则：

1. 对存在拖欠这部分利息的棉花企业，应足额收回利息。

2. 对不拖欠这部分利息的棉花企业，可抵顶收回其他所欠贷款利息。

3. 对不欠任何利息并没有挤占挪用、1999年以来新增亏损挂账及企业经营性财务挂账的棉花企业，则应将利息退还企业。

（三）对1999年9月1日至2001年年底地方政策性财务挂账贷款产生的新增利息，当地政府能够一次性及时支付的，则不转入挂账本金，以便减轻当地政府今后归还本金的压力。如当地政府无力做到一次性及时支付，则比照中央政策性财务挂账新增利息的计收办法进行处理。

（四）2002年1月1日至2004年8月31日期间中央政策性财务挂账贷款利息，由财政部纳入年度预算，按季度拨付给总行，再层层转拨到系统内企业开户行。开户行收到后，应及时收息，并相应冲减"表外应收未收贷款利息"。2002年1月1日至2004年8月31日期间地方政策性财务挂账贷款利息，各级行要督促当地政府比照中央政策性财务挂账贷款利息处理办法进行处理。每年的利息各级行要督促当地政府从当年预算中支付。

（五）对企业经营性财务挂账贷款本息，按当前有关规定照常追收。经营性财务挂账数核准后，各行要督促企业制订挂账贷款本息的还款计划，并落实在今后的收贷收息工作中。

五、做好老挂账的消化处理工作

尚未消化的原核定的1992年年底前中央政策性亏损挂账和未收回1993棉花年度棉花贴息贷款本息挂账，仍按照国务院《关于研究解决供销社政策性亏损问题的会议纪要》（国阅［1996］70号）规定的政策处理。

（一）对农民陈欠预购定金，各行要将项目和金额上报总行，经总行审核后予以核销。

（二）1991年一次性商品销价损失占用贷款本息和1993年发放的棉花贴息贷款本息，由棉花企业自行消化，各行要督促棉花企业按照核复数制订具体消化计划。

（三）1981～1984年商品统一降价损失和1984年及1986年"两棉"赊销款损失占用贷款实行停息挂账。本金的处理，总行将继续请示国家计委，待计委会同财政部、中国人民银行、供销总社、中国农业发展银行（以下简称农发行）等部门研究出台具体政策后，再作相应处理。

六、加强领导，严格执行政策，切实做好棉花企业财务挂账消化处理工作

（一）棉花企业财务挂账消化处理是一项政策性强、环节多、内容复杂的工作，各行一定要加强领导，认真学习有关文件，熟悉掌握政策，密切配合有关部门，共同完成好这项工作。

（二）各行要严格执行政策，不得调整债权债务关系，并加强管理，防止有关方面挤占、挪用利息补贴和本金消化资金。

（三）各行要在9月底前，按要求上报财建［2002］255号文件的附件2和本文件的附件3。

（四）各行在按照本通知开展工作过程中，遇到问题要及时向总行反映。

附件：1. 借款合同变更协议（略）

2. 借款合同变更协议填制要求（略）

3. 省（自治区、直辖市）棉花企业财务挂账占用农发行贷款统计表（略）

国务院办公厅转发国家经贸委等部门《关于供销社与棉花企业分开的实施意见》的通知

2002年9月29日　国办发[2002]51号

各省、自治区、直辖市人民政府，国务院各部委、各直属机构：

国家经贸委、国家计委、监察部、财政部、农业部、中国人民银行、审计署、税务总局、工商总局、供销总社、中国农业发展银行、中国农业银行《关于供销社与棉花企业分开的实施意见》已经国务院同意，现转发给你们，请认真贯彻执行。

关于供销社与棉花企业分开的实施意见

近年来，一些地方进行了供销社与棉花购销、加工企业（以下简称棉花企业）分开的改革探索，取得初步成效。为全面推开和规范社企分开工作，根据《国务院关于进一步深化棉花流通体制改革的意见》（国发[2001]27号，以下简称国发[2001]27号文件）精神，现提出以下实施意见：

一、社企分开的目标和原则

（一）社企分开的目标。供销社各级联社与其所属的棉花企业在清产核资、产权界定、企业改革的基础上，解除行政隶属关系，并按其出资额行使出资人代表职能，把棉花企业建成自主经营、自负盈亏、自我发展、自我约束的独立法人，发展跨地区、跨所有制、贸工农一体化的棉花企业集团，促进建立适应社会主义市场经济要求的棉花流通体制。

（二）社企分开的原则。按照清产核资后有关部门确认的出资比例分担债权、债务，保护出资人合法权益；防止悬空、逃废银行债务的行为，维护债权方利益，确保国家、集体资产不流失；妥善安置企业职工，维护社会稳定。

二、社企分开的主要内容

（一）清产核资。地方各级财政部门要会同经贸、税务、供销社、农发行等有关部门，清查、核实棉花企业资产、负债、所有者权益总量及构成，清理债权、债务。清产核资工作原则上按《国务院办公厅关于在城镇集体企业、单位开展清产核资工作的通知》（国办发[1996]29号）和财政部、国家经贸委、税务总局《关于印发〈城镇集体所有制企业、单位清产核资暂行办法〉的通知》（财清字[1996]11号）的有关规定执行。有关财务处理问题参照税务总局、财政部、国家经贸委《关于印发〈城镇集体所有制企业、单位清产核资财务处理暂行办法〉的通知》(国税发[1996]232号)执行。清产核资的基准日为2001年12月31日。对1999年9月1日以前的资产、负债数额,以国务院有关部门共同清理核查的截止日期1999年8月31日的财务数据为依据;对1999年9月1日至2001年12月31日的资产、负债情况,要进行全面的清产核资。对于国发[2001]27号文件下发后进行过改制或权属关系发生重大变化的棉花企业,也必须进行清产核资,如债权、债务已合理确定,且没有逃废、悬空银行债务,则予以确认;不符合要求的,应重新确定债权、债务。

(二)产权界定。地方各级财政部门要会同经贸、税务、供销社等有关部门在清产核资的基础上,对棉花企业进行产权界定。除国家法律、法规另有规定外,棉花企业产权界定工作原则上按照国家经贸委、财政部、税务总局《关于印发〈城镇集体所有制企业、单位清产核资产权界定暂行办法〉的通知》(国经贸企[1996]895号)的有关规定执行。

(三)企业改革。各省(自治区、直辖市)经贸部门要会同供销社等部门,按照区别对待、分类指导的原则,根据以下指导性意见,结合本地棉花企业的实际情况,提出棉花企业改革的具体意见,报同级人民政府批准后组织实施。

1. 净资产规模较大,资产质量较好,符合棉花购销、加工条件的棉花企业,应建立现代企业制度。鼓励棉花企业通过相互参股,吸引社会法人和自然人入股,或是向社会法人和自然人转让股权,实现投资主体多元化。

2. 净资产较少,资产质量一般,符合棉花购销、加工条件的棉花企业,应通过改组、兼并、联合、出售等形式放开搞活。涉及企业兼并的,兼并企业要承担被兼并棉花企业的全部债权、债务和职工安置工作;涉及企业出售的,出售所得应优先偿还所欠银行债务和安置企业职工。

3. 资不抵债、连年亏损、扭亏无望,不能按期偿还债务的棉花企业,应依法实施破产。破产财产按有关法律规定的清偿顺序进行清偿。破产企业要妥善安置好职工,对安置职工费用不足的部分,由同级供销社出资弥补,供销社无力承担的部分,由企业所在地人民政府负担。

4. 经营亏损,职工较少,债权、债务明晰的棉花企业,可关闭或依法破产。债务人与债权人对债务问题的处理达成一致意见,又能安置好职工的企业,可由供销社依法注销;对不能清偿债务,又不能达成协议的,可依法破产。

棉花企业改革中的有关税收问题,按照税务总局《关于印发〈企业财产损失税前扣除管理办法〉的通知》(国税发[1997]190号)、《关于印发〈企业改组改制中若干所得税业务问题的暂行规定〉的通知》(国税发[1998]97号)和《关于企业合并分立业务有关所得税问题的通知》(国税发[2000]119号)等有关规定执行。

积极推进棉花企业产业化经营。要打破地区、行业、部门界限,以市场为导向,通过改组、改造、联合、兼并等形式,建立棉花生产、收购、加工、贸易一体化的贸工农企业集团。同时,加大棉花企业布局调整和技术改造力度,淘汰落后和过剩的生产能力。

(四)社企分开。棉花企业改革后,供销社各级联社即与棉花企业实现社企分开。

1. 社企分开后的棉花企业,应依法向工商行政管理机关申请办理改制登记或者重新登记。申请登记注册时,除按照有关规定提交棉花收购或者加工资格证书外,还应提交同级财政部门出具的产权界定文件和验资机构出具的验资报告,以及中国人民银行或其派出机构认可的债权金融机构出具的金融债权保全证明等文件。供销社各级联社作为投资主体时,还应提交同级人民政府批准的文件。棉花企业进行改制登记或重新登记,必须承担原有的债权、债务,妥善安置职工。

2. 社企分开后的棉花企业要把改革、改组、改造与加强管理结合起来,转换经营机制。要独立承担民事责任,依法自主经营,照章纳税,自负盈亏。积极采用现代信息技术,发展现代营销方式,加强成本核算和成本管理,增强竞争实力。实行经营者聘任制和全员劳动合同制,经营管理者的薪酬必须与其职责、贡献挂钩;建立了现代企业制度的棉花企业,按照有关规定,在严格考核的基础上,对经营管理者可试行年薪制、股权制和期权制。

3. 社企分开后供销社各级联社按其出资份额相应行使出资人的有关权益,对棉花企业的债务承担有限责任,履行供销社在棉花企业的资产保值增值责任。同时,各级联社不得作为行政主管部门干预棉花企业的正常经营活动,不得向棉花企业收取出资分红以外的任何费用,其在职人员不得在棉花企业兼任领导职务。各级联社对在棉花企业所得收益实行专户管理,由同级财政部门监督;所得收益应首先用于偿还所欠银行贷款本息,然后用于补充企业发展资金和为农服务,严禁挤占、挪用。

三、促进社企分开工作的主要措施

(一)统一认识,加强领导。社企分开是进一步深化棉花流通体制改革的关键环节,对于促进棉花企业真正成为自主经营、自负盈亏、自我发展的市场竞争主体,促进建立适应社会主义市场经济发展的棉花流通新体制具有重要的意义。地方各级人民政府要加强对社企分开工作的领导,实行领导负责制。根据工作需要,地、县级政府可成立由同级分管领导负责,各有关部门和相关债权银行参加的社企分开工作领导小组,加强组织协调,防范和处理可能出现的各种问题,切实保证社企分开顺利进行。

(二)严肃纪律,强化监督管理。供销社各级联社和棉花企业要严肃财经纪律,不准隐匿、转移企业资产;不准逃废、悬空银行债务;不准以任何名义私分企业钱物和资产;不准弄虚作假、涂改、伪造、转移或者销毁账目;不准抽逃企业资金,不准从企业平调、挪用资金或向企业摊派各种费用。地方各级人民政府要安排审计部门加强对社企分开工作的监督检查,特别是要对清产核资、产权界定等工作进行监督,切实保护出资者的合法利益。各级监察机关对在社企分开工作中弄虚作假,损害国家、集体利益并造成损失的,要依照有关规定严肃查处,并追究有关领导和当事人的责任;触犯刑律的,要依法追究刑事责任。

(三)切实减轻棉花企业历史负担,支持发展大型棉花企业。对1999年9月1日以前棉花企业老商品棉库存和政策性财务挂账,按照国务院有关规定处理。对经国家认定的企业经营性亏损和擅自处理1999年8月31日以后收购的棉花造成的亏损，由棉花企业自行消化解决。在解决棉花企业历史包袱时，要防止国有、集体资产流失和逃废、悬空银行债务的现象发生，保护出资人和债权人利益不受损失。对纺织企业拖欠棉花企业货款问题，由国家经贸委另行提出解决方案报国务院批准后组织实施。符合国家重点龙头企业条件的大型贸工农一体化棉花企业，按规定程序申报、认定后，可列入农业产业化国家重点龙头企业名单予以支持。

（四）妥善安置职工，维护社会稳定。供销社各级联社和棉花企业要在当地政府的领导和支持下，采取有效措施，妥善安置棉花企业富余人员，对于提前解除劳动合同的职工要按国家有关规定给予一定的经济补偿。已参加基本养老保险社会统筹的，由社会保险机构负责发放离退休人员的基本养老金；未参加基本养老保险社会统筹的，要按规定参加社会保险统筹并补缴养老保险费，由社会保险机构负责发放离退休人员的基本养老金。具体安置职工的方案由省级人民政府制订并组织实施。

地方各级人民政府应按照社企分开的要求，结合本地棉花企业实际情况，统筹兼顾，合理安排好工作进度，保证社企分开工作有序进行。各省（自治区、直辖市）有关部门要在调查研究、摸清情况的基础上，于2002年年底前提出本地区棉花企业清产核资、产权界定、企业改革的具体实施意见和方案；于2003年5月底前完成对棉花企业清产核资、产权界定工作；于2003年7月底前完成对棉花企业改革、企业改制登记或重新登记工作。各省（自治区、直辖市）经贸部门要组织有关部门于2003年8月对本地区社企分开工作进行检查验收，并将验收结果报国家经贸委。

关于进一步做好供销社棉花企业财务挂账分解落实有关工作的通知

2002 年 11 月 7 日　农发行贷二字[2002]47 号

中国农业发展银行各省、自治区、直辖市分行信贷二处(信贷处),各计划单列市分行计划信贷处,总行营业部信贷管理部:

各地在贯彻落实财建[2002]255 号文件和农发行字[2002]139 号文件精神的过程中,将财务挂账的分解落实和消化处理作为当前重点工作来抓,行动积极,及时与有关部门进行了联系、协调,财务挂账的分解落实工作取得了一定的成效。但总的来看,受多种因素的影响,各地的进展还比较缓慢,地区间不平衡。为进一步做好供销社棉花企业财务挂账消化处理工作,现针对部分行提出的问题将有关要求通知如下:

一、核复分解落实棉花企业财务挂账工作是一项政策性强、环节多、内容复杂的工作。各行一定要加强与当地计委、财政、供销社等部门的联系,在当地政府的领导下,积极做好情况汇报,密切配合有关部门,力争在 11 月底前完成这项工作。

二、1999 年 9 月 1 日至 2001 年年底中央政策性财务挂账贷款产生的新增利息,各有关行在准确核实后于 12 月 10 日前报总行,待总行认定同意后再发放贷款收息并转为中央政策性财务挂账贷款,计入“中央政策性挂账本金新增利息”科目中核算。

三、财务挂账落实前部分贷款占用形态表现为逾期贷款和挤占挪用占用贷款,所计利息大于按 1 年期流动资金贷款法定利率计算利息的处理。对 1999 年 9 月 1 日至 2001 年年底中央政策性财务挂账贷款产生的新增利息,应根据财建[2002]255 号文件的规定,按照挂账金额和 1 年期流动资金贷款法定利率核定。各地由于计算复利、罚息等因素,按此计提的利息可能大于按 1 年期流动资金贷款法定利率计算的利息,多计的利息没有收息来源,因此在分解落实财务挂账时要进行账务调整。对 2002 年 1 月 1 日至 2004 年 8 月 31 日期间的中央政策性财务挂账贷款利息应按照中央财政核准的利率计算利息。

四、地方政策性挂账的利息补贴转为本金的问题。按现行规定,2002 年 1 月 1 日至 2004 年 8 月 31 日期间地方政策性财务挂账贷款利息,各级行要加大工作力度督促当地政府比照中央政策性财务挂账贷款利息处理办法进行处理。

五、分解落实中央核复的财务挂账从原占用形态结转到财务挂账科目,借据及合同变更时新合同的借款期限为 1999 年 9 月 1 日至 2004 年 8 月 31 日。同时,在合同中明确计息标准,防止少计或多计利息。

六、经总行认定同意后新发放贷款收回 1999 年 9 月 1 日至 2001 年 12 月 31 日中央政策性挂账占用贷款的利息，相应增加挂账本金时，合同借款期限为 2002 年 1 月 1 日至 2004 年 8 月 31 日，并在合同中明确按此期间 1 年期法定利率计算利息。地方政策性挂账利息转本金后的利息计算比照此办法处理。各行在按照本通知开展工作过程中，遇到问题要及时向总行反映。

关于《关于如何处理出疆棉挂账利息的请示》的批复

2003 年 9 月 29 日　农发行贷二字[2003]33 号

总行营业部信贷部:

你部《关于如何处理出疆棉挂账利息的请示》(农发行营信字[2003]4 号)收悉,经研究,现批复如下。

根据《关于中华棉花总公司库存新疆棉处理问题的通知》(财经字[1999]819 号)关于"对中棉公司调运新疆商品棉占用的贷款和拖欠利息,从 1998 年 12 月 21 日起实行计息挂账,即中国农业发展银行总行营业部对中棉公司按 1 年期贷款利率计息不收息"的精神,在与财政部核定库存成本口径保持一致的情况下,为准确反映出疆棉竞卖亏损,原则同意你部从在库棉花竞卖回笼货款中直接收回出疆棉挂账利息 76 180 万元,同时核减出疆棉库存,通过贷款形态调整减少出疆棉计息挂账占用贷款,同额增加出疆棉竞卖亏损占用贷款。

关于做好"三棉"收贷收息工作的通知

2005 年 12 月 26 日　农发银发[2005]340 号

各省、自治区、直辖市分行，总行营业部：

为做好国储棉、老商品棉、出疆棉及 1998 棉花年度高等级棉（以下简称"三棉"）收贷收息工作，总行近日专门召开了"三棉"竞卖亏损补贴清收座谈会。请各行认真贯彻会议精神，按照各行核实上报数据做好收贷收息工作，现就有关事项通知如下：

一、到账资金必须用于收回"三棉"贷款本息。收回顺序：一是"三棉"贷款本金；二是截至 2004 年年末的累计欠息；三是 2005 年新发生的利息；四是其他不合理占用贷款。如仍有剩余，建议企业建立风险准备金。

二、对于财政拨付"三棉"补贴资金小于我行贷款本息数的企业，在全额收贷收息后仍欠我行贷款本息的，要督促企业制订消化计划，逐步清理收回。

三、财政核拨国储棉竞卖亏损挂账款项具有很强的政策性，要做到专款专用，不得挪做他用。另外，部分省存在国拨资金及升值等款项占用国储棉贷款的情况，有关行要和原承储单位再进行落实，逐步收回我行贷款。

四、"三棉"亏损挂账处理工作结束后，老商品棉贷款和国储棉贷款科目应结零。如确有未结清的贷款本金，年底将剩余部分统一调整到"1999 棉花年度以前商品棉其他亏损挂账占用贷款"科目核算。

各行在收贷收息过程中，必须做到应收尽收，严禁弄虚作假，不得将本年度应收贷收息的款项推迟至以后年度再收，也不得将能收回的贷款本金调整到"1999 棉花年度以前商品棉其他亏损挂账占用贷款"科目。总行将在明年年初就此项进行专题检查，对舞弊行为将严肃处理。

请各行于 2006 年 1 月 5 日前将收贷收息情况通过电子邮件上报总行客户二部二处。

附件：1. 老商品棉亏损补贴收贷收息统计表（略）

2. 国储棉竞卖亏损挂账收贷统计表（略）

财政部关于棉花竞卖亏损补贴和有关棉花财政性资金处理问题的通知

2005 年 12 月 30 日　财建[2005]1058 号

中华全国供销合作总社、中国储备棉管理总公司：

中华全国供销合作总社（以下简称供销总社）报来的《关于申请商品棉及国家储备棉竞卖亏损补贴的函》（供销函棉字[2005]114 号）收悉。经研究，现将有关事项通知如下：

一、经财政部驻甘肃、新疆、河南省（自治区）财政监察专员办事处联合核查组（以下简称核查组）审核确认，2000 年以来国家公开竞卖 339 万吨库存陈棉，发生亏损2 726 385.77万元，其中，竞卖老商品棉亏损 728 202.87 万元；竞卖国家储备棉亏损1 446 470.71万元；竞卖“出疆棉”亏损 472 608.47 万元；竞卖高等级棉亏损 69 731.72万元；竞卖管理相关费用 9 372 万元。

二、经国务院批准，上述竞卖棉花亏损由中央财政拨补。

三、对历年来供销总社与相关棉花企业应缴未缴财政性资金及国家储备棉竞卖往来货款等，在本次拨付竞卖棉花亏损补贴资金时一并予以处理。具体处理如下：

（一）地方棉花企业应缴未缴的财政性资金 9 431.72 万元从竞卖亏损补贴中予以抵扣。具体包括：

1. 应缴未缴的竞卖 1993 年以前国家储备棉盈余款 2 759.52 万元；

2. 应缴未缴的轮换 1993 年以来国家储备棉升值款 5 701.79 万元；

3. 1998 棉花年度收购价差补贴等结余款 970.41 万元。

（二）地方棉花企业已上缴供销总社，但供销总社尚未上缴中央财政的财政性资金 13 101.72 万元，请供销总社在 2006 年 3 月底前上缴中央金库。具体包括：

1. 竞卖 1993 年以前国家储备棉盈余款 1 668.18 万元；

2. 1993 年以来轮换国家储备棉升值款 5 835.13 万元；

3. 1998 棉花年度收购价差补贴等结余款 430.20 万元；

4. 出口 1993 年以前国家储备棉盈余款 5 168.21 万元。

（三）地方棉花企业应缴未缴的国家棉花特准储备资金 42 265.27 万元，从竞卖亏损补贴中予以扣缴，并转拨给中国储备棉管理总公司（以下简称中储棉公司）。

（四）供销总社在国家储备棉竞卖结算过程中多拨付的货款 27 627.01 万元从竞卖亏损补贴中予以代扣，并作如下处理：转拨欠拨货款的地方棉花企业 23 532.34 万元；转拨中储棉公司 4 094.67 万元作为国家棉花特准储备资金。供销总社（华棉储备管理中心）账上相应减少国家棉花特准储备资金4 094.67万元。

以上总计，中央财政应拨付竞卖棉花亏损补贴2 726 385.77万元，在抵扣地方棉花企业应缴未缴的财政性资金9 431.72万元后，此次实际拨付2 716 954.05万元，其中，地方棉花企业2 670 594.11万元、中储棉公司46 359.94万元。同时，分别追加供销总社、中储棉公司"2630竞卖棉花亏损补贴"支出预算指标2 670 594.11万元和46 359.94万元。

四、为便于统一管理，确保财政资金安全、有效使用，请供销总社将华棉储备管理中心账面结存的国拨资金54 550.56万元，在弥补棉麻局垫付的统一保险费3 379.55万元和核减垫付的国家储备棉竞卖货款4 094.67万元后，将剩余款项47 076.34万元于2006年3月底前划转中储棉公司。

经过上述资金划转后，中储棉公司拥有国家棉花特准储备资金193 436.28万元，其中，国家已拨付100 000万元，本次划入93 436.28万元。

五、对地方棉花企业应上缴的1998棉花年度棉花收购价差补贴款结余60.36万元，其中，北京市棉麻公司46.66万元、吉林省棉麻公司12.52万元、重庆市棉麻公司1.18万元，无法从竞卖亏损补贴中扣缴，请供销总社采取切实有效措施继续加以清收，并及时缴入中央金库。

六、竞卖棉花亏损补贴资金采用国库集中支付方式，由中央财政直接支付给亏损挂账企业以及代扣款项的收款企业。供销总社、中储棉公司接到本通知后，根据核查组分解的企业亏损挂账情况和本通知规定，分别向财政部申请办理直接支付等事宜。

七、请供销总社责成有关单位，认真及时做好与地方棉花企业的竞卖和出库棉花货款结算工作，尽快拨付欠拨货款。

八、根据《国务院关于组建中国储备棉管理总公司有关问题的批复》（国函[2002]36号）的规定，请供销总社牵头，中储棉公司参加，对华棉储备管理中心的资产与财务进行彻底清算，在2006年3月底前报经财政部批准后办理华棉储备管理中心与中储棉公司的资产与财务关系的划转手续。

九、竞卖棉花亏损挂账以及棉花财政性资金的处理工作政策性强、涉及面广、时间紧，请供销总社、中储棉公司加强组织领导，认真细致地做好各项工作，确保竞卖棉花亏损补贴资金及时足额到位和棉花财政性资金清算处理工作顺利完成，任何单位和个人不得截留、挪用补贴资金。

附件：竞卖棉花亏损补贴和处理财政性资金情况表（略）

关于供销合作社1993年以来新增财务挂账处理有关问题的通知

2006年4月3日　发改经贸[2006]551号

各省、自治区、直辖市及计划单列市发展改革委、财政厅(局)、人民银行分行、审计厅(局)、供销合作社、农业发展银行分行、农业银行分行:

根据《国务院关于供销合作社财务挂账处理等有关问题的批复》(国函[2001]136号)精神,对供销合作社1993年以来新增财务挂账(各级供销合作社所属企业及基层供销合作社截止到1998年12月31日,棉花企业截止到1999年8月31日)中的中央政策性挂账,从1999年9月1日起由中央财政贴息挂账5年,挂账本金到期后再视情况处理。地方政策性财务挂账由地方各级人民政府负责解决,本金部分由地方财政贴息挂账5年,5年后由各省、自治区、直辖市人民政府视财力情况制订消化处理方案。经营性财务挂账由企业通过深化改革、转变经营机制,逐年自行消化解决。上述政策已于2004年8月31日到期。为帮助供销合作社企业尽快放下历史包袱,更好地服务"三农",经报国务院批准,现就尚未消化的供销合作社1993年以来新增财务挂账处理有关问题通知如下:

对1993年以来供销合作社新增财务挂账中的中央政策性挂账,中央财政负责还本付息,根据中央财力情况分年消化挂账本金,对未消化的挂账本金部分继续实行中央财政贴息;地方政策性挂账原则上比照中央政策性挂账处理,由地方政府结合自身实际情况逐年消化;企业经营性亏损挂账仍由企业自行消化。具体处理办法由财政部另行制定。

各地有关部门和企业要切实做好供销合作社财务挂账分解落实和消化处理工作,不得随意调整债权、债务关系,不得挤占、挪用利息补贴或本金消化资金。

关于切实做好“三棉”未收回贷款管理工作的通知

2006 年 5 月 9 日　农发银客二[2006]8 号

各省、自治区、直辖市分行客户二处(客户处),总行营业部客户处:

2005 年 12 月初至 2006 年 2 月,财政部根据有关政策和核查结果,对竞卖储备棉、出疆棉和老商品棉(以下简称“三棉”)后形成的价差亏损及竞卖老商品棉未弥补亏损占用贷款利息(截至 2004 年 12 月末欠息)开展了据实拨补工作。由于“三棉”补贴资金占用我行贷款本息高达 200 多亿元,而且涉及 18 个省份和中央直属企业,时间跨度在 10 年以上,具体情况十分复杂。为此,各有关分行认真按照总行的统一部署,积极协调有关部门做好“三棉”财政补贴款的核拨工作,保证了补贴款划拨准确到位。在资金到账后,又及时督促企业归还贷款本息,基本做到了应收尽收,从而确保了该项工作的顺利进行。

但是,由于种种原因,仍有部分已经到位的“三棉”财政补贴款未能如期收回,部分“三棉”财政补贴款不足以弥补企业占用我行贷款本息,现已调整到不良贷款科目中,还有部分“三棉”库存及占用贷款未竞卖处理。根据行领导指示精神,为加强对这部分贷款的有效管理,现将有关要求通知如下:

一、继续做好剩余财政补贴资金的分解落实工作

截至目前,“三棉”财政补贴资金尚未分解落实共 1.21 亿元,涉及 9 个省。其中,老商品棉集并费未分解的 0.39 亿元;留存企业账户 0.82 亿元。各有关行要弄清这部分财政补贴资金未能分解落实的原因,结合企业实际,积极与相关部门协商、沟通,取得各方理解和支持,探索有效的解决途径。对于企业存款账户仍有财政补贴资金但已不欠我行贷款本息的企业,要督促企业建立风险基金,用于消化以后年度经营可能发生的亏损占用贷款本息,实现以丰补欠。

二、制订计划,努力清收“三棉”尚未收回的贷款本息

截至 3 月末,我行“三棉”尚未收回的贷款本金 8.02 亿元、利息 6.44 亿元。由于这部分贷款占用时间长,情况复杂,清收任务十分艰巨。各有关行要高度重视,充分认识清收工作的重要性和复杂性,统一思想,在弄清成因、分清责任的基础上,制订切实可行的清收计划,落实清收责任。对于第三方拖欠竞卖货款造成我行贷款未能及时收回的,要督促企业积极主张权益,为企业清收提供必要的方便,必要时要督促企业通过法律手段予以清收。要充分运用信贷杠杆,促使企业从销售利润及其他资金来源中归还我行贷款。要积极探索其他合法有效清收途径,努力减少“三棉”贷款损失。"三棉"尚未收回的贷款本息,原则上要在3年内全部收回,其中,2006年清收40%,2007年、2008年各清收30%,总行将按季度监测各行清收进度(具体要求见附件)。

三、加强对剩余陈棉的库存监管,确保存量贷款安全

目前,经财政部专员办认定的可竞卖剩余陈棉库存仍有24.92万吨,其中,储备棉9.67万吨、出疆棉8.63万吨、老商品棉6.62万吨,占用我行贷款41.24亿元。随着棉花流通体制改革的深化,部分库存棉花的产权单位正在改制之中,库存棉花风险不断加大。因此,有关分行要确保已核查陈棉库存的真实性,指导好开户行按照有关规定加大这部分棉花的库存监管力度,增加查库频度。督促企业采取有效措施,提高保管水平,尽可能地将损失损耗降到最低限度。对个别存储企业可能因改制而挤占挪用这部分棉花库存时,要积极协调有关部门,制止企业的违规行为,必要时要采用集并、保全等有效手段确保这部分库存的安全。在有关部门下达竞卖计划后,各分行要配合有关部门,督促承储企业做好陈棉竞卖销售的各项工作。

附件:国储棉和老商品棉收贷进度表(略)

关于供销社企业1993至1998年度中央政策性棉花财务挂账占用贷款消化处理工作的紧急通知

2006年12月14日　农发银发[2006]314号

天津、河北、山西、辽宁、上海、江苏、浙江、安徽、江西、山东、河南、湖北、湖南、四川、重庆、贵州、陕西、甘肃、宁夏、新疆分行：

根据《国务院关于供销合作社财务挂账处理等有关问题的批复》(国函[2001]136号)和国家发展改革委、财政部、中国人民银行等七部委联合下发的《关于供销合作社1993年以来新增财务挂账处理有关问题的通知》(发改经贸[2006]551号)精神，财政部将在2006年年末消化解决1993～1998棉花年度中央政策性棉花财务挂账(以下简称中央政策性棉花财务挂账)问题。为切实做好拨补资金的收贷收息工作，现就有关事项紧急通知如下：

一、高度重视、周密部署

此次消化工作时间紧、任务重、政策性强、涉及企业多、情况十分复杂。各级行要充分认识此项工作的重要性和任务的艰巨性，高度重视，周密部署，精心安排。

各省级分行和辖内各分支行要及时向各省(自治区、直辖市)政府、各地方政府请示汇报，及时与财政等相关部门进行沟通，充分说明此项工作对农发行更好地发挥支持当地经济发展，服务“三农”、支持社会主义新农村建设的重大意义。各级行“一把手”负总责，分管行长具体负责，尽快成立专门工作组，客户、计划、财务、风险等部门负责人参加，密切配合、通力合作，细化各项措施，落实相应责任，确保财政资金拨补及收贷收息工作的顺利进行。

二、加强沟通、精心准备

财政部核拨的中央政策性棉花财务挂账本金为2004年实际分解落实数，利息按实际占用时间(2004年9月1日至2006年11月30日)和当期基准利率计算。此次核拨不同于上年“三棉”竞卖亏损补贴由中央财政直接拨付到有关企业的做法，采取由中央财政先拨付到各省级财政后再由各省级财政直接拨付到有关企业的方式。中央财政的款项将于12月15日拨出，各行要切实做好准备工作。

各省级分行要充分考虑部分棉花企业已关停倒闭、破产或进入破产程序、与我行终止信贷关系、债权债务关系发生变更转移等情况，要主动与财政、供销社等部门协调沟通，研究制定相应措施，认真指导辖内各级行做好财政拨补资金的督促拨付及收贷收息工作。

前期，各省级分行已按总行要求对截至2006年8月末的1993～1998棉花年度中央政策性棉花财务挂账分户企业信息进行了摸底调查、汇总分析。各行要充分利用调查汇总的成果，将本行调查汇总情况与财政部掌握的各省中央政策性棉花财务挂账占用贷款本息情况（总行将通过电子邮件发送各省分行）逐企业认真进行梳理核对，抓紧核准中央政策性棉花财务挂账本息数额和相关企业的名称、账户。一是对其中双方金额、企业名称及账户完全一致的，要在最短的时间内确保财政拨补资金全额拨付到企业。二是对因企业名称、账户发生变更或债权债务关系发生转移等原因，导致双方不一致的，要尽快与财政、供销社等部门沟通、协调、合作，采取多种方式，抓紧落实财政拨补资金拟拨付企业，并督促拟拨补企业在我行开设账户，保证财政拨补资金尽快全额拨付到企业在我行开设的账户。如因特殊原因，财政拨补资金暂无法拨补到企业的，各有关行要与地方供销社进行充分协商，将该部分企业承贷的中央政策性棉花财务挂账贷款本息转移到地方供销社，将拨补资金先拨付到该供销社在我行开设的账户。三是在认真开展上述工作的前提下，对因企业破产等原因导致财政拨补资金无法下拨可能滞留省级财政部分，各行要逐企业列出清单，分析汇总，上报总行。

三、把握政策，应收尽收

拨补资金到达企业或地方供销社在我行开设的账户后，各行要本着"抓大为主、先易后难、本息双收、按户结清"的原则，按以下顺序进行收贷收息：一是中央政策性棉花财务挂账贷款本金；二是2004年9月1日至2006年11月30日中央政策性棉花财务挂账贷款占用利息；三是在拨补资金足额收回中央政策性棉花财务挂账贷款本息后，可依次收回企业经营性财务挂账占用贷款本息、其他不合理占用贷款本息、未落实补贴来源的地方政策性棉花财务挂账占用贷款本息。

各行在收贷收息过程中，必须强化政策意识和责任意识，严格按总行规定做到应收尽收，严禁弄虚作假。各省级分行中央政策性棉花财务挂账本息消化情况，将与2007年总行对各行的信贷计划分配和项目支持挂钩；与各行的呆账贷款核销挂钩。2006年各有关行利润超计划完成的，超计划利润奖励挂钩政策不变。

各省级分行2006年12月21日下班前向总行报送截至2006年12月20日中央政策性棉花财务挂账占用贷款本息消化统计表（详见附件，通过电子邮件上报综合处/客户二部/总行/公函信箱）。12月20日后中央政策性棉花财务挂账占用贷款本息消化情况实行每日报，主报客户二部，抄报资金计划部、财务会计部和风险管理部。同时，各级行财会部门要在财务收支快报中准确反映已经收回和年内预计收回的中央政策性棉花财务挂账本金和利息。

各行在工作过程中发现新情况、新问题要及时向总行报告，及时研究解决。总行将在2007年适当时间对中央政策性棉花财务挂账贷款本息消化工作进行专题检查，对各行因失责导致资金拨补及收贷收息工作不能顺利进行或弄虚作假等行为将严肃处理，追究相关人员的责任。

供销社企业中央政策性棉花财务挂账占用贷款本息消化工作结束后,1993～1998棉花年度中央政策性棉花财务挂账贷款科目应结零。如确有未结清的,各行应准确分析差额原因,暂在"1993～1998年度中央政策性棉花财务挂账占用贷款"科目核算,并督促企业制订消化计划。总行没有明确有关处理政策前,不得擅自调整。

附件:各省供销社企业中央政策性棉花财务挂账占用贷款本息消化统计表(略)

关于最后一批老商品棉出库、结算问题的补充函

2007 年 7 月 13 日　供销厅函棉字[2007]29 号

财政部经济建设司：

根据国家发展改革委经贸司、财政部经济建设司的要求，最后一批 1998 棉花年度及以前老商品棉上市竞卖工作，从 2006 年 8 月 21 日起至 12 月 22 日止，分两批已经全部完成。我社已于 2006 年 12 月 28 日就有关情况致函你部（供销函棉字[2006]105 号）。现就出库、结算问题补充函告如下：

本次竞卖涉及山西、甘肃、湖北三省共 12 710 个批次，58 957.7 吨老商品棉。参与本次竞卖并成交的交易商有 124 家，其中 95% 是纺织企业。竞卖期间，每日交易从下午 2:00 开始，最早于 5:00 左右结束，最晚的一次将近晚上 10:00 结束，竞价激烈。

此次竞卖活动，总体基本顺利。中国纤维检验局、中华棉花集团有限公司和全国棉花交易市场做了大量深入细致的工作，确保了竞卖工作顺利完成。

老商品棉货权人普遍高度评价这次竞卖活动，认为这是国家在企业改革改制的最困难时期给予的大力支持，它帮助企业摆脱了困境，使企业能够顺利改革改制，再次成为棉花流通的新生力量。

为确保圆满完成老商品棉竞卖、结算和亏损补贴工作，我社棉麻局、中棉集团有限公司和全国棉花交易市场通力配合。其间，为防止企业作假，棉麻局委托全国棉花交易市场前往老商品棉储存现场，逐垛逐批察看了所有货物，确认有实物在库。中棉集团敦促购买方签约付款，及时开出提货单，敦促产权方抓紧安排出库。

老商品棉出库期间，不少买方客户反映，山西省一些老商品棉产权单位不能及时办理棉花出库，有的甚至停止出库工作，延长了提货单位提货时间，也延缓了老商品棉整体的结算工作。

我社有关部门了解，2006 年中棉集团公司对成交出库棉花的保管费和公检搬倒费，与产权单位作过一次结算，并通过中国农业发展银行（以下简称农发行）老商品棉专户，拨付至棉花产权单位所属当地农发行。但当地一些农发行未向产权单位拨付，产权单位没有拿到垫付的保管费和公检搬倒费，遂拖延或拒绝出库棉花。

为确保老商品按时出库，我社棉麻局和中棉集团公司及时与农发行总行、山西省农发行和产权单位作了沟通协调，并向产权单位郑重承诺，先执行竞卖合同，老商品棉结算时，棉花产权单位垫付的保管费和公检搬倒费，一定能够得到解决。这样，保

证了老商品棉出库工作进展基本顺利。到目前为止,老商品棉已经全部办理出库手续。

这样,除个别问题外,老商品棉竞卖工作即全部结束。建议财政部经济建设司对此次竞卖的全部老商品棉给予审核,并按照审核结果,对老商品棉竞卖亏损给予直接补贴。

特此函告。

附件:第二次竞卖老商品棉分企业亏损情况明细表(略)

关于进一步加强棉花财务挂账及不合理占用贷款管理工作的通知

2007 年 9 月 17 日　农发银发[2007]250 号

各省、自治区、直辖市分行，总行营业部：

目前，供销社企业 1993～1998 棉花年度中央政策性棉花财务挂账占用贷款本息消化处理工作已基本结束。但从全行情况看，棉花财务挂账及不合理占用贷款仍占全部棉花贷款的 45%，这部分贷款被长期占用、收息率低，严重影响了我行信贷资产质量和财务成果。因此，各行要高度重视，统一思想，明确重点，把握政策，采取有效措施，进一步加强棉花财务挂账及不合理占用贷款清理和消化工作。现就有关要求通知如下：

一、主动汇报，加强协调，督促地方政府尽快启动地方政策性棉花财务挂账贷款消化处理工作根据国家发展改革委等七部委《关于供销合作社 1993 年以来新增财务挂账处理有关问题的通知》(发改经贸[2006]551 号)文件规定："对 1993 年以来供销合作社新增财务挂账中的中央政策性挂账，由中央财政负责还本付息，对未消化的挂账本金部分继续实行中央财政贴息；地方政策性挂账原则上比照中央政策性棉花财务挂账处理，由地方政府结合自身实际情况逐年消化"。2006 年年底，中央财政已实拨资金解决了 1993～1998 棉花年度中央政策性棉花财务挂账问题。各行要以此为契机，积极主动向地方政府汇报，加强与财政、供销社及有关商业银行的沟通协调，充分说明尽快解决供销社地方政策性棉花财务挂账问题，对深化供销社企业改革、减轻包袱、改善资产质量、提高融资能力，更好地服务"三农"的重要意义。要采取措施，努力争取地方政府及有关部门的理解支持，督促其按国家发展改革委等七部委文件要求，制订解决地方政策性棉花财务挂账占用贷款问题的方案，尽快启动消化处理工作。在地方政策性棉花财务挂账占用贷款未消化处理前，要督促地方政府将应拨补利息纳入预算，确保我行能够按期足额收息。

二、采取有效措施，积极清收企业经营性棉花财务挂账及不合理占用贷款各行要高度重视存量贷款的管理，按照区别对待、分类管理的原则，因企制宜，采取切实有效措施，积极清收企业经营性棉花财务挂账及不合理占用贷款。对改革改制到位、能够正常经营的棉花企业，可通过信贷扶持，帮助企业加强管理，扩大经营，提高盈利水平，用企业经营利润逐步消化经营性棉花财务挂账及不合理占用贷款。要与企业协商，制订切实可行的还款计划，逐年消化不良贷款。

对目前已经不能正常生产经营或关停企业，要积极做好资产保全工作，完善抵押担保手续，通过变卖企业有效资产收回经营性棉花挂账及不合理占用贷款。对亏损严重、资不抵债、缺乏生存能力的企业，要按照《中华人民共和国破产法》规定，依法对其实施破产。对已进入破产程序的企业，要及时申报债权，按规定参与企业破产进程，最大限度地维护我行权益。对依法采取各项措施后确实无法收回的贷款，符合呆账贷款条件的可通过呆账核销处理。

三、摸清情况，完善手续，强化棉花财务挂账及不合理贷款管理各行要本着“情况清晰、有力推进、抓大为主、先易后难”的原则，积极清收地方政策性棉花财务挂账、企业经营性棉花财务挂账及不合理占用贷款。同时，要摸清情况，完善手续，加强监测，切实做好债权维护工作。由于地方政策性棉花财务挂账、企业经营性棉花财务挂账及不合理占用贷款时间跨度较长、企业情况变化较大、关停（倒闭、破产）企业较多、相关贷款手续分割、转移等情况较普遍，各行要主动与当地供销社部门及企业核对账目，摸清债务转移承接情况。为保证贷款手续的合法、合规及有效性，各行要对棉花财务挂账及不合理占用贷款组织一次全面检查，认真查找存在问题，及时补充完善有关手续。

要发挥信贷杠杆作用，促进企业加快改革改制步伐。积极支持符合条件的产业化龙头企业、棉花深加工企业、民营企业参与现有企业的兼并、重组，妥善落实我行债务。要促进企业完善法人治理结构，转换经营机制，真正成为自主经营、自负盈亏的市场主体。

要加强棉花财务挂账及不合理占用贷款日常监测、报表反映工作，按照规定做好到期贷款本息的催收工作，及时延续贷款诉讼时效，并认真做好有关债权凭证、档案资料的保管工作。各行要按本通知要求，认真做好棉花财务挂账及不合理占用贷款清收、日常管理工作，发现新情况、新问题，要及时向总行报告。

第七章

坚持调查研究
深化理论探索

调查研究、理论探索是做好工作的前提。不调查情况不清、不研究问题不明。理论来源于实践，又反作用于实践，没有理论指导的实践是盲目的、片面的，有了理论指导方向更明、把握更准、思考更深、预见更超前。

2000年以来，棉花市场放开，棉花价格经历了由政府指导向市场自主定价转变的发展历程。在此过程中，棉花收购主体日趋多元，制约和影响棉花价格的因素更加广泛，价格波动的频率增加、幅度增大，给中国农业发展银行（以下简称农发行）履行政策性银行职责，统筹执行政策和防控风险带来很大困难和压力。面对复杂多变的棉花购销形势，农发行棉花信贷条线的广大干部职工迎难而上，坚持理论联系实际学风，站在促进棉花产业健康发展的高度，用全球化的国际视野，围绕棉花市场化改革出现的新情况、新矛盾、新问题，深入调研、深刻思考、积极建言献策，为农发行适时适度调整完善棉花信贷政策提供了大量科学翔实、可资借鉴的依据和参考，对农发行保护棉农利益、促进棉花产业健康发展、确保信贷资金安全发挥了不可或缺的重要作用。

本章节选的14篇理论调研文章，具有以下三个特点。一是历史连续，按照时间跨度，选取了2000年以来每个棉花年度有代表性的文章。二是题材丰富，既有一定理论高度的学术论文，也有情况翔实、对策建议明确的调研报告，还有专项工作汇报和监测分析文章，题材类型全面丰富。三是作者广泛，既有总行领导撰写的文章，也有省级分行和总行部门领导撰写的文章，有棉花信贷人员撰写的文章，也有关注棉花信贷同志撰写的文章，作者涵盖面广。期望这些文章，能为热爱和关心棉花信贷事业的同志了解棉花信贷历史、拓展工作思路提供有益借鉴和参考。

认真履行政策性银行职责
努力做好棉花信贷工作

刘梅生

一、2002 棉花年度棉花收购资金供应和管理工作的简要回顾

2002 棉花年度各级中国农业发展银行（以下简称农发行）认真贯彻落实全国棉花电视电话工作会议精神，深刻领会国务院领导同志重要批示精神，统一思想认识，加强组织领导，及时调整完善信贷政策，认真执行政策，强化信贷管理，切实防范和化解信贷风险。在各级党政及有关部门的大力支持配合下，经全系统棉花信贷干部职工的共同努力，克服"非典"带来的不利影响，棉花及其他专项储备贷款封闭管理工作取得了新的成效。

（一）发挥信贷杠杆作用，积极配合国家宏观调控

一是确保了国家储备资金供应，积极配合国家实施宏观调控。各行严格按照政策认真做好储备棉贷款的供应和管理工作，确保了国储棉收储、轮库和国储糖、肉、烟叶及国家储存羊毛的资金需要，为国家实施有效宏观调控提供了保障。

二是按政策积极支持商品棉收购。截至 2003 年 7 月末，累计发放棉花收购贷款 181 亿元，累计支持企业收购皮棉 4 292 万担，占当年度产量的 43.6%，其中：新疆维吾尔自治区分行发放棉花收购贷款 93.4 亿元，支持企业收购皮棉 2 123 万担。新棉顺价销售顺利，新棉购销比达到 87%，农发行已收回贷款 175.6 亿元。

三是完善了贷款上限政策。2002 棉花年度总行根据《国家计委办公厅关于确定 2002 年度棉花收购贷款上限问题的复函》的精神制定了贷款上限基准，并允许根据市场情况在一定范围内进行浮动。各级行严格遵守，将此作为落实"以销定贷、以效定贷"的重要依据。随着市场价格不断上涨，贷款上限与收购价格差距拉大，为了保证收购市场的有序，经总行党委同意，及时按 450～480 元/担设定了收购价格上限，即当收购价格超过价格上限时，即使企业有自筹资金，也要暂停发放贷款。这样做对全国收购资金供应和价格起到非常适时的调控作用，稳定了棉花市场秩序，防止了各地哄抬价格。

四是切实加强老商品棉竞卖及 2000 棉花年度和 2002 棉花年度棉花的促销工作。各级行按照国家计委等五部委联合下发的《关于抛售老商品棉问题的通知》（计经贸[2002]948 号）精神，积极配合有关部门做好老商品棉的核查、竞卖和结算工作。目前，老商品棉抛售工作已进入尾声。截至 2003 年 7 月末，全国共有 16 个省、市的棉花企业参与了老商品棉抛售工作，累计申报老商品棉 1 832 万担，其中 14 个省、市

核查工作已基本结束，累计核查老商品棉 1 683 万担，其中，经财政专员办核查合格 1 559万担，占核查总数的93%，累计已公检 1 541 万担。截至2003 年7 月末，累计销售出库 1 382 万担，收回贷款 41.3 亿元，收回利息 6.9 亿元。

年初，总行就发现棉花市场行情不断上涨和企业惜售的情况。为了降低风险，总行连续发了两个通知促销，取得了一定成效。4 月，五部委《关于促进棉花销售的紧急通知》下发后，各行统一思想，进一步发挥政策性信贷杠杆作用，帮助企业克服惜售心理，抓住有利时机进一步推动棉花促销工作。截至 2003 年 7 月末，累计销售 2000 棉花年度棉花 256 万担，收回贷款 13 亿元，收回利息 0.1 亿元；累计销售新棉 3 725万担，购销比为 87%，新棉贷款收回率为 95%，其中，新疆销售新棉 1 884 万担，占全国销售量的51%，购销比为 88%，新棉贷款收回率为 97%，高于购销比 9 个百分点。

农发行各级行通过限制发放贷款和配合国家积极促销，稳定了棉花购销市场，为保证纺织用棉和保持纺织品的国际竞争力，维护良好的宏观经济局面，促进国民经济持续、稳定、健康发展起到了积极作用。

（二）采取有效措施，积极防范和化解信贷风险

一是切实防范企业信用风险，认真做好棉花企业贷款资格复查认定工作。各行根据棉花企业的资质条件、经营情况参照信用等级评定结果和当地实际情况对棉花企业贷款资格认真进行复查认定，严格贷款对象。对符合贷款条件的企业按有关政策和制度规定积极支持，对不符合贷款条件的企业停止发放新贷款。

二是重点防范增量贷款的风险。2001 棉花年度，我们首次实行贷款上限政策，在防范价格风险方面取得了很好的效果。2002 棉花年度，我们在总结 2001 棉花年度经验的基础上，完善了增量贷款风险防范办法，不仅设置了贷款上限，还增加了市场收购价格上限，实现双限控制，同时还注重了从质量、销售和企业信用等方面去防范风险。各级行严格按照总行要求，在防范价格风险、流量风险、质量风险和企业信用风险方面做了大量工作。各行在不突破国家计委批复的贷款上限的前提下，按照市场定价的原则支持企业随行就市收购棉花。据统计，全国贷款收购的棉花均价为 418 元/担，在当前销价较高的情况下，增加了利润空间，保证了新棉贷款的安全，也为化解存量贷款风险提供了条件。按收购进度投放贷款与促进企业销售工作结合起来，积极督促企业边购边销，努力做到收购量与销售量保持相对平衡，指导督促各分行加大新棉促销力度，帮助企业扩大销售，使得在五部委联合下发促销通知前，我行贷款收购的棉花的购销比也比往年同期提高 10 多个百分点。同时，积极配合质量技术监督部门抽检企业棉花质量，我行贷款收购的棉花质量普遍好于往年，三级以上的棉花较往年提高 13 个百分点。

三是努力化解存量贷款风险。加强了对停贷及破产棉花企业的监管。各行针对不同类型的停贷企业及破产企业，结合本地实际情况，采取相应的信贷管理措施，在对企业资产状况、经营状况进行清理核实，对有效资产尽快办理抵押担保手续等方面做了大量工作。同时，各行加大了对这些企业库存商品的监管力度。

四是积极推进棉花清仓查库和清资核贷工作。总行关于棉花企业清资核贷工作的实施意见下发后,各有关行根据供销社棉花企业清产核资进展情况,同步开展棉花企业清资核贷工作,也反映了一些新情况、新问题。与此同时,总行根据企业清产核资进展不平衡,影响清资核贷工作开展的实际,适时部署了清仓查库。各行按要求在8月15日前完成了棉花企业清仓查库工作,基本摸清棉花贷款开户企业的实际库存与我行台账库存数量、资金的差额及真实去向,对各种挤占挪用及不合理贷款进行边清边收。从清查汇总结果看,全国共有22个省级分行在棉花贷款管理台账中反映有皮棉库存3 718万担,占用贷款212.18亿元,棉副产品占用贷款3.52亿元。棉花企业实际库存2 836万担,金额为197.13亿元,其中,农发行贷款形成部分2 654万担,占用贷款172.01亿元。剔除账实差额中新增风险较小和没有风险的因素后,皮棉银行台账大于实际库存中贷款形成部分的差额为277万担,占用贷款12.95亿元;棉副产品银行台账大于实际库存中贷款形成部分的差额为1.83亿元。

(三)收贷收息情况良好

2003年棉花市场行情好,利润空间较大,商品棉收贷、收息来源充足,贷款本息收回情况较好。1~7月,棉花贷款应收贷款172.75亿元,实收贷款177.5亿元,收贷率为102.75%;1~7月,应收利息31.74亿元,实际收回20.18亿元,收息率为63.57%,较上年同期提高37.49个百分点,剔除国储棉利息补贴和从政策性挂账停息转本中收息两项不可比因素后,仍较上年同期提高7.76个百分点。

二、准确判断2003棉花年度棉花信贷工作面临的复杂形势,理清工作思路

总体上看,棉花市场从以往几年的供过于求发生了逆转性变化;随着棉花流通体制改革的不断深化,棉花信贷管理的外部环境正在发生深刻的变化;同时,棉花停贷企业破产还在增加,存量贷款监管比较薄弱,挤占挪用收购资金的问题仍时有发生。新的棉花年度,我们必须针对上述情况,认真研究,准确判断棉花信贷工作面临的复杂形势,明确工作方向,理清工作思路,准确把握政策,加强监管,改善服务,认真做好收购资金供应和管理各项工作。

(一)2003棉花年度国内棉花市场仍将出现供不应求的局面

由于我国纺织工业的快速增长,预计从2003年,我国仍将出现棉花供不应求的局面。从国内棉花供求情况看,预计2003棉花年度棉花总需求730万吨(不考虑出口),较2002棉花年度增加50万吨。棉花总需求的增加主要是纺棉需求增加。预计2003棉花年度国内棉花总产量600万吨左右,较2002棉花年度增加100万吨,2003棉花年度国内棉花产需缺口约130万吨。当前国内棉花库存处于最低点,国家对棉花市场的调控能力受到一定程度的局限。

在2002年的棉花信贷基础检查整改汇报座谈会上,我就强调,我们在看待农业问题,具体到棉花信贷管理问题时,必须要有世界眼光,我们不仅要关注国内市场的变化,而且要关注国际市场的变化,把全球棉花供应的状况以及价格波动的趋势作为我们工作的重要参考依据。根据国际棉花咨询委员会8月最新预测,从全球棉花生产情况看,预计2003/2004棉花年度全球棉花产量为2 049万吨,棉花消费量为2 123

万吨，产需缺口74万吨，国际市场棉价也可能趋于上涨，我们对此要冷静分析。我们必须清醒地看到，在所有的预测中，棉花产量的预计比较确定，而棉花需求，特别是出口需求很不确定。棉花需求取决于棉价上升幅度、纺织企业纺棉的承受能力。另外，国际棉花供需还有地域分布不均衡的问题。因此供求关系的变数仍然很大，真正能主导价格的是棉花需求，而恰恰需求是不确定的，2003年价格风险反而要大大高于前两年。这是新棉花年度信贷资金供应和管理所面临的新挑战。

另外，2003棉花年度由于棉花预期整体供不应求，各方面对经营棉花的期望值较高，加之棉花加工能力严重过剩，各种性质棉花加工企业之间的竞争激烈，很可能诱发哄抬价格抢购行为。由于市场约束力减弱，棉花收购、加工过程中容易出现掺杂使假等质量问题。这给收购资金的供应和管理增添了难度。

（二）棉花信贷管理外部环境正发生深刻的变化

随着棉花市场的进一步放开和供销社棉花企业改革改制的深化，2003年棉花信贷管理的外部环境正发生着深刻的变化。传统的供销社集体所有制棉花企业正在改制成包括股份制企业、民营企业在内的各种性质的棉花企业，农发行的贷款对象性质正发生着重大变化。企业性质发生变化，导致我们贷款对象的构成变化。这对我们的信贷管理必然会提出新要求。

（三）存量贷款信贷监管比较薄弱，贷款风险很大

目前，一方面供销社棉花企业改革改制的步伐正在加快，另一方面解决供销社棉花企业财务挂账等历史遗留问题的政策尚未完全落实。部分棉花企业由于历史包袱沉重，经营不善、机制及管理体制落后等原因，无法适应激烈的市场竞争，有的已丧失农发行贷款资格，有的已破产或进入破产程序，而且棉花停贷企业破产有增加的趋势。存量贷款监管比较薄弱，贷款风险很大。

近两年，新增棉花贷款的风险基本得到控制，强化存量贷款管理已成为风险管理的重点。据不完全统计，截至2003年3月末，山东、河北、江苏、四川、湖南、河南、湖北和新疆八省（自治区）已破产终结或进入破产程序的棉花企业共占用农发行贷款73亿元，占八省（自治区）棉花贷款总额的9.5%。如剔除中央政策性挂账占用贷款、棉花竞卖未弥补亏损占用贷款、棉花销售结算资金占用贷款等因素，则占八省（自治区）棉花贷款余额的17%。因此，管好停贷企业和破产企业占用贷款是当前管好存量贷款的难点和重点。这对于提高和改善棉花贷款质量，减少贷款损失具有十分重要的意义。各行对此要有足够的认识，要依法监督企业破产，并积极主张各项权利，落实各项贷款管理措施，尽量减少贷款损失。不能因自身工作的疏漏或失误造成管理不到位，导致信贷资产流失。同时，希望各行进一步注意研究不良资产处置的方式方法，参照商业银行的做法，研究探索低成本、高回收率的不良资产处置策略。

上述各方面对我行的棉花信贷管理提出了新的要求。各行要统一思想，提高认识，准确判断棉花信贷管理面临的复杂形势，在认真总结近几年棉花信贷管理工作的基础上，积极配合国家宏观调控，准确把握信贷政策，从严掌握贷款。为此，我们要不断强化宏观思路，在棉花信贷管理工作中，不仅要考虑农发行自身稳健经营、发展的

要求，还要考虑信贷资金供应和管理所产生的社会影响，通过我们的工作配合国家宏观调控目标的实现。

三、准确把握政策，认真做好新棉花年度收购资金供应和管理工作

农发行无论处于何种环境，都必须把坚决执行国家政策放在第一位。在商业银行等其他渠道资金难以适应棉花收购的季节性特点，无法在短时间内全面集中地进入商品棉经营领域的情况下，棉花收购资金主要依靠农发行供应。我们要按照国家政策一如既往地积极支持棉花企业收购棉花，切实保障广大农民利益。

（一）继续对商品棉收购提供资金支持

2001 棉花年度，尽管国发［2001］27 号文件要求商业银行支持商品棉收购，但由于种种因素的影响，商业银行较少介入商品棉收购。2002 棉花年度，国家计委担心出现类似情况，在组织农发行等有关部门联合调研的基础上，经报请国务院批准，农发行贷款继续支持商品棉收购。随着收购多渠道的逐步形成，农发行贷款支持棉花企业的收购量在不断下降，但农发行支持棉花企业发挥主渠道的作用依然非常明显。最近国务院领导同志已批准国家发展改革委联合中国人民银行、财政部、农发行等部门上报的《关于做好 2003 棉花年度棉花工作的请示》，再次明确农发行对棉花收购继续提供资金支持的政策。

（二）严格贷款对象管理

根据国务院指示精神，2003 年，总行对棉花贷款对象的管理作了调整。总体上 2003 棉花年度，农发行将按照“择优选贷、以销定贷、以效定贷”的原则继续支持符合条件的供销社棉花企业及其控股的棉花企业和农业部门所属的良种棉加工厂收购棉花，对改制后供销社不再控股包括通过股权托管实际丧失控股地位的新企业，承担原企业债权债务，经省级分行确认符合条件，报总行审查批准后，可继续给予贷款支持。对改制后供销社不再控股的新企业，各省级分行要按照《中国农业发展银行棉花购销贷款管理办法（试行）》规定的贷款条件进行严格审查，同时还要根据企业的改制情况，设定一些新的条件进行严格审查。总行 2003 棉花年度信贷管理工作意见对此作了具体规定，明确了几项条件，即改制企业包括被整合的企业，须经有资质条件的评估机构对其进行资产评估；经评估有净资产的棉花企业被整体收购的，收购方应支付相应净资产金额的现金进行收购；改制企业须承担原有企业应承担的全部债权债务，并负责继续落实全部政策性挂账；牵头组织整合的企业有足够的经营规模和经济实力，有良好的经营业绩，没有严重不良信用行为的记录；其资产负债率原则上不得高于 70%；改制企业要有一定比例的自筹资金参与收购（具体比例由省级分行确定）；改制企业其法人代表和管理人员要有一定数量的风险质押金存于农发行账户上。（具体数量由省级分行确定）；改制企业同意在农发行开立“一基三专”账户，接受并积极配合农发行的信贷监管。采取这些措施，根本目的就是严格控制风险。

（三）严格对违规企业的贷款管理

在新棉收购前，对没有按照《关于促进棉花销售的紧急通知》（农发行电字［2003］2 号）文件有关规定全部归还 2002 棉花年度贷款本息的企业，不得发放新贷款。对于存在虚开码单套取贷款、存在新的挤占挪用、提前抽逃自筹资金等行为造成农发行贷款损失的企业,必须整改到位,全部归还贷款。否则,应停止发放新贷款。

(四)采取特殊措施,防止出现"卖棉难"问题

对于企业因改制、信用等级评定,或因违规丧失贷款资格,而其他收购资金供应渠道还没有落实,由此引起当地出现"卖棉难"问题,在省级政府提出要求,并协调当地政府承诺承担信贷风险的情况下,农发行可支持定点收购,加强监管。

(五)严格执行贷款上限和价格上限政策,实行"双限"风险控制

几年来的实践已充分证明,农发行严格按贷款上限投放收购贷款政策既是防范信贷风险的措施,也是国家对棉花市场实施宏观调控的一个有效工具。国家发展改革委对这一手段是比较倚重的。严格控制贷款上限,有利于稳定棉花市场秩序,防止哄抬价格;有利于保持棉纺织品出口竞争力;有利于保护棉农利益;有利于保证棉花市场的长期稳定。对这个问题的认识,各部门都有一个逐步深化的过程。现在来看,大家都已认识到贷款及价格上限的控制是一个价格引导,是对全国收购资金供应和价格的调控。在不出现"卖棉难"的情况下,农发行从紧控制贷款,不仅对贷款供应的上限进行限额控制,而且对市场的收购行为进行适度引导。这说明农发行的贷款价格上限控制机制在新形势下能主动发挥调控作用,达到国家宏观调控目的,从一个侧面体现了农发行作为政策性银行的特殊地位和作用。政策性银行的存在价值就在于认真执行国家宏观调控政策。

2003年经国家发展改革委同意,我们将在上年工作的基础上,继续对棉花收购信贷资金的投放实行"双限"控制,即在贷款企业的收购价格上限之内,按不超过贷款上限发放贷款,对超过价格上限收购的,即使企业有自筹资金,农发行也不予贷款支持,企业应通过其他渠道自筹全部资金进行收购。当然,对于已经落实销货合同,明确销货价格的,并有一定数量风险保证金担保,可以在企业保本有利的前提下,不受价格上限的限制给予贷款支持收购。希望同志们认真掌握政策,加强宣传。

总之,我们做棉花信贷工作的同志一定要有清醒的认识:一是农发行的杠杆调控不只是被动的,更要在调整资金供应的投向、投量和时间方面,更加主动地发挥调控作用。二是我们在贯彻执行国家政策过程中要适时调整信贷政策,确保和国家宏观调控方向协调一致。

(六)加强自有资金和预收货款管理,强化贷款期限管理

总行对企业自有资金的管理非常重视。随着棉花市场化程度的不断加深,强化企业自有资金的落实和管理日益成为农发行防范信贷风险的重要方面。贷款企业申请收购贷款,必须要有一定比例的自有资金,且自有资金必须在收购开始前存入农发行专户,与贷款配套使用。要认真分析自有资金的来源。销售货款回笼后,要优先收回农发行贷款本息,绝不允许企业提前抽走自有资金,将风险转嫁给农发行。要区分企业预收货款和定金,加强对预收货款的管理,对于预收货款形成的库存,纳入企业完全自有资金收购的库存监管。各行应当根据棉花的经营特点,将贷款风险防范、棉花促销等结合起来,合理确定贷款期限。通过发挥贷款期限的杠杆作用,强化企业的

信用观念,促使企业自主均衡销售,改变以往我们被动促销的局面。

"择优选贷、以销定贷、以效定贷"是执行政策、防范风险的有机统一,在收购资金供应和管理实际工作中一定要正确处理好三者之间的关系,既要按国家政策积极供应资金,帮助企业多收购棉花,又要着力防范信贷风险,防止企业将经营风险直接转化为农发行的贷款风险。我们要坚决服从国家宏观调控的需要,把各项工作措施落到实处。各级农发行一定要准确把握各项政策,履行好现阶段职能。

四、加强监管,改善金融服务

经过近几年对棉花信贷政策的调整和完善,棉花信贷工作在风险防范方面已积累了不少好的经验和好的做法。实践证明,农发行现有一系列信贷基础管理制度是有利于收购资金封闭管理的,在新的管理制度没有建立前,现行有效的制度必须认真执行。各级农发行要进一步增强责任感和紧迫感,不断加强和改进信贷管理,切实将总行关于基础管理的一系列政策、办法和要求落到实处。在此,我再强调几点:

(一)必须坚持"一基三专"、"把好三关"等行之有效的管理办法

随着棉花市场化程度的不断加深,个别行对这些办法的重视程度有些弱化,一些好办法坚持得不够。从我们前期清仓查库工作看,部分行在信贷基础工作方面仍存在不少薄弱环节,出了一些问题。全国棉花空库 1 073 万担,占用贷款 41.21 亿元,其中,出库不下台账、亏损销售、衣亏、挤占挪用及其他原因形成的空库分别为 256 万担、131 万担、35 万担、46 万担和 604 万担。这一问题的出现与我们是否认真落实各项监管措施有直接关系。因此,各级行对账户管理、库存监管、担保抵押、货款回笼监管等基础工作一定要常抓不懈。

一是坚持使用政策性贷款的企业必须在农发行开立基本账户,并有一定数量的自有资金,不允许多头开户。取得政策性贷款支持的企业销售棉花回笼货款后,要优先归还贷款本息。切实防止企业多头开户和坐收坐支,确保货款全额回笼归行,并足额收贷收息。

二是在收购环节,要坚持审查、核实收购码单的真实性,及时核对实物库存,防止和纠正企业虚开码单套取农发行收购资金。在库存环节,坚持定期查库制度和仓单管理制度;加工入库的皮棉要及时办理仓单和库存抵押手续。

三是要坚持出库销售报告制度,棉花出库,无论什么原因,必须先及时登记台账,然后再根据不同情况开展工作。

四是要坚持钱货两清的结算方式,跟踪监测货款及时回笼,防止企业坐支销货款。严禁企业赊销棉花和恶意挤占挪用收购资金,对赊销棉花和恶意挤占挪用收购资金的企业,要坚决停止发放新贷款。

(二)加大信贷基础工作的检查力度

基础工作的好坏,直接影响到我们对企业的监管。对任何银行而言,过程管理都非常重要,对贷款过程的监管千万不能放松。对这个问题,我已强调多次,今天再一次强调。做好基础工作,关键环节就是要强化检查督导。各级行要不断加强基础工作、规范化管理检查的深度和广度,要建立完善的监督检查制度。省级分行要进一步

加大对基层行的检查力度,要注意下基层的覆盖率和频率。发现问题要及时整改,以提高工作有效性。各级行要通过扎实细致的监督检查和整改,帮助基层行解决管理中存在的问题,使之逐步走上规范化管理轨道,使总行基础管理的各项制度、办法真正落到实处。

(三)配合有关部门做好质量监督,防范质量风险

2002年在棉花收购工作中,我行加强了与质量技术监督部门的合作,积极配合有关部门抽检企业收购的棉花,为提高棉花收购质量起到了积极作用。2003年,由于棉花整体供不应求,市场约束力弱化,收购过程中虚高等级、虚高衣分等现象可能较往年更加突出。为了更好地控制和防范质量风险,2003年各级行一定要继续站在保证信贷资产安全的角度,切实提高质量意识,要继续积极配合质检部门开展工作,必要时定期提请它们对企业收购的棉花进行抽检。一旦发现企业在质量方面有弄虚作假的问题,要立即停止贷款,确保将质量风险控制在最低限度。

(四)切实改进金融服务,支持企业改善经营,提高效益

各级行要增强服务意识,进一步提高服务水平。一是各开户行对同意贷款的企业要及时办理贷款手续,不得无故拖延。二是积极提供和推行银行承兑汇票结算方式,努力为企业提供方便、快捷的结算服务。三是要继续发挥农发行系统整体优势,为企业及时提供市场信息服务,帮助企业规避风险,扩大购销,搞活经营,提高效益。

(五)加强培训,提高信贷队伍的整体素质

各级行要针对当前部分棉花信贷人员素质与工作不相适应的客观情况,切实采取各种方式加大培训力度,丰富培训内容,进一步提高信贷人员的业务素质和思想政治素质,以适应新形势下信贷管理工作的需要。

五、加强组织领导和沟通协调,重视调查研究

(一)加强领导

为做好2003棉花年度收购资金供应和管理工作,各级农发行要加强对棉花信贷工作的领导,做好新棉收购资金供应的各项准备工作,落实人员配备和资金计划,确保新棉收购顺利进行。清仓查库结果显示,棉花小省与棉花大省之间相比,棉花信贷管理工作是有差距的。这种状况要改变,只要是有棉花贷款的行,无论多少,领导都要重视,勿以其小而轻视。

(二)积极做好政策协调,掌握工作主动权

农发行作为国家政策性银行,各项工作都离不开各级政府及有关部门的支持和配合。各级行要继续加强与各级政府、发改委、质检、供销社等有关部门的沟通协调,特别是采取停贷措施之前,一定要先向当地政府及有关部门报告,争取理解和支持。对新棉收购资金供应过程出现的新情况、新问题要及时掌握,在向上级行报告的同时,及时主动向当地政府、有关部门反映,掌握工作主动权。

(三)深入实际,加强调查研究

各行要切实转变工作作风,深入实际,进一步加强调查研究工作,及时掌握国内外市场变化情况,研究棉花流通体制改革动态以及改革对收购资金管理产生的影响

等情况，注意总结推广好的经验和做法，认真研究探索新形势下防范和化解信贷风险的有效措施，千方百计确保资金安全。

（本文为刘梅生同志在2003年全国棉花及其他专项储备信贷专业会议上的讲话，标题为编者所加）

关于赴湖南华容银华润农棉花专业合作社的调研报告

刘梅生

一、棉花专业合作社运行状况及成效

华容县银华润农棉花专业合作社由湖南省供销社银华集团和湖南华昌纺织集团及该县团洲乡种棉大户于2007年4月在华容县团洲乡共同发起组建，注册资金39.8万元，最初入社棉农58户，棉花种植面积900多亩。经过近5年的发展，现入社棉农涵盖团洲乡18个村场，并逐步拓展到注滋口镇、插旗镇、幸福乡、南山乡等周边植棉乡镇。形成了以华昌纺织集团为平台的棉花种植、收购、加工、销售产业链。该社先后被评为全国供销总社千社千品富农工程示范合作社和湖南省省级示范农民专业合作社。

（一）华容县银华润农棉花专业合作社具有如下特点

1. 龙头企业带动，合作社规模不断壮大。表现在入社户数多，现有社员3 575户；种植面积大，棉花种植面积5.3万多亩；涵盖范围广，涵盖一个棉花主产乡的资源，并辐射其他乡镇。

2. 民主管理，利益共享。棉农与龙头企业在“自愿、平等、互惠、互利”的基础上成立棉花专业生产合作社，制定完善的《章程》和《细则》，规定双方的权利和义务，切实形成经济利益共同体。合作社坚持民办、民有、民管和民受益的原则，实行独立核算、自负盈亏、自主经营、盈余分红和风险共担管理办法。合作社组成与健康发展的最核心内容是实现利益共享，其通过“二次分配模式”取得收效：即植棉前企业按协议价格预购合作社入社棉农棉花，先予棉农兑付，保障棉农生产过程中的资金需求。棉花上市后，如市场价格高于企业预购价格，则企业利用销售获得的额外利润再次与棉农按一定比例进行二次分配，从而提高棉农收入；如市场价格低于预购价格，由企业来承担销售风险，充分使棉农收入得以保障。

3. 合作社组织化程度高，合作社与社员间经济合作紧密。几年来，该合作社先后投入500多万元，对合作社所有棉田水利基础设施进行了升级改造；积极推广病虫害专业化防治；向农民预付生产资金解决棉农生产需要。

4. 积极探索风险防控措施。为了实现合作社的良性发展，几年来，该社采取了多户联保的风险防范方式，棉农与合作社签订了成员联保合同书（以每个村场为单位，分别以七户以上的成员组成联户关系，捆绑成一个有利共享、有难共担、责权一体、相互制约的联户关系）。合作社向联保户承诺提供扶持资金或物资，提供棉花产前、产中、产后技术生产指导，保证按不低于市场价收购其生产的籽棉，保证加工后皮棉销售利润最大化，同时积极争取国家各项惠农政策，确保社员受益。联保代表负责保证棉花质量，并保证按种植面积实际生产棉花80%以上交给合作社，同时负责督促联保户按期还清合作社扶持资金；一户未遵守协议，不讲诚信，其他各户负连带责任，平均分摊偿还。由于方法得当，预付资金在棉花收购后都得到了及时收回，回收率达99.3%。

5. 相互协作与合作。为改变过去棉农作为农村生产基本单位存在自持资金数额小、劳动力不足、信誉低等与生俱来的缺点，农民专业合作社这种形式应运而生。该棉花专业合作社平台不仅向棉农提供劳动力与资金的合作机会，更深入开展了集生产、技术、劳动力、信用等多方面的合作，它与通常意义下的信用合作社、生产合作社有着本质的不同，充分体现了集中合作与协作的统一。

（二）我行支持该棉花专业合作社信贷运作方面的具体模式

该合作社已间接获得我行支持。我行采用向牵头龙头企业发放棉花预购贷款的方式。此模式充分体现了“农户＋合作社＋企业”的一体化效应。贷款主体法人治理结构完善，还款来源可靠，贷款风险可控。2009～2011年，华容县支行已通过此模式，每年向华昌纺织集团公司发放棉花预购贷款1 500万元。从实践来看，这一模式取得了较好的效果，既对棉农合作社进行了有效支持，又使贷款风险得以有效防控（所发放棉花预购贷款为商业性贷款，因而采取全额抵押贷款方式）。龙头企业按照中国农业发展银行（以下简称农发行）棉花贷款管理制度申报审查审批贷款；取得贷款资金后向种子、化肥等生产企业购买生产资料，提供给社员农户，待农户收获后，在新年度棉花收购中收回预付资金，然后用收购资金置换棉花预购贷款。

二、启示与建议

1. 农发行支持棉花专业合作社的必要性。农民专业合作社作为社会主义新农村建设的新生事物，把千家万户的农民组织起来，已成为一种新型的农村生产经营方式，是我国农业的小生产和大市场有效对接的载体，对提高农民收入促进农村经济发展将起到重要的作用。截至2007年3月底，我国依法登记的农民专业合作社已达40多万家，实有入社农户3 000万左右，约占全国农户总数的12%，到“十二五”末，入社农户争取能够达到全国农户总数的45%以上，合作社发展势头强劲。

农发行建设新农村银行的职能定位，要求我们应该关注农业合作社的发展趋势，积极探索农业政策性金融支持农业专业合作社发展的渠道和方式。通过调研，华容银华润农棉花专业合作社在该地农村发展中，已开始发挥作用，成为兴一个产业、活一方经济、富一批群众的重要力量。然而合作社是以向农民提供服务为主营方向，不以盈利为目的，这就决定了合作社面临自身资本积累困乏，资产少，缺乏运作资金等问题，合作社的经营与发展面临迫切需要资金支持的局面。商业性银行由于趋利性原则和风险偏好，对于承贷主体不明、担保抵押有限、财务报表不全的农民专业合作社支持意愿不强；农村合作金融机构由于资金和规模制约等原因，也难以提供有效支持。在此情况下，农发行作为农业政策性银行和建设新农村的银行，积极支持农民专业合作社，提高农业组织化水平，促进农业发展和农民增收，是我们需要认真思考和探索的课题。

2. 龙头企业是专业合作社风险防控的关键点。专业合作社在我国推广已有20余年，但是却形成了不同收效，在有些农村地区开展得很成功，而在另一些地区却不成功，通过调研与思考，认为核心的关键就是对龙头企业的选择及其自身的发展趋势。

龙头企业的作用不容小觑，它们为专业合作社提供了发展资金和技术支持并促进其健康有序发展。龙头企业的介入避免了由棉农自发集资兴办的合作社普遍存在的起步难、规模小、发展资金后劲不足等劣势。同时，为了使入社棉农提供的棉花符合龙头企业所需质量与数量标准，企业往往在产前、产中和产后投入一定数额的资金及相关技术服务，或对基础设施进行改造以保证全面支持，这些相应措施可以降低合作社自身发展的风险，保障合作社健康发展。由此可见，龙头企业经营状况决定了合作社发展的前景，一旦龙头企业出现亏损则其与合作社的共享利益即会消失，与此同时合作社的发展也会大受影响；反之，如果龙头企业发展运营势态良好，那么合作社也必将获得广阔的发展空间。综上，我行在选择信贷支持合作社时的首要任务，就是审慎研究、深入调查、综合评判各企业的成长空间，看准并选准龙头企业，不是优秀的龙头企业就不能盲目上马。

3. 积极探索与农村信用社、村镇银行等同业机构合作模式。如前所述，我行对专业合作社的支持是通过龙头企业进行的。这种方法比较稳妥。调研中，企业也曾提出农发行可否直接向专业合作社贷款的问题，鉴于农发行机构人员不足，如果要对合作社给予直接信贷支持，是否可采用“同业机构合作”模式——我行充分利用自身资金和信贷规模优势，与当地农村信用社或村镇银行所具有的人员、地域和资源优势相结合，以我行做批发，农村信用社或村镇银行搞零售的方式开展对合作社贷款业务，由信用社或村镇银行负责对我行贷款承担发放，管理和回收，如果贷款出现风险，信用社或村镇银行必须承担还款责任。

此模式的主要特点是更加便捷高效，对我行而言，合作方仅面对同业机构，而其无论是在当地资源和客户筛选能力方面，还是担保能力和信用度方面都远较平台公司更加专业有效；对合作代理行而言，不仅能够充分利用我行提供的资金及规模来维护客户需求，还可通过此模式提高中间业务收入。这一模式有利于形成双方合作共赢，实现优势互补。但对于具体操作的可行性而言，还需要进一步考察和研究。

（此文刊于农发行内参2011年第17期）

把握时机　积极推进棉花贷款管理改革

梅新华

一、棉花贷款管理环境出现了积极变化

首先,从外部环境分析,我国棉花流通体制改革正在按逐步建立在国家宏观调控下主要依靠市场机制实现棉花资源合理配置新体制的预定目标积极推进,改革已取得显著成绩:一是棉花购销价格基本上由市场机制形成,农民与棉花企业,棉花企业与用棉企业自行决定棉花购销价格,三者利益关系主要靠市场机制来调节。二是棉花经营渠道拓宽,经营主体增加,市场竞争机制开始形成。国家放宽了棉花经营的市场准入条件,棉花经营除棉花公司外,相继出现了农业部门的良种厂、农场和纺织企业等经营主体。1999 年度棉花市场份额中,供销社棉花企业已降至 75% 左右,四分之一以上的市场由棉花公司以外的主体占领。在一些地方,棉花公司所占的份额更低。三是棉花生产结构进一步调整。我国新疆、长江流域、黄河流域三大棉区棉花生产结构调整力度加大,优质棉种植面积不断增加。由于市场和价格的导向作用,一部分老棉区棉花生产开始出现增长趋势。四是棉花企业改革进一步深化。国家储备棉体制正在进行改革,通过组建华棉储备中心来统一行使国家储备棉职能,完善国家宏观调控手段;棉花企业的附营业务大部分实现了分开经营,棉花公司与供销社的关系逐步理顺,企业内部正在通过改革经营核算体制、分流富余人员等措施,理顺关系,减轻负担,开拓经营,增强企业活力,增强市场竞争能力。五是国家宏观调控体制不断完善。随着我国加入世界贸易组织进程的加快,棉花经营市场化是必然趋势。2000 年以来,国家通过竞卖国家储备棉来调控棉花市场已取得了显著成效。目前,国家正在组织棉花企业历史亏损挂账的清查和处理,减轻棉花企业的历史负担,支持棉花企业参与市场竞争。

其次,从近几年棉花贷款管理实践看,进行棉花贷款管理改革也具有了条件。一是 2000 年以来棉花销售和棉花贷款收回出现了同步增长的趋势。目前,1999 棉花年度的新棉销售占新棉收购量的 90%。新棉实现了顺价销售,新棉占用贷款和应负担利息全部收回。还收回了一部分积欠贷款和利息,棉花企业从盈利中获取了一定数量的财务资金,改善了经营状况。二是 1999 年一些地方对棉花贷款实行以销定贷的试点取得了好的效果。2000 年有些地方按商业银行贷款管理方式对棉花企业实行信用等级管理、开办担保贷款等也收到了很好的效果。三是 2000 年国家实行部分粮食品种退出保护价收购范围,中国农业发展银行(以下简称农发行)据此提出了参照商业性贷款管理要求,按照“以销定贷、以效定贷”的原则提供贷款,支持企业按

“购得进、销得出”的原则经营退出保护价收购范围的粮食。这些都为我们进行棉花贷款管理改革提供了极为有利的条件。

二、突出重点，积极推进棉花贷款管理改革

（一）增强贷款的选择性，按“以销定贷、以效定贷”的原则掌握发放棉花收购贷款。长期以来，棉花收购贷款作为政策性贷款没有选择性，为信贷管理提出了许多特殊的要求。这是因为，作为棉花企业来讲，本身的经营管理缺乏选择性和自主性，经营的商品本来不想收也不得不收，不想借的贷款也不得不借。棉花流通体制改革后，棉花企业可以自主经营，需要自负盈亏，客观上为农发行信贷政策的调整提出了要求。棉花贷款实行以销定贷、以效定贷原则，能够更好地支持棉花企业扩大购销业务，增强市场竞争能力。增强贷款的选择性，既为农发行加强信贷管理创造了有利条件，又给农发行掌握贷款发放增加了难度。

如何把握贷款的发放，首先，要帮助棉花企业按照以销定贷、以价（销售价）定购的原则制订好收购计划。要认真分析当地棉花资源状况，实事求是地提供收购计划。其次，要认真研究市场状况，掌握本地乃至全国棉花市场供求态势。再次，要督促棉花企业把握好棉花收购价格。收购价格的高低，直接决定着购销价差的大小，决定着能否销得出去、能否有效益。所以，“以销定贷、以效定贷”在一定程度上讲是以“价”定贷。如果收购价格定高了，很可能销不出去。最后，要把握棉花企业的资信状况，对信用记录好，有稳定销售渠道的棉花企业要大力给予支持。一些地方开展对棉花企业信用等级评定工作，为评价企业资信状况，实现信贷管理改革创造了条件。

（二）构造新的银企关系，改进信贷服务方式。由棉花企业和农发行本身的经营特点所决定，银企关系是一种特殊的信用关系，实质上是一种非互信非互动的信用关系。在这种关系基础上进行的银企业务往来，带有很大的封闭性和对立性。农发行一些管理措施的目的是为了帮助企业改善经营管理，但企业反而不理解、不接受；企业有些要求是合理的，农发行也难以接受和理解，限于政策规定，也无法帮助解决。银企互动的方向是背向的。棉花信贷管理改革的目的，就是要通过对企业的支持，建立起一种互信互动的机制。把农发行的信贷管理措施变成企业的愿望和自觉行动。当前，农发行一是要搞好资金供应，支持棉花企业扩大棉花购销业务，增加企业的市场竞争能力，扩大棉花企业的市场份额，通过购销业务的扩大，帮助企业摆脱经营压力，解决企业存在的实际困难。二是要帮助企业争取好的外部环境，积极反映，争取优惠政策解决棉花企业的历史包袱，让棉花企业轻装上阵，平等地参与棉花市场竞争。三是要利用银行联系面广的优势，帮助企业研究市场状况，给棉花企业及时提供信息咨询服务。毗邻地区的农发行要互相沟通信息，定期通报本地区棉花收购价格，把握市场竞争的主动权。要支持农发行开户企业发挥主渠道作用，积极开展棉花调销业务，棉花主产省和主销省的农发行要建立定期联系制度，及时为棉花企业提供棉花购销信息，搞活调销业务。四是要认真研究棉花信贷管理中出现的新情况。目前全国棉花交易市场已开始运行，大量的棉花交易在网上进行；棉花经营渠道拓宽后，棉花经营主体增加，市场竞争日益激烈；国家加强对棉花市场的调控，加大了国储棉、出疆棉和1998年陈棉的竞卖力度和速度;随着我国加入世界贸易组织进程不断加快,棉花经营市场化的步伐不断加快。这些新情况都需要我们认真调查研究,更新观念、更新知识结构,不断探索在社会主义市场经济条件下政策性信贷工作的新路子,不断提高政策水平和服务水平。

(此文发表于《农业发展与金融》2000年第8期)

适应新形势　研究新问题
积极主动做好棉花信贷管理工作

狄　升

随着市场化改革的不断深入，我国的棉花流通体制正在发生深刻变化，同时对棉花信贷管理也产生了深刻影响。为了做好当前棉花信贷管理工作，一方面要准确把握政策；另一方面要研究新问题、适应新形势，这样才能争取工作主动。

一、对棉花流通体制改革和棉花信贷政策调整过程的简要回顾

1998年11月，《国务院关于深化棉花流通体制改革的决定》的下发，标志着我国棉花流通体制以市场化为取向的改革正式开始。国务院决定从1999棉花年度起，棉花的收购价格、销售价格主要由市场形成，国家不再作统一规定。供销社及其棉花企业、农业部门所属的良种棉加工厂和国营农场、经资格认定的纺织企业均可以直接收购、加工和经营棉花。个人棉贩及其他任何未经资格认定的单位，一律不得收购、加工棉花。这改变了供销社棉花企业独家经营棉花的垄断局面，经营渠道开始增加。国务院同时规定，棉花收购渠道拓宽后，供销社棉花企业的收购资金继续由中国农业发展银行（以下简称农发行）供应，实行“库贷挂钩，封闭运行，及时还欠”的棉花信贷管理政策。

2001棉花年度，国务院确定棉花流通体制改革的指导方针是“一放、二分、三加强，走产业化的路子”。“一放”即彻底放开市场；“二分”即储备与经营分开、供销社与棉花企业分开；“三加强”即加强宏观调控、加强质量管理、加强市场监管；“走产业化经营的路子”，就是以纺织企业或棉花加工企业为龙头，实现产供销、产加销一体化。农发行在确保国家储备棉资金供应的同时，对商品棉收购资金，要根据企业资质条件、经营情况和信用等级，进行发放和管理。同时提出政策性贷款要逐步退出商品棉经营领域。随着国家棉改政策的实施，农发行对信贷政策也相应作了调整。一是1998年以前，对供销社企业只要收购棉花就发放贷款，并按商业流动资金贷款管理方式进行管理。二是从1998年开始，棉花信贷政策的基本内容改变为“库贷挂钩、封闭运行”、“收一斤棉花、发放一斤棉花贷款，销一斤棉花、收回一斤棉花贷款的本息”，从收购、库存、销售三个环节上严格管理。按“一基三专”账户管理，按月计息，企业只要有销货款进账，不论贷款是否到期，都要及时收贷收息。总的来看，基本实现了封闭管理。三是2000年，适应市场化改革的新形势，经过充分调查研究，在江苏召开的农发行全国信贷工作会议上正式提出“以销定贷、以效定贷”的信贷管理原则。四是2001年，国家进一步深化棉改，贷款对象没有改变，但在信贷政策上有四个

方面的变化。第一,重新认定贷款资格,评定企业信用等级,全国保留了 1 286 家 A 级以上收购企业。为了合理布点,保留了 114 家 B 级以下企业。在企业总量上淘汰了 38%。第二,在多渠道收购逐步形成的情况下,按照"以销定贷、以效定贷"的原则,收一斤棉花,不一定发放一斤棉花的贷款,卖一斤棉花,要收回不止一斤棉花的贷款本息。2001 棉花年度发放贷款同比减少,企业数量减少,棉花收购同比却增加近 500 万担。1998 棉花年度收购 6 752 万担,1999 棉花年度收购 4 856 万担,2000 棉花年度收购 5 252 万担,2001 棉花年度收购 5 719 万担。第三,贷款方式的变化。从完全信用贷款改为积极推进担保贷款。第四,吸取 2000 棉花年度教训,贷款发放制定了贷款上限,每担不得超过 380 元。

2002 年,国家计委、中国人民银行、农发行联合对有关省(自治区)进行调查研究,结果表明,政策性贷款是否退出商品棉经营领域,是一个非常复杂的问题,不能简单化。因此,经请示国务院同意,决定农发行继续支持商品棉收购。原因是在市场好的情况下,各商业银行觉得有利可图,风险小,可能会积极参与支持棉花收购,而在市场不好的情况下,商业银行自然不会参与支持商品棉收购。而支持收购由谁来管?农民利益怎样得到保护?在没有别的资金渠道的情况下,总要有一家银行来承担这个义务和责任。目前来看,非农发行莫属。

农发行领导同志在2002 年年中分行行长会议上曾指出:"市场放开后,农发行已成为国家对粮棉市场实施宏观调控的主要手段。农发行要站在国家利益角度上,还要考虑农民利益和企业的发展。农发行的宏观调控作用愈显突出。因此,政策是农发行的生命,在复杂的情况下,要从以前的被动给钱,改变为主动调控。每个人都要有全局意识。"农发行积极支持收购农民棉花,保护了农民的利益,也保护了棉花产业,进而促进了纺织业的健康稳定发展,其宏观经济意义非同小可,必须充分认识和肯定这一点。2002 棉花年度与上一棉花年度相比,情况确实大不相同,农民卖棉不但不难,每担棉花还提高收入 30% ~40%。由此,给我们提出一个课题,就是棉花信贷管理重点要不断随市场变化而调整。就农发行而言,主要职责是配合国家实施宏观调控,保护农民的利益和防范风险。在农民利益由市场提供保证的情况下,我们的管理重点是按照促进经济发展、增加就业、稳定物价、保持国际收支平衡这四大宏观调控目标积极配合国家实施宏观调控和有效防范信贷风险。

2002 年总行在棉花信贷管理工作意见中,提出要控制好四个风险。第一,价格风险。价格风险是风险中的风险,如果控制得好,增量贷款风险就能基本控制住。控制住了价格风险,自然有利于促进经济发展,有利于稳定棉农和棉花企业职工就业。同时控制住了价格,就阻止了棉花大量进口,就能够促进纺织企业出口,也就有利于国际收支平衡。第二,流量风险。我们要求快收购、快加工、快销售,不能压库,压库就意味着风险已经呈现。因此,销售比率要提高。如不销售或销售比率低,就从贷款增量上控制。第三,质量风险。这是价格风险同一个问题的背面,质量降低就等于价格提高。第四,信用风险。要认真进行信用等级评定,借用经济学中的"水桶原理",在评定企业信用等级的诸因素中,要关注关键因素,关注弱项。一旦发现某个弱项因素可能会影响企业的信用,我们就要立即降低其信用等级,采取相应管理措施,甚至停止贷款,以规避风险。

二、探讨几个观点

(一)农发行和政府、企业、农民三者之间的关系是什么样的关系

初始阶段,这个问题并没有和市场联系在一起,而三者之间的关系实际是随着市场的变化而变化的。政府的目标是宏观调控和保护农民利益。随着市场化改革的不断深化,通过计划实施宏观调控的作用正在逐步减弱或消失,而适应市场经济体制的调控机制尚未建立。在目前情况下,棉花市场的宏观调控很大程度上依赖于农发行的政策性信贷杠杆。农发行支持企业收购棉花,但企业不是农发行的保护对象。在棉花流通过程中,企业只是一个中介;在信贷管理中,企业只是农发行有条件的支持对象。只要农民手中的棉花能够卖出去,卖个好价钱,农发行贷款一分钱不放,农发行在执行政策上也是没有问题的。在中国,农民的生产组织形式是一家一户的,农民没有办法独立跟大市场对接,收购流通环节农民没有办法跨越。西方国家的农场主既是生产者,又是销售者,还是加工者,是产业化经营。我国的农民不一样,中间环节不能少,因此我们还要支持收购企业。在市场完全放开的改革形势下,在多渠道收购已经形成的情况下,而且在目前市场比较好的时候,农发行贷款增量减少,是正常现象。因此还减少了国家基础货币的投放,有利于国家集中经济资源来调控其他更需要调控的方面。为什么说棉花信贷管理和市场有很大关系?以往的经验告诉我们,2002 年市场给农民的信号很强烈,农民会认为棉花市场很好。据调查,2002 年农民卖棉花的收入比上年提高了 30% ~40%,农民、政府高兴,企业受不了。在这种信息刺激下,估计 2003 年棉花种植面积将会增加。如果棉花多了,市场情况又会不好,那么 2003 年棉花信贷管理的重点将是解决农民“卖棉难”的问题。现在,这只是一种推测,但未雨绸缪,有了思想准备,2003 年的工作就会主动。

(二)企业的资质认定与棉花资源应该相适应

2002 年的收购价格很高,很重要的因素是有资格参与棉花收购加工的企业数量大增。河北省 1 386 个企业,在农发行开户的企业只有 300 多家,认定有贷款资格的 151 家,仅供销社的 300 多家企业年加工能力就有 2 500 万担,整个河北省的棉花产量只有 800 万担,而全省加工能力就超过 5 000 万担。没有资源而加工厂又建了起来,怎么办?只好高价抢资源。据供销社统计,2000 年至 2002 年 9 月,全国新增将近 9 826 台轧花机,加工能力 3.2 亿担,再加上 2000 年前已经形成的加工能力,将近 6 亿 ~7 亿担,而全国总产量 2002 年是 9 600 万担。加工能力大大高于棉花资源,最终结果是导致价格抬升。这并不是纺织企业拉动的,纺织企业对此无可奈何,因此这个价格有虚假成分。所以,如把握不好就会出现 2000 棉花年度的情况。2002 年的情况与之很相似,会不会出现,非常忧虑,但小心无过。

(三)宏观调控要有新机制

总行领导同志在江西调查时提出:要建立新的储备调控机制、纺织企业周转库存预警机制和贷款上限不仅要调价格高位也要调价格低位的问题,很有指导意义。

1. 应该建立新的储备调控机制。计划调控在减弱，适应市场化的新的调控机制还没有完全建立，这是一个亟待解决的问题。试想，要满足一些大中型纺织企业的需要，国家应该建立怎样的储备调控机制呢？当价格高到一定程度的时候，影响进出口或者影响国际收支平衡的时候，这个储备机制应当自动启动。从生理学讲，当一个人不小心划破了皮肤，身体的白细胞会自动阻止细菌的侵入，这就是机制。从经济学上讲，某个环节一旦出了问题，这个机制就会自动启动来阻止问题的发生。在这种机制下，对大中型纺织企业来讲，如果棉花价格高到一定程度，企业就可以到储备库直接提取棉花。当棉花价格低于一定程度，企业就有责任帮国家把棉花买回来进入储备，以控制市场波动。如果有这样的机制，市场就会平安无事，就会平稳。否则，市场波动越大，资源浪费就越严重，国家损失也越大。

2. 建立纺织企业周转库存的预警机制。根据调查，一些纺织企业认为，其生产周转库存量应保证3个月，最低库存周转量不得少于2个月，这样才有利于合理配棉，降低生产成本，保证产品质量。如这种说法成立，当企业库存低于2个月的时候，预警机制就应该立即启动。据了解，纺织企业在2002年年底以前拿到了很多订单，当时为什么没有很多周转库存呢？因为对市场判断没把握，价格有可能下跌，所以不敢多订，不敢多存棉花，更何况还有进口的选择。但因为合同已经签订，必须履约，否则就要承担违约责任，丧失信用、丧失市场的占有率。为了不失去这三点，即使价格高，甚至加工后会亏损，也要买进棉花履约，因为这种损失比上述三点损失小得多。这是导致当前棉花价格呈刚性而居高不下的一个重要原因。如果有了预警机制，再配合新的储备调控机制，就不会出现这种情况。

3. 利用贷款上限调控价格，不仅要调高价位，也要调低价位。控制贷款上限，调控价格，有利于降低贷款风险。但是，贷款上限控制要适度。不让超高位，有利于企业顺价销售，太低对农民不利，对当地的经济也不利，因此不仅要调价格的高位，还要调价格的低位。宏观调控者考虑的得失不是自身的得失，而是全局、全社会的得失。

（四）要研究贷款对象问题

当前，企业改革正在进行，我们要特别注意改革过程中资产的保全问题。同时要研究贷款对象问题，因为棉花流通体制改革完成后，供销社棉花企业的概念就不存在了。目前企业有一种错位的认识，自认为是农发行的保护对象，把位置摆错了，认为不给贷款不行。需要对企业解释清楚的是，农发行按政策继续支持它们以合理价格收购农民棉花，不支持它们哄抬价格，否则我们的行为就会干扰国家宏观调控。供销社棉花企业目前的现状，一是历史包袱重；二是人员负担重，而且要受很多职能部门和主管部门的约束，因此与其他收购企业竞争不具优势。它们如不抓紧改革，不抓紧建立和完善新的经营机制和管理体制，棉花企业就会在市场竞争中被淘汰。如果农发行贷款对象不改变，农发行就会因企业被淘汰而自然退出。这时候可能会出现另一个问题。当市场不好时，没有人支持棉花收购，而农发行又没有支持对象，农民种的棉花怎么办？所以说，要研究贷款对象问题，目前我们考虑得还过于单一。设想凡是国家有关部门认定资格、符合农发行贷款条件的企业，在农发行完全改变贷款管理方式的情况下,是不是都可以发放贷款支持?如果所有经营棉花企业都可以到农发行申请贷款,那么对我们调控市场和价格会不会更容易些?供销社棉花企业的收购价目前已经控制住了。但供销社2002年占收购总量的份额下降了,我们对市场的宏观调控能力也明显不如上年度。

三、当前工作中应把握好的几个方面

(一)搞好市场分析,准确判断市场,是做好信贷工作的基本前提。一般应考虑以下几个因素。

1. 国际市场的A指数和期货价格。我国已经加入世界贸易组织,我们现在一说价格就是国际价格,因此要参考A指数和期货价格。6个月以外的期货价格只能作为一个参考依据,6个月以内的期货价格比较准确,3个月以内、1个月以内的期货价格相当准确,基本上是现货价格,这是判断市场的重要因素。

2. 当前我们国内有一个棉花交易市场,也开始发布价格指数,全国86个县,每周的市场行情都要发送到总行,有一定的代表性和指导意义。

3. 纺织产品。纺织企业对棉花的需求、产品进出口、国际国内市场状况都要考虑,要收集这方面的信息。我们作趋势分析,可参考《统计年鉴》。

4. 要考虑资源的供给量,国内和还有国际的。(1)要考虑国内的总产量。(2)当前国内库存量。(3)国家发放的进口配额也要作为资源考虑进去。虽然这是潜在资源,但一旦市场价格上升到一定水平,就会成为现实资源。2001棉花年度发放的还有1 000万担的配额,2002~2003棉花年度配额是1 700万担,共计有2 700万担的配额可以用。将所有的资源加在一起再看需求量,与供给量相比较,就能够判断出供求量是否平衡。

5. 对A指数和期货价格要作反向思维。中国是世界产棉最多的国家,也是世界上用棉最多的国家。因此,中国的棉花市场价格对国际市场价格影响很大。在某种程度上,有决定性作用。我们每从国外进口5万吨棉花,国际市场A指数就会上升1美分/磅,我们对A指数的拉动,按全世界拉动的作用权重计算,我们占50%,即A指数、期货每涨1美分,其中,50%是中国的市场拉动的。对纺织企业、棉花企业、对国家计委也是一样,只要一有举动(还不是行动),国际市场的A指数和期货行情就会发生变化。但这种上涨,实际上还不是实际意义上的棉花需求拉动。但目前是反过来的,国内所有的纺织企业、棉花企业在这个时候恰恰用A指数和期货价格来指导自己对市场的判断。所以我们说,用A指数和期货价格来判断的时候,一定要反向思维,要表现得非常理性,不要让它来操纵你。

6. 宏观调控的有效性。2002年棉花价格之所以还这么高,是国家在实施宏观调控中由于环节太多,有棉花卖不出去。老商品棉要通过市场抛出去,往往环节太多,迟迟不能抛售,坐失了价格良机,还没有能够有效控制住市场。因此,宏观调控的有效性对价格的影响是很关键的因素。不能简单地认为我们的宏观调控机制已经十分完善,否则我们就会认定当前价格水平是合理的,进而支持企业把价格抬起来,那我们就没有正确履行国家赋予的职能,同时增加了贷款风险。这一条一定要认识清楚。

7. 企业的资质认定。一是确定有资格的企业数量一定要与当地的资源相匹配。加工能力稍高还可以，太多了就不行。如果所有的棉花加工厂都去争夺棉花资源，不断抬升价格，而又不是纺织企业需求拉动的，就不具有指导意义，就是有害无益。加工能力过剩太多，只能引发恶性竞争或过度竞争，结果导致资源的损失。

（二）严格执行贷款上限。要控制价格，如果超过450元/担，即使企业有自筹资金也不能贷。要特别注意分析企业自筹资金的来源。新疆的棉花销售很好，收贷收息较好，但我们通过调查发现，很多预付款都是内地农发行发放的调销贷款。这样很容易引起价格上升，其结果，风险还是在农发行。因此规定，已明知是农发行贷款形成的预付货款，不能作为企业自筹资金参与收购。凡是已经签订了正式销售合同的，有明确价格的，已经全额付款的，不管它交货没交货，都视同销售已经完成，收入已经实现，必须足额收贷收息。

（三）控制质量风险。控制价格和质量，对经济的发展都有积极意义。棉花质量已经引起国务院领导同志的关注。我们要积极配合质检部门，督促企业做好质量控制工作。对企业来讲是本职工作，对我们农发行来讲是防范潜在贷款风险的需要。

（四）要加大促销力度。2001年促销快，企业对我们有意见，但我们要坚持促销，以降低因市场因素引起的贷款风险。要对企业讲清楚，不可能所有企业在同一时点销售棉花都能保持市场价格在同一水平不发生变化。从经济学上讲，将机会成本和风险考虑进去，不同时期销售价格不同，而其平均利润率是基本一样的。

（五）关于存量贷款的管理问题。信用等级评定以来，我们已经锁定了存量贷款的风险，但并没有消除，我们有责任去化解风险，不能让其成为现实风险。财务挂账财政部已核批，我们要尽快落实下去，与收贷收息有直接的关系。经信用评定认定丧失贷款条件的企业有的还有库存，要采取各种办法减少损失。当前的高价格是千载难逢的机遇，老库存特别是2000年的库存，要做企业的工作，抓紧销售，以减少损失。对结算资金、超期结算资金、挤占挪用占用贷款和其他不合理占用贷款，要实事求是，尽力抓紧清收。今后，附营业务贷款如果能实行停息挂账，也会减轻我们的收息工作压力。

（此文发表于《农业发展与金融》2003年第1期）

纺织行业形势分析及农发行信贷策略

夏文生　周建强　栗华田　何　爽

一、当前棉纺行业面临的形势和问题

（一）2007 年棉纺行业运行特点

1. 产量继续保持较快增长，但增速回落。2007 年全国棉纺企业累计纱产量 2 000万吨，同比增长 14.8%，增长幅度回落 6.2 个百分点；累计布产量同比增长 10.18%，增幅回落 13.84 个百分点。2007 年生产总量在 2006 年的基础上继续保持增长，但增长速度出现回落，尤其从 2007 年 9 月开始，增幅连续突破 2005 年以来的最低限。从分地区情况看，东部地区保持了较低的增长速度，中部地区发展较快，比东部高出 10 个百分点。从总体上讲，棉纺织大省的增长速度已经开始放缓。

2. 行业平均经济指标良好，但两极分化明显。从宏观数据看，全行业经济运行质量较好，但发展极不平衡，相当一部分企业经营困难，行业内部两极分化趋势加剧，大部分利润向极少数企业集中。全国 4 万多家纺织企业，平均利润率为 3.97%。利润率大于平均水平的不到三分之一，利润却占全行业的 80% 多，平均利润率达到 8.43%，这部分企业多为创新型和产品附加值较高企业；低于平均利润率的企业超过三分之二，平均利润率只有 0.61%，主要原因是低端环节的低水平扩张，导致恶性竞争，利润不断降低。

3. 行业呈现调整格局，地区间进展不平衡。当前包括棉纺织在内的纺织行业已进入大规模洗牌期，主要表现在两个方面。一是产业布局正在进行大规模调整。随着东部地区土地、劳动力等成本不断上升以及产业结构升级，东部纺织产业逐步向中西部转移，一些老纺织企业开始大规模搬迁进工业园区。二是行业内出现两极分化的迹象。经营得好的企业利润进一步提高，而经营得差的企业亏损在加剧。从分地区情况看，地区间发展不均衡，对市场的反应也不同步。东部沿海地区受劳动力、能源等上涨过快影响，产量和新增投资增速明显放缓，相当一部分规模小、外向型为主的企业已关停并转。相比之下，中部地区由于有政府优惠政策、劳动力成本相对较低，利润率和投资增速都高于东部。

4. 固定资产投资趋于理性，“三无一精”比例大幅提高。2007 年棉纺行业实际完成固定资产投资 758.3 亿元，同比增长 21.7%，增幅与 2006 年相比增长了 1.9 个百分点，从环比来看，投资增幅大幅回落。总体来看，这两年的投资趋于理性，投资重点主要集中在企业技术改造、调整产品结构、提高产品档次、提高“三无一精”（无卷化、无结头纱、无梭布、精梳纱）产品比重。2007 年先进的设备拥有率继续提高，全国环锭细纱机已经达到约9 900万锭,各种类型的紧密纺已达到198万锭,同比增长了46.7%。新上的国内外21世纪最新设备,带动了产业升级和技术进步。

5. 出口保持增长,但增幅回落。据海关统计,2007年纺织工业出口1 756亿美元,同比增长19%,其中棉纺织品及服装累计出口720亿美元,同比增29%,占纺织总出口额的41%,出口增幅下降了7.5个百分点。其中,棉纺织品出口同比增长11%,棉制服装出口同比增长36%,可以看出棉制服装出口仍然是棉纺织产业增长的拉动力。与坯布相比,纯棉色织布因为产品档次高,议价能力强,所以虽然出口数量仅比上年同期增长了1.59%,但出口金额增长了9.74%,价格上升了7.88%。从贸易方式看,一般贸易出口已经占到74%。

(二)目前纺织行业面临的形势和问题

一是从行业内部因素看,自身累积的问题促使了行业的结构调整。首先,虽然中国纺织工业取得了长足进步,但与发达国家相比仍存在较大差距。中国纺织工业在全球纺织产业结构中,总体仍处在加工制造业的地位,落后的技术装备仍然占相当比重,品牌创新含量低,国内高端市场基本由国际品牌覆盖。其次,企业生产方式和经营管理粗放。主要靠规模生产和低工资从业,劳动生产率较低。最后,产能增长过快,造成结构性产能过剩。"十五"期间全国棉纺织固定资产投资年均增长40%,目前总的产能超过1亿锭。产能的过快增加,导致企业之间竞争加剧,中低档产品供大于求,效益下降。

二是从行业外部因素看,多种不利因素加速了行业的结构调整。首先,紧缩的货币政策、降低出口退税率、设置纺织纱线类加工贸易限制类商品等一系列宏观调控政策,限制了纺织产业过快增长。其次,人民币持续升值,削弱了中国纺织品出口的价格优势。自2005年7月21日人民币实施汇改以来,兑美元升值累计超过18%。最后,原料和生产要素价格上涨直接加大了行业运行成本。近年来,煤电油运价格和生产原料价格不断上涨,特别是《中华人民共和国劳动合同法》的颁布实施,人工成本刚性持续增长。2007年下半年与2006年下半年相比劳动力成本平均上涨了13.96%。由于这些因素集中爆发,纺织企业难以在短时间内消化,造成利润空间缩减,部分企业面临难以生存的困境。

二、对纺织行业发展趋势的基本判断

虽然目前面临的形势比较严峻,但我国纺织行业经过这些年尤其是近5年的发展,积累了深厚的行业基础,成长起一批具有国际竞争力的骨干企业,加之国际、国内市场需求总体仍呈上升趋势,我国纺织行业仍然具有广阔的发展空间。

(一)纺织行业是我国的民生产业、支柱产业

劳动力成本及工业发展阶段,决定了近5年全球纺织行业向中国等发展中国家转移的趋势,这是中国纤维加工量保持快速增长的前提。据有关部门预测,考虑到中国严重的地区不均衡以及较为丰富的劳动力资源,预计在中国出现纺织生产向外转移的时间应晚于人均GDP达到4 000美元,倾向于在人均GDP为5 500~10 000美元的时间范围。2006年中国人均GDP达到2 000美元,如果按GDP年均增长10%

的速度，到2013年中国人均GDP能够突破4 000美元，因此未来5～10年纺织服装业仍将是我国的支柱产业之一。同时，中国纺织企业工人有2 000多万人，其中1 300万是农民工。纺织企业解决了大量的就业问题，尤其是农民工就业问题，现阶段仍然是重要的民生产业。

（二）从全球视角审视我国纺织行业仍具有广阔的发展前景

纺织服装行业是我国最早开始市场化运作的行业之一，也是对国际市场依存度最高的行业之一，所以我们研究纺织行业必须将其置于国际国内两个市场。

首先，我国纺织行业具有重要的国际地位。从2001年中国加入世界贸易组织以来，中国纺织品服装的国际竞争力持续增强，出口竞争力系数由2002年的0.62上升到2007年的0.81；出口额从532亿美元上升到2007年的1 700多亿美元。全球经济增长和国际贸易投资增长，给中国的纺织工业、纺织品和服装的出口提供了机遇。同时，中国纺织工业大规模的技术改造以及创新能力的提高，大大提升了国际市场竞争能力和市场占有率，一般出口贸易比重已经超过70%，产业配套能力增强，出口逐渐向高附加值产品发展。虽然2007年下半年以来，同时受人民币加速升值、出口退税率下调、企业生产成本上升、美国次贷危机等多项不利因素的影响，纺织服装出口增幅放缓，但我国纺织企业较强的生存能力和拥有的较大市场份额使得我国纺织品仍具有较强的国际竞争力。据海关统计，2007年纺织工业出口1 756亿美元，同比增长19%，出口增幅有所下降。2008年1～2月，出口增幅加速下降，纺织服装出口164.4亿美元，同比仅增长5.7%。但3月受输欧配额取消、新兴市场购买意愿强劲增长等因素的影响，纺织品服装出口118.3亿元，同比增长48.3%，大幅度弥补了前两个月纺织品出口出现颓势的影响，使得第一季度纺织品服装出口增长19.44%，与上年全年的增长水平持平。从2008年4月的情况看，出口额为142.86亿元，环比增长20.76%，同比增长11.34%，依然保持了较快的增长速度。

其次，国际纺织市场的竞争格局和国际分工有所调整。目前，与中国形成竞争的主要是亚洲的发展中国家，如印度、巴基斯坦等。由于我国成本上涨过快以及人民币升值，亚洲发展中国家近年来出口增长势头迅猛，成为直接受益者，抢占了一部分市场份额。但由于这些国家出口基数较小，出口总量只相当于我国每年的出口增量，而且产品附加值较低，以低成本和低价格取胜。同时随着我国纺织行业结构调整和产业升级的加速进行，将逐步摆脱与这些国家产品的同质化竞争。生产技术、销售实力的差距使全球纺织服装业的分工脱离产业链的分工，演变为高阶与低阶的分工、高附加值与低附加值的分工。

最后，我国纺织行业将在国际市场竞争中重新定位竞争优势。长期以来，我国劳动密集型产品在国际贸易中具有比较优势，一个主要理由是劳动力资源丰富和劳动成本低。面对劳动力成本上升、人民币持续升值、原材料价格上涨等不利因素，我们正逐渐失去这些比较优势。我国纺织品出口将由单纯追求数量的增长转向追求质量和效益的增长，将比较优势转化为竞争优势。由比较优势转向竞争优势的重要途径，这就是对劳动密集型产业进行人力资本投入、技术投入，提高其技术密集度和产品的附加值，重新确立在国际市场的竞争地位。

（三）行业洗牌的结果是实现结构调整和产业升级

中国棉纺织装备数量很大，但是总体水平还不高，虽然有部分企业的生产设备达到20世纪90年代末甚至21世纪初的水平，但落后技术装备仍占相当大的比重，与国内人民生活水平日益提高对高档次棉纺织品及其服装的需求不相适应，也不能满足出口的需要。在目前的宏观形势和行业背景下，一方面通过市场机制的调节落后产能将逐步被淘汰，缩减过剩产能；另一方面有实力的企业将进一步加快技术进步的步伐，扩大自身的领先优势，在新一轮市场竞争中立于不败之地。纺织行业运行周期决定了在市场经济条件下，当行业发展扩张到一定程度，遇外部环境发生较大变化时，自身将进行总量和结构的调整，实现优胜劣汰，并建立新的运行周期。在2007年行业洗牌的基础上，2008年将继续调整格局，但行业调整的同时也促进了产业升级，为长远发展打下基础。

三、对棉纺行业的信贷支持策略

（一）我行棉纺企业信贷业务发展状况

自2004年我行开始对棉纺企业进行信贷支持以来，贷款品种从收购和调销扩大到产业化龙头企业贷款，贷款对象从收购加工一体的棉纺企业到涉棉的产业化龙头企业，贷款支持范围从原料生产、加工、纺纱、织布到服装、家纺，覆盖了整个纺织产业链，形成了棉花信贷在棉花产业链上的大封闭。截至2007年年末，棉纺企业在我行的贷款余额为306亿元，支持棉纺企业503家，其中，棉花产业化龙头企业372家。根据我部在年初进行的贷款调查和检查情况反映，我行棉纺企业贷款呈现以下特点：

一是客户总体信用等级较高，经营状况较好，但也存在参差不齐的情况。对于棉纺企业贷款，我们从业务发展初期就制定了较为严格的准入标准，严把贷款准入关，所以客户总体资质情况较好。从信用等级情况看，我行支持的棉纺企业中AAA级企业占比17.5%；AA级企业占比58.85%，总体来看，AA级（含）以上企业占据主体，占比76%。从客户经营情况看，各项关键财务指标总体高于行业平均水平。其中，反映偿债能力的资产负债率总体低于行业平均值；反映企业盈利能力的销售利润率高于行业平均值的企业占比为64%；反映企业生产开工情况的产销率高于行业平均水平的企业占比83%，设备利用率高于行业平均水平的企业占比为91%。以上指标说明我行支持的棉纺企业总体经营状况处于行业中上水平，产销基本正常，但也反映出部分企业的盈利能力和营运能力偏弱。

二是大客户占相当比重。相对于粮食及其他非粮棉产业化龙头企业，棉花产业化龙头企业单个客户规模总体相对较大，户均贷款6 000多万元。从棉纺企业纺纱规模看，根据我行的调查，截至2007年年底，全国纺纱纱锭数量大致为12 783万锭，农发行贷款企业纱锭数量4 749万锭，占比31%，接近三分之一。目前，规模以上纺织企业大约4万家，其中，棉纺企业1万多家，而我行贷款支持的棉纺企业只有503家，只占5%，却占有了31%的纱锭数量，说明我行贷款客户总体规模较大。调查显示我行客户中5万锭以上的棉纺企业占79%，8万锭以上的企业占33%。

三是贷款以短期流动资金为主，并合理运用贷款品种。我行对棉纺企业的贷款以支持企业短期流动资金为主，占全部贷款的93%，各行对固定资产贷款发放采取了比较谨慎的态度。同时，我行对棉纺企业提供了多个可供选择的贷款品种，各行根据企业的资金需求和经营情况实施了个性化和差别化的信贷服务，合理组合贷款品种。在棉纺企业全部306亿元贷款余额中，产业化龙头企业棉花贷款余额223亿元，占比62%，主要用于产业化龙头企业的日常流动资金需要；棉花收购贷款余额76亿元，占比25%，主要用于有棉花加工资格的棉纺企业直接参与棉花收购；棉花调销贷款余额38亿元，占比12%，主要用于不具备产业化龙头企业资格的棉纺企业采购原材料的资金需求。

四是贷款总体质量较高。棉纺企业贷款整体运行情况良好。截至2007年年末，棉纺企业正常贷款率为99.58%。

（二）对棉纺企业信贷业务的定位

目前，我行对棉纺企业的贷款已形成一定的规模，面对当前的行业形势，我们需要进一步明晰对棉纺企业信贷业务的定位。多年的实践告诉我们，对棉纺企业的贷款支持问题，应放在整个棉花产业链条上考虑。随着这几年我行在棉纺领域支持力度的加大，尤其是将一些规模较大、在行业中有影响的企业如山东魏桥、安徽华茂、无锡一棉纳入我行的客户群体，再加上我行对整个棉花产业链的支持，在棉花领域形成了一定的话语权，甚至是棉花的定价权。我行支持的棉纺企业数量只占到全国棉纺企业数量的5%，但由于我行支持的企业规模较大，合计纺纱锭数达到4 700多万锭，占到全国总纺纱规模的1/3。这些企业需要消耗大量的棉花。

我们通过信贷杠杆，支持棉花供需双方在平等自愿、市场定价的基础上进行对接，既促进了产业链的资金融通，同时也实现了我行棉花信贷在整个产业链上的封闭运行。从这几年的实践情况看，取得了较好的效果。这就决定了棉纺企业信贷业务的定位，一方面，我们要通过扶持一批棉纺企业，促进棉花的加工转化，提高附加值，带动农业增效和农民增收，同时改善农发行的信贷结构和资产质量，提升农发行在新农村建设中的骨干和支柱作用；另一方面，棉纺企业贷款业务要与棉花收购贷款这一主体业务相结合，支持供需衔接，实现棉花信贷的大封闭。我国棉花产业健康发展的途径应该是后道带动前道，下游支持上游。我行通过支持棉花产业化龙头企业的发展，从而促进我国棉花产业的可持续发展。

（三）对棉纺行业的信贷支持策略

我行贷款支持的棉纺企业总体规模较大，产品档次较高，在行业中具有一定的竞争优势，因此，当前纺织行业的结构调整对我行贷款企业既是挑战，也是机遇。我们要积极应对纺织行业两极分化的形势，充分利用我行在资金、利率、产业链信息服务等方面的优势，按照"三支持"和"三限制"的信贷策略，优化客户结构，促进我行棉花贷款在棉花产业链上的大封闭运行。"三支持"体现在：一是在客户选择上，重点支持技术水平先进、经济效益好、管理水平高、抗风险能力强、具有核心竞争力、信誉度高的客户。二是在贷款投向上，继续向深加工领域延伸，向优势地区倾斜。重点支持产品档次和附加值较高、具有功能化、差异化产品特征的棉纺企业，以及产业链较长、综合盈利能力较强的纺织企业，同时，充分发挥区位优势，重点支持棉花主销区与主产区进行供需衔接，支持纺织服装产业比较发达的地区以及新兴的纺织产业集群。三是在贷款品种上，主要支持企业的流动资金需求，对部分管理规范、实力较强、有发展潜质的行业中的骨干企业进行"十一五"规划鼓励类的技术升级换代所需固定资产贷款，要有计划、分批次予以分类支持。"三限制"体现在：一是限制贷款集中度和行业集中度，对单个客户要合理控制贷款比例，原则上不搞独家贷款；对纺织行业要适度控制行业占比。二是限制贷款进入技术水平低、高耗能、高污染和资源消耗型企业。三是限制固定资产贷款发放，严格优选。通过建立项目库，在重点监测、培育、筛选的基础上，择优选择好企业和好项目进行支持。

（四）贷款管理措施

针对行业现状和贷款企业可能存在的潜在风险，我行已采取了多项工作措施。一是于2008年年初和4月分两次对我行贷款支持的棉纺企业2007年全年和2008年第一季度经营情况进行了调查摸底，详细掌握到每一户企业的动态，并进行了分析通报。二是组织6个纺织大省对当前行业形势和我行贷款企业情况进行座谈，进一步完善了棉纺行业信贷政策。三是针对个别企业经营指标下降的情况，向当地行进行通报，并进行风险提示。四是将优质客户及其贷款数量和比重作为条线业务发展考核的核心指标，引导各行努力改善贷款客户结构。下一步，我行要进一步加强棉纺企业贷款管理，防范信贷风险。一是通过进一步完善准入标准，提高准入门槛，引导符合行业发展趋势、具有核心竞争力的优质企业进入我行的客户群体。二是通过实行差异化的信贷策略，稳定与优质老客户的信贷关系，限制对一般客户的信贷支持，并适时退出问题客户，实现客户结构的优化。三是通过加强风险预警工作，控制行业系统性风险。建立一套信贷风险预警指标体系，并定期向全系统发出一些市场、行业以及政策方面的预警信号，提示风险。

（此文刊于农发行内参2008年第19期）

对纺织行业现状、成因与金融服务策略的思考

夏文生　李文武

当前,国际金融危机逐步蔓延、全球经济增长放缓,外贸依存度较高的纺织行业面临严峻形势。科学分析纺织行业现状及其成因,有针对性地制订金融服务策略,对我行有效应对金融风险,促进纺织行业健康发展有着重要的现实意义。

一、纺织行业现状

2008 年,是我国纺织行业发展的重要转折期。作为劳动密集型的外向型行业,受国际、国内环境影响,纺织行业形势急转直下,不少企业举步维艰,整个行业笼罩在悲观情绪之中。业内人士戏称纺织行业已步入冬天,有的甚至称为"寒冬"。主要体现在:

一是纱布价格大幅跳水。由于出口低迷,大量外销产品开始转入内销,导致国内棉纱和棉布价格大幅回落,多数规格棉纱价格下跌 2 500 ~3 000 元/吨,棉坯布一般下跌 0.30 ~0.50 元/米,部分产品跌幅超 1.00 元/米。如 2008 年 8 月以来 C32S 全棉纱市场价格从 19 800 元/吨下跌至 16 700 元/吨,跌幅达 3 100 元/吨,C32S × 32S 68 ×68 63" 全棉平布市场价格从 4.50 元/米下降至 4.10 元/米左右,跌幅 0.40 元/米,接近 10%。

二是纱布产量增幅明显回落。2008 年,规模以上企业纱线产量 2 148.9 万吨,同比增长 8.1%,布产量 527.7 亿米,同比增长 5.34%,纱、布增幅分别较上年回落 8.59 个和 6.74 个百分点。其中有 4 个省出现负增长。

三是固定资产投资增速减缓。据国家统计局数据,2008 年,我国纺织行业 500 万元以上项目固定资产累计投资额 2 724.39 亿元,虽保持了 6.75% 的增长,但较上年下降近 19 个百分点,低于同期全国城镇固定资产投资增速约 14 个百分点;同时,反映投资活跃程度的重要指标——新开工项目数在 2008 年也较上年减少了 7.86%。

四是出口明显减少。据海关统计,2008 年,我国纺织服装出口 1 896.24 亿美元,同比增长 7.98%,增幅较上年下降 11.13 个百分点。其中,服装出口回落至 4.1%,与 2007 年的 20.9% 的增幅相比下降 16.8 个百分点。

五是利润急剧下挫。纺织业利润出现 10 年来的首次负增长。截至 2008 年 11 月末,全年规模以上纺织服装企业实现利润 1 042.25 亿元,同比下降 1.77%,增速较去年回落了 38.76 个百分点。其中,亏损企业亏损 227.5 亿元,同比增加 99.85%。

二、纺织行业困境形成的主因

纺织行业困局的形成，既有其内在的必然性，也有一定的外在诱发性，可以说是多重因素共同作用的结果。

（一）市场自发调整的需要。在市场经济条件下，优胜劣汰是自然法则。这次纺织行业调整，首先是纺织行业存在矛盾和问题累积到一定程度进行的自发调整。一是产能过剩。到2008年，全国纺织生产能力已达到1亿多锭，其中棉纺细纱生产能力约9 900万锭，气流纺206万头，超过生产需求约3 500万锭，生产能力利用率不到65%。二是同质化现象突出。多数纺织企业较注重生产规模扩张，忽视产品升级和质量，缺少人无我有、人有我精的特色产品，产品的科技含量和附加值普遍较低，并且出口产品多为贴牌，缺乏自主品牌特别是国际品牌，产品趋同性特征明显。三是无序竞争。由于多数企业产品和质量差别不大，在市场需求有限特别是外需减少的情况下，这些企业只有通过竞相压价来抢夺市场。当利润摊薄到一定程度，必然会有一些企业生产经营难以为继，出现减产、停产甚至倒闭。这也是行业发展到一定阶段，市场对行业进行自发调整、进行更高层次资源配置的必然要求。

（二）国家前期纺织行业政策调整的结果。当前，我国纺织企业多属严重依赖工业规模增长的粗放型经济，资源和能源消耗大，且出口创汇商品附加值普遍较低。从2004年起，随着我国贸易顺差的大幅增长，国家开始陆续调整出口退税率、汇率、利率、原材料价格、劳动力价格即“三率两价”政策，以期促进纺织行业产业升级和结构调整。据有关专家测算，电价上调0.025元/千瓦时后，棉纺行业将增加成本12.88亿元。人民币每升值1%，服装纺织行业出口利润将下降1%～4%。由于这些限制措施以及2008年新《劳动法》的全面实施，不断挤压纺织业的利润空间，对利润率较低的纺织业形成了致命打击，导致许多纺织企业生存压力骤增，三分之二的企业经营陷入困境，有的甚至倒闭。

（三）国际金融危机的影响。2008年，受全球金融危机和经济增长放缓影响，纺织服装的国际需求持续走低，出口订单明显减少，出口增速持续回落。据有关部门测算，欧美国家经济增长每降低1个百分点，中国出口就下降6～8个百分点。国家发展改革委数据显示，2008年我国纺织业出口交货值7 779亿元，增长4.7%，比2007年回落9.5个百分点。可以说，全球经济增长放缓引发的外需减少和贸易保护主义抬头，不仅导致了纺织行业调整进程的加快，而且加剧了其调整的深度和广度。有的专家甚至断言，2009年我国八成以上靠“接单”生产的来料加工型纺织企业将会倒闭，近期沿海以出口贸易为主的企业不断倒闭似乎也印证了这一判断。

三、科学把握纺织行业的地位和作用

出于防控信贷风险的考虑，目前限制支持纺织行业的声音比较突出，体现了较强的风险防控意识。但有“危”就有“机”，纺织行业的调整，不仅为银行营销优质客户、巩固好客户、淘汰劣质客户提供了机会，而且有助于挤出市场泡沫，逐步释放不断积累的行业金融风险，促进行业的健康发展。当前，应重新审视纺织行业的地位和作用，把思想统一到国家纺织行业振兴规划的要求上来，切实增强对支持纺织行业发展重要性和必要性的认识。

（一）国家鼓励支持纺织行业发展。2008 年，国际经济金融形势发生逆转，叠加前期出台的限制性发展措施，纺织行业苦不堪言，全行业陷入艰难困境，对棉农收益、农民工就业、出口创汇等造成很大影响。2008 年下半年，国家根据扩内需、保经济增长需要，开始陆续调整信贷、利率和出口退税率政策等，帮助纺织企业走出困境。特别是在 2009 年 2 月 4 日，温总理亲自主持召开国务院常务会议，审议并原则通过纺织工业和装备制造业振兴规划，肯定了纺织工业作为传统支柱产业、民生产业和国际竞争优势明显的产业，在繁荣市场、扩大出口、吸纳就业、增加农民收入、促进城镇化发展等方面有着重要作用，强调要加快振兴纺织工业，进一步巩固和加强对就业和惠农的支撑地位，推动我国纺织工业由大到强的转变，并提出要加大财税金融支持。这为纺织行业发展和产业升级创造了有利的政策环境和制度条件。

（二）纺织行业在棉花产业链的地位特殊。棉花包括种植、流通、加工、纺纱、织布、服装和家纺等产业，纺织在其中处于承上启下的重要位置。首先，维系着棉农利益和国家棉花安全。目前，我国棉花种植面积稳定在 8 000 万亩左右，有 8 000 万至 1 亿农民在种植棉花。如用棉需求下降，不仅直接影响棉花收购价格，降低种棉农民收益，而且种棉收益降幅过大，无疑将导致棉花种植面积减少，这样将危及整个棉花产业的发展乃至国家棉花安全。其次，承担着消化棉花和安置就业的重要职责。我国是世界棉纺织大国，近年每年棉花消耗量维持在 1 000 万吨左右，不仅消化了国内的棉花资源，而且还需要进口 250 万吨左右棉花。同时，纺织行业作为劳动密集型产业，吸纳劳动力的作用不可低估。目前，我国纺织服装行业规模以上企业 3 万多家，规模以下企业 20 万 ~ 30 万家，解决了 2 300 多万人的就业问题，其中 70% 是农民工。再次，担负着拉动经济增长的重任。2008 年，我国纺织服装业出口总额占外贸出口总额的 13%，占到 GDP 总量的 4.3%，对经济增长的贡献较大。最后，有效拉动了鞋帽制造业、皮革、皮毛及其制造业、汽车装饰等产业的发展。

（三）纺织行业扩大内需的空间广阔。目前，世界主要地区人均纤维消费量是：北美 38 公斤，西欧 24 公斤，日本、韩国及中国台湾 16 ~ 20 公斤，而我国才 15 公斤。虽然我国的人均纤维消费量连续 3 年保持 15% 以上的增长速度，但与欧美发达国家的人均纤维消费量相比，纺织行业内需增长的潜力巨大。

（四）支持纺织行业发展是中国农业发展银行（以下简称农发行）完善支农功能、提高经营效益和打造产业银行，促进棉花产业健康发展的需要。这些年，在农发行开户企业收购棉花量连创新高的情况下，棉花收贷率和利息收回率能基本按期结零，支持纺织行业发展功不可没。截至 2008 年年末，农发行棉花龙头企业贷款不良率略高于 1%，每年可贡献利息约 11 亿元，企业开工率、产销率、利润率等指标均好于行业平均水平，成为我行新的利润增长点。

四、农发行支持纺织行业发展的策略和措施

上述分析不难看出，无论是从国家政策导向，财税、利率政策，还是从纺织行业前景以及农发行可持续发展看，支持纺织行业发展都十分必要。虽然纺织行业的根本回暖有待世界经济的全面好转。但面对纺织行业困境，积极的对策应是主动应对，而不是被动防御，应制定有效的信贷服务策略，在有效防控风险的前提下，帮助纺织企业走出困境，实现结构调整和产业升级。反之，如果消极防御，农发行不仅有可能丧失促进纺织行业发展的良机，而且现有客户资金链一旦断裂，前期的业务发展成果也将毁于一旦。

（一）支持纺织企业发展的策略取向。首先要克服两种倾向，一是置当前纺织行业困境于不顾，不加选择盲目支持。二是把纺织行业产业升级简单化或过程简单化，对纺织行业高成本、低利润经营特征的长期性认识不足，认为产业升级就是支持技术水平高的企业；或是内容简单化，认为支持企业产能扩张特别是扩大高端产品生产规模就是产业升级。总的原则是要实行“分类指导、有保有压”，即依据诚信程度、治理结构、财务状况、发展前景、品牌和技术装备情况等，把客户划分为不同的类别，对不同类别企业实行差异化的金融服务策略，核心是要清楚哪些是需要保护和支持的、哪些是需要限制和退出的。具体而言，就是要按照国家纺织工业振兴规划，找准促进纺织行业结构调整和产业升级的着力点；根据纺织产业梯度转移趋势和区位优势，找准支持纺织行业集群发展的切入点；结合风险排查工作情况，逐一分析现有客户情况，明确具体金融服务措施。同时，完善服务措施，努力为客户提供优质高效的金融服务。

（二）支持纺织行业发展的措施

1. 加强银政合作，形成支持合力。要抓住国家把纺织工业列入十大振兴行业的有利时机，与各级政府紧密配合，把银行的资金、利率优势同政府的征信、财税等优势结合起来，积极帮助纺织企业渡难关、谋发展，促进纺织行业加快产业升级步伐，实现更大发展。特别是要协调政府，探索运用担保、贴息等方式，创造有利于纺织企业融资的条件和环境。

2. 因企制宜，有保有压，进一步优化客户结构。当前，农发行应紧跟纺织行业调整步伐，踏准节拍，找准方向，不断营销和培育优质客户，退出和淘汰劣质客户，主动促进纺织行业的结构调整。鉴于我行支持的棉纺织企业生产规模已占纺织行业产能的40%左右，从防控系统性风险角度看，现有纺织龙头企业应以优化结构为主。对产品技术含量高、装备先进、拥有核心竞争力、市场前景好的企业要重点予以支持；对产品附加值虽低，但规模大、市场占有率高、利润率保持在行业平均水平以上的企业，可继续予以支持；对能耗高、污染重、生产工艺和设备落后的企业，要制定贷款退出方案，选择有利时机果断退出，避免形成大的损失。营销新客户要重点向棉花产业下游服装和产业用纺织品等类型企业延伸，结合纺织行业振兴规划，主要看其产品、技术、装备是否符合支持范围，重点营销处于行业领先水平的优质企业，不断提高优质客户占比，促进客户结构和贷款结构的优化提升。

3. 支持纺织企业兼并重组，促进优势企业做活、做强。兼并重组是中国纺织企业做大做强的必由之路，也是纺织行业进行调整的必然结果。兼并重组不仅能减少行业间的无序竞争，促使产业由分散无序走向集中有序，提升行业的定价能力，扩大产品的市场占有率和市场影响力。同时,也能使优势企业的管理和技术优势向整合后的企业辐射,提高行业的整体运营效率和生产效率,并有利于优化产品结构,增加产品的附加值。因此,农发行应尝试办理重组贷款,为优势企业兼并重组劣势企业提供资金,促进纺织行业形成一批实力雄厚、拥有核心竞争力和自主品牌的大企业和企业集团。

4. 完善金融服务,为纺织行业由大变强提供信息和智力支持。要从监管型银行向服务型银行转变,努力为客户提供从贷款到结算、信息到咨询的"一对一"服务,帮助企业提高经营管理水平。要加强行业和市场研究,发挥系统和人才优势,形成前瞻性强、质量高、影响力大的分析报告,为纺织企业认知政策、把握大势、掌握商机提供智力支持。要加强信贷产品的研究开发,完善信贷品种、贷款组合、结算等服务,满足企业的多样化需求,要针对纺织行业外销多情况,在风险可控的前提下适当增加出口买方信贷,扩大保理、保险、代收等金融服务,满足企业的外贸金融需要。要优化办贷流程,提高办贷效率,为纺织企业提供及时、高效的金融服务。

(此文发表于《农业发展与金融》2009 年第 3 期)

政策性金融在稳定棉花市场中的作用

王富君

棉花是我国重要的经济作物，其产量和用量都是世界之最。棉花产业是一个产业链长、涉及面广、资金运用量大、行业关联度高的一个产业，这样的产业特点决定了它需要一个相对稳定的棉花市场。棉花市场平稳运行既有利于国家宏观经济发展也有利于涉棉行业的正常经营。因此，如何避免棉花市场大起大落是国家宏观调控部门和所有涉棉行业共同的期盼，也是共同的责任。金融是现代经济核心，也是棉业经济的核心，金融对稳定棉花市场起着举足轻重的作用。市场化改革以来，农发行在稳定棉花市场中的作用是积极和富有成效的。

一、贯彻落实国家宏观调控政策措施，促进棉花市场稳定是中国农业发展银行的重要职责

中国农业发展银行（以下简称农发行）作为国家唯一的农业政策性银行，担负着支持粮棉收购、促进农村经济发展、保护广大农民利益、促进粮棉流通体制改革的重任。贯彻落实国家宏观调控，促进市场稳定是农发行的重要职责，也是制定信贷政策的出发点和落脚点。农发行的信贷政策是以市场手段体现国家宏观调控意图，通过金融杠杆作用平衡产业各方利益，为政府服务、为市场服务、为宏观经济平稳运行服务。几年来，农发行认真贯彻落实国家关于金融体制改革和棉花流通体制改革的各项方针政策，采取多种措施，培育市场、发展市场、适应市场，适时调整完善信贷政策，不断加强棉花信贷管理，完善金融服务，在落实国家宏观调控、支持村经济发展、保护农民利益、促进棉花流通体制改革、稳定棉花市场等多方面发挥了积极有效的作用。1998 棉花年度以来，农发行累计发放国家储备棉信贷资金 160 多亿元，支持国家储备棉花 7 200 多万担；累计发放商品棉信贷资金 1 746 亿元，支持商品棉收购累计达 35 000 多万担。

二、金融杠杆是稳定棉花市场的重要手段

现代经济以金融为核心，金融对经济的影响也更加直接有效。金融对经济的影响是通过资金投放的数量、时机和节奏的变化，对市场起到刺激或抑制作用。农发行作为国家宏观调控的重要手段。一是确保一定的资金投放量，支持企业掌握一定的棉花资源，占有一定的市场份额。二是密切关注市场的变化，根据市场变化情况灵活调整信贷政策。在市场棉花资源紧张、资金充裕的情况下，适当抬高准入门槛，收缩信贷规模，严格期限管理，确保棉花收购市场的稳定。在市场发生较大波动，社会资金入市谨慎的情况下，加大信贷资金投放，保障农民利益，确保流通企业正常经营和纺工企业正常运转。

1999年棉花市场化改革以来，农发行发挥政策性资金的功能，有效地利用金融杠杆，适时、适当地投放信贷资金，较好地把握了棉花信贷资金投放的数量、时机和节奏。2003棉花年度，棉花资源紧张，市场收购价格居高不下，涨幅达到历史最高水平。社会资金入市踊跃，棉花收购资金充裕，出现抢购资源、哄抬价格的现象，市场一度失去理性。对此，农发行严格控制贷款支持上限，收缩信贷资金投放，当年投放信贷规模为138亿元，比上一棉花年度同期减少50%以上；收购棉花2 300万担，同比减少2 000多万担。农发行资金控制对棉花价格的暴涨起到了一定的抑制作用，也有效地防范了信贷风险，确保了信贷资金的安全。2004棉花年度，受上一年度市场大起大落的影响，社会资金入市谨慎，收购市场资金紧张，农发行加大贷款投放，解决农民卖棉和企业收购资金短缺问题。截至2005年5月末，共投放资金309亿元，比上年同期增加190亿元；收购棉花5 800多万担，同比增加3 500万担，收购量占棉花总产量的46%以上，较好地起到了稳定棉花市场的作用。

三、灵活务实的信贷政策是实施市场稳定的有力保证

市场化改革以来，农发行认真执行国家有关政策，加强调查研究，及时总结经验，坚持以市场为取向，制定灵活务实的棉花信贷政策。

——平等准入原则。2001年中国加入世界贸易组织。按照世界贸易组织原则，农发行逐步放开对棉花贷款企业的限制，除了原有的供销社棉花企业和农业部门所属良种棉加工厂外，棉花改制企业、民营企业、股份制企业、棉纺工企业等所有涉棉企业均可向农发行申请贷款，成为农发行的客户。贷款对象的放开为企业提供了平等的竞争机会和公平的市场环境，同时扩大了农发行客户群体，优化了客户结构。

——市场决定价格原则。自1999棉花年度起，棉花的购销价格主要由市场形成，国家不再作统一规定，市场形成的价格成为农发行制定信贷政策的重要依据。农发行根据棉花年度资源供求状况、农民植棉成本、粮棉比价以及国际棉价等因素进行综合判断，确定本年度对棉花的信贷支持上限。同时控制好资金投放的时机和节奏，并向各涉棉企业和棉农发出适度的刺激信号，发挥政策性金融的宏观调控和政策引导作用。

——择优支持原则。近年来，农发行以棉花企业的风险承受能力为核心，充分考虑企业的资产状况、经营管理、合同履约、发展前景等因素，根据现代银行风险管理的要求，不断完善棉花企业信用等级评定管理办法，改进信用等级评估指标体系，以信用等级为主要依据，硬化贷款条件。对符合贷款条件的企业，优先给予支持；对不符合条件的企业，停止发放新的贷款，按市场原则实行优胜劣汰。

——风险共担原则。为切实控制信贷风险，增强企业风险意识，农发行要求企业在申请贷款时必须配套一定比例的自有资金，并在收购开始前存入农发行专户，与贷款配套使用；销售货款回笼后，优先收回贷款本息，不允许提前抽走自有资金。对提前抽逃自有资金转嫁风险的企业进行信贷制裁，强化银企双方风险意识和风险责任。

——物资保障原则。农发行信贷管理的一大特点就是强调物资保证，强化对企业实物库存的监管，实施库存动态管理，要求达到银企账实相符。在贷款合同中明确约定，贷款形成的库存棉花作为该笔贷款的抵押物，待贷款形成的棉花加工入库后，及时办理抵押手续，确保贷款与物资对应。

——稳健经营原则。农发行积极支持企业改革改制，建立现代企业制度，完善法人治理结构；帮助企业收集市场信息，提供购销渠道，加强市场判断；督促企业树立稳健经营观念，强调均衡销售，赚取平均利润；鼓励企业依法合规经营，稳健发展。

——利益均衡原则。农发行支持市场稳定，提倡利益均衡。在制定信贷政策时，坚持在确保国家利益和防范信贷风险的前提下，充分考虑农民、流通企业和纺工企业的利益，力求在兼顾产业链条各方的利益之间寻找到平衡点。

2005 年中央 1 号文件明确指出："加大政策性金融支农力度，增加支持农业和农村发展的中长期贷款，在完善运行机制的基础上强化农业发展银行的支农作用，拓宽业务范围。"为此，农发行不断增强服务功能，积极拓展新业务，扩大信贷资金覆盖面，发展优质大型客户，培育棉花市场主体。一是稳定老客户，培育新客户。继续支持老客户棉花购销企业经营发展，做大、做强；同时按政策积极开发新客户，择优支持一批资产质量优良、经营业绩好、辐射范围广、市场份额高、诚信记录好的棉纺企业和产业化龙头企业，进一步延伸对棉花产业链条的支持。对一些特别优秀的企业，支持其适当扩大经营规模，增强经营能力，逐步将其培育成为跨地区、跨行业的棉花产业化龙头企业和有影响力的跨国棉花企业集团。二是适应新时期业务发展要求，实行一企一策的信贷政策。进一步区别企业类型，科学评定企业信用等级；细化信贷产品，对不同的企业提供不同的金融服务；根据企业需求和风险承受能力，量身定做金融产品和金融服务方案。在金融服务上，适应市场需要，加大金融产品创新力度，整合现有贷款产品种类，从贷款、中间业务、结算等多方面研究和开发能够满足客户需求的金融产品，积极为客户提供各种便捷、高效的金融服务。三是积极探索以政府信用为基础发展信贷业务的新途径。加强与地方政府的合作，借助政府的信用优势和组织优势，进一步增强农发行支农功能，加大支农力度，使政策性金融成为稳定棉花市场、促进中国棉业健康发展的坚强后盾。

（此文发表于《农业发展与金融》2005 年第 7 期）

棉花的金融属性刍议

王富君　高　鹏

作为商品属性的棉花,其概念、其特征、其运行规律已得到了很多揭示,但棉花作为商品在一定条件下表现出的金融属性却少为人知,本文将对棉花在2010棉花年度所表现出来的一些金融属性特征作些粗浅的分析,以引起读者思考。

一、超出预期的2010棉花年度

2010棉花年度是个不平静的年度。国内国际棉花产销形势都发生了剧烈而深刻的变化。年度伊始,棉花价格罕见地出现单边上涨的局面,中国棉花价格指数(328标准级)从2010年9月1日的18 002元/吨一路飙升,17个交易日便突破20 000元/吨,至当年11月11日达到31 302元/吨的“天价”;此后高位运行,宽幅震荡,每次涨跌幅度大都在20%以上;而棉花年度后期,棉花价格则一路下滑,至2011年8月末棉花年度结束时,中国棉花价格指数回落至19 307元/吨,全年波幅最高达到13 300元/吨,整个棉花年度走出一个典型的“过山车”行情。同期郑州棉花期货价格、纽约棉花期货价格、国际现货C0tl00kA指数以及国内棉纱价格指数也都呈现相似走势,震荡剧烈程度历史罕见;同时期货市场也极度活跃,郑商所棉花期货单月成交量最高达5 000多万手,金额近7万亿元(双边计算),均创下历史新高,期货市场量价齐升,国内国际、现货期货市场的遥相呼应让人们惊呼“高棉价时代”已经来临。宏观面上,为维护棉花市场稳定、保护棉农利益,国家于2011年3月30日出台了酝酿已久的棉花临储制度,并首次公布了19 800元/吨的棉花临时收储价格,当市场价格连续5个工作日低于此价格时,国家将敞开收储。这是中国棉花史上一个里程碑式的事件,对中国纷纭复杂的棉花市场乃至整个棉花产业将产生重大影响。

回首这个棉花年度:经营者积极,投机者兴奋,管理者担心,市场资金充裕,交易活跃,参与者众多,宏观调控用尽手段,有的人赚得盆满钵满,有的人赔得血本无归,上演了一幕幕棉花的悲喜剧。人们在反思造成这些现象的各种因素时,棉花的“炒作”因素成为千夫所指,为此引出一个理论性的话题——棉花商品的金融属性。

二、关于商品的金融属性

在金融衍生产品市场快速发展的今天,商品特别是国际大宗商品的金融属性越来越多地被人提及,但是时至今日,商品的金融属性在经济学中并没有一个权威的定义。

我们知道,商品是可以与别人进行交换的劳动产品,其基本属性是价值和使用价值。在商品交换发展到一定阶段,出现了货币用来衡量商品的价值,价格也随之产生。商品经济发展到今天,价格的重要性不言而喻。所有的商品都有价格,价格是市场经济的核心要素,是一切经济活动的基础,也是经济中参与者相互交流的最基本的方式。商品的价值通过价格表现,价格的波动反映商品的稀缺性或者说供求关系。但是,随着社会的发展,供求信息以及其他能够对价格产生影响的因素很难做到对所有人的公平,价格偏离价值的现象就不可避免地出现。特别是在有人意识到这种偏离可能带来巨大利益时,投机这种行为就开始产生了。17 世纪荷兰"郁金香泡沫"、20 世纪 70 年代末"亨特兄弟白银案"、20 世纪 80 年代中国长春的君子兰炒出天价甚至 1997 年东南亚金融危机等都是典型的投机案例。投机者通过囤积货物抬高物价,造成商品供不应求的假象,导致商品价格大幅偏离其内在价值,从而获取巨额回报。在这个过程中,商品本身的价值和使用价值被弱化甚至忽略,而价格则大幅波动,严重偏离价值。按照经济学的基本原理,商品价格由市场供求关系决定。但是一旦价格不反映供求关系,甚至大幅偏离价值时,商品成了投机的媒介或载体,决定商品市场价格的就是商品的金融属性了。

商品的金融属性这个词最初被提出来,就是与商品价格的大幅波动有关。很多人认为商品的金融属性就是商品是否能被炒作、被投机的特性,这种说法概括了商品的金融属性通常表现出来的基本特征,但是并不全面。我们同意商品的金融属性可以这样概括:商品在受到传统供求关系之外的其他因素影响时,所表现出来的价格敏感性,这些因素包括但不限于国家政策、货币利率、市场流动性等。正常情况下,商品的基本属性对商品的价格起主导作用,市场价格的走势由供求关系决定;但在特殊情况下,商品的金融属性可以发挥主导作用。金融属性发挥作用一般是基于该种商品作为投资工具、投机工具或避险工具的需要,虽然可能会导致商品价格大幅偏离内在价值,但这种偏离一般是短期的,长期来看,供求仍然是决定价格的基本因素。这是因为商品的金融属性是在基本属性的基础上衍生出来的,其可投资或可投机的特性都决定于其基本属性。某种意义上,商品的金融属性可以说是由供求关系决定的基本属性(价值)在特殊情况下的一种表现形式。

近年来,国际大宗商品的金融属性日益凸显,不断被炒家利用。国际原油价格自 2004 年以来持续上涨,2008 年 7 月 11 日达到 147.27 美元/桶的历史高位,此后又一路狂跌,当年年底便跌至 40 美元/桶左右,创 2004 年以来新低;黄金价格走势则一路看好,虽然经历了 2008 年的波动,但总体看一路上扬,10 年来从 300 美元左右涨至接近 1 600 美元,翻了 5 倍多;2010 年以来,国际商品市场更是出现集体上扬的局面,大宗商品价格全面走强,国际货币基金组织(IMF)编制的商品价格指数显示,全年商品价格综合指数同比上涨 24%,工业用农业原材料、有色金属和食品类价格指数涨幅居前,分别为 32.1%、32.1% 和 26.5%。

大宗商品价格大幅波动的状况愈演愈烈,一个重要的原因就是在近些年金融衍生产品市场迅猛发展的过程中,商品的金融属性被不断强化。期货市场出现以前,交易者主要通过现货市场交易,金融属性难以主导市场价格;期货市场的出现和现代网络技术发展使交易者投资、投机、避险的需求都能得到一定的满足,且效率大大提高。

可以说，在当前的市场环境下，衍生产品市场特别是期货市场是金融属性发挥作用的最好渠道。这是因为：

第一，大宗商品的定价权在期货市场。期货市场是以标准化的金融合约为交易对象的金融市场，本身具有价格发现的功能。从世界经济现状来看，自从金融衍生品市场出现并迅速发展以后，社会主要经济形态就由以现货为代表的实体经济转向以期货为代表的虚拟经济，大宗商品的定价权也慢慢转移到了期货市场，现货市场以期货市场为风向标，定价功能大为削弱。

第二，期货投机者以增加市场价格波动为主要手段获取利益。期货市场是一个可以避险的远期市场，也是一个高风险的金融炒作市场，参与者除了有实际现货交易需求的套期保值者之外，还有谋求短期利益的投机者。对于投机者来说，市场价格波动越大，其获得潜在高额收益的可能性越大。因此，在利益的驱使下，其市场活动以最大限度地增加市场价格波动幅度为目的，有时将导致商品的市场价格严重偏离其内在价值。

第三，期货市场杠杆式的交易方式也放大了商品的金融属性。杠杆交易一方面减少了期货市场操作需要的资金量，使投机者能够以较少的资金对成倍的商品进行买卖操作，从而增加了价格剧烈波动的可操作性；另一方面降低了期货市场的参与门槛，吸引了更多的投机者进行交易。

第四，期货市场具有快速传导的从众效应。衍生产品市场作为虚拟经济的代表，与实体经济最大的区别是，实体经济是从货币到商品再到货币的过程，通过商品生产、流通使货币增值，定价以成本为基础；而虚拟经济是把未来的现金流采用杠杆的方式交易，进行货币流通，是一个从货币到货币的过程。在这个过程中，虚拟产品的定价完全是预期的，这种心理预期具有从众效应，而且这种效应在虚拟经济中的传导要远快于实体经济中的传导。

三、棉花的金融属性分析

棉花是关系国计民生的重要大宗商品，中国作为棉花第一消费大国，长期以来产不足需，高度依赖进口，但国际资源配置与生产需求有时间差；作为农产品，棉花又存在季节性、区域性生产和常年使用的矛盾；再加上 2010 年纺织需求强劲复苏、自然灾害导致全球减产等供求因素的变化，这些因素都对棉花价格产生一定的影响。但从历史经验来看，这些因素是导致棉花价格波动的日常因素，受这些因素影响的棉花价格不会偏离价值太远。特别是近年来，国际棉花市场期末储备充足，常年供求基本平衡，市场供求关系的变化不足以导致价格发生巨大变化。

根据之前的定义，市场价格不反映供求关系，那么商品的金融属性则起到十分重要的作用，这一点可以通过下面几个方面来进行佐证。首先，棉花作为大宗商品具备较好的金融属性。商品的金融属性是与商品的可投资属性紧密相连的。商品的稀缺性、可囤积性、单位价值和易变现性等都决定了商品金融属性的强弱程度。从这个角度来说，棉花具有较强的金融属性，一方面，棉花作为农业产品和工业原料，本身兼具易囤积、易保值的特征；另一方面，随着期货市场的不断发展和棉花质检体制改革的完成,皮棉质量和包装逐步与国际接轨,具有了统一的标准和规格,且单位价值较高,方便流通和变现。其次,后金融危机时代流动性泛滥成为棉花金融属性发挥作用的诱因。2010 年,全球经济从金融危机中逐步复苏,各主要经济体继续实施经济刺激计划,全球流动性泛滥,大量资金亟须寻找投资的方向和目标,加上通货膨胀和减产预期等因素刺激,这些都为棉花的金融属性发挥主导作用创造了必要的条件。最后,棉花期货市场使棉花金融属性具备发挥作用的渠道。国内郑棉期货市场经过 6 年的探索和发展,制度建设、管理规范和风险控制等方面都有了长足的进步,特别是随着近年来股票、债券等金融市场的迅速普及,期货市场参与度与关注度也得到了很大程度的提高,具备了一定的市场基础。但这个市场基础的主要活跃个体是投机者,这也成为期货市场价格暴涨暴跌的一个重要原因。

2010 棉花年度,郑棉期货市场成交极度活跃,无论从基差、期现比率、价格波动率还是成交结构来看,都远远超过过去几年的平均水平。从基差来看,2010 棉花年度基差最高时达到 4 822 元/吨,且波动幅度极大,基差最高与最低时相差 7 788 元;而郑棉期货自上市以来基差常年在 600 元/吨左右徘徊,仅在 2008 年金融危机时达到过约 2 000 元/吨。从期现比率来看,2010 棉花年度前三个月的期货成交量已经超过了自 2004 年郑州商品交易所推出棉花期货以来至 2009 年的全部交易量,2010 棉花年度全部成交量累计达到 9. 85 亿吨,是中国常年棉花消费量的近 100 倍。从价格波动来看,郑棉主力 CF109 合约结算价最高时达到 34 540 元/吨,比年初最低的 19 715元/吨涨幅近 75. 2%;而此前郑棉期货成交价格主要在 10 000 ~ 16 000 元/吨徘徊。从成交结构分析,实物交割量占成交量的比重不到 0. 01%,远低于 2008 年的 0. 8% 和 2009 年的 0. 15%。

分析以上数据可以看出,2010 棉花年度的郑棉期货市场是一个过度投机的市场。虽然在一般情况下,投机是期货市场行为的正常组成部分,适度的投机能够促进整个期货市场的活跃和发展。但过度投机的期货市场影响棉花价格变化,随之而来的是对整个棉花产业链的伤害和巨大的风险。

四、炒作给棉花产业带来的风险与伤害

期货市场的基本功能是发现价格和规避风险,但参与交易的商品被恶意炒作、金融属性被过度放大,导致价格大起大落,与实际价值严重偏离,则会给参与者带来极大风险。

对于棉花生产者而言,棉花价格的大起大落,导致其不能获取稳定的种植收入,甚至出现成本收入倒挂、增产不增收的情况,就会减少棉花种植面积;而如果棉价高企,则可能出现盲目扩张植棉面积,挤占粮食生产空间的情况,不利于整个农业的发展。对于棉花初加工企业和流通企业而言,过于剧烈的价格变动极易滋生"囤棉赌市"心理,一旦判断出现错误,丧失经营良机,可能大幅亏损甚至血本无归,2003 棉花年度和 2010 棉花年度因此破产倒闭的例子屡见不鲜。对于棉花深加工企业而言,把握不准原材料和产成品的市场走势,不能及时购入和销售库存,也不敢接大订单和远期订单,就不能保持生产经营活动的稳定性,不利于企业发展和成长。而在利益驱动下，一些企业挡不住市场赚钱效应的诱惑，在没有完善的风险控制机制和充裕的自有资金的情况下，贸然进入期货市场进行交易，本为规避风险，却可能遭受更大的损失。种植面积波动、加工企业亏损、龙头企业不能做大做强等一系列后果也将对整个中国的棉花产业造成伤害，降低中国棉花甚至纺织行业在世界上的竞争力和影响力，同时反过来进一步降低国内棉花产业发展动力，形成恶性循环。

总之，在棉花价格由金融属性发挥主导作用时，市场成为投机者的乐园，对于实体经济的经营者便蕴涵了极大的风险。因此，在棉价高企特别是市场价格大起大落时，应更加关注投机炒作因素，采取有效措施，防范市场价格风险。

从宏观层面来看，有关部门应加强对行业的关注和研究，出台更多政策保护棉花产业健康发展。2011 年，国家出台了棉花临时收储制度，推出了棉花临时收储价格，这是一个很好的办法。棉花临时收储制度建立了籽棉收购价格和国家临时收储价之间的挂钩机制，不但有利于稳定棉农的预期，促进棉花生产，同时丰富了国家宏观调控手段，在稳定棉花市场价格方面也能起到“定海神针”的积极作用。但是，临储政策是否能够从根本上解决 2010 棉花年度棉花市场运行中的问题，是否能够达到预期的效果仍然有待验证；收储价格的确立依据、调节机制、操作流程还需要进一步完善和发展；临储机制能否常态化，作为一项长效机制确立下来也需要进一步明确。在市场化和信息化越来越发达的今天，中国的棉花产业将面临更多的新情况和新问题，但是从整个棉花生产面积、购销价格到纺织市场的运行稳定通畅仍然是最为核心的问题，棉花产业的发展需要国家政策进一步的保护和支持。

从金融监管层面来看，期货监管和信贷监管要“双管齐下”。一方面要加强对期货市场投机炒作行为的打击和限制，投机资金不能没有约束，任意妄为。虽然期货市场投机行为是不可避免的，但是如果这种行为与国家推出期货市场的初衷背道而驰，导致期货市场作用不能有效实现，甚至影响到实体经济的健康运行，那么就有必要对这种行为进行严格的限制。另一方面，金融支持和信贷安全要得到有效的统一。棉花产业的发展离不开金融支持，中国农业发展银行（以下简称农发行）信贷支持是全国棉花收购的主要资金来源，每年信贷支持收购量占全国棉花总产量的三分之一左右，有的年份甚至达到 60%，2010 棉花年度农发行投入信贷资金仅收购就达到 398 亿元；同时农发行也是纺织行业经济运行的主要资金来源之一，贷款企业的纺纱能力约为全国总纺纱能力的三分之一，贷款规模 350 亿元左右。但从农发行涉棉客户情况来看，目前无论收购企业还是纺织企业普遍实力较弱，自有资金实力不强，特别是购销企业平均自有资金不足 10%，加之缺乏期货专门人才和操作经验，内控机制不健全等，如盲目参与期货市场交易很容易形成风险。因此，保护棉花产业的发展，要在继续加大金融支持力度的情况下，加强信贷资金流向监管，严格防范信贷资金进入期货市场。

从企业经营层面来看，要切实树立稳健经营的理念，提高自身经营管理水平，积极防范风险。经过 2010 棉花年度的洗礼，非供求因素对棉花价格的影响进一步加强，不但有可能导致棉花价格大幅波动，同时也使棉花价格的走势更加难以判断。棉花企业面对的市场风险也越来越复杂化、多样化，经营理念落后、缺乏核心竞争力、抗风险能力差的弱质企业注定将被市场所淘汰。因此，作为经营棉花的企业，要时刻清楚自己的主业，把正常的生产经营和企业管理放在首要位置，提高产品和服务质量，认真研究市场变化，合理安排生产经营计划，克服“赌市场”心理，建立稳定的客户关系，以销定购，快购快销，稳健经营。

（此文发表于《农业发展与金融》2011 年第 11 期）

政策性资金进入棉纺织行业的风险与定位分析

熊　钧

一、政策性资金进入棉纺织行业是棉花流通体制改革深化的必然结果

自 1999 年棉花市场放开以来,棉花收购市场打破了供销社棉花企业垄断经营的局面,各种所有制企业、各类资本开始进入棉花收购领域。作为棉花最终使用者的棉纺织企业为了降低成本,选购符合自己生产要求的棉花也主动积极进入收购领域,并要求国家给予与供销社棉花企业一样的政策性信贷资金支持。与此同时,随着棉花市场竞争日益激烈,部分传统流通企业为规避经营风险,也开始拉长经营链条,进入棉纺领域。正是由于企业经营方式和政策环境的变化,中国农业发展银行(以下简称农发行)政策性资金进入棉纺织行业成为必然。农发行政策性资金进入棉纺织行业,不仅有利于农发行扩大业务经营范围和贷款对象,防范信贷风险,而且有利于更好地履行政策性银行的支农职能,促进整个棉花产业的协调、持续、稳健发展。

二、我国棉纺织产业发展趋势及存在的问题

(一)我国棉纺织工业出现的新趋势

近几年,棉纺织工业的市场化进程进一步加快,在产能增长的同时,出现了四种发展趋势:即向沿海地区集中、向原料产区集中、向出口大户集中、向民营企业集中。据 2004 年统计资料分析,非国有棉纺织企业劳动生产率是国有棉纺织企业劳动生产率的 1.82 倍。非国有棉纺企业亏损面比国有企业低 26.38 个百分点,销售利润率高 0.47 个百分点。2004 年年底,国有棉纺织企业所占比重仍为所有棉纺织企业的 14.5% 左右,其有关指标比非国有棉纺织企业差。在地域分布上,2003 年年底西部 12 个省市,棉纺环锭生产能力为 710.5 万锭,占全国棉纺锭的 11.96%,而山东、江苏两省的棉纺锭均超过 2 000 万锭;2004 年西部 12 个省市工业总产值(现价)195.7 亿元,仅为全国棉纺织工业总产值(现价)的 5.31% 左右,出口纺织品交货值 21.94 亿元,占全部棉纺织品出口交货值的 3.54%。这表明以国有企业为主的西部地区纺织工业在竞争日益激烈的市场中面临更大的挑战。

这种趋势的出现突破了传统的生产能力控制的格局,体现了市场竞争的结果,也体现了市场在资源配置中的基础作用。棉纺织行业结构调整的政策已经从行政主导型进入到依靠市场机制优胜劣汰的新阶段。

(二)我国棉纺织行业产业链优势未充分发挥,行业技术进步和科学管理任务仍很繁重

一是棉花流通体制不完善,棉花生产和市场价格波动大,市场交易信誉差;棉花质量存在“三丝”、纤维细度和强力等问题,严重影响了高档纺织品的生产。二是生产高附加值产品的先进设备能力和配套水平仍有较大差距,产品质量、品种还不能完全适应市场需求。与国际先进装备相比,仍有较大差距,不能满足高档针织用纱、优质高支高密织物、优质多种纤维混纺纱和织物的生产需要,技术改造和技术进步任务仍十分繁重。三是利润水平低,企业亏损面不小。全行业利润率仅 3.2% 左右,低于纺织其他行业。2005 年全国规模以上棉纺织企业 7 632 户中,仍有 1 111 户亏损,亏损面达 14.56%。

三、政策性资金进入棉纺织行业的风险分析

(一)行业风险

一是自主创新能力不足。全行业研发投入不足销售收入的 1%,高新技术和高端纺织设备大部分依赖进口;品牌设计和自主营销能力薄弱,产品出口主要是贴牌加工,自主品牌进入国际市场刚刚起步。二是结构性矛盾突出。化纤常规产品产能增长较快,而功能性、差别化纤维供应不足,配套原料发展滞后;在衣着、家用和产业用三大纺织产品中,劳动密集的服装加工竞争激烈,技术含量较高的产业用纺织品比重较低;企业小而散,市场竞争力不强,大型企业普遍缺少核心技术和跨国配置资源能力;中西部差距依然较大。三是资源、环境约束对产业发展形成较大制约。棉花、化纤原料缺口不断加大;纺织用水量已居制造业前列,而水的重复利用率却落后于制造业平均水平;污染物超标排放现象依然存在。四是市场竞争不规范。由于劳动保障、环保等法律法规执行不平衡,造成了不同地区、不同企业间的不公平竞争,既加剧了部分地区低水平产能的扩张和原料供求矛盾,也影响了优势企业竞争力的发挥。“十一五”期间,国内棉纺织行业将重新洗牌,行业重组和整合加速,农发行政策性资金也将在此过程中经受严峻考验。

(二)企业经营风险

一是纺织工业面临更加复杂多变的国际贸易环境,贸易摩擦日益增多,纺织企业外部压力仍可能会加剧。针对我国纺织品服装出口的贸易摩擦将延续相当长时间。二是来自印度、巴基斯坦等劳动力低成本国家的强有力竞争。这些竞争对手不仅将从出口上同我们竞争发达国家的市场,而且还将直接进入中国市场造成与国内企业的竞争。三是人民币汇率机制改革对纺织行业形成新的影响。据测算,整个纺织行业的盈亏平衡点在人民币升值 10% 左右。四是劳动力成本有进一步上升趋势,部分企业出现招工难的问题。以上因素,都将影响企业的生产经营环境,从而影响企业的效益和偿债能力,进而影响农发行贷款安全。

(三)原材料风险

棉纺织行业 2005 年固定资产投资保持了近 40% 的增幅,预计 2006 年仍将保持两位数以上。整个棉纺织行业纺纱规模的不断扩张,导致皮棉原材料需求远远高于

我国产量。我国对进口棉的依赖度有增强的趋势，进口棉对国内棉花经营已经形成冲击，这将会对只经营国内棉花的流通企业产生很大影响。

（四）银行管理风险

一是农发行对产业化龙头企业和棉纺企业的业务开办时间短，信贷管理模式尚处于探索阶段，缺乏具体的、操作性强的管理办法。二是不少企业规模大、组织结构复杂、关联交易频繁，这些企业的日常信贷管理工作主要在县支行，但县支行信贷力量薄弱，难以对企业的生产经营进行深入细致的分析，管理难度大。

四、政策性资金进入棉纺织行业的目标选择

通过以上分析，笔者认为农业政策性资金全方位进入整个棉纺织行业是不合适的，必须有所取舍，选择合适的资金投入方向，实现发展农业、服务农村、惠及农民的根本目标。

（一）支持领域的选择

我国的纺织行业分为纺织业，纺织服装、鞋、帽制造业，化学纤维制造业，纺织专用设备制造业四个大类，各大类又有若干中类和众多小类。可以看出，这个行业涉及的领域广泛，门类众多，经营链条很长。因此，政策性资金介入这个行业的初期可以选择与棉花关联度更密切的纺织服装、鞋、帽制造业中的棉、化纤纺织及印染精加工领域，对其他领域要谨慎介入或暂缓介入。

（二）支持企业类别的选择

2005 年年末，国家发展改革委发布了“十一五”期间产业改革和发展指导性纲领——《促进产业结构调整暂行规定》和《产业结构调整指导目录》，其中对纺织业提出了结构调整的指导性意见，把高档纺织生产、印染和后整理加工等 11 项技术、设备列为鼓励类项目，74 型染整生产线为限制类项目，1332 系列络筒机等 32 项落后生产工艺装备及产品被列入淘汰类项目。

因此，政策性资金进入棉纺企业时，不能囿于一个地区，必须在全行业进行选择。必须设定贷款准入门槛，重点选择规模大、效益好、技术设备和工艺先进、产品质量和附加值高、产业带动能力强的企业，支持这类企业做大做强。在选择客户时注重其产品技术含量和质量，支持棉纺织行业产业升级。信贷支持应以我国纺织行业“十一五”发展规划和国家发改委政策导向为指导，重点向技术设备和管理理念先进、产品技术含量高、“三无一精”产品比例高的企业倾斜。支持企业发展原创技术，提升自主品牌的核心竞争力和产业创新能力。

加强对这类客户的监测和管理，建立适当的退出机制。企业的生产经营和市场形势是在不断变化的，应对客户财务状况、生产经营状况进行定期分析，构建风险预警指标体系，并与银行同业形成良好的沟通机制，以便及时发现风险，采取有效措施，并在适当时机以适当方式退出。

（三）贷款类别的选择

近年来，我国纺织工业快速发展，2000 ~ 2005 年我国纱线产量和坯布产量的年均增长都在 10% 以上，纺纱规模已突破 7 000 万锭。虽然目前棉纺织行业的产销率达97%以上，但是部分地区固定资产投资增长过快，出现低水平建设的情况，纺织业已经被列入潜在产能过剩的行业。因此，作为具有引导作用的政策性资金在这个行业不加选择地大量投入固定资产贷款是不合时宜的，必须严格控制。即使对列入《产业结构调整指导目录》中鼓励类项目的固定资产贷款投入也要符合国家宏观大局，科学规划，合理布局，量力而行。

（此文发表于《农业发展与金融》2006年第10期）

对2010棉花年度促销收贷政策措施效果的浅析

熊　钧　张健怡　高　鹏

2010棉花年度，棉花市场价格剧烈波动，购销形势错综复杂，不但对棉花收购信贷资金的供应是一个巨大的考验，同时也给收购贷款的管理和收回带来严峻挑战。整个棉花年度，行领导自始至终高度关注棉花促销收贷工作，先后3次在全国性会议上作出重要指示，要求全行上下不遗余力地抓好促销收贷工作，保障贷款安全。为认真贯彻行领导指示，我们综合运用召开视频会议（3次）、现场督导并核查库存（8个工作组11个省份）、下发工作提示函（55份）、全国通报（4次）、正式发文（3次）等多种手段持续加大工作力度，千方百计督导企业加快销售，年度结束时，顺利实现了“双结零”的工作目标。

回顾一年来促销收贷进程，检讨政策执行的效果与得失，将有助于我们更好地提升棉花信贷管理水平。

一、价格走势和促销政策阶段性对比分析

2010棉花年度，国内棉花市场价格走势大致可分为四个阶段。不同的阶段，影响棉花价格走向的因素也在不断发生变化，信贷政策制定的环境和实际执行效果也存在差别。

第一阶段：2010年9月1日至2010年12月1日

这个阶段，前期在国内外减产预期、降雨天气推迟新棉上市、通胀预期加强及资金炒作等因素相互作用下，棉花内外盘呼应，强势上涨，创出历史新高；10月末，国家发展改革委等七部委召开全国棉花工作电视电话会议并联合发文规范棉花市场秩序，中国人民银行也多次调整货币政策收紧流动性，棉花价格受此影响陡降。中国棉花价格指数从9月1日的18 002元/吨上涨至11月11日的历史高点31 302元/吨，涨幅高达74%，此后迅速回落至12月1日阶段性低点26 164元/吨，跌幅达16%。

这一阶段棉花集中大量上市，由于棉花价格暴涨，企业收购积极，抢夺棉花资源的情况时有发生，而加工销售进度缓慢。我们在这一阶段的工作重心主要以“保收购”为主，促销放在第二位。但是我们已经意识到棉花市场迅速积聚的巨大风险，并多次在通过召开视频会、现场调研、电话沟通等方式部署收购工作的同时，提醒各省密切关注市场风险，防范2003年的教训再次发生。

截至2010年11月末，贷款企业累计销售皮棉537.37万担，占全年销售量（累计收购4 059.49万担，除去纺织自用和期末库存外，全年销售3 270.58万担）的16%；

我行共收回2010棉花年度棉花收购贷款69.31亿元,占全年贷款发放量(397.56亿元)的17%。

第二阶段:2010年12月2日至2011年3月8日

短暂下挫后,市场炒作通货膨胀的预期不减,在外盘带动下,棉花价格再次展开攻势,现货指数一路回升,至2011年3月8日达31 241元/吨,涨幅19%。同期,郑棉期货CF109合约结算价在2月17日达到历史性高点34 540元/吨,较前期低点上涨40%。

从这一阶段开始,我们开始转移工作重心,全力抓好促销收贷。2010年12月23日,我们下发《关于做好跨年度棉花收购贷款管理工作的通知》,明确提出要求各省将工作重心转移到促销收贷上来,督促企业快加工、快销售,防范市场风险;2011年1月17日,我们召开棉花信贷工作视频会议,专题部署促销收贷工作,要求各行在棉花上涨的形势下保持清醒认识,在工作中要树立以我为主的理念,督导企业见利就销;2月15日,春节刚过,我们统计各省收贷情况,并针对进度缓慢的6个省份下发"促销收贷提示函",要求它们制订促销收贷方案,加快进度;同时,自2月中旬开始,我们利用报表逐企业逐旬监测销售进度,及时掌握单个企业的销售回笼进度,以便有针对性地开展工作。

从实际收贷成效来看,这一阶段销售量有所上升,共销售皮棉637.93万担,占全年销售量的20%;我行共收回2010棉花年度棉花收购贷款84.08亿元,占全年贷款发放量的21%。其中,1月中下旬销售量和收贷金额明显攀升。

第三阶段:2011年3月9日至2011年5月31日

春节过后,纺织市场持续低迷,棉花销售不畅,再加上国家出台收储政策、中国人民银行不断加息、各种数据出炉、进口棉陆续到港、棉花供需缺口减小等因素,棉花现货价格再次高位下挫,中国棉花价格指数至5月31日跌至24 478元/吨,跌幅22%。同期的期货价格也呈现相同的走势。

这一阶段是棉花促销收贷的关键时期。3~5月是纺织用棉需求旺季,也是往年棉花销售最快的时期,但棉花价格陡降给2010棉花年度这一阶段促销收贷工作带来了严峻挑战。在3月29日召开的客户二部专业会议上,刘行长专门就促销收贷工作做出重要指示,我们也进行了专项部署,要求各省认真贯彻领导讲话精神,不折不扣抓好落实。在此期间,我们连续派出6个工作组分别赴促销收贷任务较重的江西、山东、湖南、河南、河北、湖北、天津、辽宁、新疆9个主产省份开展现场督导和核查库存工作,针对有关省份查处的问题还专门下发了工作提示函;根据日常旬报监测的情况,我们两次下发《关于棉花促销收贷进度情况的通报》向全国通报各省收贷进度,并针对进度缓慢的省份专门下发工作提示函,要求其切实加快促销收贷进度;5月5日召开棉花促销收贷工作视频会,就当时市场情况进行深入细致的分析,要求各省统一思想,指导企业戒除"赌后市"的侥幸心理,采用一切手段加快销售。

从收贷效果来看,这一阶段销售进度明显加快,共销售皮棉1 425.33万担,占全年销售量的44%;我行共收回2010棉花年度棉花收购贷款171.26亿元,占全年贷款发放量的43%。其中,3月下旬和5月下旬进度最为突出,销售量分别达到360万担和388万担,收贷量也分别达到39.92亿元和46.58亿元,为2010棉花年度进度最快的两旬。

第四阶段:2011年6月1日至2011年8月31日

经历了前期的暴跌后,6月棉花市场基本处于横盘整理阶段,但从7月开始棉花价格再次快速下挫,至棉花年度结束时中国棉花价格指数达到19 307元/吨,下跌21%,与年度开始时基本持平。

这一阶段是促销收贷最困难的时期,纺织形势更加低迷,企业销售基本上处于亏损状态,而此时还剩余大量棉花未销的也基本上都是市场判断能力不强、经营理念落后的弱质企业。总行领导在6月初召开的全国分行行长会议上再次对棉花促销收贷工作作出指示,重申"双结零"的工作目标,并提出购销企业要提前"结零"的要求。为贯彻行领导指示,我们于6月8日召开棉花收购信贷工作视频会就促销收贷工作进行部署;同时派出3个工作组分赴河北、江西、陕西和甘肃现场督导工作;在6月初下发了《关于进一步加强棉花促销收贷工作力度的紧急通知》明传电报,并陆续通过下发促销收贷提示函以及促销收贷通报的方式督促进度缓慢的省份加快销售和收贷进度;在7月下旬收贷率已达90%且市场价格较低的阶段,下发关于加强棉花库存监管的提示函以及《关于进一步加强棉花信贷管理工作的紧急通知》,要求各省把工作重点放在库存监管上,看好第一还款来源,确保库存真实性和有效性。

从效果来看,这一阶段我们大力促销,累计销售皮棉669.94万担,占全年销售量的20%;收回2010棉花年度贷款68.65亿元,占全年贷款发放量的17%;贷款本息基本收回,实现了"双结零"的工作目标。

二、从促销收贷工作力度看效果

(一)总行领导高度重视和具体指导是2010棉花年度促销收贷顺利完成的关键因素。2010棉花年度,总行领导先后3次在全国性会议上对棉花促销收贷工作作出重要指示。郑行长在2011年年初的分行行长会议上,对棉花收购工作提出了非常具体的要求:"棉花价格处于历史高位,潜在风险大,对购销企业要逐月落实促销收贷任务,防止出现企业'赌后市'、基层行占规模多收息等现象,及早实现本息结零。"刘行长在3月29日客户二部召开的专业会上,也对棉花收购信贷业务作出了具体的指示:"棉花收购信贷业务是我行业务工作的重中之重……当前要抓住有利时机,做好促销收贷工作,避免后期因市场发生突然变化而给我行带来工作上的被动。促销收贷力度还要进一步加大。"6月初,郑行长和刘行长再次在全国分行行长会议上对棉花促销收贷工作提出明确要求,一是明确"双结零"的工作目标和购销企业要提前实现"双结零"的要求;二是再次明确不启用待清收专户;三是要严肃纪律,严格责任追究和问责。刘行长还多次亲自与部分主产省行长进行电话沟通,极大地促进了有关行的工作进度。纵观整个棉花年度,行领导在关键时期多次就棉花促销收贷工作作出重要指示,给全行的促销收贷工作指明了方向和目标，各行狠抓落实、执行到位，是保障全年棉花收购贷款本息全额收回，顺利实现“双结零”的最关键因素。

（二）有针对性的促销收贷措施效果比较明显。针对单个省份的促销收贷措施主要有派出工作组现场督导、下发促销收贷工作提示函、下发促销收贷情况通报等。2010 棉花年度，我们共派出 8 个工作组赴 11 个省份进行现场督导促销收贷工作，下发促销收贷工作提示函 55 份，下发促销收贷通报 4 次。这几种措施主要通过提前分析各省监测数据，找出比较落后的地区和企业，有重点地开展工作，针对性强，大部分情况下效果较好。如 5 月 9 日工作组赴湖北、辽宁检查后，5 月中下旬两省购销比分别提高了 30 个和 59 个百分点，收贷率分别提高了 36 个和 14 个百分点；5 月 10 日下发促销收贷情况通报后，5 月末各省基本上能按照要求完成收贷指标任务，购销比为零的企业由 46 家减少至 27 家，“双结零”企业由 135 家增加至 168 家；6 月中旬赴江西、陕西现场督导后，6 月末两省购销比分别提高了 48 个和 40 个百分点，收贷率分别提高了 34 个和 24 个百分点。

（三）部分基层行基于指标考核的考虑，弱化了促销收贷政策的执行力。从 2010 棉花年度促销收贷情况看，3 月下旬和 5 月下旬是销售量和收贷量最高的两旬，这一方面说明多年来我们的“358”收贷进度要求深入人心；另一方面也反映出企业销售后基层行不积极收贷的情况仍然不同程度存在。虽然我们多次通过文件、视频会、提示函等形式提醒各行，棉花收购贷款是准政策性贷款，封闭运行、购贷销还、保证贷款不出问题顺利运转是基本要求和最终目标，但部分行为了完成指标考核的任务，弱化了促销收贷工作要求，甚至出现企业货款回笼后仍滞留企业账上不收贷，利用准政策性贷款占规模多收息的现象。

（四）普遍性的促销收贷政策措施效果不直接，反应滞后。普遍性的促销收贷政策措施主要有下发正式文件、召开全国性棉花信贷工作视频会议等。2010 棉花年度我们共正式发文 3 次，召开全国性棉花促销收贷工作视频会议 3 次。正式发文有利于我们将总行的工作思路、意见和要求系统传达给各分支行；召开视频会能第一时间了解各省的购销动态和工作进度，及时传达总行工作思路和要求，部署安排工作，同时还能加强总行与各省之间的沟通互动和经验交流，提高工作效率。总的来说，虽然从 2010 棉花年度销售量和收贷率来看，这两项政策对促销收贷进度的直接刺激效果并不明显（次旬购销比、收贷率没有明显增长），但有利于统一安排部署全国工作，及时调整工作思路、重心和方法，建立相关制度规范，是工作过程中必不可少的政策措施。

三、几点思考

（一）促销收贷工作要抓早抓实。2010 棉花年度是一个特殊的年度，棉花价格暴涨暴跌，上演“过山车”行情。从这个年度棉花市场的一些变化来看，棉花作为商品已不再限于农产品或纺织工业原材料的范畴，而是成为市场上投资的主要农产品，一旦市场超出预期，其特有的金融属性就可能被过度放大，导致其价格走势与人们预期相去甚远。因此，将收购和销售两个过程分开操作运行的思维已远远不能适应棉花市场形势的变化需要。正是基于这种新的变化,在收购旺季的11月,我们就提出"暴涨之后必有暴跌"的想法,要求企业快购快销,戒除"赌后市"思想心理,谨防2003棉花年度的教训再次发生;同时,在安排跨年度收购工作时,正式发文提出要提前转移工作重心到促销收贷上来。此后一连串的促销收贷"组合拳"也较往年提前了1~2个月的时间,推动了我们在年度末基本实现贷款本息"双结零"的工作目标。

(二)进一步增强促销收贷政策执行力。一方面,促销收贷过程中,要多采用效果较好的现场督导、下发工作提示函、逐企业监测分析等有针对性的政策措施,充分利用现有报表平台,找出促销收贷进度较慢的地区和企业,分析原因,针对存在的困难和问题分别"弹钢琴",切实推动促销收贷工作进展;另一方面,在采取召开视频会、下发文件等普遍性的促销收贷政策措施时,应就如何贯彻会议或文件精神提出更加明确、更加具体的要求和目标,同时加强检查力度,通过派出工作组抽查等方式,杜绝有的行有政策不执行的情况,切实提高促销收贷政策的执行力。

(三)掌握促销收贷主动权。对于中国农业发展银行(以下简称农发行)来讲,保证收购资金供应不出问题,贷款顺利收回良性运转是最终要求。与企业追求利润最大化的目标有差异,这就造成很多时候企业经营与我们促销收贷的要求存在差距。而我行相当数量的贷款客户都是农业弱质企业,对市场的判断和把握能力不强,我们作为企业经营资金的主要提供方,在促销收贷过程中要切实掌握主动权,树立"以我为主"的理念,参与企业经营,利用系统优势,帮助企业正确研判市场,规避风险;同时要加强对企业的服务,通过搭建购销平台、提供购销信息、指导企业利用电子撮合手段等多种途径帮助企业实现销售。对于一些经营理念落后、管理水平差、销售手段单一的企业,在必要时要通过下硬指标、与下年度贷款资格挂钩等强硬手段督促企业销售,规避风险。

(四)进一步完善考核指标和要求。目前我行已经建立了规范、有效的经营绩效考评办法,能够真实反映各行的经营水平,这对于加强管理,实现良好的经营效益起到了重要作用。但是对于准政策性贷款占比较大的基层行,目前的考评办法还不能完全反映其工作强度和成效,在贷款管理和要求上对其特殊性体现不够。2010棉花年度,在市场形势十分严峻的情况下,仍然有部分基层行为了增加考评得分,不惜利用准政策性贷款占规模,在企业销售回笼后不及时收贷。因此,有必要加大对准政策性贷款政策执行力度的考核,从而体现我行特有的信贷考核措施。

(五)切实促使企业转变经营理念。从2010棉花年度棉花价格走势和促销收贷进度看,前期价格上涨时,企业销售基本处于平稳或缓慢的状态,销售进度大幅上升主要集中在市场价格开始急速下挫的2011年4月、5月。虽然我们在2010棉花年度前期就已经提醒企业要及时销售,但仍有相当一部分企业存在卖涨不卖跌的赌市心理,错过了最好的销售时机,价格开始大幅回落时才开始加快销售,后期销售的棉花基本都形成了亏损。根据统计,农发行贷款企业约58%的棉花是在26 000元/吨以上的区间实现销售,这部分棉花基本能够实现盈利,而剩余42%的棉花是在26 000

元/吨以下实现销售,低于企业的平均收购成本。因此,从长期看,只有企业切实提高自身经营理念和管理水平,树立稳健的经营思想,才能从根本上规避市场风险,实现银企"双赢",保障信贷支农职能的有效发挥和我行贷款安全。

(此文发表于《农业发展与金融》2012 年第 2 期)

河北省分行创新信贷管理方式促进棉花信贷业务有效发展

王玉武

作为传统棉花主产省，近年来河北棉花加工及纺织行业持续快速增长，已经成为全省的优势主导产业和农民增收的重要来源。河北省分行立足支持区域优势产业发展，巩固和发展棉花收购贷款主体业务，有效防控信贷风险，主动探索创新棉花收购贷款管理方式。在试点成功的基础上，2008 棉花年度在全省全面推行了棉花收购贷款“点包放款、仓单质押、库存赎回、第三方监管”信贷管理方式。通过加大棉花收购贷款投放力度和创新贷款管理方式，发挥了棉花收购资金供应主渠道作用，保护了棉农利益，有效防范了贷款风险，促进了棉花信贷业务的有效发展。2009 年，该行提前一个月实现了棉花收购贷款本息“双结零”。

一、以切实强化库存监管为突破口，努力创新棉花收购贷款管理方式

棉花信贷管理一直以来是中国农业发展银行（以下简称农发行）信贷管理的重点和难点。针对以往工作中发现的问题，该行在总结经验教训的基础上，积极创新工作思路，研究探索适合本行实际的棉花信贷管理模式。2005 棉花年度开始在邯郸试点皮棉“集并库管理”，实现了贷款企业棉花库存所有权和保管权的分离，确保了第一还款来源的可靠性，较好地防范和化解了企业的道德风险。2007 棉花年度，借鉴其他金融机构的做法，在沧州试点“点包放款”的管理方式，将棉花所有权通过仓单质押的方式转移给农发行，确保了我行贷款的物资保证性。2008 棉花年度，在总结“集并库管理”、“点包放款”成功经验的基础上，根据总行的信贷政策要求，结合全省实际情况，制定并全面推广了“点包放款、仓单质押、库存赎回、第三方监管”信贷管理方式，又称“点包质押贷款”管理。“点包放款”就是“先入库，后放款”；“仓单质押”就是“以仓单权利作质押”；“库存赎回”就是“先还款，后出库”；“第三方监管”就是“实行异库监管”；在此基础上简化贷款程序，提高贷款效率，促进棉花收购贷款业务的有效发展。2008 棉花年度该行累计发放棉花“点包质押贷款”40 395 万元，实现利息收入 1 790 万元。

二、以严格落实各项制度为着力点，规范棉花信贷管理方式的重点环节

在实行“点包质押贷款”过程中，该行从建立机制、严密流程入手，紧紧围绕库存监管这一中心环节，严格落实各项行之有效的制度，切实加强五个重点环节的规范管理。一是严格贷款资格准入。本着“区别对待、择优扶持”的原则，确定棉花点包质押收购贷款对象。选择具备棉花收购贷款资格、棉花加工经营资质，经营业绩好、信用状况优、内控机制健全、经营规模大、抗风险能力强、符合国家质检体制改革规划的棉花企业作为支持对象，支持其做强做大。二是合理确定监管第三方。要求监管第三方必须是具有独立法人资格、全国棉花交易市场认定的交割库或经营管理能力强、库存管理规范、仓储能力大、地理位置优越、有专业检验和保管人员的棉花仓储企业。并要求贷款行、借款人、监管第三方共同签订“棉花仓单质押收购贷款合作协议”，明确各方责任和义务。三是科学核定企业最高贷款额度和期限。依据借款人近两年加工经营能力、当地棉花种植面积和产量、企业一个收购季节所需的贷款总量核定企业最高贷款额度，实行一次审批，并根据借款人分批次的质押商品棉仓单分次发放贷款。贷款期限本着3月末收贷率高于50%、5月末高于70%、棉花年度结束贷款本息全部收回的原则，由借贷双方协商合理确定，贷款到期日最晚不超过本棉花年度的8月底。四是规范履行质押商品棉出入库手续。借款人将商品棉存放于第三方监管仓库，由监管第三方对商品棉质量进行检验，并出具“商品棉质量检验单”，然后按入库商品棉批次制定“商品棉仓单”，签发“商品棉仓单质押止付通知书”。贷款行据此发放棉花仓单质押收购贷款。借款人出库质押商品棉，必须先归还贷款本息后再出库。贷款行收回质押商品棉的贷款本息后，向监管第三方出具“商品棉仓单”和“商品棉仓单解付通知书”办理质押商品棉出库手续。五是切实落实风险防范措施。借款人的法定代表人、主要股东及监管第三方法定代表人，与贷款行签订个人资产抵押或保证担保合同，承担无限连带责任。每笔贷款额度按质押商品棉成本的70%设定。对纳入全国棉花交易市场监管的商品棉，在70%的基础上，可以对棉花收购贷款上限差额部分发放信用贷款。贷款到期后，若企业不能及时归还贷款本息或市场价格跌到商品棉入库成本的90%销售价格警戒线时，贷款行有权直接处置借款人质押的商品棉，收回贷款本息。借款人商品棉存入监管第三方后，必须全额办理保险，并明确各项赔付条款，且第一受益人为贷款行。贷款行客户经理定期核查商品棉库存，填写“商品棉库存情况检查表”，做到账实相符。

三、以实现银企棉农共赢为目标，促进主体业务有效可持续发展

通过实行棉花“点包质押贷款”管理方式，巩固了农发行棉花主体业务，防范了贷款风险，搞活了企业经营，维护了棉农利益，实现了银企和棉农多方共赢的良好局面。一是实现了贷款的物资保证。按照仓单上“皮棉数量”和“等级”发放贷款，锁定企业真实的库存数量，有效防止了籽棉收购中少收多报、加工亏套取贷款等问题的发生。引入独立监管第三方对皮棉库存进行监管，通过签订合法有效的三方合作协议，形成银企共同监管库存，有力地防范了借款企业自身管理库存可能发生的信用风险和道德风险。二是规避了贷后管理风险。实行出库皮棉赎回制，变棉花出库后跟踪结算货款为先归还贷款再出库，有效避免了企业赊销、货款结算时间长、回笼款不归行等问题的发生。办理“点包质押贷款”中的皮棉库存价值清晰、变现容易，通过合理设定质押皮棉销售价格警戒线，在出现棉花市场价格下滑到一定限度或企业到期不能归还我行贷款等情况时，可及时采取措施，变事后追偿为事前处置，按照协议委托农发行代为处置质押物，收回贷款，有力地规避了棉花市场价格下滑或企业执意赌后市等非理性经营给我行带来的信贷风险。三是促进了全省棉花贷款业务的有效发展。通过推行“点包质押贷款”信贷管理方式，有效地巩固了主体业务，发挥了农发行在支农工作中的职能作用。以沧州分行为例，2007、2008 棉花年度沧州分行分别发放棉花收购贷款 27 039 万元、20 608 万元，支持企业收购皮棉 55 万担、38 万担，较 2006 年年末实行“点包质押贷款”时贷款增幅达到 110% 和 59%，积极支持了当地棉花生产经营，受到当地政府和企业的肯定和好评，取得了良好的社会效益和经济效益。“点包质押贷款”有效地解决了企业有效资产少、收购资金需求多的矛盾，为棉花企业提供了有效的融资渠道。同时，通过近几年的试点和推广“点包质押贷款”，不断优化客户结构，培育和支持了一批大型的流通企业，如 2008 年和 2007 年对沧州棉麻有限公司分别发放棉花收购贷款 14 047 万元和 21 543 万元，较 2006 年年末实行“点包质押贷款”时贷款增幅达到 1 300% 和 2 100%，有效地支持了企业扩大经营和做大做强。

（此文发表于《农业发展与金融》2009 年第 11 期）

支持棉花产销和供需衔接
促进棉花产业健康发展

刘文平

一、中国农业发展银行支持棉花产销衔接、供需衔接的必要性

棉花产业包括棉花种植、收购、初加工、纺纱、织布、印染、服装等，产业链较长。随着贷款支持领域向棉花生产、深加工领域的延伸，中国农业发展银行（以下简称农发行）有条件以资金为纽带把棉花产业的上、中、下游企业链接起来，进行产销衔接、供需衔接，银企携手，共同促进棉花产业发展。产销衔接是棉花生产与收购的衔接，农发行通过支持购销企业和具有资格的加工企业、产业化龙头企业入市收购，解决棉农“卖难”问题，以资金为纽带实现棉花产销衔接。供需衔接是棉花供给方——收购籽棉并加工成供纺纱用的皮棉的收购企业，与棉花的需求方——棉纺织深加工企业的衔接，农发行通过支持棉花深加工企业购入棉花收购企业的棉花，解决棉花深加工企业棉花原料采购和收购企业的棉花销售问题，以资金为纽带实现棉花供需衔接。产销衔接是供需衔接的基础，供需衔接能进一步促进和推动产销衔接。农发行棉花信贷资金要实现维护棉花市场稳定，保护棉农利益，促进棉花产业发展的目标，支持贷款企业进行产销衔接、供需衔接，十分必要。

（一）支持棉花产销、供需衔接是农发行履行支农职能的需要。确保粮棉收购不出大的问题，是农发行的基本职能。但多年的实践证明，从整个棉花产业链中将棉花收购割裂开，单独予以贷款支持，以解决棉农“卖难”问题，局限性很大，必须用系统的、产业的观点，在支持收购的同时，研究棉花产销与供需衔接问题，发挥系统优势，积极支持棉花产区与销区、棉花购销企业与加工纺织企业实现产销、供需衔接，充分发挥信贷资金的杠杆和纽带作用，稳定棉花生产与流通，有效防止“卖棉难”及“棉贱伤农”，实现对棉花产业的有效支持，切实履行农发行支农职能。

（二）支持棉花产销、供需衔接是维护棉花市场稳定，促进棉花产业健康发展的需要。棉花市场主体包括棉花生产者——棉农、棉花流通企业、棉纺织深加工企业三方面，三方利益均衡有利于棉花市场的稳定和棉花产业的健康发展，棉花市场的稳定也有利于涉棉各方的利益。农发行通过支持棉花产销衔接、供需衔接，借助于一条资金链，贯穿棉花的产与销、供与需，链接棉花市场三方面主体，使产区棉花销售渠道畅通，能够产得出、销得了、效益好，保护棉农利益；棉花购销企业能有稳定的市场需求，做到以销定购，获取稳定的利润；使棉纺织深加工企业能得到质量可靠、价格合理、批量适宜的货源保证，形成相对稳定的原料供给渠道。农发行通过信贷杠杆的作用帮

助涉棉三方实现利益均衡,“一手托三家”,维护棉花市场稳定,进而促进棉花产业健康发展。

(三)支持棉花产销、供需衔接是防范信贷风险的需要。支持棉花产销、供需衔接,一方面,在实现涉棉各方利益均衡、市场稳定的同时,有助于防范市场价格大幅波动带来的信贷风险;另一方面,在产销、供需衔接过程中,资金并没有从农发行溢出,贷款此增彼减,通过实物商品与资金的相对运动,优化了贷款结构,提高了资产质量,实现更大范围的封闭运行,更积极、主动地防范贷款风险。另外,支持棉花产销、供需衔接,还能节约资金投放,提高资金使用效益,实现信贷资金良性循环。

二、山东省分行支持棉花产销衔接、供需衔接的主要做法

山东是棉花生产和消费大省,棉花年产量100万吨,约占全国六分之一;消费量350万吨,约占全国三分之一;缺口200万吨,约占全国二分之一。这表明,一方面,山东省棉花产量大,棉农需要大量出售棉花;另一方面,山东棉纺织业棉花用量大,本省棉花产量不能满足需求,棉花缺口较大。为解决棉农卖棉问题和棉纺企业货源问题,山东省分行积极支持贷款企业进行产销衔接、供需衔接,效果明显,2005、2006棉花年度山东省分行累计支持贷款企业收购皮棉1 154万担、1 228万担,均占当年度山东省产量的三分之二,通过支持产销衔接,帮助解决当地棉农卖棉问题;2005棉花年度累计投放用于供需衔接的贷款82亿元,支持96家企业实现供需衔接棉花1 047万担,供需衔接贷款本息收回率均为100%,有力地缓解了棉纺企业原料短缺问题。山东省分行的主要做法是:

(一)明确工作思路,实行信贷倾斜政策。山东省分行针对本省棉花产量大,棉纺织企业棉花原料缺口大的情况,努力探索支持棉花产销、供需衔接新路子,从本省实际出发,发挥系统优势,积极支持辖内涉棉企业开展产销、供需衔接。省分行确定了“审慎积极支持棉花产销、供需衔接,促进全省棉花产业稳健发展,有效防控信贷风险”的工作思路,实行棉花贷款向产销、供需衔接业务倾斜的信贷政策,对于符合贷款条件的企业直接从棉农手中收购棉花的,要优先予以信贷支持;对于棉花深加工企业棉花原料不足,要利用信贷杠杆,首先支持其在省内我行贷款收购企业中调入棉花,省内衔接后,棉花原料仍有短缺的,再从新疆等棉花主产区贷款企业中购棉花。同时明确,对于产销、供需衔接贷款可在贷款方式、利率浮动方面给予适当的优惠。

(二)主动牵线搭桥,组织召开棉花供需衔接洽谈会。山东省分行通过“年度棉花贷款意见”和各种会议,要求各级行在新棉花年度开始前,组织涉棉客户召开棉花供需衔接洽谈会,有效地促进了棉花产销、供需衔接工作的开展。截至目前,各级行共组织召开各种形式的棉花产销、供需衔接洽谈会57次。2006年10月,省分行与省棉花协会共同发起组织了“2006/2007年度棉花业务合作恳谈会”,与会的26家涉棉企业及相关部门负责人参加了恳谈会,棉花供需双方签订了合作意向书,达成交易意向金额近120亿元。

(三)从实际出发,采取多种形式,积极支持棉花产销、供需衔接。

1. 积极支持贷款企业进行产销衔接。山东省辖内各级行通过支持棉花购销及棉纺织企业实行“龙头 + 基地 + 农户”的产业化经营、开展“订单农业”等，与农户签订购销合同，实现了企业与种棉农户的产销衔接。东营市分行发放贷款 8 000 万元，支持山东圣源公司通过“农户 + 基地 + 专业合作社 + 龙头企业”一体化模式经营，会员生产的优质棉由公司统一收购，打包销售，创“黄河口”棉花品牌，在增加当地种棉农民收益的同时，提高了当地棉花产业整体效益。

2. 积极支持贷款企业在省内进行供需衔接。一是支持“前厂后仓式”衔接。山东省辖内各级行从当地多数棉纺企业与棉花购销企业在多年的合作经营中已成为紧密型关联企业的实际出发，积极支持当地棉纺企业与购销企业开展“前厂后仓式”衔接，棉纺企业为前厂，购销企业为后仓，棉纺企业包销购销企业收购加工的所有皮棉，双方签订“棉花购销协议”，约定皮棉数量、等级和价格。同时约定，当市场价格高于约定价格时，增加的利润按 2:8 分成（棉纺企业 2，购销企业 8）；当市场价格低于约定价格时，棉纺企业以不低于购销企业收购皮棉全部成本价格购入皮棉。棉纺企业还为棉花收购企业的农发行贷款提供保证担保，实现风险共担、利益共享。二是支持强强衔接。该行支持全球最大的棉纺织企业魏桥创业集团与全省棉花加工能力最强的圣源公司进行地产棉供需衔接，圣源公司每年 80% 的皮棉全部销往魏桥创业集团，棉花衔接交易额 26 万担，在此项供需衔接的带动下，圣源公司整合环渤海地带以及山东东部、河北南部等地区国产优质棉的收购加工，在扩大收购加工能力、提高经营效益的同时，促进了地产棉的产销衔接，解决了当地棉农卖棉问题。同时双方在长期的合作中互惠互利，诚实守信，实现了“双赢”。

3. 积极支持大型棉纺企业与棉花主产区我行贷款企业进行省际间的供需衔接。鉴于本省棉花产量不能满足需求，主产区新疆棉花销售困难、收购企业库存压力大这一实际情况，积极支持辖内魏桥纺织股份有限公司（以下简称魏桥纺织）从新疆调入棉花，实现供需衔接。该行支持魏桥纺织与新疆棉的衔接有以下两种方式：一是魏桥纺织直接从新疆调入棉花；二是通过山东省棉麻公司间接调入新疆棉，山东省棉麻公司此时起到了魏桥纺织的原料采购部的作用。2005 棉花年度，魏桥纺织通过以上两种方式，与新疆 31 家棉花企业完成了供需衔接业务，共汇出资金 21 亿元，其中，贷款 11 亿元、企业配套资金 10 亿元，支持企业购进新疆棉 14.7 万吨，全部实现了系统内封闭运行，有效缓解了魏桥纺织棉花原料短缺和新疆棉花销售困难的问题。

（四）采取有效措施，严防棉花产销、供需衔接贷款的操作风险，确保资金安全。

1. 健全规章制度，建立三级行联动工作机制。一是建立了三级行组织管理体系。成立了棉花产销、供需衔接信贷组和客户经理小组，并明确其工作职责。二是制订了《产销、供需衔接贷款管理办法》。就产销、供需衔接贷款管理体制、贷款申报审批与贷后管理、风险预警与控制等作了明确规定，做到了有章可循，规范管理。三是建立了省市县三级行月度分析制度，对产销、供需衔接贷款管理使用情况按月监测分析，提出改进和加强贷款管理的意见和建议。

2. 从严规范产销、供需衔接贷款管理。一是在确保贷款安全的前提下，及时发放贷款并合理确定贷款偿还期限，保证衔接业务贷款快速到位，缓解贷款到期企业集中偿还的压力。二是主动为企业提供便捷周到的服务,严格监督企业配套资金入账及资金走向情况,确保全部衔接资金实现系统内封闭运行。三是对接双方开户行逐日通过电话、传真等形式,核实棉花实际出库及资金到账情况,确保衔接数量及资金安全。四是现场监督衔接皮棉的实际入库情况,确保衔接业务实际入库的真实性。五是建立了风险预警机制,有效防控信贷风险。

三、几点启示

(一)支持棉花产销、供需衔接对农发行信贷工作具有重要的借鉴意义。不仅棉花产业需要产销、供需衔接,属于农发行贷款范围的粮油、林业、畜牧业、水产业等其他农业产业以及农业综合开发、农业科技开发与推广等都有一个产销、供需、上下游产业或相关环节之间的衔接问题。农发行在支持上述领域时,应借鉴支持棉花产销、供需衔接的做法,从单纯支持某个环节,向支持整个产业链、上下游以及相关领域转变。这样不仅能对信贷资金运动方向有个整体的把握,节约资金使用,有效防控各环节风险,实现信贷资金良性循环;而且通过支持整个产业链,连接上下游产业和行业,能促进整个产业链及相关产业和谐发展。

(二)从实际出发确定棉花产销、供需衔接贷款支持重点。棉花产业特别是棉纺织行业,是一个受多种因素影响较大的敏感行业,农发行要认真贯彻国家宏观调控意图,结合我国及全球棉纺织行业整体形势,确定支持棉花产销、供需衔接的重点。当前,支持棉花产销、供需衔接的重点应为:在认真贯彻执行国家宏观调控政策的前提下,对棉花产业实行保护与鼓励的信贷政策,采取有保有压措施,重点支持大中型棉花产业化龙头企业向棉花生产环节延伸,实行"龙头+基地+农户"的产业化经营,或直接到棉花产区设点收购,或与产地购销企业进行供需衔接,从严控制对小棉纺织企业贷款投放,适度控制新上纺纱项目,支持发展技术含量与附加值高的企业开展产销、供需衔接。

(三)探索棉花产销、供需衔接运行模式,切实加强信贷管理。棉花产销、供需衔接业务概括地说就是国家政策引导,企业自主衔接,价格随行就市,物资、资金此增彼减、封闭运行,即依据国家宏观调控政策确定产销、供需衔接意向;产销双方、供需双方自主确定衔接的数量、质量、价格及交易等合同事项;以市场机制定价,价格随行就市;产销、供需衔接商品与资金运动此增彼减,封闭运行。供需企业双方必须签订真实有效的交易合同,作为贷款的依据。产销、供需衔接双方开户行均应加强贷款管理,制定相应制度办法和管理规定,建立工作机制,加强对客户的监管,双方开户行应签订合作协议,紧密配合,切实加强衔接贷款管理,确保专款专用,封闭运行。购货方开户行应派驻客户经理,加强贷款管理,确保库贷一致,货款归行。销货方开户行要积极配合,主动做好库存监管工作,确保有多少款发多少货,防止挤占挪用。产销、供需衔接双方银行与企业应订立合作协议,建立长期合作机制,确保产销、供需衔接健康发展。

(四)严格控制、有效防范信贷风险。在支持产销、供需衔接时,要采取有效措施,防控信贷风险。一是防控市场风险。产销、供需双方企业应确定购销协议价格,按照前3年或前5年的棉花平均市场价格，并根据当年棉花产销形势，确定合同价格，同时规定，当交易期价格上涨或下降时的利益分配或损失处理办法，使购销双方赚取平均利润，实现长期合作，共同发展。二是防控终端企业经营风险。终端企业的产品销售变现问题，关系到整个购销链条的有效衔接，只有最终端企业如期实现了销售收入，贷款本息全额归行，才算实现了一次有效购销衔接。因此，要从贷款准入开始，对最终端企业从严控制，严格管理，做到风险早发现、早控制，确保产品变现、货款足额回笼归行。三是防控道德风险。产销、供需衔接贷款采取此增彼减方式，资金在企业与银行间内部循环，要对相关企业特别是购销企业高管人员的道德状况进行认真考察，通过加强信用建设，在上下游企业或关联企业之间建立诚信关系，健全约束机制，防止出现挤占挪用贷款等道德风险。

（此文刊于农发行内参2007年第16期）

对棉价高位运行态势下棉纺企业金融服务需求情况的调研

李瑞民

纺织工业是河南经济支柱产业之一和重要的民生产业，在繁荣市场、吸纳就业、增加农民收入、促进城镇化发展等方面发挥着重要作用。本文选取南阳大地棉业有限公司、河南中方棉业有公司、焦作市海华纺织股份有限公司、舞钢市银河纺织有限公司和开封华银棉业有限公司5家不同规模的棉纺企业，针对近两年棉花市场价格持续高位运行态势下企业经营情况和金融需求情况进行了专题调研。

一、棉价高位运行态势下棉纺企业的经营情况

（一）棉花市场运行特点。2009年10月开始，受多种因素共同影响，棉花价格持续走高，尤其是2010/2011棉花年度新棉上市以来，棉价进一步急速上涨，三级皮棉到厂价格从收购初期的18 500元/吨，涨至11月11日33 000元/吨的历史高点，每吨上涨14 500元左右，之后，一直在高位持续震荡波动。影响棉花价格的主要原因：一是2010棉花年度全球棉花期初库存下降、外棉主要供给国政策调整以及全球性超常宽松的货币政策是促成棉价大幅上涨的主要原因。二是新棉花年度国内种植面积和产量双双下降，行业形势回暖，原棉需求增加，刚性需求成为支撑棉价的基本因素。三是资本的流动性过强推高了棉花价格，实力雄厚的国际棉商在中国市场稳步布局，经营量迅速扩大，已经成为国内棉花贸易的重要力量，国内民间资本今年也开始在新疆大量运作棉花，国际、国内游资成为支撑棉花价格的重要因素。四是通货膨胀因素也支撑了棉花价格。2010年以来，国内外主要农产品价格均出现大幅上涨，刷新了历史高点，带动了棉花价格的上涨。

与此同时，棉纱价格也在大幅波动上涨，如普梳40支棉纱价格从2010年9月初的32 000元/吨左右，上涨至2011年春节前的43 000元/吨，每吨上涨11 000元左右。棉花棉纱市场的同步活跃，增加了纺织企业的收入和利润，2010年棉纺企业取得了较为丰厚的利润。2011年春节过后，由于棉花期货市场交易投机性过强的干扰，和纺织后道市场需求减少以及观望等待等因素，导致棉纱销售不畅，三级棉花和普梳40支棉纱价格近期分别回落至30 000元/吨和41 000元/吨的水平。

（二）调研企业的基本情况。在调研的5家企业中，南阳大地棉业有限公司和河南中方棉业有限公司属于收购加工一体化的棉花产业化龙头企业；焦作市海华纺织股份有限公司、舞钢市银河纺织有限公司和开封华银棉业有限公司分属大、中型棉纺企业。这些企业在中国农业发展银行（以下简称农发行）的支持下，均经历了从小到

大、从弱到强的发展历程。具体情况如下：

南阳大地棉业有限公司从2006年开始得到农发行的信贷支持。进入农发行之前，该企业是一个小型棉花加工厂，年皮棉加工能力不足2 000吨，目前已经发展成为拥有10多万亩棉花种植基地，年收购加工皮棉能力达6万吨，综合纺织能力达16万锭的棉花收购加工一体化的大型企业。2010年年底，该企业资产总额105 297万元，年实现销售收入84 964万元，利润总额9 173万元，缴纳税金1 022万元。

河南中方棉业有限公司从2004年成立后开始得到农发行的信贷支持。刚开始只有少量的棉花收购加工业务，目前已经发展成为拥有中长绒棉种植基地5万亩，优质细绒棉种植基地30万亩，年收购加工皮棉2万吨，纺纱能力10万锭，棉花仓储能力10万吨，年交易量30万吨的棉花收购加工贸易一体化的大型综合性企业。截至2010年年底，该企业资产总额138 030万元，全年实现销售收入87 535万元，利润总额9 937万元，缴纳税金4 234万元。

焦作市海华纺织股份有限公司从2004年开始得到农发行的信贷支持。得到农发行支持之前，该企业是一个8万锭的小型棉纺厂，目前已经发展成为拥有30万锭纺织能力的设备先进、市场竞争能力强、发展前景好的大型纺织企业。截至2010年年底，该企业资产总额99 125万元，全年实现销售收入80 055万元，利润总额7 041万元，缴纳税金3 398万元。

舞钢市银河纺织有限公司从2006年开始得到农发行的信贷支持。目前拥有12.5万锭纺织能力的设备先进、市场竞争能力强、发展前景好的大型纺织企业。截至2010年年底，该企业资产总额104 211万元，全年实现销售收入74 574万元，利润总额9 876万元，缴纳税金4 097万元。

开封华银棉业有限公司从2005年开始得到农发行的信贷支持。得到农发行支持之前，该企业是一个4万锭的小型棉纺厂，目前纺织规模达7万锭。截至2010年年底，该企业资产总额19 868万元，全年实现销售收入14 403万元，利润总额895万元，缴纳税金675万元。

二、棉纺企业目前面临的主要问题

（一）国内棉花短缺形势严峻，棉花资源的安全性问题凸显。中国是纺织大国，纺纱总规模稳定在1亿纱锭以上，2010年纤维加工总量达4 130万吨，其中棉纱产量达2 730万吨。纺织服装是我国出口创汇的重要产业，仅2010年出口总额就达到了2 065亿美元。纺织行业用棉量较大，即使按40%的配棉比计算，用棉量也在1 100万吨以上。但是，国内棉花种植面积和产量逐年递减。根据国家统计局公布的数据，2010/2011棉花年度国内棉花产量仅达597万吨，首次减少到600万吨以下，其中，新疆产地的高等级棉产量仅达300万吨，国内棉花产需缺口扩大到500万吨左右，缺量几近一半。国内棉花资源短缺形势严峻，一旦中国纺织的用棉问题发展到主要依靠进口来解决，棉花资源定价的话语权掌握在国际棉商手中，可能对国内纺织行业的健康发展、社会的和谐安定、国内经济增长和新农村建设等带来一系列不利影响。

（二）市场棉价长期持续高位运行，棉纺企业经营风险加大。2010/2011棉花年度新棉上市开始,市场棉价就一直在高位运行,并且一路持续震荡走高,始终处于历史高位,这在近几年是没有过的。首先,高棉价意味着企业要承受较高的经营成本,原料资金的大量占用(是过去的 1 倍以上),导致生产流动资金需求加大,企业的现金周转受到很大影响。其次,高棉价意味着未来棉价下行压力加大,经营亏损的可能性增加。如果企业不能很好地把握好市场价格,在较低价位购进生产原棉,可能产生较大的经营风险。

(三)用工压力日益增加,已经影响到棉纺企业的正常经营。纺织行业平均工资水平低于其他制造业是造成用工短缺的直接原因,纺织企业劳动强度高,工作环境高温高湿、噪音大以及经常需要上夜班等不利条件更增加了纺织企业招工困难。纺织企业职工年龄结构普遍偏大,40 岁以上人员占有较高比重,80 后、90 后年轻人往往宁可选择工资较低的餐饮、超市等服务行业,也不愿进入三班制的纺织企业工作,未来企业的人员引进,将面临严峻考验。据调研走访的企业反映,近年来纺企工资、福利水平大幅上涨,企业采取了改善工作环境、生活环境,提高工资,为员工上全保险及公积金,免费班车接送工人上下班等福利吸引工人,但是招工难问题仍普遍存在,影响到企业的正常生产。

(四)生产成本持续走高,棉纺企业利润空间不断受到挤压。除原棉价格的大幅上涨使企业的流动资金压力大幅增加,给企业造成极大的经营压力外,棉纺企业的电价、水价、运输成本、用工等生产成本都在持续增加,企业负担沉重。如《中华人民共和国劳动法》出台后,棉纺企业用工成本增加了 80% 左右,仅 2010 年就平均提高约 20% 以上。尤其是资金不足的中小企业,生产成本的提高大大压缩了流动资金的运转空间,企业在压力下被迫减小生产规模或停止生产。国外客户则到印度、东南亚等生产成本更为低廉的国家和地区寻求发展。

(五)棉纺企业增值税一直不合理,增加了企业税负。长期以来,棉花采购加工增值税高征低抵政策增加了企业税负。棉纺企业的销项税率是按产品销售税额的 17% 征收,而购买棉花的进项抵扣税率只有 13%。13% 和 17% 的不同进项税率相差 4%。按全省年用棉约 252 万吨计算,共增加企业成本 10 多亿元。

(六)金融机构信贷支持弱化,纺织企业仍面临融资难问题。近年来,农发行一直独家支撑信贷支持棉纺企业的局面,其他金融机构在纺织形势好转时积极支持,一旦行业形势逆转,即将纺织行业列为高风险行业,几乎不予支持;即使投入少量资金,在企业困难时还要抽回。而且当前国内通货膨胀现象凸显,国家实行紧缩货币政策,以及银行贷款程序的烦琐等原因,加重了纺织企业融资难的问题。

三、农发行扶持棉纺企业发展的主要措施

近年来,农发行充分发挥职能作用,积极支持棉纺企业做优做强做大,促其充分发挥龙头带动作用。截至目前,农发行现有纺织贷款客户 73 家,生产规模达 800 万枚纱锭,占全省纱锭总量的 55%,安排就业近 10 万人;全年实现销售收入 262 亿元,利润总额 21 亿元,缴纳税金 9 亿多元,同比分别增加 28.5 亿元、6.7 亿元和 2.3 亿元。

（一）加大信贷投放力度，满足重点棉纺企业正常经营资金需求。近年来，农发行针对棉花价格大幅波动的严峻形势，加大对开户企业的维护力度，及时掌握每个企业的经营状况及变化情况、资金需求，全力做好企业流动资金续贷工作，保证棉纺企业生产流动资金不断档，维持企业正常经营。仅2010年，农发行就累计向棉纺企业发放流动资金98亿元，帮助企业稳定经营，渡过难关。

（二）引导企业调整库存结构，降低市场风险。在棉花原材料库存方面，继续缩减低等级棉库存占用，原则上压缩到1~2个月的生产用棉量以内；有高等级棉配棉需求的，可适度增加高等级棉库存量；混纺纱线生产销售较好的，可以适度保持涤纶短纤原料库存。在产成品库存方面，以产成品市场整体销售形势和企业产品实际销售以及订单情况调整产品结构和生产进度。有条件的企业要及时调整生产市场畅销纱，减少滞销纱的产量。在整体销售形势不好的情况下，可以考虑适当缩减生产时间、减少开工的方式，减轻产成品库存压力。

（三）支持棉纺企业参与收购，搞好季节性原料储备。棉纺企业整体抗风险能力较强，且有实力多处布点收购，支持其参与收购，既较好地防止了收购空白点和“打白条”现象的发生，又减轻了管理难度，降低了信贷风险，同时还减少了流通环节，为企业备足了生产原棉，增加了企业利润空间。目前棉纺企业收购份额已占我行支持收购额度的70%以上。

（四）支持龙头企业通过“订单农业”方式带动农民致富。近年来，农发行先后支持8家棉纺优质客户通过“公司+合作社+农户+基地”的方式扶持棉农21.3万户，种植棉花133.6万亩，年增加农民收入3亿元左右。如支持南阳大地与周边5个县市区20多个乡镇的棉农签订了12.7万亩、涉及20 366户的棉花预购合同，公司投入资金4 443万元，支持棉农植棉前期种子、化肥、农药、农膜等资金需求，不仅解决了棉农前期种植成本资金压力，而且确保了企业正常生产用棉需求，实现了政府、农户、银行、企业“多赢”局面。

（五）引导企业提升资产使用效率，做好技术设备升级改造。对于多行业经营或者实施“退城进园”的纺织企业，要尽快处置、整合闲置资产，增强自有资金实力，减少贷款量，提高资产利用效率，提升综合竞争能力。对于规模合理、管理精细、有资金实力、有发展前景、部分生产设备需要更新改造的企业，支持其产品上档升级，提高市场竞争力。加快技术进步和改造步伐，提高产品技术含量，增加高附加值纺织品比重，增强整体抗风险能力。

（六）营销支持纺织后道优势企业。一方面，结合产业转移，营销培育一些产品有特色，规模较大，产品附加值较高、抗风险能力强、发展前景好的优质客户，延伸农发行贷款客户的产业链条，提高产品附加值，增强企业的抗风险能力。2010年农发行在全国纺织服装行业500强企业、国家或省级重点农业产业化龙头企业，以及省内同行业中排名靠前的优势企业中逐一排查，认真筛选，锁定了营销目标。先后营销支持了集针织、染整、印花、制衣为一体的福甬服装等4家优质客户。另一方面，引导企业根据市场需求调整生产适销对路的纱支品种，有条件的积极向后道发展。目前已有15家企业向织布环节延伸，有9家企业从事制衣、毛巾医用等纺织后道产品的生产经营，提高了产品的市场竞争力。

（七）加强行业分析，搭建信息平台。2009年以来，农发行坚持每年定期召开行业分析会议，组织有关业内专家认真分析棉花、棉纱市场走势，及时调整工作思路，有针对性地采取管理措施，帮助企业把握市场、研究对策，提高风险防控意识，引导纺织企业理性经营。截至目前，农发行支持的棉纺企业贷款余额已达100亿元，在全国农发行系统位居第一位。

四、若干政策建议

（一）建议国家出台政策保护棉花资源。出台鼓励扩大棉花种植面积和改良棉花品种政策，增加种棉补贴，提高农民种棉积极性。完善土地流转政策，鼓励采取龙头企业建立生产基地、龙头企业拉动农户、龙头企业示范带动农户、农户自由结合类型等多种形式，实现棉花的集约化、规模化生产，提高国内优质棉花的产量和质量，解决棉花安全问题。

（二）加强市场调控与监管，稳定棉花价格。加强对棉花市场的调控，稳定棉花价格。对游资炒作、经销商囤积棉花等情况，建议国家有关部门出台相关监管制度与法规，加大对行业市场环境整治力度，维护行业市场。

（三）建议调整棉纺企业“高征低扣”税收政策。河南纺织的最大特点是以棉纺织为主，其主要生产原材料是棉花，棉花占企业生产总成本的70%以上，调整税收政策将会有效帮助企业减轻负担。

（四）设立专项资金支持重点纺织企业技术改造。建议省级财政拿出一定额度的资金，以贴息贷款等形式，重点支持纺织骨干企业进行技术改造。通过结构调整促进协调发展，以技术进步提高自主创新能力，推进节能减排，实施循环经济，加强自主品牌培育和营销渠道建设等。

（五）协调各金融机构在目前困难情况下不抽资、不撤资，共同维持棉纺企业正常生产经营。对已抽走、已收回的信贷资金重新投入企业生产经营领域，修复企业资金链条。

（此文发表于《决策参考》2011年第5期）

新形势下新疆棉花产业发展现状、问题及政策建议

田新椿　杨光华

20 世纪 90 年代初,新疆确立了“一白一黑”发展战略,在国家大力扶持和自治区各级政府、棉农的辛勤努力下,新疆棉花产业不断发展,成为我国最大的优质棉生产基地,为推动全国棉花产业和纺织工业发展作出了重大贡献。

新疆发展棉花生产具有得天独厚的优势,适宜的光热条件造就了棉花优良的品质,大面积高产栽培模式促进了规模生产的扩大与增产增收,棉花产业有效促进了自治区农业经济的发展,为广大农民铺就了摆脱贫困的致富之路。全区棉花总产值占种植业总产值的 65% 左右;约 50% 的农户从事棉花生产,全区农民人均纯收入中棉花收入占 38%,其中南疆棉花主产县,棉花收入已占农民人均纯收入的 50% ~70%,阿克苏、喀什等棉花主产区的农民棉花收入最高达到总收入的 58% ~76%。同时,棉花加工产值占工业产值的 60% ~80%,棉花加工、销售提供的利税占县财政收入的 50% 以上。

一、新形势下新疆棉花产业发展主要特点

近 10 年来,新疆棉花产业呈现出以下特点:

1. 面积、产量稳步增长。1998 年至 2007 年,全国棉花种植面积和产量波动较大,年平均波幅超过 14%,最低时 6 061 万亩(2000 年),最高时 8 535 万亩(2004 年)。而新疆作为我国最主要的产棉区,没有随全国棉花生产起伏而波动,不论棉花畅销或滞销,产量总体上呈稳步增长态势,种植面积从 1998 年的 1 499 万亩增加到 2007 年的 2 674 万亩,增长了 0.78 倍;产量由 140 万吨增加到 290 万吨,占全国的 38%,增长了 1.07 倍。新疆棉花生产的持续增长,对于稳定全国棉花市场发挥了重要贡献。

2. 价格大幅波动。棉花流通体制改革后,市场形成价格的机制开始发挥作用。新疆对棉花实行政府发布信息指导价格,具体收购价格由市场确定。2002 年以来,棉花市场价格大起大落,波动频繁。2002 年全区棉花收购价格平均 7 980 元/吨,2003 年 1.4 万元/吨,上涨 75%,最高达 1.8 万元/吨;2004 年 1.08 万元/吨,价格下降 23%;2005 年回升到 1.27 万元/吨,上涨 18%;2006 年 1.2 万元/吨,下跌 5.5%;2007 年同比上涨 5.8%。棉花市场大起大落,不仅使棉农收益受损,也使棉花流通企业经营举步维艰,影响了新疆棉花产业的持续发展。

3. 棉花经营多元化竞争格局已形成。随着棉花流通体制市场化改革的深入,打

破了供销社垄断棉花收购市场的格局，民营、股份制企业和国际知名棉商已进入新疆棉花流通领域，国内纺织企业广东溢达，浙江雅戈尔，山东鲁泰、如意，江苏华芳等纷纷在新疆投资建厂，同时还收购或参股轧花厂，直接参与棉花收购。棉花收购多渠道、多元化格局已形成。棉花收购资金除中国农业发展银行（以下简称农发行）准政策性贷款外，民间资本、商业资本大量介入棉花经营领域，且所占比重越来越大。

2007年度，农发行共支持了171家棉花流通企业，收购量兵团系统占45%、地方供销社系统占22%、民营企业占33%。兵团及地方供销社系统收购份额比2004年分别减少14个、10个百分点，呈逐年下降的趋势；民营企业收购比重上升24个百分点。

4. 进口棉改变了棉花市场格局，增加了新疆棉销售压力。加入世界贸易组织以来，由于棉纺织业的快速发展，自2003棉花年度起，我国棉花供应由供需平衡转化为供不应求，成为世界最大的棉花消费国和棉花进口国。2003年棉花进口87万吨，2004年猛增到191万吨，占当年国内棉花消费总量的23%；2005年257万吨，占消费量的26%，2006年继续创出新高，进口达364万吨，占消费量的35%；2007年全国棉花丰收，总产760万吨，而纺织行业进入调整阶段，棉花需求增速放缓，但进口量仍达246万吨，占消费量的22%。棉花已成为继大豆和食用油之后的第三大进口农产品。外棉的大量进口改变了国内棉花市场格局，挤压了国产棉花市场，对新疆棉花产业形成了强有力的挑战。

二、存在的问题

在中国棉花市场逐步开放的背景下，新疆棉花产业一些深层次矛盾和问题也愈加突出，对棉花生产经营造成了巨大的影响和冲击。

1. 准备不足。从2001年年底中国加入世界贸易组织以来，中国棉花和纺织品已逐步与全球市场融为一体，尤其是2005年以来，随着棉花进口和纺织品出口的大量增加，我国已经成为国际棉花贸易和纺织业的中心，新疆棉花生产不仅要立足于国内市场，而且要从全球资源供求平衡且略有结余的现状来考虑。面对新形势，新疆无论从宏观调控部门、棉花企业还是棉农，均没有作好充分的准备，对新疆棉花产业在国内、国际市场的定位问题没有深入研究与思考。

新疆棉花产业是在20世纪90年代棉花资源紧缺的背景下崛起的，在计划经济体制下，新疆棉花不用考虑销路问题。国家大量投入用于新疆棉花基地建设，并从棉花定价政策、调运和销售等方面给予充分支持，调动了新疆发展棉花生产的积极性。新疆建立并完善了多层次的棉花生产组织、管理和保障体系，棉花种植水平、规模、效益和棉花品质均位居全国前列，一直存在“皇帝女儿不愁嫁”的认识。从1998年起，国家开始对棉花市场体制实施突破性的改革，按照社会主义市场经济的发展要求，逐步建立起在国家宏观调控下，主要依靠市场机制实现棉花资源合理配置的新体制，国家不再包销新疆棉。

近几年，我国其他棉区棉花种植呈现大起大落的状况，棉花市场价格一年走高，一年低迷；棉花种植面积和产量一年增加，一年减少。而新疆不论市场价格高与低，棉花畅销或滞销，种植面积一直在扩大，棉花生产未能及时反映供求关系的变化，产销脱节，对目前棉花市场和国家棉花政策认识不足，对国家保护性措施的依赖性过强。

2. 新的棉花市场体系尚没有建立或健全。目前，原有的棉花流通体制打破后，新的体制尚没有建立或健全。

一是流通秩序杂乱，竞争无序，产能过剩。随着棉花流通体制改革的逐步深入，越来越多的企业开始介入棉花收购、加工领域，新疆棉花加工企业发展迅速，特别是2003年以后，自治区把新建轧花厂的审批权下放到地州后，轧花厂数量急剧扩张，目前近千家加工厂加工能力已经超过全疆棉花产量的2倍多。抢购资源、哄抬价格，收购质量无法保证，造成市场混乱。部分地方政府对此多采取默认的态度，认为有利于提高棉农收入，而没有从新疆棉花产业长期健康发展的角度加以规范。现有的加工企业普遍存在生产规模小、企业管理水平和营销手段相对落后的问题，农发行目前支持的棉花购销企业，90%以上的收购依赖贷款，自有资金不足10%，抵御市场风险能力弱。

二是对国内棉花产业保护性措施不足。在统购统销和合同定购时期，国家为了鼓励棉花生产，采取了一系列扶持政策，包括国家财政对棉花生产奖励奖售，按照棉农生产和出售的数量，提供预购定金；按交售棉花数量奖励粮食、化肥等生产投入品；从1989年开始连续几年大幅度提高棉花收购价格，对棉农实行补贴性价格；对棉花收购企业提供低于一般商业性贷款利率的优惠贷款；鼓励国内纺织企业使用新疆棉花的出口退税政策。这些政策对迅速提高棉花生产能力，保障国内棉花消费需求发挥了积极作用。我国加入世界贸易组织以后，特别是随着棉花供求形势发生变化，这些鼓励政策相继取消。2001～2006年，我国对棉花生产没有任何保护性政策，这与棉花生产与消费大国的地位、与发展中国家的经济状况，以及世界贸易组织农业协议微量允许等不相符。

2007年，国家开始实行棉花良种补贴政策和棉花政策性保险试点工作，良种补贴涉及8个主产棉省(自治区)，3 000余万亩棉田，补贴标准每亩15元，其中新疆补贴面积1 060万亩，覆盖面不到43%。棉花政策性保险全疆承保面积1 200万亩，由中央和自治区财政对保费给予50%(共拿出8 400万元)的补贴。由于两项补贴政策的实施涉及范围和力度较小，对稳定全国棉花生产的政策效益还未显现。

三是棉花产业发展调控体系尚不完善。2006年以来，为解决棉花产业出现的问题，国家通过棉花良种补贴、储备、新疆棉运费补贴、棉花进口滑准税以及配额管理等手段，初步建立了棉花产业调控体系。对新疆棉也相继采取了一些特殊的促销措施，如2005棉花年度将进口配额的发放与采购新疆棉同比例挂钩，即“1:1”政策；2006棉花年度就地收储30万吨新疆棉；2007棉花年度出台了每吨400元运费补贴政策，并下达15万吨新疆棉收储计划；2008棉花年度又增加122万吨国储棉收储计划。这些措施阶段性地解决了新疆棉花产业发展面临的问题，但多为临时性的，对扶持新疆产业发展还缺乏长期化、制度化的政策措施。

3. 棉农增产不增收、流通企业举步维艰。近年来，柴油、农膜、化肥、农药等主要生产资料价格大幅上涨，棉花生产成本不断提高，但棉花收购价格没有随植棉成本的上升而提高，棉农增产不增收。据统计，新疆棉花每亩成本 2005 年 993 元、2006 年 1 018元、2007 年 1 100 元，2008 年 1 213 元（预计）；每亩净利润分别为：492 元、378 元、494 元、290 元（预计）。棉农扩大面积、提高单产的增收所得，被生产成本的上涨所吞噬，严重妨碍了新疆棉花产业的持续发展。

2005 年以来连续 4 个棉花年度，新疆棉都出现了销售困难的情况，除了我国棉花市场运行体系的问题外，还有新疆棉区远离内地市场的先天缺陷和企业自身经营等原因。

棉花集中收购、分散消费的特点，决定了棉花企业要在 1 ~2 个月内集中收购，然后逐步寻找买家销售，期间，棉花企业要承担囤棉的大部分成本和风险。统购统销时期，棉花储存成本由国家承担，市场放开以后，棉农无力囤棉，纺织企业不会承担储存成本，国家收储量又很少，棉花企业自然成为储存主体，而远离消费市场的新疆棉储存成本更居高不下。铁路运输瓶颈又成为影响新疆棉花竞争力的重要因素。新疆棉花 80% 要通过铁路运输销往内地，每年 9 月新棉上市到第二年 3 月，新疆铁路运输相当紧张，2009 年的情况尤为突出，即便是较好的年份，棉花出运和销售完也要到来年的 5 月以后，而此时距离收购已过半年多，每月利息支出每吨增加 80 元。由于发运时间长，市场起伏不定，影响新疆棉花合同履约，进而影响新疆棉市场占有率。

棉花市场化改革以来，新疆棉花企业“小、散、乱”问题突出：一是生产规模小，抵御自然风险和市场风险能力弱；二是市场主体过多，竞争过度，收购质量无法保证，企业管理水平相对落后，大多数仍停留在囤货等待高价抛出的经营模式，无法把握稍纵即逝的市场机会；三是诚信度较差，在与购棉企业贸易中不履行合同、不遵守贸易规则的情况时有发生，难以形成稳定的、相互信任的购销合作关系。

三、促进新疆棉花产业稳定、持续发展的政策建议

要把新疆建设成可靠、稳定的商品棉生产基地，确实承担起保障国家棉花安全的重任，必须有长远发展的思路，制定和完善长期化、制度化的政策保障措施。

（一）合理安排棉花生产，优化布局，实现棉花高效生产。在准确分析我国棉花产需形势和国际棉花市场变化的基础上，合理安排新疆棉花生产，维护国内棉花市场稳定，保护棉农利益。

1. 加强棉花生产、需求及价格监测，保证统计数据的相对准确。新疆棉花面积、产量统计失真由来已久，在一定程度上影响了国家宏观调控政策的实施，对需求的判断也存在同样的问题。要完善新疆棉花生产、需求数量方面的监测，并通过一定的手段来验证监测数据的真实准确性，为做好宏观调控和棉花产业的健康发展打好坚实基础。

2. 巩固高产优质棉区，压缩风险和低产棉区。根据市场情况安排和实行集中种植，规模发展，促进棉田进一步向比较效益高、生产潜力大、竞争优势强的天山北坡西部、喀什、阿克苏和巴州等棉区集中，减少低产棉田和风险棉区面积，规避棉花种植风险。

3. 实现棉花品种区域化种植,提高原棉品质。一是做好棉花品种布局规划,为良种引进、筛选、繁育提供依据。二是根据棉纺工业需求和各棉区生态特点,优化品种结构,积极发展多类型棉。大力发展纺 40 支以上中高支纱所需的优质原棉。三是严格品种区域化管理,改变品种“多、乱、杂”局面。一个生态区只种植一到两个品种,实行统一供种,合同收购,保证种质的纯度。

(二)建立棉花生产持续发展的资金投入保障体系。(1)加大棉花基础设施建设投入。继续支持新疆优质棉建设,改善农田水利基础设施条件,重点是将基础设施较差的 1 500 万亩中低产棉田地改造为高产棉田,保障棉花的基本生产力。目前,新疆棉花膜下滴灌技术推广迅速,平均节水 40% ~50% ,增产 15% ~20% ,这对于绿洲灌溉农业的新疆,具有重要的战略意义,国家应给予大力扶持。(2)增加棉花生产的服务性支出。加大对棉农技术培训投入力度,加大对农产品供求信息网络和营销组织建设的投入,定期发布棉花市场信息,引导农民有意识调整农业结构,指导棉农合理安排棉花生产。(3)建立棉花生产技术推广基金。棉花市场的竞争,既是价格和质量的竞争,也是科学技术的竞争。为加快棉花新品种、技术、成果的推广步伐,建议国家设立棉花生产技术推广基金。鼓励棉农积极推广应用新品种、新技术,努力提高棉花产量和质量,以适应纺织业的需求。(4)扶持发展机械采棉。每年棉花收获季节,新疆需要近百万摘花工,组织难度大。人工采摘不但历时时间长,且劳动强度大、费用高,仅采摘成本就达每公斤 1. 2 ~1. 5 元,约占籽棉价格的 30% 。而机采棉成本每公斤为 0. 5 ~0. 6 元(包括籽棉采收、脱叶剂、人力喷洒、运棉车改造、轧花厂设备技改等),比人工采摘节约开支 60% 。大规模推广机采棉,具有明显的经济效益和社会效益,无论是对增加农民收入、解放劳动生产力,还是对提升棉花产业发展水平、加快现代农业建设,都具有重要意义。但机采棉设备及配套设施一次性投入大、回收期长,棉农无法承担,亟须国家在财政、信贷、保险、税收等方面扶持发展农机社会化服务组织,尽快研究制定购置棉花采摘机械及其配套设施的补贴政策,推动新疆棉花采摘机械化的发展。

(三)建立稳定棉农收益保障体系。(1)实行对棉农直贴政策。参照粮食目前直补政策,规定棉花补贴的标准或补贴率,对棉农进行直接的生产性补贴,以调动棉农积极性,合理保护我国棉花产业。(2)实行最低保护价政策。根据棉花生产成本确定棉花最低保护收购价格,市场低于保护价格时,国家财政给予补贴,用足世界贸易组织“绿箱政策”。(3)棉花良种补贴实行普惠制,提高补贴标准和扩大补贴范围。(4)健全棉花政策性保险体系。棉花生产周期较长,受灾概率较高,种植风险大,应尽快健全棉花保险体系。在目前试点的基础上,提高保费补贴标准和赔付率,减少自然灾害给棉农造成的损失。

(四)建立、完善高效的棉花宏观调控机制。(1)将农发行棉花收购贷款纳入政策性贷款范围,解决农发行政策目标与经营目标不一致的问题,使农发行在支持新疆棉花产业中更好地发挥作用。(2)规范新疆棉收储工作,国家每年实时就地收储新疆棉50吨以上，以稳定国内棉花市场，有利于实现新疆棉均衡运输、均衡销售。(3)完善棉花进口关税政策，合理确定税率，在降低纺织原料成本、提高我国纺织品的出口竞争力的同时，要充分考虑国内棉农和棉花流通企业的利益，实现“以产定进”政策，促进我国棉花产业的健康发展。(4)建立棉花进口监测与损害预警系统，完善数据统计，加强信息引导，为宏观调控提供及时、准确的信息，提高调控的针对性和时效性。加强对国内外棉花市场价格供求情况的监测分析，建立由相关部门、行业组织委派专家的农产品信息会商机制，通过网络、电视、报纸等多渠道发布及时消息，合理引导市场预期。(5)全面实行棉花进入第三方监管仓储。棉花第三方监管仓储服务，有利于减少流通环节，提高流通效率，降低流通成本，有利于降低金融机构贷款风险，减少交易纠纷，有利于加快棉花现代物流的发展，促进市场的发育和功能的完善。

（五）创新体制，建立新疆现代棉花收购和加工业。为应对竞争日趋激烈的棉花市场，解决新疆棉花企业“小、散、乱”的问题，必须通过发展多种形式的联合，组建产业化龙头企业和集团，提高抵御市场风险的能力。

1. 以棉花质量检验体制改革为契机，遏制棉花加工企业低水平重复建设的势头。对全疆棉花加工企业重新进行资格认定，强化市场准入机制，提高门槛，促进棉花加工业健康有序发展。

2. 以产权为纽带，通过市场整合，联合科研、生产、加工、流通、纺织各环节，着力培育和发展新疆有实力、市场开拓能力强的优势龙头企业，建立跨行业、跨地区、跨所有制，能与国外大企业抗衡的棉花产业化经营的企业集团。

一是龙头棉企联合中小企业成立行业组织，加盟企业按照统一质量标准收购加工棉花，以提高棉花质量，统一销售定价。二是主产棉区棉麻公司在改制基础上，组建区域性的棉花企业集团，实行规模化、集约化经营。集团的组建要以产权、利益为纽带，遵循市场经济规律，切忌通过行政手段划拨、撮合而成。三是大型企业集团通过控股、购并，对主要棉区棉花产业进行整体整合，实现集团化、产业化经营，打造新疆优质棉花名牌，形成产业优势和核心竞争力，最终实现全疆棉花的统一经营。四是鼓励和吸引国内外大企业、集团落户新疆，参与棉花生产、流通和产业化经营，壮大新疆棉花产业。

（此文发表于《农业发展与金融》2009年第2期）

附　　录

表1　合作单位与重点客户

- **中国棉花协会**
  地址:北京市复兴门内大街45号 100801 联系电话:010－66053900
- **中国棉纺织行业协会**
  地址:北京市东长安街12号 100742 联系电话:010－85229649
- **中国储备棉管理总公司**
  地址:北京市西城区华远街17号 100032 联系电话:010－58519365
- **全国棉花交易市场**
  地址:北京市西城区宣武门外大街甲1号 100052 联系电话:010－88086850
- **魏桥纺织股份有限公司**
  地址:山东省邹平县经济开发区魏纺路1号 256200 联系电话:0543－4161171
- **新疆棉花产业集团**
  地址:新疆乌鲁木齐火车北站四路38号 830000 联系电话:0991－3876730
- **华孚色纺股份有限公司**
  地址:深圳福田区滨河大道5022号 518033 联系电话:0755－83735588
- **雅戈尔集团股份有限公司**
  地址:浙江省宁波市鄞州区鄞县大道西段2号 315000 联系电话:0574－ 87425390
- **安徽华茂纺织股份有限公司**
  地址:安徽省安庆市纺织南路80号 246018 联系电话:0556－5919892
- **华芳集团棉纺有限公司**
  地址:江苏省张家港市塘桥镇人民南路1号 215611 联系电话:0512－58438808
- **山东省棉麻有限公司**
  地址:山东省济南市历山路157号 250014 联系电话:0531－6969777
- **孚日集团股份有限公司**
  地址:山东省高密市孚日街1号 261500 联系电话:4008161988
- **湖南银华棉麻产业集团**
  地址:湖南省长沙市五一大道618号 联系电话:0731－4441101
- **湖北银丰棉花股份有限公司**
  地址:武汉市江岸区青岛路7号 430014 联系电话:027－82816348
- **新疆银力棉业股份有限公司**
  地址:新疆石河子市北三路79号 832000 联系电话:0993－2028123
- **新疆前海供销集团公司**
  地址:新疆喀什市克孜都维路478号 联系电话:0998－25252087
- **商丘市银河棉业股份有限责任公司**
  地址:河南省商丘市梁园区民主东路254号 476100 联系电话:0370－2675369

➢ **河南新野纺织集团股份有限公司**

地址:河南省新野县城关镇书院路 15 号 473500 联系电话:0377 - 66221701

➢ **新疆沙湾县棉花产业有限责任公司**

地址:新疆沙湾县三道河子镇广场西路 37 号 832100 联系电话:0993 - 6019555

➢ **石家庄常山纺织集团有限公司**

地址:河北省石家庄市和平东路 183 号 050011 联系电话:0311 - 86673856

➢ **河南同舟棉业有限公司**

地址:郑州市经一路北 9 号 450003 联系电话:0371 - 65836201

➢ **湖南东信集团有限公司**

地址:湖南省湘潭市板塘铺 411102 联系电话:0731 - 55566808

➢ **保定银祥棉业有限公司**

地址:河北省保定顺平县东庄村 072250 联系电话:0312 - 7626006

➢ **焦作市海华纺织股份有限公司**

地址:河南省博爱县月山镇工业区 454451 联系电话:0391 - 8057618

表 2　1999 ~ 2011 棉花年度中国农业发展银行贷款情况表

单位:亿元、万担、个、%

项目	1999 棉花年度	2000 棉花年度	2001 棉花年度	2002 棉花年度	2003 棉花年度	2004 棉花年度	2005 棉花年度	2006 棉花年度	2007 棉花年度	2008 棉花年度	2009 棉花年度	2010 棉花年度	2011 棉花年度	合计
累计发放收购贷款金额	200. 0	278. 0	222. 4	199. 2	128. 3	315. 4	411. 8	456. 2	554. 1	511. 3	336. 1	397. 6	701. 1	4 711. 6
支持企业收购棉花数量	4 856. 0	5 252. 0	5 718. 9	4 291. 6	2 308. 2	5 880. 7	6 687. 7	7 856. 8	8 925. 1	8 691. 1	4 873. 0	4 059. 5	7 050. 8	76 451. 3
统计局公布当年度产量	7 658	8 834	10 648	9 832	9 720	12 648	11 428	15 066	15 248	14 984	12 754	11 922	13 200	153 942
农发行贷款支持收购量占比	63. 4	59. 5	53. 7	43. 6	23. 7	46. 5	58. 5	52. 1	58. 5	58. 0	38. 2	34. 1	53. 4	49. 7
累计发放调销贷款金额	69. 3	68. 8	18. 2	19. 7	52. 2	84. 6	136. 4	107. 5	147. 8	83. 3	125. 5	122. 6	60. 7	1 096. 6
支持企业调入棉花数量	1 019. 4	1 282. 8	425. 2	395. 7	587. 5	1 332. 2	2 011. 5	1 946. 8	2 267. 0	1 438. 3	1 843. 5	1 094. 3	529. 3	16 173. 3
累计发放流转贷款金额	—	—	—	—	—	—	—	—	—	8. 6	7. 9	7. 0	7. 8	31. 3
累计发放预购贷款金额	—	—	—	—	—	7. 7	12. 7	16. 8	15. 9	8. 3	9. 0	14. 6	10. 3	95. 4
累计发放良种经营贷款金额	—	—	—	—	—	—	0. 2	1. 3	1. 2	0. 6	0. 7	0. 3	0. 1	4. 5
累计发放良种繁育贷款金额	—	—	—	—	—	0. 1	0. 6	0. 5	0. 6	0. 3	0. 4	0. 5	0. 2	3. 1
累计发放棉花企业技术设备改造贷款金额	—	—	—	—	—	0. 1	0. 9	2. 6	2. 2	1. 3	1. 7	0. 1	—	8. 9
累计发放棉花产业化龙头企业贷款金额	—	—	—	—	—	—	—	—	232. 6	210. 5	253. 9	351. 1	271. 0	1 319. 0
认定收购贷款资格企业个数	—	—	—	1 545	1 429	1 235	1 438	1 292	1 031	935	855	713	667	—

注:2011 棉花年度选取截至 2012 年 3 月末数据。

表 3 2001～2011 年度全球棉花产销存预测表

单位:万吨、%

项目	2001 棉花年度	2002 棉花年度	2003 棉花年度	2004 棉花年度	2005 棉花年度	2006 棉花年度	2007 棉花年度	2008 棉花年度	2009 棉花年度	2010 棉花年度	2011 棉花年度
产量	2 149.0	1 980.8	2 106.2	2 646.9	2 535.1	2 652.2	2 605.8	2 331.9	2 206.5	2 509.3	2 681.0
进口量	638.0	657.3	742.7	736.8	974.8	828.0	848.2	653.7	781.5	846.0	895.4
消费量	2 056.3	2 142.2	2 135.3	2 374.8	2 542.6	2 695.4	2 685.2	2 393.8	2 579.7	2 543.5	2 345.9
出口量	634.7	663.1	722.8	762.4	976.6	816.0	849.2	654.6	774.5	845.8	895.3
期末库存	1 187.3	1 036.9	1 046.9	1 318.9	1 347.5	1 355.2	1 321.7	1 316.6	950.3	918.8	1 438.6
库存消费比	57.7	48.4	49.0	55.5	53.0	50.3	49.2	55.0	36.8	36.1	61.3

注:数据来源为美国农业部(USDA),2011 年数据为 2011 年 4 月预测数。

图 1　1999～2011 年度全国棉花种产量

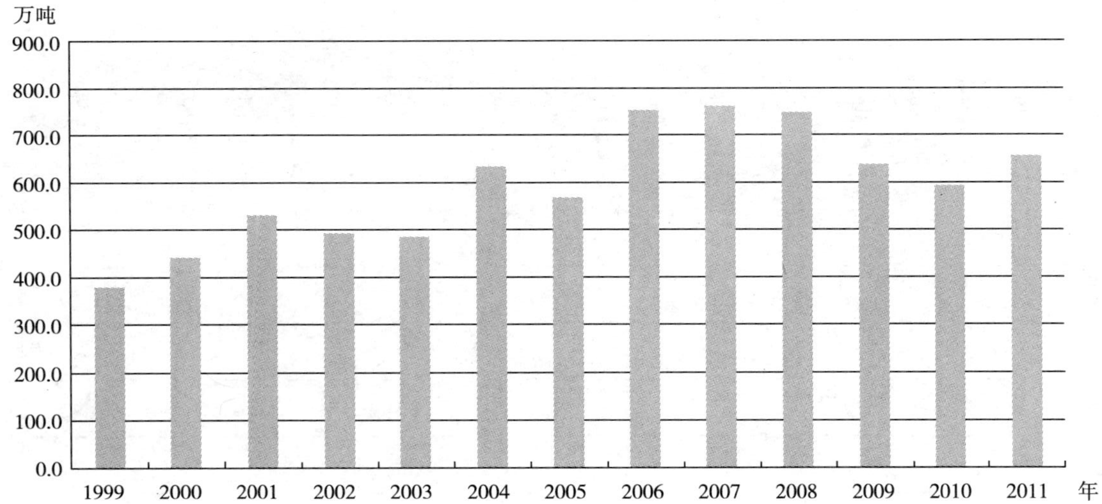

单位:万吨

项目	1999 年	2000 年	2001 年	2002 年	2003 年	2004 年	2005 年	2006 年	2007 年	2008 年	2009 年	2010 年	2011 年
产量	382.9	441.7	532.4	491.6	486.0	632.4	571.4	753.3	762.4	749.2	637.7	596.1	660.0

注:数据来源为国家统计局。

图 2　中国棉花价格指数（CCIndex328）走势图

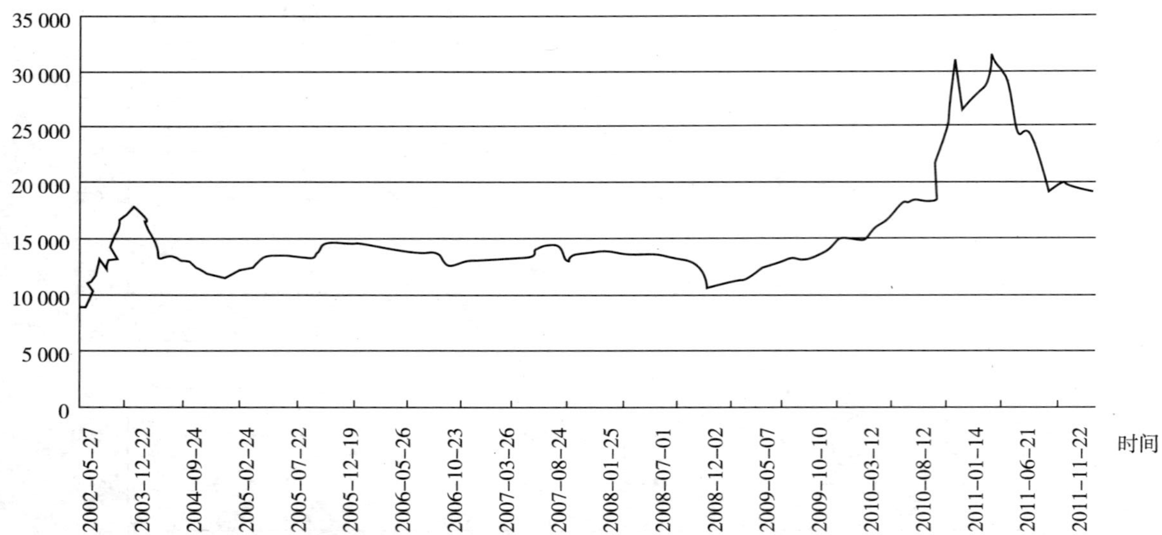

注：图以中国棉花价格指数运行以来至 2011 年 12 月 31 日数据为基础。

跋

《棉花信贷政策理论与实践》编撰完成了,也实现了我的一个心愿。它是一个总结,也是一段历史。它凝结着众多参与者的心血,也记录着中国棉花产业政策和中国农业发展银行棉花信贷管理的历史轨迹,更承载着许多棉花问题的深邃思考和对中国棉业经济发展的期盼。

回首棉花信贷十年路,诸多情节历历在目。延伸机构初期,我们探寻封闭运行之路,寓风险于管理之间,遂又扩充管理内涵,承继管理之精髓,创建出新的棉花信贷管理制度;棉花流通体制改革之时,我们积极参与清产核资和“三棉”竞卖,清理财务挂账,其过程犹如一场没有硝烟的信贷资产保卫战;国务院57次常务会议召开后,中国农业发展银行迅速实现全方位转型和蜕变,客户主体从单一走向多元,支持领域从单纯收购向全产业链延伸,从解决“打白条”、“卖棉难”到“保收购”、“钱等棉”,从“以销定贷、以效定贷”过渡到“均衡销售”、“双结零”,尝试探索“双线约束”、“三金管理”、“第三方监管”等模式,引领棉花信贷跨越全新管理理念,并从此走向可持续发展之道路;历经国际金融危机,国内棉价跌宕起伏,临储政策伴随着欧洲主权债务危机和经济增长下行的态势横空出世,这是中国棉花产业史上的又一个里程碑,也标志着棉花产业发展和中国农业发展银行信贷管理迈入了一个全新的时代。

总结过去是为了美好的未来。展望中国棉业经济我们充满信心,我们相信不断创新发展的棉花信贷政策,必将继续成为中国棉业经济强有力的金融保障,中国棉业经济必将以更昂扬的姿态屹立于世界经济之林。

本书的编撰意在把棉花流通体制改革以来中国农业发展银行建立的棉花信贷制度和政策措施等文件资料,通过筛选整理、引言导读,集结成册,与亲历者回顾历史,供后继者借鉴参考,更希望能对开创棉花信贷工作新局面有所裨益。为体现棉花信贷发展历史的年度性和政策衔接性,我们对整书的编排以棉花信贷体系建设为框架,以信贷政策与操作流程为导向,中间穿插棉花产业发展过程中的阶段性重要事件,使整个结构更具理论性和内在联系性。全书分为棉花信贷封闭管理、棉花信贷业务发展历程、棉花信贷管理政策与措施、储备棉管理、棉纺贷款发展与管理、棉花财务挂账管理、调查研究七个部分。第一至第六部分,每部分正文之后都附上了相关的政策、制度、办法等文件资料，以对正文进行佐证。在第七部分调查研究中，我们选录了一些有代表性的文章及调研报告，以供读者参阅。

参加文字编写的人员是：荆立俊、张琳（第一章）：吴米加（第二章）；嵇道章（第三章）；骆小芳（第四章）；何爽、傅立立（第五章）；荆立俊、张琳、陆露（第六章）；李文武（第七章）。初稿完成后，副主编熊钧同志多次组织编写组同志讨论修改，张健怡、高鹏、嵇道章、骆小芳同志参与了总纂工作，凌涛同志参与了初稿讨论，高鹏同志还承担了全书的编辑、印制等协调工作。丁若男、于博、袁钊等同志参加了档案整理工作。主编王富君同志对全书进行了统稿，并对所有章节进行了修改。中国农业发展银行副行长刘梅生同志审阅了全稿，并为之写序。在编辑过程中，我们还得到了河北省分行、江苏省分行、江西省分行的大力支持与帮助，在此一并致以诚挚谢意。由于编写时间仓促，水平有限，如有疏漏之处，欢迎多提宝贵意见，以利进一步改进提高。

王富君

2012 年 4 月 29 日